JN192867

松本圭太
Keita Matsumoto

ユーラシア草原地帯の青銅器時代

The Bronze Age in the Eurasian Steppes
Эпоха бронзы в степях Евразии
欧亚草原地带的青铜器时代

九州大学出版会

図版 1　剣 **A1** 類 モンゴル・ウムヌゴビ博物館所蔵（第 **4** 章附表 **4-1-138**）

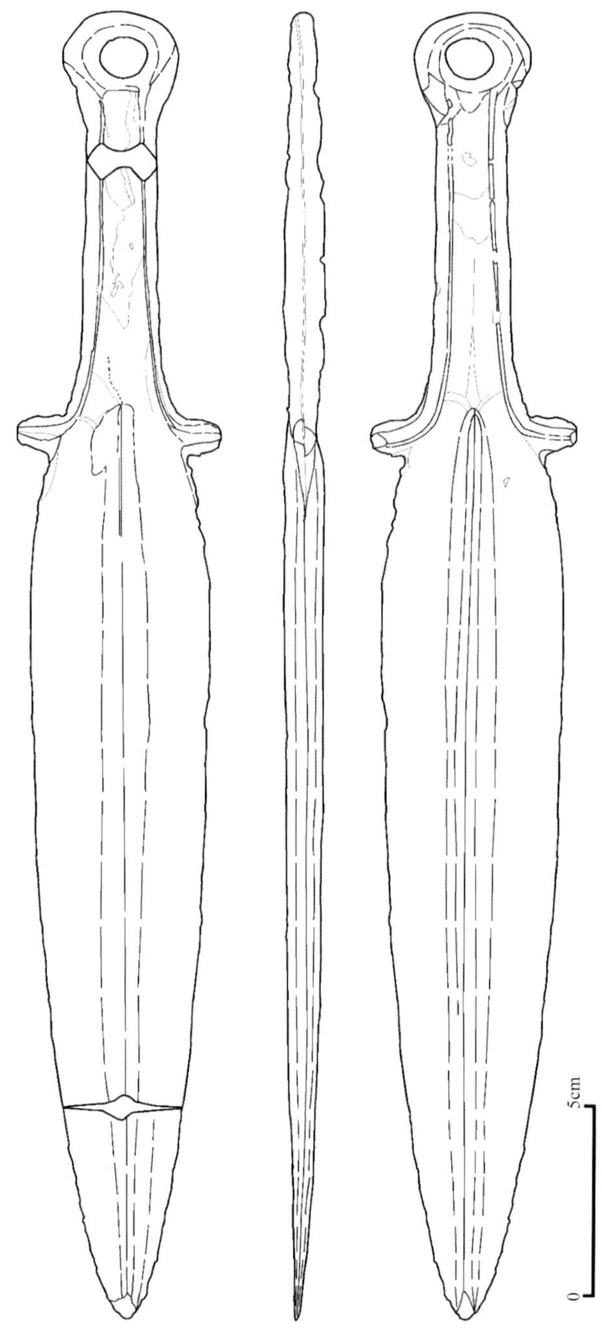

図版 2　剣 **A1** 類 モンゴル・ウムヌゴビ博物館所蔵（実測図）

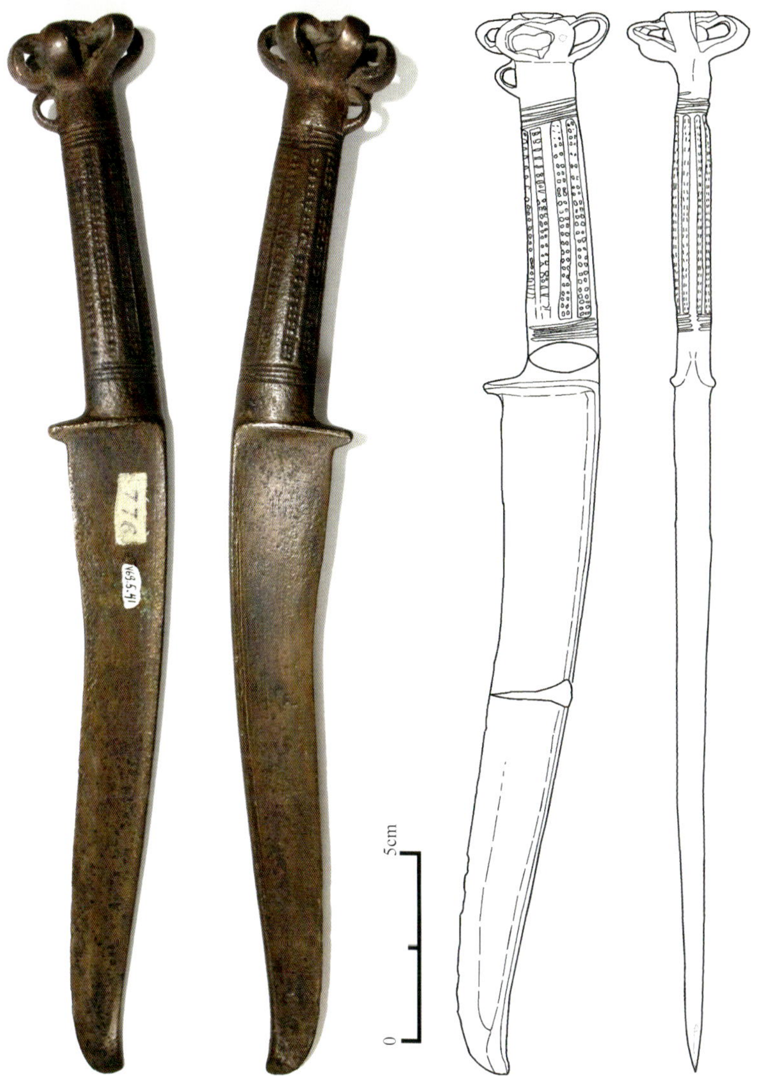

図版 3　刀子 C 類 モンゴル・ドンドゴビ博物館所蔵（第 4 章附表 4-2-O056）

図版 4　図版 3 刀子 C 類の腹部

図版 5　剣 A1a 類 ロシア・ミヌシンスク博物館所蔵（第 4 章附表 4-1-66）

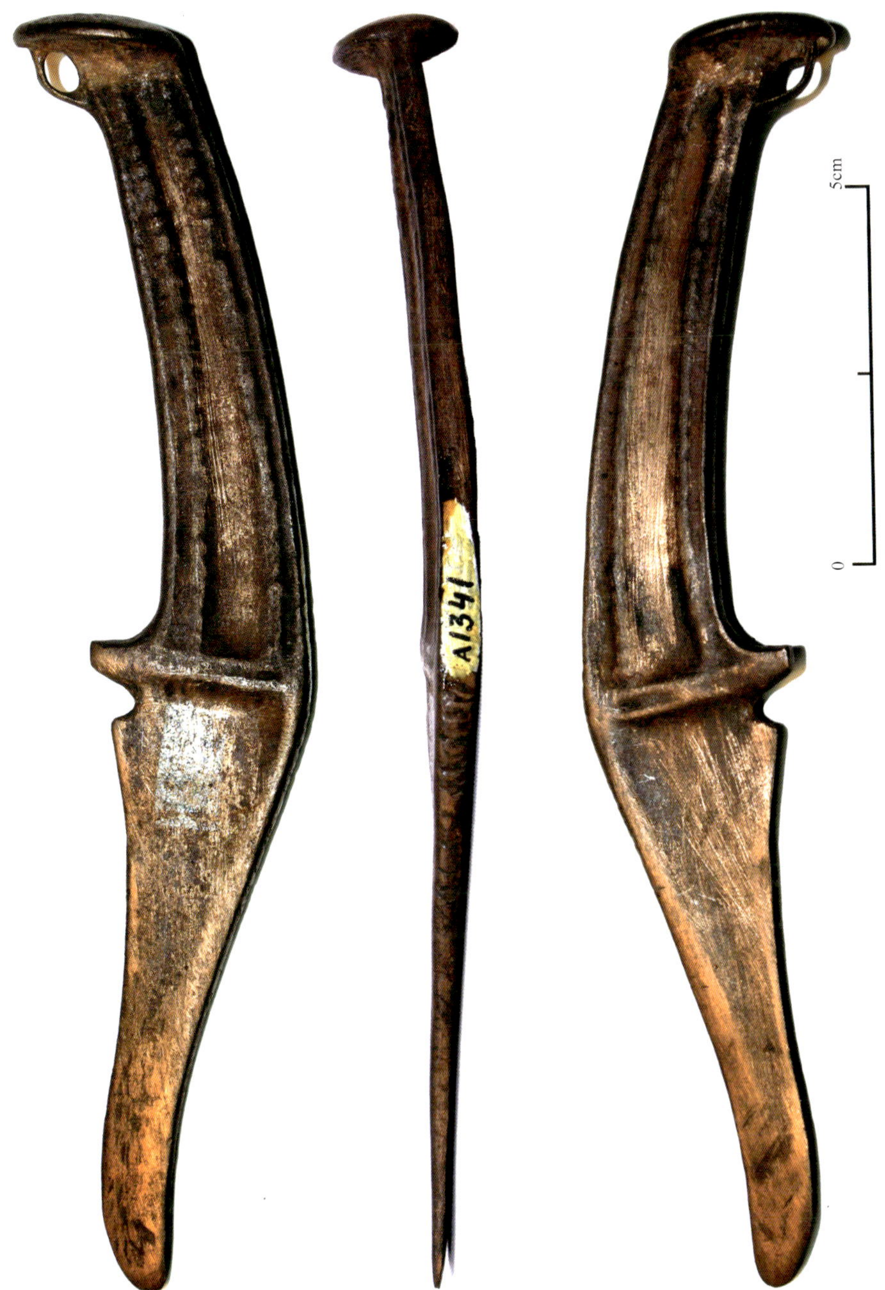

図版 6　刀子 **Bb** 類 ロシア・ミヌシンスク博物館所蔵（第 **4** 章附表 **4-2-M129**）

図版 7　ロシア・ミヌシンスク盆地におけるエニセイ川と墓石（**2015** 年撮影）

図版 **8**　モンゴル・ウブルハンガイ県 シュンフライ・オール ヘレクスル群（**2012** 年撮影）

図版 9　モンゴル・アルハンガイ県 ザッツイン・イルグ 鹿石群（2012 年撮影）

目　次

図表目次

図版

図

表

附表

序　章

本書は前2千年紀から前1千年紀初頭，つまり青銅器時代のユーラシア草原地帯の特質を，主にその東部[1]を分析することによって明らかにし，またこれを通じて，先史時代における交流関係の意義を考えるものである。ユーラシア草原地帯（図序-1）の範囲は東ヨーロッパのハンガリーから中国北方におよぶが，歴史的には「中央ユーラシア」という空間にしばしば組み込まれることが多い。「中央ユーラシア」とはおおまかには，中央アジアに東ヨーロッパの中心部までを含めた単位であるといわれ（森安2007），草原や砂漠などの乾燥地域を多く含むこれらの地域においては，牧畜を主な生業とする諸民族が歴史上，居住してきた。「中央ユーラシア」という用語自体は，20世紀の半ば頃，言語学，歴史学から生じてきたものである（Sinor 1990）。考古学においても物質文化や生業における当該地域の特異性は古くから認識されており（江上・水野1935），近年ではこの「中央ユーラシア」という用語がよく使用されるようになっている（例えば藤川編1999）。「中央ユーラシア」と呼ばれる場合，この空間がいわゆる四大文明圏（エジプト，地中海，メソポタミア，中国中原）の中間に位置し，それらをつなぐ存在であるとともに，騎馬遊牧民の出現地であるなど，「中央ユーラシア」が世界史で果たしてきた役割を積極的に評価する傾向にある（岡田1990, 森安2007）。このように，世界史におけるユーラシア草原地帯の重要性については，すでに多くの指摘があるが，さらにその中でアルタイ以東の草原地帯東部がそれ以西に与えた影響について注目が集まっている（林俊雄2012）。13世紀におけるモンゴル帝国の広まりはその代表ともいえるが，青銅器時代，鉄器時代においても東から西への影響が指摘されている。例えば，本格的な騎馬遊牧を伴って草原地帯全体に広がる，いわゆる「初期遊牧民文化（スキタイ系文化，スキト・シベリア文化）」は黒海のスキタイ文化の東漸であると当初は考えられていたが，草原地帯東部におけるその最初期の要素が高く評価されるようになってきた。これに加えて，本格的な騎馬遊牧自体の出現も草原地帯東部にその起源を求める声が存在する（Koryakova, Epimakhov 2007）。他では，ユーラシア草原地帯における青銅器の開始は，近東からの冶金技術の広まり，つまり時期差を伴う西から東への流れで捉えられてきた（図序-2）が，同時期に，草原地帯東部から西部へという逆向きの文化拡散があったことが指摘されるに至っている。これは，本書において論じるセイマ・トルビ

1）ユーラシア草原地帯を地理的に区分する際，ウラル山脈を挟んで東西に分けることもできるが，ここではひとまず，アルタイ以東を東部，ウラル山脈より東を中部，西を西部とする考え（藤川編1999）をとっている。ユーラシア草原地帯の青銅器時代における，実態としての空間構造は，分析を通じて，第6章以降で提示することとなる。

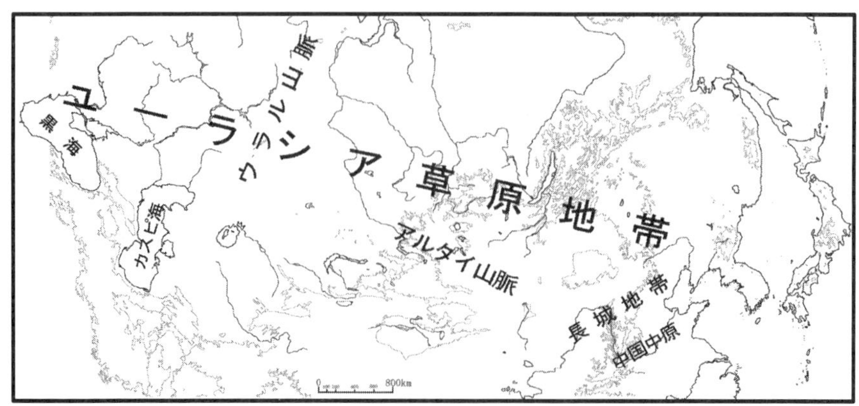

図序 -1　ユーラシア草原地帯とその周辺地域

ノ（Seima-Turbino）青銅器群（Черных, Кузьминых 1989）や，「初期遊牧民文化」直前のいわゆる「キンメリア（Cimmerian）」，「カラスク（Karasuk）」的器物の拡散（Тереножкин 1976, 髙濱 1995, Bokovenko 1995b）にあたる。以上のようなユーラシア草原地帯東部が拡散の起点となった可能性のある事象は，それらがユーラシアの他の地域に与えた影響も考慮するときわめて重要であるといえよう。しかしながら，草原地帯全体，さらそれを越えた諸地域に影響を与えることになった，揺籃地としての草原地帯東部についての歴史的展開過程は明らかになっていない。本書がユーラシア草原地帯東部に注目する最大の理由はここにある。特に，青銅器時代は，集団移動や交流がつとに指摘され，騎馬遊牧を伴う「初期遊牧民文化」出現に直接つながる時期である。どのような背景，過程を経て，ユーラシア草原地帯ひいてはユーラシアにおける東から西へという大きな潮流が生み出されたのか，これが本書における大きなテーマのひとつである。

ところで，ユーラシア草原地帯東部をさらに東方の世界からの視点でみるとどうであろうか。歴史的に東アジアという概念を捉える場合，中国中原を中心とする中国文明の広まりを念頭に置く場合もある（西嶋 1970）が，「漢と匈奴」という表現にみられるように，ユーラシア草原地帯東部を中国中原と対比する「北方」として捉え，中国中原，「北方」をそれぞれ核とする二項の相互関係または対立が，東アジアの歴史進展の基礎であったとする考えも存在する。二項対立的に東アジアを捉える視点は，考古学においても古くから唱えられており，青銅器でも彝器を中心とした中国中原に対する，実用的な工具が発達した「北方」というような二系統性が考えられている（江上・水野 1935, 佐野 2004, 宮本編 2008）。さらに，宮本一夫は新石器時代以来の生業形態の差異に東アジア二項対立の基礎を見いだしており（宮本 2000, 2005），それに基づく両項の社会構成の差異とその相互接触を指摘している（宮本 2007b）。つまりユーラシア草原地帯東部は，草原地帯における東から西への大きな文化的流れの原点として，また，東アジアの歴史進展における中原に対するもう一方の極として，その歴史的重要性が学史的に認識されてきたのである。類似した対立構造は，草原地帯西部と古典世界についてもみられるところであり（ロストウツエフ 1944），例えば，草原地帯西部とオリエントの青銅鏃を対比的に捉える考え（Медведская 1980）も，具体例のひとつといえるかもしれない。本書の枠組みを

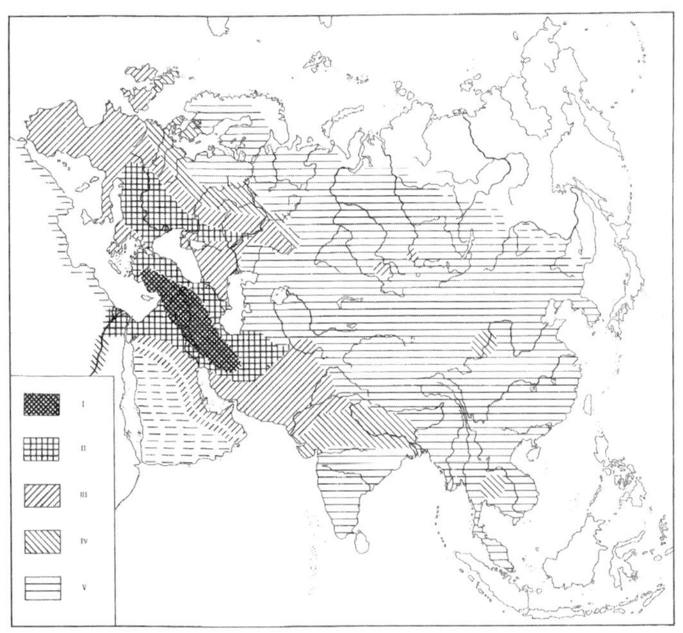

西アジアを中心とする地域が最も古く前7千年紀に遡る（I）。その後しだいに黒海沿岸に広まり（II〜IV），さらに東には前2千年紀紀以降に拡散する（V）。

図序-2　ユーラシアにおける銅器，青銅器の拡散

超えるものではあるが，このようなユーラシア東西にみられる対立構造，そして東西の極をつなぎ，かつそれ自身も極である草原地帯の動態解明は，ユーラシア史全体を有機的に関連させつつ復元していくうえで，今後ますます注目を集めるであろう。本書では，「中央ユーラシア」，東アジアの「北方」という概念それぞれが，以上のような歴史上の解釈を伴うことに留意し，ユーラシア草原地帯（または単に，草原地帯）というより地理的，中立的な語を用いて，次章以下の分析を開始することにする。また，草原地帯といってもその環境は各地で大きく異なっており，本書で扱う資料も，草原地帯に隣接する，森林草原地帯，砂漠地帯そして高原地帯にも広がっている。したがって，本書で検討対象とするユーラシア草原地帯は，これらの地域も含むやや広がりをもつものである。

本書の対象となる青銅器時代，前2千年紀から前1千年紀初頭とはどのような時期であろうか。当該時期には，ユーラシアの多くの地域が青銅器時代に入っており（図序-2），さらにある地域では青銅器時代から鉄器時代への変化が起こりつつあった。石器時代や鉄器時代に比してごく短期間である青銅器時代の意義は古くから認識され，冶金術をはじめとする様々な技術進展，それに伴う分業化，さらに経済的広域化が起きたとされ，文明への幕開けといわれた(Childe 1930)。ユーラシア草原地帯のウラル山脈より東の地域では，前2千年紀に青銅器が広く開始，前1千年紀初頭に本格的な騎馬遊牧が始まり，その後鉄器時代へと変化していくといわれている。前2千年紀の半ばには，中国中原においても青銅器の生産が一定量を示すようになる。中国中原では副葬品や祭祀用具としての彝器が，青銅器の開始段階からの特色であり，その生産と流通は階層化および専業化の進展に密接に関わっているとされる（宮本・白雲翔編 2009）。そしてユーラシアの東端に位置する朝鮮半島，日本では，中国中原やユーラシア草原地帯に影響を受ける形で，前1千年紀の前半に青銅器を含む金属の利用が浸透していく（宮本 2007b, 2011）。以上のような，ユーラシア各地において，同時期とはいえないまでも，かなり限られた期間に起こった変化を説明するにあたって，ユーラシア各地をつなぐ位置にあるユーラシア草原地帯は注目を集めてきた。

学史を鑑みれば，文化変化の説明体系は，より一般的な説明を重視するものと，歴史における固有性を強調する考えに大まかに区分できよう。ユーラシアを跨ぐような広域の伝播現象や集団移動は，後者において取り上げられる場合が多く，20世紀の前半を中心に，伝播論という形で盛んに論じられた。1960年代以降，プロセス考古学の台頭も手伝って，説明体系における前者が優位となり，広域の伝播現象を扱う論攷自体が一時下火となったが，その後，それぞれの反省を踏まえたうえで，両説明の統合が様々な方面で模索されている。このような要請のもと，中心－周辺関係に注目し，空間現象を広く捉えた社会複雑化モデルがフリードマン，ローランズ（Friedman, Rowlands 1977），あるいはクリスチャンセン（Kristiansen 1991, 1998, Kristiansen, Larsson 2005）によって提示され，ヨーロッパや西アジアの青銅器時代に関しては，世界システム論の適用に関する議論（Frank 1993, Kohl 2011）が盛んである。そうしたなかで，ユーラシア草原地帯が再び注目された他の背景としては，中国，ロシア，中央アジア諸国など，いわゆる旧東側諸国の開放政策，経済発展とそれに伴う調査報告，研究水準の向上，さらにはグローバリズムも挙げられよう。以上の傾向の中で転換点として重要な位置を占めるのは，チェルヌィフや梅建軍らによる著作である（Potts 2012）。チェルヌィフによる『ソ連における古代冶金』（Chernykh 1992）は，欧米や中国，我が国の研究者にも，旧ソ連における青銅器時代研究とその重要性を広く知らしめたものである。この論攷は，ユーラシア草原地帯に限らず青銅器時代を論ずる場合，引用度が昨今きわめて高い。梅建軍による『新疆後期先史時代における銅・青銅冶金』（Mei 2000）も，中国（新疆）とそれ以西の文化の関わりを，実証的に論じたものとして評価が高い。梅建軍による論攷から10数年で，中国におけるこの方面の研究は大きく進歩した。中国国外の資料にも目を配った林梅村や楊建華らによる最近の著作（林梅村 2015, 楊建華ほか 2016）はその一端を示すものといえる。我が国においては，梅原末治や，江上波夫，水野清一による統合的な研究（梅原 1938, 江上・水野 1935）に始まり，学説の流行に関わらず，不断に研究が続けられてきた（例えば，藤川編 1999, 草原考古研究会編 2011）。また，ユーラシア全体の関連や，固定した中心・先進地域の不在が川又によって示されており（川又 1994, 2006），宮本もモンゴル高原，長城地帯[2)]における青銅器時代について，社会の複雑化も併せながら論じている（宮本 2008a）。

こうして，相互作用（interaction），相互関係（interconnection），交流（exchange），移動（migration），

2） 長城地帯とは，万里の長城の位置する，モンゴル高原（モンゴリア）の南，黄河中原の北の中間地帯と定義づけられる（江上・水野 1935）。本書では便宜的に，陰山山脈以北を含め，内蒙古・長城地帯と呼ばれる地域を，単に長城地帯と記すことにする。

伝播（diffusion, transfer）などの用語（併せて仮に，交流関係と呼んでおく）が，昨今は対象時期を問わず頻繁にみられるようになった。しかしながら，多くは交流関係の存在や方向の指摘にとどまっており，今後，その具体像や各社会に与えたインパクトを考えていく必要がある（Kohl 2008）。さらに，個別的な事象として処理されがちな交流関係を，生業，社会の複雑化などの一般モデルの中でどのように評価していくかという課題が残っている。これについて，コールは広域動態，局所動態を統合する必要を説き（Kohl 2008），草原地帯における研究事例として，コール（Kohl 2007）のほか，生態学，民族誌も視野に入れて主にカザフスタンを分析したフラチェティの論攷（Frachetti 2008）が知られる。同じ問題意識を抱えつつも，これらとは異なって，青銅器に関わる交流関係の方式とその変化に注目している点が本書のもうひとつの特徴である。徐々に明らかにしていくが，交流関係や，その背後に想定される人のつながりのあり方は青銅器時代という限られた時間の中で大きく様変わりしていくようである。そしてこのあり方は，個々の交流関係の方向やその担い手といった個別事象に関わらず，一般化されうる可能性を秘めているのである。

第1章　先行研究における課題と本書の目的，方法

本書で対象とする地域においては，各地域・時期の調査状況によって資料の偏りがあり，全体的・通時的に文化動態を論ずる資料としては，広汎に分布している青銅器が最も適している。詳細な学史の検討に入る前に，ユーラシア草原地帯の東部を中心とした青銅器時代から初期鉄器時代の大まかな流れと，学史上の論点を，チェルヌィフの著作（Chernykh 1992）を参照しつつ示しておこう（表1-1）。

銅と錫の合金である青銅が顕著に使用されだす時期は，小アジアやカフカスでは前4千年紀以前に遡るといわれる。そこで，チェルヌィフは北方ユーラシアの青銅器時代の開始（「青銅器時代初期」）をこの時期にあてる。さらに前3千年紀の「青銅器時代中期」を経て，草原地帯東部まで青銅器が広く拡散する時期（前2千年紀）を「青銅器時代後期」としている。したがって，チェルヌィフによって「青銅器時代中期」とされる前3千年紀以前の草原地帯東部では，ごくわずかな銅器しか知られず，一般的にいうところの金石併用期，銅器時代的な様相を呈している。本書では，草原地帯東部において青銅器文化が顕著に展開しはじめる，前2千年紀以後を論じる。チェルヌィフによれば，前2千年紀前半のユーラシア草原地帯，森林草原地帯では，大きく2つの青銅器文化の系譜が存在する。ひとつは草原地帯の大部分に，黒海付近に源を発して東に広まるユーラシア冶金圏（EAMP）（学史上の用語については以下で詳述するが，各地域の文化を複数含んだ，青銅器の様式圏とひとまず考えておく）であり，もうひとつは主に森林草原地帯で，その逆の動きを見せるセイマ・トルビノ青銅器群である。特に後者はユーラシア草原地帯ではじめて広く拡散した東方的要素として取り上げられることが多く，その特徴である錫を多く含んだ青銅が，草原地帯西部に影響を与えたといわれる。草原地帯東部においてこのような大きな影響をもつ青銅器文化が突如として発生した背景が課題となって

表1-1　ユーラシア草原地帯の東部を中心とした青銅器文化と主要な議論

年代	時代	ユーラシア草原地帯東部における青銅器文化 （各地域の代表的な文化）	主題となる議論
前2千年紀半ば以前	青銅器時代	EAMP，セイマ・トルビノ青銅器群 （南シベリア：アンドロノヴォ文化，オクネフ文化，長城地帯：斉家文化，四壩文化，朱開溝文化，夏家店下層文化）	東方的要素の拡散開始 （セイマ・トルビノ青銅器群） モンゴリアにおける青銅器の開始
前2千年紀後半		SEAMP（カラスク期の青銅器文化） （南シベリア：カラスク文化，長城地帯：李家崖文化，魏営子文化）	SEAMPの起源 （南シベリアとモンゴリアの影響関係）
前1千年紀初頭	初期鉄器時代	「初期遊牧民文化」の青銅器文化 （南シベリア：タガール文化，モンゴリア：チャンドマニ文化，夏家店上層文化）	前段階（SEAMP）との連続性，差異

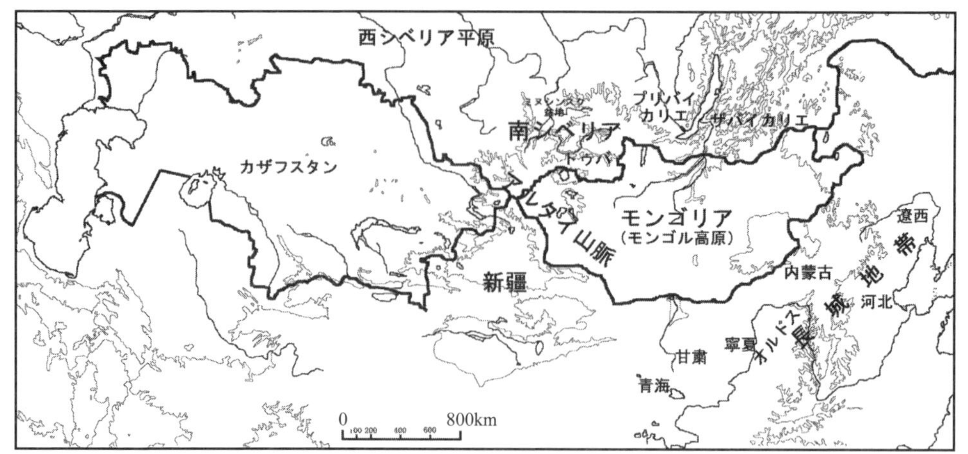

図 1-1　ユーラシア草原地帯東部の地理的状況

いる。

EAMP，セイマ・トルビノ青銅器群は，おおよそアルタイ付近までは分布が知られるが，これより東南に位置するモンゴリア（モンゴル高原）を中心とする地域（モンゴル，新疆，長城地帯）（図 1-1）では，前 2 千年紀前半は青銅器の開始期にあたる。これらの地域で青銅器がどのように開始されるのかは，当該地域のみならず，中原を含んだ東アジア全体の冶金開始を考えるうえで重要な議論である。というのも，中原においてもほぼ同時期に青銅器が開始されており，これをユーラシア全体の中で位置づけるには，中原に接する長城地帯を含むユーラシア草原地帯の様相解明が不可欠であるからである。本書では，近年の調査によりまとまった資料が多く存在する，新疆，長城地帯における中国初期青銅器（前 2 千年紀半ば以前における中国出土の青銅器を慣例的にこのように呼ぶ）を分析することにより，上の問題に迫ることにする。

前 2 千年紀後半になると，以上の 2 つの青銅器文化とは別に，草原地帯東部で東部アジア草原冶金圏（SEAMP）[1] が発生し，EAMP 分布域へ広まっていくといわれる。チェルヌィフのいう SEAMP の青銅器は，南シベリアにおけるミヌシンスク（Minusinsk）盆地 [2] のカラスク文化や，同時期のモンゴリアのいわゆる「北方系青銅器」において多数みられる。これらと類似する青銅器は殷墟からも出土している。チェルヌィフの SEAMP の概念は本書の結論からいえば問題を含んでいるので，これらの青銅器の広がりを，同時代の南シベリアのカラスク文化にちなんで，カラスク期の青銅器文化とここでは仮に呼んでおこう。カラスク期の青銅器文化の起源について，チェルヌィフは前のセイマ・トルビノ青銅器群との関連を説き，アルタイ，南シベリアにその中心を置いている。しかしながら一方で，カラスク期の青銅器文化の成立につ

1）　チェルヌィフは，この冶金圏を従来「CAS」（=「内陸アジア冶金圏」）（Chernykh 1992）と呼んでいたが，より適切との理由で Chernykh（2009b）において SEAMP へと改められている。

2）　本書でミヌシンスク盆地という場合，アバカン市を含む低地のさらに北側に位置するチュリム・エニセイ盆地やナザロフスク盆地を含めた，ハカス・ミヌシンスク盆地のことを指している。

いてモンゴリアからの強い影響を指摘する声もある。カラスク期の青銅器文化の起源問題は，本書の中核をなすものであり，学史上，南シベリアと中原における青銅器や動物紋様の影響関係を論じるなかでも取り上げられたことがあった。さらにカラスク期の青銅器文化は，次の段階にユーラシア草原地帯全体に広まる「初期遊牧民文化」の要素を含んでおり，学史上非常に重要なものとして，その起源や発展について半世紀以上にわたって論争が続けられている。

前1千年紀初頭はいわゆる「初期遊牧民文化（スキト・シベリア文化，スキタイ系文化）」の段階である。「初期遊牧民文化」とは，前1千年紀初頭にユーラシア草原地帯全体に広がった，類似した諸文化の総称である[3]。この時期の草原地帯東部では，鉄器は地域的にも数量的にもごく限られたものでしかないが，本段階は初期鉄器時代と捉えられる場合が多い。チェルヌィフの青銅器時代を中心とした著作（Chernykh 1992）ではこの段階以降は扱われていないことからも窺えるように，ここにおいて，草原地帯で新たな時代が開始されたと一般的には考えられている（藤川編 1999, Боковенко 2011）。そして，「初期遊牧民」という語によって表されるように，本段階の草原地帯においては，本格的な騎馬遊牧が開始され，その中でも草原地帯東部は「初期遊牧民文化」がいち早く出現した地域として注目されている。しかしながら，草原地帯東部でその前段階（カラスク期）からどのような過程を経て「初期遊牧民文化」が成立したかは明らかになっていない。本書ではこれを検討し，当該地域の青銅器時代から初期鉄器時代への移行期の時期区分についての再評価を行いたい。これは同時に，以降の鉄器時代の文化動態についての見通しを得る意図をもっている。

以上のように，当該地域の従来の研究では，前2千年紀半ば以前，同後半，前1千年紀初頭という3つの時期に主要な論点が分かれている（表1-1）。この要因としては，例えば，前2千年紀半ばまでに関しては，中国全体を含めた東部ユーラシアの冶金開始問題に，前1千年紀初頭ではユーラシア草原地帯全体における「初期遊牧民文化」成立や騎馬遊牧の開始問題に多くの関心が集まるというような，トピックごとの議論が盛んであるということがある。確かに，ユーラシア各地における研究成果を，ユーラシア全体で評価する際，その中間にある草原地帯は重要な位置を占めている。その意味で，例えば青銅器研究において，中国の冶金開始にとって重要な，中国初期青銅器とユーラシア草原地帯の関係に注目が集まることや，日本の青銅器の始まりを告げる遼寧式銅剣の系譜解明において，夏家店上層文化やそれ以北の青銅器に多くの関心が寄せられることは，自然な流れといえる。一方で，草原地帯自体，特にその東部における青銅器時代から初期鉄器時代の動態を通時的に明らかにしたものは少ない。本書では草原地帯における通時的動態を明らかにしたいが，上の各論点は各々が非常に重要なテーマであ

3）「初期遊牧民文化」は，草原地帯における本格的な騎馬遊牧の開始を告げる諸文化の総称であるが，騎馬遊牧自体の発生については，ユーラシア全体で様々な議論がある。本書でいうところの「初期遊牧民文化」は，「スキタイ系文化」や，「スキト・シベリア文化」等の別称をみてもわかるように，騎馬遊牧を有する初期の文化というよりも，草原地帯におけるある種特定の物質文化に特徴づけられる一連の文化というような，固有名詞的な意味合いが強い。したがって，本書では，「　」を付して「初期遊牧民文化」と記すことにしている。また，本文化特有の動物紋についても，いくつかの名称が知られているが，本書ではスキタイ系動物紋と記す。

る。したがって，以下では上の流れに沿った形でテーマごとに学史を述べ，問題点を整理，分析することにする。そのうえで，第6章以降で全体的な議論を行うことにしたい。

第1節　先行研究の整理

1.　前2千年紀前半に関する議論

中国初期青銅器とユーラシア草原地帯の青銅器

中国で青銅器が多く発見されるようになるのは，中原の二里頭文化に併行する段階（前2千年紀半ば以前）からである。それ以前にも，青海省の宗日文化や，新疆ロプノール付近の小河墓地から，金属器が少数ながら知られており，アファナシェボ（Afanasievo）文化，チェムルチェク（Chemurchek）文化との関連も考えられる。さらに，近年ではモンゴルにおいてもアファナシェボ文化やチェムルチェク文化の墓から青銅器が報告されるようになった（Kovalev, Erdenebaatar 2009）これらは重要ではあるものの，器形は簡素なもので，各地で局所的なものにとどまっており，検討が難しい。前2千年半ば以前に遡る青銅器は，一般に中国初期青銅器（以下，初期青銅器と記す）と呼ばれている。初期青銅器は中国全体における冶金開始と関連して論じられることが多い。その議論全体に関してここで詳細には記さないが，中原における冶金発生独自説と西来説は古くから知られている。また，冶金の発生は別にして，中国中原において青銅容器を製作するという独自性が，二里頭文化の時期から発揮されたことは一般に認められるところである（佐野 2004, 宮本 2005）。この現象は，青銅器を受容した社会の発達度および生業基盤の差異によって，中原と長城地帯にそれぞれ新たな青銅器文化が生じたものと理解されている（宮本 2009）。一方で，中原の北方に位置する長城地帯の初期青銅器に類似性を見いだし，長城地帯相互の関係を認める説も出現した（林澐 2002, 佐野 2004, 宮本 2005, 宮本 2008a）。さらに長城地帯の初期青銅器はユーラシア草原地帯の青銅器と類似することがしばしば指摘されており，相互の影響関係が問題となっている。

本書で問題にしたいのは，指摘されてきた様々な影響関係の内容である。すなわち，初期青銅器の類似性や独自性を，ユーラシア草原地帯の中で，あるいは後の時期と比較してどのように評価できるのかということである。この問題と関連するものとして，いわゆる「北方系青銅器」の開始問題が挙げられる。「（中国）北方系青銅器（または，綏遠青銅器，オルドス式青銅器）」とは，長城地帯を中心に分布する青銅器を中原との対比および，ユーラシア草原地帯全体における共通性を基礎に「北方」と呼んだものである。本書で注目したいのは，学史において「北方系」として指摘された長城地帯の青銅器の類似性が，それぞれの段階でいかなる意味を示すのかということである。「北方系青銅器」の開始はこの時期（前2千年紀前半）にあてられる場合があるが（林澐 2002），例えば長城地帯の初期青銅器と，商代に併行する段階の「北方系青銅器」との系譜関係や分布状況の差異如何で「北方系青銅器」の開始の議論もさらに深まると考えられる。

チェルヌィフの冶金圏

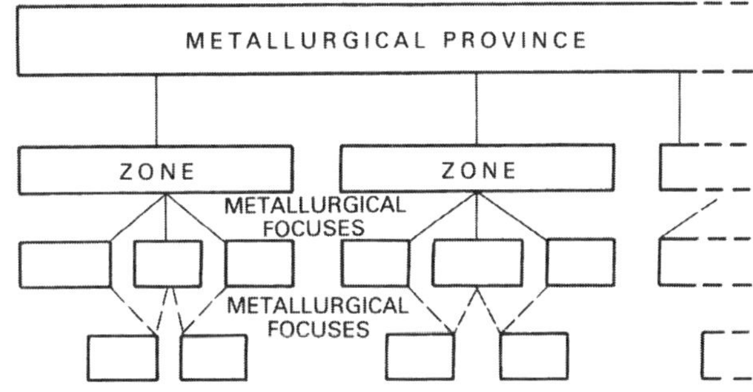

図1-2　チェルヌィフによる冶金圏と小冶金圏の概念図

ここで，チェルヌィフの論(Chernykh 1992) における諸概念について紹介しておこう（図1-2)。チェルヌィフは主に（青）銅器の特に生産面から，当該地帯の青銅器文化の編年を行い，その文化動態を考察した。銅器・青銅器を重視する理由として，それが社会面に果たした役割の重要性，冶金圏（以下参照）の拡大が文化の構造的変化をもたらすこと，そして，特定地域を越えた動態を考えるためのローカリズム克服を挙げている。チェルヌィフの論の中心をなすのは，青銅器編年網の構築であるが，そのように編年網を組んだ結果，ヨーロッパや近東あるいは中国からの影響をあまり濃厚に受けずに，ユーラシア草原地帯で独自に生まれ，さらにヨーロッパなどに影響を与えた青銅器文化がいくつかありうるということを，体系的に示したことは世界史的に重要な成果である。

- **Metallurgical focus**（小冶金圏）

類似した金属器が，特定の工人集団によって製作される地域で，青銅器の形態，技術，成分，生産組織により設置される。小冶金圏は文化と一致する場合も，複数文化を包含する場合もある。なお，冶金圏より下の単位はすべて focus とされている。

- **Metallurgical province**（冶金圏）

互いに密接に関連した focus がシステム的に連合した，古代最大の生産システムで，範囲は数百万平方 km，存続幅は数千年におよぶという。

ただし，地域は基本的に分布論から解釈として見いだされるものであり，複数の工人集団の生産する金属器が一地域に入り乱れることは十分ありえる。したがって，「特定の工人集団によって製作される地域」なるものが，そうどこでも純粋に存在するものか疑問が残る。分布現象から生産，集団を導くまでにはより詳細な検討が必要ではあるが，資料上の制約もあるので，ここでは青銅器の生産や形態的特徴から見いだすことのできる最大の様式（圏）として冶金圏を，その下部単位としての小様式（圏）を小冶金圏とみなしておくことにする。

チェルヌィフによれば本書に関係する時期においては以下のような冶金圏が存在するという。ひとつはEAMP（Eurasian Metallurgical Province：ユーラシア冶金圏）（図1-3の破線の間の地域）(Chernykh 1992) であり，基本的にはCMP（Circum-Pontic Metallurgical Province：周ポントス冶金圏）から発展し，ドニエプル地域〜エニセイ川中流域にその領域をもつ。EAMPの前半（前2千年紀前半）では，そこに含まれる文化として，アヴァシェボ（Abashevo)，スルブナヤ（Srubnaya)，アンドロノヴォ（Andronovo）の3つが存在し[4)]，その青銅器としては有

4)　青銅器を含め，土器，墓葬などから複合的に設定された文化。冶金圏とはもちろん厳密に対応するわけではないが，EAMPに3者が重なりつつ並んでいるとイメージしておく。

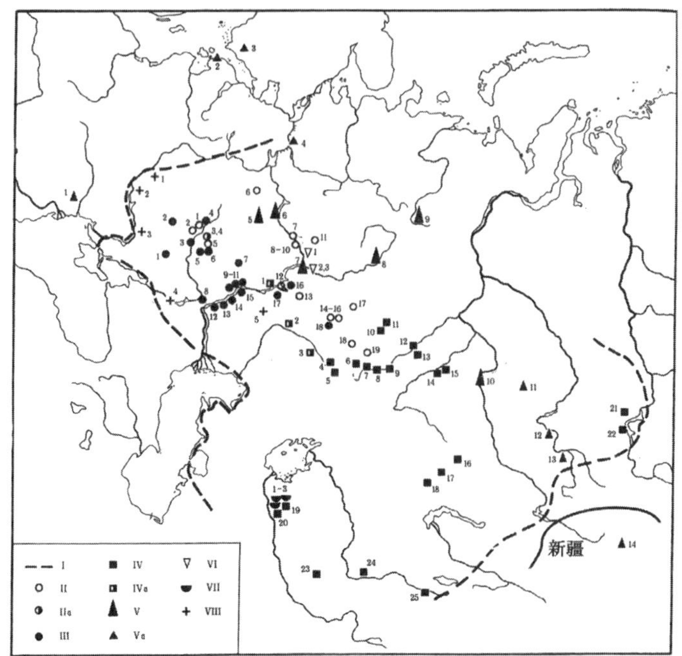

図 1-3　EAMP およびセイマ・トルビノ青銅器群の拡散

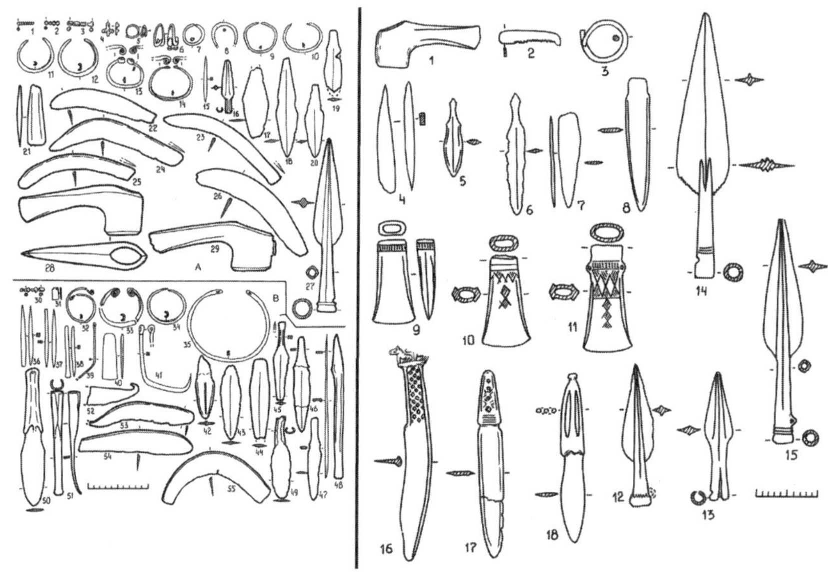

図 1-4　チェルヌィフによって提示された EAMP（アンドロノヴォ文化）の青銅器（左）とセイマ・トルビノ青銅器群（右）

鋻闘斧，矛，刀子，鎌などがある（図 1-4 左）。この冶金圏の文化伝統自体は東漸し，新疆に接するか否かのところまで来ることになっている。EAMP と同時期ではあるが，EAMP に重なりつつもやや北の森林草原地帯に，EAMP とは区別できるセイマ・トルビノ青銅器群（図 1-4

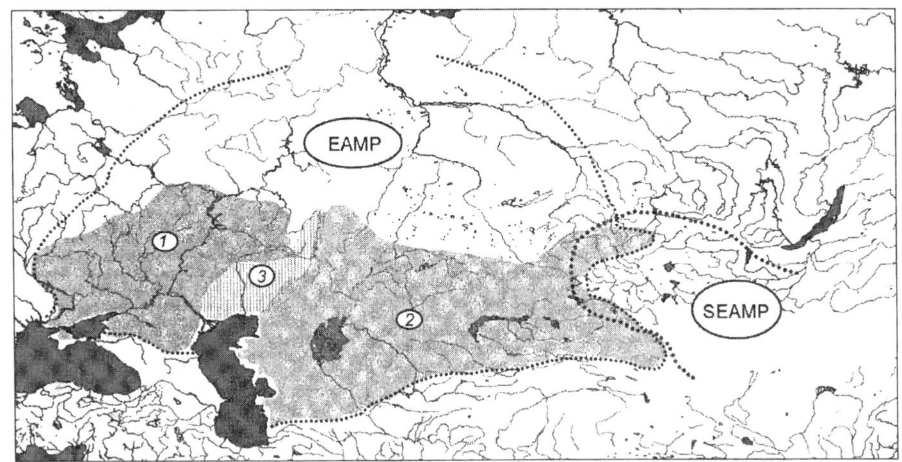

図 1-5　EAMP（左）と SEAMP（右）

右）が広がる（図 1-3 の黒色三角印）。セイマ・トルビノ青銅器群については後述する。前 2 千年紀後半には，EAMP は以下の SEAMP という別の冶金圏に侵食される状況が認められるという。SEAMP（Steppe East Asian Metallurgical province：東部アジア草原冶金圏）（図 1-5）は，起源に関して不詳であるが，ミヌシンスク盆地など，草原地帯東部で盛行する。SEAMP の青銅器には南シベリアに分布の中心をもつカラスク文化の青銅器や，それに類似するモンゴリアの青銅器が含まれ，年代は前 2 千年紀後半である。したがって，年代的に初期青銅器に関わるのは一般的に EAMP の特に前半，あるいはセイマ・トルビノ青銅器群ということになり，それらと初期青銅器の対比が学史上行われてきたのである。

初期青銅器とユーラシア草原地帯の青銅器との対比

研究史においては，初期青銅器とユーラシア草原地帯のどの青銅器を関連づけるかに注意が払われてきた。上述のように，新疆と長城地帯の青銅器と比較する場合，EAMP でも東に位置するアンドロノヴォ文化やセイマ・トルビノ青銅器群が注目された。アンドロノヴォ文化の青銅器は長城地帯の青銅器と比較される場合が最も多く，増田精一によるラッパ形の耳環の対比がその早い研究である（図 1-6）（増田 1970）。高濱秀は耳環以外の斧などを含めた青銅器の諸要素の類似性を指摘し，長城地帯においてアンドロノヴォ文化に対比できる段階を見いだした（高濱 2000b）。林澐，梅建軍，烏恩らもこの段階の出土青銅器を整理し，アンドロノヴォ文化の青銅器に対比させている（林澐 2002, Mei

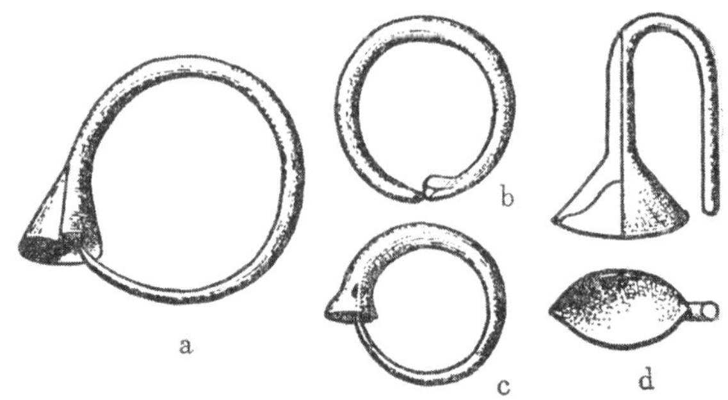

a：キルギス地方タシュ・テペ出土，b・c：カラスク文化，d：中国唐山市，石棺墓出土

図 1-6　増田による耳環の比較

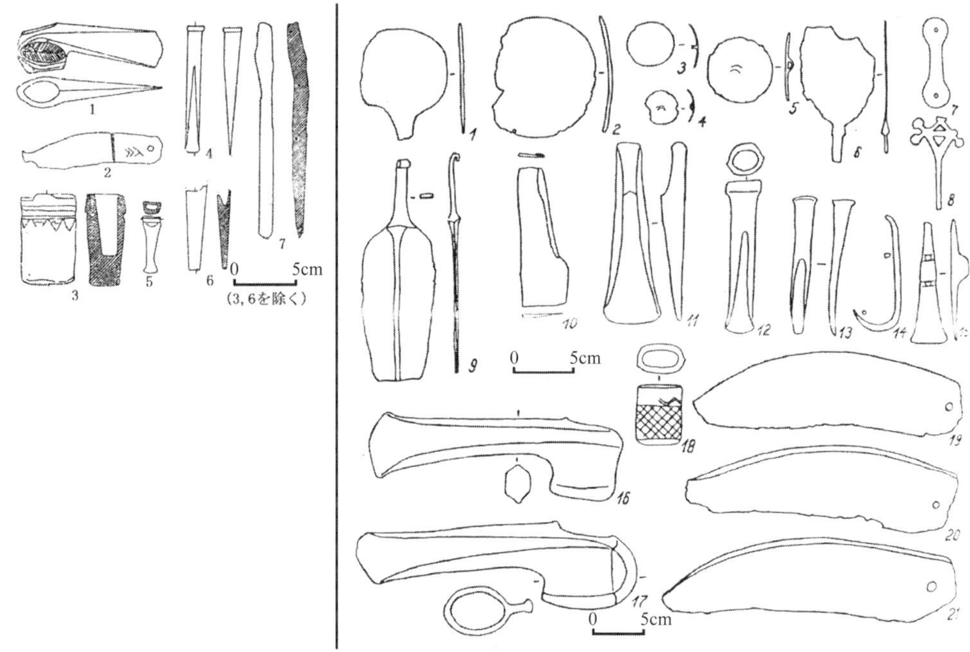

図 1-7　新疆・阿尕爾生デポ（左）とキルギス・シャムシデポ（右）の青銅器

2003, 烏恩 2008)。アンドロノヴォ文化の研究者としては，クジミナが新疆の阿尕爾生デポにおける青銅器と，キルギスのシャムシ（Shamshi）デポの比較（図 1-7）を行っている（Kuzimina 2001)。一方で，セイマ・トルビノ青銅器群は EAMP の青銅器よりもやや後出するものと比較される傾向にある。例えば，ラーは商代併行の刀子や剣などとセイマ・トルビノ青銅器群を対比している（Loehr 1951)。岡崎敬は殷墟の出土の矛を編年したうえで，最も古いタイプがすでに完成された形態であることに注目した。さらにその起源に関する仮説のひとつとしてラーの説を引き，セイマ・トルビノ青銅器群の矛を挙げている（岡崎 1953)。高濱は斉家文化～卡約文化のものとされる，青海省沈那遺跡出土の矛（図 1-8 右）や商代併行の有銎闘斧との比較を行っている（高濱 2000b)。また，2008 年，河南省下王崗遺跡でセイマ・トルビノ青銅器群に類する矛が，灰坑から数件まとまって発見された。これは，中原において草原地帯の青銅器との明瞭な関連を示唆するものとして，二里頭遺跡出土の刀子（中国社会科学院考古研究所二里頭隊 1983）とともに注目されたものである。この種の矛についての一連の研究が，2015 年前後に各誌上で発表された（林梅村 2014, 2015, 2016, 劉翔 2015, 胡保華 2015, 高江涛 2015）が，そこでは前に挙げた青海省沈那，河南省下王崗出土品に類するものが，他にも報告されており，各資料について金属成分分析も行われている（劉瑞ほか 2015)。後述のように，分類において異論はあるものの，この種の矛がセイマ・トルビノ青銅器群のそれに由来し，草原地帯と中原を含めた中国との関わりを示すという考えは，現在，中国において広く認められている見解である。

以上のように，初期青銅器にみられる西方からの影響は複合的なものと考えられており，一方で，青銅器の発見数の多い甘粛西部を中心に，新疆，長城地帯の青銅器の独自性を見いだすのが共通した見解である（林澐 2002, 梅建軍・髙濱 2003 など）。しかしながら，当該段階の青銅器の伝播ルートのより詳細な想定となると，若干の異論がある。ひとつは新疆を経由した長城地帯への東西ルートを，その後（前2千年紀後半）における南シベリアと長城地帯という南北のつながりと対比的に捉える説（Mei 2003）である。一方では，当該段階においても新疆，長城地帯と南シベリアの関係を認める説（佐野 2008, 宮本 2008a）も存在する。また林澐は，前2千年紀かそれ以前から新疆北部における3つの流域の河谷が，東西交渉において重要な位置を占めていたことを指摘した。林澐はアンドロノヴォ文化およびセイマ・トルビノ青銅器群が新疆北部を通じて東に影響したとする一方，カラスク式短剣はオルドス地区に起源し，新疆北部から西へ伝達したと考えている（林澐 2011）。他では，ユーラシア各地域における冶金術の受容に関する論攷においても，新疆，長城地帯とユーラシア草原地帯の青銅器を関連づける梅建軍らの説は引用されている（Roberts et al. 2009）。

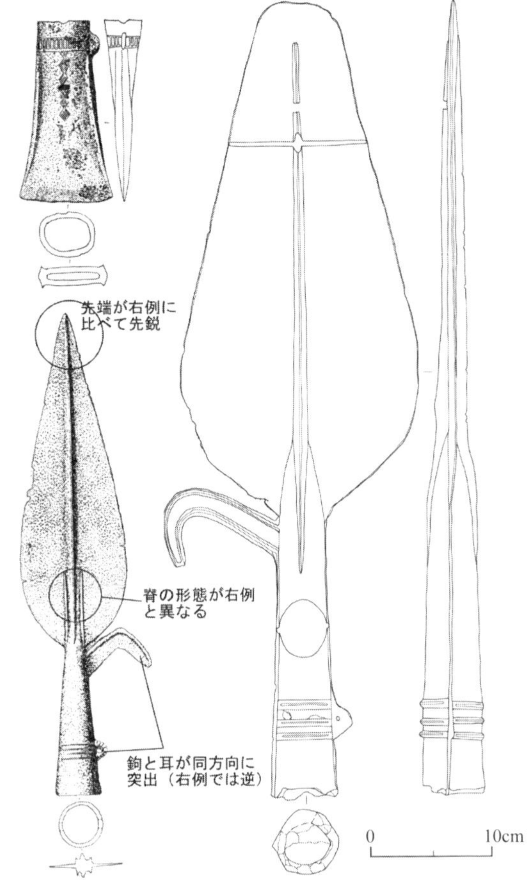

図 1-8　セイマ・トルビノ青銅器群（左）と初期青銅器の矛（右）

セイマ・トルビノ青銅器群の西漸説

セイマ・トルビノ青銅器群とは，前2千年紀前半にバイカル地方からフィンランド付近のユーラシア草原森林地帯に広がる特定の青銅器群である。この青銅器群は，EAMP が，黒海周辺の青銅器文化を起源に，西から東へ広まってくるのに対し，アルタイ付近に起源をもち，そこから西へ広がったとされている（図 1-9）。当該青銅器群は，EAMP の非常に早い段階と同時期に成立しているにも関わらず，複雑な器形や錫青銅といった，EAMP からは純粋には辿れない技法を多くもっており，ヨーロッパを含めたユーラシア全体における冶金拡散を考えるうえで独特のものとして注目されてきた。セイマ・トルビノ青銅器群のほとんどは，青銅武器を副葬する墓や青銅器単独の発見である。また，セイマ・トルビノ青銅器群の後，同範囲にサムシ・キジロボ青銅器群が拡散する。サムシ・キジロボ（Samus-Kizhirovo）青銅器群はセイマ・トルビノ青銅器群とは対照的に集落から鋳型がよく発見され，分布範囲もセイマ・トルビノ青銅器群より狭いという。セイマ・トルビノ青銅器群の西漸は，古くはギンブタス（Gimbutas 1957），ティホノフ（Тихонов 1960）らによっても唱えられているが，総合的に検討を加えたのはチェルヌィフらであろう（Черных, Кузьминых 1989）。チェルヌィフの論は藤川繁彦や髙濱によっても日本に広く紹介されているが（藤川 1999, 髙濱 2000b, 2006a），以下に簡単にまとめておこう。

前述のように，チェルヌィフら（Черных, Кузьминых 1989）は，セイマ・トルビノ青銅器群とEAMP（ユーラシア冶金圏）を区別し，後者は黒海を中心とする冶金圏（CMP）から派生し東漸したとする一方，前者はアルタイ付近に起源をもち東西に影響したとする。セイマ・トルビノ青銅器群の主体となったのは戦士かつ冶金技術者の集団であったという。一方，クジミナ（Kuzmina 2004, 2007）は，セイマ・トルビノ青銅器群について，ユーラシア草原地帯西部に主体のあるアヴァシェボ（チェルヌィフの論ではEAMPの早い段階）とセイマ墓地にみられる東方的影響の結果とする。東方的要素に関しては，東カザフスタン付近のアンドロノヴォ文化フェドロフカ（Fedorovka）型（チェルヌィフの論ではEAMPに包括されるが，アヴァシェボよりは時期的に晩い）にその起源があり，そこから拡散したとされる。クジミナによればセイマ・トルビノ青銅器群の一部はチェルヌィフがEAMPに含める文化から発生したことになっている。なお，クジミナは人の移動は主張するものの，戦士集団に関しては否定的である。しかしながら両者はウラル以東からの要素や影響を指摘することでは共通している。その大きな根拠は錫青銅の流行であり，豊富な錫鉱源を東カザフスタンやアルタイなどに求めるところから，このような見解をとるのである。セイマ・トルビノ青銅器群の起源を東方に置くことでは，ギンブタスも同じである（Gimbutas 1957）。ギンブタスによれば当該青銅器群の有銎斧は，石器の原型から直接発展し，北アジアの東方（アルタイ以東）に起源が求められるという。

セイマ・トルビノ青銅器群の青銅器には，有茎の刀子や装身具など，器形が単純で型式学的操作が難しいものも存在するが，矛や有銎斧（「有銎」とは柄の差込口がソケット状になっていることを指す。矛は一般的に有銎であるから単に矛と記す。）は，特徴的な形をもち，まとまった数量が発見されている。例えば，矛のあるものは，脊の基部がフォーク状に分岐し，鉤状のものが柄の片方からとび出す特徴をもつ（図 1-8 左下）。また，有銎斧は銎口部が丸く，器

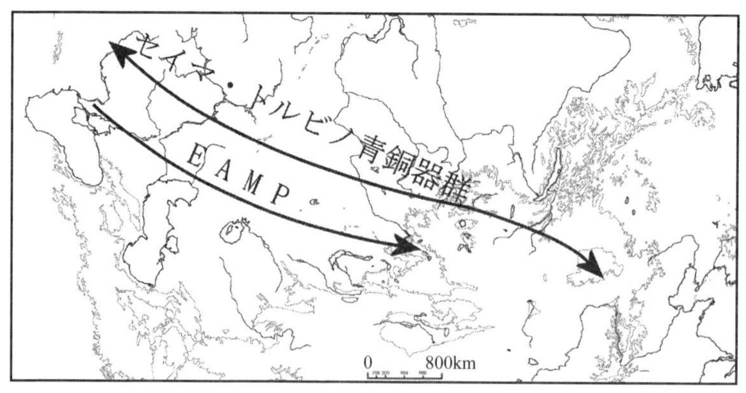

図 1-9　学史に基づく前 2 千年紀半ば以前のユーラシア草原地帯

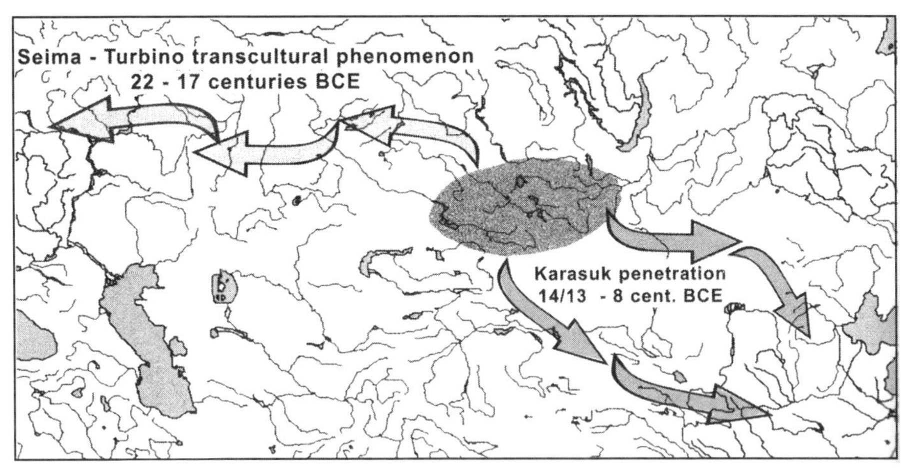

図 1-10　チェルヌィフによる前 2 千年紀以降の冶金拡散状況

身両端がエッジ状に立ち上がるものが多い（図 1-8 左上）。一方で，後続するサムシ・キジロボ青銅器群は，セイマ・トルビノ青銅器群と類似するが，矛ではフォーク状の基部が変化する。有銎斧では孔の開かない耳（偽耳）を伴うほか，分布もやや異なるといわれる。さらに，チェルヌィフは青銅器の金属成分分析および形態上の特徴から，例えば有銎斧では，装飾が多く，耳が付されるものは東に多いというような，セイマ・トルビノ青銅器群に関する東西の地域差も指摘している。

なおチェルヌィフは次段階の SEAMP（the Steppe East Asian Metallurgical Province：東部アジア草原冶金圏）の発生に関しても，セイマ・トルビノ青銅器群との関連を示唆し（Chernykh 1992, 2008, 2009a, b），アルタイ付近に前 2 千年紀以降の青銅器文化の中心を継続して置いている（図 1-10）。初期青銅器をはじめとして，モンゴリアにセイマ・トルビノ青銅器群の影響をみる考えは多く存在するが，その際にチェルヌィフによる戦士集団移動モデルをどのように考えるのかについては言及がないことが多い。

セイマ・トルビノ青銅器群とその集団

セイマ・トルビノ青銅器群が拡散した背景や，当時の社会状況に関する学史をまとめておこう。チェルヌィフら（Chernykh 1992, Chernykh et al. 2004）は，セイマ・トルビノ青銅器群が，冶金技術者と戦士（騎馬）を有する小集団が拡散させたものであると考えている。セイマ・トルビノ青銅器の矛などの武器，骨製防具などが含まれる墓は，軍事的性質をもつとされる。これに対してクジミナは，当該段階における騎馬の存在を示すデータはないとし，各地における冶金の発達状況からみても，常時的戦闘集団でなく，定住的であったとする。したがって，集団全体の移動には否定的で，金属（錫），金属器は，冶金技術者自身の移動，あるいは交換によって東から徐々に拡散したとする（Kuzmina 2004）。アンソニーは，セイマ・トルビノ青銅器群を有する諸文化が，土器，集落，墓葬儀礼において標準型をもたないことに注目し，ひとつの文化では捉えられないとする。その冶金技術は，シベリア森林草原地帯南部のエリート達によって受容されたとし，背景として，シンタシュタ（Sintashta）やペトロフカ（Petrovka）（同時代の他文化の墓地）のエリート達との競合を示唆している。アンソニーは，チェルヌィフ同様，当該青銅器群がイリテシュ川上中流域，アルタイ山脈西麓に最初に出現し，西へ拡散したとする。また，本書第２章で分析を行うロストフカ墓地についても，最も早い段階の墓のひとつとして評価している（Anthony 2007)。各地域が青銅器を受容したとする考えは，フラチェティによっても指摘されている。フラチェティはセイマ・トルビノ青銅器群拡散の背景として，季節移動を行う諸集団による相互関係を挙げ，各地域集団個別のネットワークによる伝達を示唆する（Frachetti 2008)。コリャコーバ，エピマホフは当該青銅器群について，エリート戦士のもと，冶金を行ういくつかのクラン集団が北，西方向へ移動しつつ，コロニーを形成していったと考えている。起源地（アルタイ）から遠く離れたコロニーでは，在地の土器や住居を用いていた可能性を示唆する（Koryakova, Epimaknov 2007)。セイマ・トルビノ青銅器群拡散の背景や，青銅器群を有する集団に関して考えられてきたイメージはおおよそ上のようなものである。次に，セイマ・トルビノ青銅器群とは区別されるが，ほぼ同時期（前２千年紀初頭頃）において，当該青銅器群の分布範囲でもあった東南ウラル地域における社会像についての研究に言及しておこう。これらはセイマ・トルビノ青銅器群の評価と幾分関わると考えられる。

東南ウラル地域における社会像

前２千年紀初頭の東南ウラル地域では，シンタシュタ文化が形成され，要塞化された集落（図1-11）や，金属器，車輛を伴う墓葬が発見されているが，その評価については様々である。アンソニーは，社会，政治的変化における刺激剤としての戦争を重視し，シンタシュタ文化における要塞化集落，武器，戦車は，戦争の増加を示していると考える。前３千年紀半ば以後，定住化が進むとともに部族集団の軋轢が増加し，公共儀礼における贈与物獲得のための交易が促進されたという（Anthony 2009)。そして，シンタシュタ文化における動物，車輛，武器の供犠を階層化の根拠としている（Anthony 2009)。もっとも，アンソニーが戦争の増加の根拠とした戦車（車輛）については，様々な批判があり，荒は現地の資料を検討しつつ，戦車としての利用には慎重な立場をとっている（荒 2014)。コールは動物犠牲を伴う墓から，ある程度の社会複雑化を想定し，新進化主義でいう首長制よりも，軍事民主制（military democracy）のある種の形態を，より適切な概念として挙げている（Kohl 2007)。また，馬具・車輛が輸送や戦争の進展を示す可能性を説き，武器のあるものは実用品としては小さすぎる

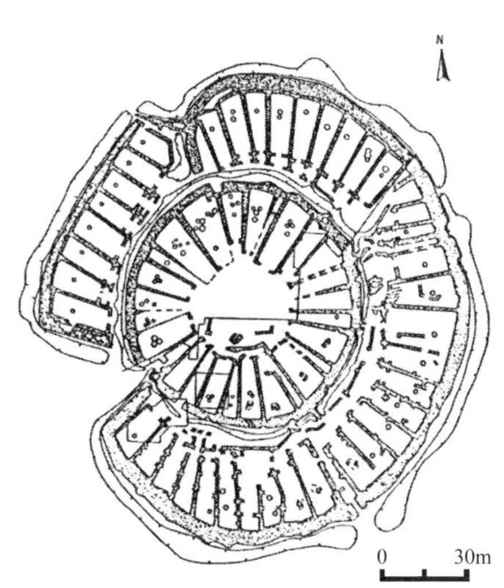

図 1-11　アルカイム（Arkaim）集落

ことは認めつつも，儀礼用具だけでなく，多くの武器が実用であったとした（Kohl 2007）。コールは，青銅器の実用化を，本段階以後の後期青銅器時代から鉄器時代への変化において重視する（Kohl 2007）。アンソニーやコールのように，青銅器の実用化やその武器としての発達を重視すれば，前 2 千年紀の初頭から，明確な武器，階層化を伴う初期鉄器時代（「初期遊牧民文化」期）へと続くような変化がすでに起きていたことになる。

一方で，エピマホフは，ウラル地域の青銅器時代全体として，かなり複雑化した社会組織を見込むのは難しいとする。当時の人口の小規模性や墓におけるランク区分の欠如は，社会階層化をそれほど示さないとしている（Epimakhov 2009）。シンタシュタの社会における，軍事的エリートの存在は，集落の要塞化，個人的武器などから想定できるが，その後は新たな領域的資源，内的衝突の欠如により，階層区分より，水平的（親族的）秩序に沿って社会発展したとする（Epimakhov 2009）。また，コリャコーバとの共著においても，エリートの不安定性や共同儀礼に言及しており（Koryakova, Epimaknov 2007），エリートと他の社会成員との差はそれほど見積もられていない。ただし，エピマホフは，セイマ・トルビノ青銅器群を含む段階は，威信的経済だけでなく，経済全体に金属器が関わってくるとしており（Koryakova, Epimaknov 2007），この点では上述のコールの論（Kohl 2007）と類似する。なお，エピマホフは首長制のような一般的な概念で説明するよりも，当該地域独自の社会変化モデルの重要性を説いている（Epimakhov 2009）。直線的な社会複雑化を想定しない面ではフラチェティも共通する。フラチェティは，当時の移動性牧畜民における組織の非安定性を指摘し，それぞれの社会の戦略によって社会，政治的成長，退行がみられるという（Frachetti 2009）。そして，ユーラシア草原地帯においては多様な各集団の経済，社会的利害が共存しており，集団間で社会のある部分についての共有化は生じても，社会全体を共有することはない，非画一性（non-uniformity）を特徴として挙げる（Frachetti 2009）。東南ウラル地域について，シンタシュタなどのある種の社会については，中央化，階層化された「首長制的政体（chiefdom-like polity）」の特徴を示すが，それに隣接する地域における移動牧畜民や冶金技術者としての集団は，そのような中央化した社会とは制度的には区別されるとする。また，シンタシュタの組織も数百年で分散化してしまうことから，制度的結合，分散が時期を通じて変動するとしている（Frachetti 2009）。ズダノヴィッチらはシンタシュタにおける階層化とエリートの存在を示唆するが，要塞集落は全体のシンボルであり，階層は隠されていること，墓に富の集中はみられないことから，エリートの経済的権力は弱かったとする（Zdanovich, Zdanovich 2002）。一方で，一定の階層化は，シンタシュタだけでなく，ユーラシア草原地帯全体の新たな段階を示唆するという（Zdanovich, Zdanovich 2002）。

以上のように，戦士やエリートの出現は，セイマ・トルビノ青銅器群に限らず，前 2 千年紀のユーラシア草原地帯の少なくとも一部の地域において，しばしば行われる解釈である。しかしながらエリートの安定性，階層性の程度に関しては，多様な見解が存在しており，金属器の実用化もその評価に幾分関わっているといえる。

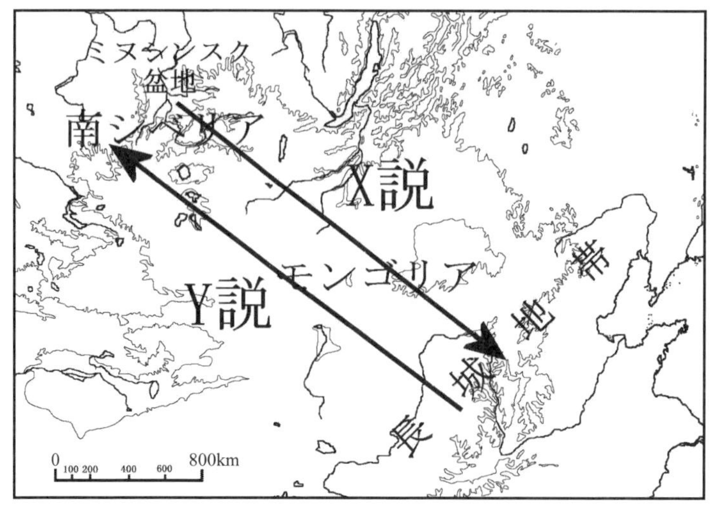

図 1-12　学史におけるモンゴリアと南シベリアの関係

2.　前 2 千年紀後半，いわゆるカラスク期に関する議論

モンゴリアと南シベリアの関係についての諸説

前 2 千年紀後半には，長城地帯を含めたユーラシア草原地帯東部全体で前段階と比較してかなりの量の青銅器の分布が知られるようになる。この時期のミヌシンスク盆地を中心とする南シベリアでは大量の青銅器が発見され，それらはカラスク文化の所産とされる。カラスク文化のものと類似するモンゴリアの青銅器も，カラスク青銅器と呼ばれる場合がある（Новгородова 1989）。また，チェルヌィフは SEAMP（東部アジア草原冶金圏）の出現と拡散を主張し，それはカラスク文化，それと同段階のモンゴリアの青銅器双方を含んだものである（図 1-10）（Chernykh 1992, 2008, 2009a, b）。

カラスク期の青銅器の起源やその動向を語るうえで最も重要なのは，当該期におけるモンゴリアと南シベリア（カラスク文化）の関係についての議論である。青銅器の類似性から見いだされる，両地域の関係は，カラスク文化全体の発生および，かつてカールグレン（Karlgren 1945）とラー（Loehr 1949, 1951）の間で行われた，中原とシベリアにおける動物紋様の起源の議論にも関わるものである。カラスク文化の発生に対しては，かつて大きく 2 種の説が唱えられていた（図 1-12）。

X 説：カラスク文化は南シベリア，特にミヌシンスク盆地の在地，あるいはより西方の文化（ルリスタン（Luristan）など）に起源をもち，ミヌシンスクで在地的に発展したという説（Членова 1972a, 1976, Максименков 1975）。

X 説に含まれるものとして，例えば，レグランドは南シベリアにおけるアンドロノヴォ文化とカラスク文化の継承性を，土器と墓葬の分析から示している。冶金に関しても，東方（モンゴリア）に対するミヌシンスク盆地の影響の大きさが指摘されている（Legrand 2006）。チェルヌィフも前段階のセイマ・トルビノ青銅器群に引き続き，SEAMP の起源や拡散におけるアルタイやミヌシンスク盆地の影響力の強さを主張している（Chernykh 2009b）。

Y 説：カラスク文化は，その南部（モンゴリアや長城地帯など）の文化の影響を強く受けて成立したとするもの（Новгородова 1970, Volkov 1995, 田広金・郭素新 1988, 烏恩 2007）。

ノヴゴロドヴァはモンゴリアからミヌシンスク盆地への集団の移動を想定し，ヴォルコフも同様に南から北への影響を考えている。Y 説は中国の研究者らによって支持される場合が多い。特に前 2 千年紀半ばに位置づけられる内蒙古自治区朱開溝遺跡の青銅剣や刀子に基づいて，長城地帯の青銅器文化が南シベリアのカラスク文化に先行することが示唆される。

X 説をとれば，前段階に引き続き南シベリア付近を，ユーラシア草原地帯における青銅器文化の中心のひとつとして，きわめて高く評価することになろう。一方で，Y 説の場合は，ユーラシア草原地帯の最も東に位置し，直前まで初期青銅器段階にあった長城地帯を含むモンゴリアに，新たな青銅器文化が独自に発展し，拡散したことになる。このように，X・Y 説は，ユーラシア草原地帯の東部における青銅器文化の形成，拡散について言及する場合，きわめて重要な問題なのである。

本書で明らかにしていくように，筆者の一連の研究（松本 2009a, 2012, 2014, 2015）によって，この議論については，現在ではほぼ解決されたものとなっている。しかしながら，近年出されている論攷においても，X・Y 説の解決が見過ごされたままになっている状況を鑑み，以下では両説の議論に基づいて学史を詳細にまとめることにする。その後，最近提示されている説，そして南シベリアにおけるカラスク文化そのものについての議論をまとめることにしたい。X・Y 説は物質文化全体を取り扱うものであり，青銅器はその一部分である。しかしながら，青銅器は両説の中で非常に重要な位置を占めている。南シベリアから長城地帯をまとめて説明するには，広汎にかつ比較的数多く分布する資料が必要であり，青銅器の特に剣と刀子がそれに最もよく適合するからである。

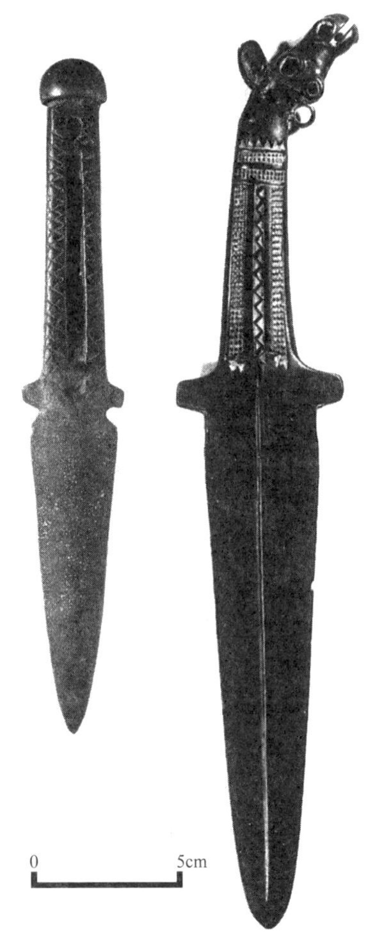

図 1-13　カラスク式短剣（左）と曲柄剣（右）

剣と X・Y 説

カラスク式短剣という特徴的な剣を紹介したい（図 1-13 左）。その多くは，傘型（または茸形）の柄頭（柄の先端部）をもち，柄にはスリットが入り，それを渡すブリッジが何箇所かにかけられる。この種の剣は南シベリアのミヌシンスク盆地で多く発見され，カラスク文化の所産と考えられているが，科学的発掘に基づくものはほとんどない。一方，長城地帯でもカラスク式短剣はみつかっており，そこでは中原の彝器，武器と共伴する例があって，おおよその年代を知ることができる。例えば，カラスク式短剣を副葬する北京市昌平白浮墓（図4-9）は西周の早期から中期併行に位置づけられている。カラスク式短剣は，商代併行に確実に遡る遺跡からの出土例がない。そのかわり，商代併行の遺跡からは曲柄剣（図1-13右）が発見される。そこで，商代併行の曲柄剣と，西周併行に位置づけられるカラスク式短剣の関係が，上記X・Y説での議論の対象となってきた。

チレノヴァは，カラスク式短剣の起源をイランあるいはカフカスに求め，それがミヌシンスクに入ってからの在地的発展を考えた（Членова 1976）。その論では，カラスク式短剣はモンゴリア周辺に分布する曲柄剣とは排他的な関係にあり，両剣は系譜関係をもたないことになっている。ラーはカラスク式短剣を長城地帯で最古の短剣とし，それがより多く発見される南シベリアにその起源を求めた（Loehr 1949）。このように，X説ではカラスク式短剣の南シベリアでの在地的発展，およびカラスク式短剣と曲柄剣とが系譜関係をもたないことが重視されている。また楊建華は剣を柄頭形態によって分類し，茸柄頭剣（ここでいうカラスク式短剣）の起源をミヌシンスクに，獣首，鈴首剣（ここでいう曲柄剣）の起源をモンゴリアに考えた（楊建華2008）。李剛も柄頭を基準に分類し，楊建華とほぼ同様の結論に至っている（李剛2011）。楊建華や李剛の論攷では両剣に系譜関係を認めないのであるからX説に近いが，南シベリアにおけるカラスク式短剣の発生については不問に付されている。李剛はカラスク式短剣の流入後，曲柄剣は消失したとしており，一方で楊建華はそれほどの排他性とは捉えていないようである。他では，八木聡は，長城地帯の短剣を編年するなかで，曲柄剣とカラスク式短剣を別系統の型式であるとしたが，学史上のX・Y説に対する評価は行っていない（八木2014）。

一方のY説であるが，ノヴゴロドヴァはカラスク式短剣の変遷が鍔部の発達によって追えるとし（I，II，III類），最古のカラスク式短剣がモンゴリア的要素を有していることを示した。したがって，カラスク式短剣はモンゴリアからの影響を強く受けて成立した遺物の一群に含められている（Новгородова 1970）。烏恩は曲柄剣（I型）とカラスク式短剣（IIA型）の系譜関係について明言はしていないが，カラスク式短剣が長城地帯で先行することを示唆した（烏恩1978）。内蒙古オルドスの朱開溝遺跡（図4-8）で前2千年紀半ばに遡る，いわゆる北方系の短剣と刀子が発見されると，Y説への支持はさらに強まる。田広金，郭素新は，曲柄剣とカラスク式短剣の起源を朱開溝遺跡の剣に求め（田広金・郭素新1988），烏恩も同様である（烏恩2007）。同じく林澐も，カラスク式短剣の最も古いものを朱開溝の短剣とし，南シベリアに伝わったとしているので，Y説といえよう。ただし林澐は前述のように，伝播経路の中継地としての新疆北部を重視している（林澐2011）。他では，李明華が烏恩の説を支持しており（李明華2011），典型的なY説である。以上のようにY説では，長城地帯を中心に，カラスク式短剣が曲柄剣からスムースに移行することや，年代的に長城地帯のカラスク式短剣が南シベリアより早いことが重視される。以上のように，X・Y説では，曲柄剣およびカラスク式短剣の形態に基づく系譜関係，および長城地帯を中心とする年代的位置づけが非常に重要な位置を占めている。

次にX・Y説どちらかの立場に直接関わるわけではないが，両説にとって重要な論攷を挙げておく。高濱は諸外国の博物館に所蔵される採集資料も含めた分類を行った際，型式をやや緩やかに捉えつつ，曲柄剣（AI，AII類）とカラスク式短剣（BI，BII類）を大別した（高濱1983）。そして，曲柄剣がおもに長城地帯を分布の中心とし，それが全体として後出のカラスク式短剣の文化伝統とは異なることを示唆する一方で，両剣の中間タイプの存在も示した。高濱のA，B両類は主に柄の断面形態により区分され，BI類（断面C字形の柄），BII類（扁平の柄）に関しては時期差が想定されている（高濱1983）。さらに高濱は，カラスク式短剣を含む長城地帯における西周併行の器物に，スキト・シベリア文化（「初期遊牧民文化」）につながる要素を見いだした（高濱1995）。宮本一夫はエルミタージュ美術館の資料を検討するなかで，カラスク式短剣（A2式）が主にミヌシンスク盆地に分布する一方，曲柄剣（B1式）が長城地帯に主体をもつことを確認しており，基本的に高濱の分類案と共通している（宮本2007）。さらに，中間タイプ（I式）を介した曲柄剣からカラスク式短剣への発生，またカラスク式短剣の生産がミヌシンスク地方に中心をもち，そこから長城地帯に影響したこと，そしてカラスク式短剣の一種と考えられる銅剣（III式（宮本2007），BII類（高濱1983））もミヌシンスク盆地などの内陸部で発達したことを示唆した。高濱，宮本はX・Y説に関して慎重な立場であるが，その分類は両説にとって重要な位置を占めている。高濱の成果は，曲柄剣とカラスク式短剣の型式的排他性と，一部での中間タイプの存在を，中国側の年代とともに示した点にあるといえる。その成果を基礎に，宮本は長城地帯を中心とする曲柄剣からミヌシンスク盆地を中心としたカラスク式短剣の発達と，そのカラスク式短剣の長城地帯への影響を示唆するに至っている。このように宮本はX・Y説両方の影響を認めているのであるが，青銅器文化の中心は長城地帯にあり，モンゴリアからのベクトルの方が強いと考えている（宮本2008a）。なお，曲柄剣を殷（中原）的なものと捉える見解（李亨求1984, 甲元1991）もあるが，この種の青銅器がモンゴリアを中心とする長城地帯以北に広くみられる一方，殷墟ではむしろ異質であることはおおよそ認められるところとなっており，近年ではこれらを支持する論攷はあまりみられない。

刀子とX・Y説

ここで言及する刀子は柄と刃部を含む本体が一鋳のものである。キセリョフは南シベリアにおける刀子を大きく形態から3種に区分した（屈曲型，凹型背型，弧形背型）[5)]。このうち屈曲型はカラスク文化に後続するタガール（Tagar）文化や，南シベリア以外（モンゴル，長城地帯）ではほぼみられない。そしてこの屈曲型と弧形背型の関係をどう考えるかで大きく見解が分かれる（図1-14上）。X説をとるチレノヴァは屈曲型から弧形背型への漸移的変化を考える（Членова 1972a）。一方，Y説の代表であるノヴゴロドヴァは，南シベリア由来の屈曲型とモンゴリア起源の弧形背型に関して，両者の排他性を主張する（Новгородова 1970）。烏恩もミヌシンスクにおける刀子は屈曲型が主であることに注意し，それ以外の刀子については年代的に早いモンゴリア起源を考えている（烏恩2008）。呂学明も烏恩の考えに同意し，モンゴリア

5)　これらの訳語に関してはすでに高濱によるもの（高濱1980）があり，それに従う。

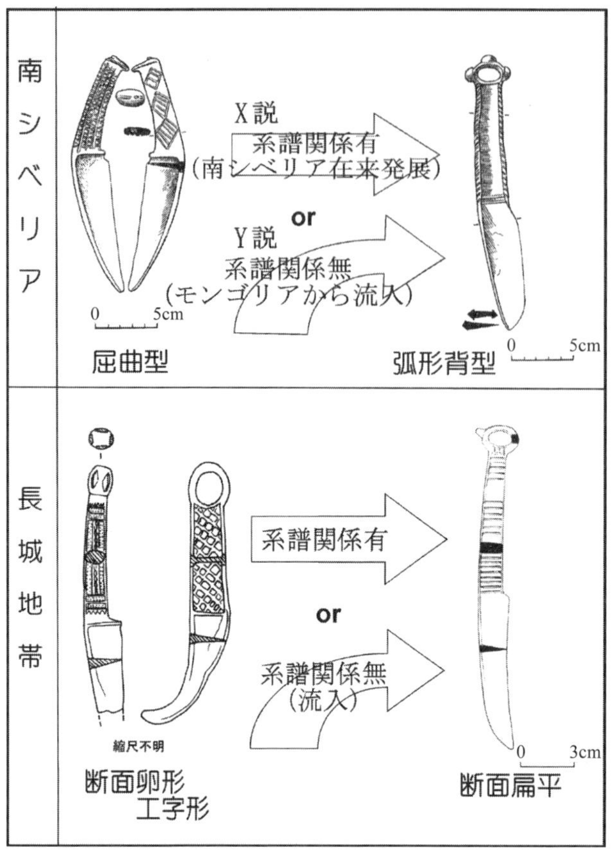

図 1-14　学史における刀子の系譜関係

では刀子の発展が明確に辿れるとしている（呂学明 2010）。

ここでも，X・Y 説の明確な立場をとるわけではないが，両説に関わるものを紹介しよう。特に長城地帯において刀子の研究は盛んであるが，すでに述べたように，長城地帯を含むモンゴリアに屈曲型はほとんどないので，それ以外を細分することになる。江上波夫，水野清一は柄の形態（断面が扁平なもの（第一類），断面が工字形のもの（第二類））によって全体を二分した後，柄頭によって双方を細分している（江上・水野 1935）。この大別両類が年代差をある程度反映しているものとして捉え，中国やロシアにおける出土品との対比を行ったのは髙濱である（髙濱 1980, 1997a, 2005b）。髙濱は断面工字形や卵形の刀子が商代併行に遡ること，また断面が扁平なもののうち柄に幾何学紋を伴うものは，南シベリアのカラスク文化のものと類似性が高く，中国出土品では北京西撥子デポ（西周後期併行）（図 4-88）と比較しうることを示した。以上の諸研究で重視されてきた柄の断面形（工字形，卵形，扁平）は，型式（属性の複合）としては確認されていないが，髙濱の示した年代と矛盾するような資料はその後の中国出土資料でもほぼなく，また，南シベリアでカラスク文化に後続するタガール文化においてほとんどの刀子の柄断面は扁平であることから，現状ではこの属性が年代を示す最も有効な指標である可能性が高い。ただし，この両断面形をもつ刀子が各々同一組列上にあるのか，異なった系譜をもつものかは明らかになっていない（図 1-14 下）。柄の断面を分類基準に用いない論攷として楊建華，李剛のものがある。楊建華は柄頭で刀子を区分し，獣頭や鈴首を柄頭にもつものはモンゴリアに，カラスク式短剣と同じ茸形（傘形）のものはミヌシンスクに起源を求めた。数量的には最も多い環状柄頭の刀子に関しては，起源地に関して明確な言及を避けている（楊建華 2008）。李剛は有茎，一鋳で刀子を大きく二分した後，柄頭形態で細分を行った。茸形（傘形）柄頭をもつものはミヌシンスクに起源を求め，チレノヴァのように屈曲型から弧形背型への変化を考えている。一方，獣首刀はモンゴル西部に分布する鹿石上によくみられるとし，そこを起源地とした。李剛はこれらのカラスク文化および鹿石文化の要素が前 2 千年紀後半に黄河中下流域に浸透したとしており，剣で考えた獣頭をもつ曲柄剣とカラスク式短剣のような排他性には言及していない（李剛 2011）。後述のように，獣頭や傘などの形態をもつ柄頭は少数であり，大部分は環形など単純かつ後代まで存続する変異で占められている。したがって，柄頭を主要な分類基準とすると，資料の大半を評価できない危険性に陥ることを先に指摘しておこう。

ユーラシア草原地帯におけるカラスク期の位置づけ

以上のような X・Y 説によって長らく論じられてきた，カラスク期の青銅器は，ユーラシア草原地帯全体ではどのように考えられるのだろうか。これらの青銅器を草原地帯全体の青銅器時代の中で位置づけているものとして，チェルヌィフの論攷が挙げられよう（図 1-5）（Chernykh 2008, 2009a, b）。上にも述べたように，チェルヌィフによれば，前 2 千年紀後半に，SEAMP（Steppe East Asian Metallurgical province：東部アジア草原冶金圏）がアルタイ，ミヌシンスク盆地を中心として広がりをみせる（X 説）。SEAMP はセイマ・トルビノ青銅器群とも関わりをもつというが，草原地帯西部から拡散してきた EAMP とは異なるものである。チェルヌィフは，この SEAMP の拡散段階において，前 5 千年紀以来形成されてきた「草原地帯（steppe belt）」の成立を唱える。

楊建華，邵会秋らは，チェルヌィフとは異なり，アルタイや南シベリアからの一元的拡散ではなく，モンゴリア（長城地帯）からの影響を重視するものの，南シベリアからの影響も一応は考えている（楊建華・邵会秋 2014）。しかしながら，前 2 千年紀後半に，南シベリア，モンゴリアを含み込むひとつの青銅器文化圏を設定し，それが後代へと続く基礎となったと考えている点で，チェルヌィフのモデルと大きく異なるものではない（図 1-15）。また楊建華らは，有銎闘斧の検討において，ユーラシア草原地帯で東西の大きく異なる伝統が相対する構図（図 1-16）を示しており，草原地帯東方の伝統は基本的にひとつと考えている（邵会秋・楊建華

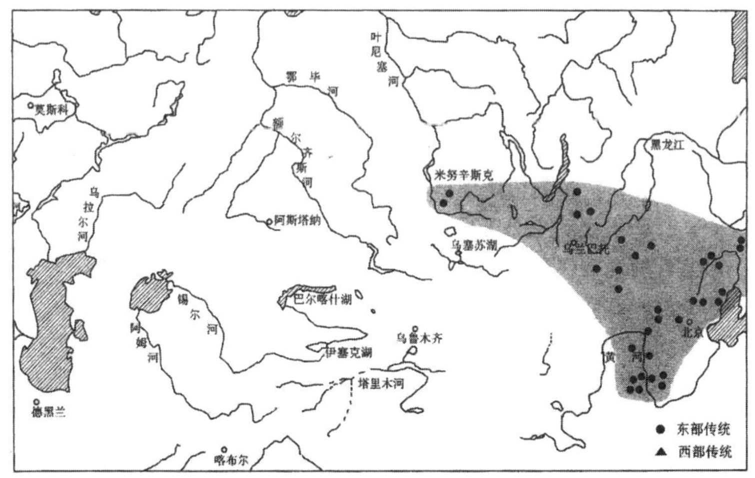

図 1-15　楊建華，邵会秋による「中国北方冶金区」の範囲

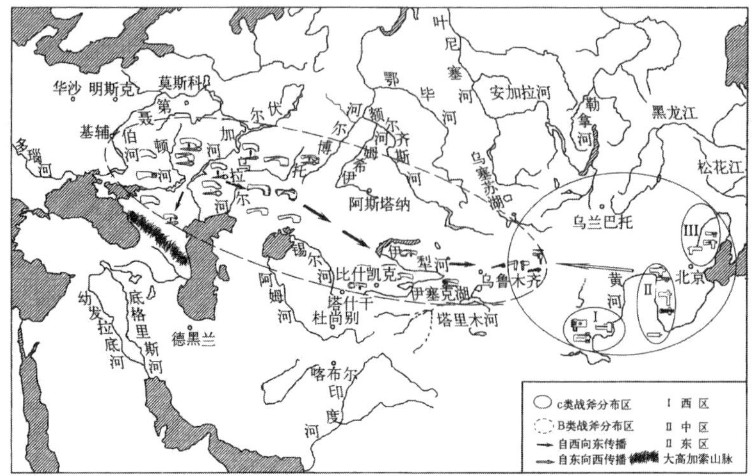

図 1-16　邵会秋，楊建華による有銎闘斧の動態

2013)。他では，林澐も東西双方向の相互交流を示している。例えば，アンドロノヴォ文化およびセイマ・トルビノ青銅器群が新疆北部を通じて東に影響したとする一方，カラスク式短剣は長城地帯のオルドス地区に起源し，新疆北部から西へ伝達したと考えている。そして，前2千年紀あるいはそれ以前から，新疆北部における3つの流域の河谷が，東西交渉において重要な位置を占めていたことを指摘した（林澐 2011)。李剛はユーラシア草原地帯におけるチェルヌィフの段階区分に沿った形で，長城地帯や新疆における様々な外来要素（草原地帯，イラン，カフカス，西アジアなど）を指摘，その伝播経路を想定した。論中では楊建華らに比べて，西からの影響が強調される場合が多い（李剛 2011)。また，中村大介は草原地帯から中国東北地方における当該期の鋳型について詳細に検討しており（中村 2014)，朝鮮半島から日本列島の青銅器を，ユーラシア草原地帯も含めたなかで理解しようと試みる論攷も増えつつある（宮本 2013, 小林 2014)。

上記以外の青銅器研究

X・Y 説とは別の視点で青銅器文化を論じたものでは，長城地帯における地域性抽出の研究が挙げられる。林澐は長城地帯における当該段階の青銅器に関して，太行山脈を挟んで東西で大きく地域性があることを指摘した（林澐 1987)。宮本はモンゴリアのうち長城地帯において，甘粛・青海を中心とする西部と，内蒙古中南部以東の東部で青銅器の質的差異が認められるとし，このうち後者が南シベリアとの結びつきが強く，前者は鉄器化による西部からの異なった文化伝播を想定している（宮本 2008a)。また，地域をさらに細分化していく傾向も認められる（三宅 1999, 李海栄 2005)。これらの研究では，青銅器の各器種について詳細に分類し，例えば上記の剣，刀子では柄頭の形態ごとに分類単位を見いだしている。三宅俊彦は抽出した分類単位がある一定の地域（オルドス地区，河北省北部，遼寧省西部等，現在の省あるいはその半分程度の空間）にみられることから，各地域の製作集団と独自の青銅器の出現を示唆した（三宅

1999)。李海栄や楊建華は遺跡が集まる一定の地域や時期に基づき「群」や「組合」を設定し，いくつかの群をその時期の土器文化に帰属させる。その後「群」「組合」における各種青銅器を分類し，各群における特徴や外部の青銅器文化（中原，シベリア等）との関係を論じている（李海栄 2005, 楊建華 2008)。また，エルデネバータルは，モンゴルにおける青銅器時代の遺物，遺構を総合的に整理し，当地独自の青銅器生産を示唆している（Erdenbaatar 2004)。ただし，ここでいわれる青銅器時代とは前2千年紀から匈奴の始まりまでを含むものである。

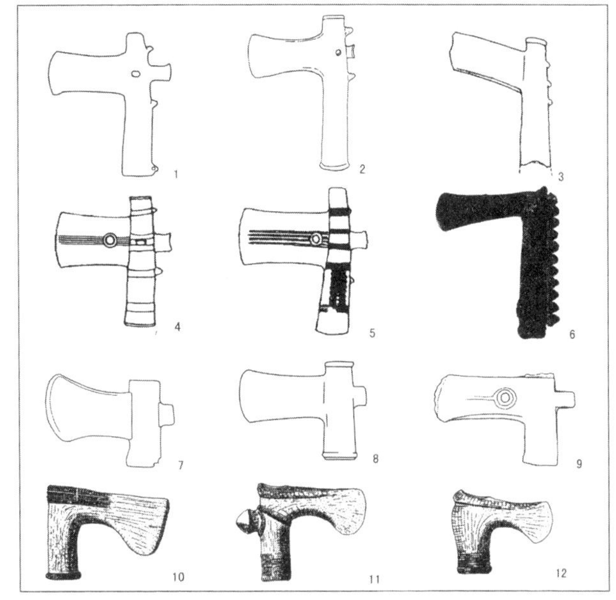

6, 10, 11, 12：イラン由来，他：長城地帯出土

図 1-17　李剛による有銎斧の対比

他では，ユーラシア草原地帯西部以西の青銅器と，長城地帯の青銅器が直接比較されることがある。例えば，有銎の縦斧で，一般に闘斧（battle axe）と呼ばれるものは，ユーラシア草原地帯に限らずヨーロッパや近東にも似たような形態のものが多く，その起源に関する議論は盛んである。前2千年紀前半の青銅器にもこの器種がすでにみられるが，前2千年紀後半のシベリア，モンゴリアにおける有銎闘斧は，斧身と逆に突出する，戈でいうところの内（ない）の存在を特徴とする（例えば，図 1-17-1, 2, 4, 5, 7, 8, 9 の各斧において，右方向に突き出ている小さい方形）（高濱 2000b)。高濱は内に相当する部分（以下，「内」部とする）の存在から，当該期に一般である有銎闘斧（以下本項において，特に限定せず「有銎闘斧」という場合，前2千年紀後半のモンゴリアに特徴的なものを指す）は，近東の斧と比較するよりも，ユーラシア草原地帯西部のシンタシュタ遺跡における有銎闘斧（図 4-69-b）と対比できるとする。林梅村も同様の対比を行っている（林梅村 2016)。一方で，朱永剛の場合，「内」部は中原の戈の影響とする（朱永剛 2003)。シンタシュタの年代は前2千年紀半ば以前にまで遡り，中原の内を有する戈も二里頭期には出現しているので，年代だけでは両論の当否は決められない。烏恩，林澐，李剛（図 1-17）は内の存在をそれほど重視せず，起源について，おおよその年代から中近東との関係を指摘する（烏恩 1985, 2008, 林澐 1987, 李剛 2011）が，比較対象地域があまりにも遠いのが難点である。邵会秋，楊建華は，ユーラシア草原地帯の有銎闘斧において，西部におけるものと，長城地帯，モンゴリアにおけるもの（「内」部がある有銎闘斧（邵会秋，楊建華らのC類）もこれに含まれる）を対比的に捉える（邵会秋・楊建華 2013)。前者はヨーロッパ伝統とされ，新疆までの東漸を考える一方，後者はアジア伝統であり，刃部先端が尖るもの（邵会秋，楊建華ら

のD，E類）に発展しつつ，逆に西へ拡散したと論じた（図1-16)。邵会秋，楊建華らは，アジア伝統と考えた有銎闘斧の起源について，近東との距離的隔たりを言及しつつ，両者の関係について否定はしていないが，モンゴリアの独自性を強調する。また，刃部先端が尖るものについては，有銎の啄と戈が結合してできたという林澐の説を継承し，中国北方（長城地帯）と中原文化の典型結合器物と考える。そしてその後，南シベリア，バイカルに伝わったとしている（邵会秋・楊建華2013)。刃部先端が尖る有銎闘斧について，キセリョフは中原（商代）の戈との関連を示唆する（Киселев 1951)。一方，グリシンは有銎闘斧について，南シベリアにおける発展を考えており，中原の戈には言及していない（Гришин 1971)。チレノヴァは南シベリア，長城地帯の有銎闘斧はいずれも，近東に起源すると考え，中原の影響については否定的である（Членова 1967)。また，楊建華，リンダフは山西省北部出土の匙形器について，黒海北岸における先スキタイ期の出土品との対比から馬具の鑣であるとし，両地域の馬具の相互発展および，モンゴリアにきわめて早くから馬具が存在するとした（楊建華・Linduff 2008)。しかしながら，匙形器が鑣であるとする根拠は，長城地帯（山西省北部）の吉県上東で同一墓から2件出土したこと以外にはなく，その評価は難しい。

ミヌシンスク盆地におけるカラスク文化研究の現状

カラスク文化は，モンゴリアとトゥバ（Tuva）からサヤン（Sayan）山脈を隔てて北に位置する，ミヌシンスク盆地を中心とし，おおよそ前2千年紀後半に栄えた文化である。この文化の命名者であるテプロウホフによるミヌシンスク盆地の編年は，梅原末治によって日本に紹介された（テプロウホフ1938）が，ほぼ同じ時期に江上，水野らは論攷「綏遠青銅器」において，スキタイ期以前，すなわちカラスク文化期に相当する長城地帯の時期を「綏遠青銅器文化前期」として初めて提唱した（江上・水野1935)。近年でも，カラスク文化，その特に青銅器について言及している研究はロシア国外でも多くみられるといってよい。しかしながら，それらでは

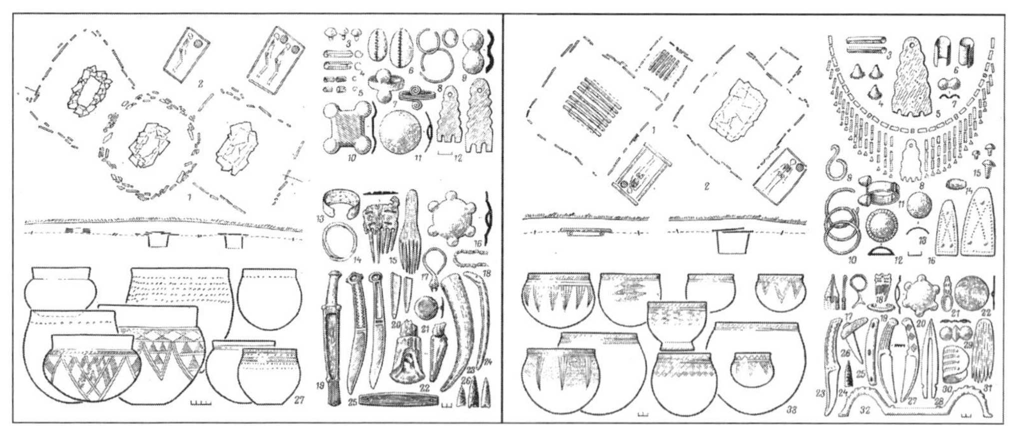

左：カラスク期，右：カミノロジ期

図1-18　バデツカヤによるカラスク文化の時期区分

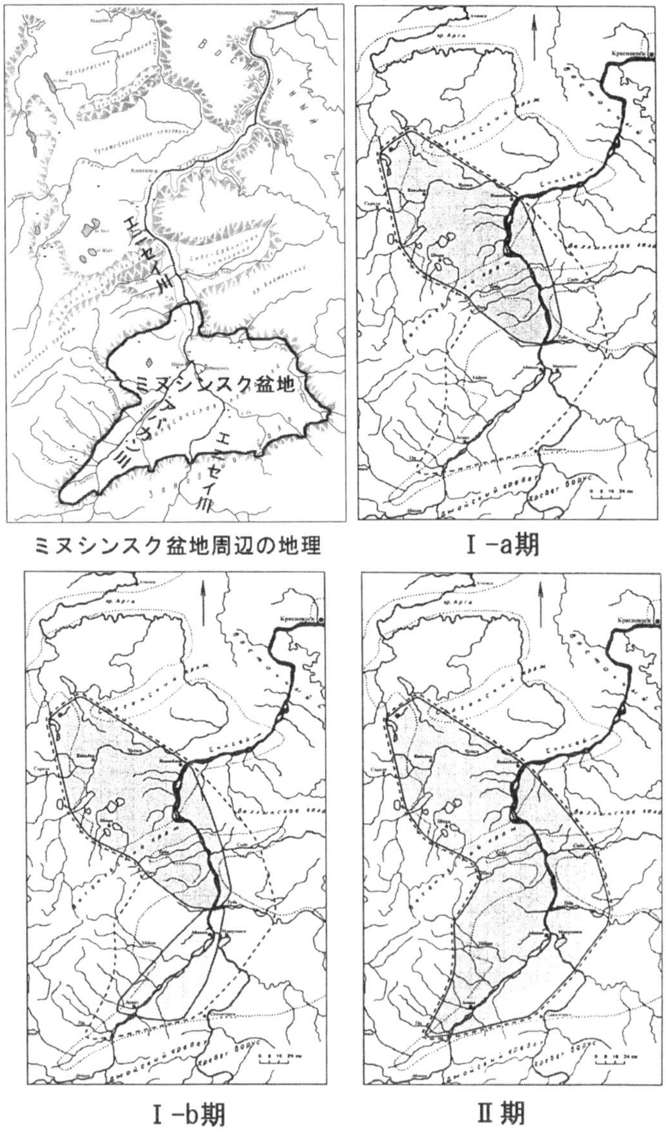

図 1-19　ミヌシンスク盆地におけるカラスク期遺存の分布変遷

参照する研究が限られており，カラスク文化そのものの内容や研究状況については，ロシア国外，特に日本では意外と知られていない。本節ではミヌシンスク盆地におけるカラスク文化の研究状況，特に近年の編年研究を中心に紹介しよう。

エニセイ（Yenisei）川によって南北を貫かれているミヌシンスク盆地（図 1-19）は，盆地東，南側のサヤン山脈を越えると，トゥバ盆地を介してモンゴリアに達し，西，北側の境界となるクズネツキー・アラタウ（Kuznetsky Alatau）山脈の外側には西シベリアの平原が広がっている。ミヌシンスク盆地では山際まで美しいタイガ（森林）が迫っているが，盆地内部は視界が開けた草原であり，古代の墓石が点々と地上に露出している。これらの遺跡への関心は早くから寄せられ，ミヌシンスク博物館には青銅器を中心に膨大な数の採集資料が収集されることとなった。カラスク文化の遺跡については，19 世紀の終わりに初めての発掘が行われて以来，多くの研究の蓄積がある。しかしながら，集落等の生活遺跡は稀であり，主たる資料である墓についても，多くの場合攪乱や盗掘を受けており，そのことが当該文化の編年，文化内容の解明を困難なものにしてきた。テプロウホフによるカラスク文化の命名（Теплоухов 1927）以降，特筆すべき研究として，クリズノフによる，カラスク文化の 2 段階区分が挙げられる（Грязнов 1965)。図 1-18 は，クリズノフの編年を基本的に継承し，当時の発掘資料について網羅的に総括を行ったバデツカヤ（Вадецкая 1986）によるものである[6]。カラスク文化の前半はカラスク（Karasuk）期，後半はカミノロジ（Kamennolozh）期とされ，両者の間では葬制が変化すると考えられている。なお，後述のラザレトフ，パリコフなども含め，後半をルガフスク（Lugavsk）期と呼ぶ場合もあり，本書もこれに従っている。以上の 2 段階の前後関係を検証しうる層位資料は，しばらくの間存在しなかったが，現在ではタルガジャク（Targazhak）集落で認められる。そこでは，カラスク期の土器を伴う住居址の上に，ルガフスク期の層が形成されていたという（Савинов 1996)。カラスク文化において，層位的切り合い関係にある墓はなく，編年研究にとって難しいところであるが，例えばアルバン（Arban）I 墓地では，各段階の墓は独自にグループを形成し，カラスク期の墓群は，ルガフスク期のものに比して地形において利便性のよい，あるいは掘りやすい土質の場所に形成される。したがって，前者がまず形成され，その後周辺に後者が形成されたといわれる（Савинов, Поляков 2007)。このような例はキュルギネール（Kyurgennr）墓地（Грязнов et al. 2010）でもみられる（Поляков 2010）ので，ルガフスク期がカラスク期に比して後出することは，おおよそ認められるところとなっている。しかしながら，これらの期の間，あるいはカラスク文化内における文化の連続性については，以前から多様な見解があった。例えば，ノヴゴロドヴァ（Новгородова 1970）はカラスク期の遺存を，モンゴリア要素を含む第 1 グループと，オクネフ（Oknev)，アファナシェボ文化（ミヌシンスク盆地におけるカラスク文化以前の文化）の要素を含む第 2 グループに分けた。そして，2 つは異なる起源をもつ集団の所産であるとし，次第に同化したと考えた。ハブリンもカラスク文化の青銅器には多様な要素が含まれることを指摘し，カミノロジ段階にモンゴリア起源の青銅器が出現したとする（Khavrin 1992)。また，チレノヴァ（Членова 1972a）はルガフスク文化[7]をカラスク文化からひとつの文化として区別することを主張した。ルガフスク文化の起源は在地新石器やアファナシェボ文化に関係し，カラスク文化と併行した発展を辿るという。近年でもレグランド（Legrand 2006）のように，カラスク文化の起源において，在地アンドロノヴォ文化との関係を強くみる説もないではないが，下記のラザレトフ，パリコフらの論も含めて，カラスク文化に，ある程度の外来要素あるいは新要素が含まれることは確かであろう。

以下，本節では，ラザレトフ，パリコフらによる一連の論攷（Лазаретов 2007, 2010, Лазаретов,

6) バデツカヤによってこの図に挙げられた各期の特徴的遺物は，後に詳述するラザレトフ，パリコフらの論攷と一致しない点もある。

7) ルガフスクの名をカラスク文化内の区分基準として用いたのはチレノヴァである。

Поляков 2008, Поляков 2006, 2008, 2010）によってミヌシンスク盆地における当該期の状況を紹介したい。90年代以降，ラザレトフ，パリコフらは，各期内部における発展過程の解明を目指し，墓制，副葬品を含む発掘資料を中心に網羅的な検討を行っている。カラスク文化にあたる遺存（南シベリア後期青銅器時代）の編年では，全体をI〜IV期に区分し，それぞれの段階をさらに2〜3の小段階に細分している。期の名称としては，I期がカラスク，II期がカラスク・ルガフスク（移行），III期がルガフスク，IV期がバイノフ（Bainov）とされる。小区分を含めるとI-a，III-bのように表現されており，本書でもI期，I-a期のように記す。ラザレトフ，パリコフらはカラスク文化という名称を使用せず，当該期を南シベリアにおける後期青銅器時代の一部とした。この一因として，両名の研究成果によれば，タガール文化（カラスク文化に直属する文化で，途中より鉄器時代となる）に従来含められてきたバイノフ期（先のIV期に相当）は文化内容の連続性から考えて，ルガフスク期に近いなど，カラスク文化，タガール文化の枠組みの再考を促すことがある。また，カラスク文化の各期を併せてひとつの文化と認めるかどうかについても，今のところは解決できない問題としている。以下，時期ごとに記載しよう。

• I期の遺存

I期（カラスク期）の墓は単独の墓地を形成せず，II期墓を含んだ墓地で発見されるが，通常，墓地の中心に位置する。副葬品の変化からI-a，I-b期に細分できるが，区分は明瞭ではない。後期青銅器時代で最も早いのはI-a期であり，先行するアンドロノヴォ文化の墓地を継続使用する。アンドロノヴォ文化はミヌシンスク盆地の北部にしか分布が認められないが，それに対応するごとく，I-a期の墓もミヌシンスク盆地北部にしか分布しない（図1-19右上）。カラスク文化の墓は，地上ないし，地下に石材等を用いて建設されるが，通常，被葬者を埋葬する施設（墓）を取り囲むように，石材で囲いを形成する。また，1つの囲いに，別の墓を伴う囲いをつけ足す（建て増す）ことも行われた（例えば図1-18の左上のようなもの）。このような囲い状の施設は，カラスク文化に限らず，ユーラシア草原地帯の青銅器時代によくみられるものである。I-a期の囲いは30mに達する大きなものがあるのが特徴で，囲いの「建て増し」の方向，配置は任意である。また墓地において，囲い同士の間隔は比較的広く取られる。囲い自体は，

図1-20　円形囲いをもつ墓（キュルギネールI・32号墓）

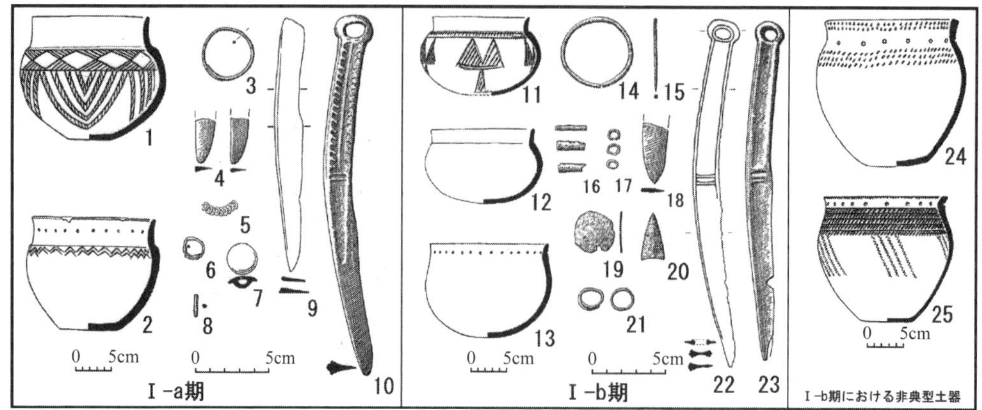

図 1-21　I 期の遺物

アンドロノヴォ文化にみられるような，平置きした板石を積み重ねて，円形につくられたもの（図 1-20）のほか，板石を垂直に立てて方形に形成したものもある。地上または地下において，長方形もしくは台形に作られた墓室には，1 人が埋葬される。被葬者は頭を東北に向け，左脇を下にした「半横向き」（вполоборота）である。1 つか 2 つの土器が墓室東角に埋葬されるほか，肉片と，刀子または錐が載った木皿が，南東壁付近に置かれている。土器は平底で，頸部に稜（段）をもち，肩部には幾何学紋が施される（図 1-21-1, 2）[8)]。刀子は平たく，柄頭に何も付かないもの（図 1-21-9），あるいは環頭のもの（図 1-21-10）があるが，刃部と柄部の境界部には突起がない。これらにはしばしば銅錫合金が使用されている（Поляков, Хаврин 2007）。

I-b 期は I-a 期の発展であり，在地発展であるといわれる。墓制の変化はわずかであるが，円形の囲いや地上式石棺（墓室）といった，アンドロノヴォ文化と共通する特徴が消失する傾向にある。また，墓地に分布する囲い同士の間隔が狭まってくる。さらに，ミヌシンスク盆地北部に加え，従来オクネフ文化が分布していた盆地南部にまで，I-b 期の墓地の分布は広がる（図 1-19 左下）。次の II 期において，盆地南部で被葬者の頭位置が南西向きを示すが，それはオクネフ文化の影響の可能性があるという。I-b 期の青銅器は以前と変わらないが，土器では，副葬数の増加（通常 2 個になる），幾何学紋の減少，丸底化などの変化がみられる（図 1-21-11～13）。

I-a 期の文化の起源が実質的にカラスク文化の起源となるわけであるが，パリコフらの考えを書いておこう。まず，盆地内部における墓地の分布からいって，やはりミヌシンスク盆地に分布していたアンドロノヴォ文化が I-a 期と関係すると考えられている。上記のように I-a 期の墓制にアンドロノヴォ文化のそれとの共通性が多いことは，バデツカヤによっても指摘されるところである（Вадецкая 1986）。とはいえ，アンドロノヴォ文化はエニセイ川中流域（ミヌシンスク盆地）だけでなく，西シベリアからカザフスタンへ広がる広大な分布域をもっており，

8)　図 1-22 から図 1-26 は Лазаретов, Поляков（2008）からの引用であるが，本書で言及するものを中心に抜粋している。また各時期において，土器と青銅器はそれぞれ別の縮尺を用いて示している。

それぞれの地域がI-a期と共通する特徴をもっている。そこで，パリコフらはI-a期と在地のアンドロノヴォ文化の諸要素の違いに注目する。I-a期の特徴である台形の石棺（墓室），左脇を下にした半横向き葬，被葬者が東北向きであること，稜をもつ土器，刃柄一鋳の刀子などは，I-a期以前のミヌシンスク盆地にはみられない。パリコフらは，南シベリア（ミヌシンスク盆地）における稜や幾何学紋をもつ土器（I-a期の特徴と同じ）が，後アンドロノヴォ文化（アラクリ類型）に類似するというキセリョフの指摘（Киселев 1951）を引用し，アラクリ類型の分布するカザフスタンやイルティシ（Irtysh）川流域からの集団移動の波が，エニセイ川に達した可能性を指摘する。なお，I-a期のミヌシンスク盆地は，その南部をオクネフ文化によって占められていたので，新集団は西側から到来したとされる。このように，I-a期の形成がカザフスタンからの移動によるかどうかはともかく，I-a期の文化全体についてモンゴリア（ミヌシンスク盆地からみて南，東南）との深い関係を考えることは現状では難しいとされる。

ところで，I-b期の末になると，他の大多数の墓とは異なった墓制や副葬品（土器）を有する墓がわずかに出現し，これらは墓地では独立したグループを形成する。これら非典型（атипичный）の墓は，土壙のみであるか，土壙に木材あるいは木材＋石材を伴う構造をもつ。また，被葬者は右脇を下にした横向き（半横向きでなく）で，頭は南西向きであり，肉片の副葬を伴わない。非典型墓葬における土器（図1-21-24, 25）は，頸部から胴部にかけて滑らかな曲線を描き，口唇が平らに近い特徴をもつ。胎土は砂利を含んだ脆いもので，表面は粗く，ミガキを施さない等の特徴がある。土器の紋様については，頸部から口縁部を中心に，平ら，またはギザギザのスタンプが列状に押される。これら非典型の土器は，カザフスタンのサルガリン・アレクセフ（Sargarn-alekseev）文化に類似することなどから，カザフスタンの後アンドロノヴォ文化の集団が中エニセイ（ミヌシンスク盆地）に移住した可能性があるという。また，カラスク文化によくみられる青銅足形垂飾（лапчатая привеска）（図1-22-9）も，非典型墓葬とともにカザフスタン由来とされる。とはいえ，年代の前後関係も含めて，カザフスタンの資料との類似点が詳細に検討されているわけではない。非典型墓葬はI-b期ではわずかであるが，次段階以降の変化において重要な位置を占める。

• II期の遺存

II期（カラスク・ルガフスク期）は，I期の発展であるが，ミヌシンスク盆地において3つの地域性が現れ，それぞれ独特の発展過程を経る。盆地全体の特徴としては，墓の囲い自体の大きさが縮小し，囲い相互の間隔も狭くなる。円形囲いは消滅し，囲いの建て増しについても，以前のような，最初の囲いから任意の方向へ配置されるものから，囲いが直線的に並ぶ配置へと変化する。建て増しを構成する囲いの数も以前より減少し，建て増しの埋葬主体は基本的には子供に限定される。墓自体の構造は主に，台形または長方形の石棺である。青銅器は足形垂飾（図1-22-9）や鏡など装飾品（図1-22-10～17）を中心に新たな種類が出現するが，銅錫合金の割合が低下し，砒素合金が増加するといわれる（Поляков, Хаврин 2007）。青銅刀子（図1-22-19, 20）は，刃部と柄部の境界に突起が生じ，I期にはない柄頭や紋様が出現する。

地域性は遺体埋葬方法や土器においてみられ，それはミヌシンスク盆地北部，中部，南西部

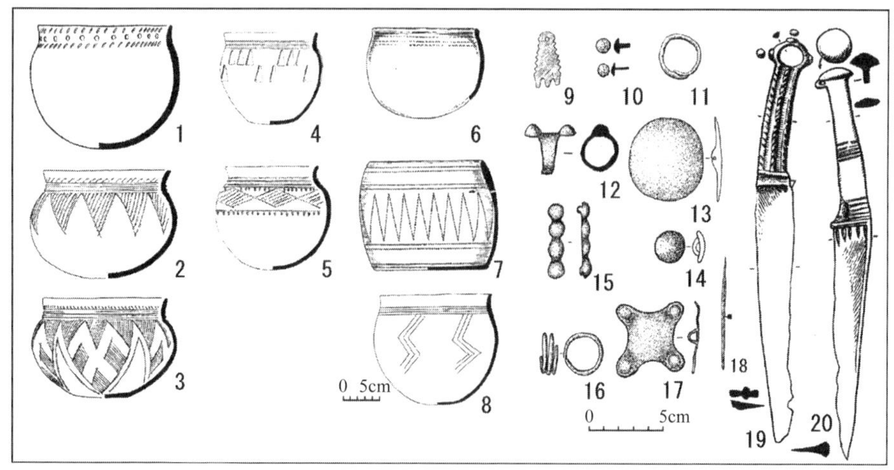

図 1-22 II 期の遺物

として現れる。北部（ミヌシンスク盆地以北のチュリム・エニセイ（Chulymo-Enisei）盆地，スィダ・エルビン（Cydo-Erbin）盆地）は I 期以来の伝統色が濃い地域である。II 期に他の地域で出現するような，被葬者の頭位置を南西にしたり，右脇を下に横向きにしたりすることはない。青銅器の発見は非常に少ない。頸部に溝を有する土器は同時期の他地域の共通する特徴であるが，I 期によくみられる頸部に稜をもった土器も残っている（図 1-22-1～3）。中部（アバカン（Abakan）川，エニセイ川合流点付近）は，新たな要素が最も多くみられるところである。青銅器の種類と数量が他の 2 地域よりかなり抜きん出ている。土器については北部との差は小さいが，III 期と共通するような紋様が出現する（図 1-22-4, 5）。被葬者は右脇を下に埋葬される。盆地南西部はとくにアルバン（Arban）グループとも呼ばれ，その墓地はアバカン川に沿って分布する。本グループは在地，孤立性が強く，他の 2 地域の周辺的様相を示すといわれる。土器の造りや紋様は粗く，青銅器は盆地北部よりも多いものの，あまり質が良くない（図 1-22-6～8）。被葬者は頭を南西に向けて埋葬される。

II 期においても非典型墓葬は存続し，墓の構築材として板石以外の石材や木材を使用する。稀に，組み合わせ式（комбинированный）と呼ばれる，南西または東北の 1 辺だけが他の 3 辺の造りと異なる（1 辺のみ，板石を立てて形成 or 1 辺のみ，石を寝かせて形成する）囲いが出現する。この囲いをもつ墓では，他の 3 辺と異なる構造の辺へ向けて被葬者の頭が向けられる。さらに，非典型墓葬と関連する特徴として，囲いの四隅に垂直の立石を据えるということがある。II 期の早い段階の遺存としてはタルガジャク集落があるが，ここでは通常および非典型双方の土器が認められる。

非典型墓葬において II 期の末期に大きな変化があり，これは編年上区別され II-b となる。墓制では板石以外の素材を用いる，あるいは木材構造を伴う土壙墓が増えてくる。また，囲いについても先の非典型でみられた組み合わせ式に加え，楕円形の囲いがみられる。さらに用途不明の器物（предмет неизвестного назначения）（いわゆる弓形器）（図 1-23-21）や六弁泡（шестилепестковая бляха-розетка）（図 1-23-17）など，新たな青銅器が出現する。青銅刀子の多

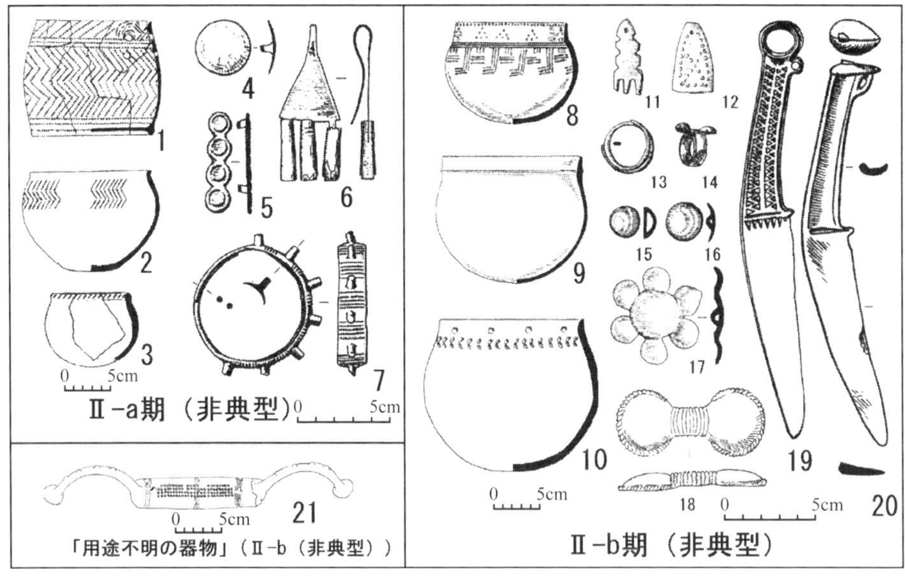

図 1-23　II 期（非典型）の遺物

くはいわゆる屈曲型（図 1-23-19, 20）であり，多様な柄頭形態をもっている。そして以上のような特徴は次期以降も残っていく。このII期末の変化について，パリコフは内陸アジア（モンゴリア）からの集団移動の可能性を指摘する。ラザレトフも内陸アジアからの影響は否定しないが，非典型墓葬の集団に本来的に備わっていた要素が発展した結果と考えている。先述のように，両者がともに非典型墓葬の起源地としてカザフスタンの後アンドロノヴォ文化を重視するにも関わらず，内陸アジアの影響を考えるのは，II期に増加する青銅器による部分が大きい。例えば，II期にみられる，3つの瘤状突起を伴う柄頭の刀子（図 1-22-19）については，長城地帯における同様の刀子（ただし，突起は円柱状になるものが多い）（図 4-22-1）から変化したものであると考える。他の形態の柄頭（傘形，動物，双環）についても，モンゴリア，長城地帯の製品との類似性を指摘する。以上の現象について統合的に説明する際，ラザレトフ，パリコフらは，キセリョフによって指摘されているアンドロノヴォ文化の東への影響，あるいはその集団移動に言及し，（後アンドロノヴォ文化の段階に）集団の一部がトゥバを介して，東南からミヌシンスク盆地に侵入したと考える。そのようにトゥバを経由するなかで，上のような内陸アジア（モンゴリア，長城地帯）の文化的要素が特徴として付加されていったとする。II期のミヌシンスク盆地において最も新要素（非典型）が多くみられるのがアバカン川河口付近（上記地域区分の中部）であるとすれば，そこに最も近いのは盆地の東南（トゥバに近い）からの経路なのである。

• **III 期の遺存**

III期（ルガフスク期）は，最も発展，拡散した段階であり，西北では西シベリアのイルメン（Irmen）文化と接触するようになる。II期のように，各地域での特徴がみられ，盆地全体を，南部（アバカン川とエニセイ川に挟まれた地域），エニセイ川右岸，南西部（アバカン川左岸

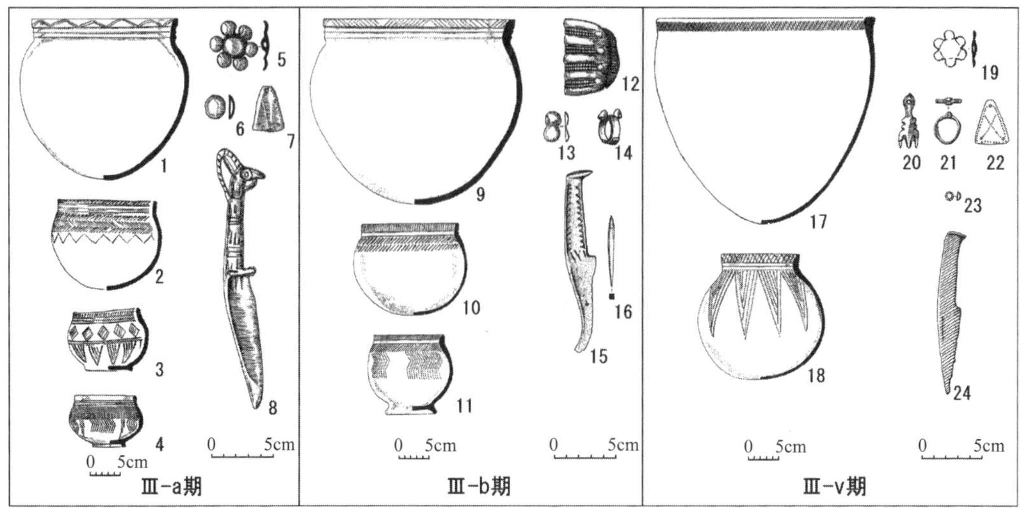

図 1-24　III 期の遺物

からカミシタ川河口まで)，中部（ミヌシンスク盆地北部)，北部（ミヌシンスク盆地以北のチュリム・エニセイ盆地，スィダ・エルビン盆地等）に分けられる。III 期では，墓が板石以外で造られる場合が多く，土壙に木材構造を伴うものが主流となる。青銅器は II 期から継続する部分が大きいが，土器は卵形を示すようになる。III-a 期，III-b 期，III-v 期に区分できる。

III-a 期では前に出現した組み合わせ式が少なくなる一方，人形（ヒトガタ）（фигурный）囲いが現れる。成人墓の囲い同士は，北西－南東の直線方向に付加されていき，小児の囲いは，成人墓の北東に付加される。埋葬姿勢について，南部，エニセイ川右岸は伸展葬が主である一方，南西部は半横向きの姿勢が保持される，そして中部，北部にはこれら 2 種双方が存在する。南部，エニセイ川右岸，南西部では土器の容量が増大する。また，桶形土器（図 1-23-1）にかわって，高台が付いた土器（図 1-24-3, 4）が出現するほか，口縁部にジグザグ紋様をもったもの（図 1-24-1）が特徴的である。青銅器では II 期以来の装飾品があるほか，研ぎ減りした刀子が副葬されることが多くなる。刀子の柄頭では環頭，双環，動物（図 1-24-8）が例外的にみられる。

III-b 期では，組み合わせ式，人形囲いが消滅する。また，先のように西－南東の直線方向に囲いを付加していく方法が唯一のものとなる。ほとんどが伸展葬であるが，南西部のみで半横向き葬が散見される。北部，中部では土器の容量が増加する一方，南部，エニセイ川右岸では，2 つの土器を副葬される墓が増える。土器の口縁部に紋様を押すことが常態化する。青銅刀子は法量が小さくなるほか，刃部と柄部境界の突起，柄頭下の小環も消失する。柄頭のほとんどは傘形（図 1-24-15）である。

III-v 期には，「混合形」，「括弧形」，「台形」などの新たな囲いが出現する。「混合形」は西北側および東南側の辺が，垂直に立てられた板石と，平置きの石が交互に置かれて形成されるもので，「括弧形」は基本的に寝かせた石で形成されるが，いくつかの辺の中央の石が垂直に立てられた板石に置き換わっているものである。墓葬では，すべての地域において，伸展葬が主体となる。土器では，図1-24-17, 18のような広口のものと高頸で球形の2タイプが生じた。南部やエニセイ川右岸では，1墓につき大小2点の土器の副葬が一般化する。青銅装飾品は数が減少するとともに，装飾品自体の大きさも縮小する。以上のようにIII期は主にミヌシンスク盆地の内的発展の所産であり，I（カラスク）期以来の集団と非典型墓葬を有する集団が結合し，全体として斉一化していった時期と考えられている。II期に引き続き，北部より南部の発達が速いものの，各種新要素が西，西北方向に拡散し，西シベリアのイルメン文化と接触，影響を与えた。

• IV 期の遺存

IV期（バイノフ期）は，IV-a期，IV-b期で前後に区分できる。IV-a期は先に出現した括弧形囲いや台形囲いの数が増加する。土器は広口（図1-25-1, 2）と高頸で球形（図1-25-3）の2タイプがあるが，半数は平底になっている。青銅器では新たな辻金具（перекрестник ремней）（図1-25-6, 14）が生じ，刀子では柄が板状で環頭のもの（図1-25-8）や，無柄頭のものが，傘形柄頭の刀子にとってかわる。

IV-b期では括弧形囲いや台形囲いの割合が最大となるほか，土器はすべて平底化する（図1-25-9～11)。青銅器ではIV-a期に出現したもののほか，半円形柄頭の刀子（図1-25-18）や傘形柄頭の錐（図1-25-16）が出現する。以上にみられるような，IV期に新たに出現した囲いのタイプや青銅器には，外的影響が関わっているというが，土器や装飾品についてはIII期の発展上にあるので，外部の影響は限定的であるとされる。IV期にはスキタイ動物紋やタガール文化特有の土器，青銅器がみられないことが，本期をタガール文化に含めない要因となっている。なお，IV期と，その次の段階であるタガール文化パドゴルノフ（Podgornov）期の早期の差も大きく，ここでも外的影響の可能性が指摘される。

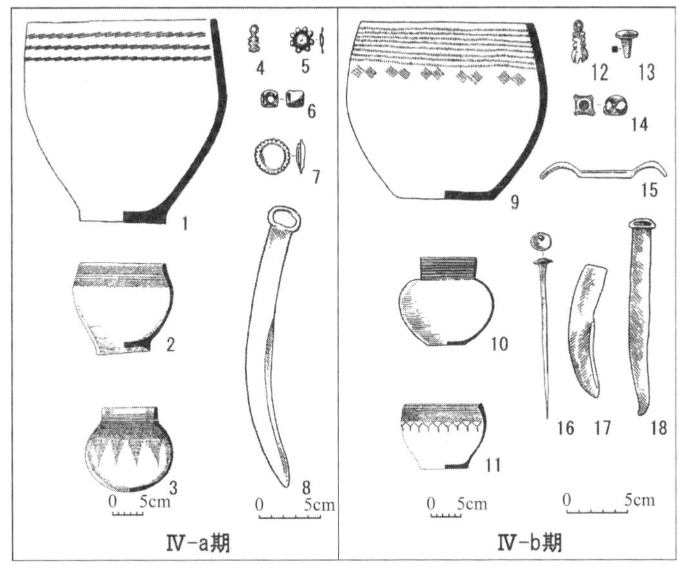

図1-25　IV期の遺物

各期の年代については，I 期が前 13 世紀～前 12 世紀，II 期が前 12 世紀～前 11 世紀，III 期が前 10 世紀～前 9 世紀，IV 期が前 9 世紀～前 8 世紀初頭とされるが，II 期と III 期以外は C^{14} による直接の年代が得られているわけではない。

3. 前 1 千年紀初頭，「初期遊牧民文化」成立に関する議論

「初期遊牧民文化」出現期のユーラシア草原地帯

前 1 千年紀前半は，ユーラシア大陸において，青銅器時代から鉄器時代へ社会が大きく移行した時期であった。ユーラシア草原地帯（図 1-26）では，「初期遊牧民文化」の開始期は初期鉄器時代に位置づけられることが多く，チェルヌィフによる青銅器の冶金圏の考察はこの段階には及んでいない。黒海北岸における「初期遊牧民文化」であるスキタイ文化には多くの鉄器が存在する一方で，南シベリアやモンゴリアでは「初期遊牧民文化」の開始期において鉄器は顕著でなく，草原地帯においても当該期が青銅器，鉄器時代の過渡期であったことが窺える。しかしながら，最も重要であるのは，この時期のユーラシア草原地帯では，一般に「初期遊牧民文化」と総括される，本格的な騎馬遊牧を伴う諸文化（スキタイ文化，サカ文化，タガール文化など）が広く開始されたとされることである。騎馬遊牧民の発生は，その後の草原地帯の方向性のみならず，その南に位置する農耕社会との対立構造を考えると，ユーラシア史に対してもきわめて大きなインパクトをもつものである。したがって，「初期遊牧民文化」成立以前，以後という，草原地帯の歴史上の大画期が，古くから現在まで認められるに至っている（例えば，江上・水野 1935, 藤川編 1999, Боковенко 2011）。そして，「初期遊牧民文化」の発生において，モンゴリアなどの草原地帯東部がきわめて重要な役割を果たしていたことは，近年つとに指摘されるところである。

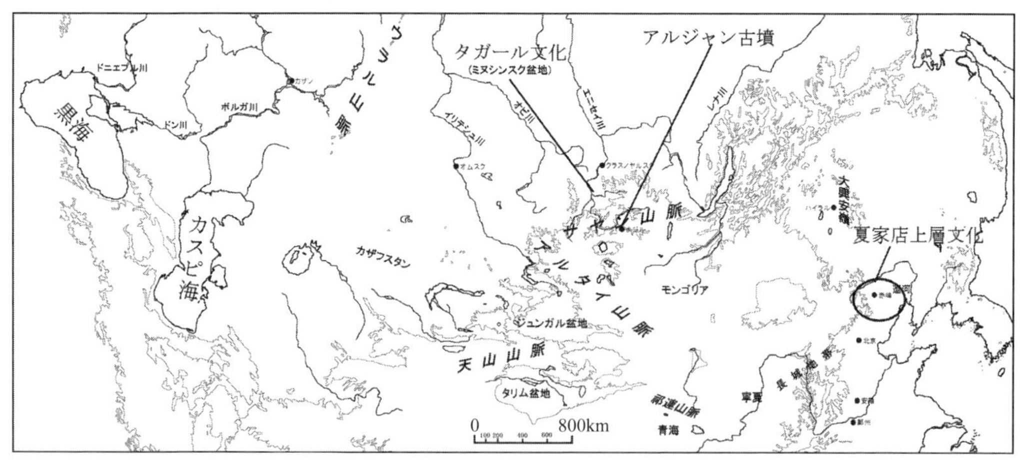

図 1-26 「初期遊牧民文化」開始期のユーラシア草原地帯

「初期遊牧民文化」の類似性と差異性

騎馬遊牧がいつ頃，どのようにして開始されたかについては，きわめて長い論争がある，解決の難しい問題である（川又 2017）。ただし，草原地帯における「初期遊牧民文化（スキタイ系文化，あるいはスキト・シベリア文化）」に限っていえば，いわゆるスキタイ 3 要素である，特有の武器，馬具，スキタイ系動物紋（図 1-27）が草原地帯に広汎な分布を形成することが注目され，その各要素の広がりや起源が議論されてきた。前世紀後半以降，アルジャン（Arzhan）古墳の発掘など，草原地帯東部（アルタイ山脈以東）における調査研究の進展によって，草原地帯西部よりもむしろ東部を起点とする流れが強調され，現在に至っている。この経緯については，林俊雄の論（2007, 2009）に詳しいので，草原地帯東部の重要性を再認識させることとなったアルジャン古墳（1 号墳）（図 1-28）発見以降の研究動向をみてみよう。この古墳から発見された馬具は黒海北岸における先スキタイ期のそれに対比できること，かつ本古墳の出土品にはスキタイ系動物紋が含まれている（図 1-27-1, 3）ことから，報告者のクリズノフは，黒海北岸の先スキタイ期の時期（前 8 世紀～前 7 世紀）に，本古墳の位置するトゥバではすでに「初期遊牧民文化」が成立していたと考えたのである（Грязнов 1980, 髙濱 1999）。その報告でクリズノフは，「初期遊牧民文化」（原文では，スキト・シベリアタイプの文化）において，従来，経済や制度において多様であった諸集団が，遊牧生活へ移行し，共通性を帯びたこと，そして，移動，接触による文化の広汎かつ急速な拡散を指摘した。クリズノフは人の移動を認めているものの，各地の多様性を認め，経済，文化，芸術面の変化を強調する向きがある（Грязнов 1980, 1983）。クリズノフのように，「初期遊牧民文化」出現を社会的な大きな画期とみなすとともに，本時期における移動，交流の活発化を認める見解は，その後もおおよそ受け継がれている（Мартынов, Елин 2009）。モシコバも，前 2 千年紀末から 1 千年紀初頭を鉄器への適応期，

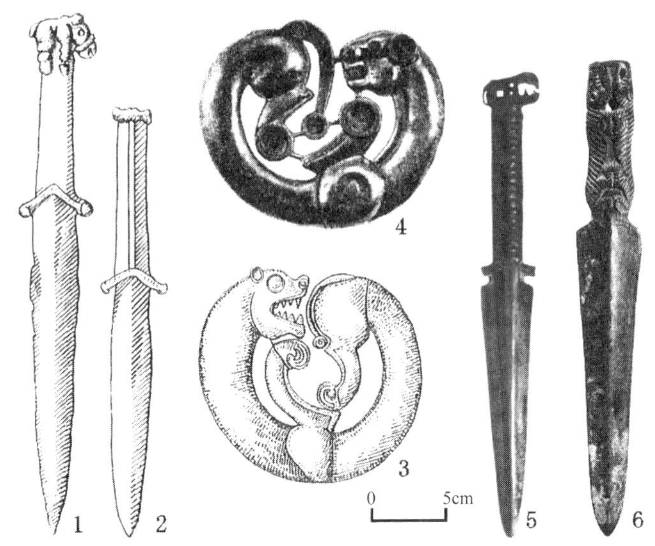

1～3：アルジャン 1 号墳出土，4：西シベリア採集，5～6：長城地帯採集

図 1-27　「初期遊牧民文化」要素を伴う諸器物

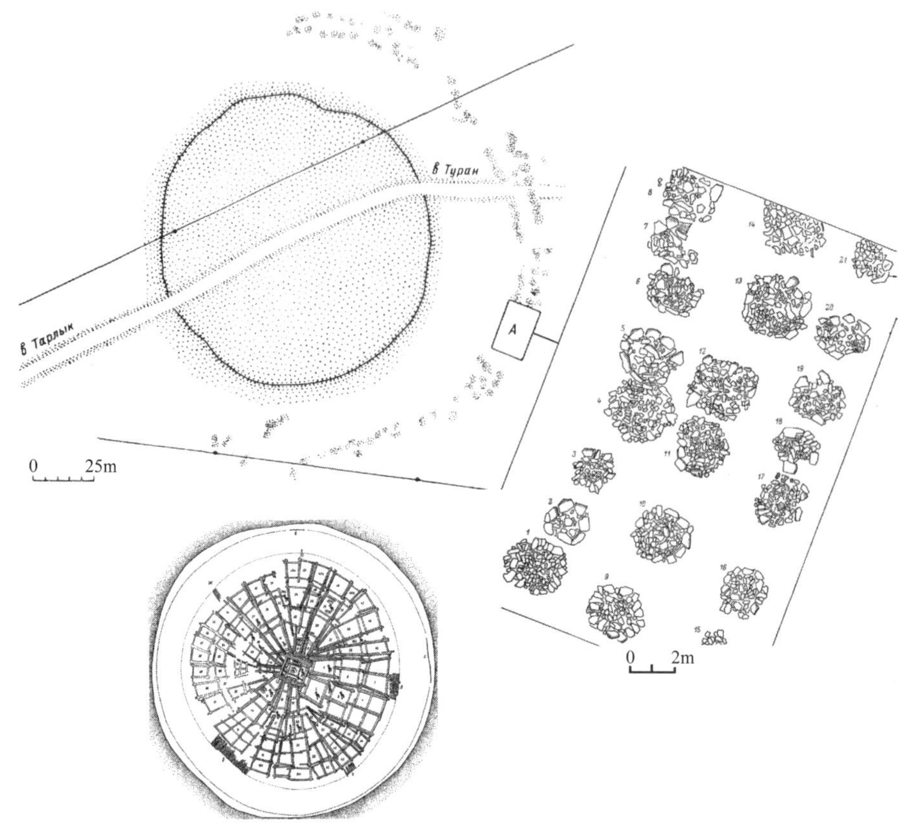

上：墳丘外形，下：木槨構造

図 1-28　アルジャン 1 号墳

遊牧社会への移行期と捉え，各地の地域色を認めている。「初期遊牧民文化」（原文では「スキタイ世界」）の共通性の背景については，当該期の環境，社会経済，移動性などのほか，その基礎にはアンドロノヴォ文化など青銅器時代からの系譜や接触もあるとする（Мошкова 1992）。一方で，共通性あるいは移動にやや重点を置いた最近の説として，林俊雄（2007, 2009）やボコベンコのものがある。ボコベンコは「初期遊牧民文化」出現前後の時期を 3 段階に区分し，いずれの段階にも西へ向かう集団移動がみられ，徐々にその規模が大きくなると考えている（Bokovenko 2005）。また，ギールらとの共著（Geel et al. 2004）では，前 9 世紀半ば頃にユーラシア全体で起きた気候変動が注目される。そして，アルジャン古墳の所在するトゥバでは，その気候変動が引き金となり，モンゴリア方面からの集団移動が起き，「初期遊牧民文化」（原文では，初期スキタイ文化）が開始されるという。サビノフは，トゥバにおける当該文化（原文では，「スキタイ」型の文化）は，草原地帯東部の青銅時代の多様な要素を受け継ぐことを指摘し，当該文化出現前後のトゥバ周辺における部族連合の出現を示唆する（Савинов 2002）。当該期の部族連合はボコベンコによっても唱えられる解釈である（Bokovenko 1995b）。

ところで，「初期遊牧民文化」の共通性，差異性をどう評価していくかについての議論が，

『(ロシア科学アカデミー) 考古学研究所抄録』誌上で行われたことがある。その論者のひとりである，ヤブロンスキーは，「初期遊牧民文化」における様々な類似性について，先行する青銅器時代の諸文化要素，各地での多様な社会経済的変化過程など，非常に複雑な背景を示唆している（Яблонский 1993）。

また，「初期遊牧民文化」の類似性に関連する重要な指摘として，「初期遊牧民文化」直前における物質文化の広がりがある。この例としては，カラスク式短剣を祖形とする十字格剣の草原西部への拡散（Тереножкин 1976）があり，刀子や鍑，ヘルメットなどについて同様の指摘がなされている（Членова 1981, 髙濱 1995）。この現象に関して，ヴォルコフは，草原地帯におけるカラスク，キンメリア共同体（Karasuk-Cimmerian community）と捉え，「初期遊牧民文化」発達の基礎と考えた（Volkov 1995）。また筆者は，社会変化を伴った後期カラスク青銅器様式の広がりと考えた（本書第 4 章および第 6 章で詳述）（松本 2015）。このように，「初期遊牧民文化」直前にも，当該文化と同様の類似性が認められるのであるから，「初期遊牧民文化」の類似性を殊更に重視するのであれば，その類似性の意味，内容を明確にしておく必要がある。

草原地帯東部における「初期遊牧民文化」の起源

草原地帯東部において，「初期遊牧民文化」の始まりに位置づけられる青銅器の出土資料としては，長城地帯東部における夏家店上層文化やそれに類似する採集品，トゥバのアルジャン古墳（1 号墳）出土品（図 1-27-1～3）が最もよく知られている。南シベリアのミヌシンスク盆地ではタガール文化初期（バイノフ期，パドゴルノフ期）の青銅器がこの段階にあたり，長城地帯のオルドス付近やモンゴルにおいても当該段階に属すると考えられる採集品が多数知られている。先述のように，これらの資料が，スキタイ系動物紋をもち，前 8 世紀以前に遡ることが明らかになって以降，草原地帯のうち東部が「初期遊牧民文化」発生において重要であることは，ほぼ認められるようになっている。そして，「初期遊牧民文化」にみられる様々な諸要素が，草原地帯東部における「初期遊牧民文化」直前の文化，すなわちミヌシンスク盆地における，いわゆるカラスク文化やそれと同時期（カラスク期）の草原地帯にも見いだせることが指摘されてきた。「初期遊牧民文化」の出現に関わる研究はきわめて多いが，本書で分析を行う，草原地帯東部の剣や動物紋を対象とした研究を以下にみてみよう。

髙濱は剣の分類において，夏家店上層文化でよくみられる，格に鍔状の切れ込みの入った剣（髙濱 1983：C 類）について，カラスク式短剣（髙濱 1983：B 類）の系譜を引くものであるとした。髙濱は他にも鍑，冑，勺形飾金具などをカラスク期の青銅器と関連づけ（髙濱 1995），典型的なスキタイ系動物紋のひとつである「体を丸めたネコ科の動物」のモチーフがカラスク期の剣（図 1-27-5）にみられるという重要な指摘を行った（Takahama 1983）。烏恩も，長城地帯における「初期遊牧民文化」に相当する夏家店上層文化の青銅器（剣，刀子，冑など）について，当地のそれ以前からの系譜を辿れるとする。なお，夏家店上層文化の剣の少なくとも一部が，カラスク期の剣の型式からの系譜を引くものであることは，ほぼ共通した見解[9]である（宮本 2000, 八木 2014）。さて，烏恩は，ユーラシア草原地帯の各地個々の発展を重視する考えであり，草原地帯における類似性の評価についても，上記クリズノフらに近いものとなっている（烏恩 2002, 2008）。ただし，烏恩は「初期遊牧民文化」出現期（夏家店上層文化期）でなく，やや晩い前7世紀頃に画期を設け，夏家店上層文化よりも後出の文化（玉皇廟文化など）以後を早期鉄器時代として区別している。それは，夏家店上層文化においては農工具が豊富な状態にあり，さらに晩い段階になって生業がより遊牧化すると考えるからである。他では，宮本は，夏家店上層文化を，カラスク期（長城地帯青銅器文化第3期）（宮本 2008a）の次段階（長城地帯青銅器文化第4期）に位置づけ，本段階の長城地帯各地では，地域的な青銅器文化が発達していくとする。そのうえで，本段階における長城地帯東部と西部との差異の明瞭化を指摘する（宮本 2008a）。草原地帯東部における東西差の明瞭化は，楊建華らの論攷（楊建華・邵会秋 2015）によっても示されている。「初期遊牧民文化」出現期における長城地帯における地域性の明瞭化は，草原全体の共通性と一見矛盾するような現象であり，興味深い。とはいえ，楊建華らは「初期遊牧民文化」の段階の変化[10]を重視し，本段階の草原地帯の全体性を強調している。これは，烏恩の見解とは異なったものであり，旧ソ連以来の見解に近いが，その根拠は明確ではない。

ミヌシンスク盆地において，チレノヴァは，タガール文化の早い段階（バイノフ，パドゴルノフ期に相当）の剣について，柄頭，格部形態の変化を，カラスク文化から辿れるとし，同時期の動物紋についても同様に考えている（Членова 1967）。一方で，ラザレトフは，パドゴルノフ期にみられる青銅器，墓葬の変化，多くの動物紋などに注目し，当該期における他地域からの影響を考えている（Лазаретов 2007）。タガール文化の動物紋が，カラスク文化のそれとは異なったものであるという指摘は，ザビツヒナによっても行われている（Завитухина 1983）。

前段のように，草原地帯全体では「初期遊牧民文化」における物質文化の類似性が，多かれ少なかれ高まったという説が，旧ソ連以来，主流であるが，長城地帯を含めた草原地帯東部における諸研究では，多様な見解がみられる。特に長城地帯を中心とした研究では，「初期遊牧民文化」出現が大きな画期であるとは必ずしも認められてはいないのである。「初期遊牧民文化」の類似性の評価に関する議論は解決されておらず，むしろ，長城地帯をはじめとする各地における調査進展に伴い，問題が鮮明になってきたといえよう。草原地帯各地における発達が明らかとなってきた今，広域的類似性をどのように捉えなおせばよいかが問われているのである。

青銅器と鹿石

鹿石とは，モンゴリア西北部を中心に分布する，動物紋や人面などが全体に刻まれた石柱のことである。近年，モンゴル国を中心として，青銅器時代の遺構と考えられる鹿石やヘレクスル，板石墓の調査が進んでいるが，鹿石は青銅器と共通する動物紋をもち，「初期遊牧民

9） 李剛（2011）は剣の柄頭を基準に髙濱，烏恩らとはかなり異なる分類体系を立てているが，その根拠は明らかでない。

10） 楊建華らは「初期遊牧民文化」という用語は用いてはいないが，論文の該当箇所では，夏家店上層文化やアルジャン1号墳にみられる段階について論じており，「初期遊牧民文化」出現期の草原地帯を意識していることは明らかである。

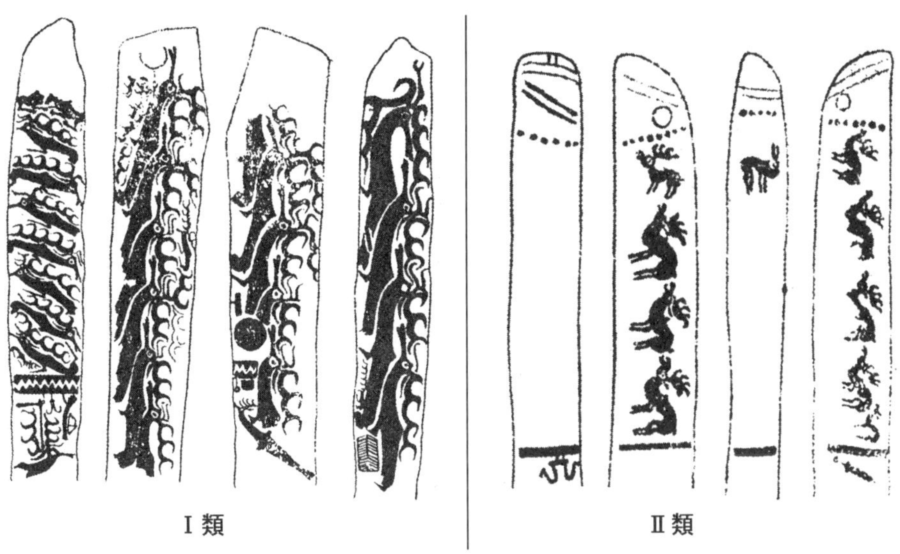

図 1-29　鹿石

文化」との関連が長く議論されてきた（畠山 1992）。鹿石の石柱自体の形態による分類も存在する（Худяков 1987）が，紋様による分類が一般的である（Членова 1962, Новгородова 1989, 潘玲 2008, 林俊雄 2011）。鹿石には様式化された鹿をびっしりと刻むもの（図 1-29 左），典型的なスキタイ系動物紋をもつもの（図 1-29 右），動物紋がほとんどないものという 3 種が確認されている。これらはそれぞれ分布範囲が異なることが知られ，ヴォルコフによって，モンゴル・ザバイカリエタイプ，サヤン・アルタイタイプ，汎ユーラシアタイプとされている（Волков 1981, 畠山 1992）。そして，これらの 3 種すべてが「初期遊牧民文化」に属するのか，あるいはそれ以前に遡るものが存在するのかが論点であった。特に，典型的なスキタイ系動物紋をもつサヤン・アルタイタイプと，年代的にそれを遡る可能性のあるモンゴル・ザバイカリエタイプの関係が問題である。本書では以下，ヴォルコフによる上記 3 種を便宜的に I 類，II 類，III 類と表記して論を進めよう。

チレノヴァは鹿石を「初期遊牧民文化」以降とし，I，II 類の鹿の差は当該文化内での系譜差と考えた。さらに，鹿石がモンゴル西部に多いことに注目し，東部に多い板石墓と対比的に捉えた。また前者をユーロペイドとし，キンメリアに結びつけ，後者をモンゴロイドの所産としている（Членова 1962）。チレノヴァが前者から後者への影響（移動）を想定することは，彼女がカラスク期についてはX 説（南シベリアからの影響説）をとることとよく対応しているといえる。ノヴゴロドヴァ（Новгородова 1989）は I 類を「初期遊牧民文化」以前（カラスク期）とし，鹿石発生の理由に関しては，当該地での社会複雑化を想定している。I 類をカラスク期とする根拠は鹿石上に刻まれた武器表現（カラスク式短剣など）である。武器の表現から鹿石の上限をカラスク期とする年代観は，近年広く受け入れられている（畠山 1992, 髙濱 1999, 2001, 潘玲 2008）。同時に，I 類と II 類双方の紋様をもつ鹿石に注目し，両者を同時併存とする考えもある（林俊雄 2011）。総じて現状では，鹿石には年代的にカラスク期に遡るものがあり，かつスキタイ系動物紋をもつ場合もあるので，それらが主に分布するモンゴリアにおける「初期遊牧民文化」の年代を遡らせる根拠のひとつとして鹿石は取り上げられているといえよう。

第2節　問題の所在

1.　前2千年紀前半の研究における問題

長城地帯や新疆では調査発掘が急速に進んでおり，初期青銅器とユーラシア草原地帯の青銅器を対比する研究が非常に盛んになってきた。しかしながら，多くの研究では，器物の類似性から導かれる解釈のほとんどが，なんらかのルートや関係の存在を示唆するにとどまっているといえる。すなわち，従来では，新疆，長城地帯の各地にそれ以西の文化要素がみられ，地域間になんらかの関係が存在したことまではわかるものの，その具体的内容の評価が困難であった。この要因としては，型式，出土状況面に関する情報が統合的に整理されていないことが挙げられ，その背景には次に記すところがある。

土器文化の中での青銅器

新疆や長城地帯において交流を論ずる場合，上記研究以外に青銅器単独で分析が行われることはあまりない。青銅器の形態を論ずる場合でも，その基礎には土器文化の概念がある。中国考古学では一般に，区系類型論に基づき，時空間における一定のまとまりを示す概念「文化」が設定される。これは墓葬や青銅器も含めた文化総体に基づき設定されるものであるが，多くの場合は主に土器によっている。そのようにして設定された特定の文化に，他の文化の要

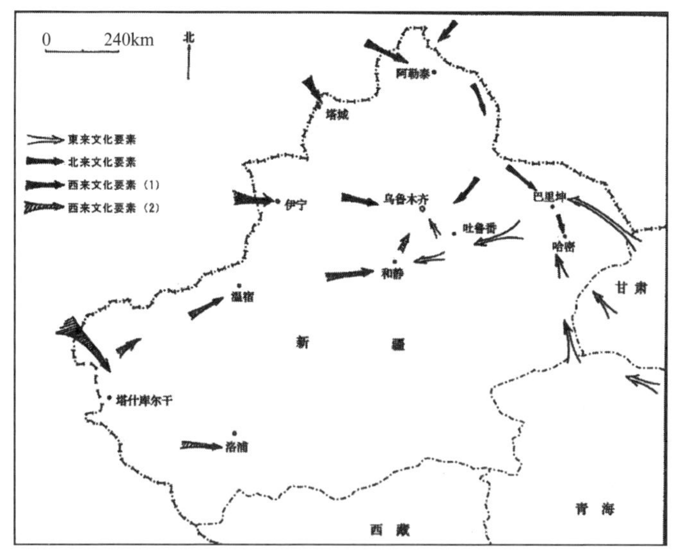

図1-30　水涛による，新疆における各要素の伝播状況

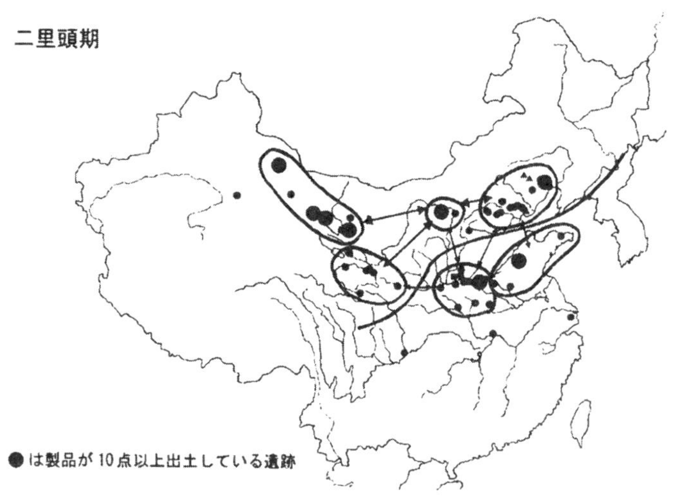

図 1-31　佐野による，二里頭期における青銅器の分布と交流状況

素が混じることがしばしばあり，それによって関係や交流を示唆する論が多い（図 1-30）（水涛 2001, 韓建業 2005）。この場合，青銅器の分布圏は一般に土器文化より広いものなので，文化間関係を示唆する要素として取り上げられる。確かに，各地の編年・動態を明らかにするためには，土器の検討は必須であるが，青銅器自体の系統，形式，型式の広がりについて議論の余地が残っている。また，各文化要素で交流を論じる際，それらの系譜的起源については，他文化との類似性を基にして非常に細かく検討されるが，類似性の程度や質には注意が払われない場合がほとんどである。交流の内容を明らかにするためには，各要素の起源もさることながら，それらの諸要素が青銅器あるいは文化全体でどこに位置するのかを考える必要がある。つまり，各要素における他文化との類似性を個別に論じるのではなくて，統一した基準で類似度を評価する，分類単位の階層的把握を行わねばならない。また青銅器が，より広域の動態把握のために有効な資料であることにも注意したい。この点，佐野の論攷では，新疆，長城地帯の初期青銅器に関して，器種構成，墓地分析から青銅器の社会的位置が考察されており，中原と長城地帯との差異が明瞭になっている（図 1-31）（佐野 2004）。しかしながら，佐野の関心は主に新疆，長城地帯の銅器の出現過程にあり（佐野 2004, 2008），ユーラシア草原地帯の諸青銅器のとの比較という観点からすれば，検討の余地がある。また，宮本は中国西北部における青銅器の自立的な起源の可能性も示しつつ，基本的にはチェルヌィフのユーラシア冶金圏拡大の中で，当該段階における長城地帯の青銅器文化の成立を位置づけている。さらに，当該段階の長城地帯内部において，西から東へと青銅器文化様式の欠落していく様相が指摘されており，東西の情報伝播の中での受容者側の主体性を認めるに至っている（宮本 2008a）。宮本の論攷は，上述の交流の質に注目したものとして，特に重要と思われる。ただ，そこで主張されるユーラシア冶金圏との関係は，地理的にも隣接する新疆西部を含めた場合，より明確に成立の様相を捉えうると考えられる。また，この地域の検討から，現在見解の一致をみていない青銅器伝播ルートの問題に関しても，なんらかの手がかりを得られる可能性がある。

最後に，中国内で発見されるセイマ・トルビノ青銅器群の矛に類似するものについて述べておく。青海省沈那遺跡出土品にみられるこの種の矛は，現在10件程度知られるようになった（例えば，林梅村2014, 2015, 2016）が，セイマ・トルビノ青銅器群そのものの矛と異なる，目立った特徴がいくつかある（図1-8）。ひとつはセイマ・トルビノ青銅器群では，耳と鉤部が柄の同一方向に付属するのに対し，中国出土品の多くはそれらが互いに逆方向を向いているということである。もうひとつは，セイマ・トルビノ青銅器群のあるものでは，脊の柄に移行する部分において，2本の溝が入るが，中国出土品のほとんどにおいては，それを模した形跡はあるものの，溝が退化した形態になっていることである。とはいえ，中国出土品でもセイマ・トルビノ青銅器群本体の特徴を残す資料がわずかに知られている。ここから，セイマ・トルビノ青銅器群との遠近関係を念頭に，中国出土品について，2つの異なった分類が唱えられている。ひとつは，耳と鉤部の付属する方向（同一または非同一）を主基準とする分類（劉翔2015, 胡保華2015）であり，もうひとつは脊の溝状痕跡を主基準とするもの（高江涛2015, 劉翔・劉瑞2016）である。いずれの分類においても，属性の重みづけの根拠が明示されているわけでなく，検討の余地がある。特に，ほとんどの研究においては，中国出土の矛の諸特徴を抽出し，セイマ・トルビノ青銅器群の矛と対比するという形をとっており，型式としての対比がなされているわけではない。また，発見数が増加したとはいえ，10数点程度であるので，中国出土品のみの細分に先立ち，セイマ・トルビノ青銅器群全体を併せた型式学的検討を行う必要がある。

近年の論攷に代表されるように，前2千年紀以前の新疆，長城地帯さらには中国中原においてユーラシア草原地帯の影響がある程度存在したということは，中国の学界でも一般的に認められるようになっているといえる。特に中原を含めた青銅冶金の発生に関して，草原地帯との技術をはじめとする各種要素の交流が指摘され，その中で中国中原が独自の発展を遂げたというのが，現状の共通理解である。そのうえで，各要素の伝播ルート，時期について，各地の文化動態を含めて細かい議論がなされるのである。これらは，中国各地における当該時期の動態を，より広い視野で理解していく方向において評価できるものである。しかしながら，上で指摘したような青銅器自体の検討不足に関連して，次のような課題が挙げられる。草原地帯によくみられる器物が，中国国内で発見された場合，それらは草原地帯との関連を示すものとして扱われるものの，その器物がそこに存在していた蓋然性や背景が，従来ではあまり考慮されてこなかったということである。そのために，細かい時期，ルートの議論は進んでも，当該期における交流そのものについて，「交流の有無」，「交流の方向」以上の肉付けをすることが難しくなっているのである。これは本書で徐々に明らかにしていくことであるが，青銅器時代において，モノや技術の伝達は，当時の地理，社会状況にきわめて大きな影響を受けていた。草原地帯由来といわれてきた器物についても，それらがどのような社会的，文化的背景の中で広がってきたかについて説明をすることによって，はじめて当該期のユーラシア草原地帯と中国各地を相互関連の中で理解しうると考えられる。そのためにはやはり，ユーラシア草原地帯の青銅器自体を検討し，その内容に迫る必要があると考えられるのである。

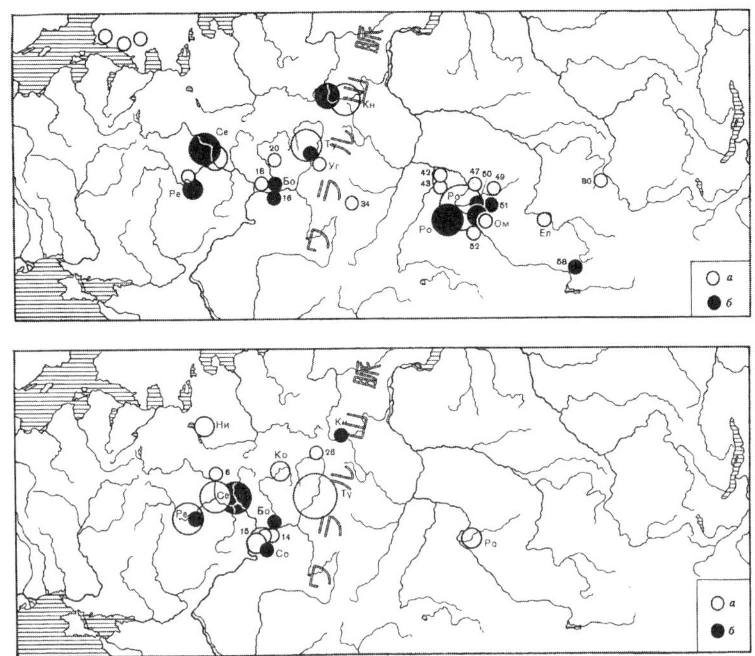

上：錫青銅（砒素入は黒），下：砒素銅（鉛入は黒）

図1-32　チェルヌィフらによる青銅器の金属成分分布状況

セイマ・トルビノ青銅器群西漸モデルにおける問題点

チェルヌィフが唱える青銅器群西漸の主な根拠になっているのは金属成分分析であり（図1-32），東の錫青銅が西の砒素銅地域へ侵食していったと考えている。他では，東西において形態差が大まかに認められることも指摘している。しかしながら，チェルヌィフの行っている分析（Черных, Кузьминых 1987, 1989）では，型式，成分，分布差の関連が明らかになっていない部分が大きい。つまり，古い型式が草原地帯東部に存在し，それらには錫青銅が多いというところまでは示されていないのである。草原地帯の東西に形態，および成分で大まかに差があるということ以上をいうには，さらなる型式学的検討が必要と考えられる。

また，チェルヌィフの論をとればユーラシア草原地帯東部に突然，高度な青銅器文化が出現したことになる。西漸モデルの再検討もさることながら，当該地域におけるその成立プロセスを青銅器自体から説明するということも重要な課題である。なお，他に西漸説を唱えるティホノフ，クジミナの結論は，主に青銅器の型式的検討によるものであるが，器物の特徴的な属性を個別に比較し，その類似性から器物間の系譜性や年代の近さを示す方法であり，次のカラスク期における諸研究と同様，客観性に欠ける面がある。例えば，クジミナの示す有銎斧の変遷（図1-33）ではセイマ・トルビノ，サムシ・キジロボ青銅器群を含めて，おおよそ模様や耳の単純から複雑な方向への変化が考えられているが，分類基準や方法の詳細は明らかではない。

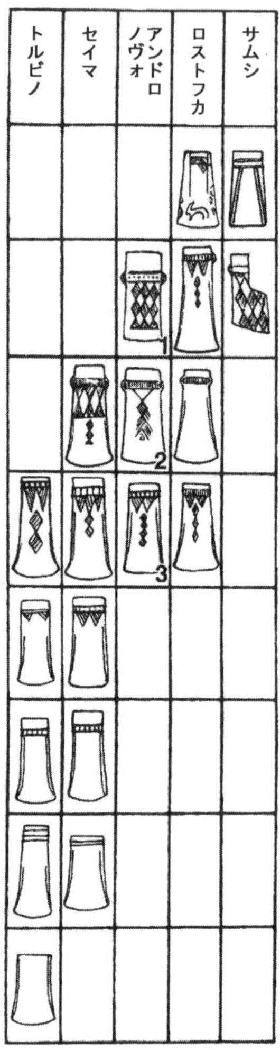

図 1-33　クジミナによる有銎斧の変遷図

青銅器分布の背景，社会像に関する問題

前 2 千年紀初頭の草原地帯各地では，戦士やエリートの出現が指摘されているものの，その性質についての見解は多様であった。この時期の草原地帯の一部では，青銅利器，車輛，要塞集落が確認されるものの，それらの解釈によって導かれる集団，社会像が異なってくるのである。草原地帯の歴史を考えた場合重要であるのは，前 1 千年紀初頭の初期鉄器時代への変化に向けて，青銅器時代をどのように評価できるのかということである。前 1 千年紀以降には，「初期遊牧民文化」（スキタイ系文化）が広く成立し，騎馬遊牧に加え，武器，大型墳丘が顕著になってくる。鉄器は認められないものの，すでにそのような時代に近い社会像を想定するのか，あるいは鉄器時代との差異を強調するかで，当該段階の評価は大きく変わることになる。この問題について考える際，先学では青銅器そのものの分析が不足している。例えば，青銅器の実用化の議論に関して，青銅器やそのコンテクストから詳細な検討が行われているわけではない。

他の問題として，青銅器分布の背景についての具体的な説明が与えられていないことが挙げられる。戦士集団の移動モデルを除くと，一定の地域における社会複雑化と，それを越える広域的動態が，必ずしも整合的に説明されているわけではないのである。これは，セイマ・トルビノ青銅器群に限らず，移動，交流が歴史的解釈として多用されてきた草原地帯において，しばしばみられる問題である。例えば，前 1 千年紀の「初期遊牧民文化」期における物質文化の広汎な分布，類似は，騎馬遊牧による移動，交流の増加と捉えるのが一般的である（本章第 1 節）。とすれば，それと，セイマ・トルビノ青銅器群における移動，交流というのは，質的にどのような差異があるのだろうか。一方は「騎馬遊牧民」で，一方は「戦士」という担い手の差異だけなのだろうか。草原地帯の歴史を，交流の担い手の変化あるいは，その起源地，影響の方向だけで評価することはできない。この問題については，近年明らかになってきた各地の社会動態を考慮したうえで，考古学的に議論を深める必要がある。

2.　前 2 千年紀後半（カラスク期）の研究における問題

X・Y 説における青銅器の系譜関係抽出とその方法

まずは，X・Y 両説の青銅に関する具体的な立論根拠をまとめておこう。まず，剣では曲柄剣とカラスク式短剣の系譜関係が問題であり，両剣を排他的に捉える場合は X 説，系譜関係を認める場合は Y 説となる。一方，刀子では南シベリアを含めた場合は屈曲型と弧形背型の系譜関係が，主にモンゴリアでは弧形背型の柄断面形態の 2 種（工字形，扁平）の系譜関係が問題になっているといえる。刀子の場合，屈曲型と弧形背型に系譜関係があり，弧形背型における 2 種間には系譜関係がないとすれば，X 説に有利となり，その逆（屈曲型，弧形背型では系譜関係がなく，弧形背型における 2 種間は系譜関係がある）であれば Y 説ということになろう。つまり，X・Y 説の当否は青銅器に関する限り，その型式学的操作に左右されるといってよいのである。しかしながら，多くの研究においては，捉えられた系譜関係が型式としての実態に基づき，客観的に認めうるかという点で不足がある。すなわち，型式ではなく各個体間における類似性が説明の根拠となっていることが多く，系譜関係の説明に客観性を欠いている。また，型式間における時間差を示す場合でも，属性の変異のスムースな移行が示されていない場合が多かった。以下やや煩雑ではあるが，上記の研究のいくつかにおける分類編年上の問題を，剣と刀子を中心に例示する。なお，以下は諸論攷のうち，X・Y 説に関わる剣，刀子の分類における記述のみに対するものである。それぞれの論攷は，その他にも多くを論じているのであり，以下の記述によって各論攷の全体が否定されるものでは当然ない。

• チレノヴァ（Членова 1972a, 1976）における方法

刀子の曲がり具合（曲柄度）を厳密に測定したうえで，屈曲型から弧形背型への変化を想定する[11)]。分類では曲柄度を基に，13 型式に区分される。剣ではカラスク式短剣を主に長短で二分し，短いものから長いものへの変化を考えている。剣，刀子とも年代に関して，多くは中国中原や西アジアなどとの対比によって導いている。モンゴリアの剣（曲柄剣）とカラスク式短剣が排他的関係にあるというのは，型式学的論証としては不十分である[12)]。

チレノヴァの主張する，刀子における屈曲型から弧形背型への変化や，剣の分類における排他性の中には，結果的には妥当なものも含まれる。しかしながら，方法としては以下のような問題点が存在する。まず，チレノヴァは細かい属性分析（属性変異の相関関係を求める分析：柄頭，紋様，屈曲度，紋様頻度など）を多用している。それが分類編年的根拠となるには少なくとも，属性変異のスムースさと，ある種の相関が認められねばならないが，両方とも十分とはいえない。属性分析で対応しない部分についてはそのまま話がすすめられることが多く[13)]，

11)　この想定は，チレノヴァが各種刀子への力のかかり方と，実際に刀身が折れている頻度を調べた結果，屈曲型より弧形背型の方が折れにくいとするところからくる（機能の強化）。しかしながら，この想定自体に不明な点が多い。例えば，機能上，力が刃の先端に向かってかかるとされているが，その根拠は明らかではない。さらに計測方法でいえば，弧形背型も含めて，同じ基準で角度を測ろうとすれば，刀子の両端と，それらから均しい距離にある 1 点がなす角度を測るなどが考えられる。そうすると，背も刃側もスムースな曲線をなすものでも，カーブがきつければ屈曲型になり，反対に，折れの角が明瞭でも，やや広いものは弧形背型になる可能性がある。折れが明瞭なものには，比較的屈曲するものが多いことは確かであるが，屈曲型は，その名前が示すように，途中で角をなして折れているということが重要なのであって，以上のように厳密に角度をはかることができ，それが機能上の強化を示すという点については疑問である。

12)　曲柄剣やそれに付随する動物柄頭を西周併行に下げ，カラスク式短剣に発展することはないという主張であろうが，その年代的根拠は不明確である。

13)　例えば，刀子において屈曲型から弧形背型へは，数型式間に限って，他の属性に相当な変化が起こることが指摘されているが，それに関しては「新伝統」としか言及されず，全体的に屈曲型から弧形背型へは緩慢な変化であると主張される。

刀子では分類できないものが相当数存在する。また，主要器種である刀子と剣が互いにどのような関係にあるのかが，分類単位としてよく検討されない点も問題として挙げられよう。論全体として，最初に想定する型式変化の方向性が決定的なものになっているといえる。

• ノヴゴロドヴァ（Новгородова 1970）における方法

刀子に関しては，屈曲型，弧形背型，凹型背型，直型に形式分類したうえで，屈曲型ではさらに時期区分（型式分類）している[14]。チレノヴァとの違いは，形式分類，それも前1者と後3者の排他的関係を示しているところにある。この関係は論中で示された属性間の対応表でいくぶん検証されており，加えて屈曲型が南シベリア主体であることを示したことによって，ある程度は客観性を得たものとなっている。また，ミヌシンスクの剣に関しては，鍔の発達度合いから3つの型式に分類する。そのうち特に早い型式[15]に，弧形背型刀子との共通点（柄頭，紋様など）が認められることから，これもモンゴリア起源のグループに含めるわけである。このように，ノヴゴロドヴァの主張するモンゴリア起源説は，方法論上でもある程度の妥当性が確認される。

しかしながら問題も残っている。まずは，チレノヴァ同様変化の方向について，方向性のスムースさを示す属性がほぼひとつ（刀子では曲柄度，剣では鍔形態）に限られることである。各々最後の型式がタガール文化の青銅器に近いことは認められるものの，層位的検証が不可能に近い現状では，変化の方向性の検証としては不十分である。また，示された属性分析では屈曲型刀子とその他の形式では，排他性が認められつつも重なる部分が多いことや，刀子形式の後3者（弧形背型，凹型背型，直型）に関する分類の妥当性が不問のままとなっている。さらに，形式間関係（併行関係，派生関係など）の不明瞭さが大きな問題である。つまり，剣や屈曲型刀子それぞれの型式分類に基づく編年が，青銅器全体の様式設定において生かされていないのである。結果として，青銅器全体は東西群としての2グループ化されるのみで，年代としてはカラスク文化全体で1時期となっている。

• 烏恩（1978）における方法

剣の分類では，曲柄剣（I型）と柳葉剣（II型）に区分，II型を3つに区分（A～C）しており，そのうちのIIA型がカラスク式短剣である。その後，各型式の年代を，共伴関係を有する資料から求めている。全体の形状から分類を行っており，分類としては妥当な部分も多いが，I型とII型で区分基準が異なるなどの問題も含む。I型とIIA型の年代的前後関係は上記方法で判明したと考えておおよそよいと思われるが，各属性の変化が論じられない以上系譜関係は明らかになったとはいえない。

• 田広金・郭素新（1986）における方法

刀子の柄の断面形態（A類：扁平または卵形，B類：I字形）による形式分類後，柄頭形態の変化が時期差を示すものと考え，主に柄頭によって両形式を細分している。結果的にはA

14）直形に関しては他より後出とする。

15）晩い型式でもある程度はオルドス方面からの借用（紋様など）を認めているので，ミヌシンスクのみでノヴゴロドヴァのいう型式変化が生じたかどうかは明らかでない。

類は早商〜西周併行以後も存続，B類は商代晩期併行にA類から分化，その後西周併行まで存続したという。論の問題点としては，まず，想定する属性変化の方向性がきわめて理解困難な点にある。例えば柄頭では，孔だけのものから，獣頭をもつものに突然変化するなどの想定が多用されている。しかも層位関係や属性分析などによって，変化方向の裏付けがなされない場合が多い。また，形式間の併行関係の説明が曖昧な点，まったく異なる動物像を一括している点，部分的に柄頭以外の属性で柄頭と等価の型式を設定する等，分類自体も問題として指摘できる。

• 八木（2014）における方法

曲柄剣，カラスク式短剣の大別は，高濱（1983）における分類（A型，B型）に準じている。A型は柄頭，柄紋様によって，B型は柄頭，柄の構造によって細分する。本細分においては複数の属性が用いられているものの，分類基準が一定していない点をまず指摘しうる。例えば，B型の細分のうち，BaとBbは，柄頭のみが区分基準となっており，A型の細分におけるAbとAcについても同様である。また，各系統，細別系統内における時間的な形態変化が，型式という形で明確に捉えられていない。したがって，A型，B型を別系統とする論証も，結論はともかくとして，方法論的には問題を含むものといえよう。

• 楊建華ほか（2016）における方法

剣の分類について。曲柄剣とカラスク式短剣を格部の形態に基づいて3つの系統（凹格剣，闌式剣，融合型）に区分する。凹格剣がカラスク式短剣，闌式剣が曲柄剣に相当し，この両系統が商代以来互いに影響しあい，融合型まで発生させたが，最終的（西周中期併行）には凹格剣のみになるという。また，凹格剣の最も早いものは，朱開溝遺跡出土短剣（図4-5-1）であるとし，凹格剣，闌式剣ともに長城地帯に起源を置くものである。本分類は，格形態での系統区分の可否が検討されていない点がまず問題である。柄形態，脊形態や柄頭形態を基準とすると，それぞれ異なった分類体系が出てくる余地が存在するが，それについては触れられない。さらに，各系統（組列）内での変遷が，型式単位で抽出されていないことも挙げられる。したがって，型式を基礎とした期の抽出および，それに基づいた分布状況の把握が困難となっているのである。なお，両系統の融合型とされたものには東カザフスタン由来の剣が含まれているが，闌式剣が分布しない当地における「融合型」には理解が難しい面がある。

• 三宅（1999），李海栄（2005），楊建華（2008），呂学明（2010）における方法

これらは編年のための分類とはいえないが，分類法の問題をここで挙げておく。楊建華は剣，刀子に関して，まず柄頭で分類を行う。さらに各柄頭の剣（組列）に関して剣身や柄の構造の変化を示唆する。したがって，楊建華の分類で曲柄剣とカラスク式短剣が同一組列上になるが，その根拠は柄頭が獣頭形で共通しているという以外にはない。また，組列上の変化である柄の構造の漸移的変遷をうまく示せているとはいいがたい。三宅は曲柄剣に関して，柄頭で細かく分類を行っている。また，曲柄剣が機能上，刀子と共通したものであることを指摘し，剣と同様の柄頭をもつ大型の刀子は，剣と同じ分類単位に含めている。この分類では，柄頭による区分単位認定のための分析がなされていない点がまず問題として挙げられよう。また，曲柄剣が刀子と共通する，切る機能を持ち合わせていたことには筆者も同意するものであるが，分類単位として，曲柄剣と刀子が同一に扱えるかどうかは別問題であろう。李海栄は青銅器全般に関して，呂学明は刀子において，柄，刃部，柄頭形態などから極端に細かい分類単位を作成しているが，上の研究と同じく，単位認定の分析を欠いている。また，それら細かい単位は考察で意義づけられることもあまりない。

以上のような問題をある程度解決したものとして，剣では髙濱や宮本の論攷が挙げられる（髙濱 1983, 宮本 2007）。しかしながら，X・Y 説で重要であるミヌシンスクの資料を含めて統合的にみた場合でも同様の結果が得られるかどうか検討の余地があり，また両論攷の短剣の変遷に関して筆者に異論がないわけではない。刀子に関しては，その排他性あるいは漸移的変化を客観的に示すのは，剣に比してかなり困難であったとみられ，南シベリアからモンゴリア全体で，方法論的に妥当な分類案は出されていない。特にその要因として考えられるのは，従来抽出された各属性が，特徴的な変異をある程度は含むものの，大多数は簡素な変異（例えば，柄頭では環状のもの，紋様では無紋のもの）により占められていることである。しかも簡素な変異は存続期間が長い特徴をも備えている。したがって，仮に属性間の相関を検討して客観的な単位を見いだそうとしても，分類単位同士に大きく重なり合いが出てしまうのである。

X・Y 説を含めた考察上の問題

X・Y 説がユーラシア草原地帯東部における青銅器文化の理解の上で重要であることはすでに述べたとおりであるが，X・Y 説そのものにも問題がある。まずひとつは，両説が地域間の影響関係の方向性の議論に集中しており，影響の内容，背景についてはあまり論じない傾向にあることである。X 説をとるチェルヌィフは冶金における南シベリアやアルタイから東南（モンゴリア）への影響は指摘するものの，それがいかなる要因で，また具体的にどのようなプロセスを経ていたのかは明らかにしていない。Y 説におけるノヴゴロドヴァの論攷では，モンゴリアから南シベリアへの集団移動が示唆されているが，近年では影響や交流の存在を指摘するのみの論攷が多いといえよう。特に長城地帯においては，カラスク期の主たる青銅器はモンゴリアが起源であるが，一部は南シベリア起源（傘形柄頭をもつ器物）であり，さらに別の一部は西アジア起源（有銎闘斧）であるといったような，同時期に様々な方向性をもつ影響がみられるという，いわば「パッチワーク的交流関係」を結論とする意見が大半である。交流関係の意味内容が不明である大きな要因として考えられるのが，影響や交流の存在を想定する際，細かい要素や型式の類似性を個別に指摘し，それらを根拠としていることである。見いだした各種類似性を青銅器全体で位置づけ，類似の度合いを評価するということはほとんど行われていない。例えば烏恩や李剛，楊建華らは前 2 千年紀以降の長城地帯の青銅器をユーラシア草原地帯と比較する形で通時的に論じており（烏恩 2008, 李剛 2011, 楊建華ほか 2016），その点では評価できよう。しかしながらそれらでは，各時期にそれぞれ異なった外的影響があったということの指摘，および各外来要素の起源の議論に始終する傾向がある。そして，指摘した個々の影響の内容が具体的にどのようなものであり，またユーラシア草原地帯の青銅器文化全体の変化にとってどのような意義をもっていたのかという説明が分析に基づいてなされることはない。青銅器の開始時期から初期鉄器時代直前までのプロセスを，他地域からの影響の有無やそれらの方向性というきわめて個別的な事情によって評価しようと考えるのは，学史的にいえば文化史の段階に相当する。多様な交流関係や影響が，ユーラシア草原地帯の文化変化にどのように寄与していたかを解明しようとする本書の目的から考えれば，以上の点に関してさらに検討する余地があると考えられる。

さらにこのことに関連して，X・Y 説は南シベリアとモンゴリアの関係を主に取り扱ったものであり，地域内部における文化動態の復元が不足するという問題点を指摘できよう。青銅器を用いて，文化領域内部の社会動態を復元する方法として，墓葬や祭祀遺構における青銅器の取り扱い方から当該領域集団における青銅器の位置づけを探る，あるいは主に青銅器の分布から文化領域内部の諸集団間の関係の粗密における変化を読み解くことが挙げられる。調査例が増加している長城地帯において，地域性を抽出しそれらの関係性を求めていく近年の研究方向自体は，特に後者の面で肯けるものである。しかしながら，学史に挙げた地域性抽出研究は必ずしもこの方向に沿ったものではない。というのも，分布を検討する際に，地域がアプリオリに設定される傾向が強いからである。例えば，上述のように，李海栄や楊建華は地域や時期に基づいて青銅器をグループ（群）化し，その後に各群における青銅器のあり方を分類等によって検討するという論法をとっている。群の範囲はおおよそ土器文化と対応しており，群にあたるなんらかの集団領域が存在した可能性は否定しないが，群が青銅器の型式分布そのものから導かれたものではないことには注意する必要がある。つまり，ここでも前に指摘した，「土器文化における交流」と同様の問題があり，青銅器そのものの動態が見過ごされているのである。三宅は青銅器の型式分布を検討しているが，考察時の小地域は型式，分布論以前に設定した地域区分に基づいており，李剛，楊建華の論法と類似する面がある。以上の考察上の問題を一定程度解決するものとして宮本の論攷が挙げられよう。宮本は，前 2 千年紀以後の各段階における社会様相をヘレクスルなどの墓制などから想定しており，前 2 千年紀後半のモンゴリアの一部の地域では首長制社会に達していた可能性を示唆している（宮本 2008a）。このことは，ユーラシア草原地帯東部の社会変化についてより具体的に説明を行おうとするものとして評価できよう。また宮本は，長城地帯東西における地域差が，ユーラシア草原地帯東部の他の地域との関わりによって現れた可能性を指摘しており，この結果も現象面として重要な指摘である。ただし，そこで指摘された地域間の関係が，想定される社会面での変化にどのような影響を及ぼすかについては言及が少なく，分析の余地が残っている。

カラスク文化研究における問題点——青銅器研究との整合性

上（pp. 28～38）では，ラザレトフ，パリコフに従って，近年のミヌシンスク盆地を中心とするカラスク文化の編年について記述したが，両者は近年の発掘資料を含めて，当該期の遺存全体を分析している点では説得性が高い。ここでパリコフ，ラザレトフらの編年方法とその問題について若干述べよう。上述のように，カラスク文化では，遺構同士の層位関係はほとんど認められないから，遺物，遺構の分類と一括資料の検討が中心となる。ラザレトフ，パリコフらは特徴が豊富に存在する土器を最も重視し，土器を分類した後，その他の遺物，墓制等との相関によって結論を出している（Поляков 2013）。また，土器の分類単位と，墓地内でのそれらの分布状況が相関するので，墓地がその中央から周辺へと形成されていったことがわかるという。上記編年に使用した資料には未公開資料も多く含まれており，再検討は容易ではないが，編年についていくつかの疑問が残る。特に型式変化について，例えば土器では，稜線の消失や底部の形態の変化が言及されるが，その変化プロセス（スムースさ）が詳細に論じられてはいない。青銅器についても，各属性変異の出現と消滅が唐突の感を与える。さらに，新たな文化要素の出現要因の説明として，集団移動を伴うような外的影響と，盆地における同化が多くを占めている。これについても，各要素を物質文化全体の中でどのように評価した結果出された結論なのか，不明の部分が大きい。また，これらの要素の起源あるいはカラスク文化の盆地外への影響については，ミヌシンスク盆地のみの検討では解決しえない問題である。

そこで，ミヌシンスク盆地を含めた，草原地帯東部の近年の研究動向をみると，まず，カラスク文化の起源がどこであれ，ミヌシンスク盆地やモンゴリアを含めたひとつの文化伝統が継続的に発展したと考える（Chernykh 2008, 2009a, b, 楊建華・邵会秋 2014）ことは，現状のミヌシンスク盆地の研究状況からいっても難しいことがわかる。ミヌシンスク盆地では，カラスク期やルガフスク期が開始される時期，さらにはタガール文化の開始において様々な文化要素が変化するのである。ユーラシア草原地帯における情報の伝達あるいは集団移動の状況というものは，従来考えられていたよりも相当に複雑であった可能性がある。青銅器に基づいた，当時の草原地帯東部の動態が，ミヌシンスク盆地における研究動向とどのように対応するかは，第4章第5節（pp. 197〜198）で論じることにしたい。

3. 「初期遊牧民文化」成立についての研究における問題

「初期遊牧民文化」とそれ以前における「類似性」について

「初期遊牧民文化」の出現と同時に，ユーラシア草原地帯で広く認められる，共通性と地域性をどのように評価するのかということが，本段階の第一の問題として挙げられる。草原地帯において，物質文化の類似が広い地域で認められる現象は，直前の段階にもすでにあり，「初期遊牧民文化」における類似性を殊更に強調するのであれば，直前の段階（カラスク期）と，同一基準で比較したうえで，類似性の増加を明示する必要がある。この種の分析が不足していた背景のひとつとして，「初期遊牧民文化」以前，以降で時期区分が行われた結果，両段階をつなぐ研究が，草原地帯全体をみた際に不足していることが挙げられる。青銅器時代までを主な対象とするチェルヌィフの論攷（Chernykh 1992）が「初期遊牧民文化」以降にほとんど及んでいないように，「初期遊牧民文化」出現以前は青銅器時代，以降は初期鉄器時代として扱われ，その変化プロセスを広域的に論じたものは少ない状況にある。一方で，長城地帯においては，「初期遊牧民文化」出現前後の継続性が指摘されてきたが，これについては以下のような

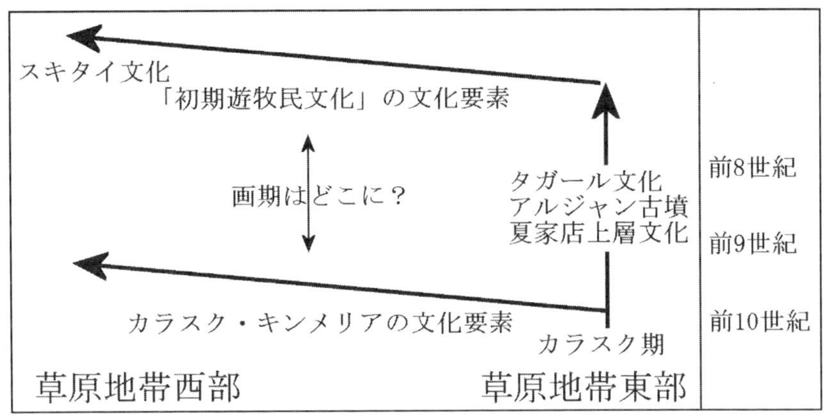

図 1-34　学史における「初期遊牧民文化」出現前後

問題があろう。

「初期遊牧民文化」の諸要素が草原地帯東部において，当該文化以前（カラスク期）に遡ることは，多くの論攷で指摘されているところである。そして，その諸要素は，高濱やテレノシュキンが指摘したように，「初期遊牧民文化」直前にもすでに広がりをみせているのである。したがって，「初期遊牧民文化」の前後で連続性をもたせようとした場合，「初期遊牧民文化」の出現にどのような意義づけをすればよいのか，というもうひとつの問題が出てくる（図 1-34)。この問題は，「初期遊牧民文化」の初現的要素が多くみられる草原地帯東部で深刻である。「初期遊牧民文化」の諸要素がそれ以前の時期にすでに現れているのであれば，「初期遊牧民文化」という画期の意味はどこにあるのだろうか。また，類似性の背景として，様々な程度の人の移動，交流の増加を示唆する研究が多い。しかしながら，移動，交流による物質文化の類似は，カラスク期以前でもしばしば指摘されるところであり，「初期遊牧民文化」出現における社会，経済的背景が，物質文化の拡散の規模や性質に具体的にどのように影響を及ぼしたのかが，語られることはなかったのである。

鹿石研究における「初期遊牧民文化」の発生

類似した問題は，鹿石研究においても見いだしうる。ある種の鹿石の年代がカラスク期（前 2 千年紀後半）に遡ることは，近年の共通見解といってよい。しかしながら，カラスク期から「初期遊牧民文化」期への連続性については多様な意見がある。鹿石全体が青銅器時代に遡るとするフジャコフの論（Худяков 1987）は，カラスク期と「初期遊牧民文化」期の間に画期を認めるものといえる。しかし，自ら論中で指摘するように，フジャコフは鹿石の武器表現にカラスク式短剣を認め，青銅器時代の根拠とする一方，同じ鹿石に描かれる鹿紋様をスキト・シベリア文化（=「初期遊牧民文化」）の動物紋と捉え，矛盾をはらんだ結論となっている（畠山 1992)。なお，フジャコフの分類は上記（p. 43）鹿石 I，II，III 類とは別の独自のものである。鹿石 I 類を II 類より遡らせる説のうち，ノヴゴロドヴァは鹿石の紋様をスキタイ系動物紋につながると考えており，この点では「初期遊牧民文化」期の間に連続性をみる見解といえる。ところが論中には，鹿石は青銅器時代の所産で，騎馬を特徴とする「初期遊牧民文化」期のものではないとする箇所もあり，フジャコフと同様の画期を匂わせる表現もある（Новгородова 1989)。潘玲もI類の年代をII類より遡らせ，あるものはカラスク期に位置づける説であるが，両者の文化的連続性については明確ではなく，「初期遊牧民文化」との対応も不明である（潘玲 2008)。畠山や髙濱は，鹿石のうちあるものはカラスク期に遡るとしている。I，II類の年代差について明記しているわけではないが，論旨全体としては，「初期遊牧民文化」につながるカラスク期の要素として鹿石が言及されている（畠山 1992, 髙濱 1999)。林俊雄はI，II類の共通特徴を重視し，両者の同時併存を考えるが，I類をやや古く前9世紀～前7世紀頃，II，III類を前8世紀～前5世紀頃としている（林俊雄 2011)。

これらを踏まえると，現状での問題は，鹿石の年代がカラスク期に遡るかどうかではなく，カラスク期に遡る鹿石（の動物紋）が「初期遊牧民文化」期まで同じ状態で存続するのか，あるいは「初期遊牧民文化」期にはなくなる（少なくとも衰退する）のか，あるいは途中でなんらかの変化（鹿石II類の出現のような）をみせるのかということになる。この問題の要因は，「初期遊牧民文化」の指標としてスキタイ系動物紋が学史上きわめて重視されていること，そしてそのようなスキタイ系動物紋がカラスク期の特徴を有する鹿石からすでに出ていること，というズレによるものと考えられる[16)]。つまり，スキタイ系動物紋がカラスク期に出現していることをどう評価するのかによって見解が分かれるのである。この点は非常に重要なことと考えられる。なぜなら，カラスク期に存在する青銅器あるいは鹿石の諸要素が，カラスク期に隆盛し「初期遊牧民文化」期では残存するのか，逆にカラスク期に出現し，「初期遊牧民文化」期で隆盛するのかによって，カラスク期自体，および「初期遊牧民文化」期を挟んでの画期の評価がまったく違ってくるからである。これはさらに平たくいえば，カラスク期はあくまで青銅器時代なのか，「初期遊牧民文化」期に近い，その後の鉄器時代とほぼ同様の段階として評価できるのか，あるいは実質的な過渡期なのかということである。この点を解決するには，両段階について共通の指標で分析を行い，青銅器時代以後の社会動態を踏まえつつ，時代区分の基準を設ける必要がある。スキタイ系動物紋についても，はじめから「初期遊牧民文化」の決定的指標とするのでなく，あくまで文化様式全体の1要素として捉えるべきであろう。

4. 小　結

以上のように，草原地帯では様々な青銅器文化において，多様な方向への影響や相互間の交流が指摘されている。特に目立つものでは，チェルヌィフやレグランドのようにアルタイから南シベリアのミヌシンスク盆地付近に青銅器文化の中心を置く考え，そして，烏恩，李剛，楊

16）スキタイ系動物紋とそれを遡る武器表現がみられ，学史上の問題となってきたことは畠山によってすでに指摘されている（畠山 1992)。畠山は武器表現の年代から，「初期遊牧民文化」の起源・年代を遡らせることによって，この問題を解決しようとし，この傾向は近年の多くの論攷にみられる。しかしながら，このように考えると，本書で記したようなカラスク，「初期遊牧民文化」両期の区分問題に直面する。したがって，ここで一番の問題であるのは，動物紋の年代というより，動物紋という要素自体にどれほど時期的，文化的区分の重みづけを与えるのかということであると考えられる。

建華らのように，各時期において多様な影響関係がパッチワーク的に存在したとする考えがあった。上で指摘したとおり，双方には型式学的操作等の個別の問題も存在するが，大きな問題として，前者では特定の影響の中心地がどのようにして形成されたかが不明である点，後者では指摘された多様な影響の内容や要因についてほとんど言及されず，交流関係に対する歴史的評価が難しくなっている点が挙げられよう。したがって，ユーラシア草原地帯東部から西部に広がる影響は，各論においても注目されてはいるものの，その意義，内容はきわめて漠然としたものになっているのである。

要するに，セイマ・トルビノ青銅器群，カラスク期，「初期遊牧民文化」に広がる諸要素は，いずれも草原地帯の東部のどこかに起源をもち，そこから拡散したとされるのであるが，その広まりの背後にある人，物，あるいは情報の動きや，それが時期的・地域的にどのように変化するものであるのかに関しては，従来ほとんど考慮されてこなかったのである。例えば上でも指摘したが，「初期遊牧民文化」の拡散はユーラシア草原地帯全体の時期区分の指標として，長きにわたって重要視されてきた。しかしながら「初期遊牧民文化」は，それ以前の段階の文化の拡散とは質的にどのように異なるのであろうか。本格的な騎馬遊牧が「初期遊牧民文化」を特徴づけるものであるとしても，その開始時期の正確な時期に関して，考古学的に論証することは非常に難しい。実際には「初期遊牧民文化」の広まりも，青銅器，動物紋などの物質文化の広がりによって定義づけられる傾向が強い。「初期遊牧民文化」の出現の意義は，当該文化とその前段階に広まる物質文化の動態双方を比較可能な形で検討し，その背景を考察してはじめて明らかになるものと考えられる。セイマ・トルビノ青銅器群やカラスク期のX・Y説についても，人が移動したという解釈は存在したが，移動の要因については触れられない場合が多い。さらに大きな点では，学史において各時期のテーマがそれぞれ独立し，通時的動態が捉えられにくくなっていることも挙げられよう。

第 3 節　本書における目的，方法，資料

1.　本書の方針

序章で示したように，本書で対象とする前 2 千年紀から前 1 千年紀初頭は，ユーラシア全体で青銅器時代から鉄器時代へと変化していく時期である。以上に示した多様な影響や交流は，この大きな変化の中ではじめて歴史的評価を与えうるものである。草原地帯においてもこの時期は，その東部における青銅器の本格的開始からいわゆる「初期遊牧民文化」という騎馬遊牧社会成立までの重要な期間を含んでいる。本書では，特に草原地帯東部を起点とする影響が，対象時期の各段階におけるどのような背景のもとで生み出され，青銅器時代の変化・発展にどのように寄与したのかを説明することを主眼としている。そのためには，対象地域全体をなるべく均質に，かつ通時的に比較可能な形で，各交流関係を把握することが望ましい。この条件に適する資料は，通時的かつ地域的に連続して存在する青銅器である。

また，従来においては，文化間における交流を示唆する際，個々の器物の類似性を根拠にする場合が多く，これが分類の客観性を欠く要因となっていた。また，類似の有無だけではなく，その程度や内容が問題にされねばならない。そのため，本書の分析は，属性の集合としての型式および，型式の集合としての様式を基礎としている。特に，型式の認定については，属性分析手法（田中 1982, 岩永 1989）を用いて客観化を図った。ひとつの様式における型式群は，切る（刀子），刺す（剣），打つ（闘斧）などのように，機能によって区分できるほか，儀礼など特殊な場合に用いるもの，日用器など，社会・文化的側面においても区別可能である（田中 1982, 1987）。本書では，この両側面の区別のあり方が，各様式によって異なることに注目し，これを基礎に，交流関係のパターン化を試みたものである。本書における大まかな手順は以下である。

i ：青銅器に基づく多様な文化圏（またはその境界）の抽出と，それら内外の交流関係の把握。

ii：i で抽出された文化圏・境界の内容，および文化圏内外の交流関係とその変化の背景の解明。

iii：青銅器時代における交流関係のあり方（＝方式）の類型化。

i の詳細については，下記 2. を参照されたい。資料に関しては，未公開資料を一部含んではいるものの，すでに多く検討されてきた資料を中心とした。これには，筆者の調査不足もさることながら，同一資料を用いつつも方法の差異によって，異なった結論に達することを示すねらいがある。本書の対象地域にあっては，新資料や新たな分析手法（特に冶金学などに関わる理化学分析）が注目されることが多くても，考古学本来の方法論に注意が払われることは稀であった。用いた資料に関しては，各章末に分析資料一覧表としてまとめているが，本表は，対象地域の青銅器を網羅的に集成したものというより，各分析で用いた各資料の出典および抽出した属性変異を示し，本書の分析を再検証可能にすることを目的としている。

ii については，第 2 章～第 5 章の一部で，出土状況の検討によって，各青銅器の社会的あるいは機能的位置づけを行う。さらに，それらと i の分析結果を踏まえて，第 6 章で，ヘレクスル，板石墓など関連する遺構，自然環境等の動態を考慮し，文化圏の内容，および文化圏内外の交流関係についての背景の解明を目指す。

さらに終章では，第 6 章までで導かれた各交流関係とその内容，背景を通時的に概観し，ユーラシア草原地帯の東部を中心とする地域全体において，交流関係の軸となっている地域構造の存在を指摘する。また，導かれた交流関係のあり方を，方式という形で類型化し，青銅器時代一般における援用の可能性についても論じることとする（iii）。

2.　各分析における方法と資料

分析に該当する第 2 章から第 5 章では，本章第 1 節に挙げた各テーマについての問題解決を，以下のようにそれぞれ行っている。

第 2 章

セイマ・トルビノ青銅器群についての分析を行い，学史上で指摘されてきた前 2 千年紀前半における東部から西部への影響について再考する。特に，アルタイに影響の中心を置くチェルヌィフの戦士集団西漸モデルの再検討が課題である。本書では属性が豊富で，型式学的操作が比較的行いやすい矛，有銎斧について分析を行う。

資料はチェルヌィフの用いたもの（Черных, Кузьминых 1989）を主に使い，チェルヌィフの行った型式学的操作や金属成分分析との対比など，方法論における妥当性を検討する。

分析手順であるが，学史での分類での多くは，その根拠が明示されていないところに問題があった。型式の存在を客観的に示すために，本書では複数の属性の組み合わせを検討することにする。矛，有銎斧それぞれについて形式分類を行い，通時的な系統を見いだす。本来，形式とは一系統の器物群からなる一様式内で機能差を反映するものであるが，本書では一組列に含まれる型式群を指すことにする。さらに各形式の単位について型式分類を行うが，ここでは時間的になるべくスムースに移行する属性を用いる。編年後，各段階の分類単位を金属成分と対比しつつ分布を把握する。以上において，アルタイを中心とした地理勾配的状況が確認されるかどうかが，チェルヌィフのモデルを検証する際に重要なポイントとなる。

次に，出土状況から，青銅器の社会的性質を明らかにする。資料としては，セイマ・トルビノ青銅器群の遺跡の中では詳細な報告がなされているロストフカ（Rostovka）墓地（Матющенко, Синицына 1988）を用いる。墓地における各種青銅器の扱われ方について検討し，青銅器の形態，技法における複雑性との相関関係をみる。また，青銅器と被葬者の階層性についての関係も検討する。墓地には階層差が表れやすく，異なる時期，地域ではあるが，分析例があり（渡辺 1992, 宮本 2000, 佐野 2004），それらの成果を参照しつつ分析をすすめる。特に，労働投下量を示す墓壙面積と，青銅器を中心とする副葬品点数の相関を確認し，階層化パターンの有無と，その中での青銅器のあり方に注意する。

第 3 章

新疆および長城地帯における前 2 千年紀半ばまでに位置づけられる初期青銅器を検討し，第 2 章とは逆に，草原地帯東部における西からの影響の実態を解明する。

学史上の問題を踏まえれば，土器文化をひとまずはずして，青銅器のみで現象を把握する必要がある。第 3 章では基本的に佐野による器種分析，状況分析（佐野 2004, 2008）と類似した手法をとるが，そこではあまり論じられていない，EAMP やセイマ・トルビノ青銅器群との比較に基づいた形態的観点を盛り込むことにする。分類においては，髙濱や宮本による成果（髙濱 2000b, 2006a, 宮本編 2008）を基礎に，器種で分類（全体の形が明瞭に異なるもの。斧，刀子，鏃のレベル）後，同一器種でも明らかに形態が異なるものを型式に細分する。さらに，器種，各型式，出土状況における分布を調べ，型式分布の著しい変換地点を「境界」として認識する。

さらに，近年盛んとなっている，鋳造関連遺物，金属成分分析に関する研究を紹介する。そのうち，特に金属成分については，各遺跡のデータに基づいて錫，鉛，砒素に関する添加規範を検討，分布を把握し，先の「境界」との関連性を調べる。

資料は，前2千年紀初頭から半ばまでの，出土地がわかる資料を中心に検討する。基本的に佐野の集成（佐野 2004）に，新疆出土のものおよび新たに報告されたものを加えた。長城地帯の資料としては，四壩文化，斉家文化，朱開溝文化（III，IV 段階），夏家店下層（系）文化の各青銅器が該当するが，斉家文化は存続期間が長いため，後半の資料のみ（皇娘娘台遺跡出土以外のもの）を扱い，それに後続する卡約文化は周代に併行するものがかなり存在するため含めない。新疆の一部では土器を伴わないため，年代決定が困難な場合もあるが，クジミナによる新疆の阿尕爾生デポとキルギスのシャムシデポ（図 1-7）の比較（Kuzmina 2001）を参考に，これらとほぼ同様の形態のものを抽出することにする。なお，図面で具体的な形態がわかるもののみをここでは扱い，1 個体程度しか知られない用途不明の特殊な器物は分類上省くことにする。

第 4 章

カラスク期の青銅器について分析し，X・Y 説の解明を目指す。採集資料が当該期の資料のほとんどを占めていることを考慮し，学史において主に議論の対象となってきた剣，刀子，有銎闘斧によって様式の核たる部分を最初に設定する。これらの器種は対象地域全体から万遍なく出土し，安定した数量が得られるので，大まかな傾向を見いだすのに適している。

X・Y 説それぞれの問題点が，青銅器の型式学的操作にあることを踏まえ，型式の存在を客観的に示すために，前にも述べたように複数の属性の組み合わせを検討することにする。特に刀子においては分類単位における大幅な重複の解消が必要となる。そのためには，刀子全体で変異に偏りのない普遍的な属性を見いださねばならない。そこで本書では刀子の製作技法に注目しつつ，属性を抽出する。製作技法はすべての個体に普遍的であり，それらの属性の組み合わせによる型式群を，製作技術の復元という形で明確に意義づけることもできる。

交流関係や影響の根拠となる類似の程度を明らかにするためには，青銅器全体において各単位を統一した基準で，階層的に位置づけておく必要がある。そこで本書では土器における様式論（田中 1982, 岩永 1989）を参考にする。剣，刀子などの全体の器形に基づく大きな単位を器種とし，器種内の系譜に基づく組列単位を形式，各組列内で時間を示す単位を型式と捉え，形式が一定の時空内にまとまりとして現れる場合，それを様式とする。手順としては，属性間の相関により形式を設定し，その形式に最も適した製作技法を想定する。さらに一部の形式については時間差を示す（スムースな時間的変化が想定される）属性複数を用いて型式分類を行い，主に中原の青銅器との共伴関係から各型式の年代を求め段階設定する。以上の編年に基づき，各段階における分布の偏りを見いだし，様式の設定および様式間関係の整理を行う。また，金属成分についても前章と同じく，規範の有無を検討し，様式動態との整合性について論じることとする。

資料については，剣ではいわゆる曲柄剣とカラスク式短剣，その他の器種では一般的にカラスク期と考えられているものを扱った。Членова（1972a, 1976), Гришин（1971), 髙濱（1983）の集成によるところが大きいが，分析資料は章末の附表を参照されたい。なお刀子については，製作技法に関わる新たな属性が分類の主な基準となり，それらの属性の把握は，従来の実測図や写真等ではきわめて困難であるので，分類にあたっては筆者の実見資料のみを用いることにした。実見資料は長城地帯，南シベリアのミヌシンスク盆地，そしてモンゴルの採集資料に限られているが，従来取り扱われた主要な特徴をもつ器物はほぼ網羅しており，製作技法上の単位を見いだすには十分な量と考えられる。これについても実際の資料は，附表を参考にされたい。

第 5 章

ここで解決すべき問題は，「初期遊牧民文化」出現期における共通性を，ユーラシア草原地帯の画期として評価しうるのかどうか，ということである。そこで，本書では「初期遊牧民文化」を，その直前の青銅器時代（カラスク期）の物質文化の広がりと対比的に捉え，同一基準による剣の分類を基に，共通と差異を相対的に評価する。直前の段階の資料として，カラスク式短剣の最後の型式（B1c，B1q，B2c 類）（第 4 章）を含め，「初期遊牧民文化」出現期（夏家店上層文化，アルジャン古墳，タガール文化バイノフ期，パドゴルノフ期，草原地帯西部の先スキタイ期に相当する段階）の剣の分類，編年，分布の把握を行う。これによって，カラスク期と「初期遊牧民文化」期それぞれの空間的類似性を，統一基準で比較することが可能になる。

資料は，先行研究における集成（Членова 1967, Тереножкин 1976, 髙濱 1983）を中心に，長城地帯，モンゴル，ミヌシンスク盆地における出土，採集品を追加した。さらに，各段階における型式分布を検討し，型式の偏りを基に，各段階の類似度を決定する。

さらに，「初期遊牧民文化」要素として特に重視されてきた，スキタイ系動物紋を含む動物紋に注目し，草原地帯東部におけるその出現の背景を考える。「初期遊牧民文化」の諸要素の中でも動物紋を扱うのは，それが「初期遊牧民文化」の広がりを示すものとして特に注目されてきたからである。先学では，動物紋表現の系譜の起源が，それを表現した器物の年代とともに論じられることが多く，研究の蓄積も厚い。しかしながら，本書では系譜よりむしろ，各段階において動物紋が示す規範の強弱に着目し，「初期遊牧民文化」出現の前後において，動物紋を表す際の規範がどのように変化したかを調べる。表現されている動物の形態は，大まかに区分するにとどめ，表現技法，表現部位などの表現手段のヴァリエーションの多少を，各段階で比較する。この結果を基に，最後に，鹿石と青銅器の動物表現の対比を行いたい。

第 2 章　セイマ・トルビノ青銅器群の検討

前 2 千年紀のユーラシア草原地帯では大きく 2 系統の青銅器文化（EAMP，セイマ・トルビノ青銅器群）がみられ，EAMP はユーラシア草原地帯西部から東部へ広がっていくのに対し，セイマ・トルビノ青銅器群は，アルタイに起源し西へ広まっていくといわれる（Черных, Кузьминых 1989）。セイマ・トルビノ青銅器群はユーラシア草原地帯西部へ影響を与えたのみならず，当該段階の後の草原地帯東部（カラスク期）の青銅器文化とも関連が示唆されている（Chernykh 2009）。本章ではこのようなセイマ・トルビノ青銅器群のアルタイ拡散モデルについて，型式，分布論から再検討を行う。当該青銅器群には形態が単純で型式操作が困難なもの，あるいは数が限られた器種が多いので，本章では対象を矛および有銎斧に絞って，各節で分析する。それぞれの器種において形態的特徴から分類，編年を行う。そして各分類単位と従来指摘されてきた金属成分を対比し，分布を検討することで，アルタイを中心とする地理勾配がみられるかどうかを確認することにする（第 1, 2 節）。さらに西シベリアのロストフカ墓地の分析により，当該青銅器群の扱われ方について検討する（第 3 節）。

第 1 節　矛の検討

1.　分　　類

前章で述べたとおり学史においては，セイマ・トルビノ青銅器群がサムシ・キジロボ青銅器群より先行すると考えられている。そこで，まずこの両者の矛を型式上区分することを考えよう。両青銅器群を区別する基準として，チェルヌィフは主に脊形態を挙げている（セイマ・トルビノ青銅器群には三叉脊，サムシ・キジロボ青銅器群には偽三叉脊，三脊が特有といわれる）。脊形態を他の属性と相関させてみたが，よく相関する属性は見あたらないので，セイマ・トルビノ，サムシ・キジロボ青銅器群の区別という観点から離れ，矛全体の分類をひとまず考えることにしよう。

形式分類

ここでは，大まかに矛全体を区分することを試みる。チェルヌィフが分類の属性として最初に注目しているのは造り方と，脊の形態であり（図 2-2），区分したのは鍛造製品，そして鋳造製品のうち，三叉脊，偽三叉脊，三脊，菱形脊，円形脊である [1)]。これらを，柄の基部に付属

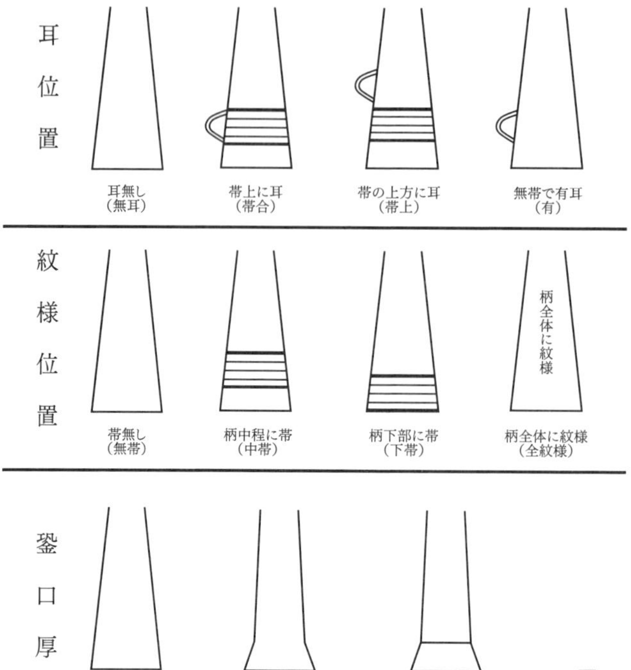

図 2-1　形式分類のための属性変異模式図

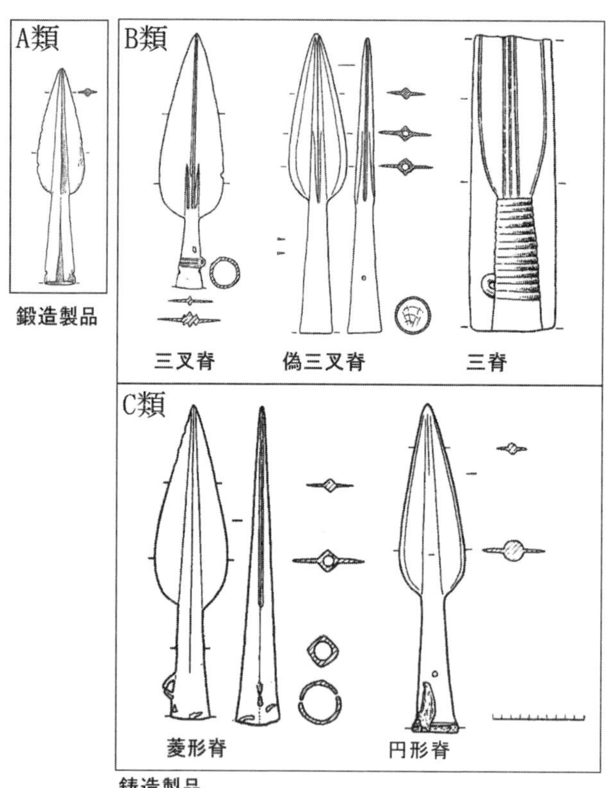

図 2-2　矛の形式分類

表 2-1　形式分類のための資料

	脊形態↓	耳と帯の位置関係→			
		無耳	帯合	帯上	有
鋳造	断面菱形	7	3	3	22
	断面円形	9			3
	三叉	11	32	1	
	偽三叉	4			
	三脊	1	3		
鍛造	―	7			

	脊形態↓	帯の位置→			
		無帯	中帯	下帯	全紋様
鋳造	断面菱形	27	5		1
	断面円形	13			
	三叉	4	36	4	
	偽三叉	4			
	三脊		4		
鍛造	―	7			

	脊形態↓	銎口厚→		
		銎口厚無	銎口厚 1	銎口厚 2
鋳造	断面菱形	11	8	16
	断面円形	9		3
	三叉	44		
	偽三叉	4		
	三脊	2		
鍛造	―	7		

する耳や帯（図 2-1）と相関させて，型式的妥当性を確かめる（表 2-1)。相関させると，菱形脊，円形脊で 1 グループ，三叉脊，三脊で 1 グループのようにおおよそまとまりがみられる。脊形態以外の属性では，「無」が相当数みられるために，脊で分類を行うのがよいと考えられる。鍛造品や偽三叉脊を上のまとまりのどちらとみなすかが問題となるが，今のところは，偽三叉脊は三叉脊，三脊のグループに含ませ，鍛造製品は独立させておく。形式は，A 類（鍛造製品)，B 類（鋳造製品で三叉脊，偽三叉脊，三脊を有するもの)，そして C 類（鋳造製品で菱形脊または円形脊のもの）という 3 つになる。

型式分類（A 類）

型式分類では法量の分析に加え，形態も属性として扱うことにする。形態は，器物各所の法量（図 2-3）の比で示すこととする。

A 類の特徴として全長 /a（1.7〜1.9，1 点のみ 3.4）値が，他の形式に比して大きいことがある（図 2-4 灰色部)。つまり，全長に比して身長が短く，柄が長い傾向にある。この一群は法量でもまとまりが強く（図 2-5 丸印)，細分は困難で全体で一型式とする。A 類の基部には孔が 2 つほど開けられるものが多く，チェルヌィフは柄に装着，固定するためのものと考えている。

1）附表 2-1-49 の判断は難しいが，全体の形態から三叉に含めた。

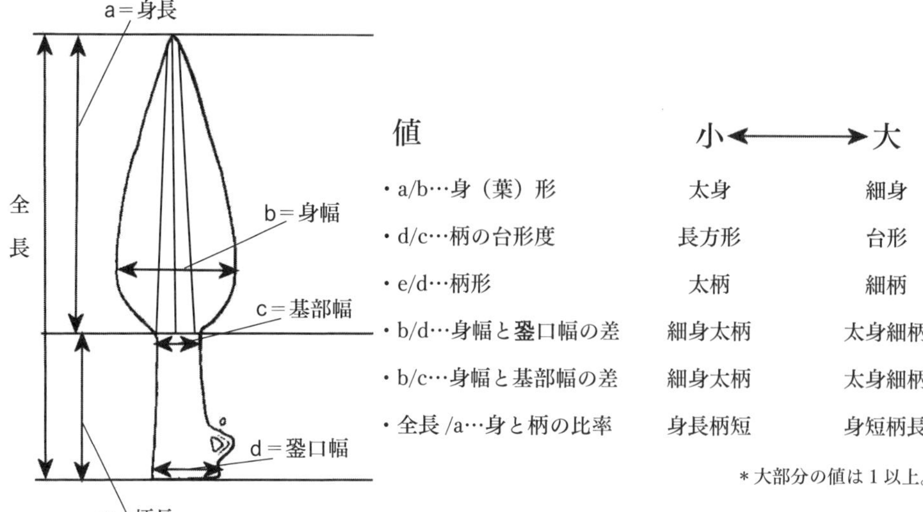

図 2-3　形態測定箇所

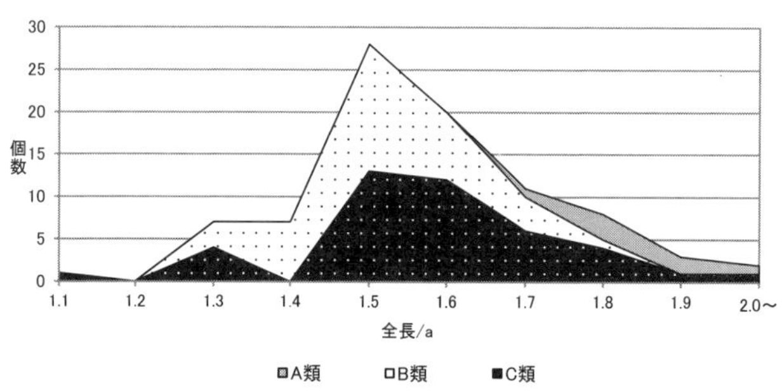

図 2-4　形式間の比較（全長 /a 値）

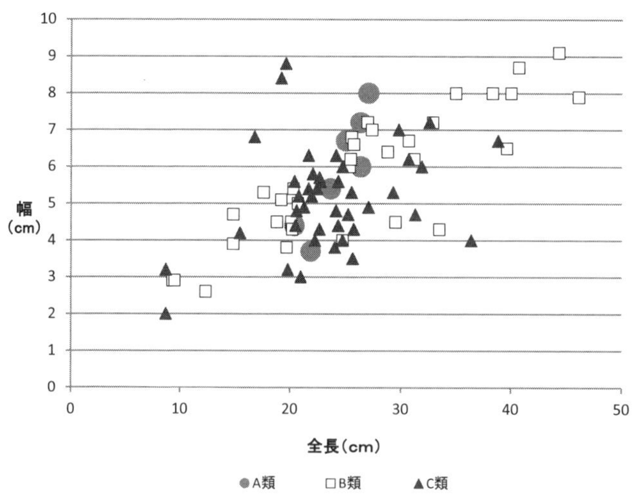

図 2-5　形式間の比較（法量の比較）

同様の矛は，セイマ・トルビノ青銅器群と同段階の EAMP 初期の諸文化にも知られ，実用的大きさで出現してきた可能性がある。

型式分類（B 類）

B 類・C 類は，鋳造の矛としてはユーラシア草原地帯において非常に早い段階の出現である。チェルヌィフは法量で 3 群に区分し，その後耳や鉤の有無などにより細分している。ここでは，従来では触れられていない矛の各所の形態を数値化し，他の属性との対応関係により型式を設定する。チェルヌィフの行った分類では，示されたグラフにおいて 3 群は排他的に相関している（図 2-6）。全長と身幅の相関（図 2-7）を新たに分析すると，小さいものは比較的明瞭に区別できるが，中，大は截然とは区分できない。そこで，チェルヌィフの分類を参考に法量による区分を行い[2]（小：～21cm 未満，中：21～32cm 未満，大：32cm～），形態との相関を試みると（図 2-8～2-10），両者は重なりあいながらも相関することが確かめられた。大きくなるにつれて，全体が細くなる傾向が読み取れるが，柄の細身化が比較的明確であり，形態が漸移的に変化していることがわかる。中型，大型は一般的な矛と比べてもかなり大きく，実用品としてはあまり適さないように思われる。また，このような大型のものを柄に装着し，支えるはずの銎部の細身化も実用的でない方向である。型式設定で

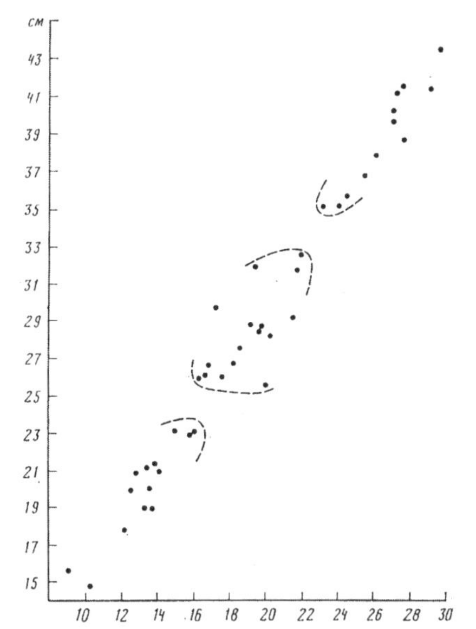

図 2-6　チェルヌィフによる矛の全長（縦），身長（横）の相関

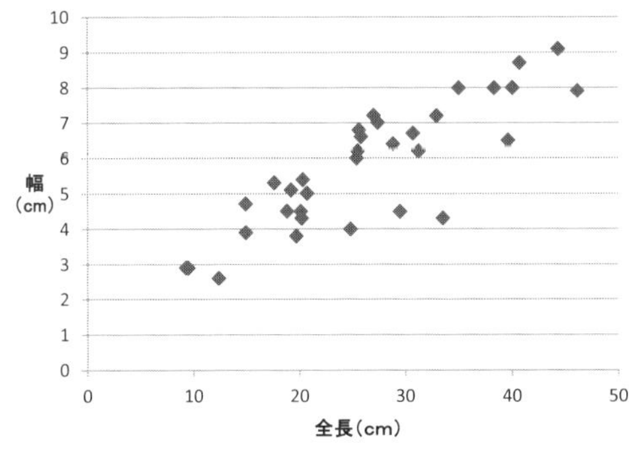

図 2-7　矛 B 類における全長と身幅の相関

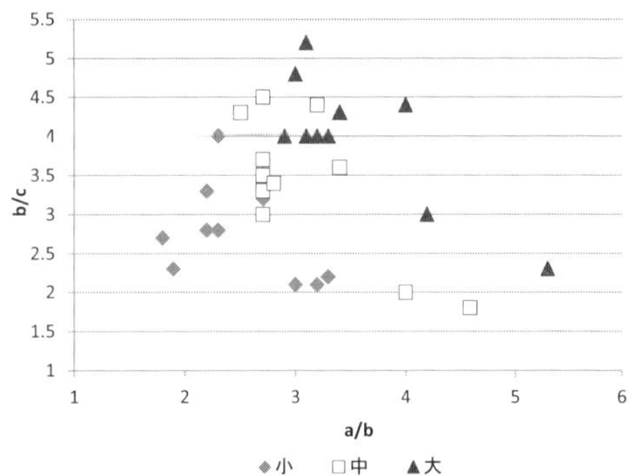

図 2-8　矛 B 類における法量と形態（b/c，a/b）の相関

2）チェルヌィフは，小型，細長型，長型と区分しており，分類において形態を考慮している。

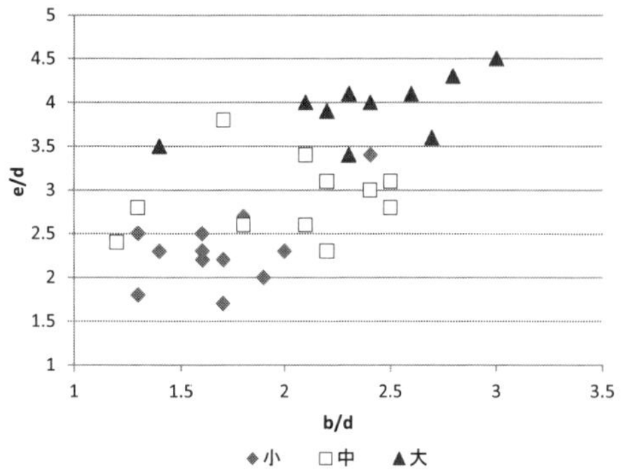

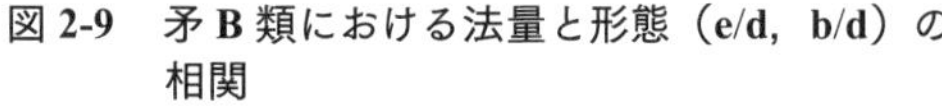

図 2-9　矛 B 類における法量と形態（e/d，b/d）の相関

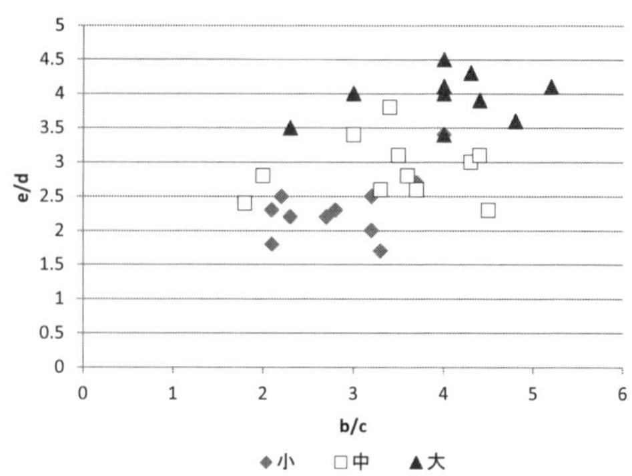

図 2-10　矛 B 類における法量と形態（e/d，b/c）の相関

あるが，小型のものは法量でも比較的まとまっている。中，大型の区分は検討を要するが，鉤付きのもの（図 1-8- 左下）は 1 点が中型のほかは大型に偏り，やはり 3 群に区分可能と考えられる。以上を基に，小：〜21cm 未満（Ba 類），中：21〜32cm 未満（Bb 類），大：32cm〜（Bc 類）とし，比較的よく相関した銎の各形態（e/d>3.5…Bc 類，e/d ≦ 2.5…Ba 類）や，身長を参考にして，破損品の型式判別を行うことにする。Ba 類，Bb 類，Bc 類は漸移的変化と考えられる。

セイマ・トルビノ，サムシ・キジロボ青銅器群の弁別

もうひとつ，漸移的な変化が想定される属性がある。この属性は，チェルヌィフがセイマ・トルビノ青銅器群とサムシ・キジロボ青銅器群の矛を区分する際に注目した特徴に関わる[3]，脊のバリエーションである。これらの形態を，単脊からの変化と考えるならば，図 2-11 のように，脊の上に沈線を 2 本刻み，そこから両側が徐々に独立していく変化が考えられる。e は三叉がそれぞれ完全に独立するものである。さらに f では独立した三叉が身（上）あるいは柄（下）方向に伸び，サムシ・キジロボ青銅器群の特徴とされるものである。g も偽三叉と呼ばれるサムシの特徴であるが，図のように真ん中の稜の外両側は低くなっており，最初から 3 つの山を突出させていくというここで想定する三叉（a〜f）の変化とは異なるものである。前の型式 Ba〜Bc 類と，a〜g を相関させた（表 2-2, 図 2-12）が，明確な相関は読み取れない。a → f の変化の方向性は検証されず，Ba〜Bc 類の中で各変異がランダムに用いられた可能性がある。ただし，Bc 類に f や g がみられないこと，f や g がサムシ IV 遺跡で集中的にみつかることを考慮し，B 類のうち，脊形態 f，g の変異をもつものを Bd 類として区別しておこう。これらは型式としてのまとまりは弱く，脊形態 f や g の出現は，Ba〜Bc 類における脊の変化とはまっ

3）　チェルヌィフはサムシ・キジロボ青銅器群とされるものの認定に関して，サムシ IV 遺跡出土品の特徴によっている。サムシ IV 遺跡は共伴する遺物などにより，セイマ・トルビノ青銅器群よりは遅いものと考えられている。両者の明確な層序が確かめられたわけではないから，慎重さを要するが，一般的にセイマ・トルビノ→サムシ・キジロボ青銅器群が認められており，本書でもそれに準じている。なお，サムシ・キジロボ青銅器群に関しては，セイマ・トルビノ青銅器群のような独立した特殊な青銅器と考えるよりは，森林草原地帯の在地文化の中で考えられる傾向が強い。

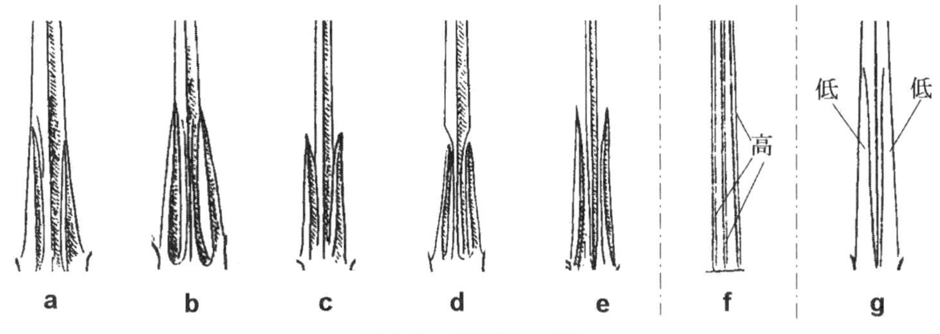

図 2-11　脊形態の変異

表 2-2　型式と脊形態の相関

脊変異↓	型式→		
	Ba 類	Bb 類	Bc 類
a	2	2	1
b	3	5	
c	1	1	3
d	2	4	6
e	5	3	3
f	3	3	
g	3	1	

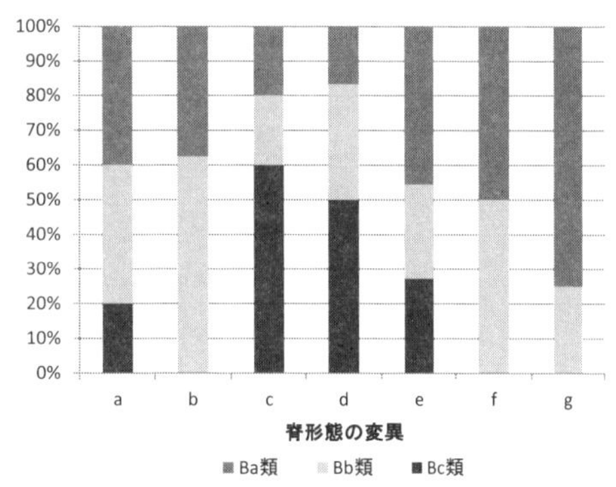

図 2-12　表 2-2 のグラフ化

たく異なるものである。Bd 類（サムシ・キジロボ青銅器群の矛）は，セイマ・トルビノ青銅器群の矛 Ba〜Bc 類の大小変化とは別の系譜として出現したと考えられる。脊形態 f や g は Bc 類にはみられない（表 2-2）ので，Bd 類は Ba 類または Bb 類から派生したものであろう。

型式分類（C 類）

C 類に相当するものに関して，チェルヌィフは大きさによる区分を認めており，本形式には B 類のような大型品がみられないことに言及している。また，数点の小型品がみられることも指摘したうえで，銎端部の膨らみや耳の有無などによって，全体を分類している。新たに法量分析を試みたが，区分は難しい（図 2-13）。ただし，20cm 以下の小型品に関しては，全長 /a 値が非常に低く（銎部が極端に短い）明らかに区別できる。小型のうち，全長 /a 値が 1.3 以下のものを Cs 類とする。

先ほどの B 類と同様の傾向がないかどうか確かめるために，ここでも便宜的に，大型（30cm 以上），中型，小型（20cm 未満）に分け，形態との相関をみると，いずれも明確に区別できるわけではないが，大型のものがグラフの右上に偏る傾向が認められる（図 2-14）。さらに，銎口先端部分の区分の有無（図 2-15），耳の有無（図 2-16）との相関を確かめた[4]ところ，銎口

4）　銎口区分の変異と形態とを相関させる場合，d 値は銎口区分形成と連動して拡大するので，d 値を含まない値をみている。

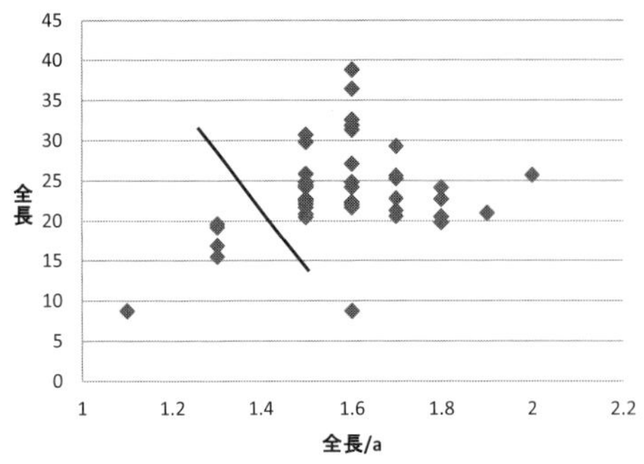

図 2-13　矛 C 類における法量と形態の相関

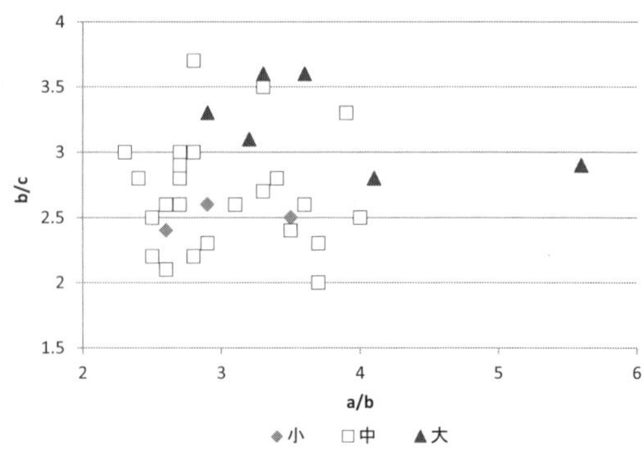

図 2-14　C 類における法量と形態（b/c，a/b）の相関

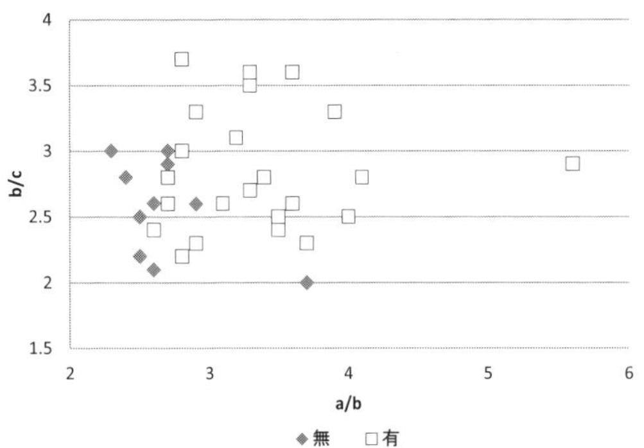

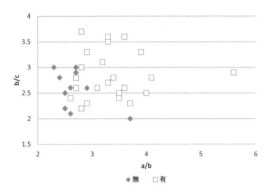

図 2-15　C 類における銎口区分の有無と形態（b/c，a/b）の相関

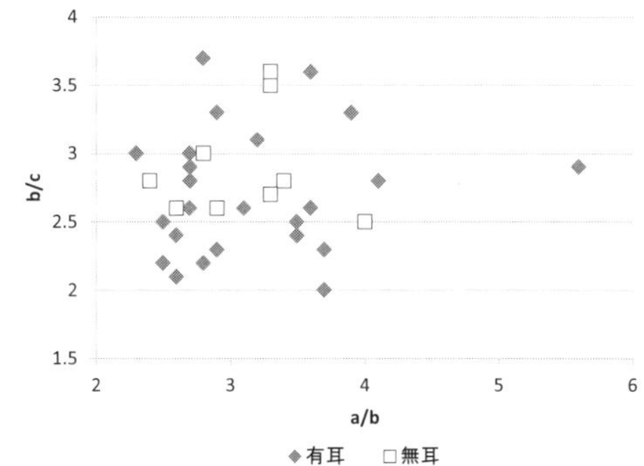

図 2-16　C 類における耳の有無と形態（b/c，a/b）の相関

厚の有無で重なりあいつつも相関が認められた（図 2-15）。これを基に，銎口がそのままのものを Ca 類，銎口が広がりや厚みによって区分されるものを Cb 類とする [5)]。Ca，Cb 類の区分も，Ba〜Bc 類と同様，漸移的なものである。以上により，C 類にも法量の大型化もある程度は認められ，B 類と同様の変化があったことが認められる。しかし，大型化は徹底して進まず，大型のものが特に B 類に類似しているというわけではない。例えば C 類の大型のものには，B 類の特徴である，帯と同位置に耳の付くもの（図 2-1：帯合）がない。C 類は B 類とは組列上排他的な関係にあり，銎口を区別させる方向で変化したと考えられる。

2.　編年と各系譜の派生関係

Ba 類から Bc 類への変化を時間差と考えた場合，大型→小型，小型→大型の両方がありうるが，A 類や C 類の多くは Ba 類，Bb 類の大きさに該当すること，Bb〜Bc 類が大きさでは特殊であることを考えれば，Bc 類→ Ba 類という変化は考えにくい。

5）したがって，チェルヌィフの分類がこの属性を重視している点は評価できる。ただし，他の属性も等価に用いていることなど，本書の案とは異なる点も多い。

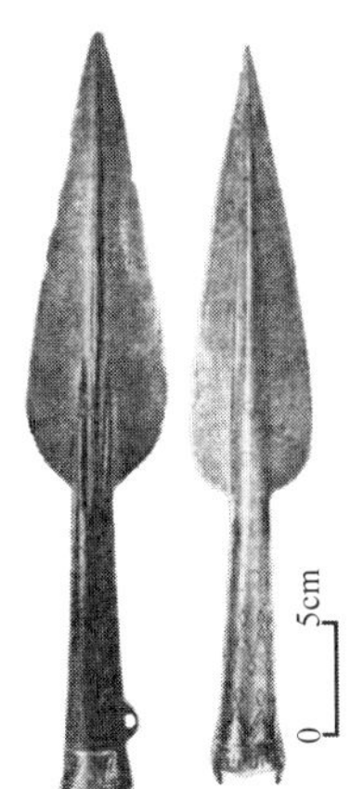

図 2-17　ボロディノデポ出土の **Bc** 類（左）と **Cb** 類（右）

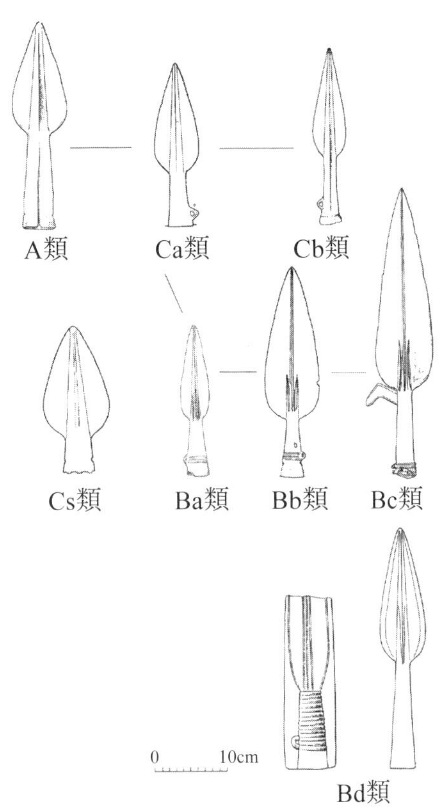

図 2-18　セイマ・トルビノ青銅器群矛の変遷図

1 つの墓地でも Ba〜Bc 類すべてがみられ，墓地単位の差は年代を決める手がかりにはならない。現状では前 2 千年紀前半という年代をさらに区分し，各々に年代を与えることは困難である。また，B，C 類各々の併行関係の問題がある。両者が共伴した稀な例として，ボロディノ（Borodino）デポがあり，Bc 類，Cb 類が出土しているが（図 2-17），Ba → Bb → Bc 類と Ca → Cb 類の両系統は基本的にはそれぞれ異なった方向で変化していったと考えられる。さらに，Ba，Ca 類はどちらも A 類を基に作られた可能性があるが，Ba 類に関しては，このような特異な脊が A 類から突然出現したというより，Ca 類を媒介としてそこから派生したとする考え方もある。

Bd 類に関しては，脊の形態から考えて，Ba 類または Bb 類より派生したと考えられるが，いずれが祖形かは確定的ではない。Cs 類に関しては，ロストフカ墓地では Bc 類との共伴が知られる（図 2-19）。

3.　金属成分と型式

チェルヌィフの論の中心をなしていた成分（砒素と錫）と，設定した型式との対応関係を検討する。両成分とも製品の硬度を増すことが知られる。一般的には，純銅の加工から，砒素銅，そして錫を含んだ青銅へという発展が考えられている。ただし，ここで扱うものには，錫青銅といっても中国中原の製品のような含有量が 20％を超えるものはない。まずは錫，砒素の対応関係をみる（表 2-3）[6)]。両者に正負の明確な相関は認められないが，1％を超える砒素および

6)　章末の附表 2-1 においては，各資料の成分について，1％未満（0），1〜10％未満（1），10〜20％未満（2），ある程度含まれる情報のみ（●）のように表記した。

表 2-3　金属成分比（錫と砒素）の相関

砒素↓	錫→ 1% 未満	10% 未満	20% 未満	含有
1% 未満	13	14	9	9
10% 未満	4	1	2	
含有	6			5

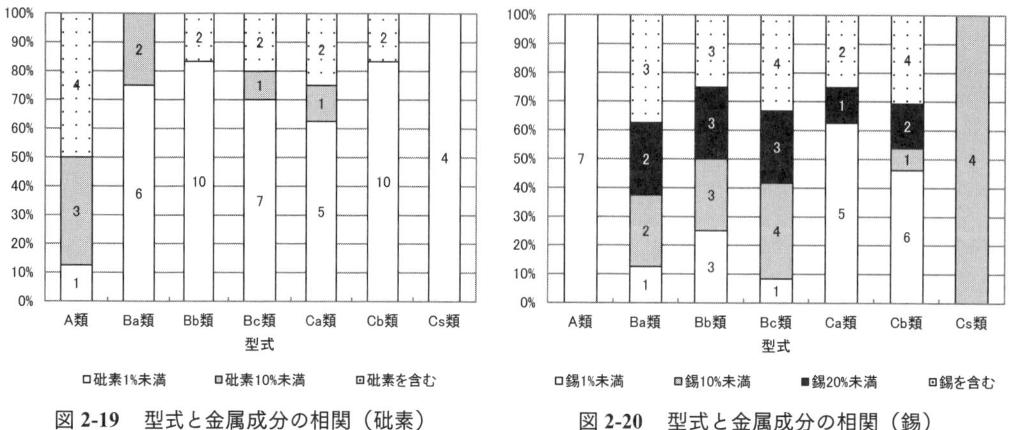

図 2-19　型式と金属成分の相関（砒素）

図 2-20　型式と金属成分の相関（錫）

10%以上の錫両成分を使用することは少ない[7]。

各成分と型式との関係を示したものが図 2-19，2-20 である。錫，砒素について，それぞれ 1%未満，1〜10%未満，10〜20%未満の含有が認められるものという区分を行った。なお，砒素を 10%以上含むものはなく，Bd 類（サムシ・キジロボ青銅器群）に関しては，成分が不明である。

まず明確に区別できるのは A 類（鍛造）であり，錫を含むものはなく，砒素銅が多い。他の型式では錫，砒素をいずれも含んでおり，割合でも明確な差は見いだせない。B 類も C 類も最初から錫青銅を含んでいたのである。Ca 類，Cb 類は Ba〜Bc 類に比べて，10% 以上の錫を含むものの割合がやや少ない傾向にあるが，砒素においては差が見いだせない。Cs 類は判別可能なものはすべて錫青銅であった。

4.　分　　布

型式分布

東西における大まかな傾向を示すため，便宜的に図 2-21 のような区分に基づいて分布を検討する。各型式の分布は図 2-22〜2-29 のようになる。総じていえば，A 類，Ca 類，Cs 類はウラル地方中心に比較的限られて分布し，Ca 類はその中でもやや西に偏る。Cb 類はウラル山脈より西側にその中心がある。Ba 類，Bb 類，Bc 類は，ボルガ川中流からオビ川流域を中心に広がるが，この間では各型式の割合や数量において，目立った分布差はみられない。一方で Bd 類（サムシ・キジロボ青銅器群）はウラル山脈より東側に分布し，ここでも割合，数量に

7)　砒素を含まない青銅もあるが，多くの青銅の成分中には砒素が認められる。これは，人為的な砒素の添加以外に，銅鉱の成分に由来するものとも考えられる。

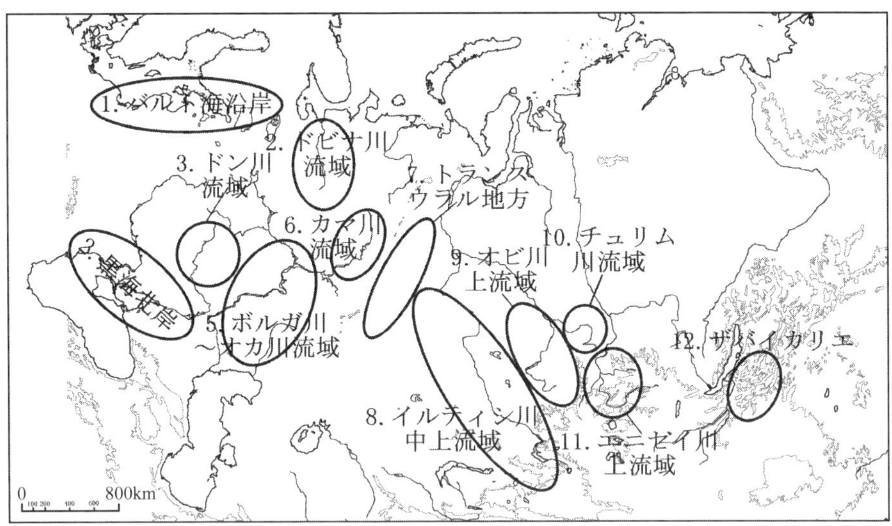

図 2-21　分布検討のための地域区分

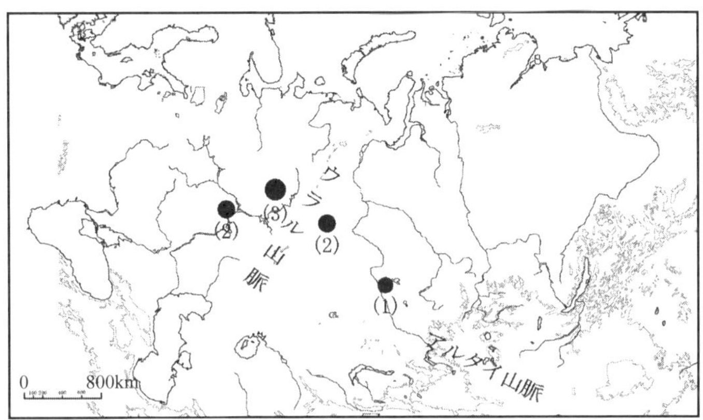

図 2-22　矛 A 類の分布

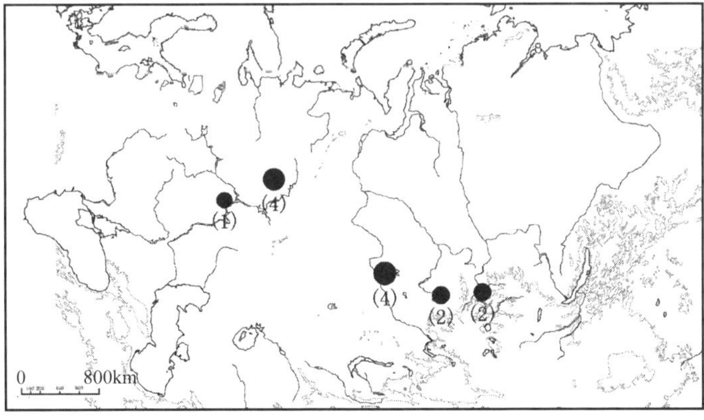

図 2-23　矛 Ba 類の分布

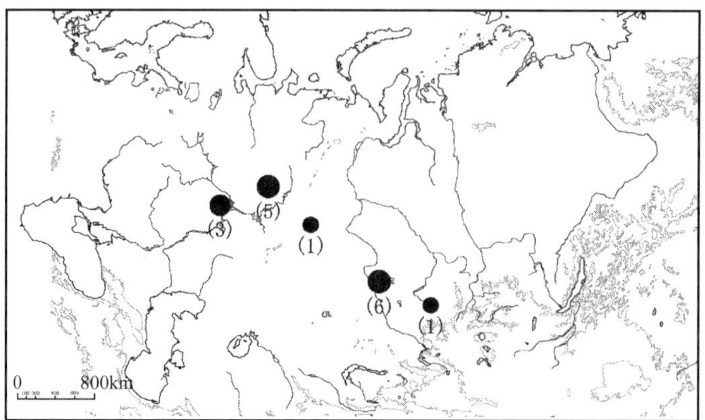

図 2-24　矛 **Bb** 類の分布

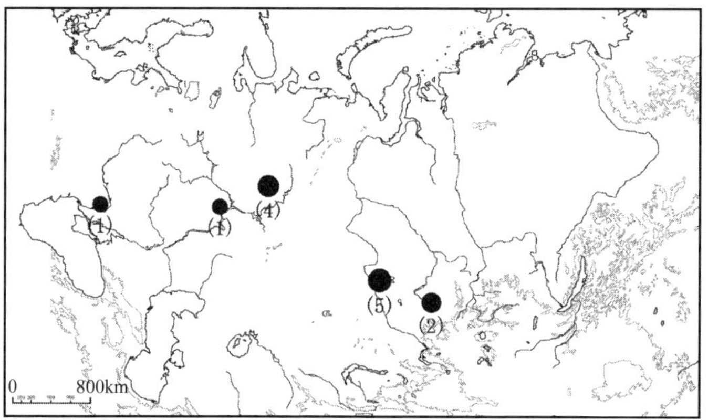

図 2-25　矛 **Bc** 類の分布

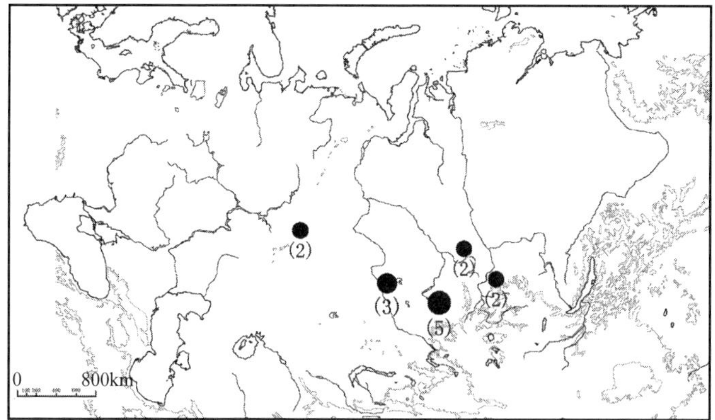

図 2-26　矛 **Bd** 類の分布

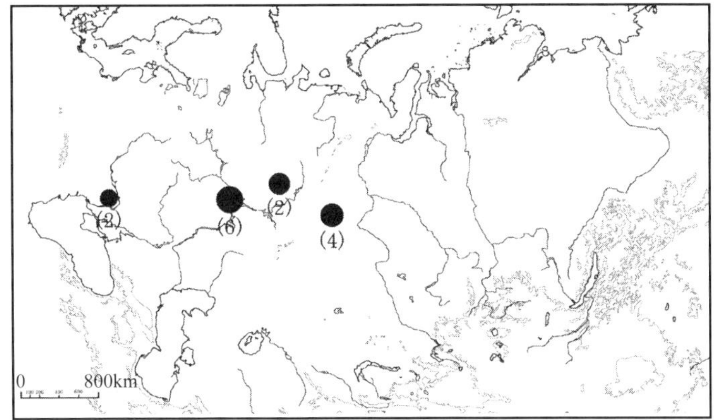

図 2-27　矛 **Ca** 類の分布

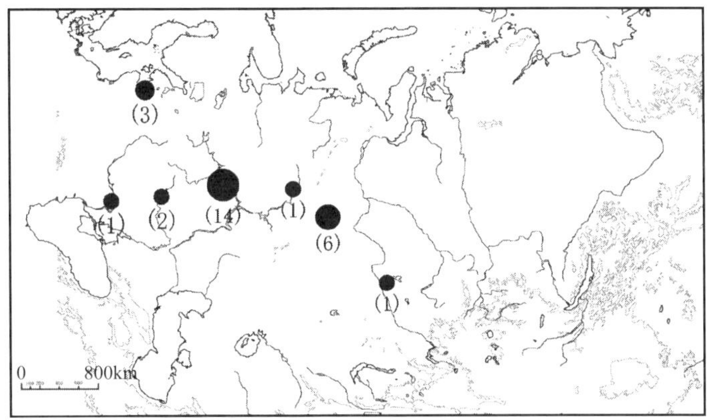

図 2-28　矛 **Cb** 類の分布

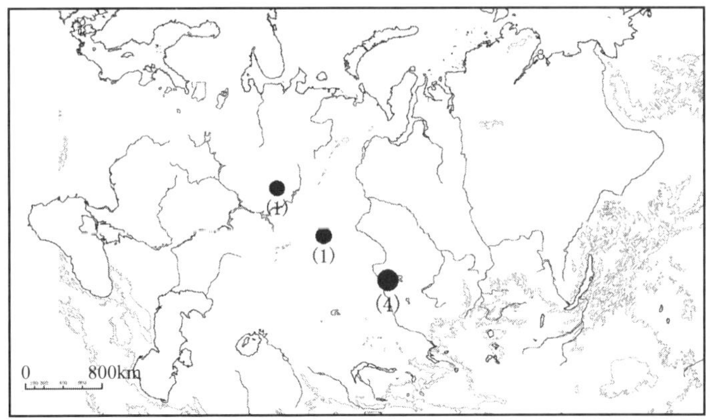

図 2-29　矛 **Cs** 類の分布

おいて，分布圏内での差はみられない。以上のように，分布の比較的限られるA類に比して，Ca類，Cb類はそこから西に，Ba類，Bb類，Bc類は東に広がっている。そして，それらのさらに東にBd類の分布が偏っていることが把握できる。

金属成分の分布

型式ごとに，砒素，錫成分を比較した。各成分とも含有量が10%未満，10%以上に区分して，傾向を比べた（図2-30～2-43）[8]。なお，図下軸の番号は図2-21の各地域名に付したものに基づいており，番号に従っておおよそ西から東へ並んでいる。

A類では10%以上の錫青銅はなく（図2-30），砒素10%以上のものは東に偏る傾向がある（図2-31）。Ba類では10%以上の錫を含むものが広がるが，地理的な偏りは顕著でない（図2-32）。砒素についても類似した傾向をもつ（図2-33）が，A類，Ba類以外の型式では砒素成分は減少する（図2-35, 2-37, 2-39, 2-41, 2-43）。Bb類，Bc類，Ca類において10%以上の錫成分を含むものは若干東に偏っている（図2-34, 2-36, 2-38）。Cb類においては，全型式中最も西で10%以上の錫を含む青銅が確認できる（図2-40）が，Cb類が西側に広がる晩い型式であることを考えれば興味深い。Cs類はすべて10%以上の錫を含んでいる（図2-42, 2-43）。

以上のように，A類を最も古いものとみなせば，砒素銅が徐々に消滅し，Ba類から錫青銅

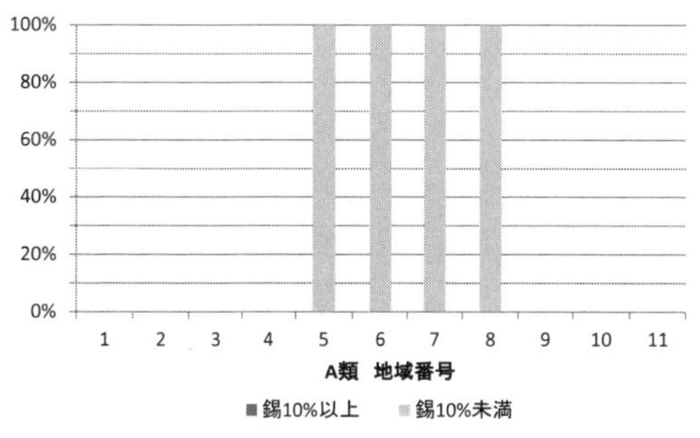

図2-30　金属成分の分布（矛A類・錫）

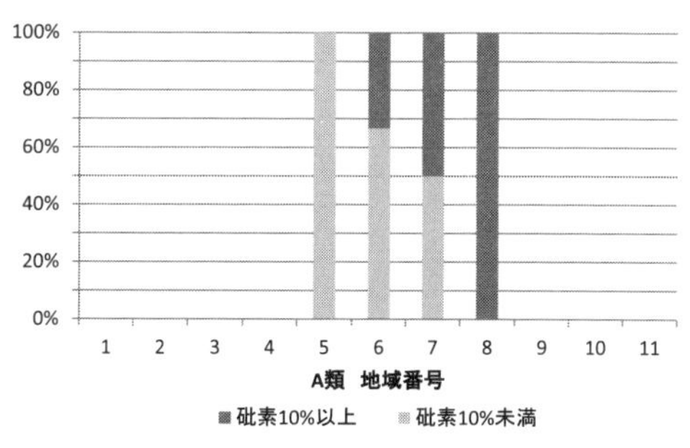

図2-31　金属成分の分布（矛A類・砒素）

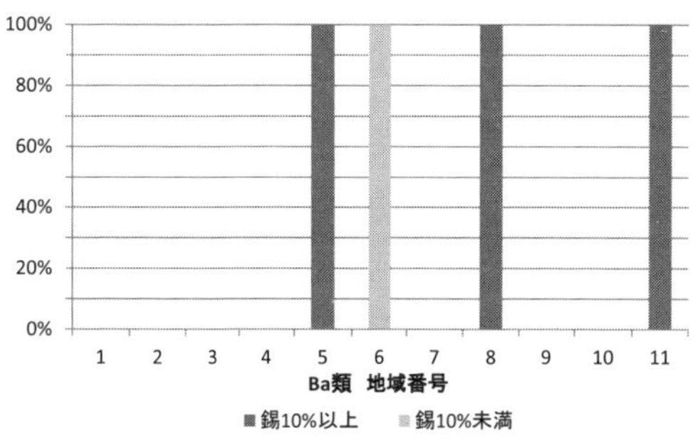

図2-32　金属成分の分布（矛Ba類・錫）

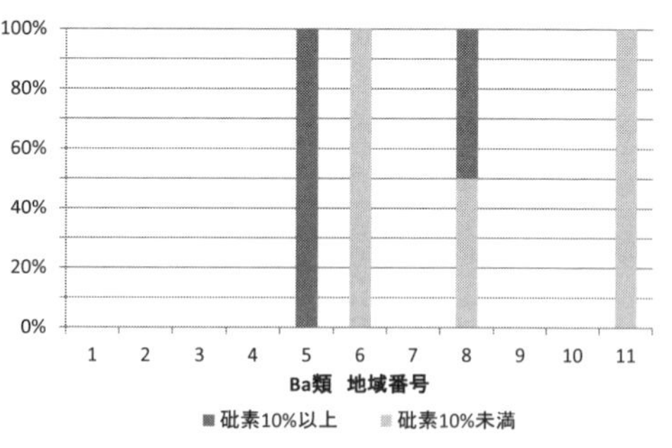

図2-33　金属成分の分布（矛Ba類・砒素）

8）成分について，明確な数値の得られなかったものは10%未満に含めている。

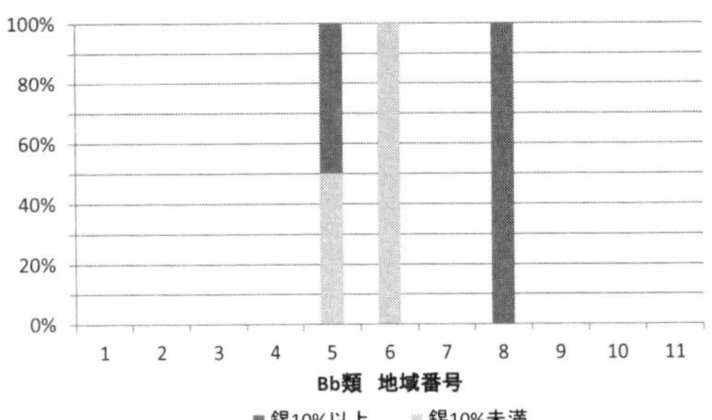

図 2-34　金属成分の分布（矛 **Bb** 類・錫）

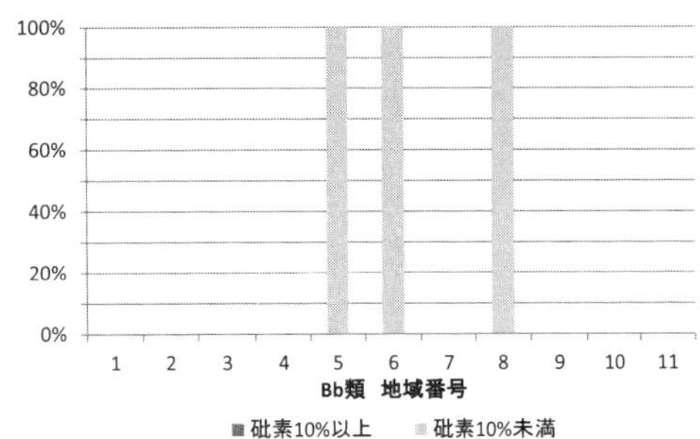

図 2-35　金属成分の分布（矛 **Bb** 類・砒素）

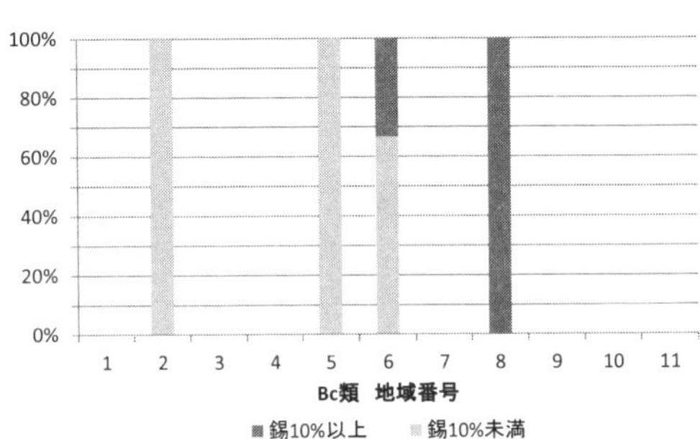

図 2-36　金属成分の分布（矛 **Bc** 類・錫）

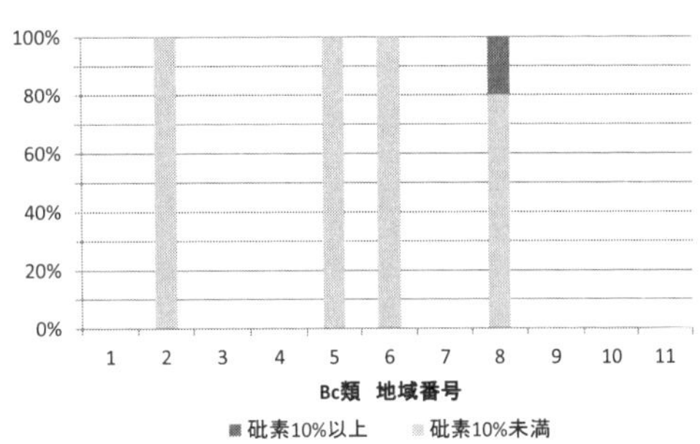

図 2-37　金属成分の分布（矛 **Bc** 類・砒素）

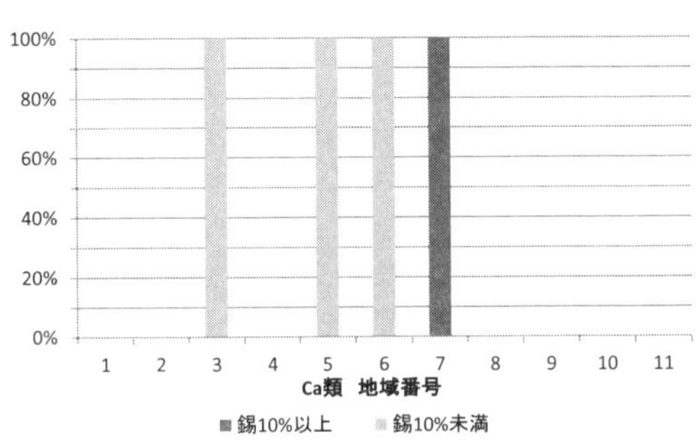

図 2-38　金属成分の分布（矛 **Ca** 類・錫）

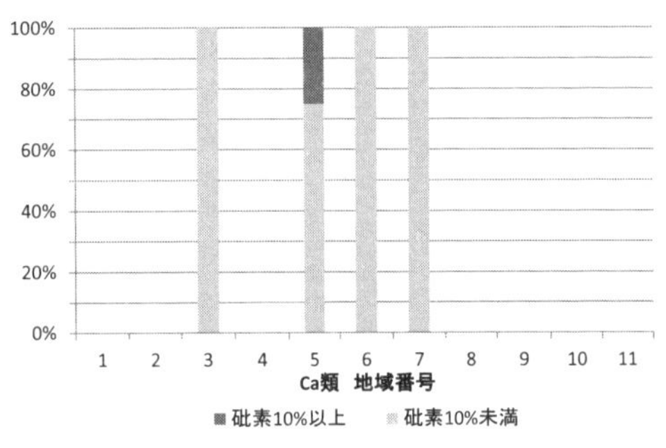

図 2-39　金属成分の分布（矛 **Ca** 類・砒素）

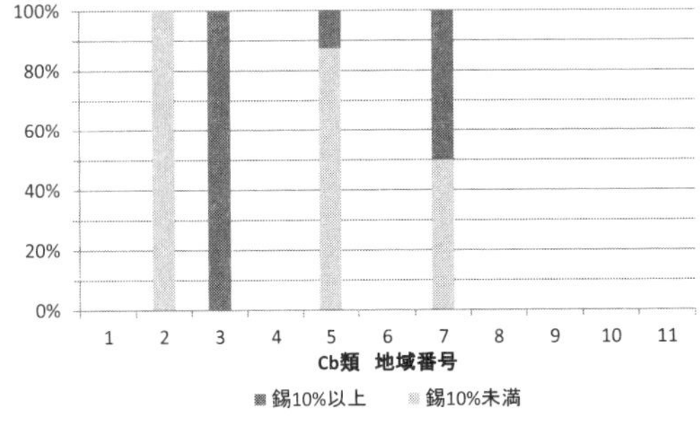

図 2-40　金属成分の分布（矛 **Cb** 類・錫）

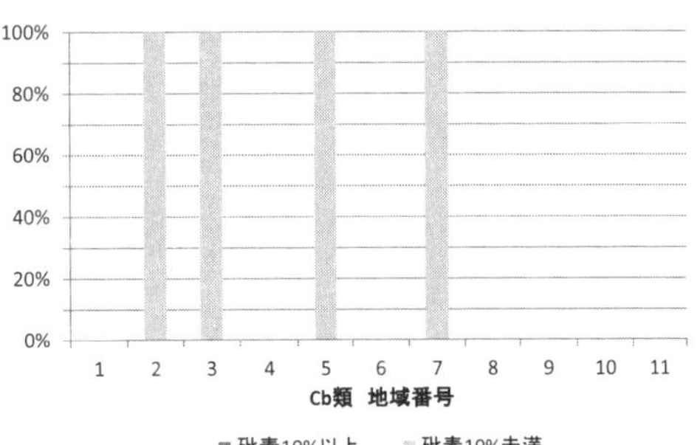

図 2-41　金属成分の分布（矛 **Cb** 類・砒素）

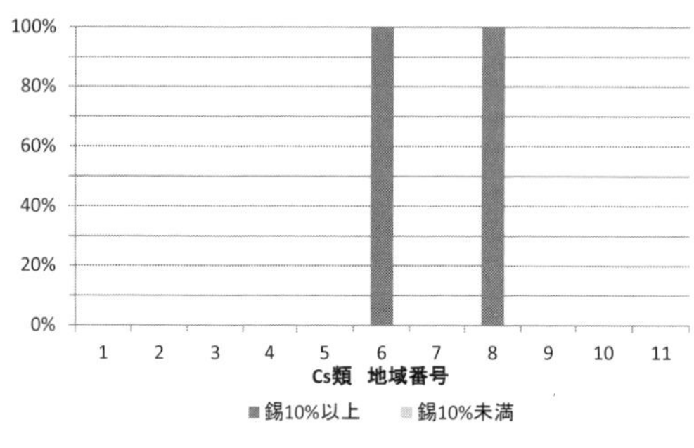

図 2-42　金属成分の分布（矛 Cs 類・錫）

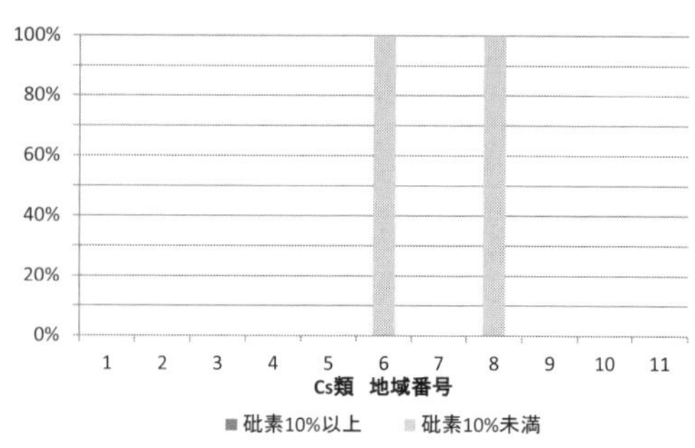

図 2-43　金属成分の分布（矛 Cs 類・砒素）

が顕在化する様相が看取される。また，全体的にみれば，早い段階の錫を多く含む青銅は東にやや偏る傾向があるが，それらの起源を，アルタイを含むウラルより東の地域だけに求めることは難しいであろう。

5.　小　　結

セイマ・トルビノ青銅器群に特徴的な矛である Ba 類，Bb 類，Bc 類は，Ba 類を古形とした場合，徐々に大型，細身化する。また，この型式変化は B 類諸型式の時期を通じて，ボルガ川流域からオビ川流域付近まで共有されている。C 類の諸型式（Ca 類，Cb 類）は，B 類の諸型式と系譜的には排他的な存在であるが，その大型，細身化という変化については，B 類と共通する面をもつ。ただし，C 類における大型化，細身化は B 類ほど徹底されず，かわりに銎口部が区分されていくという特徴が見いだせる。C 類も広く分布するが，B 類に比べて西に広がっている。以上のようなセイマ・トルビノ青銅器群の矛の変化は，それに後続すると考えられているサムシ・キジロボ青銅器類の矛（Bd 類）を生み出すものとは根本的に異なる変化である。このことは，セイマ・トルビノ青銅器群の矛 Ba～Bc 類，Ca，Cb 類が変化の特徴を一部共有しながら東西に幅広く分布するのに対して，Bd 類の分布がウラル以東に限られることとも符合する。錫，砒素成分に関しては，砒素銅から錫青銅への変化，ウラル山脈を挟んだ成分の東西差に関してはチェルヌィフの指摘するとおりであったが，アルタイ（イルティシ，オビ川上流域など）から錫青銅が地理勾配的に西に拡散する状況は読み取れなかった。A 類から C 類そして B 類へと徐々に錫を多く含む青銅が増大するが，この 3 形式が比較的安定して存在するのはウラル山脈付近（ボルガ川，オカ川，カマ川流域，ウラル東部）である。

第 2 節　有銎斧の検討

1.　分　　類

形式分類（大別形式）

セイマ・トルビノ青銅器群，サムシ・キジロボ青銅器群の有銎斧は銎口が丸く，身の中ほどの断面は六角形で，両端がエッジ状に立ち上がるものが多い（図2-44-3, 4）が，チェルヌィフも指摘するように，他の形態が若干含まれる。まずは鍛造品の斧が（図2-44-1），レシノエ（Reshnoe）とセイマ（Seima）から1点ずつ知られており，これらを有銎斧A類とする。これらは鍛造で銎部を作り出しており，以下で検討する有銎斧の祖形になりうるものである。他では図2-44-2のような斧がある。これは平らな器身に銎部が浮き出す形のもので，セイマ・トルビノ青銅器群よりも南に広がるEAMP（アンドロノヴォ文化）にみられるもの（図3-5-9）となんらかの関係がある可能性がある。これを有銎斧C類とする。上記以外の鋳造の有銎斧をB類とし，これについて以下で分析を加える。

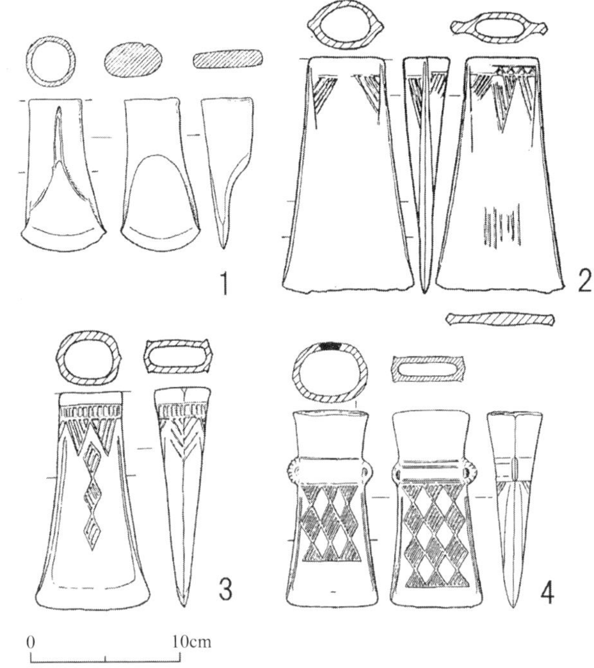

1：レシノエ出土，2・3：ロストフカ出土，4：キジロボ出土

図2-44　セイマ・トルビノ，サムシ・キジロボ青銅器群の有銎斧

形式分類（有銎斧B類の細分）

チェルヌィフは法量分析によって，セイマ・トルビノ青銅器群と，サムシ・キジロボ青銅器群の有銎斧の型式的差異を見いだしている（図2-45の右上）。他にチェルヌィフは，両青銅器群の違いとして，全体の形状，耳の孔の消滅（偽耳）化を挙げている。図2-45左は斧の長さと幅の相関であるが，セイマ・トルビノ有銎斧（●）に比べてサムシ・キジロボ有銎斧（+）は相関幅が広く，サムシ・キジロボ有銎斧では型式の規範が緩むことが指摘されている。以上のように，両有銎斧はおおまかには区分できると思われるが，チェルヌィフはサムシ遺跡出土のものは無条件にこのグループに入れるなど，厳密な区分方法に関しては示されていない。

先の矛同様，セイマ・トルビノ，サムシ・キジロボ両青銅器群の区別よりも有銎斧全体を大まかに区分することを考えよう。そこで，まず一見して変異の豊富そうな，耳の有無，帯の紋様，紋様構成に注目する（図2-46）。耳はチェルヌィフの指摘するように多様な変異をもつが，まずは有無で二分しよう。次に，紋様が付加される有銎斧においては，銎部開口部付近に1周帯が周り，その帯の下に連続する形で幾何学紋が線で表現される場合が大部分である。帯自体には，刃に水平方向の平行線で表されるもの（1），平行線の間にそれと垂直方向に狭い間隔で線が入るもの（2），平行線の間に垂直線以外の紋様（幾何学紋，点列紋など）が表されるもの

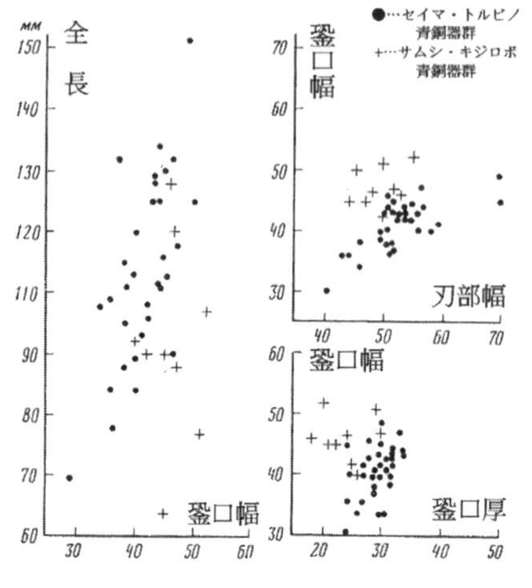

図 2-45　チェルヌィフらによる有銎斧の各法量の相関

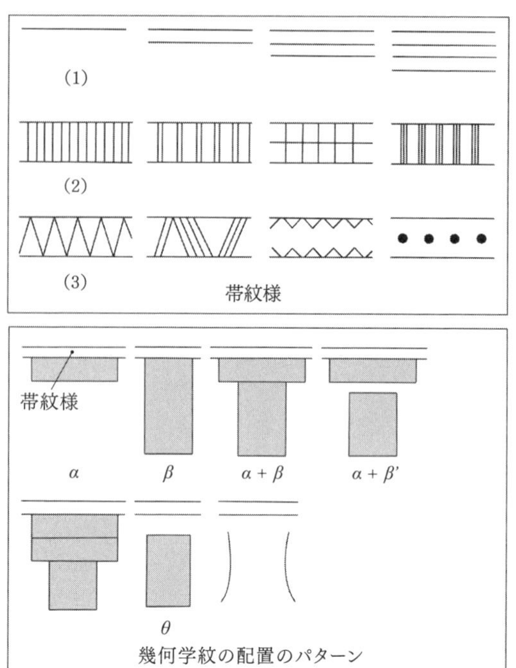

図 2-46　有銎斧の各属性変異

表 2-4　耳の有無と紋様構成，帯紋様の相関

耳の有無↓	紋様構成→ 0	α	β	α+β	α+β'	θ
無耳	134	43	7	10	11	3
有耳	10	19	7	12	2	26

耳の有無↓	帯紋様→ 0	1	2	3	1, 3	2, 3
無耳	17	46	41	3		2
有耳		5	20	14	1	

(3) という変異がみられ，ないものは (0) とする。次に，帯の下にみられる幾何学紋の配置のパターン（紋様自体の変異は問わない）であるが，幾何学紋と帯は接して施される場合が多い。帯の下に，刃に水平方向に付される 1 列の紋様を α，刃に垂直方向の 1 列の紋様を β とする。これらの幾何学紋の線には，帯内部の垂直紋様の線から連続するものがあり，帯の続きとして幾何学紋が刻まれた場合が多いと考えられる。α と β が 1 列ずつ組み合わさるものを $\alpha + \beta$ とし，α と β が離れるものを $\alpha + \beta'$ とする。これら以外のイレギュラーな紋様構成（例えば α が 2 列以上ある，帯から離れたものなど）を θ とし，紋様のないものは 0 とする。

以上の 3 属性を相関させたものが，表 2-4 である。紋様構成については，表裏で異なる紋様をもつものが一定程度あるため，面ごとに集計している。したがって，表 2-4 の合計は全体の個体数のほぼ倍となっている）。表 2-4 では，耳の有無によって大まかに傾向が異なり，紋様構成では無耳のものは，紋様のないものが最も多く，その次に α，β およびその組み合わせがみられ，θ が最も少ない。無耳の帯紋様では 1，2 が最も多く，その次に帯なし (0) が一定数みられる。一方で有耳のものは紋様構成 θ が最も多く，無紋は少ない。帯紋様においても同様に，無耳のものとは逆の傾向を示している。各属性は重なる部分も大きいが，無耳（有銎斧 BI 類），有耳（有銎斧 BII 類）という 2 グループに大きく区分することは妥当であると考えられる。大雑把にいうと，有銎斧BI類は耳がなく，紋様についてはシンプルなものが多い。そして有銎斧BII類は耳があり，比較的装飾豊かなものが多い。なお，従来のサムシ・キジロボ青銅器群の有銎斧は偽耳をもつものが多く，ほとんどがBII類に含まれる。

型式分類（有銎斧BII類）

型式分類は有銎斧BII類のみで可能である。従来のサムシ・キジロボ青銅器群の有銎斧がBII類に含まれることは上述のとおりである。サムシ・キジロボ青銅器有銎斧の特徴としては，チェルヌィフが指摘した耳や法量の変化以外に，斧の上部にみられる帯の位置がセイマ・トルビノ青銅器群の有銎斧に比べて，サムシ・キジロボ青銅器群では下にあることが看取される。そこで，器の最上部から帯の上部の長さと，全長の比率をX値と呼び，チェルヌィフが使用した上部幅と刃部幅の比率をY値とし（図2-47），それらと耳の変異の相関を見てみよう（図2-48）。耳に関しては単耳（a），両耳（b），偽耳（c）に区分した[9]。結果，単耳から偽耳を伴うにつれて，グラフの左から右への漸移が認められる。耳による型式設定も考えられるが，両耳と偽耳の重なる部分も大きいことから，X値0.15を基準にこれ以上を有銎斧BIIa類，未満をBIIb類とする。従来サムシ・キジロボ青銅器群の有銎斧とされてきたものは，BIIb類にほぼ相当する。

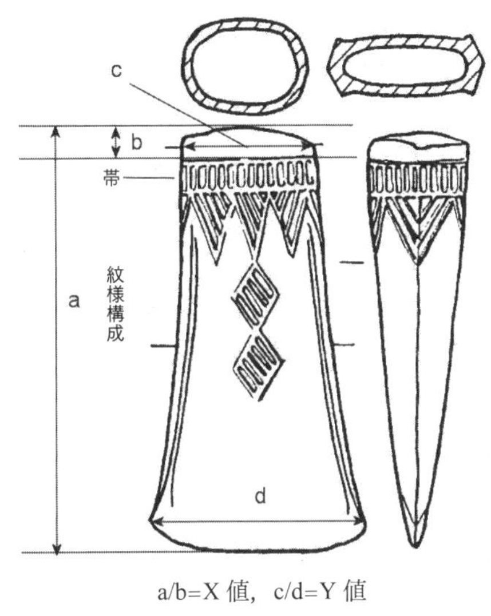

a/b=X値，c/d=Y値

図2-47　有銎斧の計測箇所

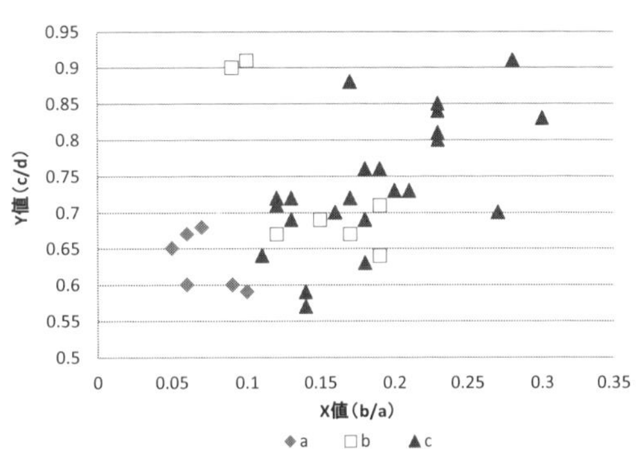

図2-48　有銎斧BII類におけるX・Y値と耳の変異の相関

2.　編年と各系譜の派生関係

有銎斧BI類，BII類は斧全体の器形では類似しており，両縁が立ち上がる特徴，紋様も一部は共有される。A類は耳や紋様をもたないので，有銎斧BII類はBI類から発生した可能性が高

9)　附表2-2では偽耳（c）のうち，単耳のものをc1，両耳のものをc2としている。

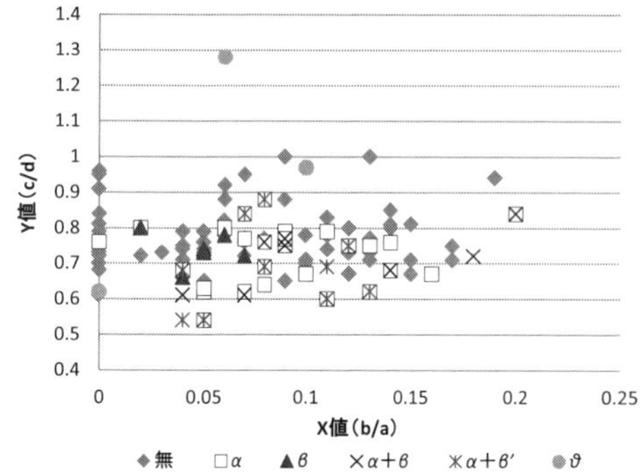

図 2-49　有銎斧 BI 類における X・Y 値と紋様変異の相関

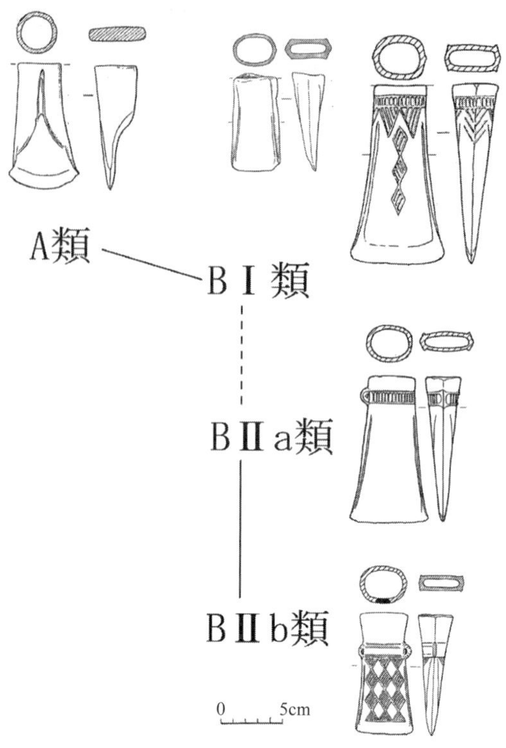

図 2-50　セイマ・トルビノ青銅器群有銎斧の変遷図

い。念のため，有銎斧 BI 類の紋様の多少においても BII 類同様の変化が追えるかどうかを確認したが，相関は確認できなかった（図 2-49）。したがって，有銎斧 BIIa 類から BIIb 類へという変化は BII 類における独特のものであることが知られる。有銎斧 BI 類は紋様の変異が比較的ランダムに現れる形式であり，その一部から耳が付く系統の BII 類が派生したと考えられるのである（図 2-50）。矛との共伴例として，ミヌシンスク盆地のムリガ（Mylga）遺跡で矛 Ba 類と，有銎斧 BI 類がともに発見されている。また，ロストフカ墓地では，矛 Bc 類と有銎斧 BIIa 類，そして矛 Bc 類と有銎斧 C 類の共伴例が知られる。いずれも上記の変化に矛盾するものではない。

3.　金属成分と型式

有銎斧に関しては，金属成分分析の数値まで公表されたものが少なく，チェルヌィフらが示

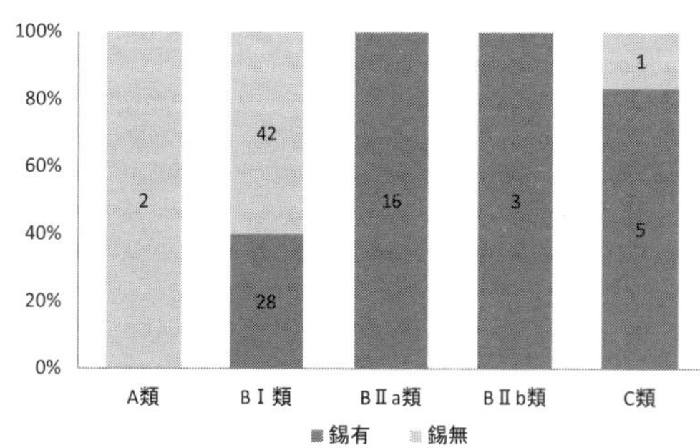

図 2-51　有銎斧各型式における錫成分を含む個体の割合

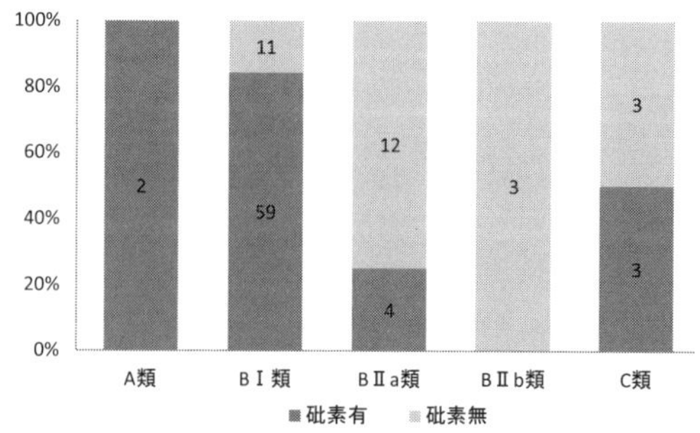

図 2-52　有銎斧各型式における砒素成分を含む個体の割合

した各成分の有無の記載に従う。

型式ごとに比較すると（図2-51, 2-52），A類からBIIb類へと下るにつれて，錫を含む個体の割合が増加し，逆に，砒素を含む個体の割合が減少していくことが確認できる。これは，矛と同様の状況であり，以上の型式変化の蓋然性を示しているものと考えられる。C類は錫を含む個体が多いが，砒素を含むものも一定程度存在する。

4.　分　　布

型式分布

矛にならい，図2-21に基づいて分布傾向を把握する。A類はウラル山脈を中心とした限られた分布である（図2-53）が，BI類はそこから東西に広く分布する（図2-54）。これに比して，BIIa類（図2-55），BIIb類（図2-56），C類（図2-57）の分布はやや東に偏っている。このように，有銎斧においても，矛と同様に，ウラル山脈を中心とした諸型式の分布が確認できる。有銎斧BI類は，矛のB類，C類の諸型式より一層分布が広い。そのかわり，ウラル山脈の西側を中心に広がっていく矛C類に相当する形式が有銎斧には存在しないことが特徴的である。

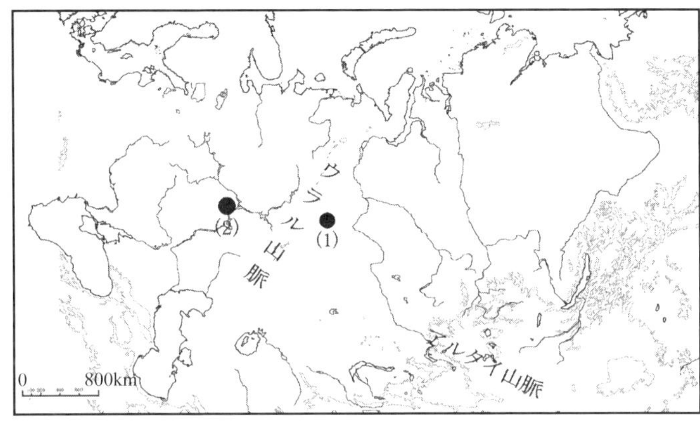

図2-53　有銎斧A類の分布

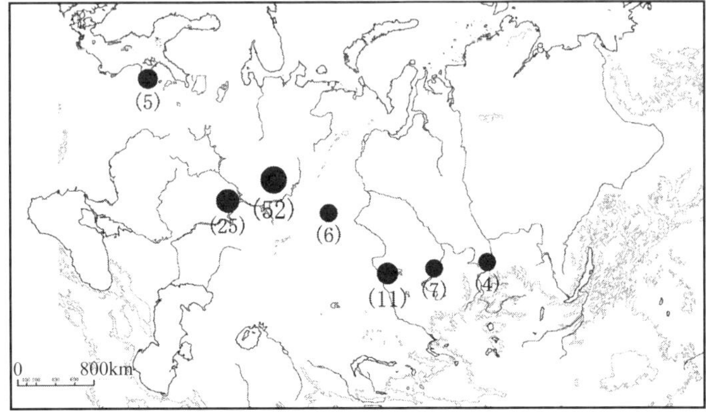

図2-54　有銎斧BI類の分布

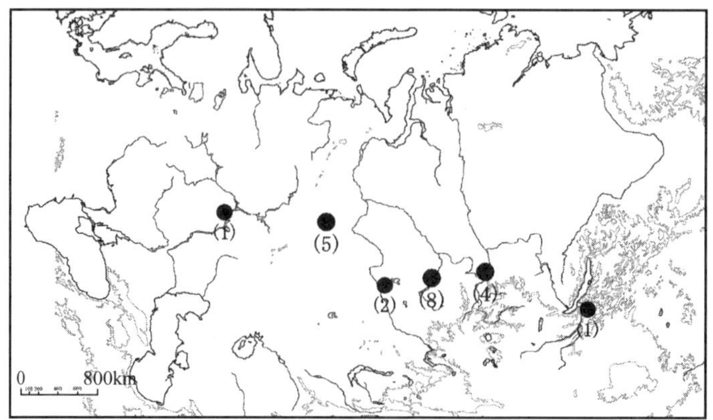

図 2-55　有銎斧 BIIa 類の分布

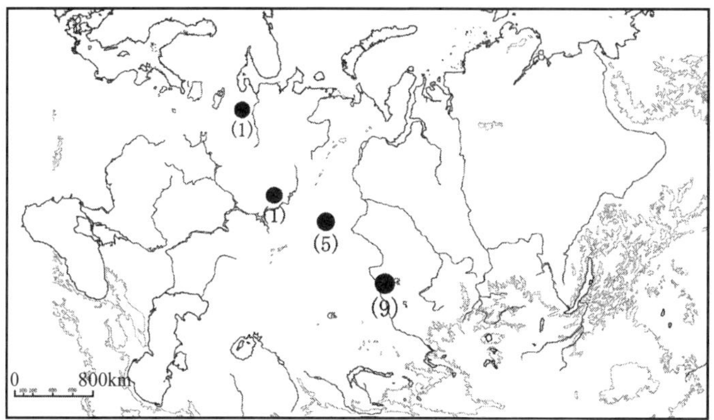

図 2-56　有銎斧 BIIb 類の分布

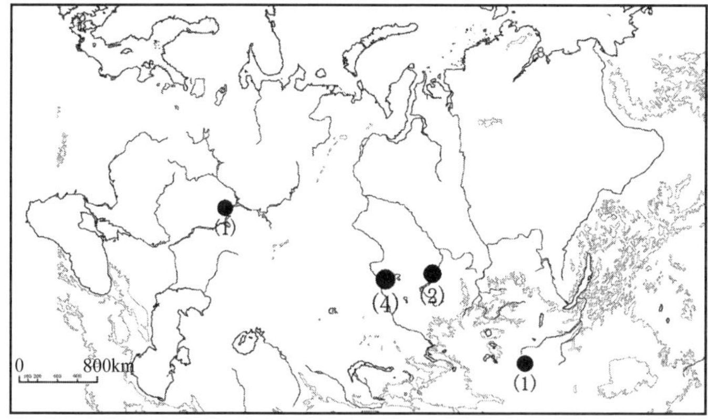

図 2-57　有銎斧 C 類の分布

金属成分の分布

型式，地域ごとに錫，砒素成分を含む個体の比率を比較する（図2-58～2-67）。いずれの型式においても，各成分の地域的偏りを見いだすことは困難である。

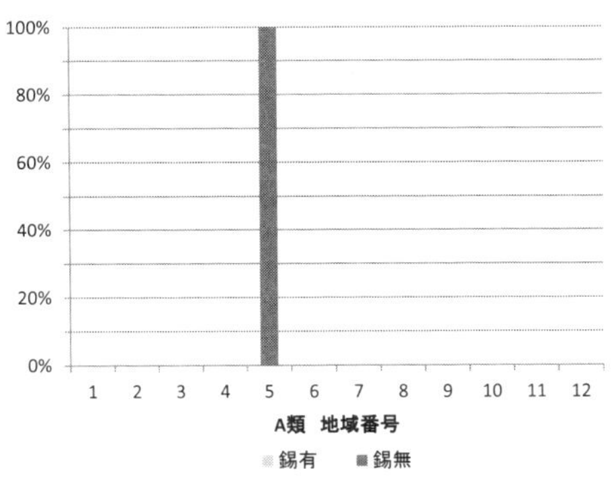

図2-58　金属成分の分布（有銎斧A類・錫）

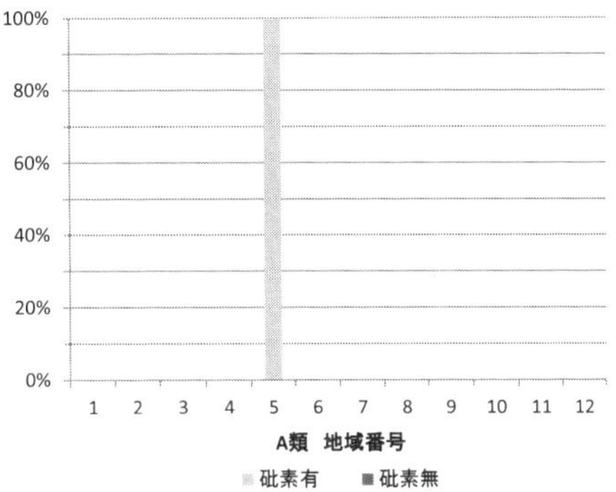

図2-59　金属成分の分布（有銎斧A類・砒素）

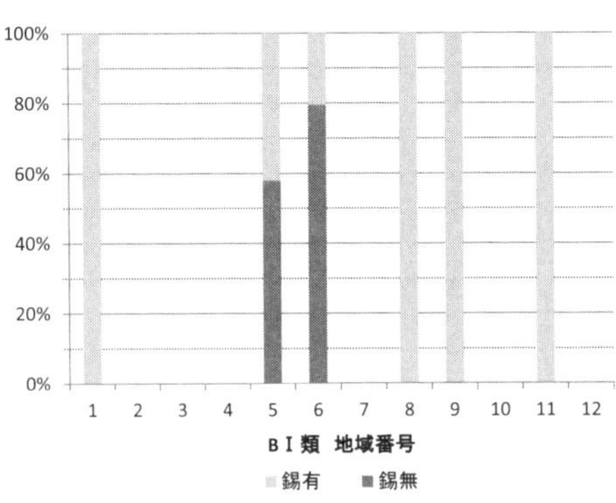

図2-60　金属成分の分布（有銎斧BI類・錫）

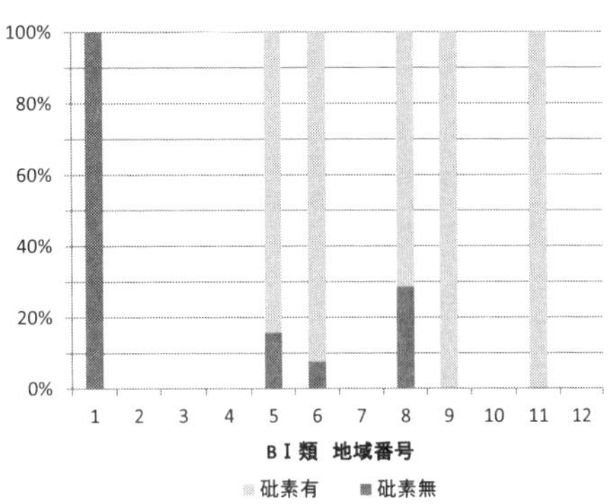

図2-61　金属成分の分布（有銎斧BI類・砒素）

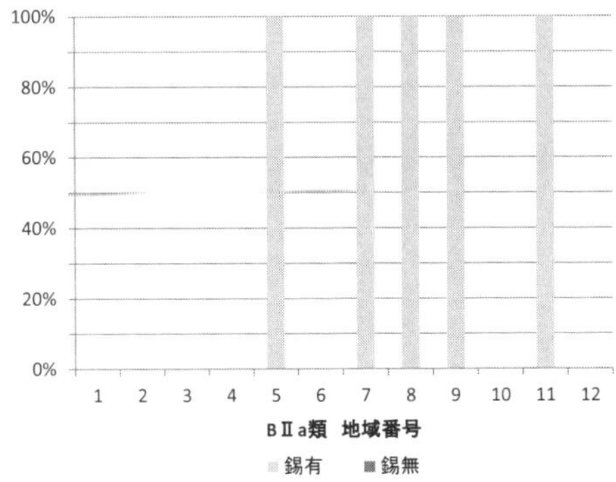

図2-62　金属成分の分布（有銎斧BIIa類・錫）

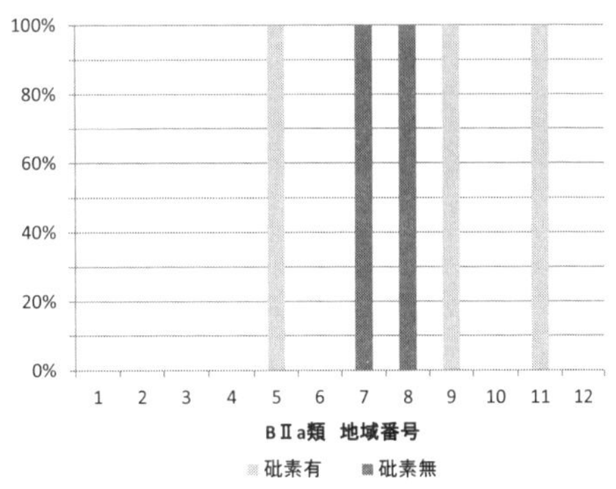

図2-63　金属成分の分布（有銎斧BIIa類・砒素）

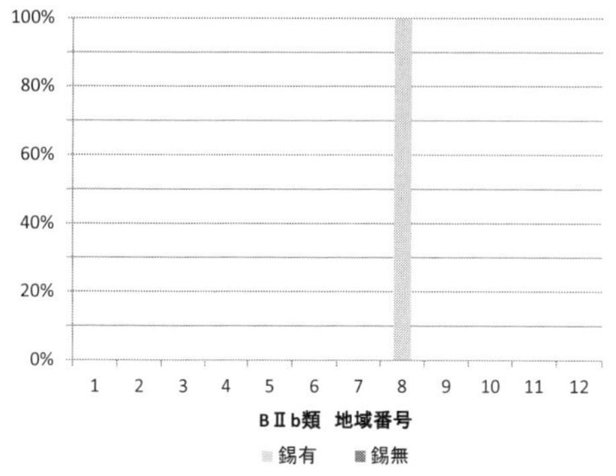

図 2-64　金属成分の分布（有銎斧 BIIb 類・錫）

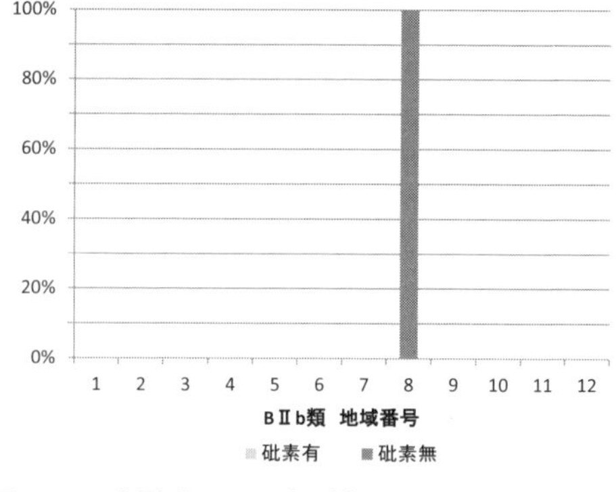

図 2-65　金属成分の分布（有銎斧 BIIb 類・砒素）

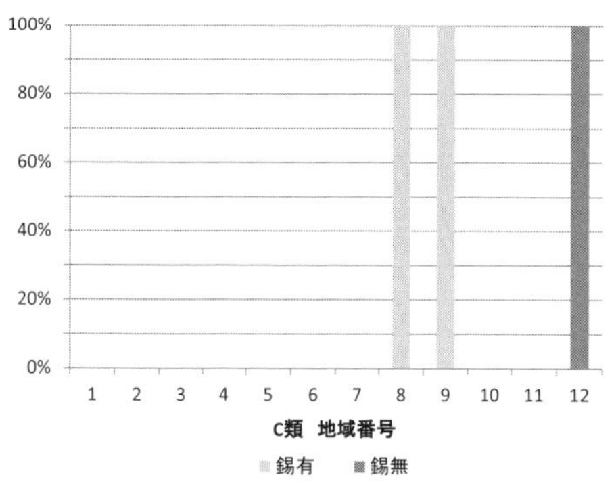

図 2-66　金属成分の分布（有銎斧 C 類・錫）

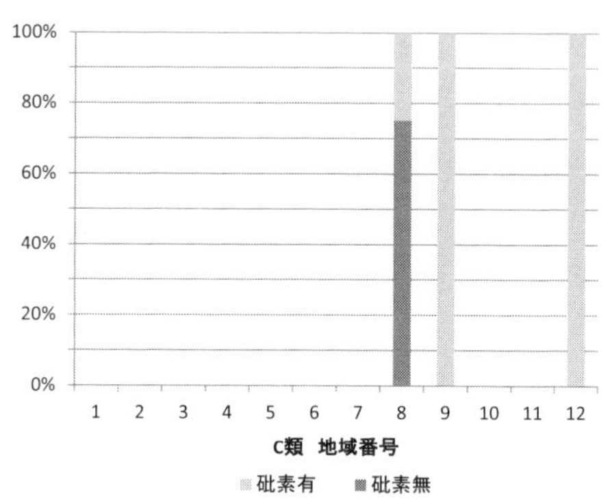

図 2-67　金属成分の分布（有銎斧 C 類・砒素）

5.　小　　結

得られた現象を矛と対比しつつ整理しよう。鍛造の有銎斧 A 類はウラル山脈付近に分布し，同じく鍛造の矛 A 類と同様である。鋳造の有銎斧 BI 類は無紋のものから，装飾を伴うものまで様々な変異が知られ，金属成分に関しても多様であるが，細分はできない。ウラル山脈を中心として東西に広く広がっている。有銎斧 BI 類から派生した BIIa 類の分布はウラル山脈よりやや東部に偏る。さらに有銎斧 BIIa 類から BIIb 類が出現するが，この変化は以前までのランダムな変異とは異なり，耳の変化と器上各箇所の法量の変化による漸移的なものである。つまり，有銎斧では，東西に幅広く分布する型式（BI 類）が存在し，その後にそれらとは異なった変化傾向をもつ型式（BIIa 類）がより東に偏った分布傾向を示す。東西の分布傾向の差異は，矛ほど明瞭ではないが，ウラル山脈を中心とする広がりの継続と，時期が下って東に現れる異なる型式の広がりという事象は共通するものである。錫，砒素成分についても，明確な東西の地理勾配は見いだせなかった。むしろ，砒素銅から錫青銅への交替という，時期的差異が看取される。

第3節　ロストフカ墓地の検討

セイマ・トルビノ青銅器群のまとまった報告は少なく，出土状況まで明確に示されているものは少ない。特に本節で検討するロストフカ墓地は，当時の草原地帯東部の様相を知る重要な手がかりである。ロストフカ遺跡は，オムスク（Omsk）から東に15km，イルティシ川支流のオミ（Om）川左岸に存在し，1966年から1969年にかけて発掘調査が行われた（Матющенко, Синицына 1988）。ロストフカ遺跡は38基の墓と，それら周辺の遺物散布から形成される。報告（Матющенко, Синицына 1988）によれば，遺物散布は墓地形成時よりも先行することはない。墓地上面に散布する遺物群のうち，土器については早，晩2グループに区分でき，墓のすべてと一部の表面散布は，早い時期に属するといわれる。本節で扱うのはこれらの早い方のグループである。墓同士の切り合いはなく，出土した矛はほとんどがC類であり，38基の墓が継続

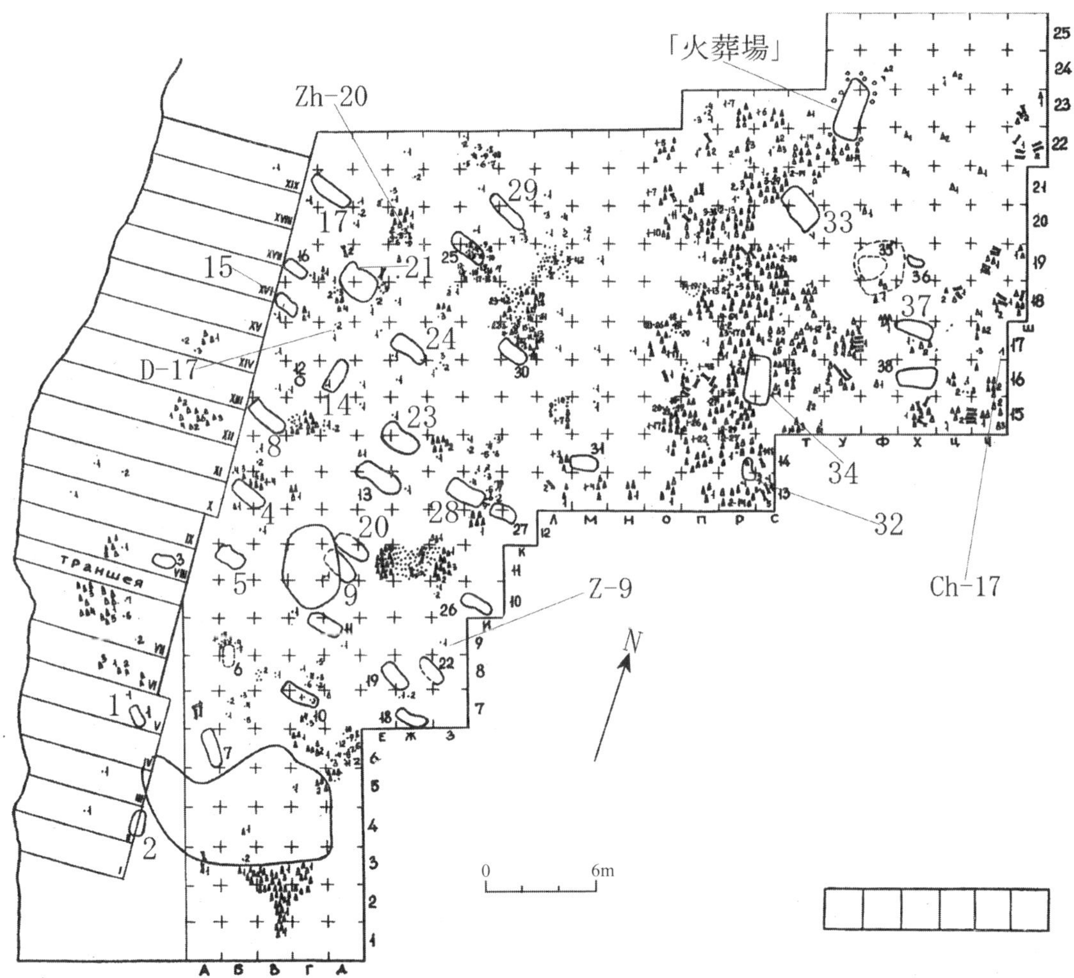

図2-68　ロストフカ墓地全体図

的に形成された可能性が高い。墓地では，土壙墓が列状に形成され，報告では5列確認できるという。しかし，それらは明確に判別できるわけではなく，列から外れるものや，土壙の方位が特異なものも存在する。また，発掘区より東南側は明らかになっておらず，列が続く可能性も指摘されている。

なお，ロストフカ墓地がセイマ・トルビノ青銅器群をもつ一般的な墓地といえるかどうかについては今後，検討を要する。また，ロストフカ墓地が，ある社会集団の特定層のみを反映したものである可能性も排除できないが，これについても，現状の資料での解決は難しく，今後の課題とせざるをえない。

1.　副葬品とその出土状況

ロストフカ墓地における出土状況について，報告書に基づいて，主に青銅器が出土した墓について，それらの中で青銅器がどのように扱われていたのかに注目しつつ記述する。青銅器以外に，多くの土器，石器が出土しているが，ほとんどが断片である。概して遺体の残存状況はよくない。人骨に焼けた痕跡があり，土壙内からは炭，焼土が発見される例が多く，発見された遺体が当時の状況をそのまま反映しているとは限らない。報告書では，遺体の乱れの要因として，墓壙埋葬に先立ち，遺体解体あるいは焼却が行われていた可能性を考えている（Матющенко, Синицына 1988）。なお，チェルヌィフらは，遺体の脚部についてのみ攪乱されていない例から考えて，この考えを支持していない。副葬の金属器に手が付けられていないことには留意しつつも，敵が遺体に危害を加える意図があったとする（Черных, Кузьминых 1989）。セイマ・トルビノ青銅器群における戦闘的性格を考慮し，チェルヌィフらと同様の見解をもつ論もある（邵会秋・楊建華 2011）。墓周辺の遺物散布のうち，特定の墓に距離的に近いものは，その墓に属するものとして，報告書には記載されている。それらについては，以下でも各墓の項目に記すことにするが，出土場所が墓壙内ではないことには注意しておく必要がある。なお大部分の墓壙の長軸はおよそ東西方向であるが，偏差が大きいものや方向が異なるものに関しては，以下で記述している。番号は墓地のおおよそ南西から北東の順にふられており（図2-68），図において，以下に述べた墓については傍らに大きい番号を記している。

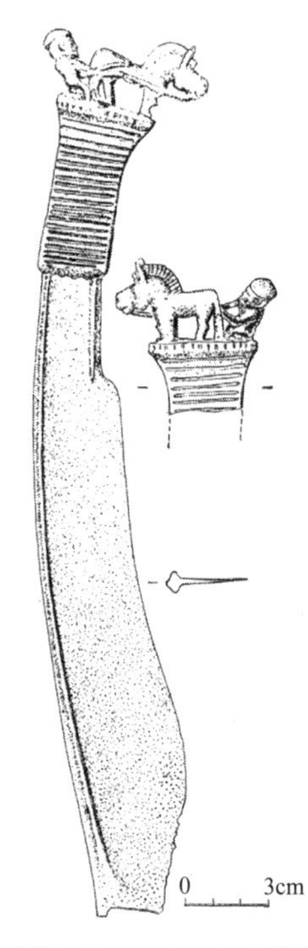

図 2-69　ロストフカ墓地 2号墓出土刀子

1号墓（性別不明・幼児）：有銎斧（刃は西向き）と石鏃が並んで発見。これらは，遺体頭部とはおよそ逆方向に位置するが，遺体との詳細な位置関係は不明。本墓は長軸が北北西－南南東方向である。

2号墓（性別不明・9～10歳）：青銅製の小型装飾品，水晶片などの装飾品，石刃が墓壙内から発見。このほか，有柄刀子が遺体の頭下から発見された（図2-69）。墓の除去後に発見となっているので，

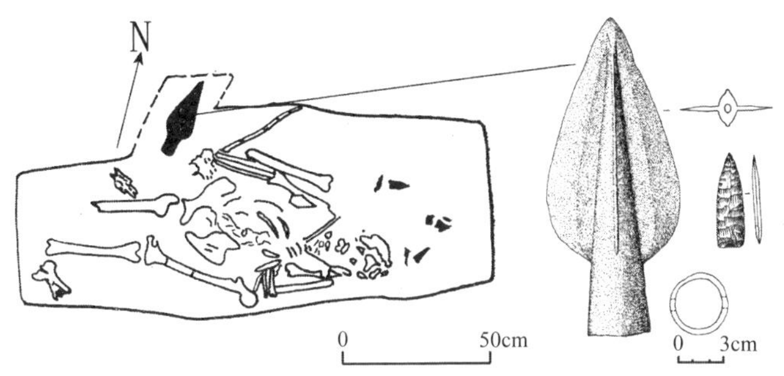

図 2-70　ロストフカ墓地 5 号墓

遺体に密着してはいなかったかもしれない。この有柄刀子の柄頭には人物と動物像が鋳出されており，チェルヌィフらは蠟型による鋳造を示唆する。セイマ・トルビノ青銅器群の中でも特殊な製品である。本墓は長軸が南北方向である。

3 号墓（性別・年齢不明）：骨製の防具のみ。

1～3 号墓の周辺では，土器，石器等が散布するが，特定の墓に明確に帰属するわけではない。表土近くで矛がみつかっているが，位置は不明である。

4 号墓（性別・年齢不明）：墓壙内は 2 面に分層。いずれも土器，石器のほか，骨柄銅刃の刀子，鋳型片や馬の顎骨が上面から出土している。遺体との詳細な位置関係は不明である。4 号墓に付属するとされる周辺散布では，土器，石器が確認された。

5 号墓（男・25 歳）：石鏃，碧玉片が遺体頭部付近にあたる場所から発見。遺体の傍で矛も発見されたが，本来は，床から 10～12cm 上の北壁上に突き刺さっていたらしい（図 2-70）。

8 号墓（①幼児，②男・成人，③男・年齢不明，④女・40～45 歳）②には，石鏃，石刃，銅錐，銅刀子（無柄両刃）が伴う。③には，骨製刀子柄が伴う。すべての骨を検出した後，墓底の東に混合土を示す点が検出された。それは墓底から 15cm 掘り下げられており，その下から矛 C 類 2 件，有銎斧 1 件が発見され，刃はすべて西向きであった。付属する周辺散布では，矛 Bc 類が地面に突き刺さって発見されたほか，石器，土器が確認された（図 2-71）。

9 号墓（男・年齢不明）：墓壙内から銅錐，石鏃。9，20，26 号墓周辺の遺物散布では土器，骨器，石器が確認された。

14 号墓（女・25～30 歳）：墓壙内から石器，銅刀子（無柄両刃）が発見。周辺散布には土器，石器が含まれる。本墓は長軸が南北方向である。

15 号墓（性別・年齢不明）：遺体には，石製，青銅製小型装飾品が伴う。周辺散布には土器，石器が含まれる。

17 号墓（男・35～40 歳）：墓壙内から石鏃，石器が出土。周辺散布には石鏃，石器，有銎斧が含まれる。

20 号墓（男・年齢不明）：墓壙内から未成品を含む石器のほか，墓壙中央部から銅刃骨柄刀子が出土。

21 号墓（2 遺体，性別・年齢不明）：墓壙より東に鋳型（複数），石刃の散布。墓壙内から石鏃，

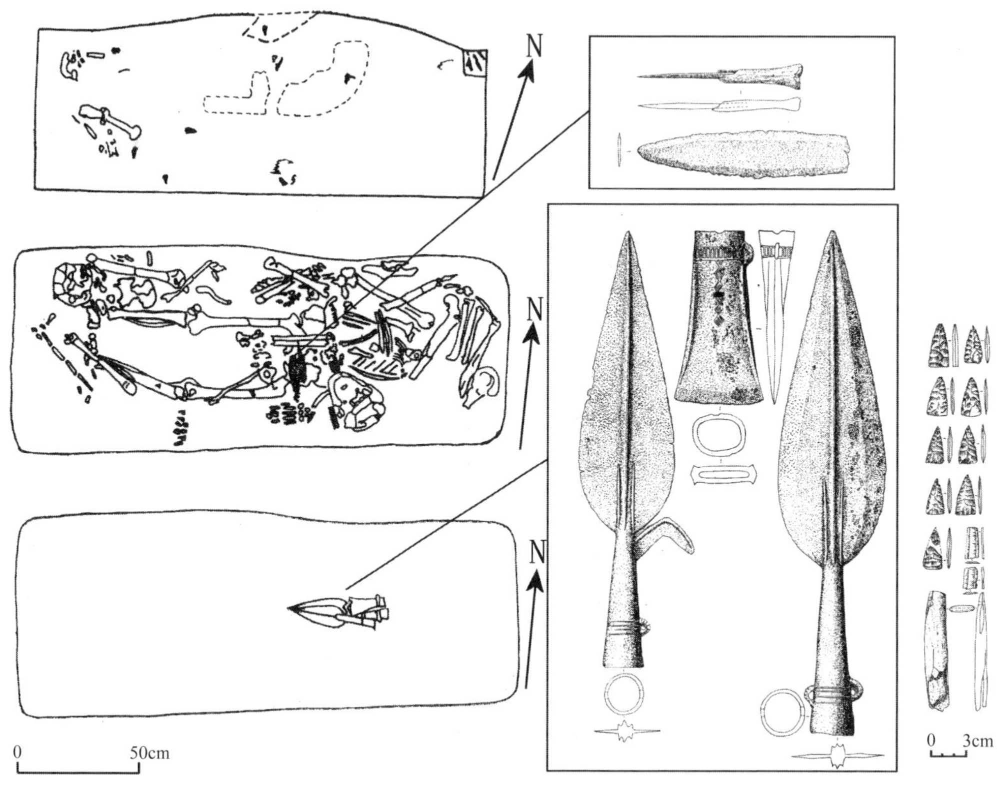

図 2-71　ロストフカ墓地 8 号墓

金環が出土。付属する周辺散布として，有銎斧（2 点：刃は下向き），金環，土器，石器がある。

23 号墓（男・30〜40 歳）：墓壙内より，石器，銅刀子（無柄両刃）が出土。

24 号墓（女・40 歳）：墓壙内より鋳型片，石鏃，銅刀子（両刃），鑿が出土。周辺散布として，矛（2 点），有銎斧，石器（以上は重なりあって発見。刃は下向き），石器がある。

28 号墓（男・30〜35 歳）：人骨のみ。27，28 号墓周辺の散布として，石器，銅針，土器がある。

29 号墓（男・年齢不明）：墓壙内から石器，遺体骨盤上から有柄刀子が出土。周辺散布として石器がある。

32 号墓（幼児）：墓壙内中央部から玉製装飾品，金環が出土。本墓は長軸が南北方向である。

33 号墓（女性・20〜25 歳）：墓壙より東南 30cm の場所に矛が突き刺してあった。墓壙内東南側を中心に大量の骨板（防具），金環（2 点），墓壙南角に石器（砥石）がみられた。埋土から骨製針片（同一個体片が防具と一緒に発見），石鏃，骨製刀子柄が発見。周辺散布には，石器，土器，動物骨が含まれる。本墓は長軸が南東東－北西西方向である。

34 号墓（男性・25〜30 歳）：墓の上面で土器，石鏃，石器が発見された。遺体右腕の傍らに，矛（Bc 類），その下に有銎斧（刃は東壁向き）が置かれ，頭骨こめかみで金環（2 点），骨盤上で両刃刀子が出土した。その近くに石鏃が，左膝近くにも石鏃（2 点）があった。また，左手近くに骨製針，頭骨左側に骨柄を伴う銅針（2 点），土器片があった。周辺散布として，石鏃，

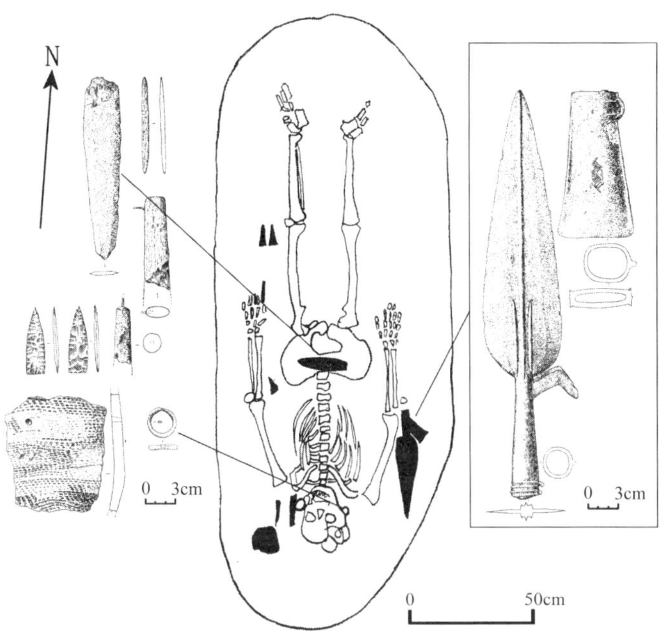

図 2-72　ロストフカ墓地 34 号墓

石器，土器がある（図 2-72）。

37 号墓（性別・年齢不明）：青銅製装飾品，石鏃，土器，両刃刀子が人骨の近くで発見された。

以上の墓葬のほか，発掘区の北東部に「火葬場」とされる遺構がある。これは地山の上に焼土，焼骨の痕跡（120 × 300cm）を伴うもので，周囲に 4～8cm（深さ 60cm）の小孔が並んでいる。小孔は建物の柱穴と推測されている。

図 2-73　ロストフカ墓地 D-17 出土状況

次に，特定の墓に伴わない周辺散布で青銅器を含むものについて記述する。Zh-20 のような番号は発掘区のグリッド番号によるものである。青銅器以外では，墓地全体に，土器，石器，骨器の散布が認められるが，青銅器が地山に突き刺さっているのを除いて，遺物は地山より上の黒土層で発見されるという。

Zh-20：土器（3～5 個体分），石器，石鏃，石笵（斧），矛（Bc 類，C 類），斧，鑿（2 点）がまとまって発見された。利器の刃部は下向きであった。

D-17：有銎斧，有柄刀子は，刃を下にしてまとまって発見された（図 2-73）。

Z-9：刀子（詳細不明）が単体で発見。

Ch-17：刀子片が出土。

2.　墓地における青銅器

以上を踏まえ，本墓地において出土状況ごとにどのような遺物がみられるかを整理したものが，表 2-5 である。破片資料を含んでいることを勘案し，表の数値は遺物数でなく，墓数で示している。ある器物が複数個体同一墓から発見されても，1 とカウントした。出土状況と遺物の対比から，大まかに 3 つのグループに区分できると考えられる。まず，墓壙内で主に出土する器物群（α 群）には，金製品の環，青銅，石製の装飾品，防具，青銅製有茎刀子が含まれる。これらは，おおよそ遺体に近いところで発見されたものである。装飾品が頭位置に相当する場所から発見された例のほか，有茎刀子については骨盤近くからの出土が複数知られる。防具を除くと，これらは概して小さいものであり，属人器としての性質が強かった可能性がある。次に，墓壙内以外で主に出土する器物群（β 群）には，青銅器の有銎斧，矛が含まれる。これらの多くは出土状況において，刃の方向をそろえる，あるいは，壁，地面に突き刺すといった一貫したパターンが存在する。したがって，これらは個々の偶発的な行為の結果というよりは，これらに関わる行為そのものについて，この墓地に関わる集団全体に共有されたなんらかの規範があったことを示す可能性が高い。なお，このような，矛を地面に突き刺す状況は，トルビノ墓地でも確認されるという（Черных, Кузьминых 1989)。他の墓地における出土状況の詳細な検討が必要であるが，上記の規範についても，かなり広範囲である程度共有されていた可能性がある。周辺散布が特定の墓に関連する可能性があるものも一定程度存在するが，そうでないものも存在する。墓壙内，外いずれからも発見される遺物として，多数の土器，石器，骨器などが挙げられるが，青銅器では有柄刀子がある。これは，有銎斧とともに，刃をそろえた状態で発見されている場合もあるし，29 号墓のように有茎刀子と同様，被葬者の骨盤上から発見された例もある。骨盤上の発見は，α 群の有茎刀子と同様の扱いである。一方，墓壙下から発見された例があり，この刀子は先述した，柄頭に人物像を鋳出すもので，セイマ・トルビノ青銅器群の中では特異で複雑なものである。このように，有柄刀子の扱いは多様であるが，厚葬の 33，34 号墓においても，被葬者近くには α 群の有茎刀子が置かれ，有柄刀子や有銎斧，矛などと置き換わっていないことから考えると，有柄刀子は β 群に入ると考えられる。以上のように，α 群には，有茎刀子や装飾品など，比較的単純な作りの青銅器が含まれる。一方で β 群

表 2-5　ロストフカ墓地における出土状況と遺物の相関

	金製	青銅器					
	環	装飾品	有銎斧	矛	有柄刀子	有茎刀子	その他
墓壙内	4	3	2	1	1	9	4
墓壙内（特殊な位置）			1	2	1		
表面散布	1(1)		6(4)	4(3)	1	2	2
	土器	石 / 玉器				骨器	
	土器	石鏃	装飾品	鋳型	その他	骨器	防具
墓壙内	8	15	4	2	15	4	3
墓壙内（特殊な位置）							
表面散布	◎(10)	◎(4)		2(1)	◎(16)	◎(2)	

＊(　) は特定の墓に近い表面散布，◎は多数を示す。

に含まれるのは，蠟型を用いた可能性が指摘されている有柄刀子，内笵を必要とし，紋様をもつ，あるいは大型である有銎斧や矛といった，セイマ・トルビノ青銅器群の中でもやや手の込んだものに限られているのである。つまり，青銅器自体の複雑性が，単なる形態，機能差のみならず，墓地での葬送行為における取り扱われ方の2つのカテゴリーとして認識できるわけである。

3.　墓地における階層性と青銅器

本墓地の土壙墓には複数埋葬が確認され，各墓壙とそこから発見される遺物が，複数の被葬者のうち誰に対して行われたものであるか，またそもそも特定の1人に対して行われた行為の結果であるかどうかについても不明の点が多い。この点は非常に重要ではあるが，本墓地の遺体は焼かれるなど損傷が激しいものも多く，正確な埋葬人数，順序の復元は困難であるので，以下では1つの墓壙をなんらかの単位と考え，その単位間での階層差をみていくことにする。

まず，α群を中心とする，被葬者に比較的近いところの副葬品について考えたい。前節で設定した各群は完全に排他的ではないので，いくつかの資料は個別に考える必要がある。ここでの分析は被葬者近くへ副葬されているものに重点を置くので，29号墓の有柄刀子，34号墓の矛，有銎斧はα群に含めて考える。α群のうち青銅器（有茎刀子，錐・鑿片，装飾品），金環，防具の点数[10)]を数え，墓壙面積および付属する遺物散布の有無との相関をみた（図2-74）。結果，α群を4点以上もつ2基は，2m^{2}を超え，いずれも遺物散布をもつことが認められるが，それ以外は要素間の強い相関は認められない。

次に，β群について検討する。これについても，出土状況から考えて，21号墓の墓壙外出土の金環を含め，先ほど検討した29，34号墓の青銅器は含めず，墓壙面積との相関をみた（図2-75）。結果，最大面積の21号墓はβ群3点をもち，遺物散布を伴うが，それ以外については各要素の相関は高くない。つまり，β群を多くもつものが，必ずしも墓壙面積が大きいとは限らない。また，β群が多かった8，21号墓はいずれも，合葬墓である。両墓は比較的近くにな

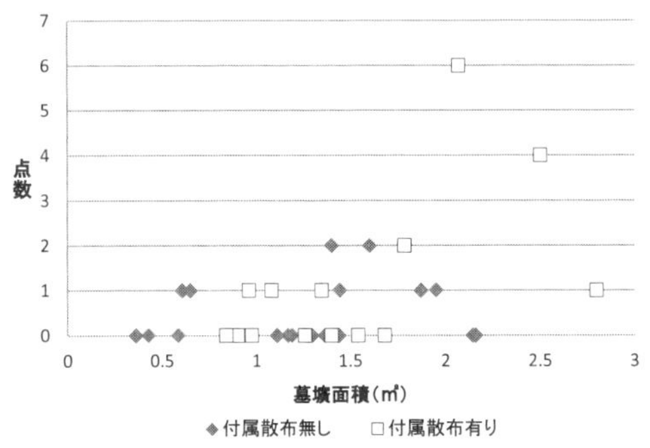

図2-74　α群青銅器の点数，墓壙面積，付属散布の有無の相関

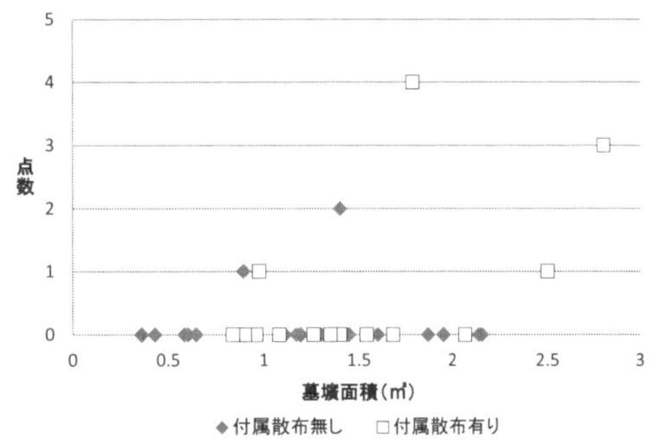

図2-75　β群青銅器の点数，墓壙面積，付属散布の有無の相関

10）石製の装飾品については，小さいビーズ等の詳細な出土状況がわからないものが多く，数値からは除外している。

表 2-6　α 群，β 群青銅器点数の相関

α 群点数	β 群点数				
	0	1	2	3	4
0	21	2			
1	9			1	
2	2				1
3					
4					
5					
6	1				

らんでおり，21 号墓の北側にも Zh-20 があることは興味深い。とはいえ，本墓地の人骨の残存状況は良好ではなく，これ以外にも合葬墓が存在した可能性があることも含めると，墓地全体的な傾向とまでいえるかどうかは不明である。さらに，各墓における α 群，β 群の点数についても，正の相関はみられない（表 2-6)。

総じて，墓地全体の傾向からいうと，墓壙面積，α 群，β 群間に相関はみられない。遺物散布については，やや大きい面積のものに偏る傾向がみられるが，どの墓にも属さない散布も知られることも考えあわせると，それほど大きく評価できない。つまり，21，33，34 号墓の扱いは墓地全体からいえば特殊であり，これらの背景としてなんらかの階層性が働いていたとしても，それは偶発的で，墓地における全体的規制とはなっていないことが窺われる。

附表 2-1　セイマ・トルビノ青銅器群矛，分析使用資料一覧

番号	出典・番号	形式	型式	地域番号	出土地	製品	製作	脊	脊(細分)	鉤	鉤耳方向	全長/a	a/b	d/c	b/d	e/d	b/c	全長	サイズ区分	幅	耳位置	銎口厚	帯位置	錫	砒素	番号
1	Ч, K-No.1	A 類	—	6	Turbino I	製品	鍛造	—	—	無	—	3.4	2.5	2.3	1.1	6.8	2.7	27.1	—	8	無	無	無	0	●	1
2	Ч, K-No.2	A 類	—	6	Korshunovo	製品	鍛造	単	—	無	—	—	—	1.8	0.9	4.1	1.7	—	—	2	無	無	無	0	1	2
3	Ч, K-No.3	A 類	—	8	Rostovka	製品	鍛造	単	—	無	—	1.9	2.3	1.5	1.6	3.4	2.3	26.4	—	6	無	無	無	0	1	3
4	Ч, K-No.4	A 類	—	6	Ust-Gaiva	製品	鍛造	単	—	無	—	1.8	2.6	1.6	1.4	2.8	2.2	20.4	—	4.4	無	無	無	0	●	4
5	Ч, K-No.5	A 類	—	5	Seima	製品	鍛造	単	—	無	—	1.8	2.5	1.7	1.5	2.8	2.6	23.7	—	5.4	無	無	無	—	●	5
6	Ч, K-No.6	A 類	—	7	Sintashta	製品	鍛造	単	—	無	—	1.8	2	1.6	1.6	2.7	2.6	26.4	—	7.2	無	無	無	0	1	6
7	Ч, K-No.7	A 類	—	7	Sintashta	製品	鍛造	単	—	無	—	1.7	2.2	1.6	1.6	2.3	2.5	25.1	—	6.7	無	無	無	0	0	7
8	Ч, K-No.8	A 類	—	5	Pokrovskii	製品	鍛造	単	—	無	—	1.9	3.1	1.6	1.1	2.9	1.8	21.9	—	3.7	無	無	無	0	●	8
9	Ч, K-No.9	B 類	Bc 類	5	Seima	製品	鋳造	三叉	d	無	—	1.5	3.4	1.5	2.8	4.3	4.3	44.3	大	9.1	無	無	中帯	●	●	9
10	Ч, K-No.10	B 類	Bc 類	6	Turbino I	製品	鋳造	三叉	d	無	—	1.4	4	2	2.2	3.9	4.4	46.1	大	7.9	帯合	無	中帯	●	●	10
11	Ч, K-No.11	B 類	Bc 類	6	Donaurovo	製品	鋳造	三叉	a	無	—	1.4	4.2	1.4	2.1	4	3	39.6	大	6.5	帯合	無	中帯	1	0	11
12	Ч, K-No.12	B 類	Bc 類	8	Ust-Tar	製品	鋳造	三叉	d	無	—	—	—	1.5	2.1	3.8	3.2	—	—	6.8	帯合	無	中帯	1	0	12
13	Ч, K-No.13	B 類	Bc 類	8	Rostovka	製品	鋳造	三叉	c	有	同方向	1.4	3	1.8	2.7	3.6	4.8	35	大	8	帯合	無	中帯	2	1	13
14	Ч, K-No.14	B 類	Bc 類	8	Rostovka	製品	鋳造	三叉	c	有	同方向	1.5	3.3	1.7	2.4	4	4	40	大	8	帯合	無	中帯	1	0	14
15	Ч, K-No.15	B 類	Bc 類	8	Rostovka	製品	鋳造	三叉	e	有	同方向	1.5	3.2	1.3	3	4.5	4	38.3	大	8	帯合	無	下帯	1	0	15
16	Ч, K-No.16	B 類	Bb 類	8	Rostovka	製品	鋳造	三叉	d	有	同方向	1.4	3.2	2	2.2	3.1	4.4	30.7	中	6.7	帯合	無	中帯	1	0	16
17	Ч, K-No.17	B 類	Bc 類	9	Charysh	製品	鋳造	三叉	d	有	同方向	—	5.5	1.4	1.3	—	1.9	—	—	4.3	帯合	無	中帯	2	—	17
18	Ч, K-No.18	B 類	Bb 類	8	Omsk	製品	鋳造	三叉	a	無	—	—	5.2	2	1.4	—	2.8	—	—	3.7	帯合（動物）	無	中帯	2	0	18
19	Ч, K-No.19	B 類	Bc 類	8	Rostovka	製品	鋳造	三叉	c	無	—	1.5	3.1	2	2.6	4.1	5.2	40.7	大	8.7	帯合（2）	無	中帯	2	0	19
20	Ч, K-No.20	B 類	Bc 類	6	Turbino I	製品	鋳造	三叉	d	—	—	—	4.6	—	—	—	3	—	—	5	—	—	—	●		20
21	Ч, K-No.21	B 類	—	6	Kazanskaya 県	製品	鋳造	三叉	—	—	—	—	—	—	—	—	—	—	—	—	—	—	—	1	0	21
22	Ч, K-No.22	B 類	Bb 類	6	Turbino I	製品	鋳造	三叉	b	無	—	1.3	3.4	1.4	2.5	2.8	3.6	28.8	中	6.4	無	無	無	●	0	22
23	Ч, K-No.23	B 類	Bb 類	5	Seima	製品	鋳造	三叉	d	無	—	—	—	2	1.7	2.6	3.3	—	—	6	無	無	無	●	●	23
24	Ч, K-No.25	B 類	Bb 類	8	Rostovka	製品	鋳造	三叉	c	無	—	1.5	2.5	1.8	2.4	3	4.3	25.6	中	6.8	帯合	無	中帯	1	0	24
25	Ч, K-No.26	B 類	Bb 類	8	Om	製品	鋳造	三叉	e	無	—	1.4	2.7	2	2.2	2.3	4.5	27	中	7.2	帯合	無	中帯	2	0	25
26	Ч, K-No.28	B 類	Bb 類	9	Upper Suzun	製品	鋳造	三叉	d	無	—	—	—	1.6	1.4	2.6	2.2	—	—	4.4	帯合	無	中帯	—	—	26
27	Ч, K-No.29	B 類	Bb 類	8	西シベリア	製品	鋳造	三叉	d	無	—	1.5	2.7	1.8	2.1	2.6	3.7	25.8	中	6.6	帯合	無	中帯	1	0	27
28	Ч, K-No.30	B 類	Bb 類	6	Turbino I	製品	鋳造	三叉	b	無	—	1.5	2.7	1.4	2.5	3.1	3.5	27.4	中	7	帯合	無	中帯	0	0	28
29	Ч, K-No.31	B 類	Bb 類	6	Turbino I	製品	鋳造	三叉	b	無	—	1.6	2.7	1.4	2.1	3.4	3	25.4	中	6	帯合	無	中帯	●	0	29
30	Ч, K-No.32	B 類	Bb 類	6	Elabuga	製品	鋳造	三叉	b	無	—	1.6	4	1.6	1.3	2.8	2	24.8	中	4	帯合	無	中帯	0	0	30
31	Ч, K-No.33	B 類	Bc 類	6	Turbino I	製品	鋳造	三叉	e	無	—	1.5	3.1	1.8	2.3	4.1	4	32.9	大	7.2	帯合	無	中帯	●	0	31
32	Ч, K-No.34	B 類	Bc 類	2	Borodinskii デポ	製品	鋳造	三叉	d	無	—	1.7	2.9	1.8	2.3	3.4	4	32.9	大	7.2	帯上	無	下帯	0	0	32
33	Ч, K-No.35	B 類	Ba 類	8	Rostovka	製品	鋳造	三叉	a	無	—	1.6	2.3	1.7	2.4	3.4	4	20.3	小	5.4	無	無	中帯	2	0	33
34	Ч, K-No.36	B 類	Ba 類	6	Turbino I	製品	鋳造	三叉	b	無	—	—	—	1.5	1.8	2.5	2.8	—	—	5	無	無	下帯	●	0	34
35	Ч, K-No.37	B 類	Ba 類	6	Turbino I	製品	鋳造	三叉	d	無	—	—	—	1.5	—	2.5	—	—	—	—	無	無	無	●	0	35
36	Ч, K-No.38	B 類	Bb 類	5	Seima	製品	鋳造	三叉	e	無	—	1.5	2.7	1.8	1.8	2.6	3.3	25.5	中	6.2	無	無	無	—	—	36
37	Ч, K-No.39	B 類	Ba 類	11	Kurtai	製品	鋳造	三叉	e	無	—	—	—	1.5	2.5	2.5	3.8	—	—	6.8	帯合	無	中帯	1	0	37
38	Ч, K-No.40	B 類	Ba 類	9	Klepikovo	製品	鋳造	三叉	b	無	—	1.5	2.7	2	1.8	2.7	3.7	20.7	小	5	帯合	無	中帯	—	—	38
39	Ч, K-No.41	B 類	Ba 類	8	Ustyanka	製品	鋳造	三叉	e	無	—	1.5	3	1.7	1.3	1.8	2.1	20.1	小	4.5	帯合	無	中帯	1	1	39
40	Ч, K-No.42	B 類	Ba 類	8	Kalantr II	鋳型（土）	鋳造	三叉	e	無	—	—	—	1.7	1.5	1.5	2.6	—	—	3.9	無	無	中帯	—	—	40
41	Ч, K-No.43	B 類	Ba 類	8	Evgashchino	製品	鋳造	三叉	d	無	—	1.5	2.2	1.4	2	2.3	2.8	17.6	小	5.3	帯合	無	中帯	—	—	41

番号	出典・番号	形式	型式	地域番号	出土地	製品	製作	脊	脊(細分)	鉤	鉤耳方向	全長/a	a/b	d/c.	b/d	e/d	b/c	全長	サイズ区分	幅	耳位置	銎口厚	帯位置	錫	砒素	番号
42	Ч, K-No.44	B 類	Bd 類	8	Irtsh	鋳型（スレート）	鋳造	三叉	f	無	–	–	–	1.4	1.4	2.1	2	–	–	3.6	帯合（2）	無	中帯	–	–	42
43	Ч, K-No.45	B 類	Ba 類	6	Turbino I	製品	鋳造	三叉	a	無	–	1.6	3.3	1.8	1.3	2.5	2.2	19.7	小	3.8	帯合	無	中帯	●	0	43
44	Ч, K-No.46	B 類	Bb 類	6	Turbino I	製品	鋳造	三叉	b	無	–	1.6	3.1	1.3	1.5	2.7	2	–	–	–	帯合	無	中帯	0	●	44
45	Ч, K-No.47	B 類	Ba 類	6	Turbino I	製品	鋳造	三叉	b	無	–	1.6	2.2	1.8	1.7	2.2	3.2	–	–	–	帯合	無	中帯	0	0	45
46	Ч, K-No.48	B 類	Ba 類	5	Reshnoe	製品	鋳造	三叉	c	無	–	1.4	2.7	1.7	1.9	2	3.2	19.2	小	5.1	帯合	無	中帯	2	1	46
47	Ч, K-No.49	B 類	Bb 類	5	Reshnoe	製品	鋳造	三叉	e	無	–	–	–	1.4	–	2.6	–	–	–	–	帯合	無	中帯	2	0	47
48	Ч, K-No.50	B 類	Bd 類	8	Chernoozere	鋳型（土）	鋳造	三叉？	f	無	–	–	–	–	–	–	–	–	–	–	–	–	–	–	–	48
49	Ч, K-No.53	B 類	Bd 類	7	Tyrikovo	製品	鋳造	三叉	f	無	–	–	–	2	1.1	3.1	2.3	–	–	3.8	無	無	下帯	–	–	49
50	Ч, K-No.54	C 類	Ca 類	5	Seima	製品	鋳造	断面菱形	–	無	–	1.5	2.5	1.3	2	2.6	2.5	22.1	中	5.8	有	無	無	–	–	50
51	Ч, K-No.55	C 類	Ca 類	5	Seima	製品	鋳造	断面菱形	–	無	–	1.5	2.7	1.4	2.1	2.6	3	24.2	中	6.3	有	無	無	●	●	51
52	Ч, K-No.56	C 類	Ca 類	5	Seima	製品	鋳造	断面菱形	–	無	–	1.5	2.7	1.6	2.1	2.6	2.9	24.8	中	6	有	無	無	0	0	52
53	Ч, K-No.57	C 類	Ca 類	5	Reshnoe	製品	鋳造	断面菱形	–	無	–	1.5	2.3	1.6	1.9	2.3	3	21.7	中	6.3	有	無	無	0	0	53
54	Ч, K-No.58	C 類	Ca 類	5	Reshnoe	製品	鋳造	断面菱形	–	無	–	1.6	2.5	1.4	1.5	2.4	2.2	21.7	中	5.4	有	無	無	0	1	54
55	Ч, K-No.59	C 類	Ca 類	7	Korkino I	製品	鋳造	断面菱形	–	無	–	1.8	3.7	1.8	1.1	3.1	2	24.1	中	3.8	有	無	無	2	0	55
56	Ч, K-No.60	C 類	Ca 類	6	Zaosinovo IV	製品	鋳造	断面菱形	–	無	–	1.5	2.7	1.6	1.6	2.4	2.6	22.5	中	5.4	有	無	無	0	0	56
57	Ч, K-No.61	C 類	Ca 類	5	Yalchiki	製品	鋳造	断面菱形	–	無	–	1.7	2.6	1.4	1.5	2.8	2.1	21.3	中	4.9	有	無	無	–	–	57
58	Ч, K-No.62	C 類	Cb 類	5	Seima	製品	鋳造	断面菱形	–	無	–	1.6	3.6	1.8	2	4.5	3.6	38.8	大	6.7	帯上	2	中帯	●	●	58
59	Ч, K-No.63	C 類	Cb 類	5	Seima	製品	鋳造	断面菱形	–	無	–	1.6	3.1	1.8	1.4	2.8	2.6	24.2	中	4.8	有	2	無	●	0	59
60	Ч, K-No.64	C 類	Cb 類	5	Seima	製品	鋳造	断面菱形	–	無	–	1.5	–	1.6	–	2	–	24.2	中	–	有	2	無	●	0	60
61	Ч, K-No.65	C 類	Cb 類	5	Kargulino	製品	鋳造	断面菱形	–	無	–	1.6	2.9	1.5	2.3	3.7	3.3	32.6	大	7.2	帯上	2	中帯	–	–	61
62	Ч, K-No.66	C 類	Cb 類	5	Kargulino	製品	鋳造	断面菱形	–	無	–	–	–	1.8	1.9	3.1	3.3	–	–	6	有	2	無	–	–	62
63	Ч, K-No.67	C 類	Cb 類	5	Karamsh	製品	鋳造	断面菱形	–	無	–	1.5	2.7	1.8	1.4	1.9	2.6	20.8	小	5.2	有	2	無	0	0	63
64	Ч, K-No.68	C 類	Cb 類	5	Pokrovskii	製品	鋳造	断面菱形	–	無	–	1.7	2.6	1.6	1.5	2.6	2.4	20.6	小	4.8	有	2	無	0	0	64
65	Ч, K-No.70	C 類	Cb 類	5	Blagodatnoe	製品	鋳造	断面菱形	–	無	–	1.5	2.9	1.3	1.8	2.5	2.3	24.4	中	5.6	有	2	無	0	0	65
66	Ч, K-No.71	C 類	Cb 類	3	Kursk	製品	鋳造	断面菱形	–	無	–	1.8	2.8	1.7	1.3	3.1	2.2	22.7	中	4.3	有	2	無	–	–	66
67	Ч, K-No.72	C 類	Cb 類	1	Pyarnu	製品	鋳造	断面菱形	–	無	–	1.8	3.5	2	1.3	3.4	2.5	19.8	小	3.2	有	2	無	–	–	67
68	Ч, K-No.73	C 類	Cb 類	5	Simbirskaya 地方	製品	鋳造	断面菱形	–	無	–	1.5	3.2	1.3	2.3	4	3.1	30.7	大	6.2	帯上	2	中帯	–	–	68
69	Ч, K-No.74	C 類	Cb 類	6	Podgremyachinskaya	製品	鋳造	断面菱形	–	無	–	1.5	2.8	2.2	1.7	2.4	3.7	29.8	中	7	有	2	無	–	–	69
70	Ч, K-No.75	C 類	–	6	Htva	製品	鋳造	断面菱形	–	–	–	–	3.4	–	–	–	2.6	–	–	5.7	–	–	–	2	0	70
71	Ч, K-No.76	C 類	Cb 類	7	Dzetgar	製品	鋳造	断面菱形	–	有（形態不同）	–	1.6	5.6	2.3	1.3	4.4	2.9	36.4	大	4	有	2	無	–	–	71
72	Ч, K-No.77	C 類	Cb 類	5	Reshnoe	製品	鋳造	断面菱形	–	無	–	1.5	2.7	1.7	1.7	2.2	2.8	22.7	中	5.7	帯合	1	中帯	1	0	72
73	Ч, K-No.78	C 類	Cb 類	7	Argazi	製品	鋳造	断面菱形	–	無	–	–	–	1.8	1.4	4	2.5	–	–	4.2	帯合	1	中帯	–	–	73
74	Ч, K-No.79	C 類	Cb 類	1	Muxhu	製品	鋳造	断面菱形	–	無	–	1.9	3.7	1.8	1.3	4.3	2.3	21	中	3	帯合	1	中帯	–	–	74
75	Ч, K-No.80	C 類	Cb 類	7	Korkino I	製品	鋳造	断面菱形	–	無	–	1.6	3.5	2	1.2	2.5	2.4	22.3	中	4	有	1	無	2	0	75
76	Ч, K-No.81	C 類	Cb 類	7	Kamensk-Uralskii	製品	鋳造	断面菱形	–	無	–	1.6	4.1	2.4	1.2	3	2.8	31.3	大	4.7	有	1	無	–	–	76
77	Ч, K-No.82	C 類	Cb 類	5	Zasechnoe	製品	鋳造	断面菱形	–	無	–	1.5	3.9	2.3	1.4	3	3.3	25.8	中	4.3	有	1	無	–	–	77
78	Ч, K-No.83	C 類	Cb 類	1	Gribzinyai	製品	鋳造	断面菱形	–	無	–	2	3.6	2.8	1	3.5	2.6	25.7	中	3.5	有	1	無	●	–	78
79	Ч, K-No.84	C 類	Cb 類	2	Borodinckii デポ	製品	鋳造	断面菱形		無	–	1.6	3.3	2	1.8	3.4	3.6	31.9	大	6	無	2	全体に紋様	0	0	79
80	Ч, K-No.86	C 類	Cb 類	5	Panovo	製品	鋳造	断面菱形	–	無	–	1.7	3.3	2.5	1.4	3	3.5	25.3	中	4.7	無	2	無	–	–	80
81	Ч, K-No.87	C 類	Cb 類	7	Bliznets	製品	鋳造	断面菱形	–	無	–	1.6	3.4	1.8	1.6	3.4	2.8	27.1	中	4.9	無	1	中帯	0	●	81
82	Ч, K-No.88	C 類	Cb 類	3	Murdchev	製品	鋳造	断面菱形	–	無	–	1.6	4	2	1.3	2.8	2.5	24.8	中	4	無	2	無	2	0	82

番号	出典・番号	形式	型式	地域番号	出土地	製品	製作	脊	脊(細分)	鉤	鉤耳方向	全長/a	a/b	d/c	b/d	e/d	b/c	全長	サイズ区分	幅	耳位置	銎口厚	帯位置	錫	砒素	番号
83	Ч, K-No.89	C 類	Ca 類	7	Bekteniz	製品	鋳造	断面菱形	–	無	–	1.7	2.4	2	1.4	2.4	2.8	22.8	中	5.6	無	無	無	–	–	83
84	Ч, K-No.90	C 類	Ca 類	7	Krivce 湖	製品	鋳造	断面菱形	–	無	–	1.6	2.6	1.8	1.4	2.3	2.6	22	中	5.2	無	無	無	–	–	84
85	Ч, K-No.91	C 類	Ca 類	6	Turbino I	製品	鋳造	断面円形	–	無	–	1.5	2.5	1.4	1.8	2	2.5	20.4	小	5.6	有	無	無	0	●	85
86	Ч, K-No.92	C 類	Ca 類	3	Mosolovka	鋳型	鋳造	断面円形	–	無	–	–	–	1.9	1	2.5	1.9	–	–	4.8	有	無	無	–	–	86
87	Ч, K-No.93	C 類	Cb 類	5	Medyannikovo	製品	鋳造	断面円形	–	無	–	1.7	3.3	1.6	1.7	3.7	2.7	29.3	中	5.3	無	2	無	0	0	87
88	Ч, K-No.94	C 類	Cb 類	7	Dzhangeld V	製品	鋳造	断面円形	–	無	–	1.7	2.8	2	1.5	3.1	3	25.6	中	5.3	無	2	無	–	–	88
89	Ч, K-No.95	C 類	Ca 類	3	Koblenka	製品	鋳造	断面円形	–	無	–	–	–	–	–	–	–	24.4	中	4.4	無	無	無	●	0	89
90	Ч, K-No.96	C 類	Cs 類	6	Taktalachuk	製品	鋳造	断面円形	–	無	–	1.3	2.8	1.3	1.5	1.4	2	15.5	–	4.2	無	無	無	1	0	90
91	Ч, K-No.98	C 類	Cb 類	5	Ctaraya Yablonka	鋳型	鋳造	断面円形	–	–	–	–	–	–	–	–	–	–	–	–	有	–	無	–	–	91
92	Ч, K-No.99	C 類	–	5	Akozino	鋳型	鋳造	断面円形	–	–	–	–	–	–	–	–	–	–	–	–	–	–	–	–	–	92
93	Ч, K-No.100	C 類	Cb 類	8	Kargat 6	鋳型	鋳造	断面円形	–	–	–	–	–	–	–	–	–	–	–	–	–	2	無	–	–	93
94	Ч, K-No.101	C 類	Cs 類	8	Rostovka	製品	鋳造	断面円形	–	–	–	1.3	1.8	1.1	2.3	1	2.6	19.2	–	8.4	無	無	無	1	0	94
95	Ч, K-No.102	C 類	Cs 類	8	Rostovka	製品	鋳造	断面円形	–	–	–	1.3	1.7	1.1	2.2	1.2	2.4	19.6	–	8.8	無	無	無	1	0	95
96	Ч, K-No.103	C 類	Cs 類	8	Rostovka	製品	鋳造	断面円形	–	–	–	1.3	1.9	1.1	1.9	1.1	2.1	16.8	–	6.8	無	無	無	1	0	96
97	Ч, K-No.104	C 類	Cs 類	8	Rostovka	鋳型	鋳造	断面円形	–	–	–	1.1	2.5	1	2.7	0.3	1	8.7	–	3.2	無	無	無	–	–	97
98	Ч, K-No.105	C 類	–	8	Rostovka	鋳型	鋳造	断面円形	–	–	–	–	–	–	–	–	–	–	–	–	–	–	–	–	–	98
99	Ч, K-SamusNo.1	B 類	Bd 類	11	Zaledeevo	製品	鋳造	偽三叉	g	無	–	1.5	2.2	1.9	1.7	1.7	3.3	14.9	小	4.7	無	無	無	–	–	99
100	Ч, K-SamusNo.2	B 類	Bd 類	11	Izkh	製品	鋳造	偽三叉	g	無	–	1.3	3	–	–	–	2	–	–	3.6	–	–	–	–	–	100
101	Ч, K-SamusNo.3	B 類	Bd 類	9	Osinkinckii	製品	鋳造	偽三叉	g	無	–	1.7	2.8	2	1.7	3.8	3.4	31.2	中	6.2	無	無	無	–	–	101
102	Ч, K-SamusNo.4	B 類	Bd 類	9	Osinkinckii	製品	鋳造	偽三叉	g	無	–	1.7	1.9	1.4	1.6	2.2	2.3	9.5	小	2.9	無	無	無	–	–	102
103	Ч, K-SamusNo.5	B 類	Bd 類	9	Osinkinckii	製品	鋳造	偽三叉	g	無	–	1.8	1.8	1.7	1.7	2.2	2.7	9.3	小	2.9	無	無	無	–	–	103
104	Ч, K-SamusNo.6	B 類	Bd 類	10	Samus IV	鋳型	鋳造	三脊	f	無	–	–	–	1.4	1.3	2.7	1.9	–	–	5.4	帯合	無	中帯	–	–	104
105	Ч, K-SamusNo.7	B 類	Bd 類	10	Samus IV	鋳型	鋳造	三脊	f	–	–	–	–	–	–	–	–	–	–	–	–	–	–	–	–	105
106	Ч, K-SamusNo.8	B 類	–	10	Samus IV	鋳型	鋳造	三脊	–	–	–	–	–	–	–	–	–	–	–	–	–	–	–	–	–	106
107	Ч, K-SamusNo.9	B 類	–	10	Samus IV	鋳型	鋳造	三脊	–	–	–	–	–	–	–	–	–	–	–	–	帯合	–	中帯	–	–	107
108	Ч, K-SamusNo10	B 類	–	10	Samus IV	鋳型	鋳造	三脊	–	–	–	–	–	–	–	–	–	–	–	–	–	–	–	–	–	108
109	Ч, K-SamusNo11	B 類	–	10	Samus IV	鋳型	鋳造	三脊	–	–	–	–	–	–	–	–	–	–	–	–	–	–	–	–	–	109
110	Ч, K-SamusNo12	B 類	–	10	Samus IV	鋳型	鋳造	三脊	–	–	–	–	–	–	–	–	–	–	–	–	–	–	–	–	–	110
111	Ч, K-SamusNo13	B 類	–	10	Samus IV	鋳型	鋳造	三脊	–	–	–	–	–	–	–	–	–	–	–	–	–	–	–	–	–	111
112	Ч, K-SamusNo14	B 類	–	10	Samus IV	鋳型	鋳造	三脊	–	–	–	–	–	–	–	–	–	–	–	–	帯合	–	中帯	–	–	112
113	S-Fig.6-37	B 類	Bd 類	7	S・O	製品	鋳造	偽三叉？	–	無	–	–	–	–	–	–	–	–	–	–	–	–	–	–	–	113
114	S-Fig.6-38	C 類	–	7	S・O	製品	鋳造	断面円形	–	無	–	–	–	–	–	–	–	–	–	–	–	–	–	–	–	114
115	S-Fig.6-39	C 類	Cs 類	7	S・O	製品	鋳造	断面菱形	–	無	–	1.6	2.6	1.5	2	3.3	3	8.7	–	2	無	無	無	–	–	115
116	Гришин1975-таб. XXI-1	–	–	12	–	製品	鋳造	断面円形	–	有	–	1.8	3.7	1.3	1.6	4.7	2.2	63.3	–	9.6	無	無	無	–	–	116
117	Грушин et al. 2009-рис.3-3	B 類	Bb 類	8	Grigorevka	製品	鋳造	三叉	a	無	–	1.6	–	1.7	1.4	2.6	2.3	12.4	小	2.6	帯合	無	中帯	–	–	117
118	K-рис.151-2	B 類	Bc 類	9	Burla	製品	鋳造	三叉	e	有		1.5	5.3	1.7	1.4	3.5	2.3	33.5	大	4.3	帯合	無	中帯	–	–	118
119	K-рис.152	B 類	Bd 類	9	Parfenovo	製品	鋳造	三叉	f	無	–	1.4	4.6	1.6	1.2	2.4	1.8	29.5	中	4.5	帯合	無	中帯	–	–	119
120	K-рис.153	B 類	Ba 類	9	Maiminckii 地方	製品	鋳造	三叉	e	無	–	1.6	2.7	2	1.6	2.5	3.2	18.8	小	4.5	無	無	中帯	–	–	120
121	K-рис.154	B 類	Bd 類	8	Kalantr IV	鋳型	鋳造	三脊	f	無	–	1.3	–	1.7	1.7	1.4	2.4	–	–	–	無	無	中帯	–	–	121
122	K-рис.151-1	B 類	Bd 類	9	Chapsh	製品	鋳造	三叉	f	無	–	1.5	3.2	1.5	1.4	2.3	2.1	20.2	小	4.3	帯合	無	中帯	–	–	122
123	Корочкова2010-рис.3-2	C 類	Ca 類	7	S・O	製品	鋳造	断面円形	–	無	–	1.8	2.9	1.9	1.4	3	2.6	20.5	小	4.4	無	無	無	–	–	123

番号	出典・番号	形式	型式	地域番号	出土地	製品	製作	脊	脊(細分)	鉤	鉤耳方向	全長/a	a/b	d/c	b/d	e/d	b/c	全長	サイズ区分	幅	耳位置	銎口厚	帯位置	錫	砒素	番号
124	Леонтьев2007-рис.2-1	B 類	Ba 類	11	Upper Mylga デポ	製品	鋳造	三叉	e	無	—	1.7	2.3	1.8	1.6	2.3	2.8	14.9	小	3.9	無	無	中帯	—	—	124
E1	胡 - 図三	初期青銅器	—	中国	下王崗（河南省）	製品	鋳造	退化三叉	—	有	逆方向	—	—	—	—	—	—	—	—	—	—	無	—	0	1	E1
E2	胡 - 図三	初期青銅器	—	中国	下王崗（河南省）	製品	鋳造	退化三叉	—	有	逆方向	—	—	—	—	—	—	—	—	—	—	無	—	0	2	E2
E3	胡 - 図三	初期青銅器	—	中国	下王崗（河南省）	製品	鋳造	退化三叉	—	有	逆方向	1.6	2	1.8	3.1	3.5	5.6	37	—	12.5	帯合	無	中帯	—	—	E3
E4	胡 - 図三	初期青銅器	—	中国	下王崗（河南省）	製品	鋳造	—	—	有	逆方向	—	—	—	—	—	—	—	—	—	—	—	—	—	—	E4
E5	胡 - 図三	初期青銅器	—	中国	下王崗（河南省）	製品	鋳造	—	—	有	逆方向	—	—	—	—	—	—	—	—	—	—	—	—	—	—	E5
E6	胡 - 図二 -1（南陽市博 0234）	初期青銅器	—	中国	—（河南省）	製品	鋳造	退化三叉	—	有	逆方向	1.5	2.2	2	2.8	3.9	5.6	36.4	—	11.2	帯合	無	中帯	0	1	E6
E7	胡 - 図二 -2（南陽市博 0233）	初期青銅器	—	中国	—（河南省）	製品	鋳造	退化三叉	—	有	逆方向	1.6	1.8	1.6	2.5	2.8	4	34.7	—	11.9	有	無	無	1	0	E7
E8	胡 - 図二 -3（陝西歴博 5328）	初期青銅器	—	中国	—（陝西省）	製品	鋳造	退化三叉	—	有	逆方向	1.6	1.8	1.7	3.3	3.6	5.5	36	—	12.3	帯合	無	中帯	—	—	E8
E9	胡 - 図二 -5	初期青銅器	—	中国	下王崗（河南省）	製品	鋳造	退化三叉	—	有	逆方向	1.6	—	—	—	—	—	—	—	—	—	無	—	0	2	E9
E10	胡 - 図四 -1（南陽市博 0232）	初期青銅器	—	中国	—（河南省）	製品	鋳造	退化三叉	—	有	同方向	1.6	2	1.5	3.1	3.7	4.7	38	—	12.5	帯合	無	中帯	0	1	E10
E11	林梅村 2015- 図一五 -4, 劉翔 2015	初期青銅器	—	中国	安陽（河南省）	製品	鋳造	断面円形	—	有	双方向	1.8	3.1	1.75	1.6	3.7	2.8	—	—	—	有	無	中帯	1	0	E11
E12	林梅村 2016- 図一 -1	初期青銅器	—	中国	—（甘粛省）	製品	鋳造	退化三叉	—	有	逆方向	1.6	1.9	1.3	3.3	3.6	4.1	38.9	—	12.8	帯合	無	中帯	—	—	E12
E13	林梅村 2016- 図一 -4	初期青銅器	—	中国	—（国家博物館）	製品	鋳造	退化三叉	—	有	逆方向	1.7	2.1	1.5	3.1	4	4.7	37.9	—	11.1	帯合	無	中帯	—	—	E13
E14	宮本ほか 2008-No.155	初期青銅器	—	中国	沈那（青海省）	製品	鋳造	退化三叉	—	有	逆方向	1.6	2.1	1.5	3.5	4.1	5.3	61.5	—	20	帯合	無	中帯	—	—	E14
E15	劉翔 2015- 図一	初期青銅器	—	中国	大通（青海省）	製品	鋳造	退化三叉	—	有	逆方向	1.5	1.9	1.2	3.1	3.4	3.6	34.2	—	11.4	帯合	無	中帯	0	0	E15
E16	胡 - 図四 -4	初期青銅器	—	中国	南双廟（遼寧省）	製品	鋳造	三叉	—	無	—	1.5	2.4	1.5	3	3.8	4.5	33.7	—	9.7	帯合	無	中帯	—	—	E16
E17	胡 - 図四 -2（山西博物院）	初期青銅器	—	中国	—（山西省）	製品	鋳造	退化三叉	—	有	同方向	1.5	2	1.3	3.3	3.3	4.6	36.3	—	12.8	帯合	無	中帯	1	0	E17
E18	胡 - 図四 -3（山西省工芸美術館）	初期青銅器	—	中国	—（山西省）	製品	鋳造	三叉	—	有	同方向	1.5	2.2	1.6	3.4	4.1	5.2	34.6	—	10	帯合	無	中帯	1	0	E18

＊出典・番号略号：Ч, К ＝ Черных, Кузьминых 1989, S ＝ Serikov et al. 2009, К ＝ Кирюшин 2002, 胡＝胡保華 2015

＊出土地略号：S・O ＝ Shaitanskoye Ozero II

附表 2-2　セイマ・トルビノ青銅器群有銎斧，分析使用資料一覧

番号	出典・番号	形式	型式	地域番号	出土地	製品	X 値 (b/a)	Y 値 (c/d)	耳 (有無)	耳 (細分)	紋様構成	紋様構成 (他面)	帯	錫	砒素	番号
1	Ч, K-No.1	A 類	－	5	Reshnoe	製品	0	0.61	－	－	0	0	0	×	●	1
2	Ч, K-No.2	A 類	－	5	Seima	製品	0	0.66	－	－	0	0	0	×	●	2
3	Ч, K-No.3	BI 類	－	6	Turbino	製品	0	0.73	無	－	0	0	0	×	●	3
4	Ч, K-No.4	BI 類	－	6	Turbino	製品	0	0.84	無	－	0	0	0	×	●	4
5	Ч, K-No.6	BI 類	－	6	Turbino	製品	0	0.84	無	－	0	0	0	－	－	5
6	Ч, K-No.5	BI 類	－	6	Turbino	製品	0	0.91	無	－	0	0	0	×	●	6
7	Ч, K-No.7	BI 類	－	6	Turbino	製品	0	0.81	無	－	0	0	0	－	－	7
8	Ч, K-No.8	BI 類	－	6	Bor-Lenva	製品	0	0.68	無	－	0	0	0	●	×	8
9	Ч, K-No.9	BI 類	－	6	Berezovka-Omary	製品	0	0.72	無	－	0	0	0	×	●	9
10	Ч, K-No.10	BI 類	－	6	Inyaevo	製品	0	0.95	無	－	0	0	0	－	－	10
11	Ч, K-No.11	BI 類	－	1	Kaasanmyaki	製品	0	0.76	無	－	0	0	0	－	－	11
12	Ч, K-No.12	BI 類	－	1	Noormarkku	製品	0	0.91	無	－	0	0	0	●	×	12
13	Ч, K-No.13	BI 類	－	1	Pilavesi	製品	0	0.79	無	－	0	0	0	●	×	13
14	Ч, K-No.14	BI 類	－	6	Ust-Gaiva	製品	0	0.7	無	－	0	0	0	●	●	14
15	Ч, K-No.15	BI 類	－	1	Toonoiya	製品	0	－	無	－	0	0	0	－	－	15
16	Ч, K-No.16	BI 類	－	6	Turbino I	製品	0.17	0.75	無	－	0	0	1	×	●	16
17	Ч, K-No.17	BI 類	－	6	Turbino I	製品	0.16	－	無	－	0	0	1	×	●	17
18	Ч, K-No.18	BI 類	－	6	Turbino I	製品	0.14	0.81	無	－	0	0	1	×	●	18
19	Ч, K-No.19	BI 類	－	6	Turbino I	製品	0.14	0.85	無	－	0	0	1	×	●	19
20	Ч, K-No.20	BI 類	－	6	Turbino I	製品	0.11	0.78	無	－	0	0	1	×	●	20
21	Ч, K-No.21	BI 類	－	6	Turbino I	製品	0.19	0.94	無	－	0	0	1	×	●	21
22	Ч, K-No.22	BI 類	－	6	Turbino I	製品	0.1	0.78	無	－	0	0	1	×	●	22
23	Ч, K-No.23	BI 類	－	6	Turbino I	製品	0.14	0.76	無	－	0	0	1	×	●	23
24	Ч, K-No.24	BI 類	－	6	Turbino I	製品	0.07	0.76	無	－	0	0	1	×	●	24
25	Ч, K-No.25	BI 類	－	6	Turbino I	製品	0.1	0.7	無	－	0	0	1	●	×	25
26	Ч, K-No.26	BI 類	－	6	Turbino I	製品	0.03	0.73	無	－	0	0	1	●	●	26
27	Ч, K-No.27	BI 類	－	6	Turbino I	製品	0.02	0.72	無	－	0	0	1	×	●	27
28	Ч, K-No.28	BI 類	－	6	Turbino I	製品	0.12	0.73	無	－	0	0	1	×	●	28
29	Ч, K-No.29	BI 類	－	6	Turbino I	製品	0.14	0.8	無	－	0	0	1	●	●	29
30	Ч, K-No.30	BI 類	－	6	Turbino I	製品	0.11	0.74	無	－	0	0	1	×	●	30
31	Ч, K-No.31	BI 類	－	6	Turbino I	製品	0.17	0.71	無	－	0	0	1	×	●	31
32	Ч, K-No.32	BI 類	－	6	Turbino I	製品	0.15	0.67	無	－	0	0	1	×	●	32
33	Ч, K-No.33	BI 類	－	6	Turbino I	製品	0.07	0.95	無	－	0	0	1	×	●	33
34	Ч, K-No.34	BI 類	－	6	Turbino I	製品	0.07	0.77	無	－	0	0	1	×	●	34
35	Ч, K-No.35	BI 類	－	6	Turbino I	製品	0.11	0.83	無	－	0	0	1	×	●	35
36	Ч, K-No.36	BI 類	－	6	Turbino I	製品	0.15	0.71	無	－	0	0	1	×	●	36
37	Ч, K-No.37	BI 類	－	6	Turbino I	製品	0.06	0.88	無	－	0	0	1	×	●	37
38	Ч, K-No.38	BI 類	－	6	Turbino I	製品	0.13	0.71	無	－	0	0	1	－	－	38
39	Ч, K-No.39	BI 類	－	6	Turbino I	製品	0.13	0.77	無	－	0	0	1	－	－	39
40	Ч, K-No.40	BI 類	－	6	Turbino I	製品	0.06	0.82	無	－	0	0	1	－	－	40
41	Ч, K-No.41	BI 類	－	6	Turbino I	製品	0.04	0.79	無	－	0	0	1	－	－	41
42	Ч, K-No.42	BI 類	－	6	Turbino I	製品	0.12	0.67	無	－	0	0	1	－	－	42
43	Ч, K-No.43	BI 類	－	6	Turbino I	製品	0.13	0.73	無	－	0	0	1	－	－	43
44	Ч, K-No.44	BI 類	－	6	Cherdynsk	製品	0.09	0.88	無	－	0	0	1	×	●	44
45	Ч, K-No.45	BI 類	－	5	Seima	製品	0.04	0.74	無	－	0	0	1	－	－	45
46	Ч, K-No.46	BI 類	－	5	Reshnoe	製品	0.1	0.71	無	－	0	0	1	×	●	46
47	Ч, K-No.47	BI 類	－	6	Turbino I	製品	0	0.61	無	－	0	0	0	●	●	47
48	Ч, K-No.48	BI 類	－	11	Minusinsk	製品	0.11	0.78	無	－	0	0	2	●	●	48
49	Ч, K-No.49	BI 類	－	6	Turbino I	製品	0.08	0.77	無	－	0	0	2	×	●	49
50	Ч, K-No.50	BI 類		6	Turbino I	製品	0.05	0.76	無	－	0	0	2	×	●	50
51	Ч, K-No.51	BI 類	－	6	Turbino I	製品	0.09	0.65	無	－	0	0	2	×	●	51
52	Ч, K-No.52	BI 類	－	6	Turbino I	製品	0.04	0.75	無	－	0	0	3	×	●	52
53	Ч, K-No.53	BI 類	－	6	Bazyakovo III	製品	0.05	0.79	無	－	0	0	2	×	●	53
54	Ч, K-No.54	BI 類	－	6	Novo-Mordovo IV	製品	0.05	0.74	無	－	0	0	2	－	－	54
55	Ч, K-No.55	BI 類	－	5	Penza	製品	0.06	0.92	無	－	0	0	2	－	－	55
56	Ч, K-No.56	BI 類	－	5	Yulyaly	鋳型	－	－	無	－	0	0	2	－	－	56
57	Ч, K-No.57	BI 類	－	5	Seima	製品	0.12	0.8	無	－	0	0	2	●	●	57
58	Ч, K-No.58	BI 類	－	5	Seima	製品	0.05	0.65	無	－	0	0	2	●	●	58
59	Ч, K-No.59	BI 類	－	5	Seima	製品	0.09	0.76	無	－	0	0	2	×	●	59
60	Ч, K-No.60	BI 類	－	5	Reshnoe	製品	0.09	1	無	－	0	0	2	×	●	60
61	Ч, K-No.62	BI 類	－	1	Laukaa	製品	0.04	0.71	無	－	0	0	2	●	×	61
62	Ч, K-No.63	BI 類	－	6	Turbino I	製品	0.13	0.75	無	－	α	α	2	－	－	62
63	Ч, K-No.64	BI 類	－	6	Turbino I	製品	0.06	0.8	無	－	α	α	1	×	●	63
64	Ч, K-No.65	BI 類	－	6	Turbino I	製品	0.11	0.79	無	－	α	α	1	×	●	64
65	Ч, K-No.66	BI 類	－	5	Seima	製品	0.11	0.79	無	－	α	α	2	×	×	65
66	Ч, K-No.67	BI 類	－	5	Seima	製品	0.07	0.77	無	－	α	α	2	●	×	66
67	Ч, K-No.68	BI 類	－	5	Seima	製品	0.09	0.79	無	－	α	α	2	●	●	67

番号	出典・番号	形式	型式	地域番号	出土地	製品	X値 (b/a)	Y値 (c/d)	耳 (有無)	耳 (細分)	紋様構成	紋様構成 (他面)	帯	錫	砒素	番号
68	Ч, K-No.69	BI 類	−	5	Seima	製品	0.08	0.64	無	−	α	α	2	−	−	68
69	Ч, K-No.70	BI 類	−	5	Reshnoe	製品	0	0.76	無	−	α	α	2	●	●	69
70	Ч, K-No.71	BI 類	−	5	Reshnoe	製品	0.1	0.67	無	−	α	α	1	×	●	70
71	Ч, K-No.72	BI 類	−	8	Achair	製品	0.05	0.62	無	−	α	α	2,3	−	−	71
72	Ч, K-No.73	BI 類	−	8	Omsk	製品	0.05	0.63	無	−	α	α	2	●	●	72
73	Ч, K-No.74	BI 類	−	5	Seima	製品	0.05	0.73	無	−	β	0	2	×	●	73
74	Ч, K-No.75	BI 類	−	5	Seima	製品	0.05	0.74	無	−	β	0	2	×	●	74
75	Ч, K-No.76	BI 類	−	5	Seima	製品	0.05	0.74	無	−	β	0	2	×	●	75
76	Ч, K-No.77	BI 類	−	5	Seima	製品	0.07	0.72	無	−	β	0	2	●	●	76
77	Ч, K-No.78	BI 類	−	5	Seima	製品	0.06	0.78	無	−	β	0	2	×	●	77
78	Ч, K-No.79	BI 類	−	5	Seima	製品	0.04	0.66	無	−	β	0	2	−	−	78
79	Ч, K-No.80	BI 類	−	11	Ust-Sobakino	鋳型	0.18	0.72	無	−	α+β	−	1	−	−	79
80	Ч, K-No.81	BI 類	−	11	Beiskoe	製品	0.08	−	無	−	α+β'	α	3	−	−	80
81	Ч, K-No.83	BI 類	−	9	Torsma	製品	0.04	0.61	無	−	α+β	−	3	−	−	81
82	Ч, K-No.84	BI 類	−	8	Altai	製品	0.09	0.75	無	−	α+β	α	2	●	●	82
83	Ч, K-No.85	BI 類	−	9	Sopka2	鋳型	−	−	無	−	α+β	α	2	−	−	83
84	Ч, K-No.86	BI 類	−	9	Sopka2	鋳型	−	−	無	−	α+β	−	1	−	−	84
85	Ч, K-No.87	BI 類	−	9	Sopka2	製品	0.09	0.77	無	−	α+β	α	1	−	−	85
86	Ч, K-No.88	BI 類	−	9	Sopka2	製品	−	−	無	−	−	−	−	●	●	86
87	Ч, K-No.89	BI 類	−	8	Rostovka	製品	0.04	0.54	無	−	α+β'	−	2	●	●	87
88	Ч, K-No.90	BI 類	−	8	Rostovka	製品	0.11	0.69	無	−	α+β'	−	2	●	×	88
89	Ч, K-No.91	BI 類	−	8	Rostovka	製品	0	0.62	無	−	θ	−	0	●	●	89
90	Ч, K-No.92	BI 類	−	8	Om	製品	0.11	0.6	無	−	α+β'	α	2	●	●	90
91	Ч, K-No.93	BI 類	−	8	Samarovo	製品	0.07	0.61	無	−	α+β	−	2	−	−	91
92	Ч, K-No.94	BI 類	−	8	Kargalinsk	製品	0.2	0.84	無	−	α+β	α	2,3	●	×	92
93	Ч, K-No.95	BI 類	−	6	Ust-Gaiva	製品	0.04	0.68	無	−	α+β'	α	2	●	●	93
94	Ч, K-No.96	BI 類	−	6	Turbino I	製品	0.05	0.54	無	−	α+β'	α	2	●	×	94
95	Ч, K-No.97	BI 類	−	6	Sokolovka	製品	0.08	0.76	無	−	α+β	α	2	−	−	95
96	Ч, K-No.98	BI 類	−	6	Kazansk	製品	0.02	0.8	無	−	β	α	1	−	−	96
97	Ч, K-No.99	BI 類	−	5	Seima	製品	0.08	0.88	無	−	α+β'	α	2	×	●	97
98	Ч, K-No.100	BI 類	−	5	Seima	製品	0.08	0.69	無	−	α+β'	α	2	●	×	98
99	Ч, K-No.101	BI 類	−	5	Seima	製品	0.13	0.62	無	−	α+β'	α	2	●	●	99
100	Ч, K-No.102	BI 類	−	5	Seima	製品	0.12	0.75	無	−	α+β'	α	2	−	−	100
101	Ч, K-No.103	BI 類	−	5	Reshnoe	製品	0.07	0.84	無	−	α+β'	α	2	×	●	101
102	Ч, K-No.104	BII 類	BIIb 類	8	Rostovka	鋳型	0.06	0.6	有	a	α+β'	α	3	−	−	102
103	Ч, K-No.105	BII 類	BIIb 類	8	Rostovka	製品	0.05	0.65	有	a	α+β'	α	1	●	×	103
104	Ч, K-No.106	BII 類	BIIb 類	8	Rostovka	製品	0.1	0.59	有	a	β	0	2	●	×	104
105	Ч, K-No.107	BII 類	BIIb 類	8	Rostovka	製品	0.09	0.6	有	a	θ	0	2	●	×	105
106	Ч, K-No.108	BII 類	BIIb 類	8	Irtysh	鋳型	0.07	0.68	有	a	α	−	2	−	−	106
107	Ч, K-No.109	BII 類	BIIb 類	4	Zarni-Yag	製品	0.06	0.67	有	a	α+β	−	2	−	−	107
108	Ч, K-No.110	BII 類	BIIb 類	8	Maikopchegai	製品	0.09	0.9	有	b	0	0	2	−	−	108
109	Ч, K-No.111	BII 類	BIIa 類	9	Sokolovo	製品	0.19	0.71	有	b	α+β	α	2	●	×	109
110	Ч, K-No.112	BII 類	BIIa 類	9	Smolenskoe	製品	0.17	0.67	有	b	α+β	β	2	●	×	110
111	Ч, K-No.113	BII 類	BIIb 類	8	Kalbinckii khrebet	製品	0.14	0.59	有	c2	β	α	2	−	−	111
112	Ч, K-No.114	BII 類	BIIa 類	5	Seima	製品	0.15	0.69	有	b	α	θ	2	●	●	112
113	Ч, K-No.115	BII 類	BIIb 類	6	Vyatsk	製品	0.12	0.67	有	b	θ	θ	3	−	−	113
114	Ч, K-No.116	BII 類	−	6	Ayat	製品	−	−	有	−	θ	−	2	−	−	114
115	Ч, K-No.117	C 類	−	9	Itkul	製品	0.06	0.71	−	−	0	0	1	●	●	115
116	Ч, K-No.118	C 類	−	8	Rostovka	製品	0.08	0.57	−	−	α	α	1,3	●	×	116
117	Ч, K-No.119	C 類	−	8	Rostovka	製品	0.07	0.53	−	−	α+θ	α+θ	3,0	●	●	117
118	Ч, K-No.120	C 類	−	8	Semipalatinsk	製品	0.05	0.58	−	−	0	0	3	●	×	118
119	Ч, K-No.121	C 類	−	5	Shigony II	鋳型	−	−	−	−	−	−	−	−	−	119
120	Ч, K-No.122	C 類	−	8	Rostovka	製品	0.1	0.5	−	a	0	0	1	●	×	120
121	Ч, K-No.123	C 類	−	12	Gobi-Altaick	製品	0.13	0.45	−	b	α	α	1	×	●	121
122	Ч, K-SamusNo.1	BI 類	−	7	Ostyatskii Zhivets VI	鋳型	0	−	無	−	0	0	0	−	−	122
123	Ч, K-SamusNo.10	−	−	9	Samus IV	鋳型	−	−	−	−	−	−	1	−	−	123
124	Ч, K-SamusNo.11	−	−	9	Samus IV	鋳型	−	−	−	−	−	−	1	−	−	124
125	Ч, K-SamusNo.12	−	−	9	Samus IV	鋳型	−	−	−	−	0	0	1	−	−	125
126	Ч, K-SamusNo.12	−	−	9	Samus IV	鋳型	−	−	−	−	−	−	1	−	−	126
127	Ч, K-SamusNo.13	−	−	9	Samus IV	鋳型	−	−	−	−	0	0	1	−	−	127
128	Ч, K-SamusNo.14	−	−	9	Samus IV	鋳型	−	−	−	−	0	0	−	−	−	128
129	Ч, K-SamusNo.15	−	−	9	Samus IV	鋳型	−	−	−	−	0	0	−	−	−	129
130	Ч, K-SamusNo.16	BI 類	−	9	Samus IV	鋳型	−	−	無	−	0	0	1	−	−	130
131	Ч, K-SamusNo.17	−	−	9	Samus IV	鋳型	−	−	−	−	−	−	1	−	−	131
132	Ч, K-SamusNo.18	−	−	9	Samus IV	鋳型	−	−	−	−	−	−	1	−	−	132
133	Ч, K-SamusNo.19	−	−	9	Samus IV	鋳型	−	−	−	−	0	0	−	−	−	133
134	Ч, K-SamusNo.2	BI 類	−	7	Pashkin Bor I	鋳型	0	0.96	無	−	0	0	0	−	−	134
135	Ч, K-SamusNo.20	−	−	9	Samus IV	鋳型	−	−	−	−	0	0	−	−	−	135

番号	出典・番号	形式	型式	地域番号	出土地	製品	X値(b/a)	Y値(c/d)	耳(有無)	耳(細分)	紋様構成	紋様構成(他面)	帯	錫	砒素	番号
136	Ч, К-SamusNo.21	−	−	9	Samus IV	鋳型	−	−	−	−	−	−	−	−	−	136
137	Ч, К-SamusNo.22	−	−	9	Samus IV	鋳型	−	−	−	−	0	0	1	−	−	137
138	Ч, К-SamusNo.3	−	−	7	Pashkin Bor I	鋳型	−	−	−	−	−	−	−	−	−	138
139	Ч, К-SamusNo.35	BI 類	−	7	Koksharovo I	鋳型	0.13	1	無	−	0	0	1	−	−	139
140	Ч, К-SamusNo.36	BI 類	−	7	Volvoncha I	鋳型	0.1	0.97	無	−	θ	−	1	−	−	140
141	Ч, К-SamusNo.39	−	−	9	Samus IV	鋳型	−	−	−	−	0	0	2	−	−	141
142	Ч, К-SamusNo.4	BI 類	−	9	Samus IV	鋳型	0.15	0.81	無	−	0	0	1	−	−	142
143	Ч, К-SamusNo.40	BII 類	BIIa 類	8	Kargalinsk	製品	0.2	0.73	有	c2	α	α	3	●	×	143
144	Ч, К-SamusNo.41	BII 類	BIIa 類	7	Ostyatskii Zhivets VI	鋳型	0.15	0.82	有	−	α	−	3	−	−	144
145	Ч, К-SamusNo.42	BII 類	BIIa 類	7	Sigaevo	製品	0.16	0.7	有	c2	θ	0	2	●	×	145
146	Ч, К-SamusNo.43	BII 類	BIIa 類	9	Kosikha	製品	0.23	0.8	有	c2	θ	θ	1	●	×	146
147	Ч, К-SamusNo.44	BII 類	BIIa 類	9	Kizhirovo	製品	0.23	0.85	有	c2	θ	θ	3	●	×	147
148	Ч, К-SamusNo.45	BII 類	−	9	Samus IV	鋳型	−	−	有	c	θ	−	1	−	−	148
149	Ч, К-SamusNo.46	BII 類	−	9	Samus IV	鋳型	−	−	有	c	θ	−	3	−	−	149
150	Ч, К-SamusNo.47	−	−	7	Ostyatskii Zhivets VI	鋳型	−	−	−	−	−	−	−	−	−	150
151	Ч, К-SamusNo.47	−	−	9	Samus IV	鋳型	−	−	−	−	θ	−	−	−	−	151
152	Ч, К-SamusNo.48	BII 類	BIIa 類	9	Tenga	製品	0.17	0.88	有	c2	θ	θ	3	●	×	152
153	Ч, К-SamusNo.5	−	−	9	Samus IV	鋳型	−	−	−	−	0	0	1	−	−	153
154	Ч, К-SamusNo.50	BII 類	BIIa 類	7	Voinovka-Gilevaya	製品	0.18	0.63	有	c2	θ	θ	3	●	×	154
155	Ч, К-SamusNo.51	BI 類	−	8	Tyukovo	鋳型	0.06	1.28	無	−	θ	−	1	−	−	155
156	Ч, К-SamusNo.53	BII 類	BIIa 類	7	Berezovoe	製品	0.18	0.76	有	c2	θ	θ	1,3	●	×	156
157	Ч, К-SamusNo.54	BII 類	BIIa 類	7	Krutoberegobaya	製品	0.21	0.73	有	c2	θ	θ	1	●	×	157
158	Ч, К-SamusNo.55	−	−	7	Nset I	鋳型	−	−	−	−	θ	−	3	●	×	158
159	Ч, К-SamusNo.56	BII 類	BIIa 類	11	Sobakina	製品	0.23	0.81	有	c2	θ	α+β	3	●	●	159
160	Ч, К-SamusNo.57	BII 類	BIIa 類	11	Kubekovo	製品	0.27	0.7	有	c2	θ	α	3	●	●	160
161	Ч, К-SamusNo.58	BII 類	BIIa 類	9	Kizhirovo	製品	0.19	0.76	有	c2	β	β	3	●	×	161
162	Ч, К-SamusNo.59	−	−	7	Beregovaya I	鋳型	−	−	−	−	θ	−	−	−	−	162
163	Ч, К-SamusNo.6	−	−	9	samus IV	鋳型	0.08	1	−	−	0	0	1	−	−	163
164	Ч, К-SamusNo.60	BII 類	BIIa 類	11	Minusinsk	製品	0.3	0.83	有	c2	α+β	−	2	●	●	164
165	Ч, К-SamusNo.61	BII 類	BIIa 類	11	Ermakovskoe	製品	0.28	0.91	有	c2	α+β	α	1	−	−	165
166	Ч, К-SamusNo.62	BII 類	BIIa 類	9	Srednii Vasyugan	製品	0.18	0.69	有	c2	α+β	α	2	●	×	166
167	Ч, К-SamusNo.63	BII 類	BIIa 類	12	Goremyk	製品	0.23	0.84	有	c2	0	0	3	−	−	167
168	Ч, К-SamusNo.64	C 類	−	9	Samus IV	鋳型	0.12	1.11	−	−	0	0	0	−	−	168
169	Ч, К-SamusNo.7	−	−	9	Samus IV	鋳型	0.13	−	−	−	0	0	1	−	−	169
170	Ч, К-SamusNo.9	−	−	9	Samus IV	鋳型	−	−	−	−	0	0	1	−	−	170
171	Леонтьев2007-рис.2-3	BI 類	−	11	Berkhnyaya Mylga	製品	0.14	0.68	無	−	α+β	α	2	−	−	171
172	S-Fig.7-1	BII 類	BIIb 類	7	S・O	製品	0.13	0.69	有	c2	α+β	α	2	−	−	172
173	S-Fig.7-2	BII 類	−	7	S・O	製品	−	−	有	c1	α	α	2	−	−	173
174	S-Fig.7-3	−	−	7	S・O	製品	−	−	−	−	−	−	2	−	−	174
175	S-Fig.7-4	BII 類	BIIb 類	7	S・O	製品	0.12	0.71	有	c1	α+β	α	3	−	−	175
176	S-Fig.7-5	−	−	7	S・O	製品	−	−	−	−	−	−	−	−	−	176
177	S-Fig.7-6	−	−	7	S・O	製品	−	−	−	−	α	−	2	−	−	177
178	S-Fig.7-7	−	−	7	S・O	製品	−	−	−	−	−	−	−	−	−	178
179	S-Fig.7-8	BI 類	−	7	S・O	製品	0.16	0.67	無	−	α	−	1	−	−	179
180	S-Fig.7-11	BII 類	BIIb 類	7	S・O	製品	0.13	0.72	有	c2	θ	θ	3	−	−	180
181	S-Fig.7-12	BII 類	BIIb 類	7	S・O	製品	0.11	0.64	有	c1	α+β	α	2	−	−	181
182	Корочкова2010-рис.3-11	BI 類	−	7	S・O	製品	0.14	0.76	無	−	α	α	1	−	−	182
183	Корочкова2010-рис.3-16	A 類	−	7	S・O	製品	−	−	−	−	−	−	−	−	−	183
184	Корочкова2010-рис.3-18	BII 類	BIIb 類	7	S・O	製品	0.12	0.72	有	c1	α	θ	2	−	−	184
185	Черников1960-таб.LXI-3	BII 類	BIIb 類	8	Kurchum	製品	0.1	0.91	有	b	0	0	2	−	−	185
186	Черников1960-таб.LXI-4	BII 類	BIIb 類	8	Kolbinck khrebet	製品	0.14	0.57	有	c2	β	β	2	−	−	186
187	Грушин et al.2009-рис.1-5	BII 類	BIIa 類	8	Nikolaevka	製品	0.19	0.64	有	b	α+β	α	2	−	−	187
188	Грушин et al.2009-рис.1-6	BI 類	−	8	Kanonerka	製品	0.07	0.62	無	−	α	α	1	−	−	188
189	Грушин et al.2009-рис.1-7	BII 類	BIIa 類	9	Itkulckii zavod	製品	0.17	0.72	有	c	α+β	θ	3	−	−	189

＊出典・番号略号：Ч, К ＝ Черных, Кузьминых 1989, S ＝ Serikov et al. 2009

＊出土地略号：S・O ＝ Shaitanskoye Ozero II

附表 2-3　ロストフカ墓地，分析使用資料一覧

墓番号	墓壙幅（cm）	墓壙長（cm）	墓壙面積（m^2）	近接する遺物散布の有無	墓壙内の青銅器，金器副葬点数	墓壙外，墓壙下の青銅器，金器副葬点数
1	45	95	0.4275	×	0	0
2	85	105	0.8925	×	0	1
3	50	130	0.65	×	1	0
4	60	160	0.96	○	1	0
5	65	150	0.975	○	0	1
6	90	120	1.08	○	1	0
7	70	220	1.54	×	0	0
8	85	210	1.785	○	2	4
9	85	220	1.87	×	1	0
10	70	200	1.4	○	0	0
11	65	200	1.3	×	0	0
12	－	－	－	×	0	0
13	90	240	2.16	×	0	0
14	85	170	1.445	×	1	0
15	60	150	0.9	○	0	0
16	60	140	0.84	○	0	0
17	70	240	1.68	○	0	0
18	60	185	1.11	×	0	0
19	60	150	0.9	×	0	0
20	90	150	1.35	×	1	0
21	140	200	2.8	○	1	3
22	65	90	0.585	×	0	0
23	100	195	1.95	×	1	0
24	70	200	1.4	×	2	2
25	70	220	1.54	○	0	0
26	65	180	1.17	×	0	0
27	85	140	1.19	×	0	0
28	80	180	1.44	×	0	0
29	60	225	1.35	○	1	0
30	70	180	1.26	○	0	0
31	70	195	1.365	×	0	0
32	45	135	0.6075	×	1	0
33	125	200	2.5	○	4	1
34	90	230	2.07	○	6	0
35	80	160	1.28	×	0	0
36	45	80	0.36	×	0	0
37	80	200	1.6	×	2	0
38	110	195	2.145	×	0	0

第3章　中国初期青銅器とユーラシア草原地帯の青銅器

新疆や，モンゴリアの南部に位置する長城地帯においては，前2千年紀前半から半ばに位置づけられる青銅器が一定量発見されている。当該期は，中国全体における青銅器の本格的な開始の段階であり，これらの青銅器は（中国）初期青銅器と呼ばれている。本章では初期青銅器のうち，特に新疆，長城地帯出土品を中心に，ユーラシア草原地帯の青銅器と比較し，そのあり方を分析することにより，モンゴリアにおける青銅器の開始およびその意義について考える基礎としたい。本章では初期青銅器と草原地帯の対比が主な目的であるので，1遺跡でしか知られないような独特の形態の器物は省いて検討している。次節では新疆，長城地帯における初期青銅器について，新疆の西側に隣接する地域で出土した青銅器との対比を基礎に分類する。そのうち，特にセイマ・トルビノ青銅器群と対比できるものについては，第2章で得られたデータとの対比を行うことにする（第2節）。さらに，分類単位の分布および出土状況を検討し（第3節），近年増加しつつある金属成分分析結果との比較を最後に行いたい（第4節）。

第1節　新疆，長城地帯における初期青銅器の分類

1.　利　　器

ここでは斧，鏃など，形から考えて道具あるいは武器としての利用が想定されるものを取り上げる。これらの大部分は日常的に使用された道具と考えられるが，本来どのように用いられていたかを正確に復元することは難しい。これらの利器のうち，大型品で日常工具とは考えにくいものがいくらか存在するが，以下の各項目で述べるように，これらを「大型利器」として利器の中でも特殊なカテゴリーとして区別する。なお，以下の図面では初期青銅器は出土地の横に型式名を付し，比較対象の青銅器については括弧内に出土地域を記している。

有銎闘斧[1)]

A類：銎部表面に1周の高まりが存在し，その高まりが刃部まで続くもの（図3-1-1, 3）。

B類：銎部にA類のような高まりは存在せず，銎部は長い円柱状である。また，銎部を挟

1)　本分類では型式名をI，II，III類のように付していくが，有銎闘斧に関しては，次章との整合性より，A，B類とした。

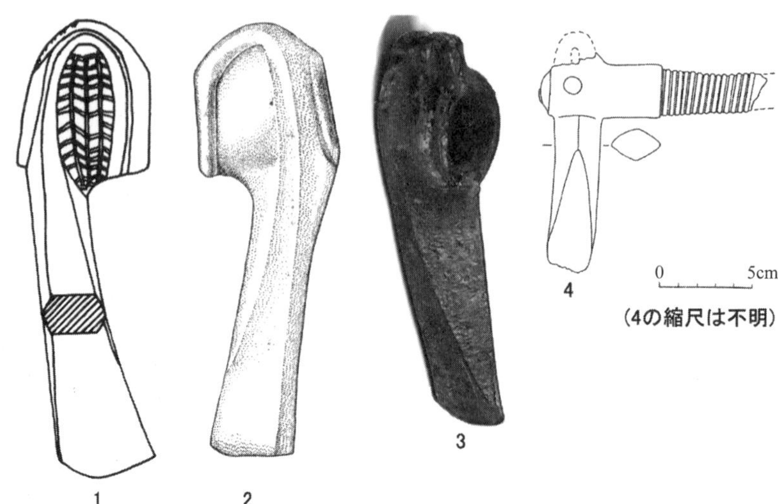

1：沃雪徳郷（A類），2：ノボパブロフカ（Novo-Pavlovka）（キルギス），3：天山北路（A類），4：南湾（B類）

図 3-1　初期青銅器の有銎闘斧と比較資料

んで刃と逆側に出っ張りがある。初期青銅器に含まれた資料（2点）については，その出っ張りは半環状である（図3-1-4）。

A類は，従来からアンドロノヴォ文化の闘斧との類似が指摘され（Kuzmina 1998, 高濱1999），アンドロノヴォ文化の所産とする意見もある（韓建業2005）。いずれにせよEAMPの有銎闘斧（図3-1-2）の系譜を引くものと考えられる。図3-1-1は新疆西北部の托里県出土品であり，銎部外面に綾杉状の紋様を入れている。他の例では，刃と逆側の上端に瘤が付く変異がみられたりするが，初期青銅器のみでの細分は難しい。A類は，前2千年紀後半にも引き続き発達するが，それについては次章（第4章第4節）で新たに検討する。新疆東部の天山北路墓地出土品（図3-1-3）は頂部の突起など，他のA類の例に比べて，下のB類にやや近い形をしている。

B類は新疆東部の南湾墓地から出土しており，うち1点については，木柄部が部分的に残存している。B類は前2千年紀後半に長城地帯からみつかる有銎闘斧に近く，年代的に晩い可能性もある。A，B類の系譜関係に関しては第4章で詳しく触れることとするが，先取りしていえば，A類の外周の高まりがさらに発達し，B類が成立していく。ここではB類が後出で，前2千年紀後半まで下る可能性のあることを確認しておこう。A，B類のような有銎闘斧は武器とは断言できないが，長さが25cm程度の大きいものが存在し，日常の生活用具としての使用には疑問が残る。また，他の器種に比べて造りもやや複雑である。よって，この器種は青銅利器具の中でもやや特殊なもの（大型利器）として一応区別しておく必要があろう。

有銎斧

Ⅰ類：上部から垂直方向に銎が開いた斧。銎部最上部は俯瞰円形を呈する。このうち，銎口縁に1周の突帯が存在するものをⅠa類（図3-2-1），正面や背面の両側にエッジ状の稜が立つものをIb類とする。両者とも上部に耳が付く場合があり，両者の特徴を複合的にもつもの（図3-2-2, 3）も存在する。

II類：銎がトンネル状に上下方向に開いた斧（図3-2-5, 6）。全体は長方形を呈する。

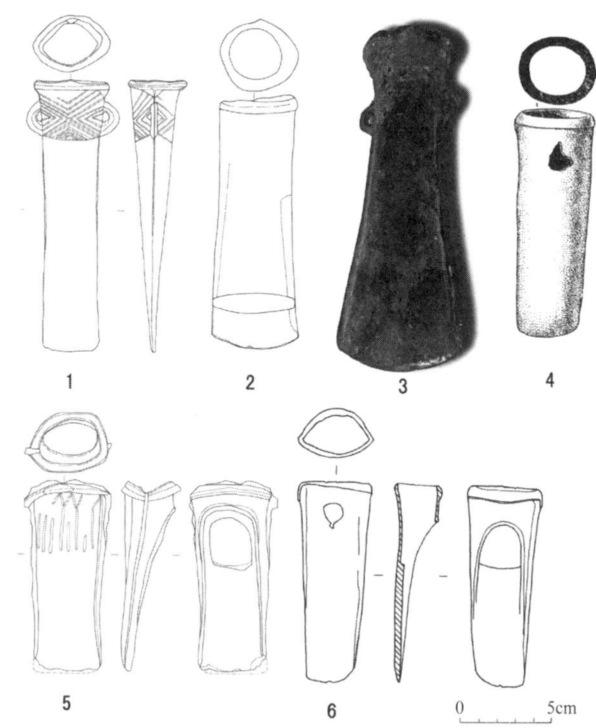

1：斉家坪（Ia類），2：火焼溝（Ia-b類），3：哈密市（Ia-b類），4：バラフシャ（ウズベキスタン），5：干骨崖（Ia-b類），6：モンゴル

図3-2　初期青銅器の有銎斧と比較資料

チェルヌィフはEAMPの特徴として有銎闘斧を多く挙げているが，有銎斧に関してはセイマ・トルビノ青銅器群とのかかわりを示している（Cherykh 1992）。前章でみてきたように，有銎斧はセイマ・トルビノ，サムシ・キジロボ青銅器群において非常に特徴的な器物である。これら青銅器群の有銎斧は両側のエッジ状の高まりが主要特徴として挙げられ，Ib類と対比できよう（図2-44-3）。また，伊犂採集の鋳型（Ib類・附表3-1-no. 13）は，頸部の紋様においても，セイマ・トルビノ青銅器群の有銎斧に近いといえる。ただし，初期青銅器のIb類は銎口が真円に近く，頸部にくびれを有する場合があるなど，セイマ・トルビノ青銅器群の有銎斧とは異なる特徴ももっている。

一方でIa類のような最上部の縁の高まりはセイマ・トルビノ青銅器群における特徴とはいえない。甘粛省斉家坪出土品（図3-2-1）は，両耳を伴うほか，全体的に細長く，器面はやや膨らみをみせているが，これらの特徴もセイマ・トルビノ青銅器群とは異なる。銎部外周の高まりという点でI類に類似するものとして，ウズベキスタンのバラフシャ（Varakhsha）（図3-2-4）やキルギスのサドボエ（Sadovoe）からの出土例が挙げられる（Кузьмина 1966）が，斉家坪出土品とは耳の有無などで異なる。チェルヌィフ（Черных 1970）によれば，有銎闘斧A類とは異なり，この種の斧は，ウラルなどではそれほど顕著でないという。本型式は，有銎闘斧A類のようにEAMPに直接的に祖形を求めうるものとは異なることを確認しておこう。また，本型式に類似するものは，モンゴリア，長城地帯においても採集品が知られているが，年代的に不明の点が多く，次章で再度触れることにしたい。

II類としては，甘粛省干骨崖出土品のほか，新疆北部の阜康県からこの鋳型が出土している。II類は髙濱（2006a）による，草原地帯各地の比較研究があり，ウラル地方まで類似品が広がる

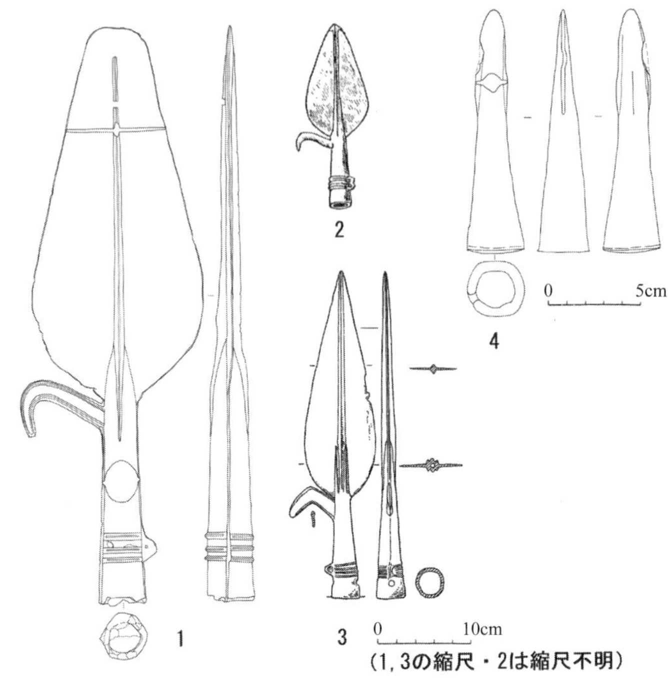

1：沈那（II 類），2：陝西（II 類），3：ロストフカ（西シベリア），4：火焼溝（I 類）

図 3-3　初期青銅器の矛と比較資料

ことが指摘されている。II 類に類似するものに関して，モンゴリアなど東方的影響を指摘する意見もある（Волков 1967, Новгородова 1970）が，起源地の特定は難しい。類似した形態の採集品が，モンゴリアから若干知られている。

矛

I 類：基部で太い脊が先端に向かって細くなるもの（図 3-3-4）。

II 類：セイマ・トルビノ青銅器群の矛 Bc 類に類するもの（図 3-3-1, 2）。

I 類の甘粛省火焼溝遺跡出土品（図 3-3-4）は刃部が非常に短いものである。I 類は EAMP に同様のものがいくつかみられるが，それほど顕著ではない。一方で，この種の矛は，前 2 千年紀後半のモンゴリアでもいくつか知られる（第 4 章第 5 節）。有銎斧 Ia，同 II 類同様に，対比が難しい型式である。矛 II 類はセイマ・トルビノ青銅器群との関係性がつとに説かれてきた。矛 II 類に関しては，次節で詳しく検討を行う。

鏃

I 類：有銎鏃（図 3-4-1, 2）。

II 類：有茎鏃。茎の断面は円形に近い（図 3-4-5, 6）。

I 類は甘粛西部に位置する火焼溝遺跡，干骨崖遺跡出土例が知られ，火焼溝遺跡では鋳型が発見されている（図3-4-2）。I類には，翼の基部にかえりが付くものと付かないものがあるが，その有無での細分は控えておく。銎式の鏃は草原地帯において広く知られるが，かえりの存在という点では，初期青銅器のI類は非常に古い例（図3-4-1, 2）であり，EAMPに直接の系譜を求められるかどうかの判断が難しい。かえりの付く有銎斧は，前1千年紀初頭のいわゆるスキタイ鏃（Медведская 1980）との関連において興味深い。また，かえりの付く有銎鏃は，前2千年紀末頃に位置づけられる陝西省断涇遺跡出土品（図3-4-3, 4）（中国社会科学院考古研究所涇渭工作隊 1999）ほか，長城地帯やモンゴルにおける採集品が多く存在する（田広金・郭素新 1986, Волков 1967）。また，I類の多くは葉形に近い形を呈しているが，中には三角形の翼の端部が切れ込んでいるものがある。いずれの形態も前2千年紀後半以降もしばらく存続する（宮本 2013）。このように，鏃I類も，有銎斧Ia類，同II類などと同様に，草原地帯での広い分布が確認できるのではあるが，その起源については明確にしにくいもののひとつである。

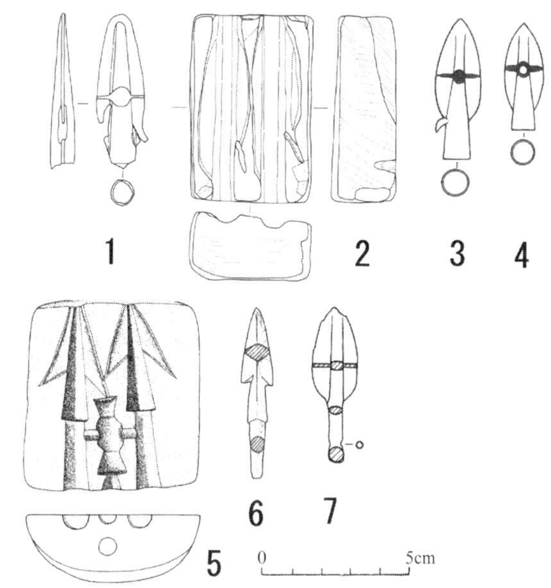

1：干骨崖（I類），2：火焼溝（I類），3：断涇（陝西），4：断涇（陝西），5：張営（II類），6：朱開溝（II類），7：代海（II類）

図3-4　初期青銅器の鏃と比較資料

II類の多くは，茎の先端が細い円柱状を呈して区別されるものである。これらは「円鋌鏃」と呼ばれ，むしろ中国中原に特徴的な型式である。長城地帯では，内蒙古朱開溝遺跡（第4段階）（図3-4-6）や北京市張営遺跡（第2段階）（図3-4-5）で知られており，後者は関部が鋭利に突出する特徴をもつ。他では，遼寧省代海遺跡出土品（図3-4-7）は有茎，円鋌ではあるものの，直状の茎下部に穿孔をもち，必ずしも中原的とはいえない。また，翼の形態がII類の一般的なものと違って，葉形をなす点など，I類の影響が考えられなくもない。

刀子

I類：刃柄一鋳の片刃刀子で，双范および単范で製作されたものが存在する（図3-5-1）。

II類：刃柄一鋳の両刃の刀子。全体としては後代の剣に似た形態である（図3-5-3）。

III類：有茎あるいは，無柄無茎の刀子。従来，削とされていたものも含める。

I類の多くは前2千年紀後半におけるモンゴリアの刀子（第4章刀子A類）と同様のものである。大部分のI類の柄の先端（柄頭）は環状か穿孔されるかになっており，柄が溝状に窪むものである。甘粛省火焼溝遺跡の例では，刃部の基部に突起があるものがあり，これも前2千

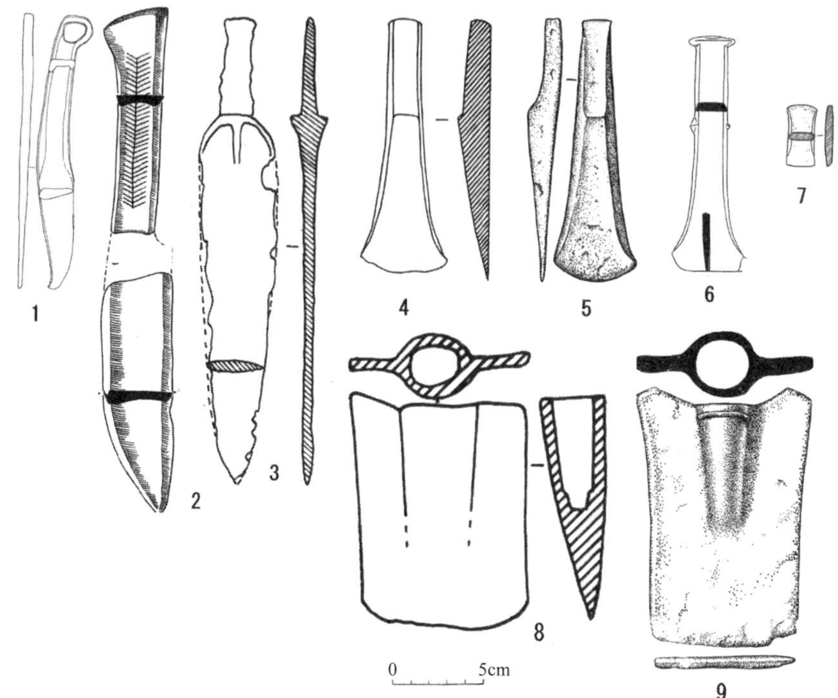

1：干骨崖（刀子 I 類），2：サドボエ（キルギス），3：天山北路（刀子 II 類），4：搭城（無銎斧 I 類），5：スクルク（Sukuluk）I（キルギス），6：（内蒙古），7：朱開溝（無銎斧 II 類），8：搭城（鏟），9：リンドジタム（Rindzhitam）（フェルガーナ）

図 3-5　初期青銅器の刀子，無銎斧，鏟と比較資料

年紀後半の刀子に散見される特徴である。しかしながら，前 2 千年紀後半の刀子にみられるような獣頭をもつものはない。新疆以西にも有柄刀子は存在し（Черных 1970），キルギスからも知られている（図 3-5-2）が，先の有銎斧 I 類同様それほど顕著ではない。セイマ・トルビノ青銅器群にも，同様の刀子が知られるものの，形態的特徴から起源を明らかにすることは難しい。

両刃の刀子は EAMP，セイマ・トルビノ青銅器群いずれにもよくみられる。しかしながら，初期青銅器（天山北路墓地出土）の II 類は柄が細く，腐食が激しく確認しづらいものの，剣でいうところの格状ものをもっている（図 3-5-3）。このような特徴のものは他地域に見いだすことができない。III 類は簡素かつ多様な形態のものが含まれ，形態上の比較は難しい。甘粛省火焼溝墓地では木製の柄部を付けたものが出土している。

無銎斧

I 類：全体が撥形を呈する，無銎の斧。上部（刃部と反対側）は 1 段薄くなっており，裏面は平坦である（図 3-5-4）。

II 類：全体が長方形あるいは台形を呈する，無銎の斧（図 3-5-7）。

I 類では例えば，新疆西北部の塔城地区採集品（図 3-5-4）が挙げられ，類似するものはシャムシをはじめ，キルギスやフェルガーナ（図 3-5-5）にも類似したものが存在している

(Кузьмина 1966)。有銎闘斧 I 類と同様，EAMP の青銅器と対比可能な型式である。I 類に類似する形の斧が，長城地帯の採集品に知られる（図 3-5-6）が，これらの資料の茎部には段がなく，両側小さな突起が生じている点が I 類とは異なる。これら長城地帯の採集品については，地中海，近東あるいはカフカスを含めた広範囲で類似性を指摘する見解が存在する（江上・水野 1935, 李剛 2011）。一方，II 類には内蒙古朱開溝遺跡出土品が含まれるが，形態が単純で，他との比較は困難な型式である。

鑿

I 類：有銎の鑿。全体に縦に長く，銎の断面が円形を呈するものが多い。新疆西北部の阿尕爾生デポの例が挙げられる（図 1-7- 左 4)。

II 類：無銎の鑿。

鏟

幅広の長方形の身の上辺にソケットが付くもので，新疆西北部において知られている（図 3-5-8)。フェルガーナのリンドジタム出土品（図 3-5-9）等と対比できよう。

鎌

大部分のものは孔をもっており，片面は扁平で，単笵で鋳造された可能性もあると考えられる（図 1-7- 左 2)。シャムシ（図 1-7- 右 19～21）に対比できるものが存在する。

斧状ハンマー

全体が直方体を呈し銎のように中は中空である。報告では錘とされる（図 1-7- 左)。キルギ

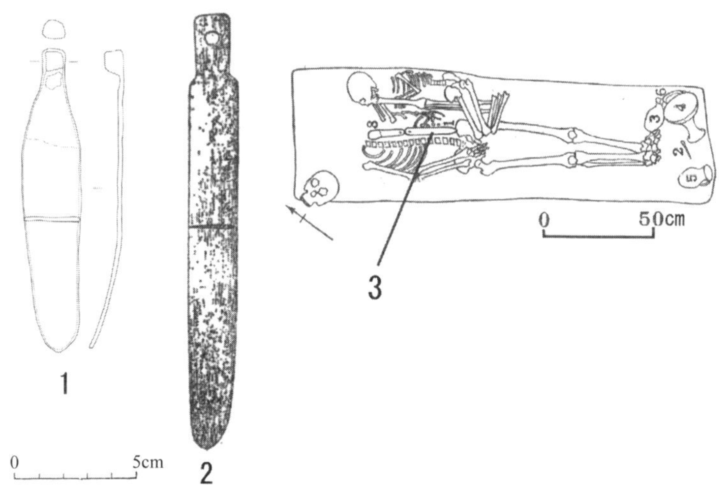

1：火焼溝，2：秦魏家，3：甘粛省秦魏家墓地 51 号墓における骨七出土位置

図 3-6　初期青銅器の匕と骨匕

スのサドボエに対比できるものが存在する（Кузьмина 1966）。

ヒ

ヘラ状の製品で，甘粛西部からの出土例が多い（図 3-6-1）。同様の形をしたヘラ状の骨器が，甘粛省秦魏家遺跡など斉家文化の墓地において被葬者の傍らでしばしばみられ，なんらかの関連が予想される（図 3-6-2, 3）。

錐

棒状で，断面は四角形を呈す。形態が単純で，他との比較は困難である。

2. 装身具

装飾品

装飾品は多様であり，明瞭に識別可能な種類でも 1 個体しかないものが多数ある。そこで，比較的数量が多いもののみについて取り上げる。

I 類：1 端がラッパ形になった環（図 3-7-1～3）

II 類：1 端もしくは両端が扁平になった環（図 3-7-6, 7）

III類：扁平な板を曲げて形成した環（図 3-7-8）

IV類：扣（泡）と呼ばれるボタン状の銅製品。単純な円盤以外に，裏に鈕が付くもの（図 3-7-5），縁の 2 箇所に穴が開くものなどがある。

V 類：細い円環状の製品

I 類に関しては，第 1 章で記したように，増田（1970）以来，アンドロノヴォ文化に同様のものが知られることがしばしば指摘されている（髙濱 2000b, 林澐 2002 など）。アバネサバ（Аванесова 1975）によれば，アンドロノヴォ文化のラッパ状耳環（серьга с раструбом）には，鋳造のもの，銅棒の片方を打ち延ばしてラッパ形を形成したもの，（下地を入れつつ）銅板を丸めて形成したものが知られる。新疆西北部に近い，東カザフスタンでは前 2 者が確認されるという。四壩文化など甘粛以東で知られるものは，いずれも鋳造品であり，アバネサバの示す分布と矛盾はしない。初期青銅器で現在報告されているものがほとんど鋳造であるが，新疆西南部の下坂地墓地出土の I 類は，銅針金を曲げ，ラッパ形の部分は三角の薄板から鍛造されたものである（図 3-7-2）。

下坂地墓地に関しては C^{14} 年代に基づき，報告書では前 2 千年紀後半に位置づけられている（新疆文物考古研究所 2012）。本墓地からは，装飾品 III 類もみつかっている。器物は単純な形態であるが，報告書でもすでに言及されているように，アンドロノヴォ文化のものと対比できよう。長城地帯出土の I 類の特徴としては，全体の形が真円でなくなる（林澐 2002），あるいはラッパ形が扁平である（邵会秋 2009）という指摘がある。また，I 類に類似したものとして，モンゴル国立博物館所蔵品（図 4-80-7）が挙げられることがある（髙濱 2000b, 林澐 2002）。しかしながら，これについては，前 2 千年紀後半の青銅器様式の中で別の説明を与えることも可能である（第 4 章第 5 節）。II 類についても長城地帯各地における類似性が，高濱（2000b）により指摘されている。ただし，新疆西北部以西に分布は広がらない。IV，V 類は形態が比較的単純であり，対比が難しい。その他，装飾品と考えられるものは，哈密の天山北路遺跡から出土する特異な形態をもつもののほか，銅珠などがある。

鏡

装飾品 IV 類との区別しがたいものもあるが，やや大型で，鏡面が比較的平坦かつ背に鈕が付くものを指しておく（図 3-7-9）。青海省尕馬台遺跡出土の鏡は中国最古級の鏡として非常に有名であるが，直径 10cm 以内の鏡は甘粛省火焼溝墓地，新疆天山北路墓地などで知られている。放射状の紋様に加え，人面が表されるものもある。外形はいずれもいびつな円形である。鈕孔の付け根部分に，内笵を挟んだ痕跡が確認できそうなものがあるが，定かではない。なお，長城地帯やモンゴル採集品にも類似したものが知られる。シャムシデポでも鏡状の製品は知られる（Kuzmina 2001）が，それには紋様がない。これらの起源についても，有銎斧 A 類など同様，確定するのは困難である。現状での年代の確かさと，数量の多さからいって，新疆東部から甘粛付近にその起源を考えることもできなくはないが，その点についての議論は第 6 章で行うことにしたい。

その他，上には挙げなかった，特殊な形態の器物のひとつとして，甘粛省火焼溝墓地で出土した杖首（権杖）（図 3-7-10）がある。腹部に羊頭形を 4 つ付けるもので，前 2 千年紀前半から半ばに遡る，初期青銅器の動物意匠として稀な例である。似た形態のものとして，新疆昌吉採集品があり（新疆昌吉回族自治州文物局編 2014, no. 80, 189, 190），報告ではアンドロノヴォ文化のものとされている。他に，内蒙古の大甸子墓地からも「銅冒」と呼ばれる，小型で中空の青

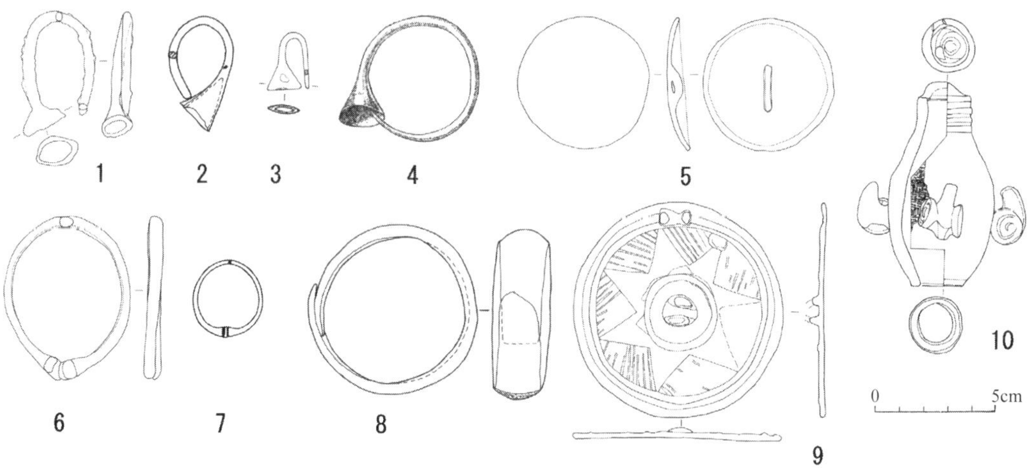

1：火焼溝（装飾品 I 類），2：下坂地（装飾品 I 類），3：張営（装飾品 I 類），4：タシ・トゥベ（キルギス），5：火焼溝（装飾品 IV 類），6：火焼溝（装飾品 II 類），7：大甸子（装飾品 II 類），8：下坂地（装飾品 III 類），9：尕馬台（鏡），10：火焼溝（杖首）

図 3-7　初期青銅器の装身具その他と比較資料

銅器が出土している（中国社会科学院考古研究所 1998）が，形態は異なる。また，石製や土製の権杖が，前 2000 年前後の長城地帯に広く分布することから，ユーラシア大陸西部からの権杖の伝達を考え，この時期の東西交流を示す要素として重視する見解もある（劉学堂・李文瑛 2007）。ただし，少なくとも銅製のものに関しては，各資料は独特の形態をしており，比較は今後の課題であろう。他では，北京市張営遺跡では刺突器と呼ばれる特異な形態の工具が，包含層からみつかっている（北京市文物研究所・北京市昌平区文化委員会 2007）。

3. 分類結果

大まかな機能性に基づくと，大型利器，利器，装身具という 3 区分が可能である。大型利器に含まれるのは有銎闘斧 A，B 類，矛 II 類であるが，具体的な用途については明確にしがたい。

さらに，新疆，長城地帯以外の青銅器との対比によって，上記の諸型式は以下の群にまとめられる。まず，同時期の新疆以西・以北に分布の主体のあった EAMP やセイマ・トルビノ青銅器群と対比できるものを①群としよう。このうち，有銎闘斧 A 類，無銎斧 I 類，鑿 I 類，斧状ハンマー，装飾品 I 類は，EAMP の特にアンドロノヴォ文化にこれらに類似した青銅器を確認できる。これらを①a 群とする。一方で，矛 II 類，有銎斧 Ib 類はセイマ・トルビノ青銅器群に対比でき，①b 群とする。本群については，次節で，セイマ・トルビノ青銅器群本体と併せて検討する。有銎闘斧 B 類，有銎斧 Ia，II 類，矛 I 類，刀子 I，II 類，鏃 I 類，鏡については，草原地帯にある程度の広がりが確認されるが，EAMP やセイマ・トルビノ青銅器群との直接的対比が躊躇されるものである。これらを①c 群としよう。本群では有銎闘斧 B 類，有銎斧 Ia 類，刀子 I 類，鏃 I 類（特にかえりの付くもの），鏡は，ユーラシア草原地帯の出土品として年代が判明しているものの中では最古級のものである。しかしながら，これらはすでに完成された形で初期青銅器として突然現れており，起源については今後の資料の増加を待つ必要がある。また，これら①c 群は前 2 千年紀後半にも引き続きみられるので，第 4 章で検討を行った後，初期青銅器における①c 群の位置づけと起源についてもう一度考えたい。

一方で，鏃 II 類は，新疆，長城地帯の東南に位置する，中原の青銅器に類似品が確認でき，これを②群とする。刀子 III 類，無銎斧 II 類，鑿 II 類，針，錐，装飾品 III 類は形態が単純なため，他地域の青銅器文化との比較が難しく，これを③群とする。さらに，匕や装飾品 II 類は新疆，長城地帯独特のものであり，④群とする。

4. 青銅器の出土状況

初期青銅器の出土状況としては，デポ，墓葬，集落の灰坑（ピット），住居，包含層，そして偶然の発見（採集）が挙げられる。

新疆鞏留県の阿尕爾生にて，青銅器 13 点（有銎闘斧 A 類，鑿 I，II 類，鎌，斧状ハンマーを含む）と土器 1 点が一括資料として発見されている。小石堆 1 つ以外に周囲に遺跡はなく，報告では墓葬と推測されているが，出土状況などは不明である（王博 1987, 王博・成振国 1989）。類似した青銅器の一括資料は，キルギスのシャムシ，サダボエで出土している。シャムシでは

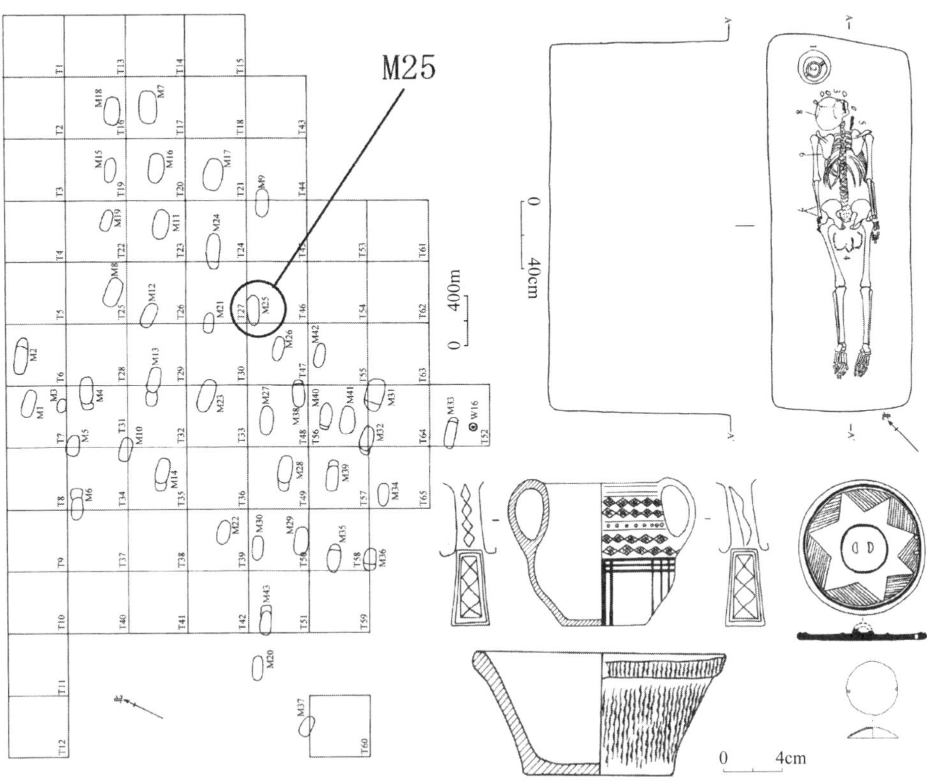

図3-8　尕馬台墓地25号墓と出土品

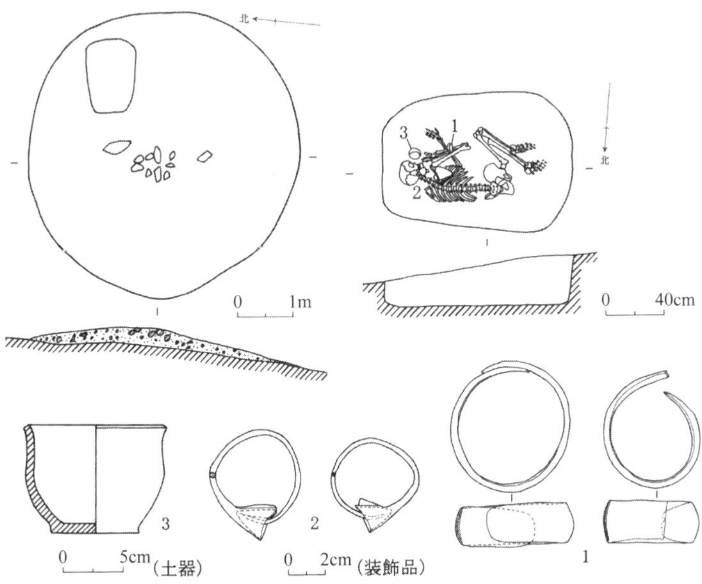

図3-9　下坂地墓地・AII4号墓

地表下30～40㎝からデポが発見された（Рындина и др. 1980）。阿尕爾生の一括資料もシャムシと似た器種構成である。

矛II類も墓葬からの出土例がない点で特異である。河南省下王崗遺跡では複数が折り重なるようにして灰坑から発見されたが，他に明確な出土状況が知られた例はない。以上に挙げたデポや矛II類の状況は，以下に記すような，墓地における発見とは大きく異なることを指摘できる。

初期青銅器が最も多く発見されるのは，墓葬においてである。これらの多くは，比較的大きな墓地を形成する。長城地帯の墓葬における青銅器の位置づけについては，佐野の論攷に詳しく，銅器そのものが権力と結びつかないことが指摘されている（佐野2004）。墓地の中で副葬品がより多く，墓壙面積がより大きい墓に，青銅器の副葬が限定されるわけではなく，青銅器は土器その他とそれほど区別されることはなかった。新疆東部から甘粛西部にかけての墓地遺跡である，新疆哈密市天山北路（哈密博物館2013），甘粛省東灰山（甘粛省文物考古研究所・吉林大学北方考古研究室1998），甘粛省干骨崖（甘粛省文物考古研究所・北京大学考古文博学院2016），では比較的近い大きさの墓壙が密集している状況が確認でき，それらは重なりつつ列をなしているようにもみえる。図3-7-9の鏡を出土した青海省尕馬台墓地（図3-8）も同様である。墓地から発見される青銅器のほとんどが身に着けられるほどの大きさの工具，装身具であることから考えると，他の墓地遺跡でも類似した状況であったことが予想される。新疆西南部の下坂地墓地では各墓壙に墳丘が伴っている点で上記墓地とは異なるが，装飾品としての青銅器の扱いは同様である（図3-9）。

他では，遺跡包含層から出土する例が知られる。特に甘粛省張掖西城驛遺跡（北京科技大学冶金与材料史研究所・甘粛省文物考古研究所2015）では，鉱石やスラグなど冶金関連遺物もともに発見されている。

第2節　初期青銅器とセイマ・トルビノ青銅器群

1.　初期青銅器の矛II類について

初期青銅器の矛II類は，前章で検討したセイマ・トルビノ青銅器群の矛Ba～Bc類に類似したものである。従来指摘されてきた類似点としては，本体基部の鉤状突起や，脊の基部が挙げられる。一方で法量や，矛先が丸くなっている点はセイマ・トルビノ青銅器群の矛と一見して異なっている。矛II類は1990年代まではわずかに知られる程度であったが，近年では10点以上が報告されている（図3-10）。最も有名であるのは青海省沈那出土品（図3-10-5）であり（高濱2000b, 宮本ほか2008），全長61.7cm，観察者の報告では銎内部に内型がつまった状態であったという（宮本ほか2008）。特筆すべき他の例として，河南省下王崗遺跡の出土例（図3-10-4）が挙げられる。ここでは，同一の灰坑から複数件の矛が折り重なるように出土した（高江涛2009）。また，安陽殷墟劉家荘33号墓出土例（安陽市文物考古研究所2011）は，前2千年紀後半

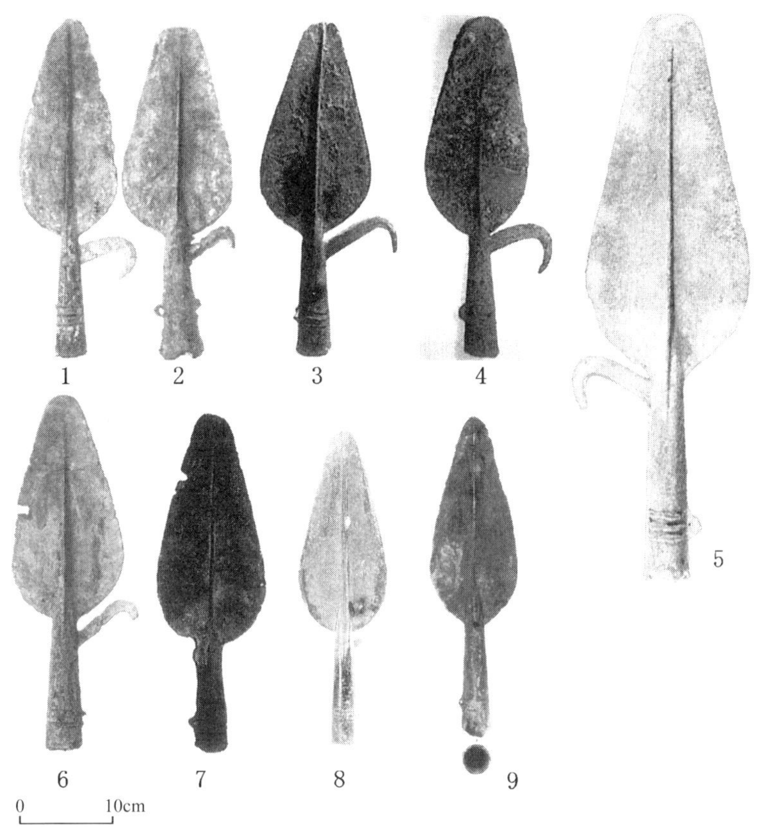

1：南陽市博物館所蔵，2：南陽市博物館所蔵，3：陝西歴史博物館所蔵，4河南省下王崗，5青海省沈那，
6：南陽市博物館所蔵，7：山西博物院所蔵，8：山西博物院所蔵，9：遼寧省南双廟

図3-10　矛II類

に位置づけられるが，セイマ・トルビノ青銅器群の矛と対比される場合が多い（Ковалев 2013, 林梅村2015, 劉翔2015）。このように矛II類がセイマ・トルビノ青銅器群の矛と関連することは，ほぼ認められるところとなっており，中国の冶金開始における草原地帯の影響を指摘する見解が多い。そしてその中で，中原では独自の青銅器文化が発達していったというのである。本節では学史における矛II類細分の問題を取り上げる。なお，矛II類のデータは第2章末附表2-1に記載している。

2.　初期青銅器矛II類とセイマ・トルビノ青銅器群矛Bc類

従来，初期青銅器の矛II類を細分するにあたっては，矛II類の特徴を把握したうえで，セイマ・トルビノ青銅器の個々の資料と比較する場合が主であった。そこで指摘されたのは，矛II類はBc類とは異なり，柄に付属する耳と，鉤状突起の方向が逆になっている場合がある。そして，脊が明確なフォーク状を呈さず，その痕跡を残すのみになっているということであった。これらの特徴によって，セイマ・トルビノ青銅器群の矛との遠近関係が求められたのである。

図 3-11, 3-12 は，第 2 章の Ba〜Bc 類の型式分類時に用いた値（器身の大小）に，矛 II 類の資料を追加したものである。図 3-11 では，柄に付属する耳と，鉤状突起の方向が同じもの（矛 Bc 類と合致する特徴（図中＊印））と，そうでないもの（図中×印）を区別して示している。結果，本属性における差異は散布と対応せず，これによって中国出土資料を細分できないことがわかる。一方，図 3-12 は脊が明確な三叉（図 2-2- 三叉脊）を示すもの（図中＊印）とそうでないもの（図中×印）を区別したものである。ここでは，両属性は対応し，三叉脊をもつものは，セイマ・トルビノ青銅器 Bc 類により近いものとすることが可能である。仮に，矛 II 類を区分するとすれば，脊が有効な属性といえるであろう。そして同時に両図は，矛 II 類がセイマ・トルビノ青銅器群の型式変化が描く列の上方に，比較的まとまって散布することを示している。したがって，すべての矛 II 類は，矛 B 類が Bc 類として大型化したのち，それを独自に受容し，また沈那の例にあるようにさらに大型化したものであるとできよう。それと同時に，矛先が丸くなるなどの特徴も併せてもつようになったと考えられる。

図 3-13〜3-16 もまた，第 2 章 Ba〜Bc 類の型式分類時に用いた値（矛各部位の形態）に矛 II 類の資料を加えたものである。ここでは，耳と鉤状突起の方向，および脊形態との対応関係はみられなかった。またいずれの値（b/c，a/b 値，e/d，b/d 値）においても，安陽出土品は他の矛 II 類と比して遠い位置にあり，区別して考えねばならないことを示している。また図 3-13, 3-14（a/b，b/c 値）において，Ba〜Bc 類と II 類は明らかに異なる傾向をもつことがわかる。

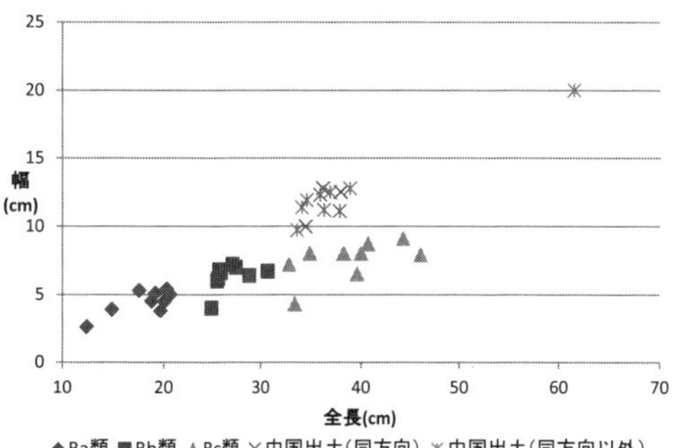

図 3-11　セイマ・トルビノ青銅器群と矛 II 類の法量比較（鉤・耳方向区分）

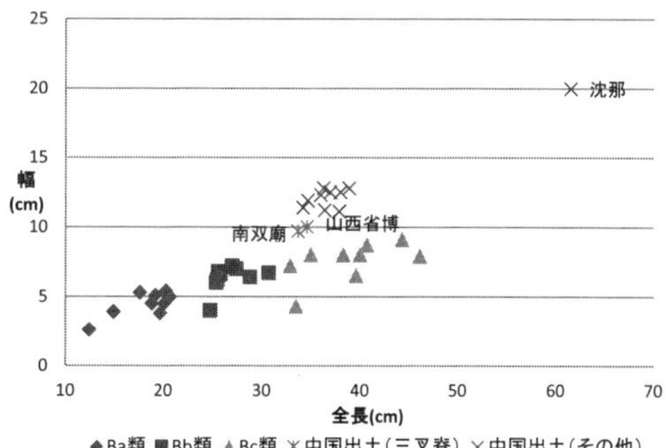

図 3-12　セイマ・トルビノ青銅器群と矛 II 類の法量比較（脊形態区分）

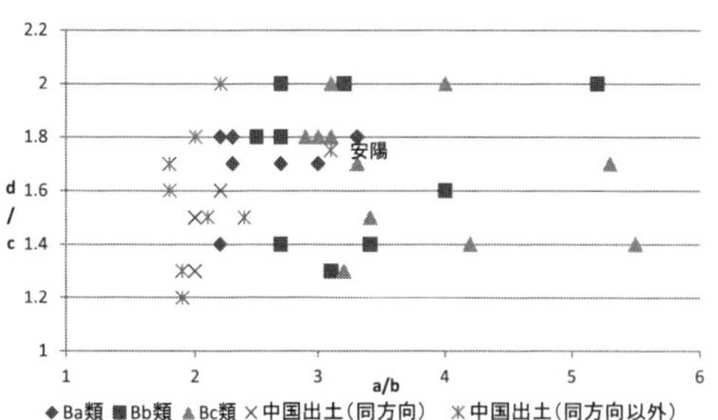

図 3-13　セイマ・トルビノ青銅器群と矛 II 類の形態比較（鉤・耳方向区分）

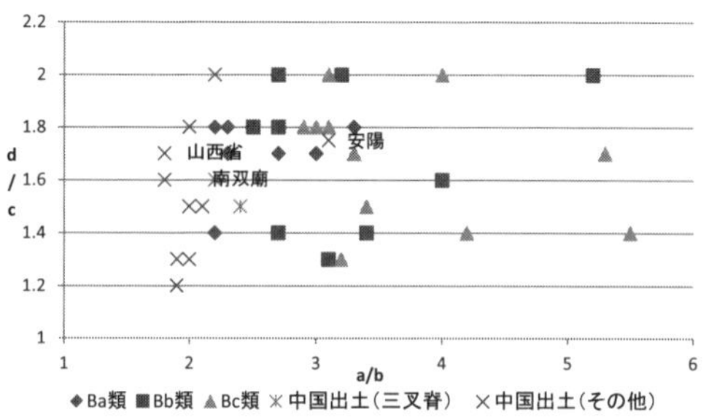

図 3-14　セイマ・トルビノ青銅器群と矛 II 類の形態比較（脊形態区分）

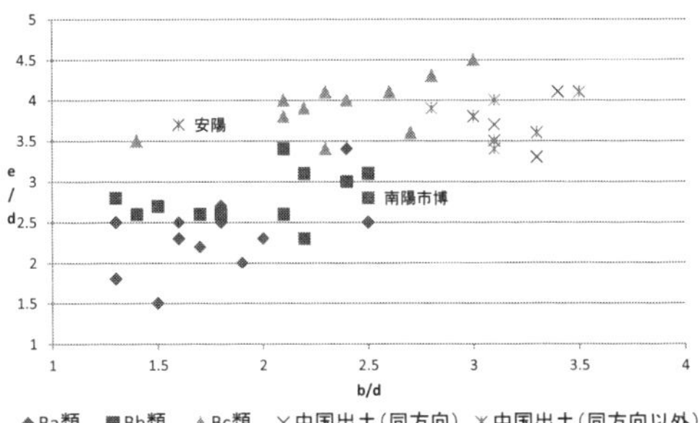

図 3-15　セイマ・トルビノ青銅器群と矛 II 類の形態比較（鉤・耳方向区分）

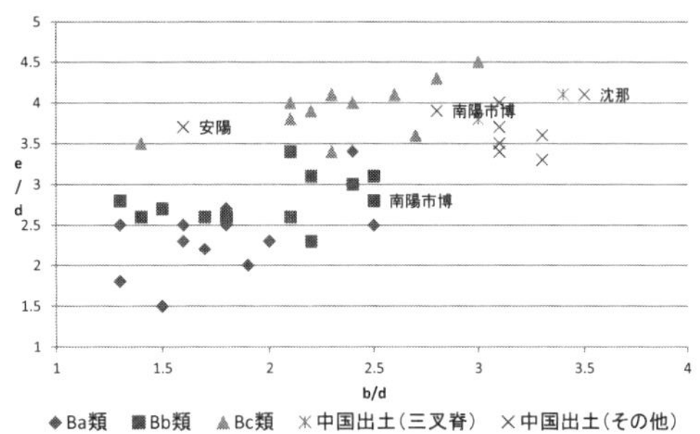

図 3-16　セイマ・トルビノ青銅器群と矛 II 類の形態比較（脊形態区分）

以上より，矛 Bc 類と II 類の関係について以下のようにまとめられよう。

1. 矛 II 類はセイマ・トルビノ青銅器群の矛 Bc 類から派生したものである。
2. 矛 II 類の中には Bc 類に型式的に近いもの（三叉脊をもつ）が存在するが，両者（II 類と Bc 類）は法量，形態上区別可能である。
3. 矛 II 類には法量が著しく大きいものがあることと，矛先の鈍化や，銎内部における内范の未除去は，矛 II 類の非実性を示している。矛の非実用化はセイマ・トルビノ青銅器群の矛にすでにみられたものであり，初期青銅器においてこの傾向は一層進んだものと考えられる。

第 3 節　初期青銅器の分布

前節までの検討に基づいて，新疆，長城地帯における初期青銅器の分布状況を把握しよう。資料数が少ないので，地理的に近い遺跡をひとまとめにしているが，これは便宜上であって土器や墓葬を基礎にした文化，類型とはかかわりない。また，本分析は形が明確に把握でき，かつ複数個体みられる資料に対象を限定しており，各地の調査，報告状況に分析結果が左右されやすいことは否めない。したがって，各地域同士の細かい差異よりも，新疆，長城地帯全体における共通した変化のパターンを見いだすことに重点を置く。

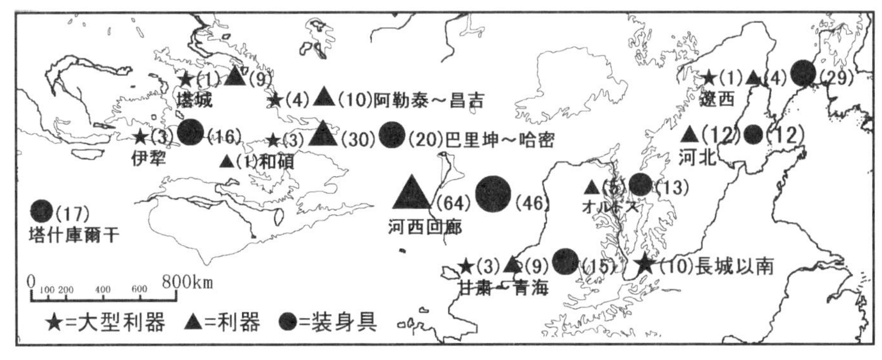

図 3-17　初期青銅器の数量分布

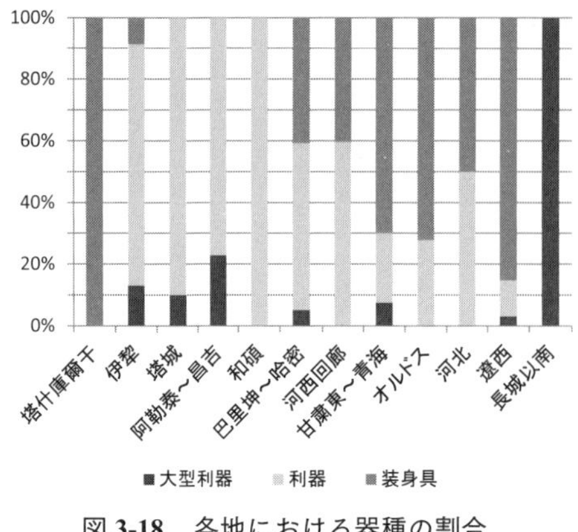

図 3-18　各地における器種の割合

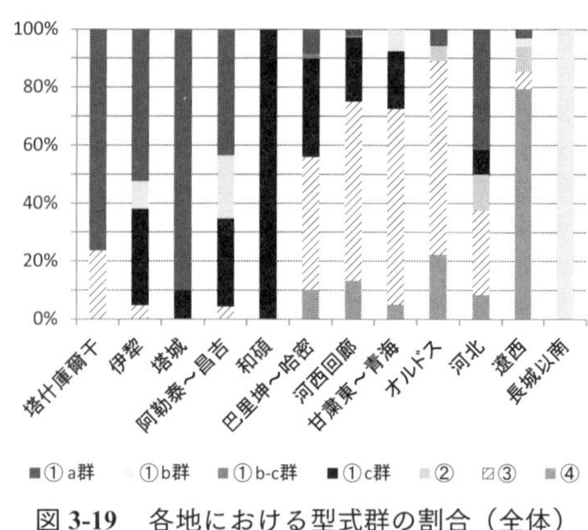

図 3-19　各地における型式群の割合（全体）

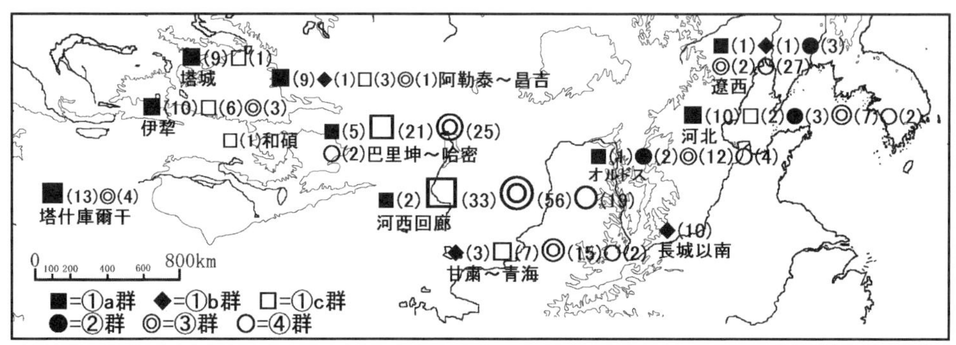

図 3-20　型式群の分布（全体）

まず，青銅器全体を大型利器，利器，装身具に区分して数量分布を示したものが図 3-17 である。また，3 区分の割合についてグラフ化したものが図 3-18 である。本グラフにおいては，一番左は新疆西南部（塔什庫爾干，下坂地墓地）であり，その次に新疆西北部（伊犂，塔城）を置き，そこから右へ向かって河北省北部，遼西まで順におおよそ西から東の順序で並べている。

数量的に最も多いのは，新疆東部から河西回廊付近であり，そこを中心に東西に減少する傾向がある。しかしながら，割合の比較では東西で異なった傾向がみられる。新疆西北部の諸地域では，ほとんどが大型利器と利器のセットという形であるが，新疆東部の巴里坤～哈密あたりを境として，それより東では装身具の割合が増加することが指摘できる。そしてさらに東では装身具の割合が一層増加している。総じていうならば，装身具のみの新疆西南部，大型利器と利器を中心とする新疆西北部，装身具の割合が増加していく新疆東部以東という 3 つの地域が見いだせるのである。

次に，図 3-19，3-20 は型式分布を示すかわりに，分類で抽出した①～④群の数量，割合における分布をみたものである。また，大型利器（図 3-21, 3-22），利器（図 3-23, 3-24），装身具（図 3-25, 3-26）それぞれにおいても型式の数量，割合について比較を行った。すると，先ほど大型利器，利器，装身具の区分でみた傾向がより明瞭に現れる。新疆西北部では型式構成の類似度

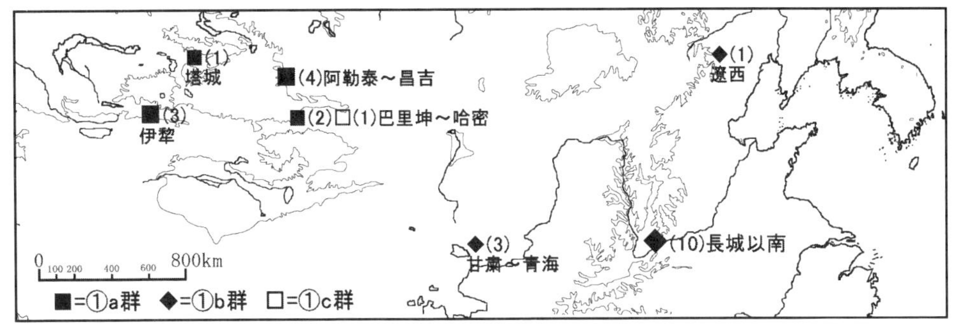

図 **3-21**　型式群の分布（大型利器のみ）

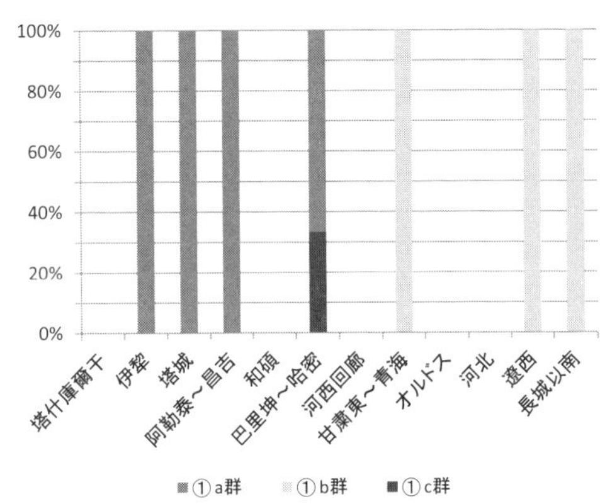

図 **3-22**　各地における型式群の割合（大型利器のみ）

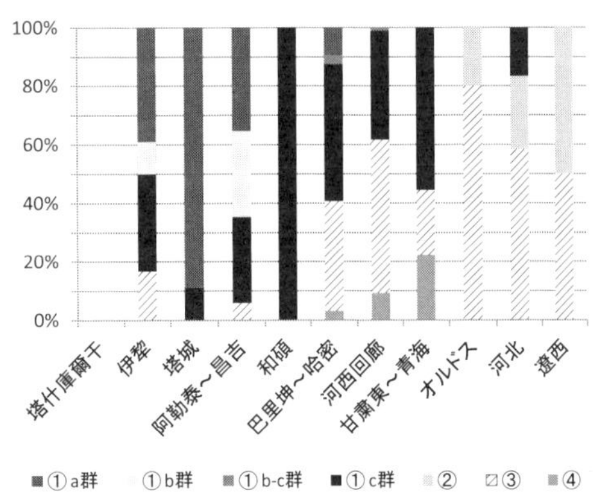

図 **3-23**　各地における型式群の割合（利器のみ）

が高く，EAMP（アンドロノヴォ文化）の青銅器と比較可能な型式（①a 群）がほとんどである。新疆東部になると，ユーラシア草原地帯に類似品が一定程度みられるが，検討すべき点が多く残るもの（①c 群），あるいは比較的単純な利器（③群）が顕著になる。この差は，大型利器における新疆西北部（①a 群主体）と新疆東部以東（①b 群主体）という点においても明瞭である（図 3-21, 3-22）。さらに東にあたるオルドス以東では，①c 群の減少とともに，中原の青銅器に類似が認められるもの（②群）の出現が特徴である。この傾向は，利器において顕著である（図 3-23, 3-24）。装身具においては，新疆東部以東では③群が主体であるものの，①a 群や④群も東西に幅広く分布していることが指摘できよう（図 3-25, 3-26）。

以上に基づくと，草原地帯の青銅器との対比において大きく 3 つの境界を引くことができる（図 3-28）。まず器種，型式群組成が大きく変わる新疆東部に注目すると，阿勒泰～昌吉，和碩と巴里坤～哈密の間で境界を引くことが可能であり，これを境界 1 とする。巴里坤～哈密は，それ以西における地区との類似を示すこともあるが，以東と共通する点が多い。境界 1 を挟んだ変化は，青銅器出土の状況においても認められる（図 3-27）。新疆西南部を除き，境界 1 以西ではデポ出土や採集品によって占められているのに対し，境界 1 以東では墓葬，遺跡の包含層などからの出土が多い。最西部にあたる新疆西南部の下坂地墓地については，①a 群（装飾品 I，Ⅲ類）が顕著である。報告書では土器の類似を含め，アンドロノヴォ文化の支脈として

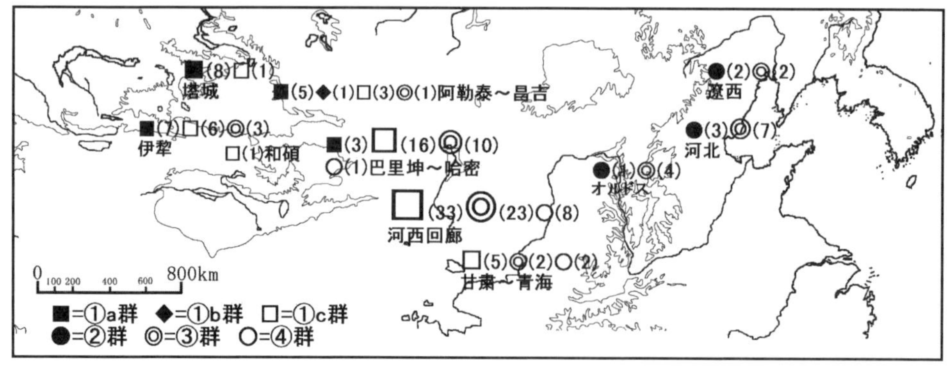

図 3-24　型式群の分布（利器のみ）

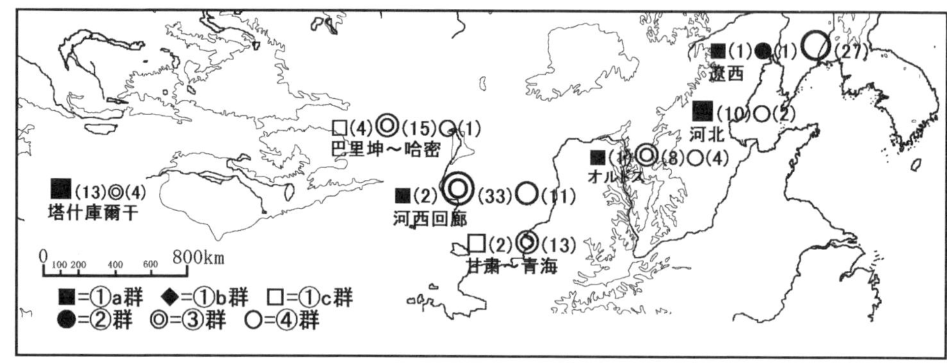

図 3-25　型式群の分布（装身具のみ）

下坂地類型を設定している（新疆文物考古研究所 2012）。しかしながら，青銅器の様相から考えると，下坂地墓地は新疆西北部とは異なっており，アンドロノヴォ文化全体を含めたさらなる検討が必要であろう。

次に境界 1 から東にいくと，オルドス以東においては，中原的な器物である②群が出現し，装身具の割合が増加する傾向にある。①a 群は長城地帯の東部まで広がっているが，そのほとんどは装身具であり，オルドス以東では工具で草原地帯と対比可能なものはかなり少ない。したがって，青海，甘粛東部以東と，オルドス以西にも 1 つの境界を引くことが可能であると考えられる。これを境界 2 とする。境界 2 以東の出土状況は多様になる傾向がある（図 3-27）。

ここで，①b 群（矛 II 類，有銎斧 Ib 類）の所在を確認しておこう。博物館収蔵品も含めると，矛 II 類は青海省，甘粛省，陝西省，山西省，河南省，遼寧省に知られており，現状では長城地帯よりやや南に偏っている。すでに述べたが，大型利器のみで型式群分布を確認した場合，①a 群（有銎闘斧 A 類）と①b 群（矛 II 類）の分布は明確に異なっている。そこで，長城にほぼ沿った境界（境界 3）を引くことにする（図 3-28）が，境界 2 で区分した地域と重複する部分も大きい。②b 群（矛 II 類）の出土状況に関して，河南省下王崗遺跡では灰坑から矛複数が出土し，通常の墓葬における副葬品ではない。また，青海省沈那出土品の状況の詳細は不明であるが，単独で出土しているという。コンテクストが判明する例が少なく，傾向の把握は困

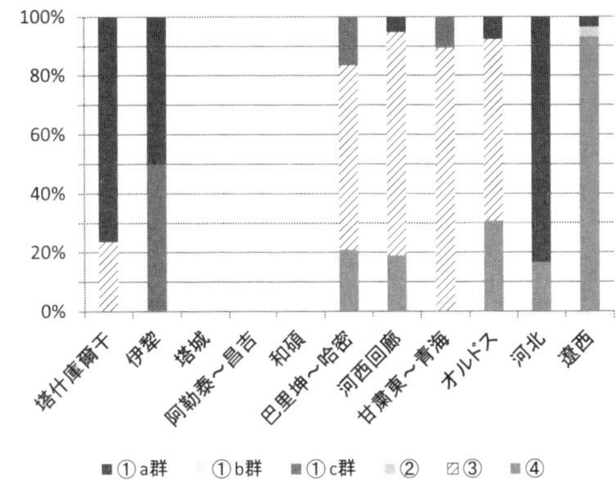

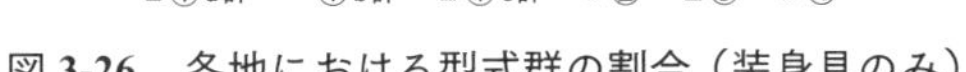

図 3-26　各地における型式群の割合（装身具のみ）

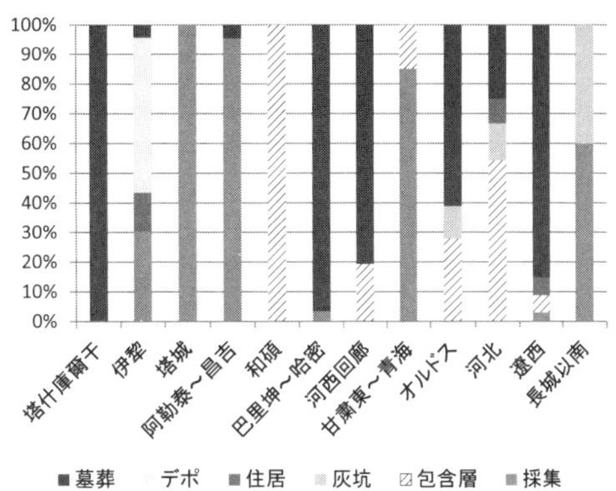

図 3-27　各地区における出土コンテクストの割合

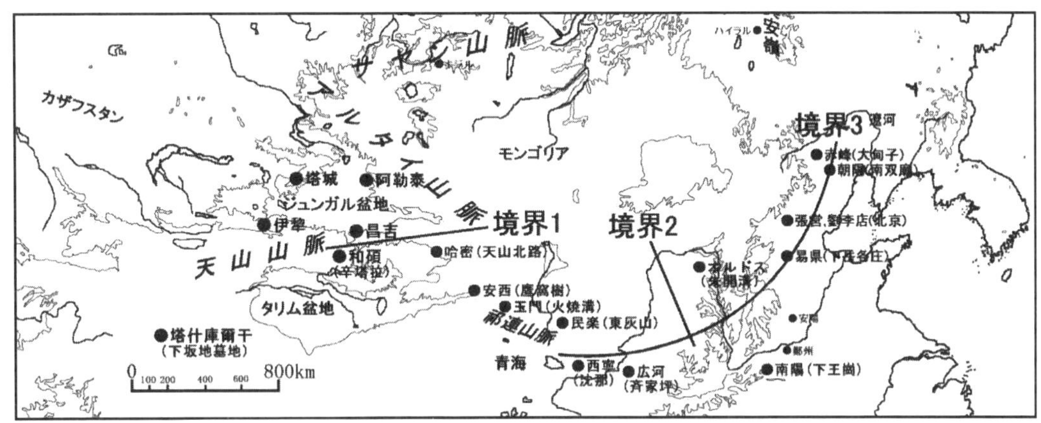

図 3-28　初期青銅器に基づく境界設定

難であるが，墓葬における出土例はない。以上の傾向は，他の型式と比べると非常に特異なものである。このことは，セイマ・トルビノ青銅器群本来の性質とも関連する可能性がある（第6章）。有銎斧 Ib 類は同じく②b 群であるものの，その分布は矛 II 類とは明らかに異なっている。有銎斧 Ib 類は，新疆西北部に顕著であり，新疆東部以東では有銎斧 Ia 類と折衷的特徴をもつ。そして，甘粛省東部以東ではみられなくなる。このようなあり方は，境界 1，境界 2 を挟んだ①a 群や①c 群と類似するものである。

上で得られた現象を以下にまとめよう。境界 1 より西北（新疆西北部）では，大型利器，利器がほとんどを占める。また，①a 群を多く含む点，デポや単独で発見される点に特徴がある。境界 1 以東，境界 2 以西（新疆東部～甘粛東部，青海）では，装身具が目立ってくる。①a 群の割合が減少する一方，③，④群が増加する。これらの地域では，墓葬における出土例が多い。境界 2 以東（オルドス～遼西）においては，装身具の割合の一層の増加がみられる。①a 群の多くは装身具であり，利器では①a 群はみられなくなる。また，②群出現が特徴的であり，出土状況は多様な傾向がある。そして，境界 3（長城地帯）以南は①b 群の矛 II 類を特徴としている地域である。

第４節　初期青銅器の製作技術

1.　初期青銅器の鋳型

初期青銅器の製作について示す資料は非常に限られたものであるが，鋳型が知られるようになってきた。新疆西北部発見の鋳型が，劉学堂，李遡源により報告されており（劉学堂・李遡源 2008），それらはいずれも石製である。このうち，報告から判断して，初期青銅器に含まれる可能性が高いものは，矛 I 類（同一鋳型上に有銎鏃が彫り込まれる），有銎斧 I 類，有銎斧 II 類（同一鋳型上に錐が彫り込まれる），鏟の鋳型である。有銎斧 I 類以外は双笵が対になって発見され，矛 I 類，有銎斧 II 類の鋳型には，それぞれの笵に，双笵を合わせるための小（ホゾ）孔が複数あけられている。矛 I 類の鋳型については判然としないが，その他については，湯口は銎口側にある。有銎斧 II 類の鋳型では湯道がやや長いが，他では銎口が鋳型側面にほぼ接する形である。これらのうち，鏟は克爾木斉墓地出土である。墓葬から鋳型が発見される例としては，セイマ・トルビノ青銅器群を有するロストフカ墓地などが知られる。甘粛省西部の火焼溝遺跡からも，出土状況の詳細は不明であるが，鏃の石製鋳型が発見されている（図 3-4-2）（宮本ほか 2008）。本鋳型は，鏃の脊に相当する部分の彫り込みが太く，先端まで突き抜けている。断面は角のとれた方形を呈する。北京市張営遺跡でも多数の鋳型が確認されている（北京市文物研究所・北京市昌平区文化委員会 2007）が，発見された層位からいうと，鏃（II 類）2 個体を彫り込んだ鋳型が本章の対象時期にあたる（図 3-4-5）。鋳型における両個体は溝状の窪みを介して連結している。鋳型断面は蒲鉾形であり，銎側の側面にいくつか窪みがある。遼西の夏家店下層文化の遺跡からも青銅装身具鋳造用の，土製および石製の鋳型が発見されており，断面が蒲鉾形を呈するものも知られる。以上の資料から，パターンを見いだすことは難しいが，少なくとも，新疆西北部，甘粛，遼西のような大きな地区ごとに鋳造が行われていたことを示すものである。また，石製の笵を単独または複数合わせて 鋳造することも，同時期のユーラシア草原地帯と比較しても一般的なものである。

2.　初期青銅器の金属成分

中国初期青銅器についても，金属成分分析の報告例が増えてきている。梅建軍は新疆出土の青銅器について金属成分および金属組織観察を行っており，新疆塔城や天山北路墓地発見の青銅器においてアンドロノヴォ文化の影響がみられることを指摘している。その根拠のひとつとして錫を含む青銅が上の各遺存にみられることを挙げている（Mei 1999）。また梅建軍らは，天山北路墓地の青銅器にみられる砒素銅にも注目し，この背景として，前 2 千年紀前半のウラル付近の砒素銅の生産とその拡散を示唆している。さらに，天山北路墓地の位置する新疆東部と，甘粛の関係についても，砒素銅により示されているとし，甘粛からの彩陶の伝播とは逆に西から東へ伝播した可能性を挙げている（梅建軍ほか 2002）。ただし，梅建軍自身は，新疆，甘粛でみられる砒素銅の起源については，在地由来の可能性も含め慎重な立場をとっている（Mei 1999, 2009）。新疆東部から甘粛における初期青銅器の砒素銅に注目する研究者は多い。李水城らは，火焼溝墓地等を含む甘粛西部の四壩文化における砒素銅について，砒素・銅の共生鉱を使用していた可能性を示す分析結果を引用し，それらが，在地付近の原料で製作された可能性を挙げているが，中央アジア一帯との交流関係も排除すべきではないとする（李水城・水涛 2000）。一方，潜偉（2006）は，哈密（新疆東部）と甘粛西部の砒素銅が独立した起源をもち，前 1400 年頃に南シベリアのミヌシンスク（カラスク文化）やバイカル湖まで伝播したと考えている。

本書では，独自に初期青銅器の成分分析を行うことはできないので，過去に示された分析結果について，比較，検討を行いたい。本分析で使用する各報告書記載の金属成分データは，各々計測方法が異なる。したがって，数値の統一的比較を行うことは困難である。そこで，各報告のデータ内で成分比率の比較を行い，その結果としての成分の偏りの傾向を地域，遺跡同士で対比する。具体的には，添加元素として従来特に言及が多かった錫（Sn），鉛（Pb），砒素（As）について，どの合金が各地で使われる傾向にあったのかを調べることにしたいが，以下のような方法で大まかな傾向を押さえたい。

まず，各元素につき，1%刻みのヒストグラムを作成した。それらでは，1% 以上のどこかでピークを形成するパターン（パターン X）と，1% 以下に多数が集まる，もしくは明確なピークがないパターン（パターン Y）という 2 種がみられた。前者は，目指された一定の添加規範が存在する可能性があるが，後者の添加についての規範はそれほど強くないものと考えられよう。そこで得られた錫，鉛，砒素における，X もしくは Y のパターンによって，各遺跡，地域同士を比較した。したがって，本分析で得られた結果はきわめて粗いものであり，今後，成分分析を統一的指標のもと行っていく際の予察と考えられたい。なお，各データで成分多少の相対的傾向を出すために，非妥当ながら，1 個体に対し，複数箇所での計測値（重量%）が与えられた場合は，その平均値を求めた。

検討対象の資料は，附表 3-2 にまとめた。なお，比較のため，ミヌシンスク盆地におけるアンドロノヴォ文化の青銅器の分析結果（Богданова-березовская 1963），セイマ・トルビノ青銅器群（Черных, Кузьминых 1989），キルギスのシャムシデポにおける青銅器成分分析結果（Рындина, Дегтярева и др. 1980）を使用している。報告において，0.1% 以下の微量の含有が認められるという記載がある場合も，0% としてグラフ化した。グラフは各遺跡（地域）で錫，鉛，砒素の順に 0.5% 目盛のものを提示し，必要に応じて 0.1% や 2% 目盛のものを加えた。

各グラフ（図 3-29 ～ 3-67）は，1 遺跡または地区の各青銅器成分（錫，鉛，砒素）において，重量 % ごとにどれだけの個体数がみられるかを示したものである。まず，草原地帯のアンドロノヴォ文化やセイマ・トルビノそれ自体の結果をみてみよう。初期青銅器との形態比較で用いたキルギスのシャムシデポ（アンドロノヴォ文化）においては，1% 以上の錫を含むものが多くみられ，錫についてはパターン X であるが（図 3-29），鉛，砒素についてはパターン Y（図 3-30～3-32）となる。同じくアンドロノヴォ文化ではあるが，ミヌシンスク盆地出土のものは，錫と砒素についてはパターン X（図 3-33, 3-35, 3-36），鉛はパターン Y（図 3-34）である。また，セイマ・トルビノ青銅器群にあたるロストフカ墓地の青銅器では，錫のみがパターンX（図3-37, 3-40），その他はYである（図3-38, 3-39, 3-41）。

それでは初期青銅器をみてみよう。伊犂（境界1以西の資料）（李肖・党彤1995）では，鉛を除いて1%以上の錫や砒素を含む製品が存在する（図3-42～3-44）。しかしながら，1%以上でピークを形成しないので，いずれの成分についてもパターンYとなる。ただし，分析数が少ないことには留意する必要があろう。

次に，境界1以東，境界2以東の資料であるが，新疆哈密の天山北路墓地の資料（潜偉2006）では，かなり多数の製品が1%以上の錫や砒素をもつことがわかる。しかしながら，伊犂の場合同様，パターンはいずれもYである（図3-45～3-49）。甘粛省火焼溝遺跡の資料（潜偉2006）でも同様に，ピークは1%以下に来ており，3元素すべてでパターンはYである（図3-50～3-52）。甘粛省干骨崖遺跡の資料では錫の含有が1%以下と6%以上のものの間に不連続がみられる（図3-53, 3-55）。ただし，6%以上におけるピークは明瞭ではなく，Xとするには躊躇されるパターンである。

次に，境界2以東をみてみよう。内蒙古朱開溝遺跡（第III, IV段階）の資料（内蒙古文物考古研究所・鄂尔多斯博物館2000）では，錫に関してパターンXを得ることができる（図3-57, 3-59）。一定の鉛を含む製品の存在は興味深いが，鉛，砒素ともにパターンYである（図3-58, 3-60, 3-61）。さらに東の遼西に位置する大甸子遺跡（李延祥ほか2006）でも，錫についてパターンX（図3-62, 3-64），鉛ではパターンY（図3-63）であるが，砒素については不明である。

最後に，境界3以南（矛II類）は，3元素すべてでパターンYである（図3-65～3-67）。

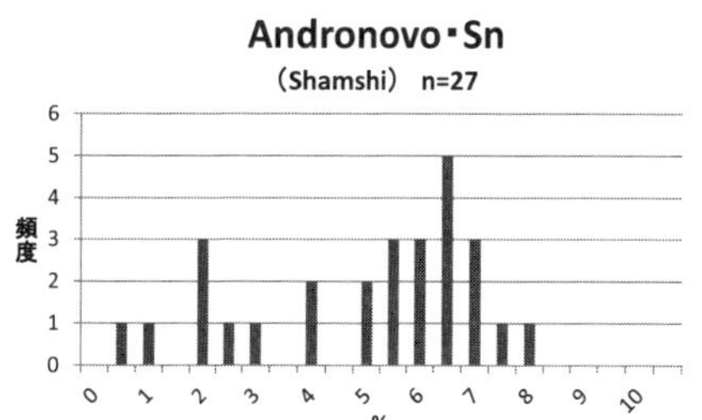

図3-29　シャムシ青銅器における錫の頻度（0.5%目盛）

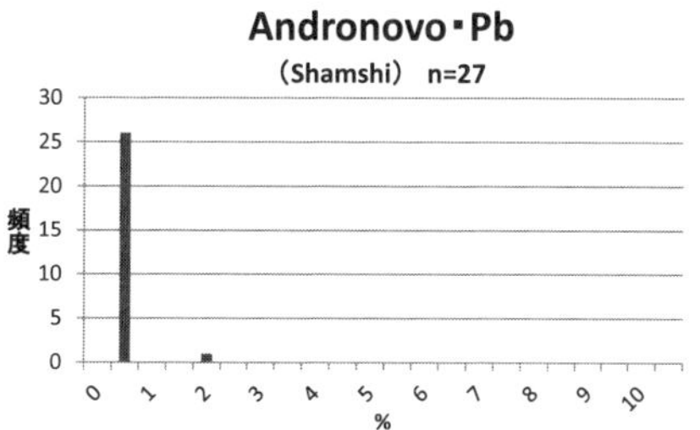

図3-30　シャムシ青銅器における鉛の頻度（0.5%目盛）

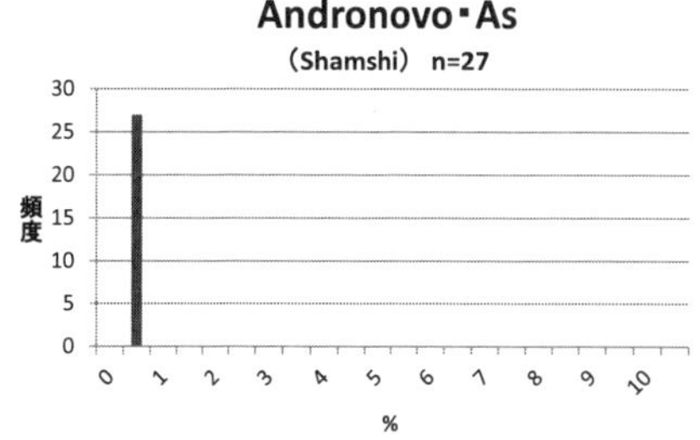

図3-31　シャムシ青銅器における砒素の頻度（0.5%目盛）

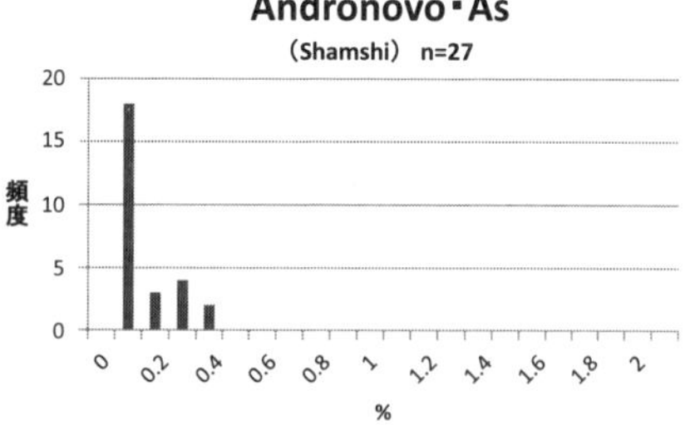

図3-32　シャムシ青銅器における砒素の頻度（0.1%目盛）

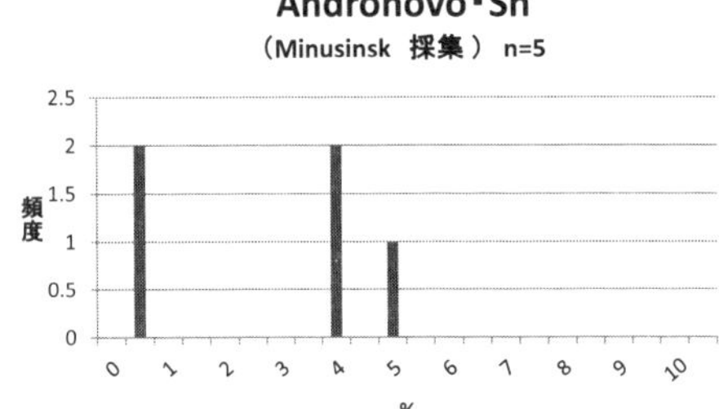

図 3-33　ミヌシンスク盆地・アンドロノヴォ文化青銅器における錫の頻度（0.5% 目盛）

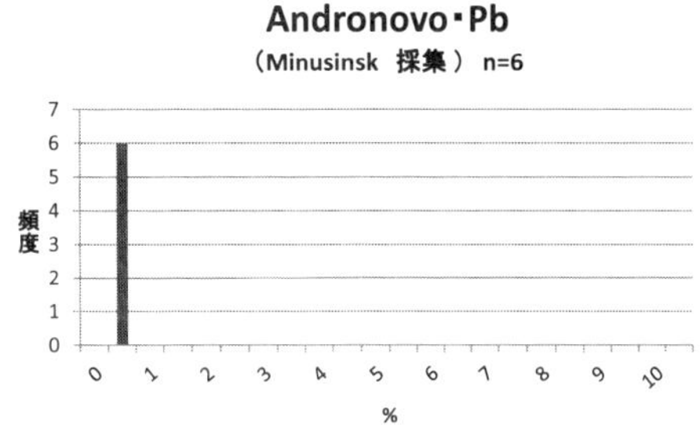

図 3-34　ミヌシンスク盆地・アンドロノヴォ文化青銅器における鉛の頻度（0.5% 目盛）

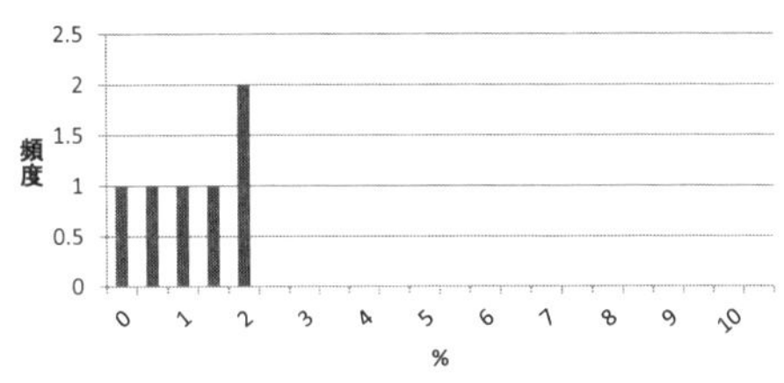

図 3-35　ミヌシンスク盆地・アンドロノヴォ文化青銅器における砒素の頻度（0.5% 目盛）

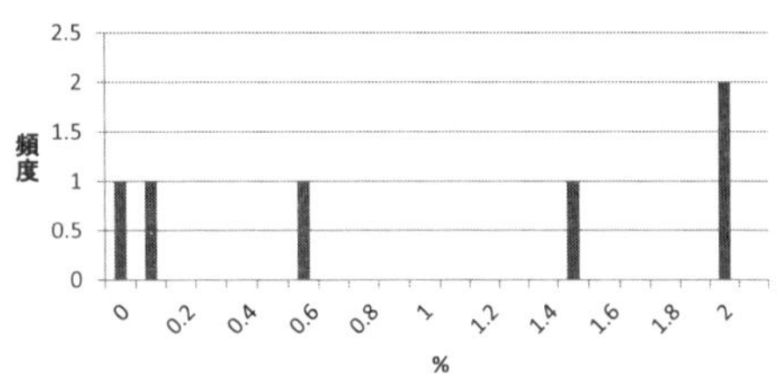

図 3-36　ミヌシンスク盆地・アンドロノヴォ文化青銅器における砒素の頻度（0.1% 目盛）

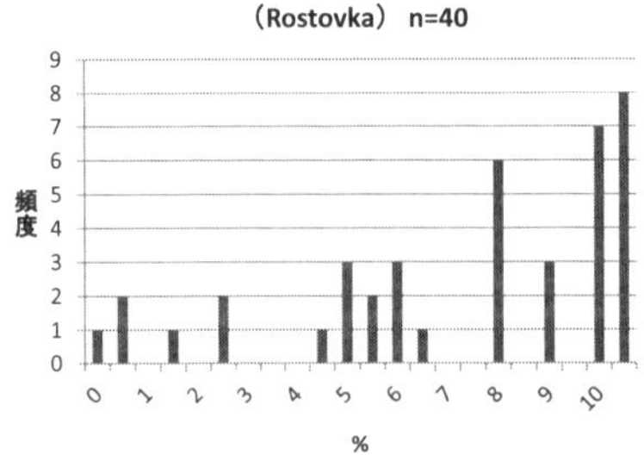

図 3-37　ロストフカ青銅器における錫の頻度（0.5% 目盛）

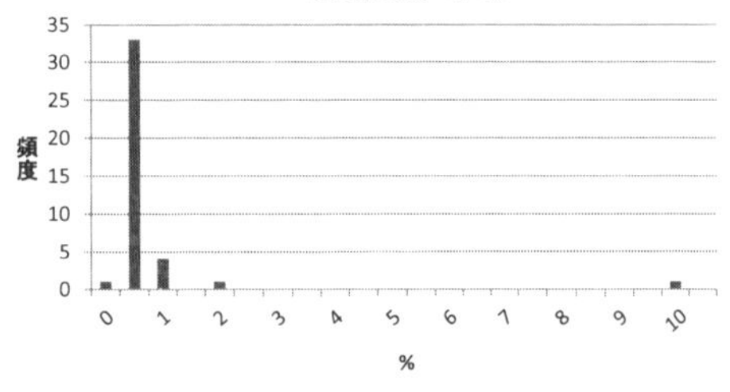

図 3-38　ロストフカ青銅器における鉛の頻度（0.5% 目盛）

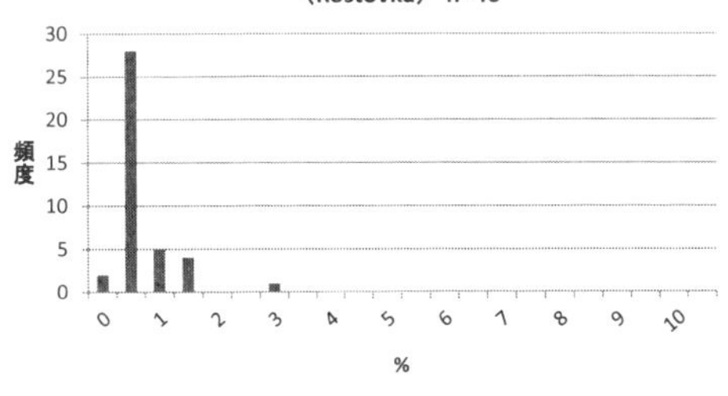

図 3-39　ロストフカ青銅器における砒素の頻度（0.5% 目盛）

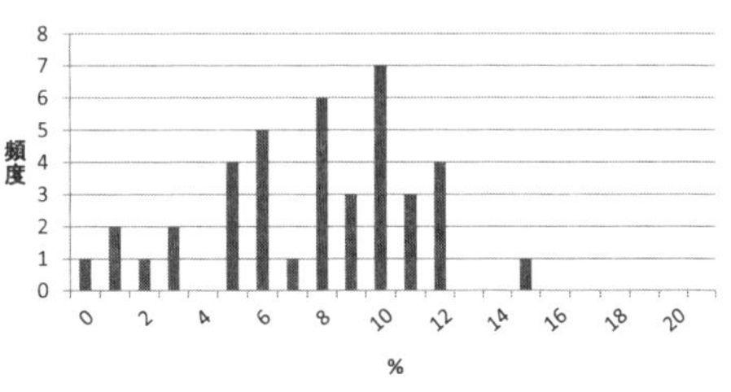

図 3-40　ロストフカ青銅器における錫の頻度（0.1% 目盛）

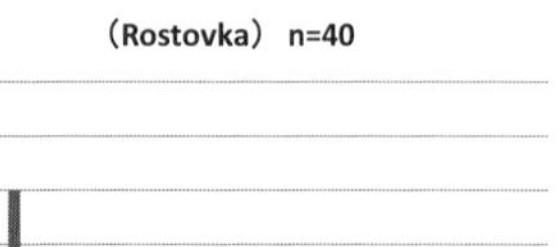
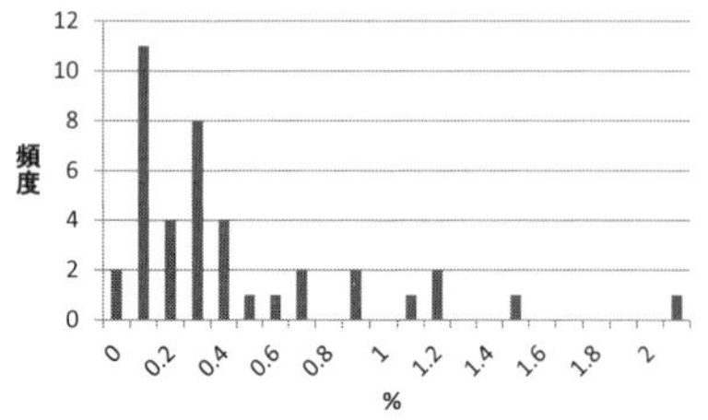

図 3-41　ロストフカ青銅器における砒素の頻度（0.1% 目盛）

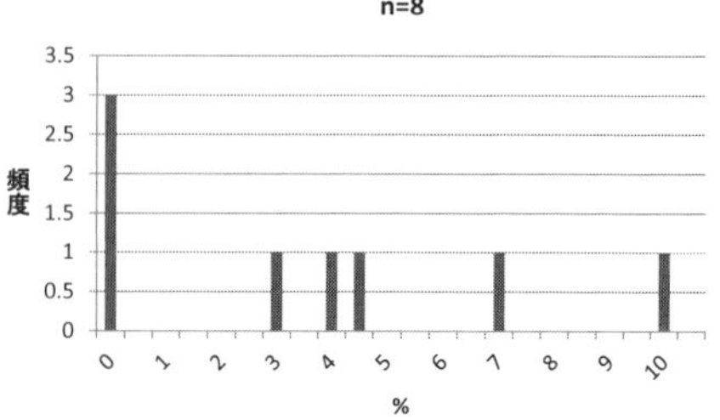

図 3-42　初期青銅器（境界 1 以西）における錫の頻度（0.5% 目盛）

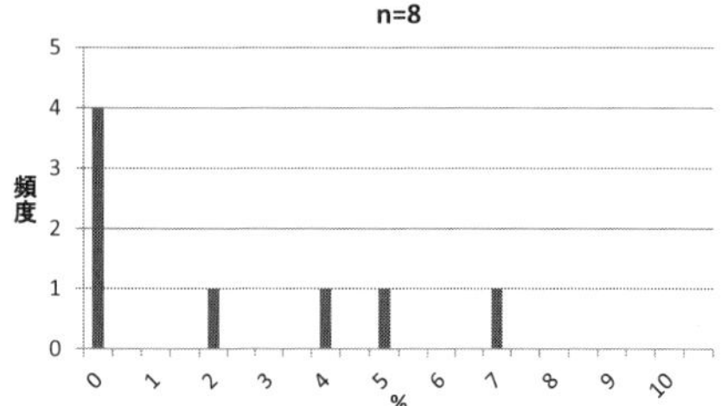

図 3-43　初期青銅器（境界 1 以西）における鉛の頻度（0.5% 目盛）

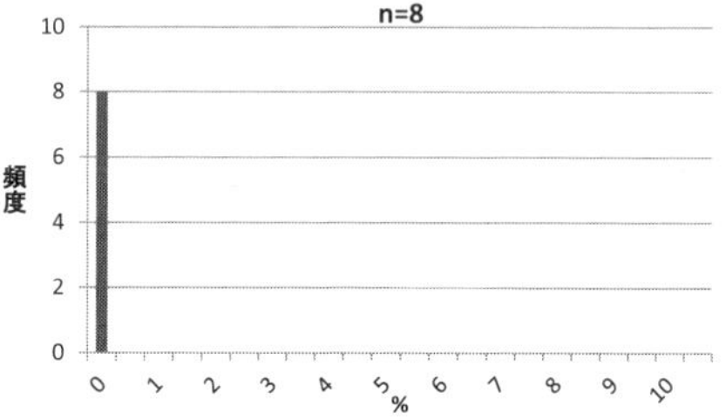

図 3-44　初期青銅器（境界 1 以西）における砒素の頻度（0.5% 目盛）

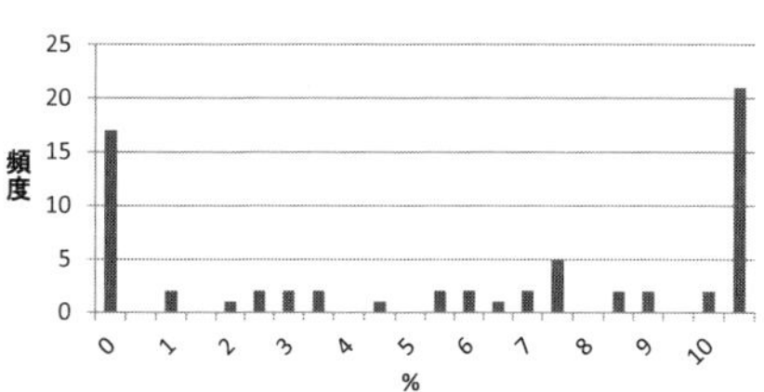

図 3-45　初期青銅器（天山北路）における錫の頻度（0.5% 目盛）

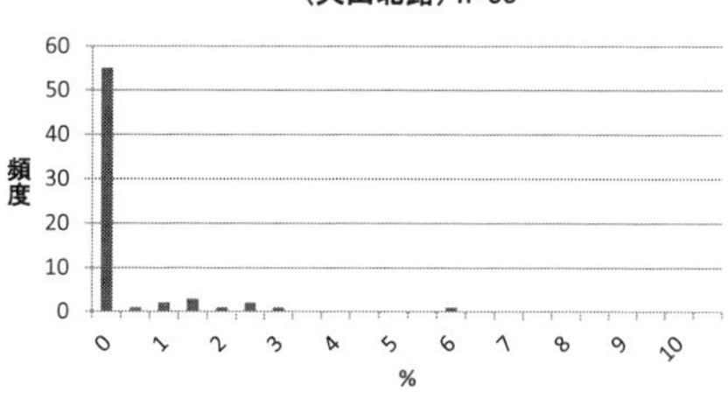

図 3-46　初期青銅器（天山北路）における鉛の頻度（0.5% 目盛）

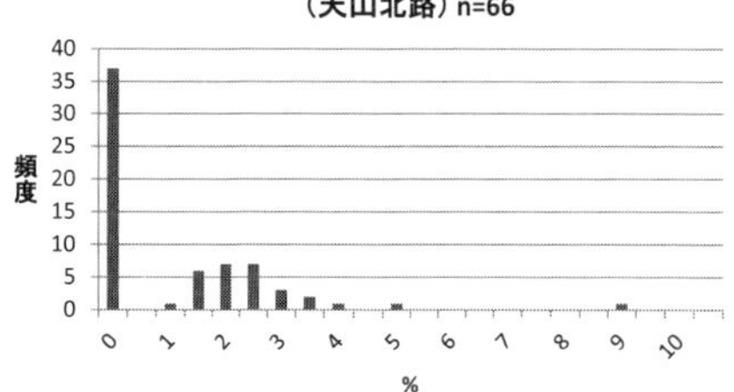

図 3-47　初期青銅器（天山北路）における砒素の頻度（0.5% 目盛）

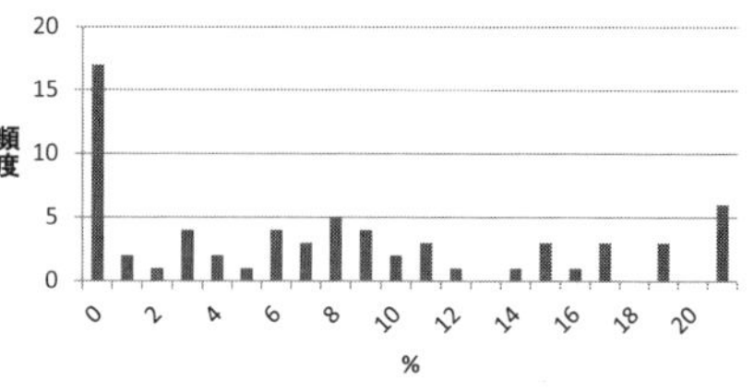

図 3-48　初期青銅器（天山北路）における錫の頻度（0.1% 目盛）

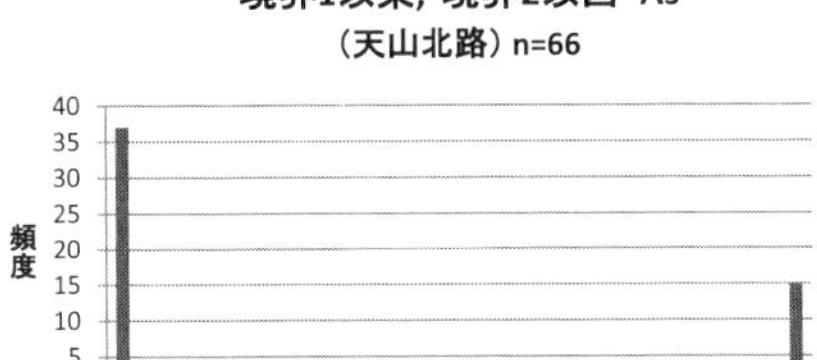

図 3-49　初期青銅器（天山北路）における砒素の頻度（0.1% 目盛）

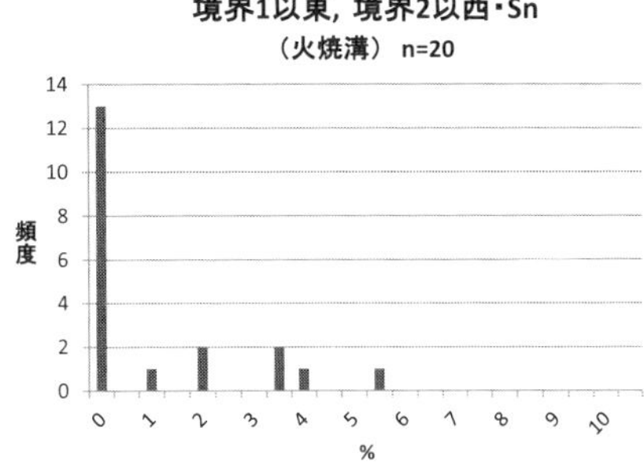

図 3-50　初期青銅器（火焼溝）における錫の頻度（0.5% 目盛）

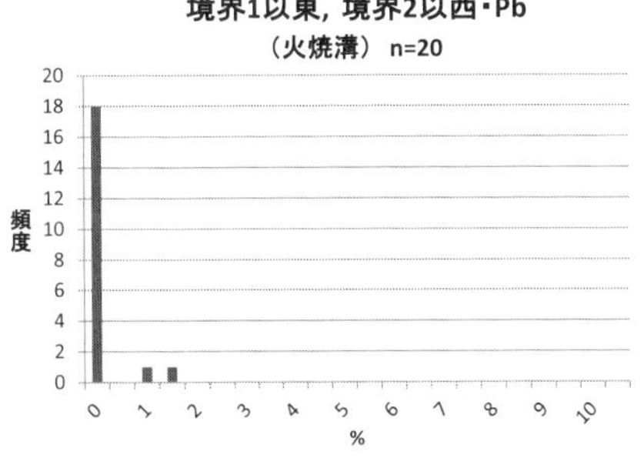

図 3-51　初期青銅器（火焼溝）における鉛の頻度（0.5% 目盛）

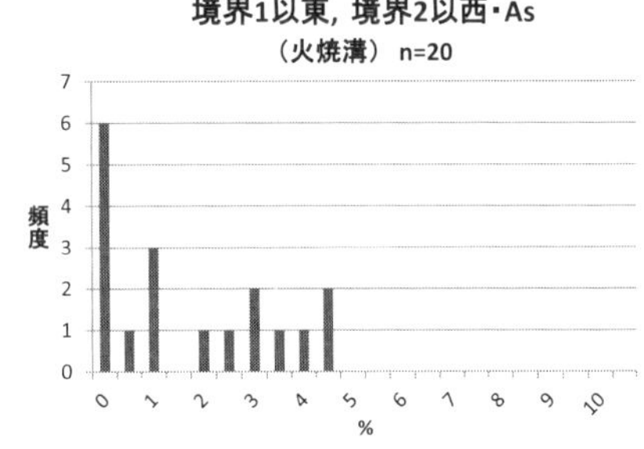

図 3-52　初期青銅器（火焼溝）における砒素の頻度（0.5% 目盛）

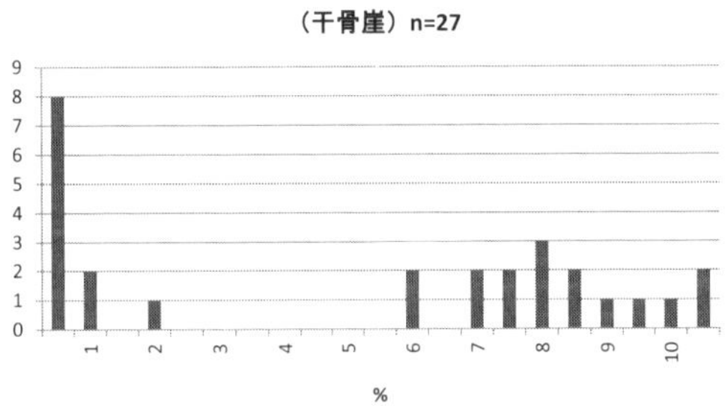

図 3-53　初期青銅器（干骨崖）における錫の頻度（0.5% 目盛）

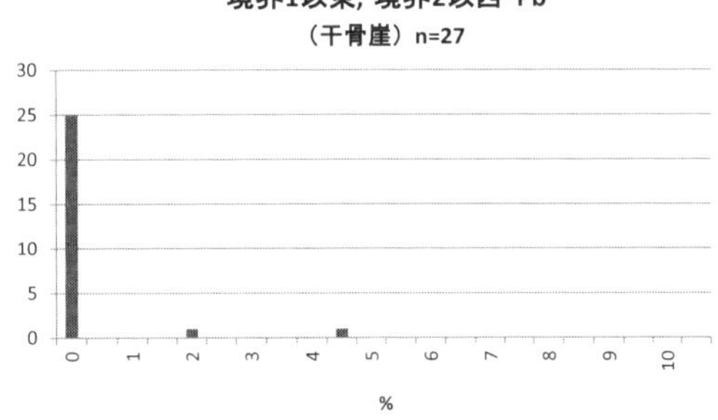

図 3-54　初期青銅器（干骨崖）における鉛の頻度（0.5% 目盛）

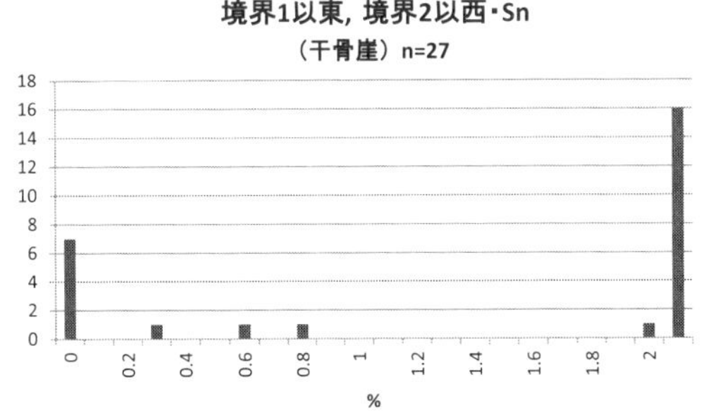

図 3-55　初期青銅器（干骨崖）における錫の頻度（0.1% 目盛）

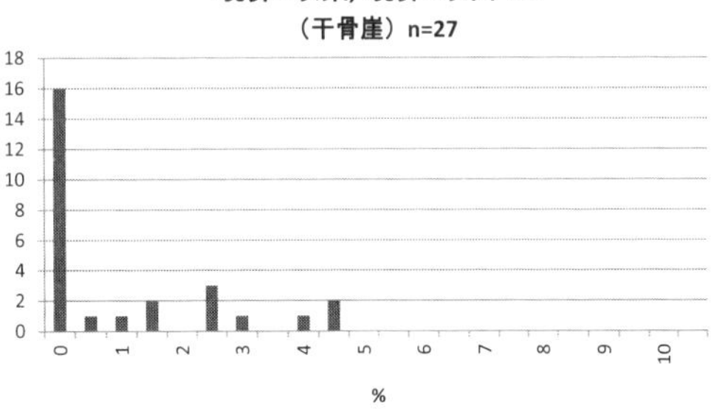

図 3-56　初期青銅器（干骨崖）における砒素の頻度（0.5% 目盛）

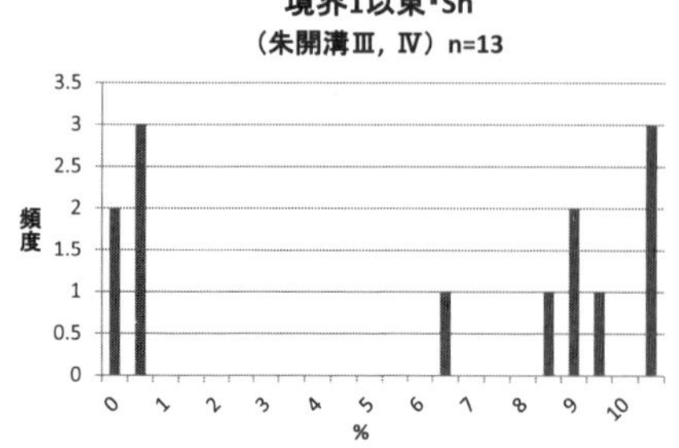

図 3-57　初期青銅器（朱開溝 III，IV）における錫の頻度（0.5% 目盛）

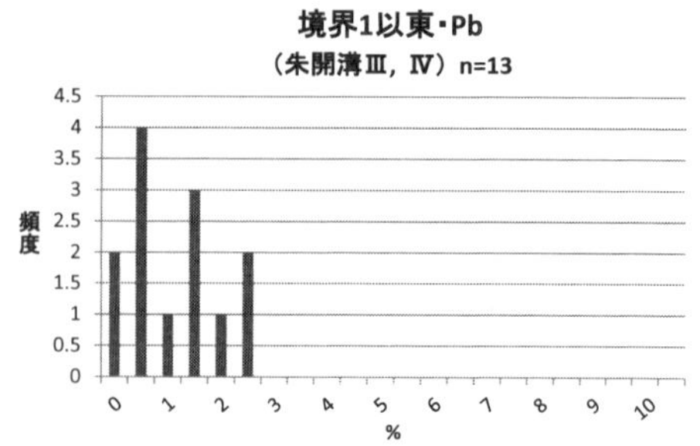

図 3-58　初期青銅器（朱開溝 III，IV）における鉛の頻度（0.5% 目盛）

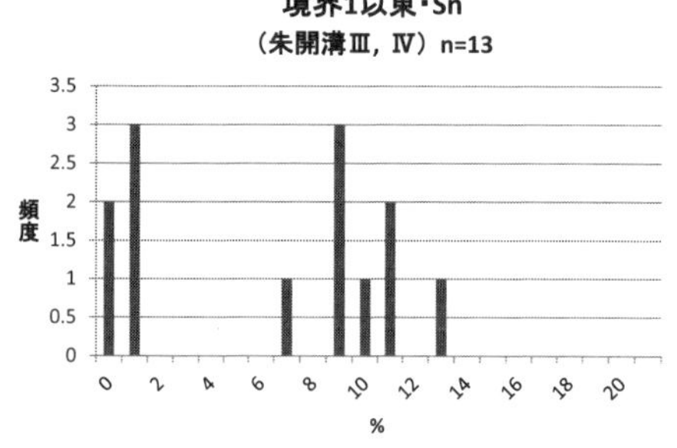

図 3-59　初期青銅器（朱開溝 III，IV）における錫の頻度（0.1% 目盛）

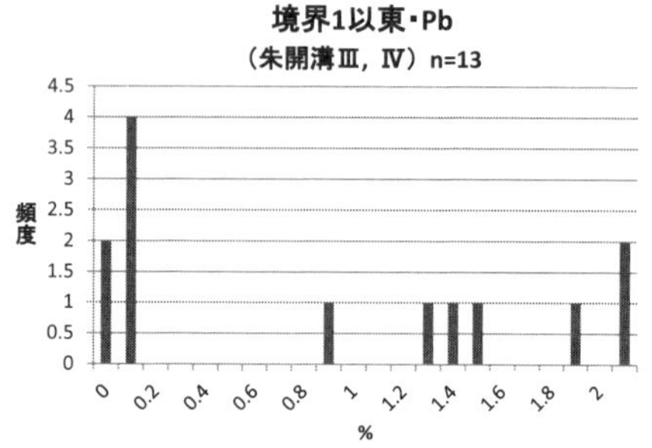

図 3-60　初期青銅器（朱開溝 III，IV）における鉛の頻度（0.1% 目盛）

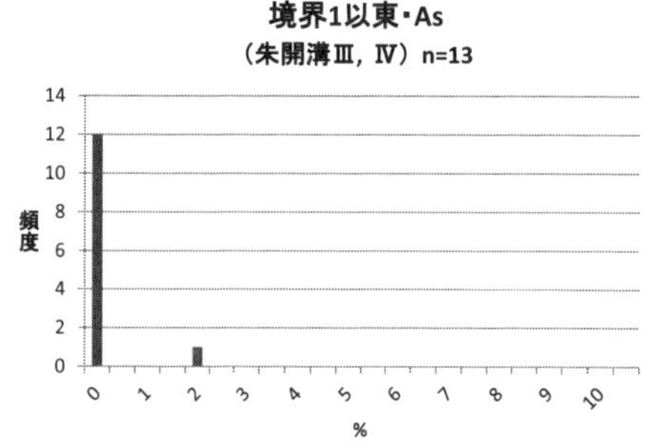

図 3-61　初期青銅器（朱開溝 III，IV）における砒素の頻度（0.1% 目盛）

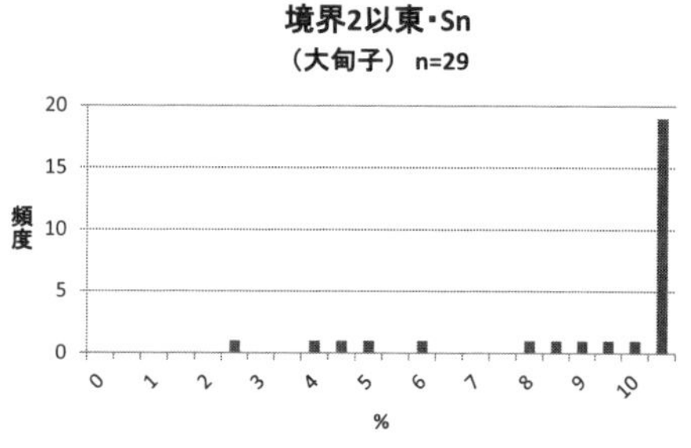

図 3-62　初期青銅器（大甸子）における錫の頻度（0.5% 目盛）

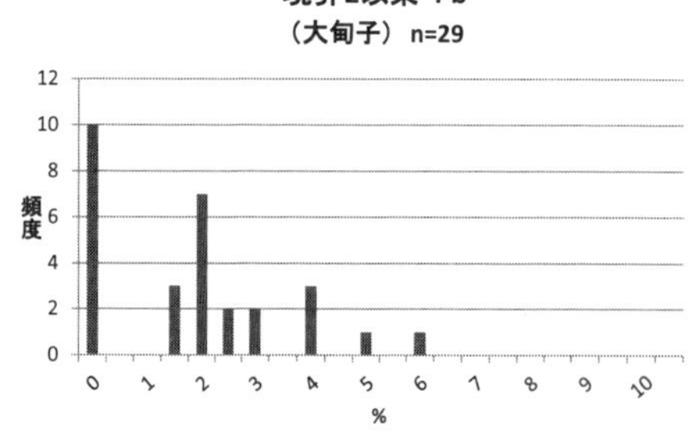

図 3-63　初期青銅器（大甸子）における鉛の頻度（0.5% 目盛）

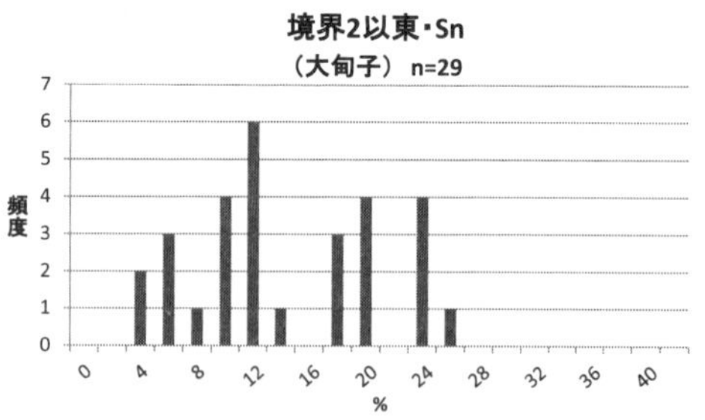

図 3-64　初期青銅器（大甸子）における錫の頻度（2% 目盛）

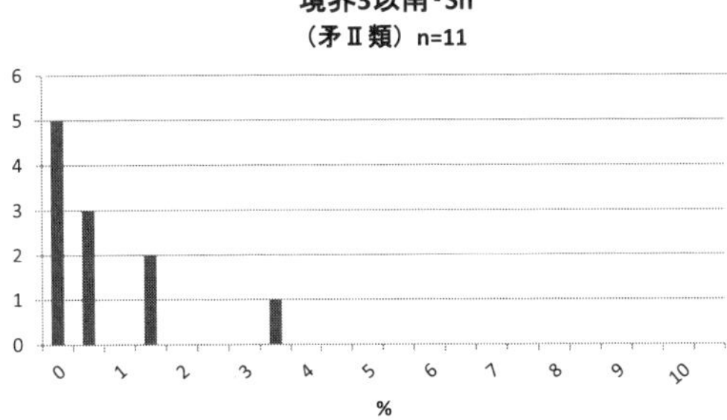

図 3-65　矛 II 類における錫の頻度（0.5% 目盛）

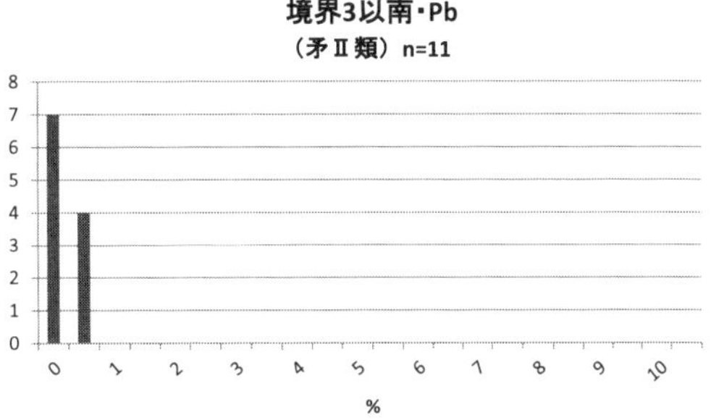

図 3-66　矛 II 類における鉛の頻度（0.5% 目盛）

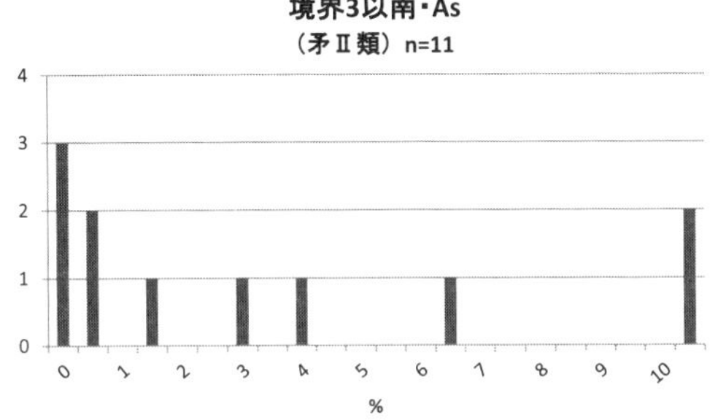

図 3-67　矛 II 類における砒素の頻度（0.5% 目盛）

表 3-1　各地の金属成分添加パターン

青銅器文化・地域	遺跡	Sn	Pb	As
セイマ・トルビノ青銅器群	ロストフカ	X(10%)	Y	Y
アンドロノヴォ文化	シャムシ	X(6～7%)	Y	Y
アンドロノヴォ文化	ミヌシンスク盆地採集品	X(4～5%)	Y	X(0～2%)
初期青銅器（境界 1 以西）	伊犂地区	Y	Y	Y
初期青銅器（境界 1 以東，境界 2 以西）	天山北路	Y	Y	Y
初期青銅器（境界 1 以東，境界 2 以西）	火焼溝	Y	Y	Y
初期青銅器（境界 1 以東，境界 3 以西）	干骨崖	(X)	Y	Y
初期青銅器（境界 2 以東）	朱開溝（III, IV 段階）	X(9%)	Y	Y
初期青銅器（境界 2 以東）	大甸子	X(12%)	Y	−
初期青銅器（境界 3 以南）	（矛 II 類）	Y	Y	Y

以上をまとめたものが表 3-1 である。境界 2 以西の初期青銅器は，いずれの元素についても明確なパターン X というのはみられない。これはアンドロノヴォ文化やセイマ・トルビノ青銅器群自体と大きく異なる。特に境界 1 以西は，上記の形態的検討では①a 群が主体であったが，錫の添加規範については西側の青銅器と異なっていた可能性もある。また，境界 1 以東，境界 2 以西の哈密や河西回廊では，1% 以上の錫や砒素を含む製品がかなり多くみられるが，各元素の添加規範はそれほど厳格でなく，アンドロノヴォ文化やセイマ・トルビノ青銅器群自体とはかなり異なっている。砒素銅製品が多いとはいえ，初期青銅器の砒素銅によって，ミヌシンスク盆地の砒素銅成立を考えるのは難しいであろう。境界 3 以南についてもパターン Y であり，セイマ・トルビノ青銅器群本体とは異なる結果が得られた。一方で，境界 2 以東は錫

に関して，アンドロノヴォ文化やセイマ・トルビノ青銅器群同様パターンXをもつ。しかしながら，境界2以東は，境界1以西とは地理的に大きく隔たっている。このパターンXの形成要因については，例えば各地の鉱や中原の影響など，他の要因の検討を要しよう。総じて，3つの金属成分の添加規範において，初期青銅器と，アンドロノヴォ文化やセイマ・トルビノ青銅器群を直接的に関連づけることは難しい。そして，3元素の添加規範から考えても，初期青銅器における3つの空間的境界は明確である。初期青銅器における金属成分の添加規範が，各境界を越えて共通する事象は認められないのである。

附表 3-1　初期青銅器分析使用資料一覧

No.	型式	器物群	種類	数量	遺跡名	地区1	地区2	地区3	地区4	遺構	土器文化	素材	文献
1	装飾品I類	1a	装身具	6	下坂地	新疆	塔什庫爾干	塔什庫爾干	境界1以西	墓葬	下坂地類型	銅	新疆文物考古研究所 2012
2	装飾品III類	1a	装身具	7	下坂地	新疆	塔什庫爾干	塔什庫爾干	境界1以西	墓葬	下坂地類型	銅	新疆文物考古研究所 2012
3	装飾品IV類	3	装身具	2	下坂地	新疆	塔什庫爾干	塔什庫爾干	境界1以西	墓葬	下坂地類型	銅	新疆文物考古研究所 2012
4	装飾品V類	3	装身具	2	下坂地	新疆	塔什庫爾干	塔什庫爾干	境界1以西	墓葬	下坂地類型	銅	新疆文物考古研究所 2012
5	有銎闘斧A類	1a	大型利器	3	阿尕爾生	新疆	鞏留県	伊犂	境界1以西	デポ	–	銅	王博 1987
6	鑿I類	1a	利器	2	阿尕爾生	新疆	鞏留県	伊犂	境界1以西	デポ	–	銅	王博 1987
7	鑿II類	3	利器	3	阿尕爾生	新疆	鞏留県	伊犂	境界1以西	デポ	–	銅	王博 1987
8	鎌	1a	利器	3	阿尕爾生	新疆	鞏留県	伊犂	境界1以西	デポ	–	銅	王博 1987
9	斧状ハンマー	1a	利器	1	阿尕爾生	新疆	鞏留県	伊犂	境界1以西	デポ	–	銅	王博 1987
10	鎌	1a	利器	1	交来	新疆	伊寧県	伊犂	境界1以西	採集	–	銅	王博 1987
11	刀子I類	1c	利器	3	–	新疆	特克斯県	伊犂	境界1以西	採集	–	銅	新疆維吾尔自治区 文物事業管理局 1999
12	刀子II類	1c	利器	1	–	新疆	特克斯県	伊犂	境界1以西	採集	–	銅	新疆維吾尔自治区 文物事業管理局 1999
13	有銎斧Ib類 （鋳型）	1b	利器	2	–	新疆	–	伊犂	境界1以西	採集	–	石	劉学堂・李遡源 2008
14a	鏡（鋳型）	1c	装身具	1	吉仁台溝口	新疆	尼勒克県	伊犂	境界1以西	住居	青銅器時代 文化遺存	石	王永強・阮秋栄 2015
14b	矛I類 （鋳型：上と 同一個体）	1c	利器	1	吉仁台溝口	新疆	尼勒克県	伊犂	境界1以西	住居	青銅器時代 文化遺存	石	王永強・阮秋栄 2015
15	刀子I類	1c	利器	1	吉仁台溝口	新疆	尼勒克県	伊犂	境界1以西	住居	青銅器時代 文化遺存	銅	王永強・阮秋栄 2015
16	装飾品I類	1a	装身具	1	烏吐蘭	新疆	尼勒克県	伊犂	境界1以西	墓葬	青銅時代	銅	新疆文物考古研究所 2014a
17	鎌	1a	利器	4	–	新疆	塔城市	塔城	境界1以西	採集	–	銅	李肖・党彤 1995
18	有銎斧II類	1c	利器	1	三道河壩 岸辺	新疆	塔城市	塔城	境界1以西	採集	–	銅	李肖・党彤 1995
19	無銎斧I類	1a	利器	3	–	新疆	塔城市	塔城	境界1以西	採集	–	銅	李肖・党彤 1995
20	鏟	1a	利器	1	–	新疆	塔城市	塔城	境界1以西	採集	–	銅	李肖・党彤 1995
21	有銎闘斧A類	1a	大型利器	1	沃雪特郷	新疆	托里県	塔城	境界1以西	採集	–	銅	李肖・党彤 1995
22	鏟（鋳型）	1a	利器	1	克爾木斉	新疆	阿勒泰市	阿勒泰～昌吉	境界1以西	墓葬	克爾木斉文化	石	劉学堂・李遡源 2008
23	矛I類（鋳型）	1b	利器	1	–	新疆	阜康市	阿勒泰～昌吉	境界1以西	採集	–	石	劉学堂・李遡源 2008
24	鏃I類（鋳型）	1c	利器	1	–	新疆	阜康市	阿勒泰～昌吉	境界1以西	採集	–	石	劉学堂・李遡源 2008
25	有銎斧II類 （鋳型）	1c	利器	1	–	新疆	阜康県	阿勒泰～昌吉	境界1以西	採集	–	石	劉学堂・李遡源 2008
26	錐（鋳型）	3	利器	1	–	新疆	阜康県	阿勒泰～昌吉	境界1以西	採集	–	石	劉学堂・李遡源 2008
27	無銎斧I類	1a	利器	1	–	新疆	阜康市	阿勒泰～昌吉	境界1以西	採集	–	銅	昌吉 14
28	鏟	1a	利器	1	農科院 試験場	新疆	烏魯木斉市	阿勒泰～昌吉	境界1以西	採集	–	銅	王博 1987
29	無銎斧I類	1a	利器	1	板房溝	新疆	烏魯木斉市	阿勒泰～昌吉	境界1以西	採集	–	銅	李肖・党彤 1995
30	有銎闘斧A類	1a	大型利器	1	–	新疆	吉木薩爾県	阿勒泰～昌吉	境界1以西	採集	–	銅	昌吉回族自治州 《庭州文物集萃》編委会等 1993
31	鎌	1a	利器	1	–	新疆	奇台県	阿勒泰～昌吉	境界1以西	採集	–	銅	昌吉 14
32	有銎闘斧A類	1a	大型利器	1	七戸	新疆	奇台県	阿勒泰～昌吉	境界1以西	採集	–	銅	昌吉回族自治州 《庭州文物集萃》編委会等 1993
33	有銎斧Ib類	1b	利器	1	–	新疆	奇台県	阿勒泰～昌吉	境界1以西	採集	–	銅	昌吉 14
34	有銎斧Ib類	1b	利器	1	–	新疆	奇台県	阿勒泰～昌吉	境界1以西	採集	–	銅	昌吉 14
35	有銎斧Ia類	1c	利器	1	–	新疆	昌吉市	阿勒泰～昌吉	境界1以西	採集	–	銅	昌吉 14
36	鑿I類	1a	利器	1	–	新疆	昌吉市	阿勒泰～昌吉	境界1以西	採集	–	銅	昌吉 14
37	有銎闘斧A類	1a	大型利器	1	–	新疆	昌吉州	阿勒泰～昌吉	境界1以西	採集	–	銅	昌吉 14
38	有銎斧Ia類	1c	利器	1	–	新疆	昌吉州	阿勒泰～昌吉	境界1以西	採集	–	銅	昌吉 14
39	有銎闘斧A類	1a	大型利器	1	四道溝	新疆	木壘県	阿勒泰～昌吉	境界1以西	採集	–	銅	昌吉 14
40	有銎闘斧A類	1a	大型利器	1	四道溝	新疆	木壘県	阿勒泰～昌吉	境界1以西	採集	–	銅	昌吉 14
41	有銎斧Ib類	1b	利器	2	四道溝	新疆	木壘県	阿勒泰～昌吉	境界1以西	採集	–	銅	昌吉 14

No.	型式	器物群	種類	数量	遺跡名	地区1	地区2	地区3	地区4	遺構	土器文化	素材	文献
42	有銎斧Ia類	1c	利器	1	−	新疆	木壘県	阿勒泰～昌吉	境界1以西	採集	−	銅	昌吉14
43	有銎斧Ia類	1c	利器	1	新塔拉	新疆	和碩県	和碩	境界1～2	包含層	新塔拉類遺存	銅	新疆考古所1988
44	有銎闘斧B類	1c	大型利器	1	南湾	新疆	巴里坤県	巴里坤～哈密	境界1～2	墓葬	哈密天山北路文化	銅	呂恩国ほか2001
45	刀子III類	3	利器	2	南湾	新疆	巴里坤県	巴里坤～哈密	境界1～2	墓葬	哈密天山北路文化	銅	呂恩国ほか2001
46	鑿II類	3	利器	1	南湾	新疆	巴里坤県	巴里坤～哈密	境界1～2	墓葬	哈密天山北路文化	銅	呂恩国ほか2001
47	鎌	1a	利器	1	南湾	新疆	巴里坤県	巴里坤～哈密	境界1～2	墓葬	哈密天山北路文化	銅	呂恩国ほか2001
48	錐	3	利器	1	南湾	新疆	巴里坤県	巴里坤～哈密	境界1～2	墓葬	哈密天山北路文化	銅	呂恩国ほか2001
49	装飾品IV類	3	装身具	2	南湾	新疆	巴里坤県	巴里坤～哈密	境界1～2	墓葬	哈密天山北路文化	銅	呂恩国ほか2001
50	有銎闘斧A類	1a	大型利器	1	石疙瘩	新疆	巴里坤県	巴里坤～哈密	境界1～2	採集	−	銅	劉国瑞主編1997
51	有銎斧Ia-b類	1b/1c	利器	1	−	新疆	哈密市	巴里坤～哈密	境界1～2	採集	−	銅	劉国瑞主編1997
52	有銎闘斧A類	1a	大型利器	1	天山北路	新疆	哈密市	巴里坤～哈密	境界1～2	墓葬	哈密天山北路文化	銅	哈密博物館2013
53	有銎斧II類	1c	利器	1	天山北路	新疆	哈密市	巴里坤～哈密	境界1～2	墓葬	哈密天山北路文化	銅	呂恩国ほか2001
54	刀子I類	1c	利器	13	天山北路	新疆	哈密市	巴里坤～哈密	境界1～2	墓葬	哈密天山北路文化	銅	呂恩国ほか2001, 北京科技大学冶金与材料史研究所2001
55	刀子II類	1c	利器	1	天山北路	新疆	哈密市	巴里坤～哈密	境界1～2	墓葬	哈密天山北路文化	銅	北京科技大学冶金与材料史研究所2001
56	刀子III類	3	利器	4	天山北路	新疆	哈密市	巴里坤～哈密	境界1～2	墓葬	哈密天山北路文化	銅	呂恩国ほか2001, 北京科技大学冶金与材料史研究所2001
57	鑿II類	3	利器	1	天山北路	新疆	哈密市	巴里坤～哈密	境界1～2	墓葬	哈密天山北路文化	銅	呂恩国ほか2001
58	鎌	1a	利器	2	天山北路	新疆	哈密市	巴里坤～哈密	境界1～2	墓葬	哈密天山北路文化	銅	呂恩国ほか2001
59	匕	4	利器	1	天山北路	新疆	哈密市	巴里坤～哈密	境界1～2	墓葬	哈密天山北路文化	銅	呂恩国ほか2001
60	錐	3	利器	1	天山北路	新疆	哈密市	巴里坤～哈密	境界1～2	墓葬	哈密天山北路文化	銅	呂恩国ほか2001
61	装飾品II類	4	装身具	1	天山北路	新疆	哈密市	巴里坤～哈密	境界1～2	墓葬	哈密天山北路文化	銅	北京科技大学冶金与材料史研究所2001
62	装飾品IV類	3	装身具	13	天山北路	新疆	哈密市	巴里坤～哈密	境界1～2	墓葬	哈密天山北路文化	銅	呂恩国ほか2001, 北京科技大学冶金与材料史研究所2001
63	鏡	1c	装身具	4	天山北路	新疆	哈密市	巴里坤～哈密	境界1～2	墓葬	哈密天山北路文化	銅	呂恩国ほか2001, 新疆維吾尔自治区文物事業管理局1999
64	装飾品II類	4	装身具	3	薩伊吐爾	新疆	哈密市	巴里坤～哈密	境界1～2	墓葬	哈密天山北路文化	銅	新疆文物考古研究所2014b
65	装飾品II類	4	装身具	1	薩伊吐爾	新疆	哈密市	巴里坤～哈密	境界1～2	墓葬	哈密天山北路文化	金	新疆文物考古研究所2014b
66	錐	3	利器	2	薩伊吐爾	新疆	哈密市	巴里坤～哈密	境界1～2	墓葬	哈密天山北路文化	銅	新疆文物考古研究所2014b
67	有銎斧II類	1c	利器	1	干骨崖	甘粛	酒泉市	河西回廊	境界1～2	墓葬	四壩文化	銅	宮本ほか2008
68	刀子I類	1c	利器	6	干骨崖	甘粛	酒泉市	河西回廊	境界1～2	墓葬	四壩文化	銅	宮本ほか2008
69	刀子III類	1c	利器	3	干骨崖	甘粛	酒泉市	河西回廊	境界1～2	墓葬	四壩文化	銅	宮本ほか2008
70	鏃I類	1c	利器	3	干骨崖	甘粛	酒泉市	河西回廊	境界1～2	墓葬	四壩文化	銅	宮本ほか2008
71	錐	3	利器	8	干骨崖	甘粛	酒泉市	河西回廊	境界1～2	墓葬	四壩文化	銅	宮本ほか2008
72	錐	3	利器	1	干骨崖	甘粛	酒泉市	河西回廊	境界1～2	墓葬	四壩文化	銅	甘粛省文物考古研究所・北京大学考古文博学院2016
73	装飾品I類	1a	装身具	1	干骨崖	甘粛	酒泉市	河西回廊	境界1～2	墓葬	四壩文化	銅	宮本ほか2008
74	装飾品I類	1a	装身具	1	干骨崖	甘粛	酒泉市	河西回廊	境界1～2	墓葬	四壩文化	銅	甘粛省文物考古研究所・北京大学考古文博学院2016
75	装飾品II類	4	装身具	1	干骨崖	甘粛	酒泉市	河西回廊	境界1～2	墓葬	四壩文化	銅	宮本ほか2008
76	装飾品IV類	3	装身具	6	干骨崖	甘粛	酒泉市	河西回廊	境界1～2	墓葬	四壩文化	銅	宮本ほか2008
77	装飾品IV類	3	装身具	3	干骨崖	甘粛	酒泉市	河西回廊	境界1～2	墓葬	四壩文化	銅	甘粛省文物考古研究所・北京大学考古文博学院2016
78	装飾品V類	3	装身具	11	干骨崖	甘粛	酒泉市	河西回廊	境界1～2	墓葬	四壩文化	銅	宮本ほか2008
79	有銎斧Ia-b類	1b/1c	利器	1	火焼溝	甘粛	玉門市	河西回廊	境界1～2	墓葬	四壩文化	銅	宮本ほか2008
80	刀子I類	1c	利器	2	火焼溝	甘粛	玉門市	河西回廊	境界1～2	墓葬	四壩文化	銅	宮本ほか2008
81	刀子III類	1c	利器	13	火焼溝	甘粛	玉門市	河西回廊	境界1～2	墓葬	四壩文化	銅	宮本ほか2008
82	鏃I類（鋳型）	1c	利器	1	火焼溝	甘粛	玉門市	河西回廊	境界1～2	墓葬	四壩文化	銅	宮本ほか2008
83	矛I類	1c	利器	1	火焼溝	甘粛	玉門市	河西回廊	境界1～2	墓葬	四壩文化	銅	宮本ほか2008
84	匕	4	利器	8	火焼溝	甘粛	玉門市	河西回廊	境界1～2	墓葬	四壩文化	銅	宮本ほか2008
85	錐	3	利器	4	火焼溝	甘粛	玉門市	河西回廊	境界1～2	墓葬	四壩文化	銅	宮本ほか2008
86	装飾品I類	1a	装身具	1	火焼溝	甘粛	玉門市	河西回廊	境界1～2	墓葬	四壩文化	銅	宮本ほか2008
87	装飾品II類	4	装身具	2	火焼溝	甘粛	玉門市	河西回廊	境界1～2	墓葬	四壩文化	銅	宮本ほか2008
88	装飾品II類	4	装身具	1	火焼溝	甘粛	玉門市	河西回廊	境界1～2	墓葬	四壩文化	金	Bunker 1998
89	装飾品IV類	3	装身具	15	火焼溝	甘粛	玉門市	河西回廊	境界1～2	墓葬	四壩文化	銅	宮本ほか2008

No.	型式	器物群	種類	数量	遺跡名	地区 1	地区 2	地区 3	地区 4	遺構	土器文化	素材	文献
90	刀子 III 類	3	利器	2	鷹窩樹	甘粛	安西県	河西回廊	境界 1～2	墓葬	四壩文化	銅	宮本ほか 2008
91	鏃 I 類	1c	利器	2	鷹窩樹	甘粛	安西県	河西回廊	境界 1～2	墓葬	四壩文化	銅	宮本ほか 2008
92	錐	3	利器	1	鷹窩樹	甘粛	安西県	河西回廊	境界 1～2	墓葬	四壩文化	銅	宮本ほか 2008
93	装飾品 II 類	4	装身具	1	鷹窩樹	甘粛	安西県	河西回廊	境界 1～2	墓葬	四壩文化	銅	宮本ほか 2008
94	装飾品 IV 類	3	装身具	1	鷹窩樹	甘粛	安西県	河西回廊	境界 1～2	墓葬	四壩文化	銅	宮本ほか 2008
95	刀子 III 類	3	利器	7	東灰山	甘粛	民楽県	河西回廊	境界 1～2	墓葬	四壩文化	銅	甘吉 98
96	錐	3	利器	1	東灰山	甘粛	民楽県	河西回廊	境界 1～2	墓葬	四壩文化	銅	甘吉 98
97	装飾品 II 類	4	装身具	3	東灰山	甘粛	民楽県	河西回廊	境界 1～2	墓葬	四壩文化	銅	甘吉 98
98	装飾品 II 類	4	装身具	1	東灰山	甘粛	民楽県	河西回廊	境界 1～2	墓葬	四壩文化	金	甘吉 98
99	装飾品 II 類	4	装身具	2	東灰山	甘粛	民楽県	河西回廊	境界 1～2	包含層	四壩文化	金	甘吉 98
100	刀子 III 類	3	利器	1	西城驛	甘粛	張掖市	河西回廊	境界 1～2	包含層	四壩文化	銅	陳国科ほか 2015
101	錐	3	利器	20	西城驛	甘粛	張掖市	河西回廊	境界 1～2	包含層	四壩文化	銅	陳国科ほか 2015
102	装飾品 V 類	3	装身具	4 (断片)	西城驛	甘粛	張掖市	河西回廊	境界 1～2	包含層	四壩文化	銅	陳国科ほか 2015
103	装飾品 IV 類	3	装身具	4	西城驛	甘粛	張掖市	河西回廊	境界 1～2	包含層	四壩文化	銅	陳国科ほか 2015
104	有銎斧 Ia 類	1c	利器	1	斉家坪	甘粛	広河県	甘粛東～青海	境界 1～2	採集	斉家文化	銅	宮本ほか 2008
105	匕	4	利器	1	斉家坪	甘粛	広河県	甘粛東～青海	境界 1～2	採集	斉家文化	銅	陳佩芬 2000
106	鏡	1c	装身具	1	斉家坪	甘粛	広河県	甘粛東～青海	境界 1～2	採集	斉家文化	銅	宮本ほか 2008
107	鏡	1c	装身具	1	－	甘粛	臨夏	甘粛東～青海	境界 1～2	採集	斉家文化	銅	祝中熹・李永平 2004
108	有銎斧 Ia 類	1c	利器	1	杏林	甘粛	岷県	甘粛東～青海	境界 1～2	包含層	斉家文化	銅	甘粛省岷県文化館 1985
109	刀子 I 類	1c	利器	2	杏林	甘粛	岷県	甘粛東～青海	境界 1～2	包含層	斉家文化	銅	甘粛省岷県文化館 1985
110	匕	4	利器	1	大何荘	甘粛	永靖県	甘粛東～青海	境界 1～2	包含層	斉家文化	銅	中国科学院考古研究所 甘粛工作隊 1974
111	装飾品 IV 類	3	装身具	6	新荘坪	甘粛	石積山県	甘粛東～青海	境界 1～2	採集	斉家文化	銅	宮本ほか 2008
112	装飾品 V 類	3	装身具	7	新荘坪	甘粛	石積山県	甘粛東～青海	境界 1～2	採集	斉家文化	銅	宮本ほか 2008
113	無銎斧 II 類	3	利器	1	秦魏家	甘粛	永靖県	甘粛東～青海	境界 1～2	包含層	斉家文化	銅	中国科学院考古研究所 甘粛工作隊 1975
114	錐	3	利器	1	秦魏家	甘粛	永靖県	甘粛東～青海	境界 1～2	包含層	斉家文化	銅	中国科学院考古研究所 甘粛工作隊 1975
115	刀子 I 類	1c	利器	1	商罐地	甘粛	康楽県	甘粛東～青海	境界 1～2	採集	斉家文化	銅	李水城 2005
116	矛 II 類	1b	大型利器	1	－	甘粛	－	甘粛東～青海	境界 1～2	採集	－	銅	林梅村 2016
117	鏡	1c	装身具	1	尕馬台	青海	貴南県	甘粛東～青海	境界 1～2	採集	斉家文化	銅	宮本ほか 2008
118	装飾品 IV 類	3	装身具	6	尕馬台	青海	貴南県	甘粛東～青海	境界 1～2	採集	斉家文化	銅	青海省文物考古研究所・ 北京大学考古文博学院 2016
119	装飾品 V 類	3	装身具	6	尕馬台	青海	貴南県	甘粛東～青海	境界 1～2	採集	斉家文化	銅	青海省文物考古研究所・ 北京大学考古文博学院 2016
120	矛 II 類	1b	大型利器	1	沈那	青海	西寧市	甘粛東～青海	境界 1～2	採集	斉家文化	銅	宮本ほか 2008
121	矛 II 類	1b	大型利器	1	－	青海	大通県	甘粛東～青海	境界 1～2	採集	－	銅	劉翔 2015
122	無銎斧 II 類	3	利器	1	朱開溝	内蒙古	伊金霍洛旗	オルドス	境界 2 以東	包含層	朱開溝文化	銅	内鄂 00
123	鏃 II 類	2	利器	1	朱開溝	内蒙古	伊金霍洛旗	オルドス	境界 2 以東	墓葬	朱開溝文化	銅	内鄂 00
124	錐	3	利器	2	朱開溝	内蒙古	伊金霍洛旗	オルドス	境界 2 以東	灰坑 / 包含層	朱開溝文化	銅	内鄂 00
125	装飾品 I 類	1a	装身具	1	朱開溝	内蒙古	伊金霍洛旗	オルドス	境界 2 以東	包含層	朱開溝文化	銅	内鄂 00
126	装飾品 II 類	4	装身具	2	朱開溝	内蒙古	伊金霍洛旗	オルドス	境界 2 以東	包含層	朱開溝文化	銅	内鄂 00
127	装飾品 II 類	4	装身具	2	朱開溝	内蒙古	伊金霍洛旗	オルドス	境界 2 以東	墓葬	朱開溝文化	銅	内鄂 00
128	装飾品 V 類	3	装身具	8	朱開溝	内蒙古	伊金霍洛旗	オルドス	境界 2 以東	墓葬	朱開溝文化	銅	内鄂 00
129	錐	3	利器	1	荘窩	内蒙古	清水河県	オルドス	境界 2 以東	灰坑	朱開溝文化	銅	烏蘭察布博物館・ 清水河県文物管理所 1997
130	矛 II 類	1b	大型利器	1	－	陝西	－	長城以南	境界 2 以東	採集	－	銅	胡保華 2015
131	矛 II 類	1b	大型利器	2	－	山西	－	長城以南	境界 2 以東	採集	－	銅	胡保華 2015
132	矛 II 類	1b	大型利器	4	下王崗	河南	－	長城以南	境界 2 以東	灰坑	－	銅	胡保華 2015
133	矛 II 類	1b	大型利器	3	－	河南	－	長城以南	境界 2 以東	採集	－	銅	胡保華 2015
134	矛 II 類	1b	大型利器	1	南双廟	遼寧	朝陽市	遼西	境界 2 以東	採集	－	銅	胡保華 2015
135	刀子 III 類	3	利器	1	小楡樹林子	内蒙古	寧城県	遼西	境界 2 以東	包含層	夏家店 下層文化	銅	内蒙古自治区文物工作隊 1965
136	装飾品 II 類	4	装身具	25	大甸子	内蒙古	赤峰市	遼西	境界 2 以東	墓葬	夏家店 下層文化	銅	中国社会科学院 考古研究所 1998
137	装飾品 II 類	4	装身具	1	大甸子	内蒙古	赤峰市	遼西	境界 2 以東	墓葬	夏家店 下層文化	金	中国社会科学院 考古研究所 1998
138	刀子 III 類	3	利器	1	二道井子	内蒙古	赤峰市	遼西	境界 2 以東	住居	夏家店 下層文化	銅	内蒙古自治区文物 考古研究所 2010
139	装飾品 II 類	4	装身具	1	二道井子	内蒙古	赤峰市	遼西	境界 2 以東	住居	夏家店 下層文化	銅	内蒙古自治区文物 考古研究所 2010
140	装飾品 I 類	1a	装身具	1	平頂山	遼寧	阜新県	遼西	境界 2 以東	包含層	夏家店 下層文化	銅	遼寧省文物考古研究所・ 吉林大学考古学系 1992
141	鏃 II 類	2	利器	2	代海	遼寧	阜新県	遼西	境界 2 以東	墓葬	夏家店 下層文化	銅	遼寧省文物考古研究所 2013
142	装飾品 II 類	2	装身具	1	代海	遼寧	阜新県	遼西	境界 2 以東	墓葬	夏家店 下層文化	銅	遼寧省文物考古研究所 2013
143	装飾品 I 類	1a	装身具	2	官庄	河北	懐来県	河北	境界 2 以東	墓葬	夏家店 下層系文化	銅	河北省文物研究所・ 張家口市文物管理処・懐来県 博物館 2001

No.	型式	器物群	種類	数量	遺跡名	地区1	地区2	地区3	地区4	遺構	土器文化	素材	文献
144	装飾品I類	1a	装身具	1	劉李店	河北	北京市	河北	境界2以東	墓葬	夏家店下層系文化	銅	北京市文物管理処ほか1976
145	装飾品II類	4	装身具	1	塔照	河北	北京市	河北	境界2以東	包含層	夏家店下層系文化	銅	北京市文物研究所1999
146	鏃I類	1c	利器	1	下岳各庄	河北	易県	河北	境界2以東	灰坑	夏家店下層系文化	銅	拒馬河考古隊1988
147	装飾品I類	1a	装身具	1	下岳各庄	河北	易県	河北	境界2以東	灰坑	夏家店下層系文化	銅	拒馬河考古隊1988
148	装飾品I類	1a	装身具	2	小官荘	河北	唐山市	河北	境界2以東	墓葬	夏家店下層系文化	銅	安志敏1954
149	鏃I類	1c	利器	1	大坨頭	河北	天津市	河北	境界2以東	灰坑	夏家店下層系文化	銅	天津市文化局考古発掘隊1966
150	装飾品I類	1a	装身具	1	圍坊	河北	天津市	河北	境界2以東	包含層	夏家店下層系文化	銅	天津市文物管理処考古隊1983
151	刀子III類	3	利器	2	圍坊	河北	天津市	河北	境界2以東	包含層	夏家店下層系文化	銅	天津市文物管理処考古隊1983
152	刀子III類	3	利器	1	張家園	河北	薊県	河北	境界2以東	包含層	夏家店下層系文化	銅	天津市文物管理処1977
153	鏃II類	2	利器	1	張家園	河北	薊県	河北	境界2以東	包含層	夏家店下層系文化	銅	天津市文物管理処1977
154	装飾品I類	1a	装身具	2	張家園	河北	薊県	河北	境界2以東	住居	夏家店下層系文化	銅	天津市文物管理処1977
155	装飾品II類	4	装身具	1	慶功台	河北	香河県	河北	境界2以東	墓葬	夏家店下層系文化	金	廊坊市文物管理所・香河県文物保管所1999
156	鏃II類	2	利器	1	張営（第二段）	河北	北京市	河北	境界2以東	包含層	夏家店下層系文化	銅	北京07
157	錐	3	利器	2	張営（第二段）	河北	北京市	河北	境界2以東	包含層	夏家店下層系文化	銅	北京07
158	鑿II類	3	利器	2	張営（第二段）	河北	北京市	河北	境界2以東	包含層	夏家店下層系文化	銅	北京07
159	装飾品I類	1a	装身具	1	張営（第二段）	河北	北京市	河北	境界2以東	包含層	夏家店下層系文化	銅	北京07
160	鏃II類（鋳型）	2	利器	1	張営（第二段）	河北	北京市	河北	境界2以東	包含層	夏家店下層系文化	石	北京07

＊文献略号：昌吉14＝新疆昌吉回族自治州文物局2014, 甘吉98＝甘粛省文物考古研究所・吉林大学北方考古研究室1998, 内鄂00＝内蒙古自治区文物考古研究所・鄂尔多斯博物館2000, 北京07＝北京市文物研究所・北京市昌平区文化委員会2007

附表3-2　初期青銅器成分分析使用資料一覧

No.	報告書分析番号	地域	出土・採集地	墓葬no.	器種	Sn	Pb	As	文献	平均値使用
1	26404	キルギス	シャムシ	−	削	8	0.06	0.085	Ры80	−
2	26405	キルギス	シャムシ	−	闘斧	4	0.12	0.1	Ры80	−
3	26406	キルギス	シャムシ	−	闘斧	7.5	0.045	0.08	Ры80	−
4	26407	キルギス	シャムシ	−	ハンマー	6.5	0.15	0.2	Ры80	−
5	26408	キルギス	シャムシ	−	鑿	7	0.15	0.08	Ры80	−
6	26409	キルギス	シャムシ	−	鑿	1.8	0.12	0.085	Ры80	−
7	26410	キルギス	シャムシ	−	無銎斧	6.5	0.05	0.08	Ры80	−
8	26411	キルギス	シャムシ	−	無銎斧	7	0.35	0.045	Ры80	−
9	26412	キルギス	シャムシ	−	鎌	5	0.013	0.3	Ры80	−
10	26413	キルギス	シャムシ	−	鎌	4	0.15	0.08	Ры80	−
11	26414	キルギス	シャムシ	−	鎌	1.7	0.12	0.04	Ры80	−
12	26415	キルギス	シャムシ	−	矛	5.5	1.7	0.35	Ры80	−
13	26416	キルギス	シャムシ	−	刀子片	0.003	0.0005	0.08	Ры80	−
14	26417	キルギス	シャムシ	−	鏡	6.5	0.01	0.08	Ры80	−
15	26418	キルギス	シャムシ	−	鏡（有柄）	6.5	0.1	0.08	Ры80	−
16	26419	キルギス	シャムシ	−	鏡（鈕付）	5	0.013	0.25	Ры80	−
17	26420	キルギス	シャムシ	−	鏡片	6	0.001	0.35	Ры80	−
18	26421	キルギス	シャムシ	−	金具	5.5	0.15	0.065	Ры80	−
19	26422	キルギス	シャムシ	−	ピン	6	0.05	0.085	Ры80	−
20	26423	キルギス	シャムシ	−	錐	2.5	0.06	0.18	Ры80	−
21	26424	キルギス	シャムシ	−	鉤	1.7	0.12	0.2	Ры80	−
22	26425	キルギス	シャムシ	−	環	5.5	0.009	0.1	Ры80	−
23	26426	キルギス	シャムシ	−	環	2.7	0.06	0.09	Ры80	−
24	26427	キルギス	シャムシ	−	金具	6	0.004	0.1	Ры80	−
25	26428	キルギス	シャムシ	−	金具	6.5	0.025	0.3	Ры80	−
26	26429	キルギス	シャムシ	−	金具	1	0.01	0.3	Ры80	−
27	26430	キルギス	シャムシ	−	素材	7	0.06	0.1	Ры80	−
28	172	ミヌシンスク	ミヌシンスク採集	−	鎌	0.02	0.05	1.5	Бо63	−
29	173	ミヌシンスク	ミヌシンスク採集	−	鎌	0.5	0.1	2	Бо63	−

No.	報告書分析番号	地域	出土・採集地	墓葬 no.	器種	Sn	Pb	As	文献	平均値使用
30	198	ミヌシンスク	ミヌシンスク採集	−	剣	有	0.1	2	Бо63	−
31	216	ミヌシンスク	ミヌシンスク採集	−	剣	5	0.05	0.05	Бо63	−
32	245	ミヌシンスク	ミヌシンスク採集	−	斧	4	0.3	0.6	Бо63	−
33	359	ミヌシンスク	ミヌシンスク採集	−	斧	4	0.05	0	Бо63	−
34	6558(no.89)	オムスク	ロストフカ	−	有銎斧	10	0.08	1.2	ЧК89	−
35	6557(no.90)	オムスク	ロストフカ	−	有銎斧	10	0.05	0.04	ЧК89	−
36	6270(no.91)	オムスク	ロストフカ	−	有銎斧	6	1	0.23	ЧК89	−
37	6554(no.105)	オムスク	ロストフカ	−	有銎斧	12	0.12	0.08	ЧК89	−
38	6559(no.106)	オムスク	ロストフカ	−	有銎斧	10	0.12	0.2	ЧК89	−
39	7774(no.107)	オムスク	ロストフカ	−	有銎斧	6	0.15	0.07	ЧК89	−
40	6556(no.118)	オムスク	ロストフカ	−	有銎斧	10	0.19	0.02	ЧК89	−
41	6555(no.119)	オムスク	ロストフカ	−	有銎斧	11	0.1	0.25	ЧК89	−
42	6564(no.3)	オムスク	ロストフカ	−	矛	0.0005	0.012	1.5	ЧК89	−
43	6562(no.13)	オムスク	ロストフカ	−	矛	10	0.23	1.2	ЧК89	−
44	6563(no.14)	オムスク	ロストフカ	−	矛	8	0.04	0.025	ЧК89	−
45	7775(no.15)	オムスク	ロストフカ	−	矛	2.5	2	0.2	ЧК89	−
46	6560(no.16)	オムスク	ロストフカ	−	矛	8	0.07	0.02	ЧК89	−
47	6561(no.19)	オムスク	ロストフカ	−	矛	12	0.2	0.02	ЧК89	−
48	7771(no.25)	オムスク	ロストフカ	−	矛	5	0.8	0.1	ЧК89	−
49	6265(no.35)	オムスク	ロストフカ	−	矛	11	0.25	0.09	ЧК89	−
50	6566(no.101)	オムスク	ロストフカ	−	矛	9	0.08	0.25	ЧК89	−
51	6567(no.102)	オムスク	ロストフカ	−	矛	5	0.18	0.7	ЧК89	−
52	6565(no.103)	オムスク	ロストフカ	−	矛	6.5	0.04	0.33	ЧК89	−
53	31537(no.16)	オムスク	ロストフカ	−	刀子	5.5	0.02	0.08	ЧК89	−
54	6572(no.17)	オムスク	ロストフカ	−	刀子	9	0.3	0.25	ЧК89	−
55	7772(no.22)	オムスク	ロストフカ	−	刀子	1.5	0.01	0.3	ЧК89	−
56	6269(no.29)	オムスク	ロストフカ	−	刀子	8	0.04	0.85	ЧК89	−
57	29350(no.42)	オムスク	ロストフカ	−	刀子	10	0.25	0.18	ЧК89	−
58	6751(no.43)	オムスク	ロストフカ	−	刀子	8	0.06	0.25	ЧК89	−
59	6266(no.44)	オムスク	ロストフカ	−	刀子	12	10	0.45	ЧК89	−
60	31538(no.74)	オムスク	ロストフカ	−	刀子	8	1	0.4	ЧК89	−
61	6569(no.87)	オムスク	ロストフカ	−	刀子	0.003	0.001	3	ЧК89	−
62	6570(no.94)	オムスク	ロストフカ	−	刀子	4.5	0.09	1.1	ЧК89	−
63	29351(no.126)	オムスク	ロストフカ	−	刀子	9	0.05	0.6	ЧК89	−
64	6268(no.23)	オムスク	ロストフカ	−	剣	15	0.22	0.1	ЧК89	−
65	6568(no.27)	オムスク	ロストフカ	−	剣	10	0.3	0.14	ЧК89	−
66	5674(no.10)	オムスク	ロストフカ	−	鑿	11	0.11	0.35	ЧК89	−
67	6575(no.11)	オムスク	ロストフカ	−	鑿	12	0.0015	0	ЧК89	−
68	6576(no.12)	オムスク	ロストフカ	−	鑿	8	1	0.25	ЧК89	−
69	6577(no.1)	オムスク	ロストフカ	−	錐，針	2.3	0.03	0.3	ЧК89	−
70	6578(no.2)	オムスク	ロストフカ	−	錐，針	5.5	0.045	0.9	ЧК89	−
71	31536(no.4)	オムスク	ロストフカ	−	錐，針	5	0.15	0.65	ЧК89	−
72	11405(no.44)	オムスク	ロストフカ	−	装身具	6	0.4	0.4	ЧК89	−
73	4	境界 1 以西	阿尕爾生	76GLA:6	鎌	0	0	0	李肖・党彤 1995	−
74	7	境界 1 以西	Tuoli boxuete	91TW:1	有銎闘斧	2.88	3.68	0	李肖・党彤 1995	−
75	8	境界 1 以西	塔城 Axier	91TA:1	有銎闘斧	6.8	4.69	0	李肖・党彤 1995	−
76	6	境界 1 以西	阿尕爾生	76GLA:1	有銎闘斧	0	0	0	李肖・党彤 1995	−
77	5	境界 1 以西	塔城梁石棺墓	18	鎌	3.64	1.65	0	李肖・党彤 1995	−
78	9	境界 1 以西	塔城 Sandaoheba	92TS:01	斧（トンネル）	9.85	0	0	李肖・党彤 1995	−
79	11	境界 1 以西	塔城	23	無銎斧	4.04	6.84	0	李肖・党彤 1995	−
80	13	境界 1 以西	阿尕爾生	76:GLA:7	鑿	0	0	0	李肖・党彤 1995	−
81	XJ231	境界 1 以東，境界 2 以西	天山北路	M1:1	管	7.485	0	0	潜偉 2006	2 箇所平均値
82	XJ234	境界 1 以東，境界 2 以西	天山北路	M1:4	刀子	6.895	0	0	潜偉 2006	2 箇所平均値
83	XJ232	境界 1 以東，境界 2 以西	天山北路	M5:7	管	5.76	0	0	潜偉 2006	2 箇所平均値
84	XJ233	境界 1 以東，境界 2 以西	天山北路	M5:2	珠	0	0	8.83	潜偉 2006	2 箇所平均値
85	XJ237	境界 1 以東，境界 2 以西	天山北路	M6:2	管	0	0	3.39	潜偉 2006	2 箇所平均値
86	XJ238	境界 1 以東，境界 2 以西	天山北路	M8:5	刀子	8.26	0	0	潜偉 2006	2 箇所平均値
87	XJ235	境界 1 以東，境界 2 以西	天山北路	M15:11	扣	14.65	0.635	0	潜偉 2006	2 箇所平均値
88	XJ81	境界 1 以東，境界 2 以西	天山北路	M296:6	珠	16.4	0	0	潜偉 2006	2 箇所平均値
89	XJ273	境界 1 以東，境界 2 以西	天山北路	M301:9	牌	5.8	0	0	潜偉 2006	2 箇所平均値
90	XJ275	境界 1 以東，境界 2 以西	天山北路	M307:5	牌（鈕付）	0	0.455	2.935	潜偉 2006	2 箇所平均値
91	XJ277	境界 1 以東，境界 2 以西	天山北路	M307:6	管	0	0	1.525	潜偉 2006	2 箇所平均値
92	XJ278	境界 1 以東，境界 2 以西	天山北路	M307:4	刀子	0	0	2.62	潜偉 2006	2 箇所平均値
93	XJ82	境界 1 以東，境界 2 以西	天山北路	M311:6	牌片	20.9	1.605	1.385	潜偉 2006	2 箇所平均値
94	XJ83	境界 1 以東，境界 2 以西	天山北路	M311:19	珠	7.295	2.38	0	潜偉 2006	2 箇所平均値
95	XJ84	境界 1 以東，境界 2 以西	天山北路	M311:7	牌	14.05	0	0	潜偉 2006	2 箇所平均値
96	XJ282	境界 1 以東，境界 2 以西	天山北路	M311:13	面	7.49	0	0	潜偉 2006	2 箇所平均値
97	XJ279	境界 1 以東，境界 2 以西	天山北路	M311:9	管	16.9	0	0	潜偉 2006	2 箇所平均値

No.	報告書 分析番号	地域	出土・採集地	墓葬 no.	器種	Sn	Pb	As	文献	平均値使用
98	XJ86	境界1以東，境界2以西	天山北路	M315:9	飾	2.425	0	0	潜偉 2006	2箇所平均値
99	XJ272	境界1以東，境界2以西	天山北路	M315:5	錐	10.6	0	0	潜偉 2006	2箇所平均値
100	XJ269	境界1以東，境界2以西	天山北路	M315:3	鏃	18.1	0	0	潜偉 2006	2箇所平均値
101	XJ280	境界1以東，境界2以西	天山北路	M317:9	耳環	0	0	1.61	潜偉 2006	2箇所平均値
102	XJ91	境界1以東，境界2以西	天山北路	M338:3	耳環	6.59	0	0	潜偉 2006	2箇所平均値
103	XJ93	境界1以東，境界2以西	天山北路	M361:9	飾片	0	0	1.52	潜偉 2006	2箇所平均値
104	XJ281	境界1以東，境界2以西	天山北路	M361:8	耳環	0	0	3.64	潜偉 2006	2箇所平均値
105	XJ94	境界1以東，境界2以西	天山北路	M366:4	扣	14.65	0	1.25	潜偉 2006	2箇所平均値
106	XJ283	境界1以東，境界2以西	天山北路	M366:5	刀子	0	0	1.1	潜偉 2006	2箇所平均値
107	XJ284	境界1以東，境界2以西	天山北路	M376:2	珠	0.51	0	0	潜偉 2006	2箇所平均値
108	XJ98	境界1以東，境界2以西	天山北路	M385:8	扣	18.475	0.935	0	潜偉 2006	2箇所平均値
109	XJ100	境界1以東，境界2以西	天山北路	M397:7	耳環	1.64	0	1.14	潜偉 2006	－
110	XJ270	境界1以東，境界2以西	天山北路	M397:8	片	0	1.17	2.055	潜偉 2006	2箇所平均値
111	XJ287	境界1以東，境界2以西	天山北路	M400:6	飾	11.15	0	1.285	潜偉 2006	2箇所平均値
112	XJ288	境界1以東，境界2以西	天山北路	M400:43	牌	10.4	0	0	潜偉 2006	2箇所平均値
113	XJ289	境界1以東，境界2以西	天山北路	M400:35	飾	23.25	0	0	潜偉 2006	2箇所平均値
114	XJ290	境界1以東，境界2以西	天山北路	M400:19	管	9.995	0	0	潜偉 2006	2箇所平均値
115	XJ276	境界1以東，境界2以西	天山北路	M415:9	牌	27.35	0	2.635	潜偉 2006	2箇所平均値
116	XJ103	境界1以東，境界2以西	天山北路	M416:4	牌	15.6	0	0	潜偉 2006	－
117	XJ285	境界1以東，境界2以西	天山北路	M416:5	牌（鈕付）	26.6	5.985	0	潜偉 2006	2箇所平均値
118	XJ239	境界1以東，境界2以西	天山北路	M456:4	耳環	9.51	0	0	潜偉 2006	2箇所平均値
119	XJ259	境界1以東，境界2以西	天山北路	M456:8	珠	16.4	0	0	潜偉 2006	2箇所平均値
120	XJ104	境界1以東，境界2以西	天山北路	M479:6	牌	5.12	0	0	潜偉 2006	2箇所平均値
121	XJ255	境界1以東，境界2以西	天山北路	M480:2	耳環	7.37	2.72	0	潜偉 2006	2箇所平均値
122	XJ250	境界1以東，境界2以西	天山北路	M487:5	珠	31.4	0	0	潜偉 2006	2箇所平均値
123	XJ241	境界1以東，境界2以西	天山北路	M500:2	耳環	13.05	0	0	潜偉 2006	2箇所平均値
124	XJ248	境界1以東，境界2以西	天山北路	M500:3	扣	10.8	0	0	潜偉 2006	2箇所平均値
125	XJ252	境界1以東，境界2以西	天山北路	M500:6	牌	0.51	1.07	0	潜偉 2006	2箇所平均値
126	XJ247	境界1以東，境界2以西	天山北路	M502:4	管	6.3	0	0.55	潜偉 2006	2箇所平均値
127	XJ262	境界1以東，境界2以西	天山北路	M513:1	針	3.135	0	0	潜偉 2006	2箇所平均値
128	XJ243	境界1以東，境界2以西	天山北路	M518:5	耳環	4.17	0	1.375	潜偉 2006	2箇所平均値
129	XJ245	境界1以東，境界2以西	天山北路	M518:3	耳環	0	0	2.475	潜偉 2006	2箇所平均値
130	XJ245	境界1以東，境界2以西	天山北路	M518:7	管	0	0	1.665	潜偉 2006	2箇所平均値
131	XJ265	境界1以東，境界2以西	天山北路	X518:8	牌	0	1.08	2.145	潜偉 2006	2箇所平均値
132	XJ267	境界1以東，境界2以西	天山北路	M518:4	扣	0	2.435	2.25	潜偉 2006	2箇所平均値
133	XJ266	境界1以東，境界2以西	天山北路	M524:2	耳環	18.05	0	1.775	潜偉 2006	2箇所平均値
134	XJ253	境界1以東，境界2以西	天山北路	M529:4	珠	20.15	0	0	潜偉 2006	2箇所平均値
135	XJ264	境界1以東，境界2以西	天山北路	M561:4	飾	2.975	0	0	潜偉 2006	2箇所平均値
136	XJ261	境界1以東，境界2以西	天山北路	M561:3	片	2.785	0	0	潜偉 2006	2箇所平均値
137	XJ240	境界1以東，境界2以西	天山北路	M604:2	珠	3.23	0	1.895	潜偉 2006	2箇所平均値
138	XJ263	境界1以東，境界2以西	天山北路	M620:11	牌	8.02	0	1.585	潜偉 2006	2箇所平均値
139	XJ242	境界1以東，境界2以西	天山北路	M627:4	錐	8.98	0	0	潜偉 2006	2箇所平均値
140	XJ251	境界1以東，境界2以西	天山北路	M640:5	牌	2.07	0	2.235	潜偉 2006	2箇所平均値
141	XJ246	境界1以東，境界2以西	天山北路	M683:7	管	7.315	0	0	潜偉 2006	2箇所平均値
142	XJ257	境界1以東，境界2以西	天山北路	M692:3	耳環	0	0	3.05	潜偉 2006	2箇所平均値
143	XJ260	境界1以東，境界2以西	天山北路	M694:2	刀子	5.44	0	2.2525	潜偉 2006	2箇所平均値
144	XJ249	境界1以東，境界2以西	天山北路	M697:2	手環	0	0	2.46	潜偉 2006	2箇所平均値
145	XJ256	境界1以東，境界2以西	天山北路	M698:3	牌	8.9	0	0	潜偉 2006	2箇所平均値
146	XJ258	境界1以東，境界2以西	天山北路	T1322	刀子	0	0	4.705	潜偉 2006	2箇所平均値
147	883	境界1以東，境界2以西	火焼溝	M6:6	刀子	0	0.77	3.195	潜偉 2006	2箇所平均値
148	887	境界1以東，境界2以西	火焼溝	M18:1	刀子	3.48	0	0	潜偉 2006	2箇所平均値
149	886	境界1以東，境界2以西	火焼溝	M28:6	刀子	0	0	2.99	潜偉 2006	2箇所平均値
150	907	境界1以東，境界2以西	火焼溝	M47:28	錐	1.75	0		潜偉 2006	2箇所平均値
151	900	境界1以東，境界2以西	火焼溝	M50:2	斧	0	0	0.56	潜偉 2006	2箇所平均値
152	894	境界1以東，境界2以西	火焼溝	M56:8	牌	0	0		潜偉 2006	－
153	898	境界1以東，境界2以西	火焼溝	M64:9	斧	0	0	0.61	潜偉 2006	2箇所平均値
154	911	境界1以東，境界2以西	火焼溝	M90:6	環	3.745	0	2.805	潜偉 2006	2箇所平均値
155	909	境界1以東，境界2以西	火焼溝	M120:4	環	3.17	1.175	0.48	潜偉 2006	2箇所平均値
156	884	境界1以東，境界2以西	火焼溝	M128:8	刀子	0.64	0	0	潜偉 2006	2箇所平均値
157	903	境界1以東，境界2以西	火焼溝	M136:10	錐	0	0	2	潜偉 2006	2箇所平均値
158	889	境界1以東，境界2以西	火焼溝	M176:9	刀子	0	0	0	潜偉 2006	2箇所平均値
159	905	境界1以東，境界2以西	火焼溝	M185:4	錐	0	0	2.32	潜偉 2006	－
160	906	境界1以東，境界2以西	火焼溝	M185:12	錐	0	0	4.07	潜偉 2006	－
161	890	境界1以東，境界2以西	火焼溝	M196:11	刀子	0	0	0	潜偉 2006	－
162	896	境界1以東，境界2以西	火焼溝	M120:4	刀子	1.97	0	3.6	潜偉 2006	－
163	904	境界1以東，境界2以西	火焼溝	M215:4	錐	0	0	0.76	潜偉 2006	2箇所平均値
164	913	境界1以東，境界2以西	火焼溝	M255:9	耳環	0	0	4.13	潜偉 2006	2箇所平均値
165	901	境界1以東，境界2以西	火焼溝	M276:11	斧	0	0	0	潜偉 2006	－

No.	報告書分析番号	地域	出土・採集地	墓葬 no.	器種	Sn	Pb	As	文献	平均値使用
166	891	境界 1 以東，境界 2 以西	火焼溝	M304:15	刀子	5.3	0	0	潜偉 2006	2 箇所平均値
167	1676	境界 1 以東，境界 2 以西	干骨崖	M100:3	錐	8.83	0	0	甘北 16	3 箇所平均値
168	1677	境界 1 以東，境界 2 以西	干骨崖	M74:11	環	6.77	0	0	甘北 16	3 箇所平均値
169	1678	境界 1 以東，境界 2 以西	干骨崖	M50:18	環	0.23	0	4.07	甘北 16	3 箇所平均値
170	1679	境界 1 以東，境界 2 以西	干骨崖	87JG-M002	錐	0	0	2.23	甘北 16	3 箇所平均値
171	1680	境界 1 以東，境界 2 以西	干骨崖	87JG-M003	錐	0	0	0	甘北 16	3 箇所平均値
172	1681	境界 1 以東，境界 2 以西	干骨崖	M100:2	刀子	5.8	0	0	甘北 16	–
173	1682	境界 1 以東，境界 2 以西	干骨崖	M100:5	鏃	10.6	0	0	甘北 16	2 箇所平均値
174	1683	境界 1 以東，境界 2 以西	干骨崖	M100:6	鏃	7.7	0	0	甘北 16	2 箇所平均値
175	1685	境界 1 以東，境界 2 以西	干骨崖	M50:t11	錐	0.75	0	0	甘北 16	2 箇所平均値
176	1686	境界 1 以東，境界 2 以西	干骨崖	M14:t1	環	16.5	0	0	甘北 16	3 箇所平均値
177	1687	境界 1 以東，境界 2 以西	干骨崖	M50:t7	刀子	1.975	0	2.1	甘北 16	4 箇所平均値
178	1688	境界 1 以東，境界 2 以西	干骨崖	M26:8	環	7.5	0	0.57	甘北 16	3 箇所平均値
179	1690	境界 1 以東，境界 2 以西	干骨崖	M103:4	刀子	8.5	0	0	甘北 16	–
180	1691	境界 1 以東，境界 2 以西	干骨崖	M100:14	刀子	8.17	4.03	0	甘北 16	3 箇所平均値
181	1692	境界 1 以東，境界 2 以西	干骨崖	M50:tl2	環	0	0	0	甘北 16	2 箇所平均値
182	1693	境界 1 以東，境界 2 以西	干骨崖	M50:t10	珠	5.95	0	0	甘北 16	2 箇所平均値
183	1694	境界 1 以東，境界 2 以西	干骨崖	M27(下):1	泡	0	0	4.25	甘北 16	2 箇所平均値
184	1696	境界 1 以東，境界 2 以西	干骨崖	M55:t1	珠	0.6	1.82	2.82	甘北 16	5 箇所平均値
185	1702	境界 1 以東，境界 2 以西	干骨崖	M19:4	斧	8	0	0	甘北 16	3 箇所平均値
186	1703	境界 1 以東，境界 2 以西	干骨崖	M94(上):5	刀子	9.9	0	0	甘北 16	2 箇所平均値
187	1704	境界 1 以東，境界 2 以西	干骨崖	M74:3	刀子	7.97	0	0.37	甘北 16	3 箇所平均値
188	1707	境界 1 以東，境界 2 以西	干骨崖	M44:3	刀子	0	0	1.45	甘北 16	4 箇所平均値
189	1709	境界 1 以東，境界 2 以西	干骨崖	M44:8	錐	0	0	3.9	甘北 16	2 箇所平均値
190	1710	境界 1 以東，境界 2 以西	干骨崖	M3:8	錐	7.45	0	0	甘北 16	2 箇所平均値
191	1712	境界 1 以東，境界 2 以西	干骨崖	M26:11	錐	6.9	0	1.03	甘北 16	3 箇所平均値
192	1716	境界 1 以東，境界 2 以西	干骨崖	M27(下):2	泡	0	0	2.35	甘北 16	2 箇所平均値
193	1718	境界 1 以東，境界 2 以西	干骨崖	M89:2	錐	9.33	0	0	甘北 16	3 箇所平均値
194	2692	境界 2 以東	朱開溝第三, 四段	T238:3:1	針	10.6	2.4	0	内鄂 00	–
195	2696	境界 2 以東	朱開溝第三, 四段	T230:3:1	鑿	9.2	0.1	0	内鄂 00	–
196	2673	境界 2 以東	朱開溝第三, 四段	H1044:1	錐	0.1	1.3	1.6	内鄂 00	–
197	2697	境界 2 以東	朱開溝第三, 四段	M4007:2	釧	0.1	0.1	0	内鄂 00	–
198	2698	境界 2 以東	朱開溝第三, 四段	M4035:1	釧	0	0	0	内鄂 00	–
199	2693	境界 2 以東	朱開溝第三, 四段	M4040:1	鏃	6.1	2.1	0	内鄂 00	–
200	2694	境界 2 以東	朱開溝第三, 四段	M4060:1	指環	0.1	0.9	0	内鄂 00	–
201	2695	境界 2 以東	朱開溝第三, 四段	M6011:4	指環	0	0	0	内鄂 00	–
202	2699-1	境界 2 以東	朱開溝第三, 四段	採集	耳環	10.55	1.85	0	内鄂 00	2 箇所平均値
203	2699-2	境界 2 以東	朱開溝第三, 四段	採集	耳環	12.95	0.1	0	内鄂 00	2 箇所平均値
204	2699-3	境界 2 以東	朱開溝第三, 四段	採集	耳環	8.3	1.5	0	内鄂 00	–
205	2700	境界 2 以東	朱開溝第三, 四段	採集	耳環	8.6	0.1	0	内鄂 00	–
206	2701	境界 2 以東	朱開溝第三, 四段	採集	耳環	8.9	1.4	0	内鄂 00	–
207	1	境界 2 以東	大甸子	M453:1	小耳環	10.5	2.55	–	李延祥ほか 2004	2 箇所平均値
208	2	境界 2 以東	大甸子	M675:2	小耳環	13.4	2.3	–	李延祥ほか 2004	–
209	3	境界 2 以東	大甸子	M725:1	小耳環	9.2	1.6	–	李延祥ほか 2004	–
210	4	境界 2 以東	大甸子	M1265:4	小耳環	16.2	1.4	–	李延祥ほか 2004	–
211	5	境界 2 以東	大甸子	M1265:5	小耳環	11.3	0	–	李延祥ほか 2004	–
212	6	境界 2 以東	大甸子	採集品	小耳環	9.8	0	–	李延祥ほか 2004	–
213	7	境界 2 以東	大甸子	M675:2	大耳環	10.4	0	–	李延祥ほか 2004	–
214	8	境界 2 以東	大甸子	M507:3	耳環	19.5	0	–	李延祥ほか 2004	–
215	9	境界 2 以東	大甸子	M523:3	耳環	2.2	0	–	李延祥ほか 2004	–
216	10	境界 2 以東	大甸子	M830:2	指環	3.8	1.8	–	李延祥ほか 2004	–
217	11	境界 2 以東	大甸子	M830:2	指環	11.4	1.4	–	李延祥ほか 2004	–
218	12	境界 2 以東	大甸子	M830:2	指環	8.3	1.9	–	李延祥ほか 2004	–
219	13	境界 2 以東	大甸子	M453:9	指環	22.4	0	–	李延祥ほか 2004	–
220	14	境界 2 以東	大甸子	M453:9	指環	23.2	4.8	–	李延祥ほか 2004	–
221	15	境界 2 以東	大甸子	M453:9	指環	24.5	2.4	–	李延祥ほか 2004	–
222	16	境界 2 以東	大甸子	M454:3	指環	18.2	1.3	–	李延祥ほか 2004	–
223	17	境界 2 以東	大甸子	M454:9	指環	22.1	0	–	李延祥ほか 2004	–
224	18	境界 2 以東	大甸子	M756:5	指環	8.9	1.6	–	李延祥ほか 2004	–
225	19	境界 2 以東	大甸子	M756:5	指環	10.6	1.7	–	李延祥ほか 2004	–
226	20	境界 2 以東	大甸子	M523:3	指環	4.4	2.7	–	李延祥ほか 2004	–
227	21	境界 2 以東	大甸子	M782:9	耳環	18.4	0	–	李延祥ほか 2004	–
228	22	境界 2 以東	大甸子	M822:7	耳環	5.7	1.6	–	李延祥ほか 2004	–
229	23	境界 2 以東	大甸子	M822:7	耳環	7.6	1.8	–	李延祥ほか 2004	–
230	24	境界 2 以東	大甸子	M1254:1	耳環	4.8	3.6	–	李延祥ほか 2004	–
231	25	境界 2 以東	大甸子	M683:7	釘	11.9	3.7	–	李延祥ほか 2004	–
232	26	境界 2 以東	大甸子	M683:7	冒	18.1	6	–	李延祥ほか 2004	–
233	27	境界 2 以東	大甸子	M715:13	冒	23	0	–	李延祥ほか 2004	–

No.	報告書分析番号	地域	出土・採集地	墓葬 no.	器種	Sn	Pb	As	文献	平均値使用
234	28	境界 2 以東	大甸子	M715:15	柄先	16.8	3.8	−	李延祥ほか 2004	−
235	29	境界 2 以東	大甸子	M43:12	杖首	17.9	0	−	李延祥ほか 2004	−
236	1	境界 3 以南	山西省工芸美術館	−	矛	1.3	0	0	劉翔 2015	−
237	2	境界 3 以南	山西博物院	−	矛	3.2	0	0.3	劉翔 2015	−
238	3	境界 3 以南	南陽市博物館（no.0232）	−	矛	0.4	0.3	3	劉翔 2015	−
239	4	境界 3 以南	陝西歴史博物館	−	矛	0	0	0	劉翔 2015	−
240	6	境界 3 以南	南陽市博物館（no.0234）	−	矛	0.4	0.2	1.1	劉翔 2015	−
241	7	境界 3 以南	下王崗（no.1）	−	矛	0	0	10.3	劉翔 2015	−
242	8	境界 3 以南	下王崗（no.2）	−	矛	0	0	4	劉翔 2015	−
243	9	境界 3 以南	下王崗（no.3）	−	矛	0	0.5	11.6	劉翔 2015	−
244	11	境界 3 以南	大通県文物管理所	−	矛	0.3	0	0	劉翔 2015	−
245	12	境界 3 以南	南陽市博物館（no.0233）	−	矛	1.4	0	0.4	劉翔 2015	−
246	13	境界 3 以南	安陽宜家苑	−	矛	0	0.2	6.2	劉翔 2015	−

＊微量の含有については，0% として記載した。
＊文献略号：Ры80＝Рындинаи др.1980, Бо63＝Богданова-березовская 1963, ЧК89＝Черных, Кузьминых 1989, 甘北 16＝甘粛省文物考古研究所・北京大学考古文博学院 2016, 内鄂 00＝内蒙古文物考古研究所・鄂尔多斯博物館 2000

第4章　カラスク期における青銅器様式の展開

前2千年紀後半のモンゴリアを中心とする地域では，前章で検討した初期青銅器が広がる段階に比して多量の青銅器が出現する。それらには獣頭形の柄頭が付属するなど，形態が複雑で，紋様も非常に精緻なものが含まれ，モンゴリア全体で広くみつかっている。一方で，ミヌシンスク盆地ではオクネフ文化，アンドロノヴォ文化に続くカラスク文化がこの段階に成立し（Вадецкая 1986），この文化に属するといわれる青銅器は，採集品が主ではあるものの膨大な量に達する。このように，前2千年紀後半のユーラシア草原地帯東部では，前段階に比して非常に豊かな青銅器文化が突如出現した。そして，これらの青銅器の起源に関して，従来，南シベリアからモンゴリアへという流れを指摘する説（X説）とその逆方向の影響を指摘する考え（Y説）の2つがあることは，第1章で詳しく述べたとおりである。本章の目的はこれらX・Y説の解決，そしてこれらにかわる新たな文化動態モデルの構築である。本章では青銅器全体を様式的に捉えることを目指しているが，まず第1節，第2節では，本段階を代表する青銅器（基準器種）である剣，刀子について，製作技法に注目しつつ，分類，編年，分布の検討を行う。刀子については従来の諸研究で得られている金属分析結果も加味して分析を行う（第3節）。この2つの節においては，比較的多数の資料を用い，統計的に動向の大枠を看取する意図がある。さらに第4節では有銎闘斧の動態を検討する。この器種は数量的にはそれほど多くないものの，草原地帯東西で幅広く類似が認められ，以前より重要な検討対象とされてきた。そして以上の各器種の動態を踏まえ，第5節において青銅器様式の設定を行うものである。

第1節　剣の検討

1.　分　　類

形式分類

形式分類のために使用する属性は4つ（柄頭形態，柄構造，柄頭下の小環，柄形態）（図4-1）である。ここでの形式分類は学史上の大別分類に相当し，これらの属性はそこで重要視されてきた。ここでは髙濱の分類（髙濱 1983）を参考にして，従来見いだされた属性の変異はあまり変更せずに，その組み合わせを検討し，形式としての妥当性を検証することに重点を置く。

属性のうち柄構造と柄頭形態はかなりの変異が知られる。そこで，煩雑さを回避するため，まず変異のうち個体数が多いもの（主要変異）で形式を見いだすことにする。柄頭形態の主要

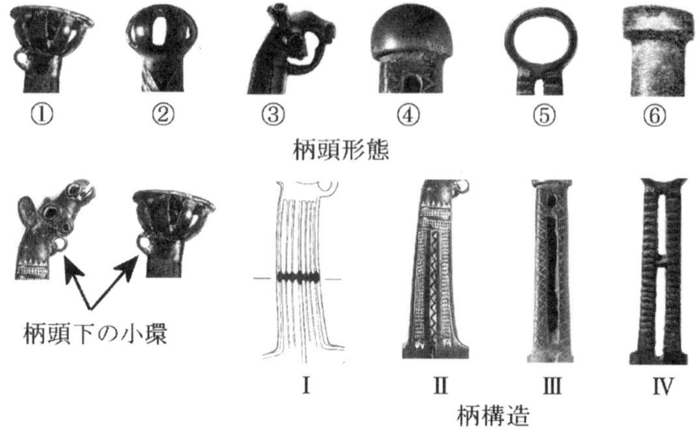

図 4-1　形式分類における各属性変異

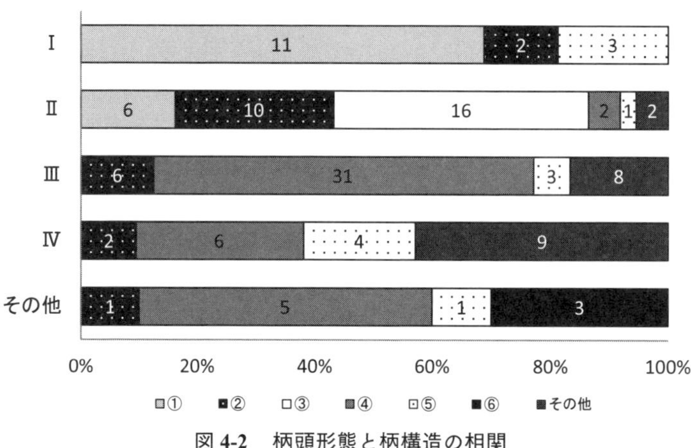

図 4-2　柄頭形態と柄構造の相関

変異は，傘付き鈴（①），傘なし鈴（②），突出した目鼻の獣頭（③），傘形（④），環（⑤），広がった円柱状（⑥）である。柄の構造における主要変異には，柄断面 I 字形もしくは水平方向のラインがいくつか入る柄（I），柄断面が楕円形の柄（II），ブリッジをもつ断面 C 字形柄（III），全体的に平らな柄（IV）がある。柄頭下の小環はその有無で区分する。柄形態は，直状の柄（直柄），および曲がった柄（曲柄）に区分できる。

柄頭形態と柄構造の相関を図 4-2 に示した。グラフ中の「その他」に含まれるものは，それぞれ個体数の少ない（1 または 2 個体の）変異である。柄構造 III は柄頭④と主に相関し，柄構造 II は主に②や③と相関する。そこで，学史の型式名に鑑み，前者を B1 類，後者を A2 類とする。さらに，大部分の柄構造 I は柄頭①と対応し，A2 類に近いものであるが，柄頭において①以外の変異はほとんどもたないことで，A2 類とは区別可能であり，A1 類とする。同様に，柄 IV は，柄頭形態との相関において，柄 III（B1 類）に近いが，④以外の柄頭を多く有するという点で B1 類とは区別でき，B2 類とする。以上 4 単位中で A1，A2 類と，B1，B2 類の間を大きく区分できることは，柄の曲度や，小環の有無においても知られる。A1，A2 類の大部分

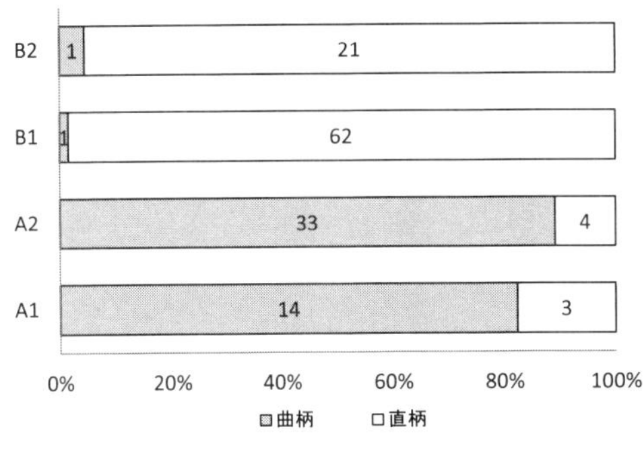

図 4-3　形式と柄頭下における小環有無の相関

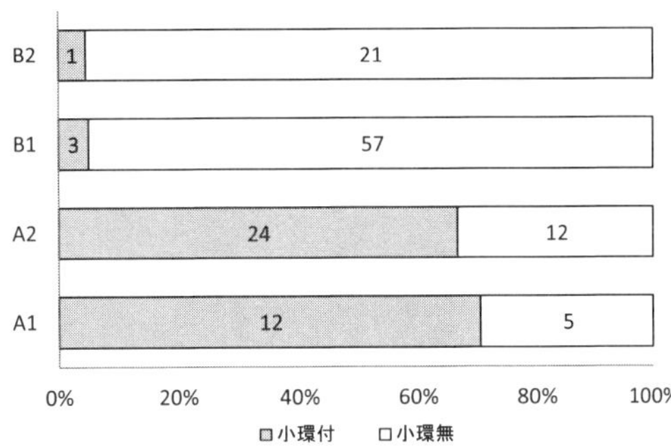

図 4-4　形式と柄形態の相関

は曲柄で，柄頭の下に小環をもつ。一方，B1，B2 類は直柄で小環をもたない（図 4-3, 4-4）。

以上より，形式分類は以下のような結果となった。

A1 類：柄構造 I のもの。柄頭形態は①が多い。

A2 類：柄構造 II のもの。柄頭形態では②のほか，③が多く，装飾紋様は緻密である。

B1 類：柄構造 III のもの。柄頭形態は④が多い。

B2 類：柄構造 IV のもの。

A1，A2 類と B1，B2 類の差異は，従来いわれているところの，曲柄剣とカラスク式短剣の差にほぼ相当する。以上の分類は，高濱による 4 つの型式[1]にほぼ合致するものである（高濱 1983）。高濱の分類が，諸属性間相関においても妥当であることが明らかとなった。また，上記表中においても諸形式は完全に排他的というわけではなく，これらの形式はかなり緩やかなものである。また，わずかながら，柄構造のみでは判別しがたい資料および，柄構造の主要変異以外のものがある。それらの形式帰属について，以下で若干の検討を加えよう。

図 4-6-24 は，柄の断面が I 字形であり，そこから考えると A1 類と考えられるが，直柄で小環がないので，A1 類に含めるには躊躇されるものである。このような太い脊形態，および切れ込み状の鍔は B1，B2 類に特徴的なものである。本製品は柄の両端が立ち上がっていることを除いては扁平柄の B2 類とほぼ同じであり，これに帰属させることにする。次に，柄断面の主要変異以外の資料を検討するであるが，図 4-6-13～15 は直柄で小環がなく，B1，B2 類のいずれかである。B1 類，B2 類のどちらに属するかを決める決定素はもっていないが，柄は小さい穴をもつ管状柄であるので，柄の鋳造には内笵の使用が想定される。ここから考えて，同様に内笵の使用が想定される B1 類に含めておく。類似した形態である，図 4-6-11, 12 についても，ここでは B1 類にしておく。次に，朱開溝遺跡出土の資料（図 4-5-1）は学史上重要であるので一言しておく。この資料は公開された図だけでは柄の構造に不明な点が多く，分類は困難である。報告書の図面では剣身の断面は菱形であるが，中央に直線が走っているようにみえる。筆者が内蒙古博物院でガラス越しに確認したところ，うっすらと脊が確認された。柄には紐が巡っており，柄の中央に脊から連続するような直線がみられた。柄まで連続した脊は，A1,

1）本章の形式名も高濱（1983）のものに対応している。

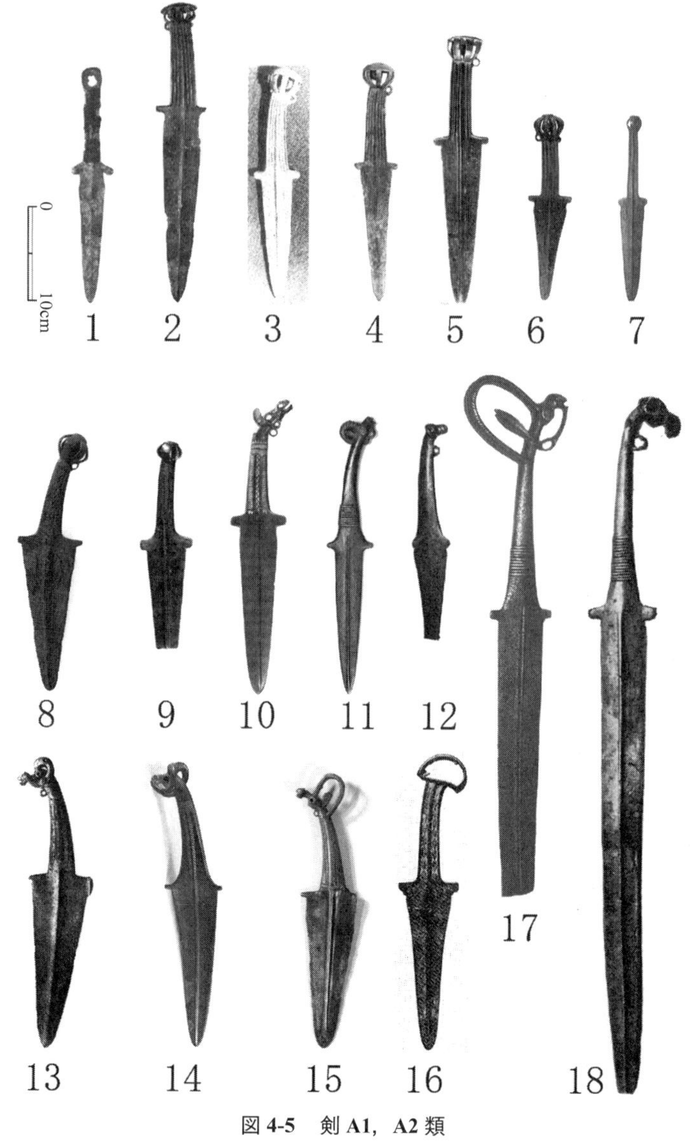

図 4-5　剣 A1，A2 類

A2 類のいくつかにおいてみられる特徴である。なお，本資料は柄が扁平に近く，環柄頭をもつ点では，ターナー所蔵品（図 4-5-16）（江上・水野 1935）に近く，A1 類とする。朱開溝出土の剣はその切れ込みの入る鍔の形から，カラスク式短剣（すなわち B1，B2 類）との近さが従来指摘されてきたが，B1，B2 類とは型式的に異なるものである。さらに以下で検討するようにこの種の鍔は B1，B2 類の早いものに特徴的ではない。また，ウムヌゴビ博物館には，朱開溝出土品とやや似た剣が収蔵されている（図版 1, 2）。こちらの方が 34.4cm と大型で（朱開溝出土品は 24.6cm），脊は柄まで通らない。柄の側面外形（図版 2 中央上部）が弧状を呈し，刀子 A 類（本章第 2 節参照）と類似するものである。本例や朱開溝出土品は，剣 A1 類の非常に古い形態を示している可能性がある。以上により，A1 類（図 4-5-1～7, 16），A2 類（図 4-5-8～15, 17, 18），B1 類（図 4-6-1～17），B2 類（図 4-6-18～24）となる。

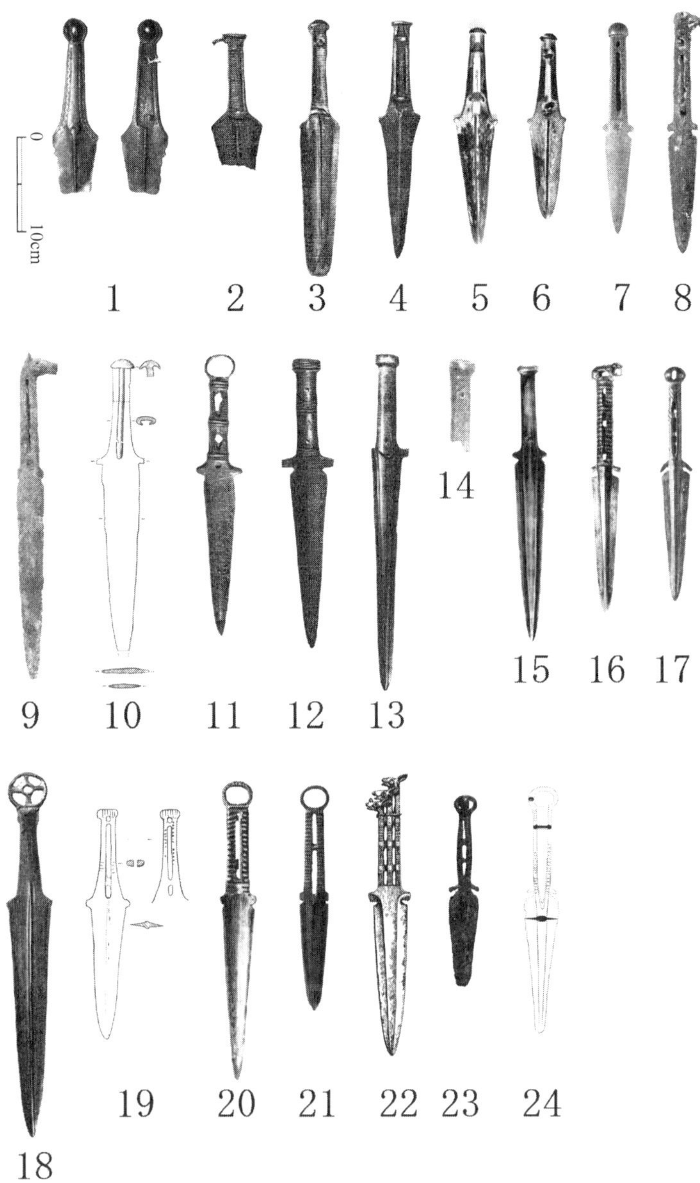

図 **4-6**　剣 **B1**，**B2** 類

型式分類（B1 類）

A1 類の多くの個体は，見いだされるほとんどの属性（鍔形態，脊形態，柄頭）の変異でほぼ完全に一致する。A2 類は非常に多くの変異が認められるが，どの属性同士も相関は明瞭ではない。したがって，A1，A2 類はそれぞれ 1 つの型式とし，型式分類は B1，B2 類にのみ行う。

カラスク式短剣（B1，B2 類）の時間的変遷を示す属性としては，ノヴゴロドヴァによる鍔部の発達の指摘があり（Новгородова 1970），ある程度有効と考えられる。しかしながら，その他の変異も見いだせ，また明確に変遷を示すため，以下のように新たに属性を抽出する。

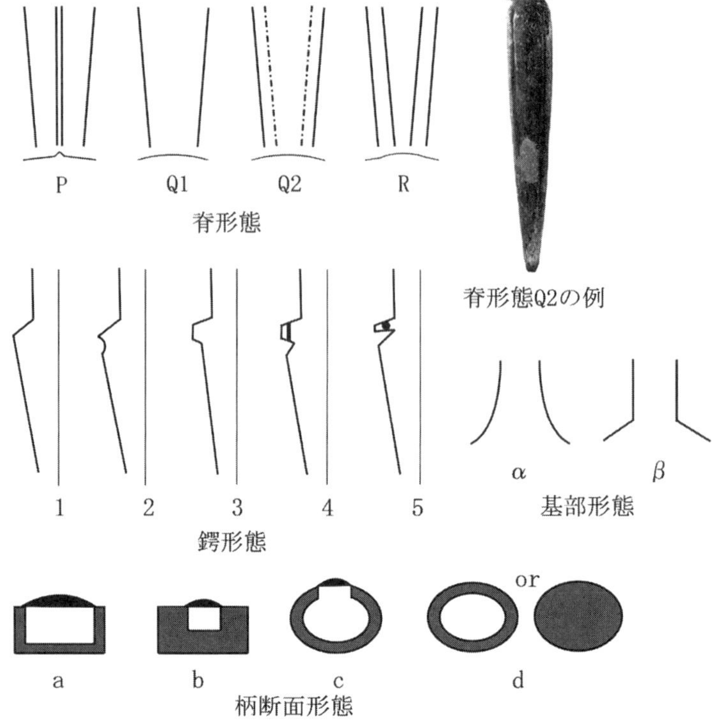

図 4-7　剣 B1 類における各属性変異

図 4-7 は B1 類各属性の変異とその変化の方向性を示したものである。基部形態（図 4-7-α, β）には，スムースにカーブするもの α と，稜をもつもの β がある。後者はカラスク文化に後続するタガール文化の剣に多くみられ，カーブから角をもつものへの変化が想定される（$\alpha \rightarrow \beta$）。

鍔形態（図 4-7-1～5）には 5 つの変異がある。1：独立して突出した鍔を形成しないもの。2：刃の基部に小さな切れ込みを入れることで鍔を形成するもの。3：突起のある鍔。4：刃の基部に大きく切れ込みが入る形で鍔を形成するもの。5：4 と同じではあるが，鍔部が円柱状になるもの。4 や 5 はタガール文化あるいは夏家店上層文化にみられ，1 から 3 または 4 への変化は鍔の飛び出しが明瞭になる形での変化，4 から 5 へは鍔自身の形態の変化が想定される。ただし，5 はミヌシンスク盆地では稀であり，この変異は草原地帯東部の限られた場所でしか起こらなかった可能性がある。

脊形態（図 4-7-P～R）には 3 つの変異がある。P：細く真直ぐな脊。Q：脊がなく，身部の断面はレンズ状になる。R：刃の基部では太いが，先端に向かってだんだん細くなる脊がみられる。脊形態 Q はタガール文化の剣にみられ，脊が消失する形での P から Q への変化が想定できる。Q の中には，断面がスムースな外形をもつもの（Q1）と刃部が顕著に研がれ，R に非常に近い形態のものがある（Q2）（図 4-7 右上）。R は夏家店上層文化にみられ，Q1 から Q2 を介して R の発生が想定可能である。しかし，R はミヌシンスク盆地では非常に稀であるので，Q1，Q2 から R の変化は，鍔における 3 から 2 への変化同様，すべての場所で起こったわけで

表 4-1　剣 B1 類における諸属性の相関

		脊形態			
		P	Q1	Q2	R
柄断面形態	a	4			
	b	5	13	3	
	c		11	4	10
	d		5	2	3

		脊形態			
		P	Q1	Q2	R
鍔形態	1	3	3		
	2	1	3	1	
	3	3	5	2	1
	4	2	18	7	7
	5		1		6

		脊形態			
		P	Q1	Q2	R
基部形態	α	7	12	2	
	β	2	18	8	14

表 4-2　剣 B1 類の型式分類

<table>
<tr><td colspan="2" rowspan="2"></td><td colspan="4">脊形態</td></tr>
<tr><td>P</td><td>Q1</td><td>Q2</td><td>R</td></tr>
<tr><td rowspan="4">柄断面形態</td><td>a</td><td>B1a
(古)</td><td colspan="2"></td><td rowspan="2"></td></tr>
<tr><td>b</td><td>B1a
(新)</td><td colspan="2" rowspan="2">B1b</td></tr>
<tr><td>c</td><td rowspan="2"></td><td rowspan="2">B1q</td></tr>
<tr><td>d</td><td colspan="2">B1c</td></tr>
</table>

はない可能性がある。

柄断面形態（図 4-7-a～d）には 4 つの変異がある。a：柄両端が立ち上がることにより，コ字形を形成するもの。b：コ字形であるが，比較的厚いもの。大きな溝が中央に走る形態ともいえる。c：C 字形。柄は中空であり，縦長の大きな溝をもつもの。d：中空または円形，柄全体に及ぶ溝は入らないもの。d はカラスク文化に後続するタガール文化の剣にしばしばみられる。a から c への変化が，溝が狭くなり器壁が丸みを帯びる方向で想定できる。さらに c から d は溝が消失し中空になり，さらに柄が実柄になる変化である。d は二分することが可能であるが，数量的に少ないため，まとめておく。

表 4-1 に示されるように，以上の属性は大まかには相関し，上で想定した各々の属性の変化方向のおおよその正しさを示すものである。一方で，鍔形態 4，5 と柄断面 c，d および脊 Q1，Q2，R はそれほど相関しない。このことは，上で想定したように，両属性におけるある種の変異がすべての場所で起こったわけではないことを示すと考えられる。型式はよりよく相関する脊形態と柄断面により設定する（表 4-2）。変化の方向は B1a 類→ B1b 類→ B1c 類または B1q 類が考えられる。

B1a 類：柄断面形態 a または b のもの。B1a 類に含まれる個体は少ないが，柄断面形態 a は，より早い鍔形態と相関するので，柄断面形態 a と柄断面形態 b で細分できる可能性がある。

B1b 類：柄断面形態 b または c かつ脊形態 Q1 または Q2 のもの。

B1c 類：柄断面形態 d かつ脊形態 Q1 または Q2 のもの。

B1q 類：柄断面形態 c または d かつ脊形態 R のもの。

型式分類（B2 類）

型式分類のための属性変異は B1 類分類時のものと共通する。B2 類においても，これらの属性はおおまかには相関し（表 4-3），上記想定の正しさを示すものと考えられる。よりよく相関した鍔形態と脊形態により以下のように型式を設定する（表 4-4）。変化の方向は B2a 類→ B2b 類→ B2c 類である。

B2a 類：脊形態 P かつ鍔形態 2 のもの。

表 4-3　剣 B2 類における諸属性の相関

		脊形態			
		P	Q1	Q2	R
鍔形態	1				
	2	4	1		
	3	2	2		
	4	1	4	2	1
	5			1	4

		脊形態			
		P	Q1	Q2	R
基部形態	α	7	2	1	
	β		5	2	5

＊属性変異の記号は図 4-7 に基づく。

表 4-4　剣 B2 類の型式分類

<table>
<tr><th colspan="2"></th><th colspan="4">脊形態</th></tr>
<tr><th colspan="2"></th><th>P</th><th>Q1</th><th>Q2</th><th>R</th></tr>
<tr><td rowspan="5">鍔形態</td><td>1</td><td></td><td></td><td></td><td></td></tr>
<tr><td>2</td><td rowspan="3">B2a</td><td rowspan="4" colspan="2">B2b</td><td></td></tr>
<tr><td>3</td><td></td></tr>
<tr><td>4</td><td rowspan="2">B2c</td></tr>
<tr><td>5</td><td></td></tr>
</table>

B2b 類：脊形態 Q1 または Q2 のもの。鍔形態は 3 または 4 が多い。

B2c 類：脊形態 R かつ鍔形態 4 または 5 のもの。

2.　編年と形式間関係

各型式の年代

中原系の彝器や武器などの共伴により，年代が明らかなものを示す。

• A1 類

典型的なものは商代晩期併行。山西省石楼県曹家垣墓（楊紹舜 1981b）にて彝器を伴い出土。ただし，朱開溝 1040 号墓出土品（図 4-5-1, 図 4-8）（内蒙古文物考古研究所・鄂尔多斯博物館 2000）は前 2 千年紀半ばに遡る。

• A2 類

商代晩期併行。陝西省甘泉県下寺湾墓（王永剛ほか 2007）にて彝器を伴い出土。さらに，A2 類は西周早期～中期に位置づけられる北京市白浮墓（北京市文物管理処 1976）からも出土している（図 4-9-5）が，その形態は非常にイレギュラーなものであり，A2 類の衰微を示すと考えられる。

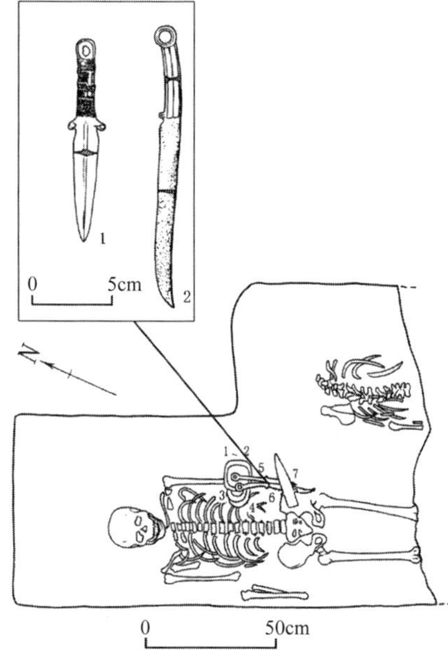

図 4-8　朱開溝 1040 号墓における剣 A1 類と刀子 A 類

• B1b 類

西周早期～中期併行。河北省小河南デポ（図 4-10）（王峰 1990），北京市白浮墓にて彝器を伴い出土（図 4-9-3, 4）（北京市文物管理処 1976）。さらに，寺窪文化に属する文化甘粛省合水県九站遺跡の 24 号墓（王占奎・水涛 1997）から出土例がある。寺窪文化はおおよそ西周に併行すると考えられており，白浮墓の年代と矛盾するものではない。

• B1q 類

西周早期～中期併行。北京市昌平白浮墓にて彝器を伴い出土（図 4-9-1, 2）（北京市文物管理処 1976）。

• B2c 類

西周併行の可能性。寺窪文化に属すると考えられ

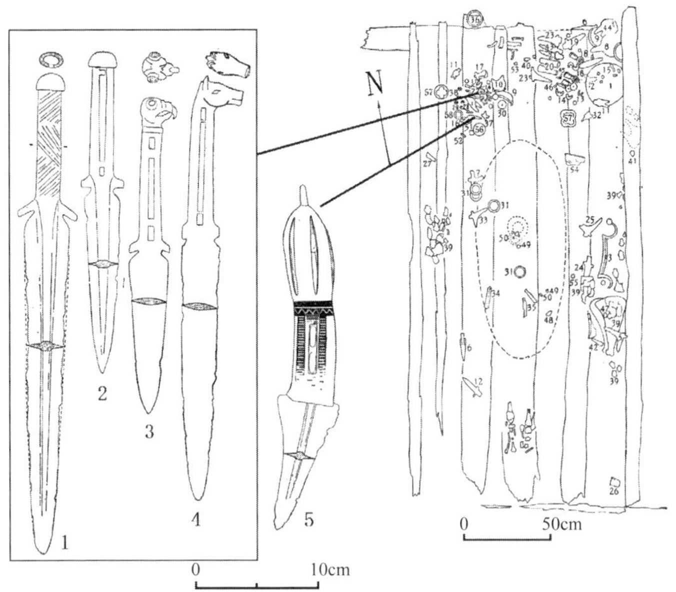

1, 2：B1q 類，3, 4：B1b 類，5：A2 類

図 4-9　白浮 3 号墓における剣

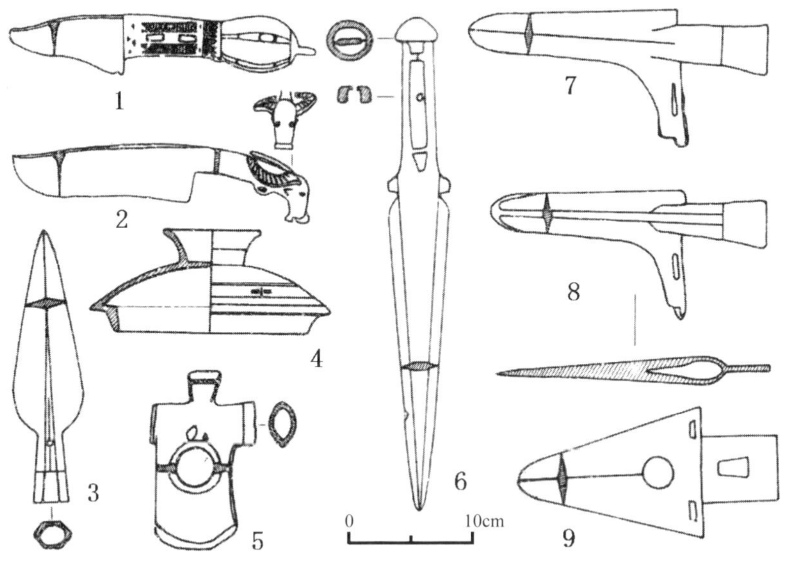

図 4-10　小河南デポにおける青銅器

るものが甘粛省で出土（祝中熹・李永平 2004)。

以上の年代は，各型式分類で示された組列と矛盾するものではない。

形式間関係

ここでは，とくに各型式の折衷的要素をもつ資料に注目しつつ各形式の関係を求める。これら折衷的資料は形式分類の際，便宜的にある形式に含めておいたものである。例えば，A2 類の多くは突出した目鼻の獣頭形の柄頭（図 4-1- ③）をもつが，1 例のみ B1 類に特有の傘形柄頭（図 4-1- ④）をもつ。分類を簡潔にするため，この資料は A2 類に含めておいたが，A2，B1 類の折衷形として評価できるものである。以下ではこれら折衷形の偏りに注目して議論を進める。

• A1，A2 類と B1 類の関係

先に行った年代の検討により，B1 類は A1，A2 類よりも後出であることが知られる。仮に両者に系譜関係があるとすれば，B1 類の最早の型式（B1a 類）に A1，A2 類との型式としての共通項があることが必要である。B1a 類の多くは脊形態 P をもっており，これは A1，A2 類に特有であるが，B1 類では B1b 類以降にはない（上記 B1, B2 類の型式分類参照）。また，B1a 類のいくつかは柄頭下に小環を伴うものがあり（図 4-6-2），これらの特徴を A1，A2 類と共有する。刃の基部の形態 α は B1 類では B1a 類に特有のものであるが，この部分が類似するものは A1 類でなく A2 類に存在する。また，B1a 類には柄に波状の紋様をもつものがあり（図 4-6-1），それは A2 類の柄模様と共通する。以上のことから，B1 類は A2 類をかなり改変して生じたものである可能性が高い。両形式は系譜関係をもつが，1 形式内の型式間関係（例えば，B1a → B1b 類）のように，すべての A2 類が B1 類に変化したわけではない。B1 類の最も早いものが A2 類と密接な関係をもっていたことを確認できると同時に，両形式には型式的な断絶もみられるのである。

• A1，A2 類と B2 類の関係

系譜関係の有無を先と同様の論法で示す。B2 類のうち最も早い B2a 類は脊形態 P をもつ。また，その多くが，刃の基部の形態 α，および鍔形態 1 をもつ。これらの特徴は A1，A2 類に共通し，なかでも刃の基部の形態からいえば，A2 類との共通性が高い。したがって，B2 類も A2 類を改変して生じた可能性が高い。

• A1 類と A2 類の関係

A1 類と A2 類の折衷形は，A2 類のうち傘を被った鈴が付属する柄頭（図 4-1- ①）をもつものである。しかしながら，A1，A2 類間に時間的な変遷を想定できる属性はなく，これら折衷形が A1，A2 類のいずれかの先行，派生関係を示すかどうか不明である。ただし，朱開溝遺跡出土品を A1 類とするならば，年代的には A1 類が A2 類よりも先に出現する。

• B1 類と B2 類の関係

型式変化において，B1 類と B2 類は非常に類似した形態的変遷（脊，鍔形態）を辿ることが知られた。形態的特徴に基づくと，B1a 類は B2a 類に，B1b 類は B2b 類に，B1q 類は B2c 類に相当する。つまり，B1 類と B2 類は柄断面および柄頭で区分されるが，各型式において共通する特徴がみられ，両者は時期を通じて互いに交渉があったことが知られる。

phase の設定

分布を検討するために，諸型式の共時性を把握する必要がある。上記の検討から，商代晩期併行において A1 類は A2 類と同時期に存在していたことがわかる。そして，諸特徴を共有するB1c，B1q，B2c類は後続するタガール文化や夏家店上層文化の剣の要素をもち，諸型式の終末段階と位置づけられる。B1，B2類の他の型式に関しては一括資料の不足により位置づけが難しいが，A1，A2類より派生したことを考えれば，A1，A2類より後出，B1c，B1q，B2c類より先行すると考えられる。一般的にいって，型式の変化は緩慢であり，各期には主要型式のほか，前後の型式も少数ながら含まれることが予想される。例えば，北京市昌平白浮墓におけるA2類は，B1b類以降の段階におけるA2類の存続例として挙げられる。しかしながら，以下では資料数および一括資料数の都合上，純粋に主要型式のみで構成される期を便宜的に設定している。また他の器種の検討結果によって，剣は他の器種よりも，各型式が年代差を強く反映することが判明した。したがって，ここで提示する時期区分は細分期（phaseと呼んでおく）となる（図4-11）。青銅器全体の期については他器種の検討後，論じることにする。

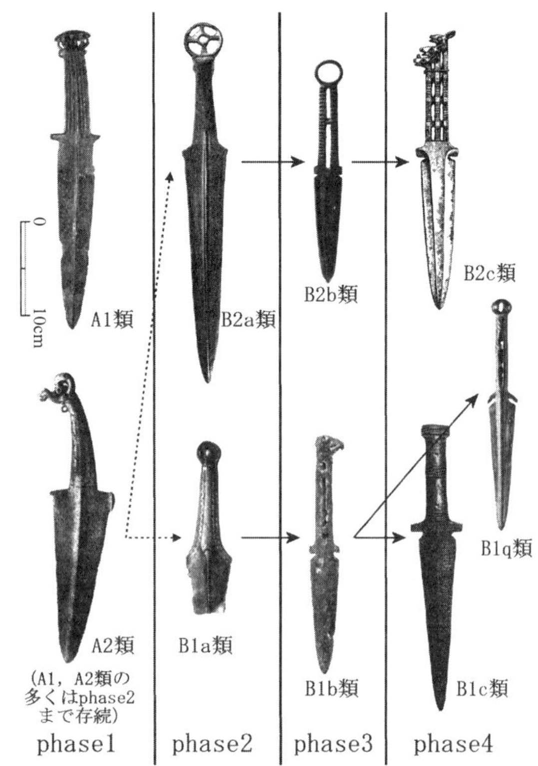

＊実線は系譜関係を示し，点線は派生関係を示す。

図4-11　型式の変遷とphaseの設定

phase 1：A1，A2類。おおよそ商代に併行する（前14世紀～前11世紀頃）。

phase 2：B1a，B2a類。確たる年代を示す資料はないが，これらの型式はA1，A2類より派生（つまり後出）し，B1b，B2b類よりも早い年代をもつ。おおよそ前12世紀～前11世紀頃の年代を与えられよう。同時期にはA1，A2類も存続していたと考えられる。

phase 3：B1b，B2b類。およそ西周前期に併行する（前11世紀～前10世紀頃）。

phase 4：B1c，B1q，B2c類。およそ西周中期に併行する。（前10世紀～前9世紀頃）。

3. 分　　布

分析する資料の多くは，正確な出土地点が知られない。したがって，大まかな地域ごとに点を落とし，分布数を表示している。また，ミヌシンスク盆地採集の資料については，その北側に位置するクラスノヤルスク地方の資料も含めた数量を示した。以下，phaseごとに検討する。

phase 1（A1，A2類）（図4-12, 4-16）

A1類とA2類は長城地帯，モンゴルを中心に分布する。さらに少数ではあるがアルタイ，

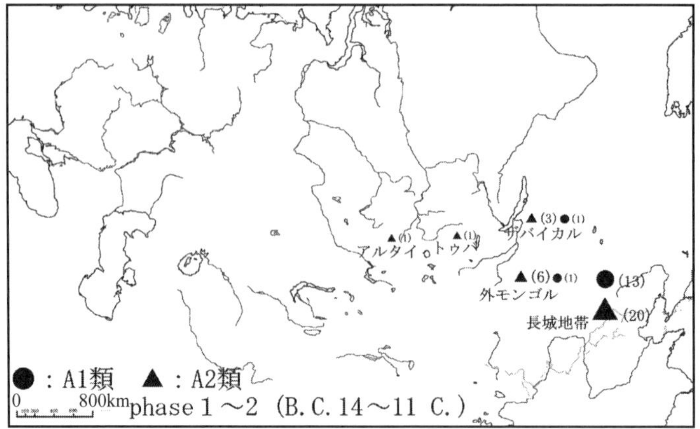

図 4-12　剣 **A1, A2** 類の分布

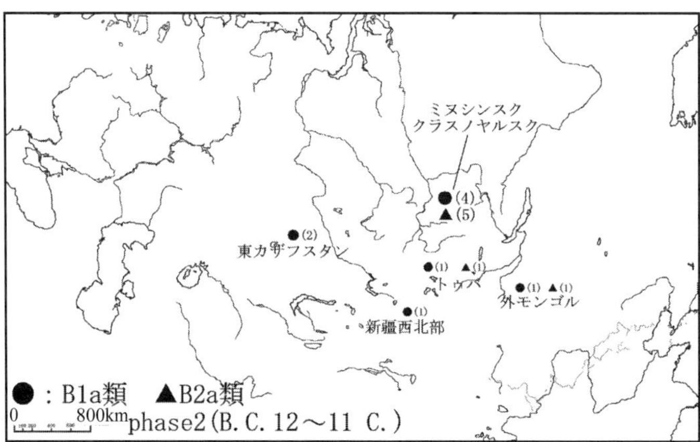

図 4-13　剣 **B1a, B2a** 類の分布

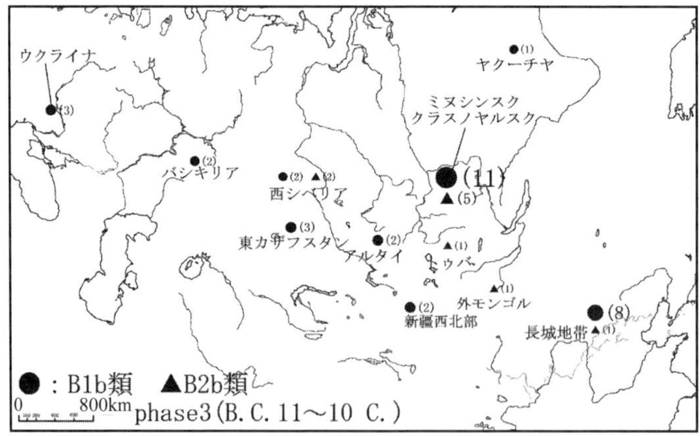

図 4-14　剣 **B1b, B2b** 類の分布

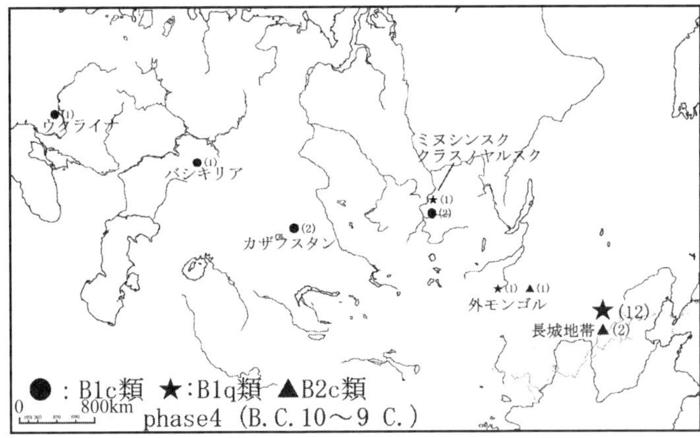

図4-15　剣B1c，B1q，B2c類の分布

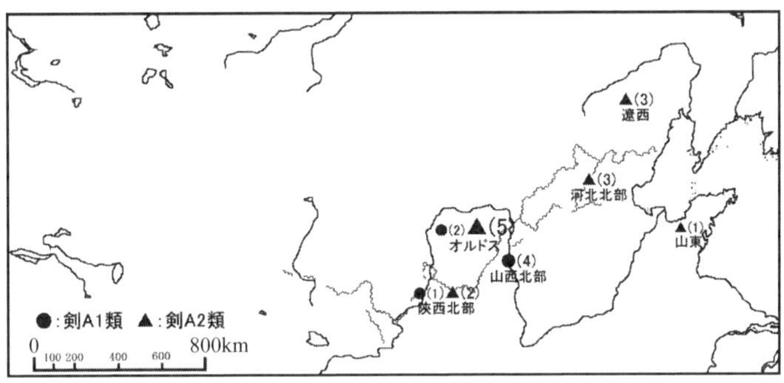

図4-16　剣A1，A2類の分布（新疆，長城地帯）

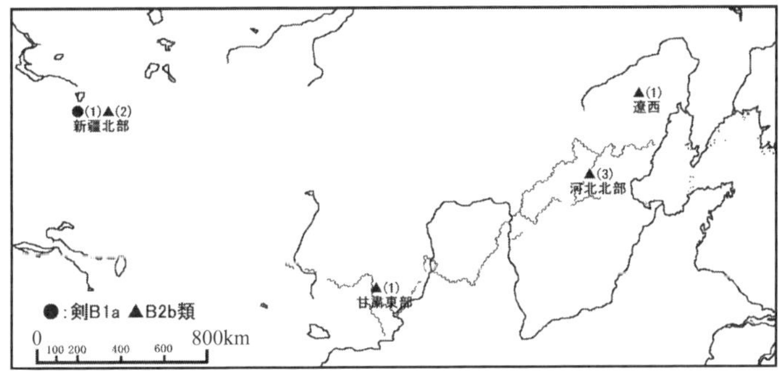

図4-17　剣B1a，B2b類の分布（新疆，長城地帯）

トゥバ，バイカル地方にも広がっている。一方，ミヌシンスク盆地にはこれらの型式はみられない。採集品が多く，当時の正確な分布範囲は明確にしがたいが，長城地帯でのより細かい分布状況をみよう（図4-16）。A1類の典型的なものは山西北部に集中する。ただし，ややイレギュラーなものが，内蒙古中部の朱開溝遺跡やウムヌゴビ博物館でも知られている。長城地帯では，A1，A2類は，陝西省北部より西の地域ではみつかっていない。

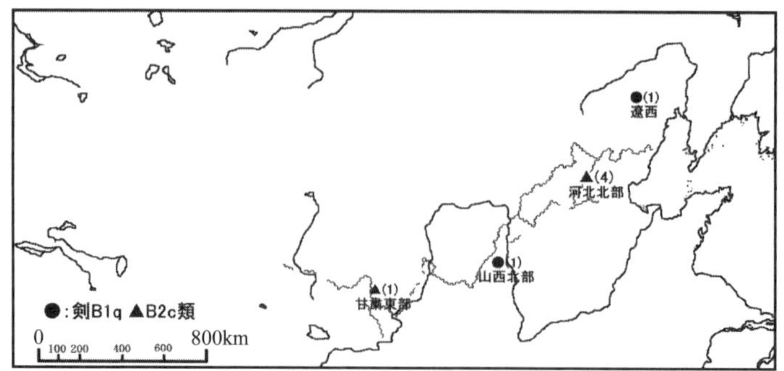

図 4-18　剣 **B1q**，**B2c** 類の分布（新疆，長城地帯）

phase 2（A1，A2，B1a，B2a 類）（図 4-13, 4-17）

B1a，B1b 類が主にミヌシンスク盆地を中心に分布し，わずかながら新疆青河県（附表 4-1-57），カザフスタン（附表 4-1-118, 122），トゥバ（附表 4-1-96），モンゴル（附表 4-1-107）にも知られる。ミヌシンスク盆地にはこの前の段階，第 1 期には諸型式が存在しないにも関わらず，B1，B2 類の最も早い型式である B1a，B2a 類が集中する。そして，逆に，これらの型式は長城地帯には分布しない。この事実は非常に重要である。同時期には phase 1 同様，A1，A2 類がモンゴリアに存在しているが，これらを分期する手立てはなく，分布図では B1a，B2a 類の分布のみを示している。

phase 3（B1b，B2b 類）（図 4-14, 4-17）

B1b，B2b 類もまた，ミヌシンスク盆地を中心に分布するが，その分布範囲はきわめて広い。長城地帯では一定の数量がみつかっており，少数ながら，北はヤクーチヤ，アルタイ，西シベリア，カザフスタン，バシキリアまで達する。長城地帯では，採集品のほか，北京周辺や遼西にて発見例がある（図 4-17）。

phase 4（B1c，B1q，B2c 類）（図 4-15, 4-18）

B1c 類がミヌシンスク盆地を中心に分布する一方，B1q，B2c 類は長城地帯に主に集中する。長城地帯内では遼西から甘粛省東部までその分布域が知られる。B1q 類の分布が長城地帯に偏ることは，この型式が B1b から B1c 類への変化とは異なる，派生形であることと一致する。長城地帯では，遼西で phase 3 に引き続き出土例が知られるが，甘粛省東部（寺窪文化）においての出土例は，phase 1 から phase 2 のこの地域に A1，A2 類が入らなかったことと対照的である。

4. 小　　結

phase 1～2 には A1，A2 類がモンゴリアを中心に盛行する。これらは従来の曲柄剣にあたり，この中では朱開溝遺跡出土の剣が最も時期的に遡るものである。この剣に型式として比較できるものは，モンゴリアを越えて西の地域に求めることはできない。このことは，A1，A2 類が，前段階（前 2 千年紀半ばまで）に EAMP やセイマ・トルビノ青銅器群の影響が顕著であった，新疆や長城地帯西部（甘粛）でみつからないこととも関連すると考えられる。初期青銅器の両刃の刀子は第 3 章でみたように，基部や脊の形態からいっても，A1，A2 類の直接の祖形とすることはできない。A1，A2 類はモンゴリアで生まれた独特の型式とできよう。現状で最古に位置づけうるのは朱開溝遺跡出土の剣（図 4-5-1）であるが，類品がモンゴル・ウムヌゴビ，バイカルにおいても発見されている。また，これらの資料には，A1，A2 類でよくみられる鈴形あるいは獣頭の柄頭，柄における鋸歯紋，波状紋などはみられない。したがって，A1，A2 類全体としての起源地を朱開溝遺跡付近（内蒙古オルドス）に特定しうるかどうかは，現段階では判断しがたいところである。

phase 2 は，B1，B2 類の発生期である。B1，B2 類は従来カラスク式短剣と呼ばれてきた一群であるが，その最古の型式である B1a，B2a 類は，その分布の中心であるミヌシンスク盆地付近において，A2 類を参考に発生したと考えられる。しかし，A2 類は型式としてミヌシンスク盆地には存在していないので，A2 類そのものを含む，モンゴリアからの大きな影響は見込めない。B1a，B2a 類の発生はむしろ，ミヌシンスク盆地において，モンゴリアの諸要素を主体的に受容した結果であるとみなせる。

phase 3 に，B1a，B2a 類から直接 B1b，B2b 類が，その分布の中心であるミヌシンスク盆地において発生し，モンゴリアと草原地帯西部へ向けて拡散した。B1b，B2b 類は長城地帯をはじめとするミヌシンスク盆地以外の地域に型式として存在するので，phase 3 のミヌシンスク盆地から他地域に向けて拡散する影響の内容は，前の B1a，B2a 類発生時においてモンゴリアからミヌシンスク盆地が取り込んだ影響とは異なることが考えられる。以上からわかるように，曲柄剣からカラスク式短剣という変化は，ミヌシンスク盆地からモンゴリア全体を考えてはじめて説明可能なのである。B1b，B2b 類は拡散する際，従来のモンゴリアに固有であった A1，A2 類を駆逐する形で南下していったと考えられる。このことは，北京市昌平白浮墓においていくつかの B1b や B1q 類の中に，異様に変形した A2 類が，B1b 類や B1q 類との折衷要素をもたずに存在している事実（図 4-9-5）が如実に示していよう。両者は明らかに別の形式で，本期において A1，A2 類は衰退する傾向にあったのである。B1b，B2b 類の草原地帯西部への拡大は，いわゆる「初期遊牧民文化」出現の直前の時期における物質文化の拡散として注目できる。なお，以上のような諸変化の年代が，中原における克殷の時期とおおよそ同じであることも興味深いものである。

phase 4 にはミヌシンスク盆地で B1c 類が B1b 類より発生する。一方，B1q 類と B2c 類はその分布の中心である長城地帯で主に発生したと考えられる。逆に，B1q，B2c 類はミヌシンスク盆地では稀で，B1c 類はモンゴリアにはほとんどない。phase 4 は，phase 3 におけるミヌシンスク盆地からの強い影響が一旦弱まり，モンゴリアが固有の型式をもつに至ったと考えられる。

第 2 節　刀子の検討

刀子の型式分類は，筆者が実見した長城地帯，モンゴルおよびミヌシンスク盆地の採集資料（第 4 章附表 4-2）に基づき行う。編年，分布については，分類で得られた型式の諸特徴を基に，従来発表された報告，論文の資料についてもそれぞれ型式を判断し，検討対象に含めることとする。これは，実見可能な資料が限られている現状によるものである。また刃部が，細い柄から垂直に降りるような，明らかに中原的な形態をもつものは除外している。

1.　分　　類

形式分類

組列の抽出が目的であり，時間的変化が比較的起きにくい製作技法に関わる属性に注目する。ここでいう製作技法とは鋳型作成の段階で想定されるものである。まず，以下のとおり属性を抽出した。

• **柄断面形態**（図 4-19 左）

a：断面工字形のうち，上下の端部は平坦でなく，山状であるもの。窪みは深いものが多い。

a2：a を半切した形態のもの。

b：工字形ではあるが，上下の端部は平坦であるもの。窪みの浅いものが多く，中には紋様区画のためと思われるほどきわめて浅いものもある。

b2：b と同じく上下の端部は平坦であるが，片面のみ窪むもの。

c：窪みをもたず扁平なもの。各厚みの変異は多様である。上下の端部は平坦である。

d：a に近いが，窪み部の厚さが比較的一定で，上下端部が平坦なもの。類例はわずかである。

e：断面楕円形のもの。

その他：柄全体に大きな透かし彫りが入るもの（2 例），筒状の柄（1 例）がある。

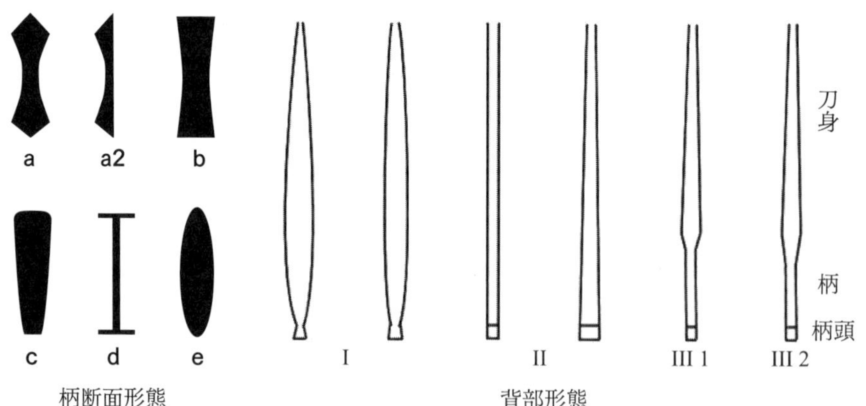

図 4-19　形式分類における各属性変異

• 背部形態（図 4-19 右）

刀子の刃部を下にして背部を俯瞰したときの形態。

I：全体がカーブを描くもの。柄と刃の境界位置に相当する背部あたりで最も厚くなるものがよくみられる。背部において柄から柄頭に移行する際に，境界付近でわずかに窪む特徴がある。また，背の輪郭全体の外形線も，ところどころデコボコしているものが多い。

II：全体が直線的なもの。幅がほぼ一定のものもあれば，柄頭に向かって開いていくものもある。柄と柄頭の移行部が，背部で区別されることはほとんどない。

III1：身と柄の境界付近に明瞭な段があるもの。

III2：身と柄の境界付近に不明瞭な段や屈曲があるもの。I と類似するものもあるが，III1，III2 の段は柄刃境界線の厚みにより直接生じていること，背部外形が直線的であることにおいて I と異なる。

• 紋様（図 4-20）

紋様のある資料のみに適用できる属性である。紋様自体より，その鋳出す方法に注目する[2)]。

凸：刀子表面のうち，刃から連続する面より突出する形で紋様が鋳出されるもの。紋様はないが，刃柄境界部を数本または 1 本の突線で示すものは，「凸（境界線のみ）」と表現する。また，凸紋様に交じって，鋳造後刻み込んだような紋様がある場合は，「凸（+ 刻）」とした。

凹：上とは逆に，刃から連続する面より下に紋様が入るもの。鋳造後刻み込んだような紋様がある場合は，「凹（+ 刻）」とし，柄の表裏で「凸」「凹」双方がみられる場合は「凸 / 凹」

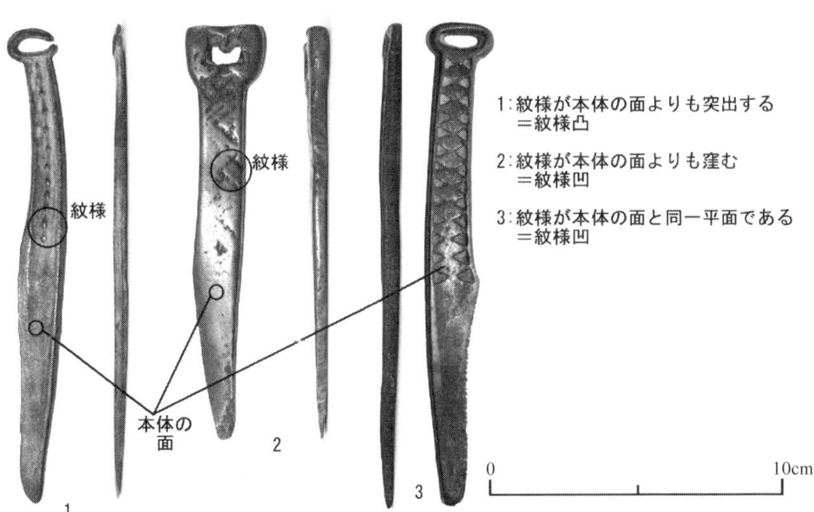

1, 2：京都大学総合博物館所蔵，3：天理大学附属天理参考館所蔵

図 4-20　刀子における紋様の変異

2)　起伏のある紋様については，「陽」「陰」の表現（それぞれ relief, incised に対応）があるが，これは主に出来上がった紋様自体に注目したものである。本書では紋様自体の起伏よりも，製作技法的な視点（刃部表面からの上下）が判断の基準となるので，以下のような表現にした。

表 4-5　柄断面形態（縦）と背部形態（横）の相関

		背部形態					
		I	I/II	II	II/III 2	III 2	III 1
断面形態	a	154	4＊	1＊			
	a2	7					
	b	5＊	5＊	70	1	5	
	b2			12	1	8	
	c	2＊	2＊	75	1	36	2#
	d			3#			
	e		1#	6#			7
	その他					4=	

表 4-6　笵線，模様（縦）と形式（横）の相関

		形式と中間形態					
		断面 a, 2a/ 背部 I	A，B 類中間	断面 b, b2，c/ 背部 II，III 2	B，C 類中間	断面 e/ 背部 III 1	その他
		A 類	＊	B 類	#	C 類	=
笵線の状態	単笵	5					
	明瞭	133	8	59	2		1
	不明瞭	3	11	145	9		2
	無？			6		1	1
	無	2				6	1

		形式と中間形態					
		A 類	＊	B 類	#	C 類	=
紋様の種類	凸	44	2	15	4		
	凸（境界線のみ）＋α	17	7	4			
	凸（＋刻）			1			
	凹	1	1	89	7	4	2
	凹（＋刻）			4		3	1
	凸/凹	1	2				
	紋様なし	98	8	95	1		2

＊凸（境界線のみ）＋α＝凸（境界線のみ），凸（境界線のみ）/凹/刻。

とした。

見かけ上は「凸」に類似するが，紋様面が刃から連続する面と同レベルかそれ以下にあるものがあり注意を要する（図 4-20-3）。

無紋：紋様をつけないもの。

• 笵線の明瞭性

この属性に関しては摩滅による変化が考えられ，副次的に用いることにする。

明瞭：側面において，2 つの鋳型での鋳造による，笵の合わせ目が明瞭に残されたもの。

不明瞭：側面に笵の合わせ目が認められ，2 つの鋳型による鋳造と判断できるものの，合わせ目がそれほど顕著に認められないもの。

無し：側面に鋳造紋様が入っており，笵線が当初からなかったことがわかるもの。なお，「不明瞭」との判別が困難なものについては，「無？」とした。

• 属性の相関と型式設定

柄断面形態（以下, 断面）と背部形態（以下, 背部）の相関をみたものが表 4-5 である。両属性間に相関が認められ，断面 a，a2/ 背部 I 付近にひとまとまり，また断面 b，b2，c/ 背部 II，III2 付近にひとまとまり，さらに数少ないが断面 e/ 背部 III1 にひとまとまりの計 3 グループが認められる。次に，各組み合わせに他の属性を掛け合わせたうえで，想定できる製作技法を考えてみよう（表 4-6）。

比較的安定していた断面 a，a2/ 背部 I グループでは，紋様では凸，笵線は明瞭なものが多くを占める。断面 a，a2 をもつ製品の場合，石製の鋳型に器物の輪郭線を彫り込んだ後，その内部を薄く削ることで鋳型は完成する。紋様凸は，刀子本体を鋳型に彫り込んだ後，その柄部に相当する部分をさらに彫り窪めることによって形成できる。このグループは，石などの素材を直接彫り窪めて鋳型形成するのに一番適した属性変異を含んでいる。また，笵線が明瞭であることは，双笵の場合，1 つの刀子につき 2 つの笵を別々に彫り込んで形成したので，両笵のズレが比較的大きくなった結果と考えられる。他では，背部外形がデコボコする原因として，石製鋳型における湯の凝固の温度差による可能性が挙げられる。これらの属性変異は，いずれも次のグループと対照的であり，石製鋳型の使用を強く示唆するものである。なお，長城地帯，モンゴルでは，実際にこの組み合わせをもつ石製鋳型が存在する（図 4-21）。以上により，断面 a，a2/ 背部 I グループを A 類とする。

図 4-21　刀子 A 類の石製鋳型（縮尺不明）

次に断面 b，b2，c/ 背部 II，III2 付近のまとまりを考える。本組み合わせは，変異は広いものの，他の属性との相関では，紋様凹，笵線不明瞭なものが多い傾向をもつ。仮に素材を彫り窪めて鋳型を形成すると，断面 b，b2，c は上の A 類のように線的に鋳型素材を彫り窪めた後，その内部を外形線と同じ深さまで窪める必要がある。また凹の紋様は，鋳型における本体形成後に追加して彫り窪めることはできない。このグループの各属性変異は石型によっても形成できなくはないが，「模」のような原型を利用した方がより容易に製作できる。つまり，最初に紋様を含めて，完成品の刀子とほぼ同じ原型を，木や土などを用いて作っておき，それを土や砂に包む，または押し当てて，鋳型を形成したと考えるのである。その場合，原型を土で包んで乾かした後，刀子背部を縦に半裁するような形で，包んだもの全体を二分して，原型を取り出すと，2 つの范が同時に得られることとなる。本グループにおいて，笵線が不明瞭であるのは，このような，双笵を同時に得られるような方法をとったため，互いの笵のズレが，先の A 類に比してわずかに抑えられた結果であると考えられる。背部外形の線が A 類に比して，デコボコせず，比較的シャープであることの直接的要因については，解明すべき部分を残すが，鋳型各所における湯回りの速度の違いも関連している可能性がある。以上により，断面 b，b2，c/ 背部 II，III2 の一群を B 類とする。なお，学史上のいわゆる屈曲型はほとんどが B 類になる。B 類の鋳型はまだ発見されていない。

断面 e/ 背部 III1 の組み合わせは少数であるが，製作技法上きわめて特殊な一群である。紋様は凹，笵線は無しと相関する。これについては，高濱が指摘する蠟型技法に類するもの（高濱 2008）を想定せざるをえない。例えば，ドンドゴビ博物館所蔵品（図版 3）の柄部には，刃と垂直方向の数条の溝と，刃と水平方向に 2 列の点列を有する区画が数本鋳出される。いずれの紋様も柄そのものの面より突出しないので，少なくとも A 類とは異なる。さらに紋様は背部にまで達し，溝状の帯の多くは背面最上部で切れているが，腹部については，紋様帯が明確に連続している（図版 4）。このような，背面，腹部の紋様の連続は，本品が単純に 2 つの笵で鋳造されたものではないことを示している。分類に使用した資料は少ないが，これに類するものは他にも相当数知られており（江上・水野 1935, Andersson 1932, 鄂爾多斯博物館編 2006 など），先のドンドゴビ博物館所蔵品もそうであるが，柄頭に鈴や獣頭を伴うなど，いずれも造形的にかなり

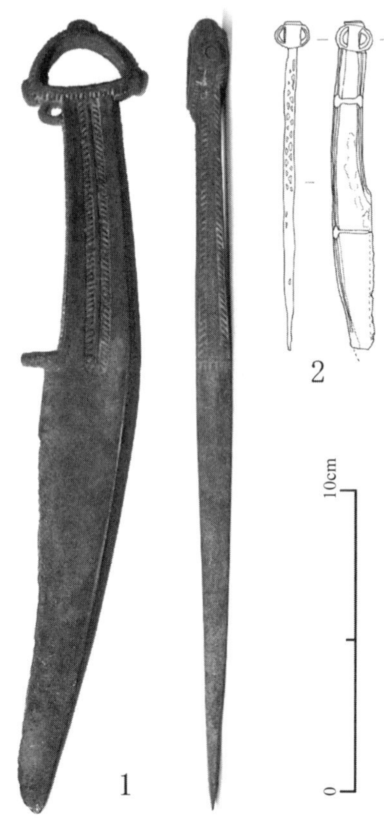

1：京都大学総合博物館所蔵,
2：青海省卡路乱山

図 4-22　イレギュラーな変異をもつ刀子

複雑なものである。なお，ドンドゴビ博物館所蔵品の柄頭における鈴は，内部に球を含んでいるが，全体に押しつぶされた形になっており，鈴としての機能は失われている。鋳造時の欠陥によるものであろう。本グループの製品を鋳造した鋳型はみつかっておらず，その鋳造技法についても不明な部分が多い。なお，先学では，次段階のタガール文化の青銅器についてであるが，原型利用および，より複雑なものに関しては蠟よりむしろ，脂肪を用いた技法の可能性が挙げられている（Гришин 1960）。以上により，断面 e/ 背部 III1 を C 類とし，上記 A，B 類とは製作技法において区別することが可能である。

ここで以上に検討した組み合わせに外れた個体（表 4-5, 4-6 中の＊，#, = を付した数字）を考えたい。まず，A 類と B 類の中間にあたるもの（表中＊）は笵線不明瞭なものが多く，B 類に帰属させることにする。これらを介して，A，B 類の関係をどのように考えるかについては後述する。B 類と C 類の中間にあたるもの（表中 #）は，紋様は凹で，笵線もある程度は確認されることから B 類とする。最後に例外的な資料について言及しておこう。上記の基準では A 類となる資料のうち，京都大学（図 4-22-1），東京国立博物館所蔵の各 1 点（附表 4-2-G025, G087）は，背部に笵線がみられず，紋様が鋳込まれている。したがって，C 類で想定した製作技法による可能性が高く，C 類に含める。東京国立博物館所蔵品（附表 4-2-G087）における点列紋は剣 A2 類，有銎闘斧 IIIA 類（後述）にもよくみられるものである。これらと同様の位置づけとなるものは稀ではあるが，他に例えば，獣頭の柄頭をもつ鄂爾多斯青銅器博物館所蔵品（鄂爾多斯博物館 2006-p. 76, p. 83 左），青海省卡路乱山遺跡出土品（図 4-22-2）が挙げられよう。また，東京国立博物館所蔵の 1 点（附表 4-2-G115）は，直角をなす関部など，形態上は中原の刀子にやや近いものである。本資料は，鋳型の合わせ目がみられず，高濱によって蠟型技法に類する技法が想定されている（高濱 2008）。ここでも製作技法を重視し，C 類に含めておくことにするが，C 類の中では特異なものである。また，東京国立博物館所蔵の 1 点（附表 4-2-G135）は背部の形態が B 類に近い以外はすべて A 類の特徴を有しており，A 類とする。

型式分類（B 類）

時間的変遷を示す型式への細分は，B 類においてのみ可能である。ここでは，チレノヴァが指摘したように，刀子全体の形状について，屈曲状から弧状へという変遷が考えられる（Членова

1972a)。非常によく屈曲するものには，柄の前方に窪みを残すもの（図 4-24-2 の矢印参照）がある。ミヌシンスク盆地では骨柄に対してほぼ垂直に石刃や銅刃をはめ込んだ刀子が知られており，図 4-24-6 のように柄の差込部が貫通している例も存在する。B 類における柄の前方の窪みは，骨柄銅刃刀子の差込部の痕跡器官と考えられる。上述のように，B 類が仮に骨柄銅刃刀子そのものを原型として利用したとすれば，このような痕跡器官が残ることもよく理解できよう。以下ではこのことを考慮して属性を抽出する。

• **全体の形状**（図 4-23 左）

屈曲 1：柄刃境界付近で非常によく屈曲するもの。

屈曲 2：柄刃境界付近でよく屈曲するが，屈曲度は屈曲 1 より低い。

弧状：全体にカーブあるいは直状を呈するもの。やや屈曲するものもあるが，屈曲点は柄刃境界付近ではない。

• **柄刃境界部の表現**（図 4-23 右）

あ：境界が刃に対して斜めであり，柄が厚く刃は薄く表現されるもの。

い：境界が刃に対して垂直に近くなり，柄を厚く刃は薄く表現するか，太い線を入れるもの。

う：境界が薄く細い線で表現，あるいはないもの

柄の裏表で表現が異なるものは，表中で「あ・い」のように表記した。

両属性の対応関係をみると（表 4-7），ゆるやかな相関がみられる。チレノヴァのように細かくは区分できず，変化はかなり緩慢である。そこで，屈曲 1/ 柄刃境界あ，屈曲 2/ 柄刃境界あ，あ・い，を Ba 類，弧状 / 柄刃境界う，を Bc 類[3] とし，その中間のすべてを Bb 類とする。な

表 4-7　全体の形状（縦）と刃柄境界部の表現（横）の相関

		刃柄境界部の表現				
		あ	あ・い	い	い・う	う
全体の形状	屈曲 1	7		2		4
	屈曲 2	3	4	19	3	13
	弧状	1		14	6	162

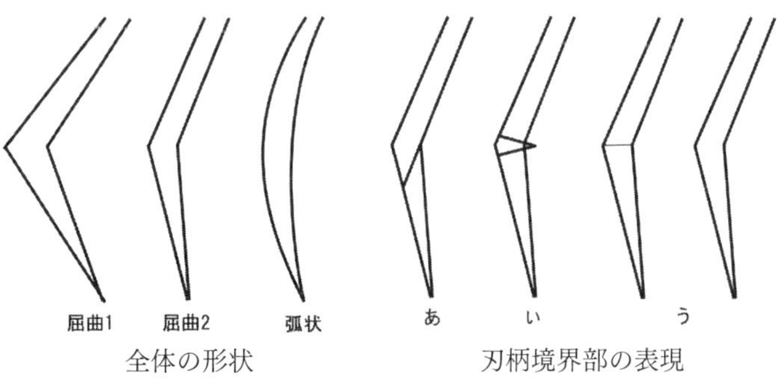

図 4-23　刀子 B 類における変異

3)　Bc 類が数量的にきわめて多いのは，B 類の内この型式が長城地帯にも数多く認められるためと考えられる。

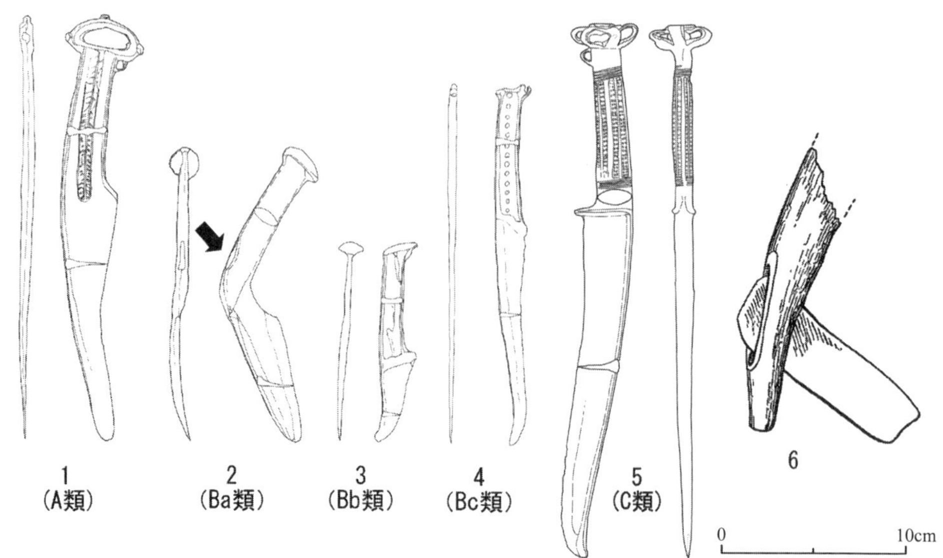

1：東京大学文学部考古学研究室所蔵（G172），2：アバカン博物館所蔵（M007），3：ミヌシンスク博物館所蔵（M023），4：東京大学文学部考古学研究室所蔵（G176），5：ドンドゴビ博物館所蔵（O056），6：ミヌシンスク盆地（ベリティリ（Beltyry）出土）
＊ 1～5 の所蔵元直後の（）内は附表 4-2 における番号。

図 4-24　刀子の型式

お，次に続くタガール文化では Bc 類がほぼすべてであり，Ba 類→ Bb 類→ Bc 類の変遷が考えられる。図 4-24 に各形式，型式の資料を提示する。

2.　編年と形式間関係

年代の明確な資料については未実見のものが多く，以下ではこれらを使用する。前項において，各形式，型式の単位としての存在は検証済みであり，各々に認められた諸特徴を参考にして，未実見資料の型式を判断する。その際，すでに報告された写真，記載などにより属性を総合的に判断した。

各型式の年代

共伴関係によりおおよその絶対年代が把握できるのは長城地帯の出土品である。A 類は内蒙古朱開溝 1040 号墓（内蒙古文物考古研究所・鄂尔多斯博物館 2000），山西省高紅墓（楊紹舜 1981a），河北省抄道溝デポ（河北省文化局文物工作隊 1962），遼寧省楊河デポ（錦州市博物館 1978）出土品などが該当し，およそ商代に併行する時期（前 14 世紀から前 11 世紀まで）である。北京市瑠璃河 264 号墓出土品（北京市文物研究所 1995）など西周早期に併行するものが若干あるが，A 類の主体は商代併行の段階と考えてよい。

典型的な Bc 類は北京市西撥子デポ（北京市文物管理処 1979）などにみられるように，西周併行の段階（前 11 世紀～前 8 世紀）にあったとみられる。陝西省断涇 4 号墓（中国社会科学院考古研究所涇渭工作隊 1999）や北京市昌平白浮 2 号墓（北京市文物管理処 1976）の刀子も Bc 類にあたると考えられるが，西周早期の段階より遡る資料はない。また，Bc 類は西周後期から春秋早期に併行する，夏家店上層文化にもみられ，長く存続したことが知られる。Ba，Bb 類については年代の明確な資料を欠くが，Bc 類が西周併行であるなら，Ba，Bb 類はそれに遡るものであり時期的には A，C 類と同じである可能性が高い。

C 類は河北省抄道溝デポや山西省旌介 2 号墓（山西省考古研究所 2006）出土品のように，A 類と同様，商代に併行する段階にみられる。河北省小河南デポ（鄭紹宗 1994），甘粛省白草坡 1 号墓（甘粛省博物館文物隊 1977）出土品など西周の早い段階に併行する例もあるが，後にも検討するように，曲柄剣（剣 A1，A2 類）との対比からいっても，その主体は商代併行にあったとできる。総じて，A，C 類が商代にほぼ併行し，Bc 類が西周に併行する。

剣との対比

次に剣の型式との対比を行い，主要器種全体の期設定を行いたい。まず，製作技法上対比可能であるのは，刀子 C 類（図 4-24-5）と剣 A2 類（図 4-5-8～17）である。両者は片刃か両刃かを除く属性についてほぼ共通しており，年代的にもほぼ同時期と考えられる。また，刀子 B 類で，柄にブリッジが掛かるものがクラスノヤルスク博物館所蔵品およびトゥバ出土例としてある。これらの柄は剣 B1a の構造と基本的に同じであると考えられる（図 4-25）。図 4-25-2 は裏面が不明であり，Bb，Bc 類のどちらかが不明であるが，トゥバのもの（図 4-25-1）は Bb 類であり，剣 B1a 類は刀子 Bb 類の段階にあったと考えられる。

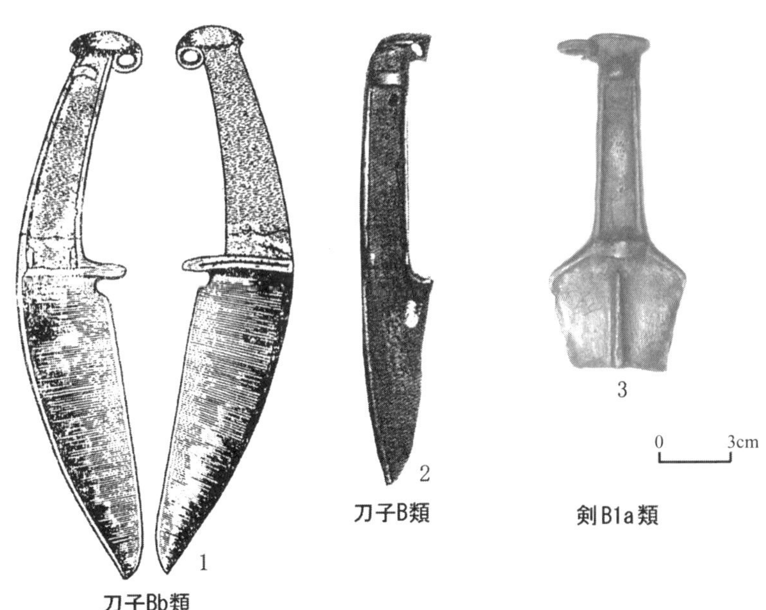

1：トゥバ出土，2：クラスノヤルスク博物館所蔵，3：ミヌシンスク博物館所蔵

図 4-25　刀子 B 類と剣 B1a 類の比較

次に剣と刀子の共伴事例をみる。山西省高紅墓地では剣 A1 類と刀子 A 類が，河北省抄道溝デポでは，剣 A2 類と刀子 A，C 類がともに発見された。北京白浮墓では異形化した剣 A2 類，とともに剣 B1b，刀子 Bc 類が出土している。河北省小河南デポでは剣 B1a 類とともに変形した刀子 C 類が出土した。また，大カマリ（Bolshoy Kamaly）川上流におけるハルロボ（Kharlovo）（Членова 1972b）では剣 B2b 類と刀子 C 類が出土している。

以上より，剣 A1，A2 類と刀子 A，C 類，また剣 B1a 類と刀子 Bb 類，さらに剣 B1b 類，B2b 類以降と刀子 Bc 類がそれぞれ併行していると考えられる。したがって，刀子 Bb 類は phase 2（剣 B1a，B1b 類）に，刀子 Bc 類の出現は phase 3（剣 B1b 類，B2b 類）にあてられよう。そこで以下のように，剣と刀子双方の型式が変化する時期を主要器種全体の期としたい。第 1 期は剣 A1，A2 類，刀子 A，Ba，C 類がみられる時期（phase 1）。第 2 期には剣 A1，A2，B1a，B2a 類，刀子 A，Bb，C 類が存在した（phase 2）。後続する剣 B1b，B2b，B1c，B2c，B1q 類，刀子 Bc 類の時期は第 3 期とする（phase 3～4）。

形式間関係

各形式は製作技法上では基本的に排他的関係にある。しかしながら，製作技法よりむしろ，形態的特徴を示す属性では形式間関係の粗密が変動する。この属性としては，柄頭の形態（図 4-26）や，刀子全体の形状が挙げられる。

まず，A 類と C 類は第 1 期に存在し，形式間で共通する属性変異はほとんどなく，両者はほぼ排他的関係にある。ただ，両者が互いに参照されうる状況にあったことは，次のように，

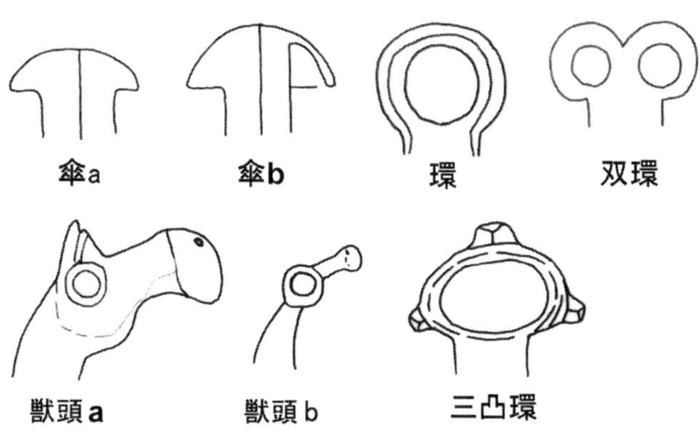

・傘 a：傘の裏が平らなもの，全体に扁平なものが多い
・傘 b：傘の裏が深く窪むもの，半球状になるものが多い
・傘 ab：傘 a の傘 b の中間形態を示すもの
・環：環状のもの
・双環：双環状のもの
・孔：柄端に孔が開くもの
・獣頭 a：目鼻の突出する獣頭のうち写実的で複雑なもの
・獣頭 b：目鼻の突出のみで獣頭を表すもの
・三凸環：環に 3 つの突起が付属するもの

図 4-26　柄頭形態の変異

柄頭において看取される。C 類には複雑な目鼻の突出する獣頭（獣頭 a）が付属する場合が多い。A 類にも同様の目鼻の突出する獣頭が付される場合がある。しかし，A 類の獣頭は C 類のそれに比べて単純であり，目と鼻が玉状になっているだけのもの（獣頭 b）が多い。つまり，A 類と C 類は互いに同様のものを表現しようとしていた可能性があるが，それが実際に表現される際には各形式の製作技法に基づく精粗差で排他的に区別されているのである。

次に A 類と B 類の関係であるが，それを考える前に，形式分類において B 類に含めておいた，数少ない A，B 類の中間タイプ（表 4-5 の＊）について記しておく。型式分類の結果，これらのうち 1 点以外はすべて Bc 類になる。＊を介した形式変化を考えるなら，ひとつは A 類→＊→ Bc 類（→ Ba，Bb 類）となり，検証された B 類の組列に矛盾する。もうひとつの可能性は Bc 類→＊→ A 類であるが，これは先に挙げた各地域の年代とまったく逆転するものである。したがって，＊を介してある形式から他の形式全体が発生するということはありえない。

さて，表 4-8，図 4-27 は各型式の柄頭変異を示したものである（便宜上，Bc 類のみにみられる変異はひとまとめにしている）が，Ba 類から Bc 類に下るにつれて，B 類が A 類にみられた変異を多くもつようになることが知られる。例えば，Ba 類は傘 a や傘 ab の柄頭形態にほぼ限られているが，Bc 類になると，その他に環，孔，三凸環などの変異をもつようになり，これらは，A 類と共通するものである。他では，A 類には全体の形態において，屈曲するもの（図 4-23 屈曲 1, 2）をもたず，弧状のものが多い。Bc 類はこの点でも A 類により近いものである。つまり，B 類は A 類と当初（Ba 類の段階）は排他的関係にあったが，B 類が変化するにつれ，A 類からの影響を受けたと考えられる。先の A，B 類両特徴をもつ＊も，以上のような過程で

表 4-8　各型式の柄頭変異

	傘 a	傘 ab	傘 b	無	環	双環	孔	Bc 類特有	獣頭 b	獣頭 a	三凸環
A 類	2			14	108	12	12		5		4
C 類	1		2	1						2	2
Ba 類	5	7		1							
Bb 類	18	26	5		3	1	1				
Bc 類	10	9	3	8	70	2	7	42			4

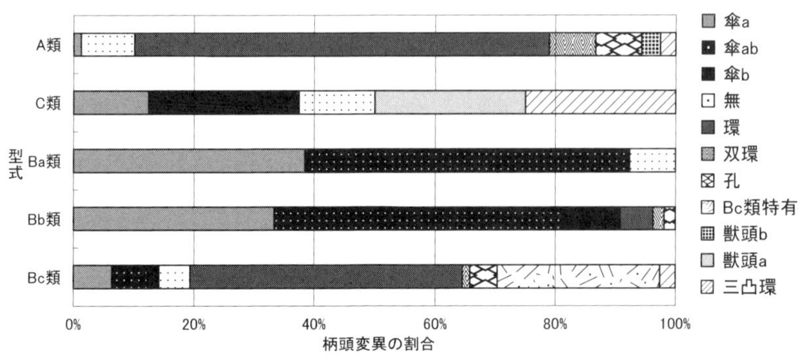

図 4-27　表 4-8 のグラフ化

生まれた折衷形であろう。ただし，B 類と A 類はその製作技法においては，時期を通じてまったく異なっている。B 類が A 類から受けた影響は，全体の形態や柄頭という，視覚的に模倣可能な情報に限られていたのである。

B 類と C 類の関係については，C 類の個体数が少なく，表 4-8，図 4-27 のみでは，結論を得ることは難しい。しかしながら，Ba 類では C 類と共通する柄頭はほとんどないが，Bb，Bc 類となるにつれて C 類と同じ柄頭を含むものが増えており，B 類と C 類に関しても，A，B 類と同様，排他性が徐々に緩和された可能性がある。

以上を鑑みると，第 1 期は A，Ba，C 類がほぼ排他的にある段階。3 つの形式における形態上の排他性が緩和される段階が第 2 期，Bc 類のみの段階が第 3 期とすることもできよう。

3. 分　　布

まず，分類で使用した資料を用いて，長城地帯，モンゴル，ミヌシンスク盆地という大きな 3 地域における，刀子の型式分布を確認する（表 4-9, 図 4-28）。

第 1 期では，A 類は長城地帯，モンゴル，ミヌシンスク盆地いずれにも豊富に存在する。C 類も同様に，3 地域すべてにおいてみられる。一方で，Ba 類はミヌシンスク盆地にしか存在しない。

第 2 期にも A 類，C 類も存続しているが，これらを第 1 期のものと細分する手立てはない。便宜的に Bb 類のみをみると，ミヌシンスク盆地にほとんどが偏り，モンゴルや長城地帯には少数であることがわかる。

表 4-9　型式の分布

	ミヌシンスク盆地	モンゴル	長城地帯
A 類	34	29	101
C 類	3	3	4
Ba 類	14	0	0
Bb 類	58	1	3
Bc 類	60	28	75

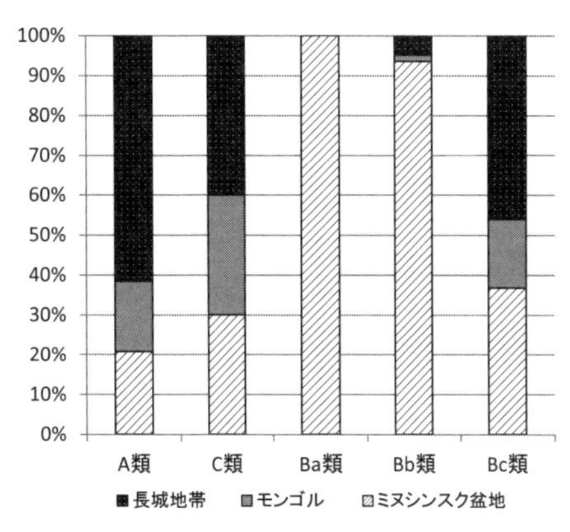

図 4-28　表 4-9 のグラフ化

第 3 期において，Bc 類は長城地帯からミヌシンスク盆地にいたるすべてにおいてみられる。

以上によって，型式によって明らかに分布に偏りがあることが知られたが，次に，分類に用いた資料以外を含めて分布を検討してみよう。使用した資料は附表 4-4 にまとめているが，実見できたもの以外は，図面，写真より，型式の判断を行った。分布図（図 4-29～4-34）は地域ごとの個体数を示したものである。ミヌシンスク盆地の資料に関しては，その北のクラスノヤルスク地方採集のものも含めて数えている。

第 1～2 期に位置づけられる A 類は，長城地帯，ミヌシンスク，クラスノヤルスク以外では，新疆，遼東，バイカル，トゥバ，モンゴル，カザフスタンに存在する（各資料の出

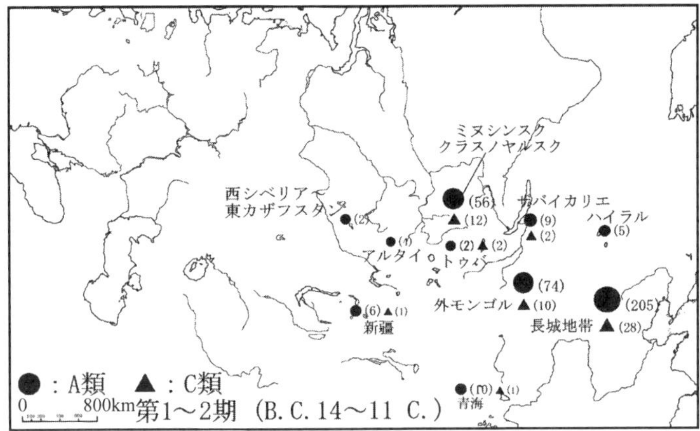

図 4-29　刀子 A，C 類の分布

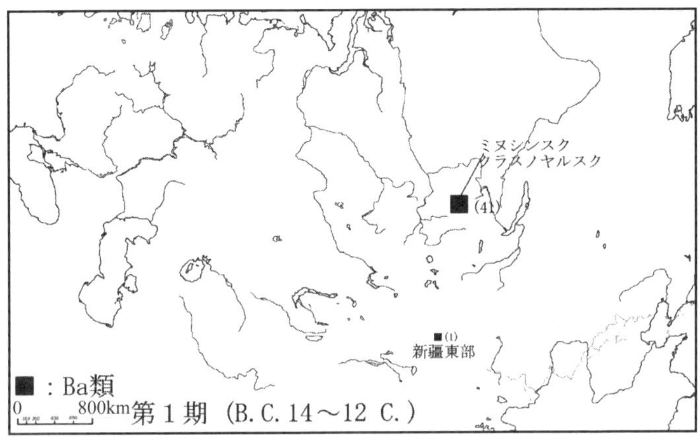

図 4-30　刀子 Ba 類の分布

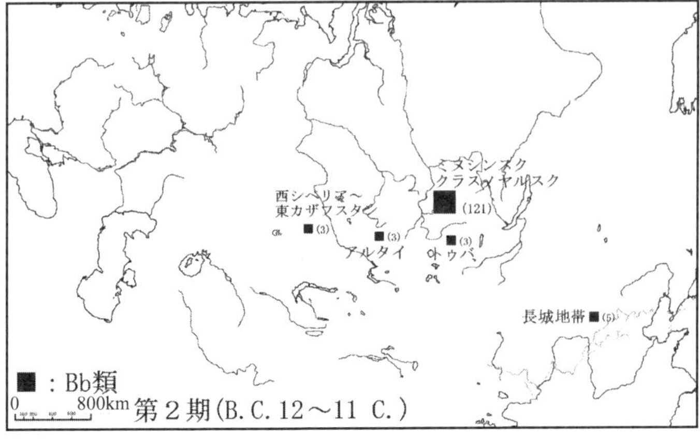

図 4-31　刀子 Bb 類の分布

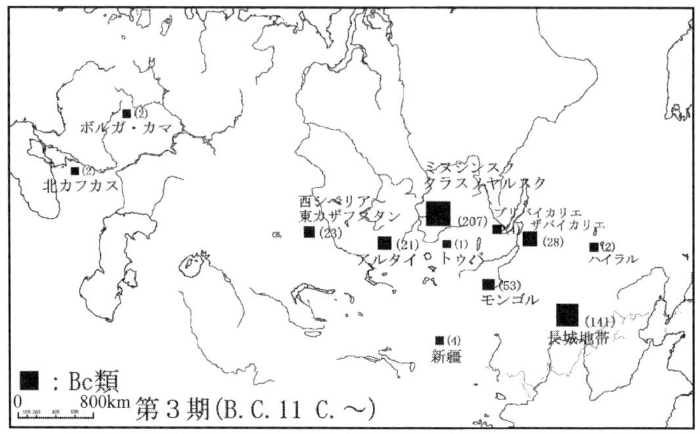

図 4-32　刀子 Bc 類の分布

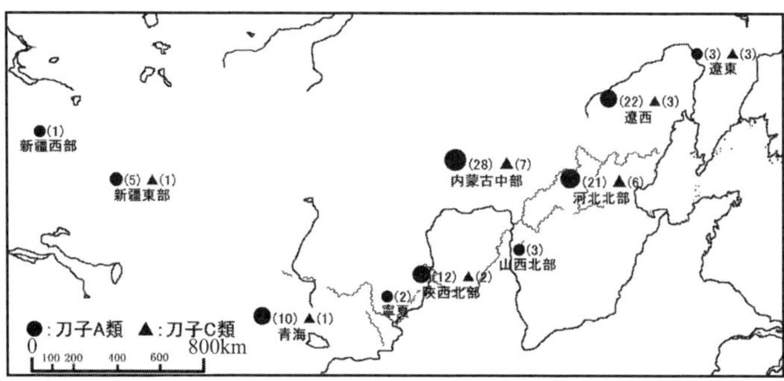

図 4-33　刀子 A，C 類の分布（新疆，長城地帯）

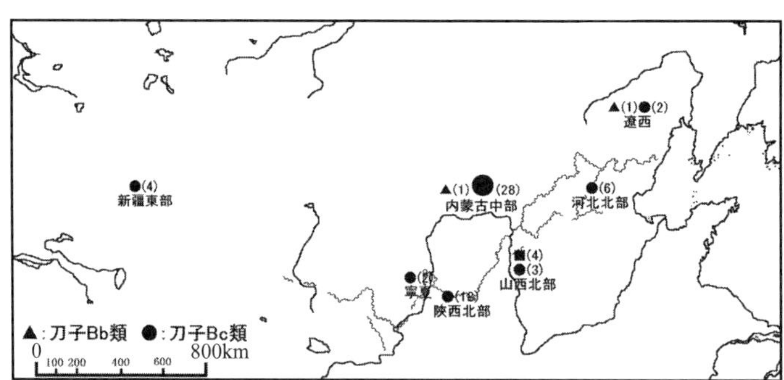

図 4-34　刀子 Bb，Bc 類の分布（新疆，長城地帯）

典等については附表 4-4 参照）（図 4-29）。モンゴル・ウムヌゴビの人形（ヒトガタ）墓（figured tomb）[4] からは刀子 A 類が（Амартувшин, Жаргалан 2010, p. 160-1-2），長城地帯内においては，遼西から内蒙古

4）いわゆる板石墓の一種であるが，俯瞰すると，各辺が内側に沿った方形を呈する墓。（頭のない）人が手足を広げたような格好になることからこの名前がついたと考えられる。宮本は，テブシ（Tevsh）遺跡においてこのタイプの発掘を行ったが，「撥形墓」と名づけている（宮本 2015）。

中部，寧夏，青海での出土，採集例がある（図 4-33）。ただし，寧夏の資料は量的に少ない。C 類も長城地帯とミヌシンスク盆地両方においてみられ，類するものが新疆，遼東，モンゴルにもみられる。長城地帯内では遼東以西，陝西北部以東でみられる。

第 1 期における Ba 類（図 4-30）はミヌシンスク盆地フェドロフ（Fedrov）墓地 7 号墓（Липский 1963, c. 65-1, 5）でみられるほか，類するものが新疆に 1 点知られる（附表 4-4-No. 200）が，かなり異形化している。

第 2 期の Bb 類はトゥバ（Кызласов 1979, c. 30 рис. 19a-2, 3, 6）や西シベリア・トムスク（Tomsk）付近のエロフスク（Elovsk）集落（Косарев 1981, c. 158 рис. 61-3）でも確認できる（図 4-31）。

第 3 期において，Bc 類は長城地帯とミヌシンスク盆地両方においてみられる（図 4-32, 4-34）。類するものは，新疆，バイカル，トゥバ，モンゴルにみられる。遼東の例がないことは，剣 B 類と類似した動態として同様興味深い。

4. 小　結

第 1 期

ミヌシンスク盆地が Ba 類を有する点で特徴的である。B 形式の諸技法は本地域固有と考えられる。Ba 類の祖形は，型式設定の項で述べた痕跡器官からいって，カラスク文化に先行するアファナシェボ文化やオクネフ文化の骨柄銅刃刀子に求めることができよう。なお，この痕跡器官の存在は，Ba 類が実際に骨柄銅刃刀子を原型として形成されたと考えれば理解しやすい。

それでは A 類，C 類はどうか。これらのうち，古手のものを分別する手段がない以上，ミヌシンスク盆地において両形式の技法が B 類と並んで，当初から排他的に存在していたと考えることも可能である。しかしながらミヌシンスク盆地における C 類には，蠟型に類する C 類特有の技法を生かした複雑な造形のものはきわめて稀である [5)]。一方で長城地帯の C 類は実見した資料の他に数多くが知られ，それらは非常に精緻な紋様と複雑な柄頭（獣頭 a，鈴など）をもつ場合がほとんどである。したがって，少なくとも C 類に関しては長城地帯を含むモンゴリアにその主体があったとみなしたい。また，A 類も変異の豊富さあるいは金属成分（本章第 3 節）などを考えると，C 類同様モンゴリア主体の可能性が高い。第 1 期には A，C 類が盛行する，おおよそ商代に併行する年代が与えられる。

第 2 期

Bb 類が，A 類のうち視覚的に模倣可能な情報を Ba 類に加えて作られた。この変化は Ba, Bb 類が豊富に存在するミヌシンスク盆地で起きた。また Bb 類を造る際，技法は在来のものによっており，A，C 類のうち模倣された属性は，その視覚的情報が中心であったことは注目できる。A，C 類はともにモンゴリアにその主体があり，ミヌシンスク盆地に伝わったが，そ

5）例えば，長城地帯の C 類にみられる鈴，獣頭 a 柄頭はミヌシンスク盆地にはきわめて少ない。また，ミヌシンスク盆地の C 類では，紋様鋳造後に直線的な紋様を刻んだ可能性のあるものもあり，C 類本来の精緻な紋様を鋳出す技法とはいえない。

こでは長続きせず形態のみB類に取り込まれた可能性がある。いずれにせよBb類がミヌシンスク盆地で開発された事実は動かず，長城地帯にわずかにあるBb類はミヌシンスク盆地から南下したものと考えられる。年代は商末周初併行である。刀子については第1，2期における長城地帯での分布差は明確ではない。しかしながら，新疆，長城地帯の西部（甘粛，寧夏）での発見例が遼西，内蒙古中部などと比べて著しく少ないことは剣と共通する現象である。

第3期

Bc類もBb類の延長上でA類の視覚的要素を付加しつつミヌシンスク盆地で生まれた。長城地帯におけるBb類は稀であるので，長城地帯のBc類はミヌシンスク盆地からの再びの影響と考えられる。この段階にはC類はほぼ消滅し，A類も一般にはみられなくなる。A類の技法は，夏家店上層文化における単笵有茎刀子などにみられる形で長城地帯の一部に残っていくが，以後の有柄刀子にはその痕跡を残さなくなる。刀子第3期の年代は西周前期併行以降である。

以上をまとめると，第1期にはミヌシンスク盆地にはBa類，モンゴリアにはA，C類という排他的な分布圏が示される可能性がある。第2期にはミヌシンスク盆地においてBa類がA，C類の視覚的情報を取り込みつつBb類に発展した。さらに第3期にはミヌシンスク盆地において第2期の延長としてBc類が生まれ，それが長城地帯を含むモンゴリアへ流入したのである。以上の各影響の方向は以前に示した剣の動態と同様のものである。

第3節　青銅刀子の金属成分に関する検討

本章対象地域，時期の青銅器資料については，過去に金属成分に関する測定結果，研究が存在する。まず，長城地帯における多量の測定事例として，高濱らが，東京国立博物館所蔵の中国北方系青銅器に対して行ったものが挙げられる（高濱1998）。ここでは，蛍光X線分析が用いられており，測定にあたって金属面を露出できた資料は重量%で化学組成が示されている。一方，錆上からの測定資料については，変質している可能性があるため，銅との相対強度としてのデータが示されている。高濱らは青銅器を時期ごとに区分，比較し，ほとんどが鉛入りで，中国の各王朝で用いられた青銅と大差ない状況であるとしている。他では，サックラー財団の中国北方系青銅器についても蛍光X線分析の結果が示されている（Chase, Douglas 1997）。ここでも表面の測定が中心であり，金属成分における偏りや，錆の影響が存在する可能性について言及されている。さらに鉛，砒素は錫，銅，鉄よりも偏りが性質上生じやすいことも指摘されている。また，チェイスらは初期の青銅器（本章対象の時期に相当する）は，より晩い時期のものに比して錫の比率が高いこと，砒素の含有が比較的高いものはシベリア由来の可能性があることを挙げている。また，バンカーはイエットマーの論（Jettmar 1971）を引用しつつ，ミヌシンスクの青銅器には鉛の含有量が少なく，逆に砒素が多いことに注目し，上記の分析結果を出土地推定の目安としている（Bunker et al. 1997）。

一方，ミヌシンスク盆地においても青銅器の金属分析は行われている。例えば，チレノヴァの提示した資料（Членова 1972a）についての分析が存在する（Наумов 1972）。その結果では，大部分の資料が 1～2％程度の砒素を含有するものであることが示されている。チレノヴァは，カラスク文化の刀子について，屈曲型，直型，弧形背型という形態分類を行っており，時期が下るにつれて前者から後者へ変化すると考えている（Членова 1972a）。金属成分をこの分類単位ごとに比較すると，後者になるほど錫を含むものが多くなり，これは「技術発展」の結果とされている（Наумов 1972）。また，カラスク文化の後半にあたるルガフスク期の青銅器は，以前のカラスク期に比して砒素を含むものが増えるといわれる（Бобров и др. 1997）。

1.　本節の検討事項

解明事項

それぞれの成分分析対象資料において，一定程度の数量が確保されている器種は刀子である。そこで，本節では，前節で型式設定を行った刀子について，その型式ごとに成分分析の結果を比較することにしたい。A，B 類それぞれについて，金属成分について異なった傾向がみられれば，上述した鋳型形成技術と，金属配合比が一定の関連をもっていた可能性が出てくる(解明事項①)。この結果に基づいて，A 類の起源（ミヌシンスク盆地またはモンゴリア）について，なんらかの手がかりを得られる可能性がある（解明事項②)。次に，Ba 類から Bc 類になるにつれて，B 類が徐々に A 類に形態上類似してくることが看取されたが，これを金属成分比と対比したい。この場合は，B 類の製作技法自体は変わらないのであるから，金属成分と型式の傾向が一致しない可能性も充分にある（解明事項③)。なお図面より型式判別が不可能であったもの，測定値がわずかしか報告されていない C 類は，分析から除くことにした。

方法

以上の事項を厳密に検討しようとした場合，現在得られているデータにおいて，製作当時の製品の金属成分がどのように反映されているのか，そして各研究で得られた値が互いに比較可能かどうかということを，まず明らかにする必要がある。上述のように，先学では金属部分を露出できなかった資料については，錆の化学組成の影響が大きく反映する可能性が指摘されている。また，同一個体内でも測定結果にばらつきが認められている。しかしながら，錆の化学組成を反映しないような良好な試料の入手には相当の困難が伴うことも事実である。そこで，ここでは現在入手できるデータがどのように利用できるかの試みとして，分析を加えることとする。したがって，以下の分析で得られるものは，ある種の歪みを含んでいることに留意する必要がある。

分析では，学史上指摘され，かつ配合比の比較的高いものが含まれる錫，鉛に注目する。資料は上で言及した，高濱（1995）（写真は他に，高濱 1980，東京国立博物館編 2005 を参照），Chase, Douglas（1997）（写真は，Bunker et al. 1997 を参照），Наумов（1972），Членова（1972a）[6] のうち，当該期に該当するものを使用した。金属成分分析結果を伴う資料で実見できたものは少ない。

6)　文献で提示されたデータのうち，微量の含有とされたものについて，以下では 0.001 重量％として計算した。

A，B 類の型式判断は，形態（全体の形状，柄の溝），紋様などの特徴（本章第 2 節）を基に，写真，図面にて行った。繰り返すが，以下では，筆者が形態を基に設定した個体群（形式，型式）の比較において，各成分が大まかにどのような傾向をみせるのかを示すことを目的としている。したがって，得られた結果は，個体群の相対的特徴を示しているにすぎず，より精度の高い分析，検討を行う際の目安としたい。

2. 刀子 A，B 類と金属成分（解明事項①）

図 4-35〜4-46 は刀子 A，B 類における，錫，鉛，砒素の各元素の重量 % について，ヒストグラム化したものである。比較のため，0〜3% および 0〜15% までの 2 種のグラフを提示している。まず錫では，A 類は 1% 以下でピークをもち，1% 以上の含有がみられるものも相当数含んでいる。また，明瞭ではないが，6% および 10% 付近でピークがみられる可能性もある（図 4-35, 4-36）。一方で，B 類はほとんどが 1% 以下に集中する（図 4-37, 4-38）。

次に鉛では，A，B 類ともに 1% 以下に大部分が集中し，差はみられなかった（図 4-39〜4-42）。

砒素については，A 類は 1% 以下にピークがみられ，そこから 4% 程度までの勾配をなしている（図 4-43, 4-44）。一方で，B 類は 1〜2% 付近でピークを形成し，0% および 5% の双方向へ勾配をなす（図 4-45, 4-46）。

以上より，まず，ピークとして明確ではないものの，A 類は B 類に比べ錫を多く含む傾向がある。そして，B 類は A 類に比べ，砒素を多く含む傾向にあることが判明した。前節で述べたように，鋳型の製作技法において，A，B 類は互いに異なるものであり，両者の差異が金

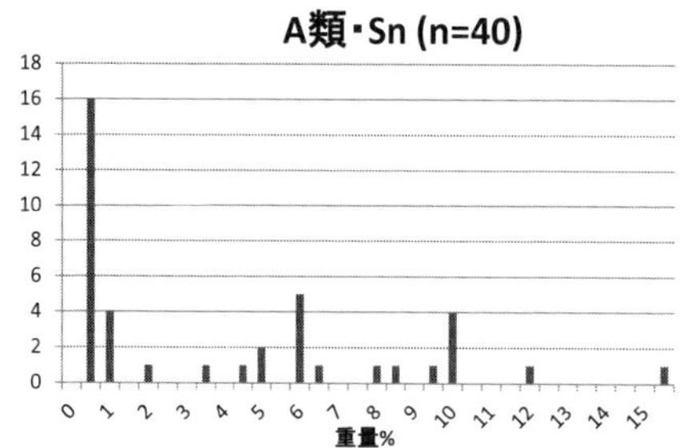

図 4-35　刀子 A 類における錫の頻度（0.5% 目盛）

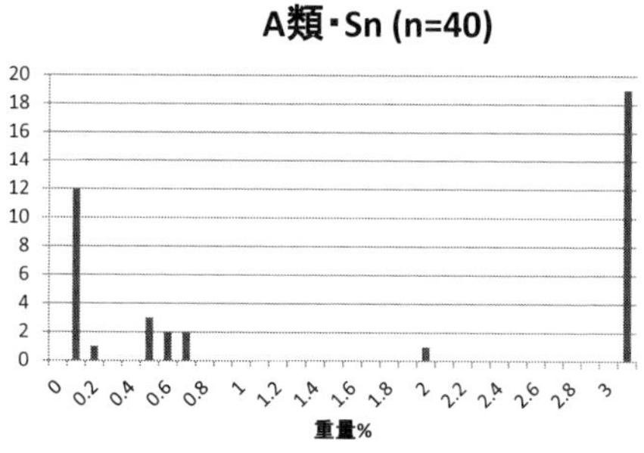

図 4-36　刀子 A 類における錫の頻度（0.1% 目盛）

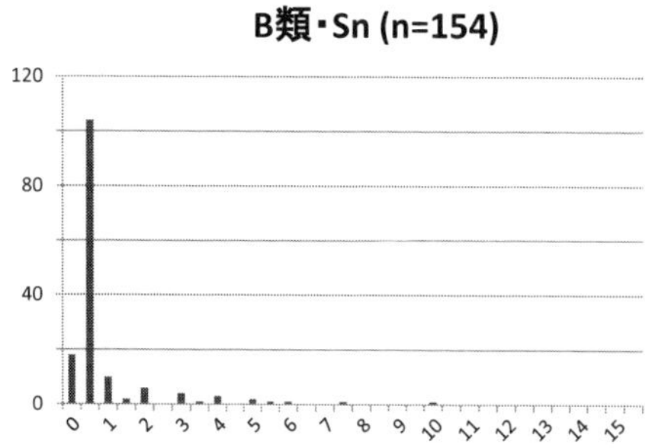

図 4-37　刀子 B 類における錫の頻度（0.5% 目盛）

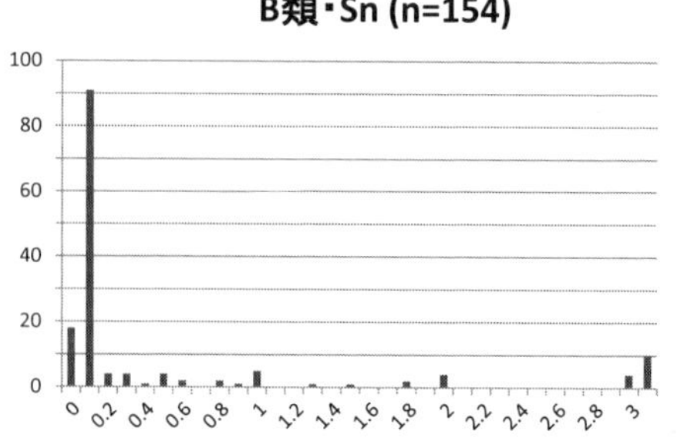

図 4-38　刀子 B 類における錫の頻度（0.1% 目盛）

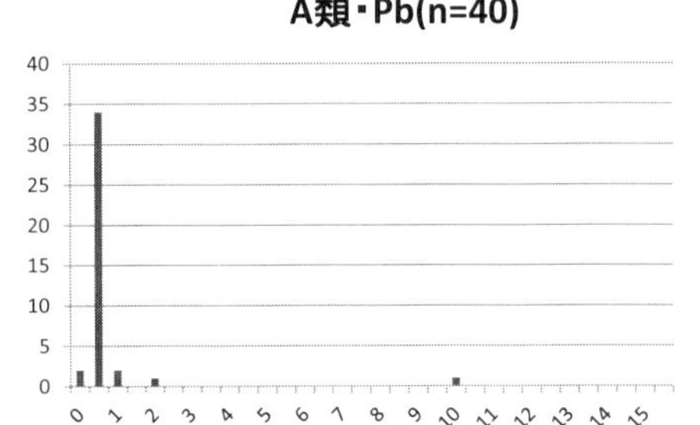

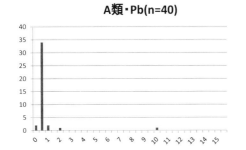

図 4-39　刀子 A 類における鉛の頻度（0.5% 目盛）

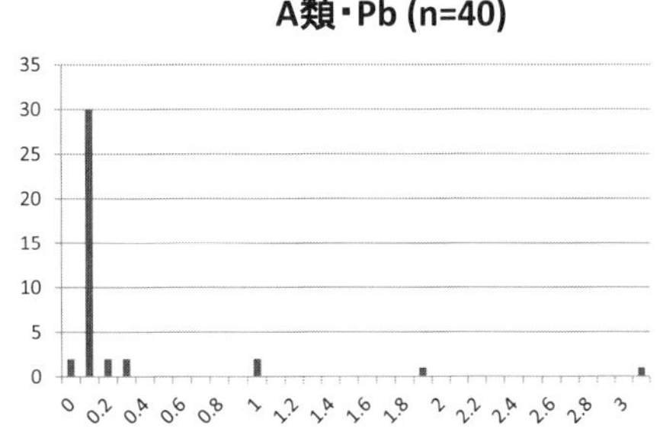

図 4-40　刀子 A 類における鉛の頻度（0.1% 目盛）

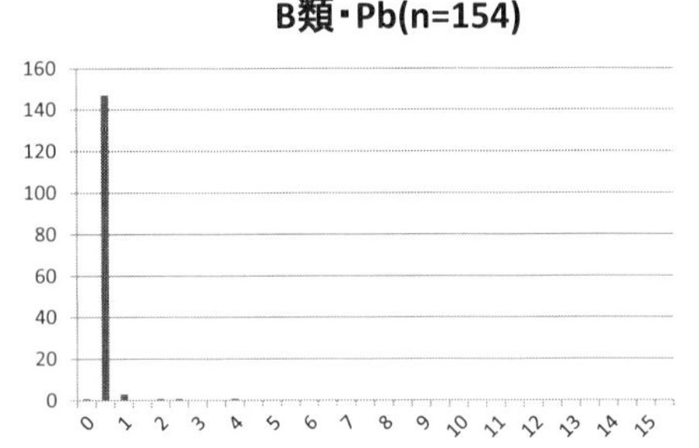

図 4-41　刀子 B 類における鉛の頻度（0.5% 目盛）

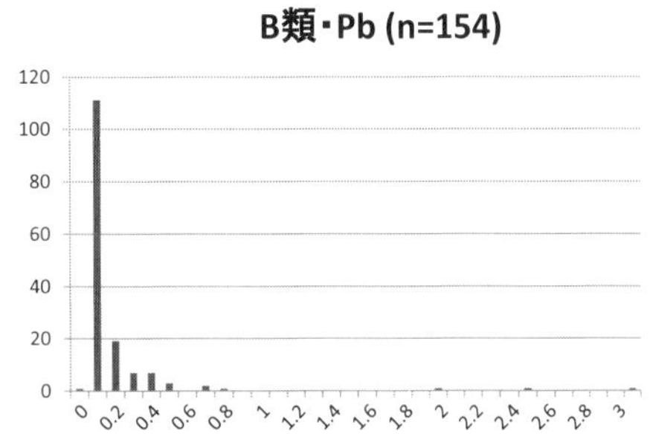

図 4-42　刀子 B 類における鉛の頻度（0.1% 目盛）

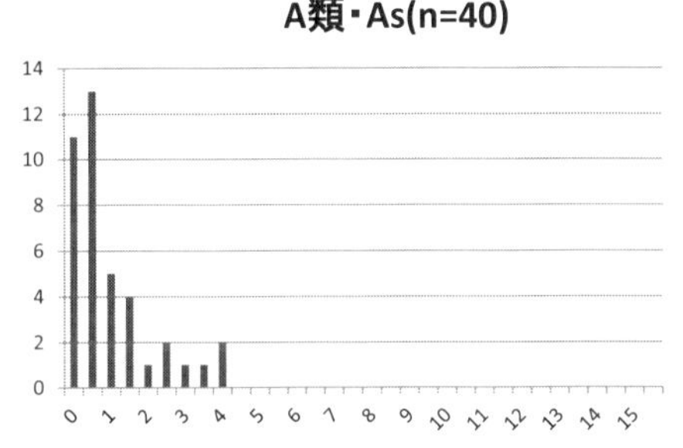

図 4-43　刀子 A 類における砒素の頻度（0.5% 目盛）

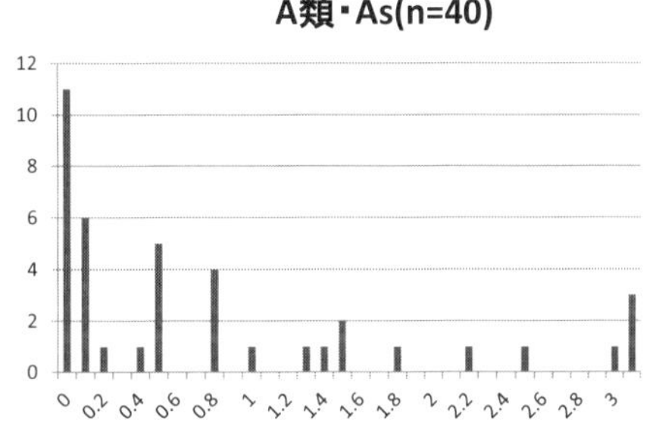

図 4-44　刀子 A 類における砒素の頻度（0.1% 目盛）

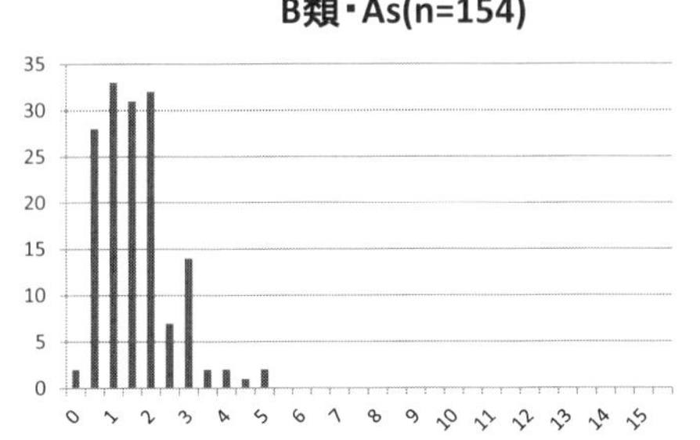

図 4-45　刀子 B 類における砒素の頻度（0.5% 目盛）

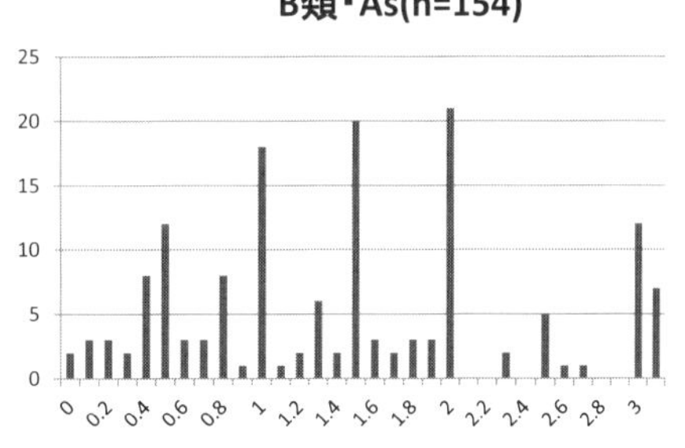

図 4-46　刀子 B 類における砒素の頻度（0.1% 目盛）

属配合比にまで及んでいた可能性が出てきたのである。ただし両者の際については，他の要因（地域性等）が製作技法よりも効いている可能性もある。この点については，4.（解明事項②）で検討する。

3. 刀子A類およびB類の諸型式と金属成分（解明事項③）

解明事項②より前に，A類と，B類内の各型式を比較し，両形式の関係の変化をみよう。まず，錫において，Ba類，Bb類は大部分が0.2%以下に集中し，それ以上の含有量をもつものはほとんどない（図4-47～4-50)。Bc類も同様に0.2%以下にピークがあるものの，10%程度まで含有されるものが少数ながら存在している（図4-51, 4-52)。

次に鉛では，いずれの型式も0.2%以下に集中し，大差はみられない（図4-53～4-58)。砒素では，B類の各型式とも1～2%あたりにピークを形成し（図4-59～4-64)，いずれもA類（図4-43, 4-44）とは異なった傾向を示している。

このような各型式の成分傾向を，形態におけるA，B類の関係性と併せるとどのように考えられるだろうか。錫に関しては，Ba，Bb類よりもBc類がA類に若干近いといえる。これは，Bc類の形態（全体の形状，柄頭）がA類に近づくことを考えれば興味深い現象である。形態同様，金属成分においてもBc類がA類の影響を受けた可能性があるからである。しかしながら，砒素においてそのような傾向は確認できなかった。B類におけるA類への接近は，視覚的に模倣可能なものに限られ，鋳型の製作技法は受け継がれていくことを考えると，Bc類における錫比率の増加をそう高くは評価できないかもしれない。

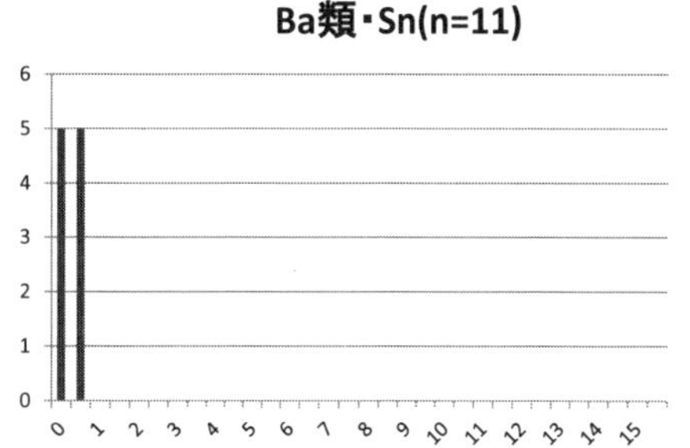

図4-47　刀子Ba類における錫の頻度（0.5%目盛）

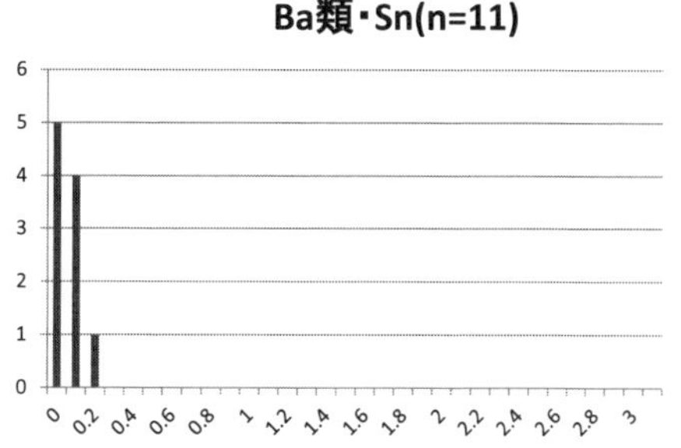

図4-48　刀子Ba類における錫の頻度（0.1%目盛）

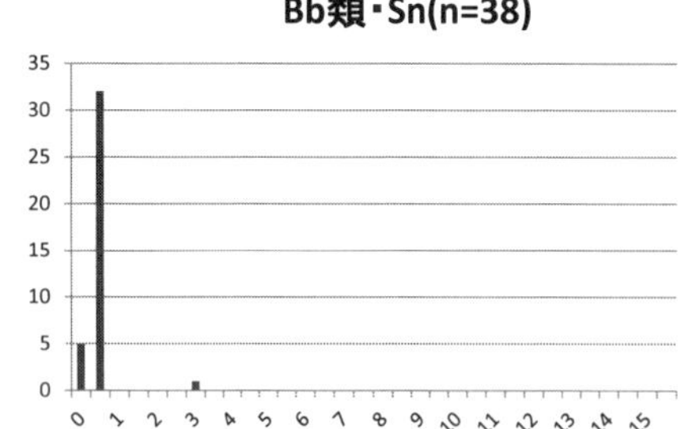

図4-49　刀子Bb類における錫の頻度（0.5%目盛）

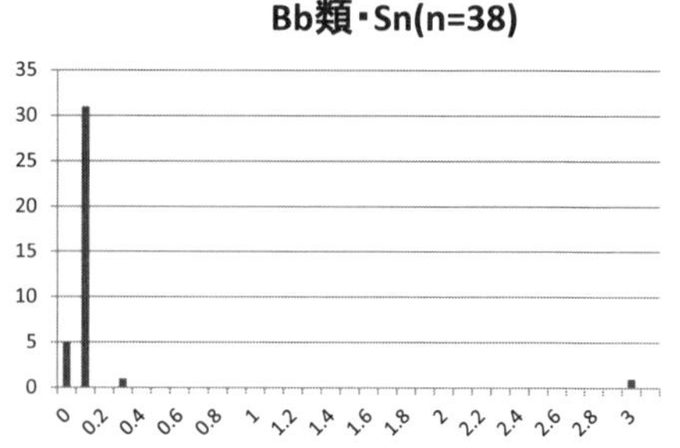

図4-50　刀子Bb類における錫の頻度（0.1%目盛）

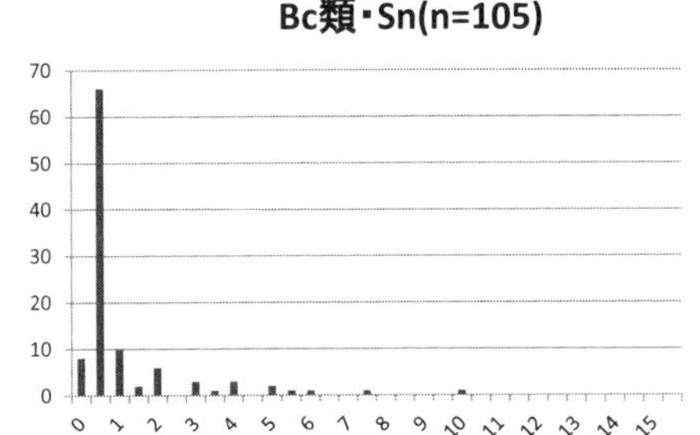

図 4-51　刀子 **Bc** 類における錫の頻度（**0.5%** 目盛）

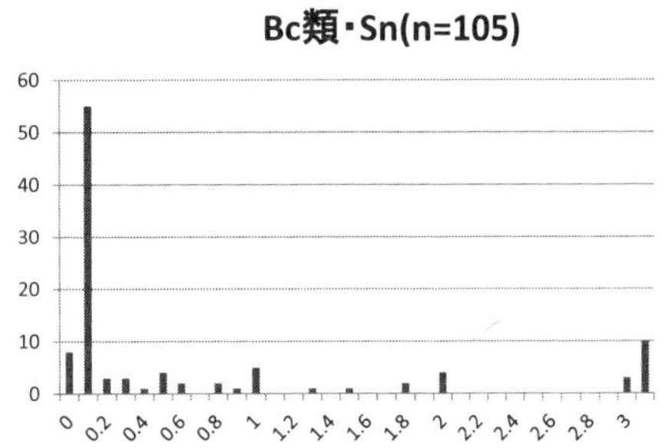

図 4-52　刀子 **Bc** 類における錫の頻度（**0.1%** 目盛）

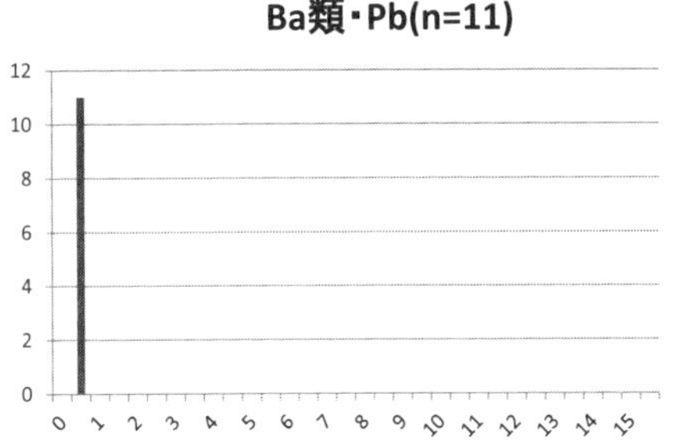

図 4-53　刀子 **Ba** 類における鉛の頻度（**0.5%** 目盛）

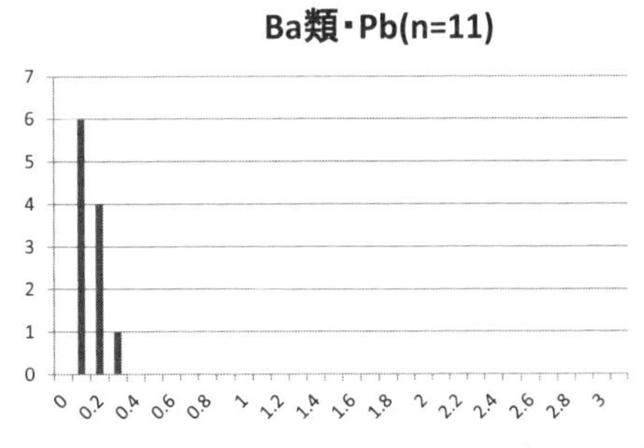

図 4-54　刀子 **Ba** 類における鉛の頻度（**0.1%** 目盛）

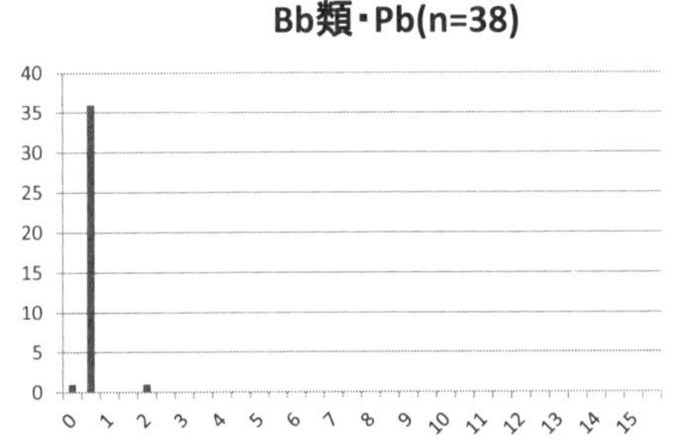

図 4-55　刀子 **Bb** 類における鉛の頻度（**0.5%** 目盛）

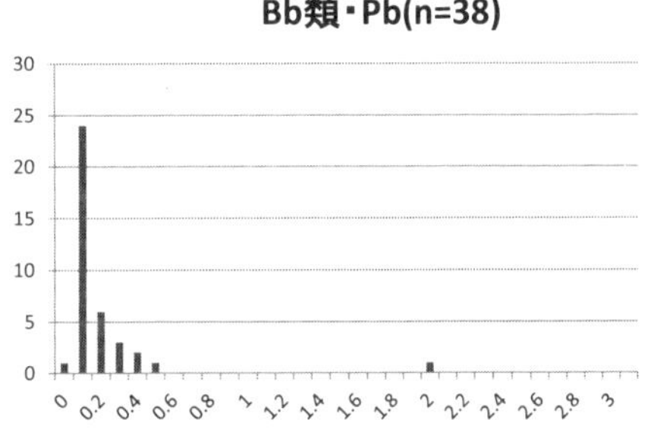

図 4-56　刀子 **Bb** 類における鉛の頻度（**0.1%** 目盛）

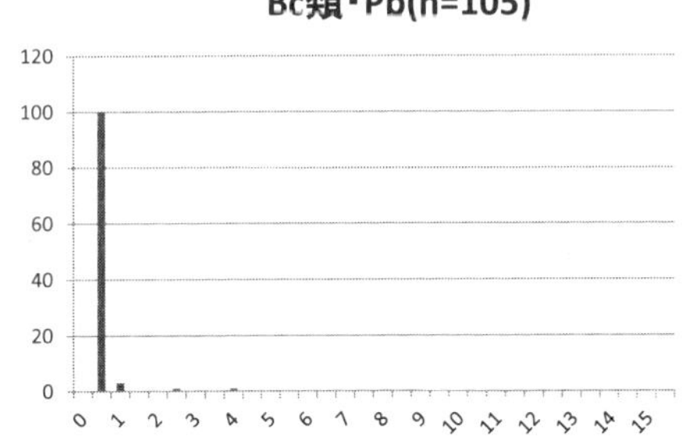

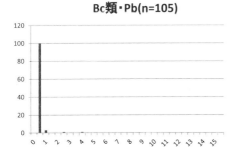

図 4-57　刀子 **Bc** 類における鉛の頻度（**0.5%** 目盛）

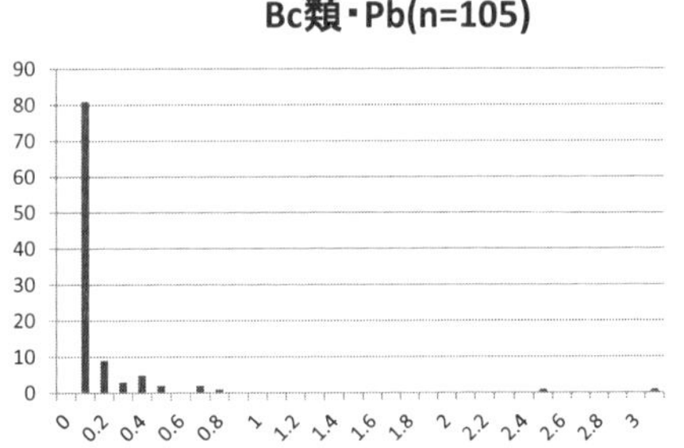

図 4-58　刀子 **Bc** 類における鉛の頻度（**0.1%** 目盛）

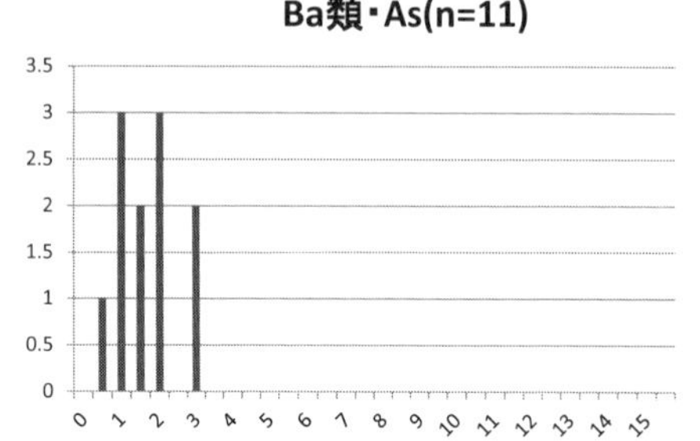

図4-59　刀子 Ba 類における砒素の頻度（0.5% 目盛）

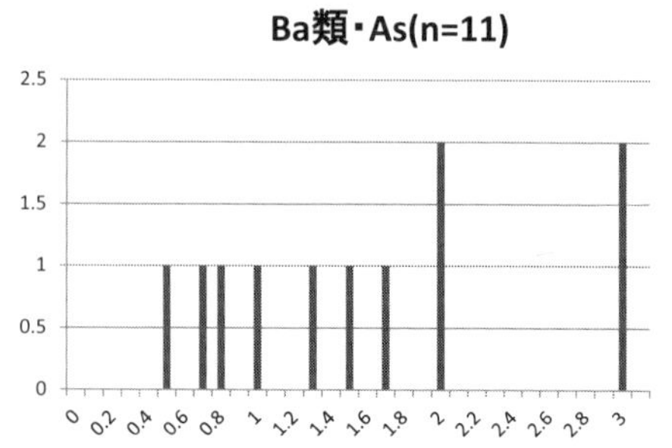

図4-60　刀子 Ba 類における砒素の頻度（0.1% 目盛）

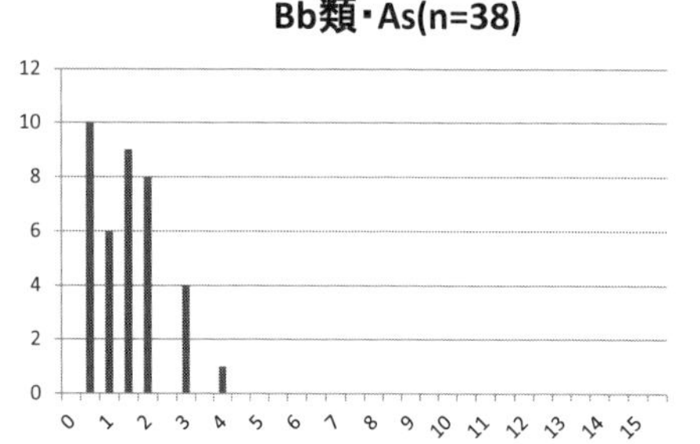

図4-61　刀子 Bb 類における砒素の頻度（0.5% 目盛）

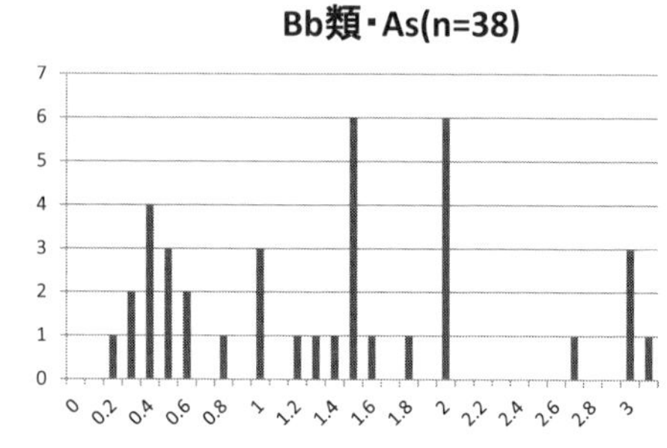

図4-62　刀子 Bb 類における砒素の頻度（0.1% 目盛）

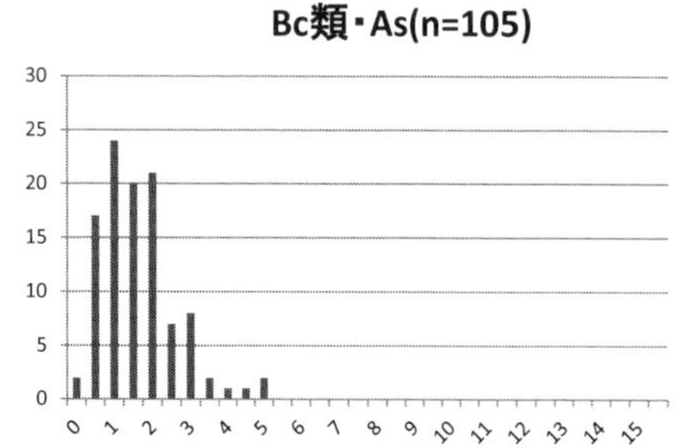

図4-63　刀子 Bc 類における砒素の頻度（0.5% 目盛）

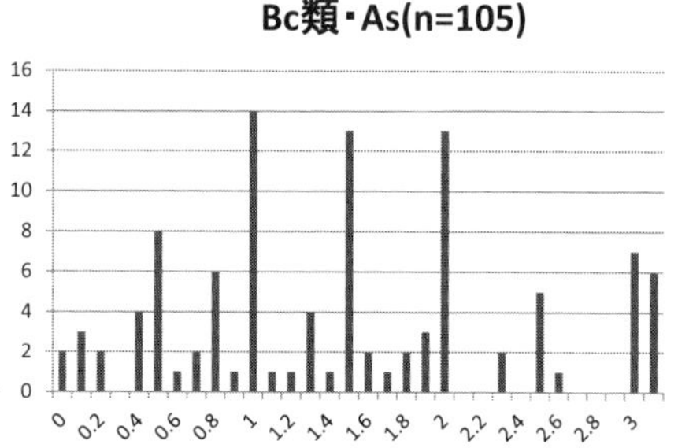

図4-64　刀子 Bc 類における砒素の頻度（0.1% 目盛）

4.　刀子 A 類の地域性と金属成分（解明事項②）

最後に，金属成分を地域（ミヌシンスク盆地，長城地帯）ごとに比較し，形態上では想定が難しかった A 類の起源地の手がかりについて考えたい。前節で述べたように，A 類は第 1 期からモンゴリア，ミヌシンスク盆地双方で豊富にみられた。まず解明事項③の分析では，A 類と Ba，Bb 類を比較した場合，A 類は後 2 者に比してやや高錫の傾向であったことを確認しておこう（図 4-35, 4-36, 4-47～4-50）。次に A 類をミヌシンスク盆地由来のもの，長城地帯由来のものに二分し，錫成分を比較した。すると，長城地帯由来のものは，10% でピークを形成し（図 4-65, 4-66），1% 以下に大多数が集中するミヌシンスク盆地由来のもの（図 4-67, 4-68）とは大きく異なることが示された。

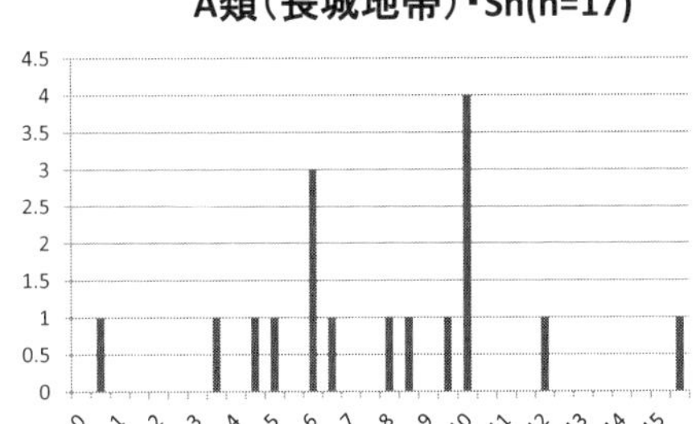

図 4-65　刀子 A 類（長城地帯）における錫の頻度（0.5% 目盛）

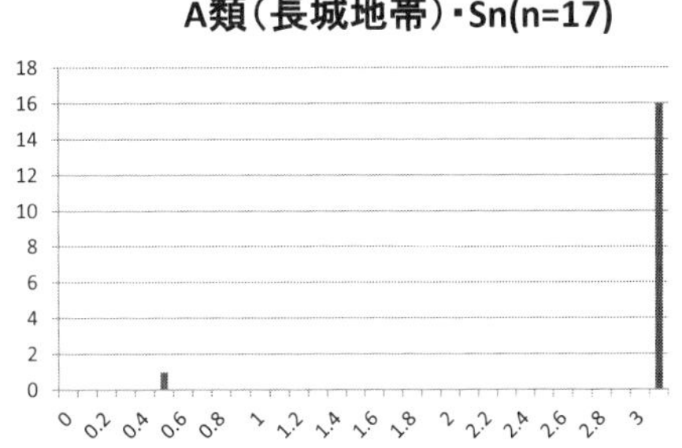

図 4-66　刀子 A 類（長城地帯）における錫の頻度（0.1% 目盛）

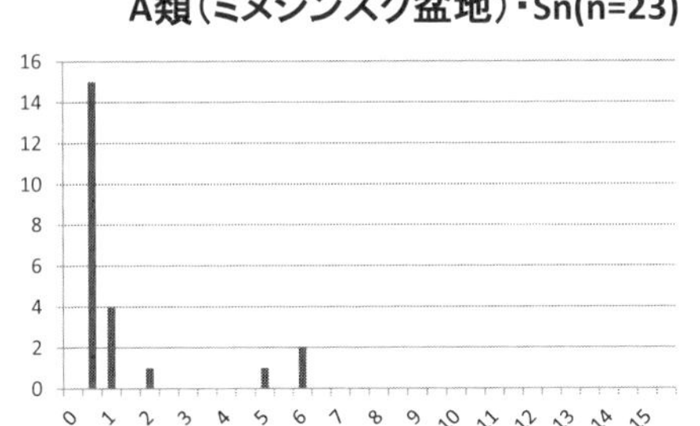

図 4-67　刀子 A 類（ミヌシンスク盆地）における錫の頻度（0.5% 目盛）

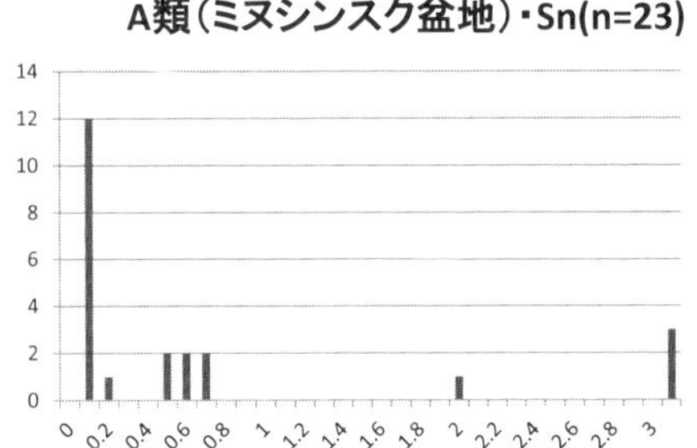

図 4-68　刀子 A 類（ミヌシンスク盆地）における錫の頻度（0.1% 目盛）

さらに，A 類のミヌシンスク盆地由来品（図 4-67, 4-68），Ba，Bb 類（Ba，Bb 類はミヌシンスク盆地由来のみ）（図 4-47～4-50）をそれぞれ比較すると，明瞭なピークを形成するわけではないが，Ba，Bb 類より A 類の方が高錫傾向にある。

以上より A 類は，長城地帯では，錫において数 % 以上でピークを形成する添加規範が存在すること，そして，ミヌシンスク盆地においても Ba，Bb 類に比して高錫傾向にあることが確認された。ここから考えると，A 類は長城地帯において，本来的に発生し，その錫の添加傾向が，ミヌシンスク盆地に伝わって以降もある程度残存した可能性が出てこよう。

第 4 節　有銎闘斧の検討

検討課題として第一に，有銎闘斧全体の起源の問題がある。「内」部（中原の戈の内（ない）に相当する部分。第 1 章参照）に注目する研究が学史上は多いものの，その他の属性を含めた型式としての検討が不足している。同様に，有銎闘斧のうち，先端が尖ったものの起源についても，中原の戈との組み合わせという理解は，型式学的検討を経て導かれた結論ではない。以下では，前 2 千年紀後半のシベリアから長城地帯にかけての有銎闘斧について，形態の複数の属性に基づいて型式を設定し，その単位を基礎に各器種の祖形を探っていきたい。いわゆるスキタイ系動物紋が施されるなど，タガール文化，夏家店上層文化併行以降と明らかに考えられるものは，分類対象から除いている。

1. 分　　類

大別分類（I～III 類）は，柄突出部の区別，「内」部，器身の形状に基づいて行う。有銎闘斧は刃と同じ方向にソケット状の柄が付くが，斧の器幅よりも長い柄が付く場合，器幅を超えた柄部分について，稜線や紋様，厚さ等で区別するものが存在する。以下でいう，「銎柄突出部の区別」とは，この区分の有無，バリエーションのことである。III 類のみ，「内」部，器身の形状のより細かい特徴において，3 型式に細分しうる。なお，以下の記述では，図 4-69 に従い，刃部を下側に見た場合を基本とし，「上辺」，「下辺」等と表現している。

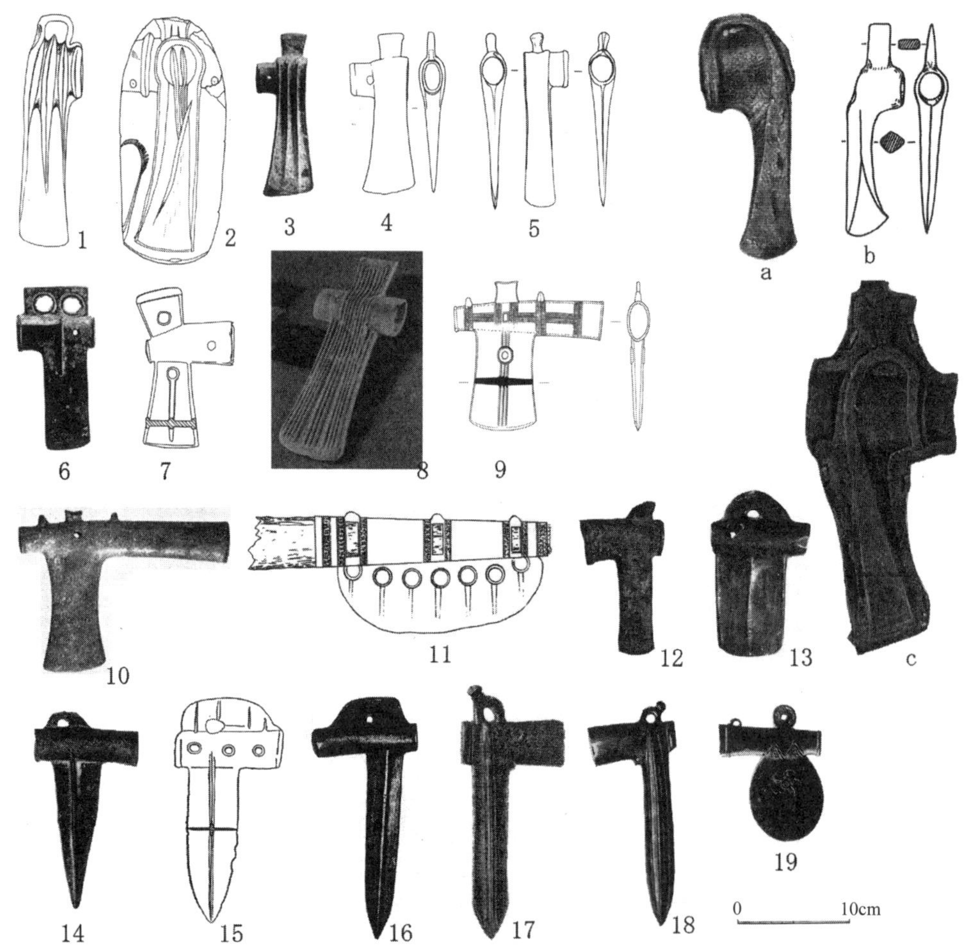

1, 2：I 類，3, 4：II 類，5～13：IIIA 類，14～18：IIIB 類，19：IIIC 類
1：朝陽，2：朱開溝，3：長城地帯，4：清水河県，5：大紅旗，6：長城地帯，7：モンゴル，8：林遮峪，9：去頭，10：曹家垣，11：潘家梁，12：ミヌシンスク，13：モンゴル，14：ミヌシンスク，15：白浮，16：ザバイカリエ，17：トムスク，18：トゥバ，19：長城地帯，a：アルタイ，b：シンタシュタ，c：シベリア

図 4-69　有銎闘斧の各型式と比較資料

I 類

図 4-69-1, 2：闘斧の器幅から片側にわずかに突出する銎柄部が，太い線によって表現されているもの。方形あるいは台形の「内」部は，外周に高まりをもっている。器身は反りをもつ細長い台形で，刃が幅広になる。遼寧省朝陽出土品（図 4-69-1）（郭大順 1993, p. 26 図三 -8），内蒙古自治区朱開溝遺跡（第 V 段階）出土の鋳型（図 4-69-2）（宮本ほか 2008, p. 102 図 22）に彫り込まれたものが知られる。

II 類

図 4-69-3, 4：闘斧の器幅から片側に突出する銎柄部が，器身本体の表面よりもわずかに低く表現されることで区別されているもの。上辺が長い台形状の「内」部をもつ。I 類と同様，器身は反りをもつ細長い台形で，刃が幅広であるが，刃幅の広がり具合がやや大きくなる。器身には，刃と垂直方向に数本の突線が走るものが多い。また，銎柄部には穿孔がなされている。出土品として内蒙古西岔遺跡 10 号墓出土品（内蒙古文物考古研究所・清水河県文物管理所 2001, p. 74 図二〇-1）が知られるほか，内蒙古清水河県採集品（図 4-69-4）（曹建恩 2001, p. 79 図一-1），吉林大学所蔵品（王丹 1992, p. 20 図四-2），ストックホルム東アジア博物館所蔵品（図 4-69-3）（Andersson 1932, PL. X. 6）が採集品としてある。

III 類

銎柄突出部の区別が曖昧になるもの。銎柄は，闘斧の器幅から片側，両側に突出，もしくは突出しないものもある。以下の 3 つに区分できる。

IIIA 類

図 4-69-5～13：突出部の区別が曖昧になり，かつ，器身が方形または横長の楕円形を呈するもの。方形の器身には様々な変異が含まれるが，I，II 類のような反りをもつ細長い台形は少ない。「内」部のバリエーションも多く，I，II 類と共通した台形のものも存在する。河北省抄道溝遺跡（河北省文化局文物工作隊 1962, p. 54 図版伍-2），遼寧省馮家遺跡（王雲剛ら 1996, 図五-2），山西省曹家垣遺跡（図 4-69-10）（楊紹舜 1981b, p. 52 図二五），山西省林遮峪（図 4-69-8）（呉振禄 1972, 図版頁 1），陝西省去頭出土品（図 4-69-9）（閻晨飛・呂智栄 1988, p. 104-6, 曹瑋・陝西省考古研究院 2009, p. 552）等が知られる。刃部が楕円形のものとしては陝西省黒豆嘴遺跡（姚生民 1986, p. 13 図一-9），青海省塔里他里哈遺跡（青海省文物管理委員会ほか 1963, p. 28 図一〇-7），同省潘家梁遺跡出土品（図 4-69-11）（青海省文物考古研究所 1994, p. 58 図三四-4）がある。ミヌシンスク盆地（Гришин 1971, таб. 12-5）やモンゴル採集例（宮本 2008b, p. 160 図 2-7）もこれにあたる。時期を下って，内蒙古小黒石溝 85NDXAIM2 号墓（内蒙古自治区文物考古研究所ほか 2009, p. 299 図二三八-7），南山根（遼寧省昭烏達盟文物工作站ほか 1973, 図版八-8）にも類似したものがある。採集品としても，ストックホルム東アジア博物館所蔵品（図 4-69-6）（Andersson 1932, PL. X. 4），ロイヤルオンタリオ博物館所蔵品（東京国立博物館編 1997, p. 20-21, p. 21-22, 23）等数多くが知ら

れる。なお，遼寧大紅旗出土品（図4-69-5）（郭大順1993, p. 26図一-2, 3, 喀左県文化館ほか1977, p. 28図八-2, 3）は，II類との中間的な形態を示し，モンゴル採集例（図4-69-13）（Erdenechuluun et al. 2011, p. 345）や，新疆洋海墓地出土例（新疆文物考古研究所・吐魯番地区文物局2004, p. 22図四一-2）は「内」の形態がIIIB類に類似する。

IIIB類

図4-69-14～18：銎柄突出部の区別が曖昧になり，かつ，脊が入った逆三角形を呈する器身をもつもの。「内」部は半円形で，中央に孔の開いたものが多い。刃部がやや幅広いものは，北京市白浮2号墓出土品（図4-69-15）（北京市文物管理処1976, p. 252図七-4），ミヌシンスク盆地（図4-69-14）（Гришин 1971, таб. 12-8），ザバイカリエ（図4-69-16）（Гришин 1981a, с. 179 рис. 68-1）採集品などが知られる。幅狭の刃部をもつものには環状の「内」部がつくものが多い。これらは形態的にタガール文化の闘斧に近いものであり，トムスク（Tomsk）墓地（ボリショイ・ミス（Bolshoi Mys）地点）（図4-69-17）（Комарова 1952, с. 35 рис. 20-22, с. 37 рис. 21-3, с. 42 рис. 24），新疆洋海墓地（吐魯番博物館編1992, p. 47-67）やトゥバ（図4-69-18）（Гришин 1971, таб. 12-9）で発見されている。

IIIC類

図4-69-19：銎柄突出部の区別が曖昧になり，かつ，しゃもじ形に近い楕円形を呈するもの。「内」部は円柱状もしくは有孔の円形をなすものが多い。また，柄の末端に小環が付くものが多い。巴形のような紋様が器身中央に，三角紋と環状紋が身柄境界部に表現されるものがある。場所の明確な出土品は知られない。陝西省に採集品が複数知られる（陝西省考古研究院編著2009, pp. 549, 553, 554）ほか，吉林大学（王丹1992, p. 20図四-1），ストックホルム東アジア博物館（図4-69-19）（Andersson 1932, PL. X. 2），東京国立博物館所蔵品（東京国立博物館編2005, p. 114-2）等がある。

2. 編　年

大別I類からIII類への変化については，型式学的に変化が辿れる。銎柄の突出部に関して，ほとんど突出がないもの（I類）から，片側のみに区別された突出部が付くもの（II類），そして，突出部の区別があいまいになるもの（III類）という変化が辿れる。器身の形態では，反りをもつ細長い台形で，刃が幅広になるもの（I類）から，刃幅の広がり具合がやや大きくなり（II類），長方形や楕円形になる（IIIA～C類）。また，「内」についても，台形の外周が高まりをみせるもの（I類），その外周が失われ（II類），形態が多様になる（III類）という変化がみられる。I類からII類への変化については，器身中央にみられる突線が，I類では太い線で表されるが，II類では細い突線で表現されるか，あるいはなくなる場合もあることからも知られる。また，IIIA～C類の中では，IIIA類がII類により近く，IIIB類やIIIC類はIIIA類から派生したものと考えられる。

次に出土事例をみつつ，剣，刀子に基づく分期と対応させよう（表4-10）。I類は，内蒙古朱開溝遺跡出土品により，前 2 千年紀後半の早い段階まで遡ることがわかる。II 類について，内蒙古西岔遺跡 10 号墓が属する本遺跡第三期文化遺存（西岔文化）の年代は，殷周時代とされており詳細は不明である（内蒙古文物考古研究所・清水河県文物管理所 2001)。I，II 類は剣，刀子との共伴関係をもたないが，III 類より前出であるので，第 1 期，第 2 期（前 14 世紀から前 11 世紀頃）に収まるものである。

IIIA 類は山西省曹家垣遺跡，上東（吉県文物工作站 1985），陝西省去頭において，剣 A1 類と共伴，河北省抄道溝遺跡にて剣 A2 類，刀子 A 類，遼寧省楊河遺跡にて刀子 A 類と共伴する。したがって，少なくとも第 2 期には盛行していたことがわかる。また，IIIA 類には剣 A2 類，刀子 C 類と共通する点列，波形紋をもつものが存在することも傍証とできる。一方で，IIIA 類は北京市白浮 3 号墓で剣 B1b，B1q 類と共伴（北京市文物管理処 1976, p. 252 図八-1）し，夏家店上層文化にもみられることから，第 3 期以後も継続している。青海省出土の諸例は卡約文化や諾木洪文化に属する遺跡からの出土であり，矛盾する年代ではない。

IIIB 類については，白浮墓出土品が年代の確実な例である。本例では剣 B1q 類との共伴により，第 3 期（前 11 世紀以後）の年代が与えられる。トムスク墓地出土品はタガール文化における闘斧に類似し，青海省下治泉出土例（劉小強・陳栄 1990, p. 83-1）は「内」部に付属する動物像から考えて，これらの時期はやや下るであろう。

IIIC 類については，出土例がなく，時期は不明である。東アジア博物館所蔵例（Andersson 1932, PL. X. 1a, 1b）では，いわゆるスキタイ系動物紋がみられ，その下限については第 3 期よ

表 4-10　基準器種消長表

		剣 A1類	剣 A2類	剣 B1類	剣 B2類	刀子 A類	刀子 B類	刀子 C類	有銎闘斧	有銎鶴嘴斧	代表的一括資料
商代併行	第1期						Ba類		I類 II類		・朱開溝第V段階（M1040） ・沙道溝デポ，楊河デポ
	第2期			B 1a 類	B 2a 類		B b 類				
西周併行	第3期		B 1q 類	B 1b 類 B 1c 類	B 2b 類 B 2c 類		B c 類		III A 類 III C 類	III B 類	・小河南デポ ・白浮墓 ・ザカメンスクデポ ・西撥子デポ

りさらに下ろう。以上のように，出土資料は少ないものの，型式変化で想定した変化に矛盾するような状況は認められず，I 類（第 1 期）⇒ II 類（第 1，2 期）⇒ IIIA 類（第 2，3 期）（→ IIIB 類（第 3 期），IIIC 類）と考えられる。

3. 分　　布

数量を確保するため，おおよその出土地域のみ知られるものも含めて検討した。第 1，2 期に相当する I, II 類は長城地帯のオルドス，遼西に限られる（図 4-70, 4-73）。第 2，3 期の IIIA 類は長城地帯以外にも，青海，モンゴル，ミヌシンスク盆地まで広がるが，長城地帯にその主体があることは変わりない（図 4-71）。長城地帯内では陝西北部が最も多いが，そこからの地理勾配などはみられない（図 4-74）。以上の諸型式は，IIIA 類が第 3 期以後も存続する点を除けば，剣 A1，A2 類，刀子 A，C 類の状況と類似するものである。

第 3 期に相当する IIIB 類については，前出の諸型式と異なった分布を示す（図 4-72, 4-75）。

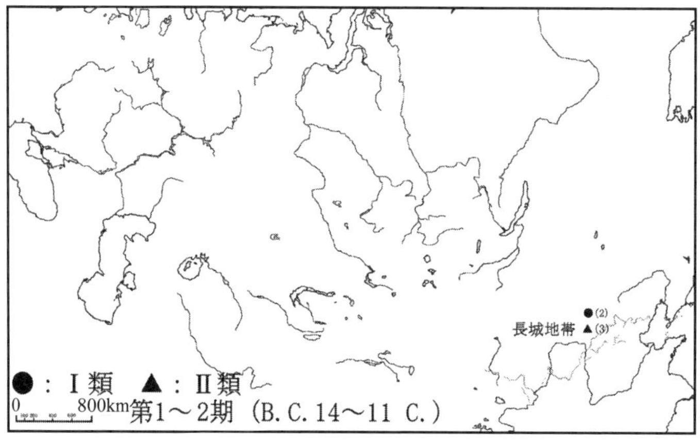

図 4-70　有銎闘斧 I，II 類の分布

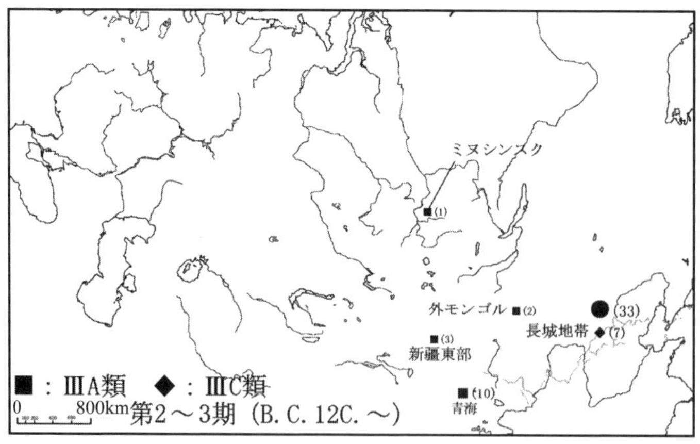

図 4-71　有銎闘斧 IIIA，IIIC 類の分布

長城地帯，ザバイカリエ，トゥバ，ミヌシンスク盆地，新疆，西シベリアまで広く分布が認められ，長城地帯における数量の多さが解消される。こういった IIIB 類型式としての派生や分布状況は剣 B1，B2 類（カラスク式短剣）とよく似ている。

時期が不明である IIIC 類は，現在のところ長城地帯でしかみられない（図 4-71, 4-74）。

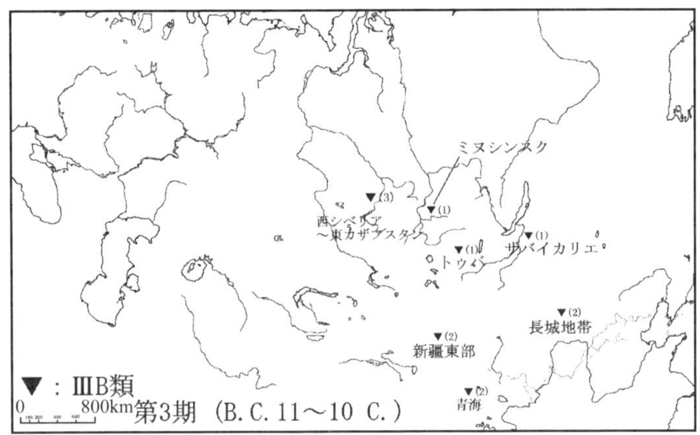

図 4-72　有銎闘斧 IIIB 類の分布

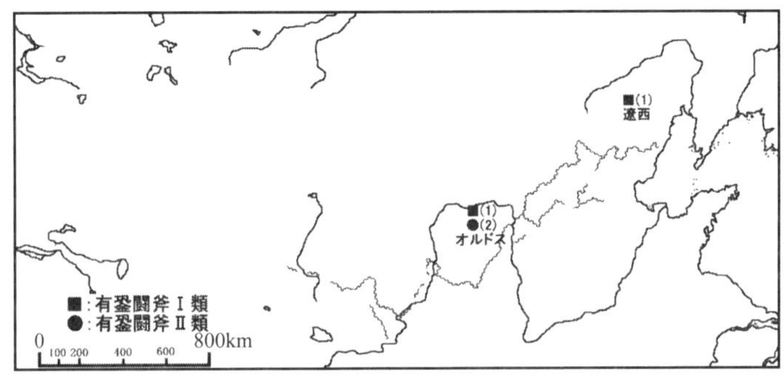

図 4-73　有銎闘斧 I，II 類の分布（新疆，長城地帯）

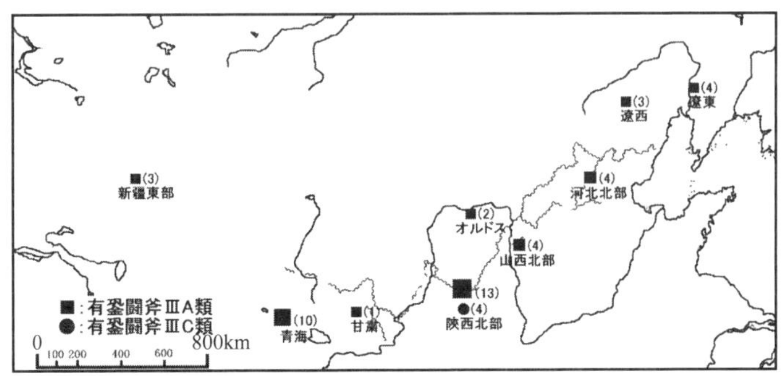

図 4-74　有銎闘斧 IIIA，IIIC 類の分布（新疆，長城地帯）

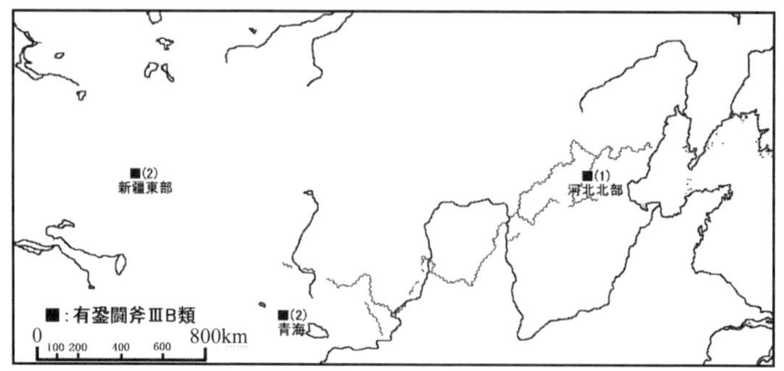

図 4-75　有銎闘斧 IIIB 類の分布（新疆，長城地帯）

4.　有銎闘斧の祖形

本器種を含めた青銅器様式の動態は次節で検討することとし，ここでは有銎闘斧の祖形について述べる。上で検討したように，I 類はオルドスや遼西の発見であるが，I 類の諸特徴すべてを備える「祖形」となるようなものは，当地における以前の時期には見あたらない。ところで，I 類から II 類への変化について，「内」部の外周の高まりに注目したが，この高まりは，I 類では外形の上半部全体に周っているが，II 類では少なくとも外周の一部にしかない。したがって，I 類の上記以外の特徴として，外周の高まりを挙げることができる。そこで，I 類の祖形を，範囲を広げて探すのであれば，「内」部の形態を除く以上の特徴を有するものとして，アンドロノヴォ文化にみられる有銎闘斧が挙げられよう（図 4-69-a)。アバネサバによると，上記外周の高まりは，アンドロノヴォ文化において発達してきたものであるという（Аванесова 1991)。これらの例は新疆においてもいくつか知られるが，少なくとも前2千年紀半ば以前には，新疆東部よりも東には入らず（第 3 章）（松本 2009b)，「内」部について，背部に湯口の痕跡としての瘤がみられるものは存在するものの，それほど発達しない。「内」部をもつ有銎闘斧の祖形として最も可能性のあるものは，シベリア（詳細な地域は不明）採集の鋳型に彫り込まれた闘斧（図 4-69-c）であろう。この鋳型は銅製であり，「内」部も長辺の長い台形を示している。おそらく，初期青銅器にみられる有銎闘斧（第 3 章，有銎闘斧 A 類）とは別の脈絡で，前 2 千年紀中頃に，モンゴリアとシベリアの接触のもと，有銎闘斧 I 類が成立したものと考えられる。

次に IIIB 類について考える。これについては上述のように，中原の戈の影響を考える見解があるが，それ以前の型式とは対照的に，中原に近い長城地帯に多いとはいえない（図 4-72)。また，IIIB 類の器身は必ず脊をもち，半円形またはそれに近い「内」部をもつという，きわめて限られた特徴をもっているが，これらの特徴をすべて備える中原の戈は存在しない。したがって，IIIB 類はその起源地がどこであれ，中原など他地域の影響よりも，その独自性にポイントがあるといえよう。当該期以前に脊をもった剣（曲柄剣および最も早いカラスク式短剣。本章第 1 節における剣 A1，A2，B1a，B2a 類）がすでに広く分布しており，有銎闘斧 IIIA 類と剣を参考に IIIB 類が発明されたと考えることができる。また，上述のように有銎闘斧 IIIB 類の動態は剣 B1，B2 類と類似するものであり，本型式がミヌシンスク盆地で生じた可能性もまた考えられるのである。

第5節　様式の設定

一般的に，様式の基準となるのは，一定の同時期性が保証された，一括資料とその分布である。しかしながら，本書の地域では一括資料はきわめて少ない状況にあり，また，数少ないそれらは長城地帯に偏っている。そこで，一括資料に加え，以上で把握された，各期における諸型式の分布傾向に基づいて，様式を設定する。ここで設定する様式は，青銅器に基づくものであるから，青銅器様式と呼ぶことにする。各青銅器様式がいかなる意味をもつかについては，第6章で考察されることとなる。また本節では，数量的に単独での動態把握の難しい，基準器種以外の器物についても，その様式的帰属を明らかにしたい。なお剣と刀子については資料が多数に上るので，分布を記述する際，個々の出典を本文には挙げておらず，章末の附表4-1, 4-2, 4-4を参照されたい。

1.　モンゴリア青銅器様式

第1～2期では，長城地帯，モンゴルを中心に，剣A1，A2類，刀子A，C類，有銎闘斧I, II，IIIA類がセットをなして分布する。このうち，刀子A類は石型を用いて，剣A2類，刀子C類は蠟型に類する技法で鋳造されたことが想定され，このような2つの鋳造技法の組み合わせが，当該期のモンゴル高原（モンゴリア）を中心に顕著であったことが知られる。そこで，以上の諸型式のセットを，モンゴリア青銅器様式と呼ぶことにする。

一括資料

モンゴリア青銅器様式の諸型式を多く含む一括資料としてまず挙げられるのは，河北省抄道溝（河北省文化局文物工作隊1962），遼寧省楊河（錦州市博物館1978），遼寧省馮家（王雲剛ほか1996），遼寧省王崗台（成璟瑭ほか2016）のような，長城地帯東部を中心とするデポである。遼寧省綏中県に位置する馮家デポからは，刀子A類，有銎闘斧IIIA類に加え，有銎斧や銎内戈などがみつかっている。有銎斧はいずれも四角の銎口外周に突帯が巡り，刃部を下にした場合，縦長の長方形の形状をなす。2016年に報告された王崗台発見のデポは，類似した内容である馮家デポから約3km南に位置する。王崗台デポにおいてモンゴリア青銅器様式に含まれる器物として，剣A2類1件，刀子A類5件，有銎闘斧IIIA類が3件ある（図4-76)。また，同時に発見された鞘も紋様が剣A2類や刀子C類と共通するものであり（図4-76-22)，モンゴリア青銅器様式の範疇で捉えられよう。装飾品（図4-76-21）は，先端が傘状（図4-26-傘a）になり，刀子A類と共通するものである。他に有銎斧が7件，銎内戈が断片も含めて4件出土しているが，どちらも馮家デポと類似する形態である。これら長城地帯東部のデポには，日常使われたような刀子A類から，複雑な形態を有する剣A2類や有銎闘斧IIIA類まで，幅広く収められることに特徴がある。また器物の断片や，湯回りが悪いなど，製品とするには難しい器物が混

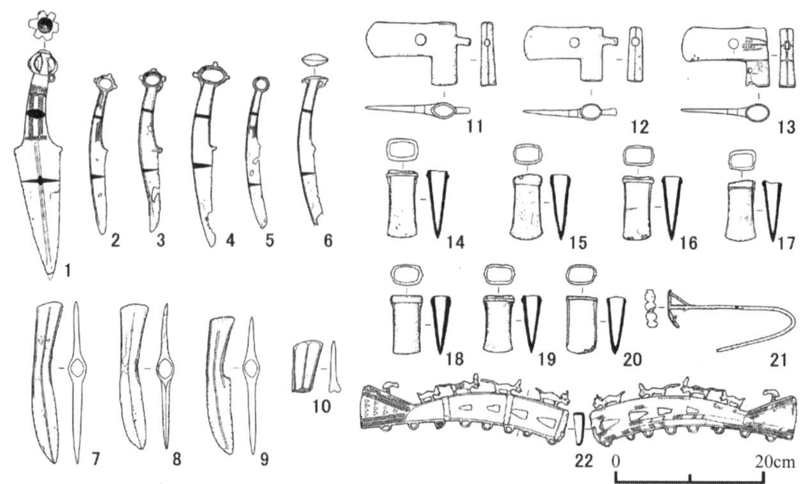

図 4-76　王崗台デポ出土青銅器

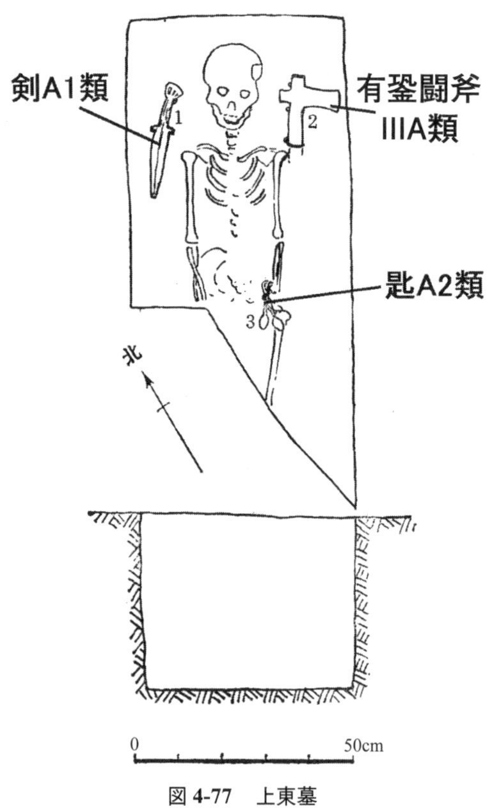

図 4-77　上東墓

じることは，後述する後期カラスク青銅器様式におけるデポと類似する傾向である。

他の一括資料として知られるのは墓における副葬である。内蒙古朱開溝（図 4-8）（内蒙古文物考古研究所・鄂尔多斯博物館 2000）は集合墓地であるが，剣 A1 類，刀子 A 類が発見された 1040 号墓付近は墓がそれほどは密集していない。山西省上東（図 4-77）（吉県文物工作站 1985），同省高紅（楊紹舜 1981a），同省褚家峪・曹家垣（楊紹舜 1981b）などは，山西省と陝西省を挟んで流れる黄河付近に位置し，いずれの墓も墓群を形成していない。上東では，剣 A1 類，有銎闘斧 IIIA 類，匙 A2 類（匙については後述）（図 4-81）が，高紅では，剣 A1 類，刀子 A 類，矛，冑（図 4-78）のほか数点が発見された。褚家峪でも刀子（型式不明），蛇首匕が，中原のものに近い觚，戈，斧などとともに発見され，曹家垣では剣 A1 類，有銎闘斧 IIIA 類，匙 A2 類，鐸が，斧，戈とともにみつかった。陝西省閻家溝発見の青銅器の一括遺物も報告では墓とされている（王永剛ら 2007）。鼎などの彝器 15 点とともに，剣 A2 類や匙 A1 類があった。一方で，陝西省墕頭発見の青銅器はデポとされている（黒光・朱振元 1975）が，詳細は不明である。ここでも中原のものに近い銅斧，銅戈に交じって，刀子 C 類，蛇首匕が発見された。

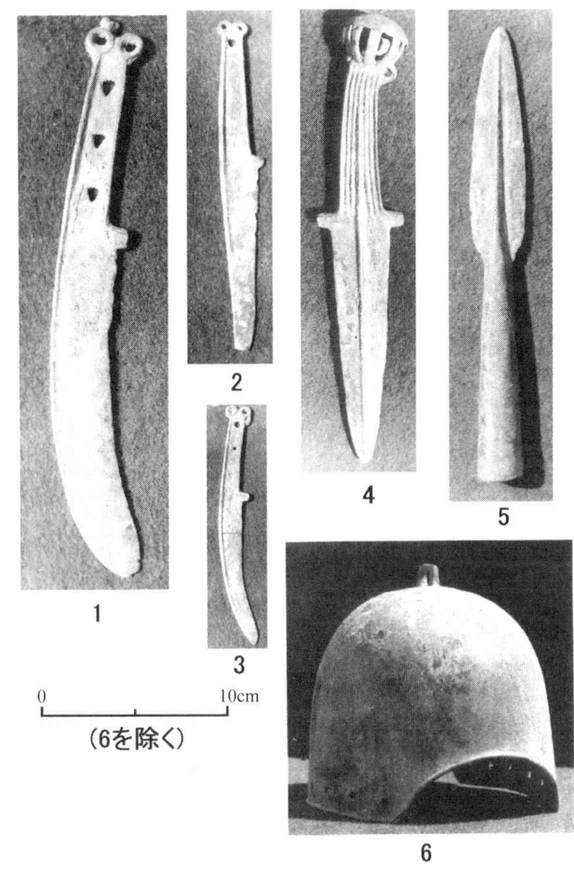

1〜3：刀子A類，4：剣A1類，5：矛，6：冑

図 4-78　高紅墓出土青銅器の一部

以上のような，長城地帯の中でデポを中心とする遼西から河北地域と，墓葬が顕著な山西，陝西北部周辺という区分は，従来から指摘されてきた（宮本2000）。あるいは，山西，陝西省の境界付近の墓に剣A1類が顕著なことを考えれば，この地域を本青銅器様式の中で特殊な地域とできる可能性もある。一方で，こういった区分をモンゴリア青銅器様式全体で均しく行うには，さらなる資料の増加を待たねばならない。というのも，モンゴリア青銅器様式の分布の多くを占める，バイカル湖周辺やモンゴルの状況が今ひとつ不明だからである。モンゴルでは，ウムヌゴビ県の人形墓（ヒトガタ）（figured tomb）から刀子A類が出土し（Амартувшин, Жаргалан 2010, p. 160-1-2），ウブルハンガイ県テブシ（Tevsh）遺跡では，剣A2類や刀子C類によくみられる獣頭（図4-1-③, 4-26- 獣頭a）の付いた金製装飾品が発見されている（図4-80-1）（Новгородова 1989, с. 138）が，ほとんどの青銅器は採集品という形でしか知られない。したがって，長城地帯にみられたデポ，墓葬という差異が，その北部にあるモンゴルでどのように展開するかによって，地域性の評価は大きく異なってこよう。

青銅器様式の広がり

次にモンゴリア青銅器様式の境界について論じよう。本青銅器様式の基準器種である，剣，刀子，有銎闘斧のすべてが発見されている地域は，中原の殷墟を除くと，長城地帯，モンゴルに限られる。北側では，トゥバ，ザバイカリエでは，有銎闘斧以外については一定程度知られ，これらの地域が本青銅器様式のおおよその北限であると考えられる。これを越えると，ミヌシンスク盆地や新疆東部では刀子A，C類は一定程度確認できるが，剣A1，A2類は発見されていない。刀子A類はオビ川上流域（アルタイ付近）までわずかにみられる（Грязнов 1956b, с. 41 рис. 15-3）。図4-16, 4-33, 4-73, 4-74は，比較的出土例が多い長城地帯を中心にやや拡大した分布図である。長城地帯の東側では，遼西地域までモンゴリア青銅器様式の完全なセットが

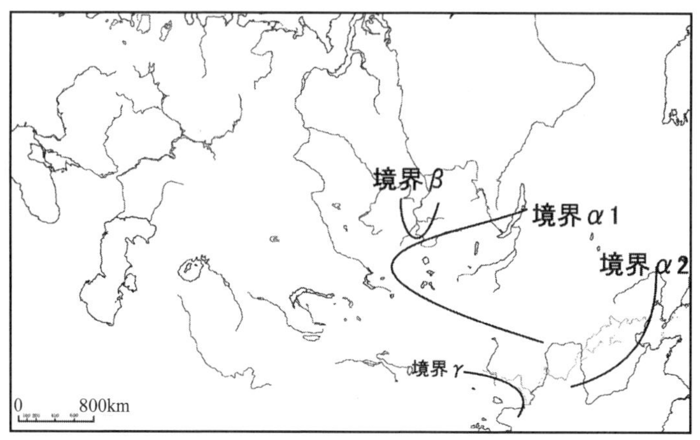

図 4-79　第 1～2 期における青銅器様式の境界

確認できる。さらに東の遼寧湾柳街においては刀子 A，C 類，有銎闘斧 IIIA 類が知られ（秋山 2000, p. 260 第 84 図），おおよそこの付近が様式としての境界である。さらに大興安嶺の西側，ハイラル付近でも刀子 A 類がある。平安北道新岩里遺跡出土の刀子（古澤 2013, p. 134 図 1）が A 類であるとすれば，モンゴリア青銅器様式の要素は朝鮮半島北部まで広がっていた可能性がある。様式南側では，殷墟の出土例を除くと，河北，山西，陝西北部ではモンゴリア青銅器様式のすべての器種が知られる。ただし，これらの地域におけるほとんどの一括資料は，中原の青銅器（彝器，武器）も含むものである。さらに西に進むと，寧夏回族自治区では刀子 A 類のみが知られる。かつて江上，水野は，黄河河曲の西北隅にあたる五原の古物商では綏遠青銅器が見あたらないということを記している（江上・水野 1935, p. 4）が，現状の分布からいっても，興味深い記載である。そして，さらに西部に位置する青海では，刀子 A 類，有銎闘斧 IIIA 類が一定程度みられる（青海省文物考古研究所 1994, p. 58 図三四）。これらは，卡約文化の墓地で発見される青銅器であり，ここでは剣が欠落し，刀子 C 類（図 4-22-2）も 1 点しか知られていない。モンゴリア青銅器様式の要素の西限はおおよそこの地域であるといえる。以上より，図 4-79 のように，モンゴリア青銅器様式における西北側の境界を $\alpha1$，東南側では $\alpha2$ とできよう。また，モンゴリア青銅器様式の要素が欠落的に伝わる限界域のうち，寧夏，甘粛というほぼ空白地域を越えて，刀子 A 類，有銎闘斧 IIIA 類の組み合わせが盛行する地域の境界を γ としよう。

主要器種以外の動向

ここで，本青銅器様式における主要器種以外の器物について記述しておく。まず，モンゴルのテブシ・オール遺跡出土の金製品（図 4-80-1）（Новгородова 1989）は，先端に目鼻の突出する獣頭が付く点で，剣 A2 類，刀子 C 類と対比でき，モンゴリア青銅器様式の器物とできよう。これと同様の獣頭が付属し，全体が U 字形を呈する銅製品は長城地帯における採集資料でも知られている（図 4-80-2）。これらの製品には，獣頭から連続するように，U 字形の外側に小さな円柱状の突起が連続して付いており，図 4-80-11 のような鹿石上の動物表現との関連が予

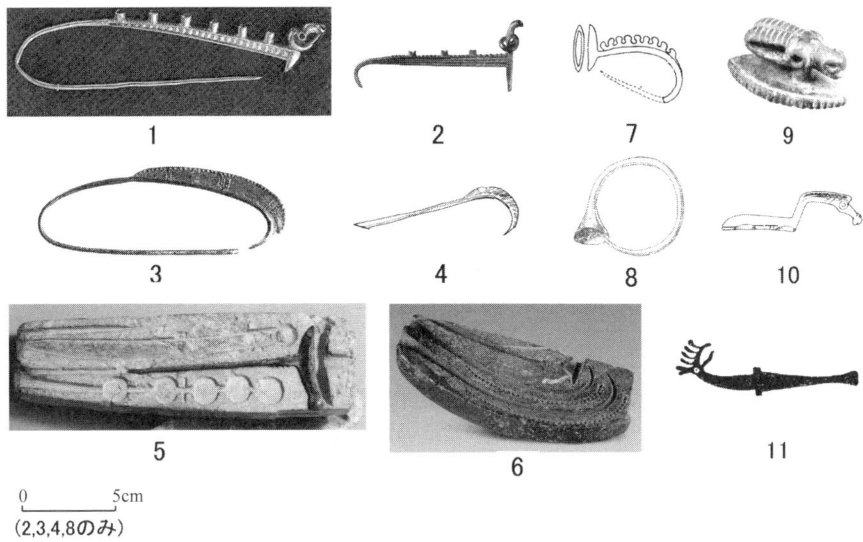

1, 2：ヒレ付き装飾品 I 類，3〜7：ヒレ付き装飾品 II 類，8：アンドロノヴォ文化の耳環，
9, 10：モンゴリア青銅器様式装飾品その他，11：鹿石上の表現

図 4-80　装飾品と比較資料

想される。一方で獣頭が付かず，突起のかわりにヒレが付いた一群が存在する（図 4-80-3, 4, 6, 7）。ヒレ状の部分は，U 字形の本体から外側方向に向く，連続した細線の連続で形成されることが多く，各細線の先端部は玉状になっている場合がある。以上に挙げた諸例は，バンカーも指摘したように同種のものである（Bunker et al. 1997）。本書ではこれらをヒレ付き装飾品と呼ぶことにし，獣頭をもつものを I 類，もたないものを II 類とする。I 類で年代の明確な出土品はないが，II 類で最も早いものは，内蒙古朱開溝遺跡（第 V 段階）発見の有銎闘斧の鋳型（図 4-69-2）に刻まれた例（図 4-80-4）で，前 2 千年紀半ば（第 1 期）に遡る。また，II 類の中には，先端がラッパ状に開いたものがあり，例えば，モンゴル国立博物館所蔵品が該当する（図 4-80-7）。同博物館所蔵にはもうひとつ類似した装飾品とそれに類する製品の鋳型が知られている（図 4-80-5）。この鋳型には刀子 A 類も一緒に彫り込まれており，モンゴリア青銅器様式に属することを示している。図 4-80-5 の鋳型の上に置かれた製品では，ラッパ部の片方の端が瘤状に膨らんでいる。このような特徴のものはミヌシンスク盆地でも知られている（Tallgren 1917, pl. VII-23）。他では，内蒙古採集の鋳型にも II 類 3 件が彫り込まれており，そのうちひとつの先端はラッパ状である（図 4-80-6）（鄂爾多斯博物館 2006）。

ヒレ付き装飾品の成り立ちについては，今のところ，以下の 2 つが考えられる。まずひとつは，II 類のラッパ形をなすものに注目し，アンドロノヴォ文化（EAMP）のラッパ状耳環（図 4-80-8）（第 3 章, 装飾品 I 類）を想起することである。アンドロノヴォ文化のラッパ状耳環や初期青銅器の装飾品 A 類に対して，ヒレ付き装飾品 I 類のラッパ部は縦横の幅が明らかに異なり，明瞭な稜をもっている。初期青銅器の装飾品 I 類は，長城地帯の東側まで達しており（第 3 章），これらを基にヒレ付き装飾品が形成された可能性もあるが，上の有銎闘斧と同様に，初期青銅器を介さず，アンドロノヴォ文化（EAMP）から直接発生したことも考えられる。もうひとつの考え方として，I 類から II 類の発生を考えることもできる。I 類における獣頭の目鼻部分が消失し，II 類のような細長く開いたラッパ形が成立したと考えるのである。そうすると，上に挙げた，モンゴル国立博物館所蔵品（図 4-80-5）にみられる瘤をもつラッパ形は，獣頭の目鼻部分の名残であると考えられる。ところで，アバネサバによれば，アンドロノヴォ文化のラッパ状耳環のうち，鋳造のものはエニセイ川流域（ミヌシンスク盆地）では確認されていない（Аванесова 1975）。したがって，ミヌシンスク盆地においてヒレ付き装飾品が，独立的に発生したというよりも，モンゴリアがその発生にある程度は関連しているのであろう。しかしながら，以上に挙げた，発生のいくつかの可能性を，現段階で絞ることは難しい。

他の装飾品として，剣 A2 類，刀子 C 類に付属する獣頭が，楕円形の台に表されたものが，モンゴルでいくつか知られている（図 4-80-9）（Erdenechuluun, Erdenebaatar 2011）。大きさは 4cm 程度である。全体の形状は異なるが，台状のものから同様の獣頭が突き出たものは，長城地帯の朝陽地区にもみられる（図 4-80-10）（郭大順 1993）。

河北省台西 112 号墓の細長い形態の匙（図 4-81-1）は，剣 A2 類，刀子 C 類と共通する獣頭を伴っている。柄の縁には格子状の紋様が入るが，剣 A2 類などにみられる点列紋と同種のものであろう。台西 112 号墓は中原における中商文化第二期に相当するので（中国社会科学院考古研究所 2003），この種の獣頭を有する器物のうち，年代がわかるものでは，同墓出土の匙が最古である。これと似た形のものが，陝西省閻家溝墓（図 4-81-2）や遼寧省朝陽（図 4-81-3, 4）から発見されており，これらを匙 A 類とする。A 類とは異なり，葉形の掬い部に細い柄を

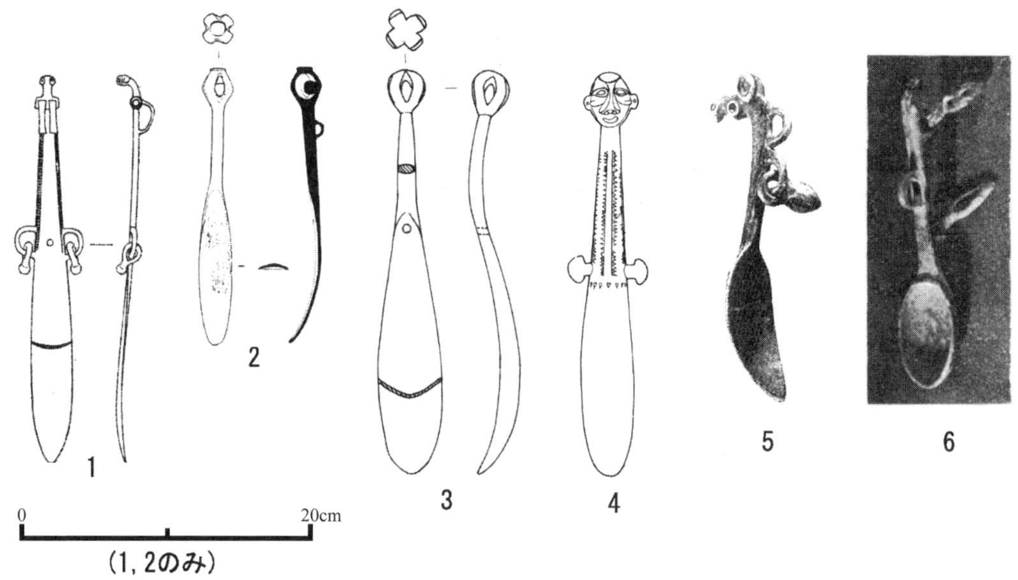

1～4：匙 A 類，5：匙 B1 類，6：匙 B2 類
1：台西，2 閻家溝，3,4：朝陽，5：曹家垣，6：長城地帯

図 4-81　匙

伴う匙が長城地帯の採集品で知られており（図 4-81-5）（東京国立博物館 1997, no. 27），これらをB1 類とする。柄頭には獣頭が付き，柄の表面に金具が付属する。B1 類と幾分類似するものは，山西省上東（吉県文物工作站 1985, 図 3-3），山西省曹家垣墓（図 4-81-6）（楊紹舜 1981b）など，陝西省との境界付近の墓から発見されている。ただし，これらの柄頭における獣頭は B1 類ほど写実的ではなく，掬いの部分は楕円形をなしている。また，金具は柄の両面に付くなど，B1 類とは区別できよう（B2 類）。

剣 A2 類，刀子 C 類などと共通する細かい点列紋，波紋をもつ器物としては陝西省閻家溝出土の軎（車軸先端部の金具）（図 4-82-1），山西省曹家垣発見の鐸（図 4-82-2）（楊紹舜 1981b），遼寧省小波汰溝出土の器物（図 4-82-4）（郭大順 1987），そして東京国立博物館所蔵の竿頭飾（図 4-82-3）（東京国立博物館 1997）がある。竿頭飾については髙濱による詳しい検討がある（髙濱 1993, 2015）。

さらに，基準器種との対比が困難であるものの，モンゴリア青銅器様式に存在したと考えられる器種がいくつか存在する。ひとつは，有銎斧である。先の遼寧省王崗台で出土したような

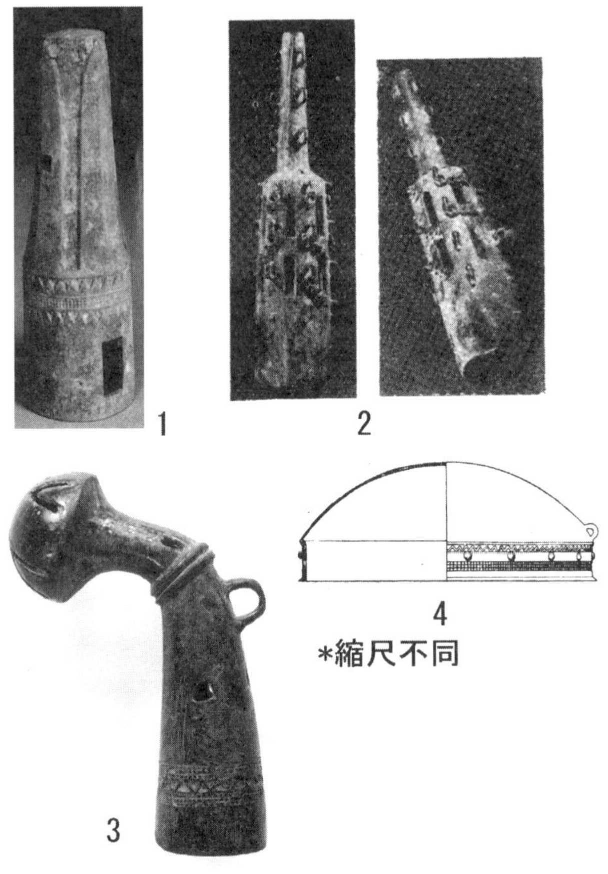

1：閻家溝，2：曹家垣，3：長城地帯，4：小波汰溝

図 4-82　モンゴリア青銅器様式におけるその他の青銅器

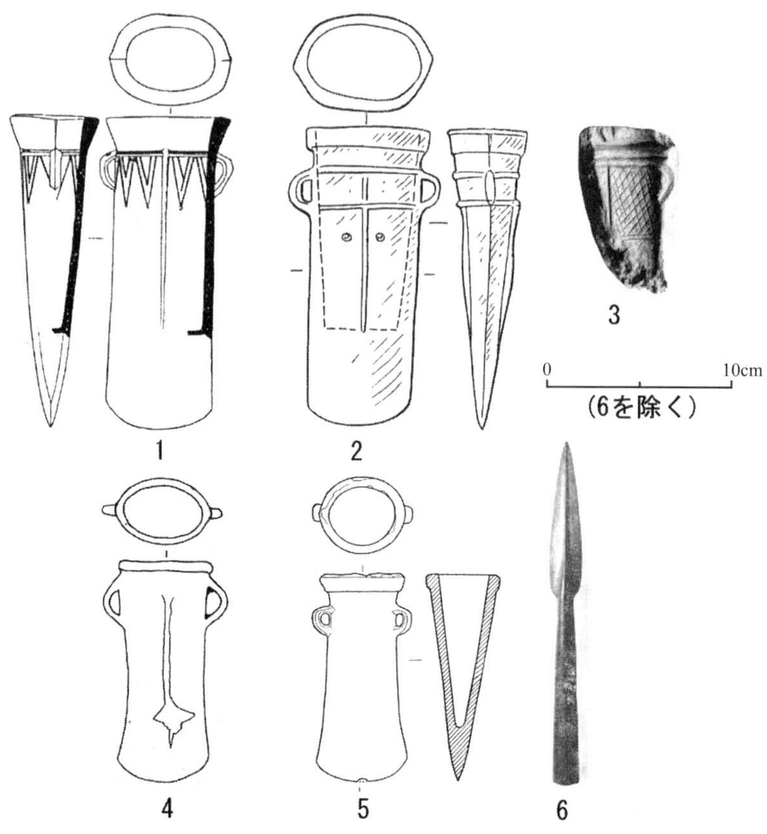

1：長城地帯，2：シベリア，3：朱開溝，4：モンゴル，5：オルドス，6：後斑鳩

図 4-83　有銎斧 M 類，矛 M 類

有銎斧（図 4-76-14～20）は，当該様式中に広く存在していたと考えられるが，後期カラスク青銅器様式以降のものと区別する手立てがない。これらは銎部を上にした俯瞰形および断面形が四角形を呈する，比較的単純な形態である。一方で，これらとは異なる形態の有銎斧として，俯瞰形が楕円で，双耳をもつものが知られている（有銎斧 M 類とする）。モンゴリア唯一の出土品は朱開溝遺跡第 V 段階のものである（図 4-83-3）が，採集品として長城地帯（図 4-83-1, 5）やモンゴル（図 4-83-4）のものが知られる。また，ミヌシンスク盆地でもこの種の斧は知られている（図 4-83-2）。これらは銎口に突帯を周らせる特徴をもち，初期青銅器の有銎斧 Ia 類と非常によく似たものである。一方で，有銎斧 Ia 類とは異なり，有銎斧 M 類の多くには，器身の中央部に，刃と垂直方向の直線状の突線が走る場合が多い。河北省台西遺跡など中原の商代の比較的早い段階の有銎斧にも，この特徴がみられ興味深い。有銎斧 M 類の発生と初期青銅器の有銎斧 Ia 類にはなんらかの関係が予想されるが，その起源地や拡散過程を明らかにすることは難しい。剣や刀子などでは，モンゴリア青銅器様式（第 1～2 期）内における変遷を辿るのが困難であることを鑑みると，この有銎斧 M 類や有銎闘斧 I 類はモンゴリア青銅器様式の中でも 1 段古く位置づけられる資料であり，当該発生を考えるうえで今後重要になっていく

であろう。

山西省高紅墓出土の矛（図4-78-5）（楊紹舜1981a）は，中原の商代の矛を含めたなかでもかなり古い，二里岡期に相当する段階に位置づけられている（今井2000）。商代の矛で太い脊をもつものの多くでは，脊は基部から先端に直線を描き，細い三角形を呈している。一方で，高紅墓の矛では，葉の基部のあたりで脊の幅が急激に狭まる特徴をもつ。類似する矛は，内蒙古奈曼旗後斑鳩出土例にもみられる（図4-81-6）（李殿福1983）。以上の矛を矛M類とする。M類のような特徴をもつ矛は，初期青銅器のI類，II類いずれにもみられない。先の有銎斧M類と同様，起源についての考察は難しいが，モンゴリア青銅器様式の発生のみならず，中国全体の矛の起源解明にとっても，重要な型式である。

他では，冑が高紅出土品（図4-78-6）で知られる以外に，刀子A類と同一の鋳型に彫られた簡素な形態の錐や装飾品，そして有銎鏃（宮本2013）も本様式に含まれていたものと考えられる。

2.　前期カラスク青銅器様式

第1期のミヌシンスク盆地では，刀子Ba類を主体に刀子A類，そしてわずかに刀子C類が分布していたと考えられる。刀子C類はその分布がミヌシンスク盆地には少ないことから考えて，モンゴリア青銅器様式に由来すると考えられる。第3節の金属成分の検討結果を考慮すると，刀子A類も同様の可能性がある。形態，鋳造技法ともにミヌシンスク盆地独特であるのは，刀子Ba類である。この型式については，出土地がミヌシンスク盆地にほぼ限定されており，第1期における他の型式とは排他的様相を示す。当時のミヌシンスク盆地については不明な点が多いが，刀子Ba類をもって，前期カラスク青銅器様式と呼ぶことにする。刀子Ba類を含む出土資料としては，ミヌシンスク盆地アスキズ地域のフェドロフ7号墓（図4-84）（Липский 1963）がある。フェドロフ墓地では，列状に並んだ墓から類似した丸底の土器が発見されており，報告者はカラスク文化より古く位置づけられるアファナシェボ文化の影響を示唆する。下でも述べるが，ミヌシンスク盆地における状況から考えても，刀子Ba類を含む遺存

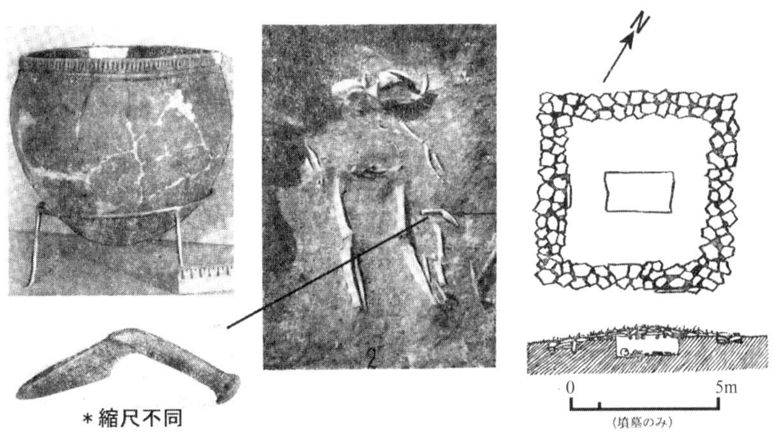

図4-84　フェドロフ7号墓と出土遺物

は，アンドロノヴォ文化やモンゴリア由来というより，ミヌシンスク盆地在来の文化（アファナシェボ文化，オクネフ文化）に関連づけられよう。

刀子 Ba は新疆北部にも 1 点知られる（附表 4-4-no. 200）が，全体的に平たいなどミヌシンスク盆地のものとは形態的にも異なる点が認められ，前期カラスク青銅器様式はミヌシンスク盆地にほぼおさまるものであったと考えられる。前期カラスク青銅器様式の境界を β としよう（図 4-79）。

3. 後期カラスク青銅器様式の発生

第 2 期のミヌシンスク盆地においては，剣 B1a，B2a 類，刀子 Bb 類が分布している。刀子 Bb 類は，前期カラスク青銅器様式の製作技法を基礎とし，モンゴリア青銅器様式の形態を中心とする要素を取り込んで成立した型式である。刃柄一鋳の剣は第 1 期以前のミヌシンスク盆地に基本的には存在していない。第 2 期にモンゴリア青銅器様式の剣 A2 類を参考にしつつ B1a，B2a 類という，ミヌシンスク盆地独特の型式が成立したのである。このように，ミヌシンスク盆地在来の伝統に，モンゴリア青銅器様式由来の諸要素を取り込む形で成立した青銅器のセットを，後期カラスク青銅器様式と呼ぶ。上の前期カラスク青銅器様式同様，後期カラスク青銅器様式発生時の様式全体については不明の点が多い。

剣 B1a，B2a 類，刀子 Bb 類は，ミヌシンスク盆地を分布の中心とすることは前期カラスク青銅器様式同様であるが，やや広がりをみせており，剣 B1a 類は新疆，カザフスタン，トゥバ，モンゴルに各数点ずつ知られる。刀子 Bb 類はトゥバや西シベリアにおけるトムスク付近のエロフスク集落（Косарев 1981, с. 158 рис. 61-3）でも確認できる。

一方で，第 2 期のモンゴリアではモンゴリア青銅器様式（剣 A1，A2 類，刀子 A，C 類，有銎闘斧 IIIA 類）が継続して分布していた。これらを第 1 期と区別する手立てはない。総じて，第 2 期では，第 1 期以来の 2 様式併存状況が継続するが，後期カラスク青銅器様式はすでに広がりをみせる傾向にあった。

ここで，中原とミヌシンスク盆地双方で，類似した形態をもつ器物として注目された（藤川 1982）いわゆる弓形器について言及しておく。剣，刀子，有銎闘斧などと弓形器の状況が異なるのは，ミヌシンスク盆地と中原では多数の例がある一方で，モンゴリアでは皆無であるということである。弓形器がモンゴリアで一定程度発見されない限り，この種の器物によってミヌシンスク盆地と中原の関係を論じることは困難であろう。図 4-85 の弓形器（Хлобыстина 1970）では，窪んだ背面にブリッジがかかる構造になっており，このようなブリッジは剣 B1a 類，刀子 Bb 類と共通するものである（図 4-25）。したがって，ミヌシンスク盆地における弓形器の年代の 1 点を第 2 期（後期カラスク青銅器様式）

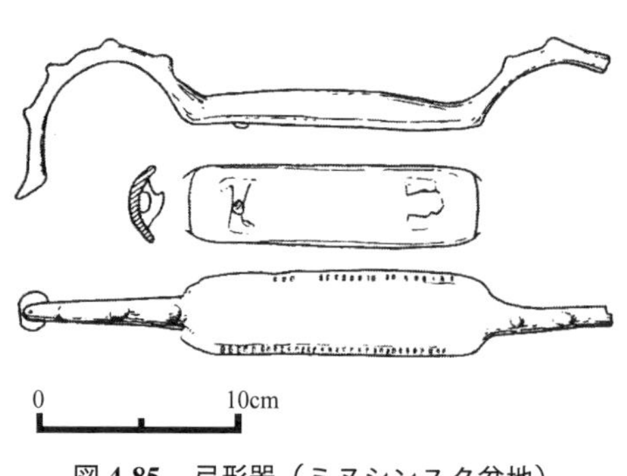

図 4-85 弓形器（ミヌシンスク盆地）

に捉えることができよう。モンゴリアからの要素がミヌシンスク盆地において取り込まれる時期である第2期において，ミヌシンスク盆地で弓形器が出現するとすれば興味深いものである。

4.　後期カラスク青銅器様式の拡散

一括資料

第3期における剣B1b，B2b類，刀子Bc類は，それぞれ，第2期の諸型式から直接発生したものであり，その分布は後期カラスク青銅器様式の広がりとすることができる。さらに有銎闘斧IIIB類が加わる。後期カラスク青銅器様式の一括資料の墓としては，北京市白浮，ミヌシンスク盆地のハルロボ墓，ザバイカリエのタプハル（Tapkhar）山61号墓が挙げられる。北京市白浮墓地（図4-9）（北京市文物管理処1976）では，2号墓から剣B1q類，刀子Bc類，有銎闘斧IIIB類が，3号墓から剣A2，B1b，B1q類が発見された。各墓からはこれら以外に，中原系のものを含む青銅彝器，工具，武器，玉器などが大量に発見された。3号墓の剣A2，B1b類は一定期間伝世後，副葬されたものと考えられる。ハルロボ墓は，エニセイ川支流の大カマリ川上流に位置し，金製の環（図4-86-3, 4）とともに，剣B2c類（図4-86-1），刀子Bc類（図4-86-2）がみつかった（Членова 1972b）。タプハル山墓地はソスノフスキーによって発掘された，セレンガ川支流のウダ（Uda）川流域の板石墓群である。その61号墓からは刀子Bc類（図4-87-1）とともに，π字形器（図4-87-3），鏃（図4-87-5），装飾品（図4-87-4, 6）などの青銅器，そして骨器（図4-87-2, 7～12）が発見された（Гришин 1981a）。

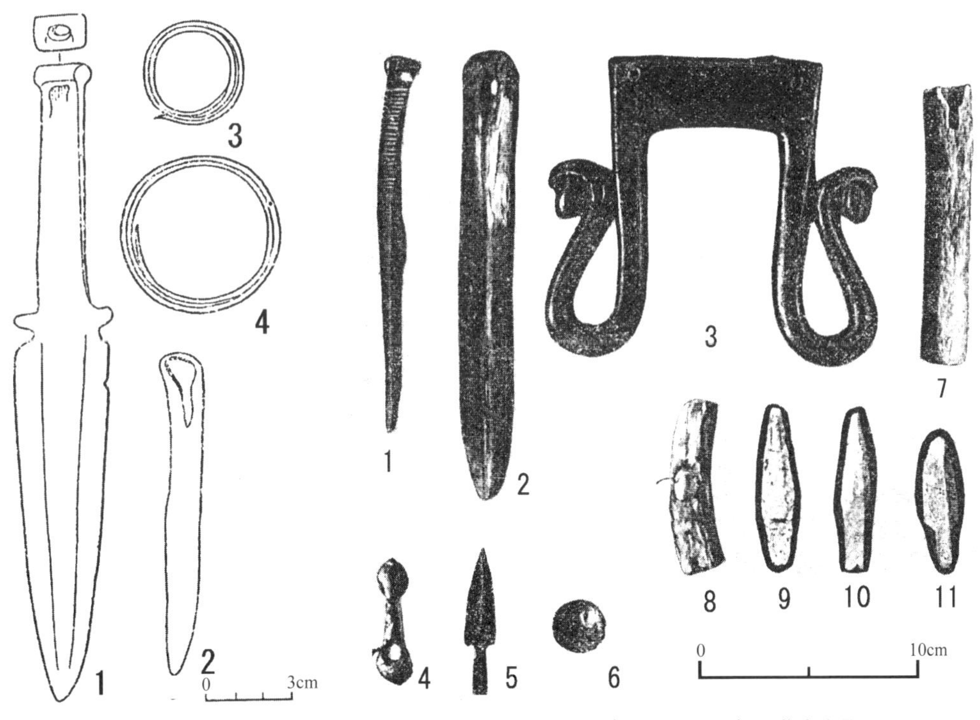

図4-86　ハルロボ墓出土品

図4-87　タプハル山61号板石墓出土品

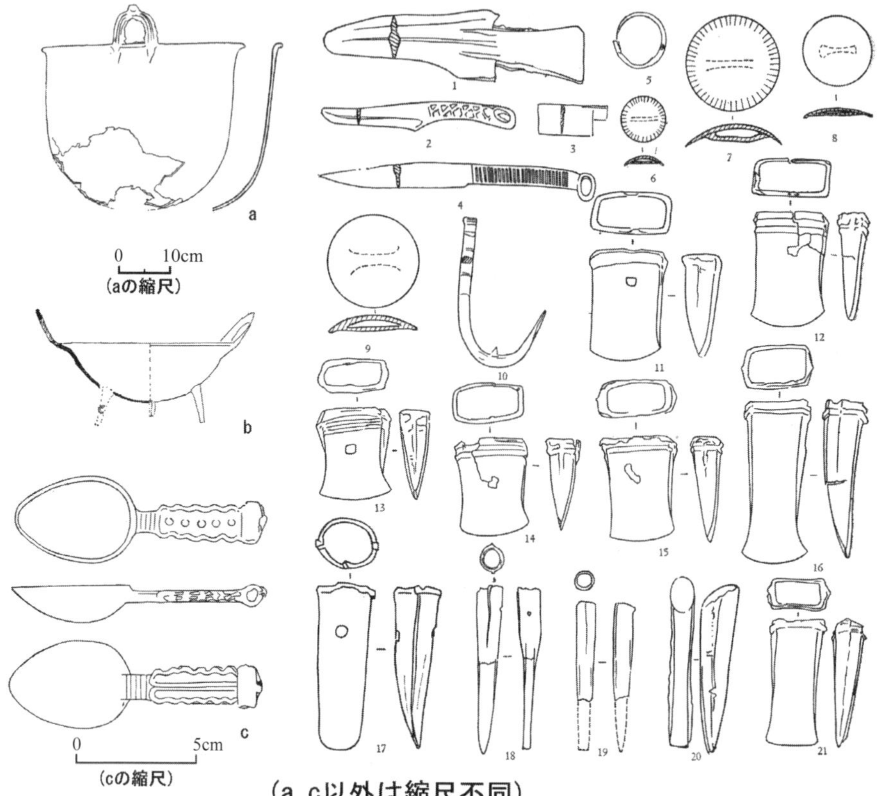

図 4-88　西撥子デポ出土品

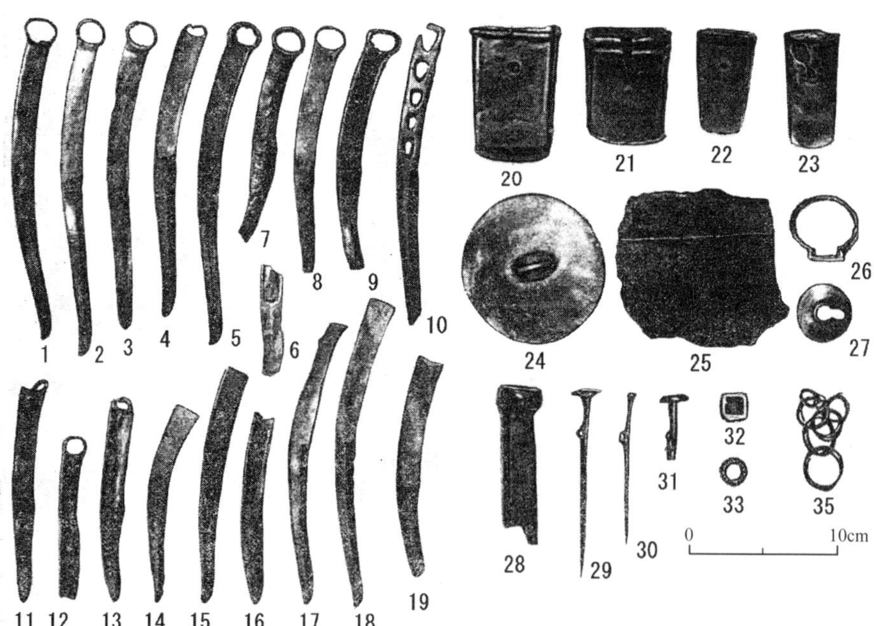

図 4-89　ドジディデポ出土品

デポでは，河北省小河南デポ（王峰 1990），北京市西撥子デポ（北京市文物管理処 1979），ザバイカリエのドジディ（Dzhidy）デポ（Гришин 1981a, b）が存在する。小河南デポ（図 4-10）には剣 B1b 類と刀子 C 類が含まれているほか，有銎闘斧 IIIA 類，矛，戈，彝器の蓋部が存在する。有銎闘斧 IIIA 類は刃幅が広く，中原の鉞との間のような形態をしている。矛はモンゴリア青銅器様式矛 M 類の特徴にやや類似する。刀子 C 類は白浮 3 号墓の剣 A2 類に類似し，一般的な刀子 C 類とは隔たりがある（図 4-10-1）。含まれる型式から考えて，このデポは，後期カラスク青銅器様式の中では比較的早い段階のものである。

北京市の西撥子デポ（図 4-88）は，西周後期とされる鼎の断片を除けば，中原的な要素をあまり含まない点において，白浮墓や小河南デポとは異なっている。本デポには刀子 Bc 類のほか，鍑，独特の形をした鼎 11 件，匙，有銎斧，錐，鉤などの青銅器が含まれている。特に鍑は年代の判明する最古の資料として注目されてきた経緯がある（髙濱 1994, 2011b）。ドジディデポはブリヤーチヤのザカメンスク（Zakamensk）地方に位置し，銅器，青銅器 30 点以上を含んでいた（図 4-89）（Гришин 1981a, b）。刀子はすべて Bc 類で，有銎斧，鏡，傘形柄頭の錐，装飾品，そして剣の柄部断片が知られる（図 4-89-28, 4-6-14）。この中空の柄部は図 4-6 で示したように，剣 B1c 類あるいは B1q 類の柄と非常によく似ている。仮にそうだとすると，本デポには，西撥子デポとおおよそ同様の年代（後期カラスク青銅器様式でも晩い段階）が与えられよう。西撥子やドジディのデポでは多くの有銎斧が発見されているが，モンゴリア青銅器様式の馮家デポや王崗台デポ（図 4-76）に比して，形態や大きさがバラエティーに富んでいる印象を受ける。このことは，第 6 章で考察する，モンゴリア青銅器様式と後期カラスク青銅器様式の性質の違いを考えた場合，非常に興味深いものである。

青銅器様式の広がり

本青銅器様式の剣と刀子が発見されている地域は，ミヌシンスク盆地以西では，アルタイ，西シベリア，カザフスタン，バシキリアにまで及び，東側ではモンゴル，長城地帯にまで拡散

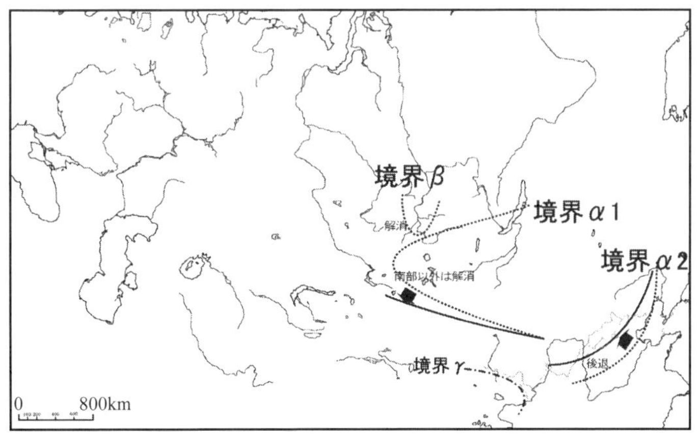

図 4-90　第 3 期における青銅器様式の境界

する（図 4-14, 4-31）。剣 B1b 類のみを考えると，ウクライナやヤクーチヤまで到達している（図 4-14）。有銎闘斧 IIIB 類は西シベリアから長城地帯まで均しく分布している（図 4-72）。

長城地帯を拡大してみると（図 4-17, 4-18, 4-34, 4-75），様式全体としては，内蒙古，遼西を越えて南に広がることはないことがわかる。新疆，長城地帯においては，現状では，剣よりも刀子の分布の方がやや広く，刀子 Bc 類は新疆東部，陝西北部，寧夏回族自治区まで確認できる。以上の状況をモンゴリア青銅器様式における境界と比べると，$\alpha 1$ 北側は解消し，$\alpha 1$ 南側は若干南へ拡大する。$\alpha 2$ はわずかに北上する。モンゴリア青銅器様式が飛び地的に広がっていた境界 γ 以西については，有銎闘斧 IIIB 類の存在によって，後期カラスク青銅器様式の影響があったことは窺われるものの，様式としては伝わっていない。また，前期カラスク青銅器様式における境界 β も解消している（図 4-90）。第 3 期の phase 4 では，剣 B2c，B1q 類のような長城地帯に特徴的な型式が出現するが，後期カラスク青銅器様式の範疇を出るものではない。phase 4 とその直後は，従来「初期遊牧民文化」と呼ばれてきた文化の直前または出現期にあたり，その動態は次章で検討することにしたい。

主要器種以外の動向

後期カラスク青銅器様式では，モンゴリア青銅器様式の剣 A2 類にみられるような特徴的な紋様（細かい点列紋や波紋）が存在しないため，基準器種以外の認定が難しい。上に挙げた一括資料を中心に，以下の器種を見いだすことができる。

西撥子デポでは鍑が発見されている（図 4-88-a）。本項目と直接関わる鍑については，高濱，畠山，柳生俊樹らによる詳細な検討が存在する（草原考古研究会編 2011, 高濱 2011b, 畠山 2011, 柳生 2011）。それによれば，西撥子出土品は最も古い鍑として位置づけられ，同様の特徴をもっているものが，長城地帯，シベリア，新疆，東カザフスタン，北カフカスに分布している（高

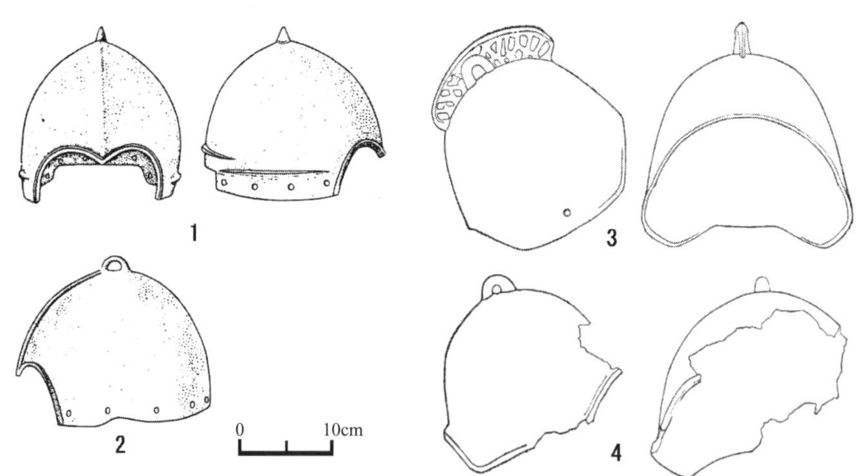

1,2：ケレルメス 2 号墳，3：白浮 2 号墓，4：白浮 3 号墓

図 4-91　冑の対比

濱 2011b）。その拡散過程については不明な点が多いが，後期カラスク青銅器以降に出現，拡散する器種のひとつとして押さえられよう。

西撥子では匙（図 4-88-c）も出土しているが，これはモンゴリア青銅器様式にみられた諸型式とは全体の形状，金具の有無において異なっている。類似した匙は採集品においてもいくつか知られているが（田広金・郭素新 1986, 図版 91-5, 6），これらのうちには比較的年代の下るものも含まれている。

白浮墓の出土品のうち，特に言及する必要があるのは冑（図 4-91-3, 4）であろう。この種の冑はモンゴリアで複数の出土採集品が知られ（Hudiakov, Erdene-Ochir 2010），北カフカスを中心に分布するクバン式冑（図 4-91-1, 2）（Галанина 1985）との対比がなされてきた（髙濱 1995）。これらの冑についても，剣 B 類，刀子 Bc 類，有銎闘斧 IIIB 類，鍑と同様に，後期カラスク青銅器様式で急激に広がったもののひとつとして捉えうるかもしれない。しかしながら，冑はミヌシンスク盆地で発見されておらず，上記諸型式と完全に同じ動きかどうかはいまひとつ明らかではない。一方で，第 1 期（モンゴリア青銅器様式）における山西省高紅出土の冑（図 4-78-6）と白浮やクバン式の冑とが直接に結びつくかどうかについても，もう少し資料の増加を待つ必要があるように思われる。

他の器種としては，タプハル山板石墓出土の π 字形器，ドジディデポ出土の傘形柄頭をもつ錐，鏡，西撥子デポにおいて出土している有銎斧，泡，鉤があり，後期カラスク青銅器様式の一括資料としては知られないものの，二翼の有銎鏃（宮本 2013）も存在していたと考えられる。

5.　ミヌシンスク盆地における編年研究と青銅器様式

第 1 章でまとめたように，ミヌシンスク盆地では，クリズノフやバデツカヤの編年を受け継ぐ形で，ラザレトフ，パリコフらによって，いわゆるカラスク文化の分期が行われている。ラザレトフ，パリコフらの編年は，主に土器，墓葬の検討に基づいており，本書とはまったく異なる方法で導かれたものである。ラザレトフ，パリコフらのカラスク・ルガフスク移行期（II 期＝前 12 世紀～前 11 世紀）は，上記の前期カラスク青銅器様式から，後期カラスク青銅器様式へ転換する時期に相当している。また，ラザレトフ，パリコフらがいうように，ルガフスク期の発生において，モンゴリアの影響が関与しているとすれば，後期カラスク青銅器様式発生における，モンゴリア青銅器様式の影響を反映している可能性がある。しかしながら，以下の理由において，このように考えることは，難しいとせざるをえない。

まず，ラザレトフ，パリコフ説と本書における青銅器様式では，各種青銅器の位置づけが大きく異なっている。ミヌシンスク盆地における I-b 期から II 期[7] にかけての非典型墓葬（ルガフスク）とそれに伴う新要素の出現について，ラザレトフ，パリコフらは，（後）アンドロノヴォ文化の集団の一部がトゥバを経由し，ミヌシンスク盆地南部から侵入したとする。非典型墓葬の集団におけるモンゴリア要素は，トゥバを通る際に得られたものであるといわれる。と

7）以下本節における，ローマ数字の期は，ラザレトフ，パリコフらによるミヌシンスク盆地の分期を示す。

ころがラザレトフ，パリコフらによって，非典型墓葬あるいはルガフスク期の特徴とされた青銅器のうち，モンゴリアによくみられるものは実はあまりないのである。確かに，3 つの瘤状突起や動物頭を伴う柄頭の刀子（刀子 C 類），あるいは弓形器に類するものなどは，モンゴリアとの関係を窺わせるものであるが，他の期に比して，I-b～II 期のモンゴリアとの関係をあえて強調するほどではない。同様に位置づけられる足形垂飾や六弁泡もこの時期のモンゴリアにはほとんど知られていない。特に重要であるのは，この段階に特徴的とされた屈曲型の刀子（図 1-23-19, 20）が，同時期のモンゴリアに知られていないばかりか，本書の刀子 Bb 類かそれ以前の型式にあたるということである。先述したように，刀子 B 類は製作技法を含めて，ミヌシンスク盆地特有の型式である。II 期以降では，形態や紋様において I 期に比して複雑な青銅器が出現しており，これらも B 類の技法で造られた可能性が考えられる。このように，青銅器から考えると，当該段階はミヌシンスク盆地の在地性が強まっているのである。

現状のミヌシンスク盆地の編年，本書の青銅器様式とその変化を整合的に説明するとすれば，以下のように考えられる。カラスク期（I 期）のミヌシンスク盆地の青銅器として，ラザレトフ，パリコフらが挙げた刀子には，典型的な A 類が含まれている[8)]。この時期の刀子は錫の割合が高いということも，A 類の特徴と一致する（本章第 3 節）。他の青銅器についても，鈕をもつ銅泡以外はかなり単純な形態で，おおよそは石型での鋳造が可能かもしれない。第 1 章で記したように，ラザレトフ，パリコフらは I 期遺存の起源をカザフスタンあたりのアンドロノヴォ文化とする。確かに石型で作成されたと考えられる，刃柄一鋳の刀子は，アンドロノヴォ文化になくはないが，I 期の段階にモンゴリア青銅器様式からの影響が，ミヌシンスク盆地に徐々に及んでいた可能性があろう。こういった状況のもと，ルガススク期開始段階に，特に盆地南部を中心に刀子 Bb 類，剣 B1a，B2a 類が出現する。これは，盆地外部からの集団移入というよりむしろ，盆地内部での独自性の創出，発展期と評価できよう。チレノヴァ（Членова 1972a）やノヴゴロドヴァ（Новгородова 1970）は，ルガフスク期を在地文化要素との関連で説いており，今後，この段階に独自性が現れた背景についての解明が期待される。

8） 銅器について，ラザレトフ，パリコフらの分類と，上記筆者の分類は根本的に異なるので，対比させるにはすべての資料の実見が必要であるが，果たせていない。ここでは，両氏の論文における図面や記述を参考にしながら論じることにした。

附表 4-1　剣分類使用資料一覧

番号	出典	形式	型式	所蔵先 / （地域）	地域	地域②	出土遺跡	共伴遺物年代	遺構	柄構造	小環	曲度	柄頭	脊形態	断面	基部	鍔
1	日本経済新聞社 1983-No.20	A2	–	（内蒙古）	長城地帯	オルドス	–	–	採集	II	有	曲	②	P	–	–	–
2	日本経済新聞社 1983-No.19	A2	–	（内蒙古）	長城地帯	オルドス	–	–	採集	II	無	曲	②	P	–	–	–
3	王永剛ほか 2007- 図二一 -1	A2	–	（陝西省）	長城地帯	陝西	閻家溝	商晩期	–	II	有	曲	②	P	–	–	–
4	江上・水野 1935-fig.46	A1	–	–	長城地帯	–	–		採集	II	無	曲	⑤	P	–	–	–
5	Bunker, et al.1997-No.3	A2	–	Arthur M. Sackler Foundation	–	–	–	–	採集	II	無	曲	①	P	–	–	–
6	Bunker, et al.1997-No.4	A2	–	Arthur M. Sackler Foundation	–	–	–	–	採集	II	有	曲	①	P	–	–	–
7	Bunker, et al.1997-No.20	B1	q	Arthur M. Sackler Foundation	–	–	–	–	採集	その他（中空）	無	直	④	R	d	β	5
8	Bunker, et al.1997-No.21	B2	c	Arthur M. Sackler Foundation	–	–	–	–	採集	IV	無	直	⑤	R	–	β	5
9	東 97-No.7	A2	–	Shelby White and Leon Levy Collection	–	–	–	–	採集	II	無	曲	龍獣	P	–	–	–
10	Andersson1932-Pl.V-3	A2	–	Museum of Far Eastern Antiquities	長城地帯	–	–	–	採集	II	有	曲	①	P	–	–	–
11	江上・水野 1935- 図版四〇 -1	A1	–	東京大学	長城地帯	オルドス	–	–	採集	I	無	曲	②	P	–	–	–
12	東 97-No.20	A1	–	黒川古文化研究所	–	–	–	–	採集	I	有	曲	②	P	–	–	–
13	So, Bunker1995-p.100-No.14	A2	–	Therese and Erwin Harris Collection	–	–	–	–	採集	II	有	曲	①	P	–	–	–
14	王丹 1992- 図一 -1	A1	–	吉林大学	長城地帯	–	–	–	採集	I	有	曲	①	Q1	–	–	–
15	東 97-No.6	A2	–	東京芸術大学	長城地帯	–	–	–	採集	II	有	曲	③	P	–	–	–
16	東 97-no.19	A1	–	–	長城地帯	–	–	–	採集	I	有	曲	①	P	–	–	–
17	高濱 2000a-p.335-no.383	A1	–	大英博物館	長城地帯	–	–	–	採集	I	有	曲	①	P	–	–	–
18	呉振禄 1972- 図版六 -5	A1	–	（山西省）	長城地帯	山西	林遮峪	商晩期	墓葬	I	有	曲	①	P	–	–	–
19	Loehr1949-nos.7	A1	–	–	長城地帯	–	–	–	採集	I	有	曲	①	P	–	–	–
20	Loehr1949-nos.8	A1	–	–	長城地帯	–	–	–	採集	I	有	曲	①	P	–	–	–
21	内蒙古文物考古研究所・鄂尔多斯博物館 2000- 図版三〇 -1	A1	–	（内蒙古）	長城地帯	オルドス	朱開溝	二里岡	墓葬	I	無	直	⑤	P	–	–	–
22	東 97-No.8	A2	–	東京国立博物館	長城地帯	–	–	–	採集	II	有	曲	②	P	–	–	–
23	Loehr1949-nos.5	A2	–	–	長城地帯	–	–	–	採集	II	無	曲	①	P	–	–	–
24	Loehr1949-nos.6	A2	–	–	長城地帯	–	–	–	採集	II	無	曲	①	P	–	–	–
25	北京市文物管理処 1976- 図版三 -2	A2	–	（北京市）	長城地帯	河北	白浮	西周前～中期	墓葬	II	無	曲	②	P	–	–	–
26	鄂爾多斯博物館 2006-p.42 右	A2	–	鄂爾多斯青銅器博物館	長城地帯	オルドス	–	–	採集	II	無	曲	③	P	–	–	–
27	東 97-No.5	A2	–	東京芸術大学	長城地帯	—	–	–	採集	II	有	曲	③	P	–	–	–
28	鄂爾多斯博物館 編 2006-p.42 左	A2	–	鄂爾多斯青銅器博物館	長城地帯	オルドス	–	–	採集	II	無	直	③	Q1	–	–	–
29	河北省文化局文物工作隊 1962- 図版五 -5	A2	–	（河北省）	長城地帯	河北	青龍	商晩期	デポ	II	無	曲	③	P	–	–	–
30	河北省博物館・文物管理処 1980-no.87	A2	–	（河北省）	長城地帯	河北	–	–	採集	II	有	曲	③	P	–	–	–
31	鄂爾多斯博物館 2006-p.40 左	A2	–	鄂爾多斯青銅器博物館	長城地帯	オルドス	–	–	採集	II	有	曲	②	P	–	–	–
32	Loehr1949-nos.1	B1	b	–	長城地帯	–	–	–	採集	III	無	直	④	Q1	b	α	4
33	東 97-No.37	B1	b	Museum of Far Eastern Antiquities	長城地帯	–	–	–	採集	III	無	直	④	Q1	c	β	4
34	東 97-No.41	B2	b	東京国立博物館	長城地帯	–	–	–	採集	IV	無	直	⑤	Q2	–	β	5
35	Loehr1949-nos.10	B2	c	–	長城地帯	–	–	–	採集	IV	無	直	三鹿頭	R	–	β	4
36	Loehr1949-nos.2	B1	b	–	長城地帯	–	–	–	採集	III	無	直	④	Q2	c	β	4
37	Loehr1949-nos.9	B1	q	–	長城地帯	–	–	–	採集	III	無	直	鳥頭	R	c	β	4
38	高濱 2000a-p.335-383	B1	q	大英博物館	長城地帯	伝山西	–	–	採集	III	無	直	虎像	R	c	β	4
39	Loehr1949-nos.4	B1	c	–	長城地帯	–	–	–	採集	その他（中空）	無	直	②	Q1	d	β	5
40	Loehr1949-nos.3	B1	q	–	長城地帯	–	–	–	採集	III	無	直	②	R	c	β	5
41	東 97-No.39	B1	q	Museum of Far Eastern Antiquities	長城地帯	–	–	–	採集	III	無	直	星	R	c	β	5
42	東 97-No.38	B1	q	Museum of Far Eastern Antiquities	長城地帯	–	–	–	採集	III	無	直	②	R	c	β	5
43	東 97-No.40	B2	c	黒川古文化研究所	—	–	–	–	採集	IV	無	直	②	R	–	β	5
44	建平県文化館・朝陽地区博物館 1983- 図二 -1	B1	q	（遼寧省）	長城地帯	遼西			デポ	III	無	直	星	R	c	β	4
45	王峰 1990- 図一 -1	B1	b	（河北省）	長城地帯	河北	小河南	西周早期	墓葬	III	無	直	④	Q2	b	β	4
46	北京市文物管理処 1976- 図九 -1	B1	q	（北京市）	長城地帯	河北	白浮	西周前～中期	墓葬	III	無	直	④	R	c	β	4
47	北京市文物管理処 1976- 図版三 -7	B1	q	（北京市）	長城地帯	河北	白浮	西周前～中期	墓葬	III	無	直	④	R	c	β	4
48	北京市文物管理処 1976- 図九 -4	B1	b	（北京市）	長城地帯	河北	白浮	西周前～中期	墓葬	III	無	直	鳥頭	Q1	c	β	4
49	北京市文物管理処 1976- 図九 -5	B1	b	（北京市）	長城地帯	河北	白浮	西周前～中期	墓葬	III	無	直	馬頭	Q1	c	β	4

番号	出典	形式	型式	所蔵先 / （地域）	地域	地域②	出土遺跡	共伴遺物年代	遺構	柄構造	小環	曲度	柄頭	脊形態	断面	基部	鍔
50	北京市文物管理処 1976- 図九 -3	B1	q	（北京市）	長城地帯	河北	白浮	西周前～中期	墓葬	III	無	直	④	R	c	β	4
51	北京市文物管理処 1976- 図九 -2	B1	q	（北京市）	長城地帯	河北	白浮	西周前～中期	墓葬	III	無	直	④	R	-	β	5
52	王占奎・水涛 1997- 図版四七 -2	B1	b	（甘粛省）	長城地帯	甘粛	九站	～西周中期	墓葬	III	無	直	④	Q1	c	β	4
53	祝中熹・李永平 2004-p.015- 図 6	B2	c	（甘粛省）	長城地帯	甘粛	川口柳家	–	–	IV	無	直	②	R	–	β	5
54	江上・水野 1935-Corpus II-1	B1	q	–	–	–	–	–	–	III	無	直	②	R	c	β	5
55	江上・水野 1935-Corpus II-2	B2	c	–	–	–	–	–	–	IV	無	直	⑤	R	–	β	5
56	新疆維吾尔自治区文物事業管理局 1999-No.943（左）	–		（青河県）	新疆	新疆西北	–	–	–	–	無	直	④	P	–	β	4
57	新疆維吾尔自治区文物事業管理局 1999-No.943（右）	B1	a	（青河県）	新疆	新疆西北	–	–	–	III	無	直	④	P	b	α	3
58	邵国田 1993- 図八 -5	A2	–	（内蒙古）	長城地帯	遼西	敖漢	–		II	無	曲	②	P	–	–	–
59	内蒙古敖漢旗博物館 2004-p82	B1	b	（敖漢旗）	長城地帯	遼西	敖漢	–		III	無	直	④	Q1	c	β	4
60	楊紹舜 1981a- 図版五 -1	A1	–	（山西省）	長城地帯	山西	柳林	商晩期	墓葬	I	有	曲	①	P	–	–	–
61	閻晨飛・呂智栄 1988-2	A1	–	（陝西省）	長城地帯	陝西	去頭	–	–	I	有	曲	①	P	–	–	–
62	楊紹舜 1981b- 図一三	A1	–	（山西省）	長城地帯	山西	曹家垣	–	墓葬	I	有	曲	①	P	–	–	–
63	吉県文物工作站 1985- 図三 -2	A1	–	（山西省）	長城地帯	山西	上東	–	墓葬	I	有	曲	①	P	–	–	–
64	曹瑋ほか 2009-p.609	A2	–	陝西省子洲県文管所	長城地帯	陝西	–	–	–	II	有	曲	–	P	–	–	–
65	Чл76-Табл. 1-1	B1	a（古段階）	ミヌシンスク博物館	ミヌ・クラ地方	ミヌシンスク盆地	–	–	採集	III	有	直	②	P	a	α	1
66	Чл76-Табл. 1-2	B1	a（古段階）	ミヌシンスク博物館	ミヌ・クラ地方	ミヌシンスク盆地	–	–	採集	III	有	直	④	P	a	β	1
67	Чл76-Табл. 1-3	B1	a（古段階）	–	ミヌ・クラ地方	ミヌシンスク盆地	–	–	採集	III	無	直	④	P	a	β	1
68	Чл76-Табл. 1-4	B1	b	–	ミヌ・クラ地方	ミヌシンスク盆地	–	–	採集	III	無	直	④	Q1	b	β	4
69	Чл76-Табл. 1-5	B1	b	ミヌシンスク博物館	ミヌ・クラ地方	ミヌシンスク盆地	–	–	採集	III	無	直	④	Q1	c	β	4
70	Чл76-Табл. 1-6	B1	b	カザン大学	ミヌ・クラ地方	ミヌシンスク盆地	–	–	採集	III	無	直	④	Q2	c	β	2
71	Чл76-Табл. 1-7	B1	b	ミヌシンスク博物館	ミヌ・クラ地方	ミヌシンスク盆地	–	–	採集	III	無	直	②	Q1	c	β	4
72	Чл76-Табл. 1-8	B1	b	ミヌシンスク博物館	ミヌ・クラ地方	ミヌシンスク盆地	–	–	採集	III	無	直	⑤	Q2	c	β	4
73	Чл76-Табл. 1-9	B1	b	–	ミヌ・クラ地方	ミヌシンスク盆地	–	–	採集	III	無	直	⑤	Q1	c	β	4
74	Чл76-Табл. 1-10	B1	b	ミヌシンスク博物館	ミヌ・クラ地方	ミヌシンスク盆地	–	–	採集	III	無	直	⑤	Q1	c	β	4
75	Чл76-Табл. 1-11	B1	c	ミヌシンスク博物館	ミヌ・クラ地方	ミヌシンスク盆地	–	–	採集	その他	無	直	⑤	Q1	d	β	4
76	Чл76-Табл. 1-12	B1	b	ミヌシンスク博物館	ミヌ・クラ地方	ミヌシンスク盆地	–	–	採集	III	無	直	無	Q1	b	β	4
77	Чл76-Табл. 1-13	–	–	–	ミヌ・クラ地方	ミヌシンスク盆地	–	–	採集	–	無	直	④	Q1	–	α	3
78	Чл76-Табл. 1-14	B2	a	ミヌシンスク博物館	ミヌ・クラ地方	クラスノヤルスク地方	–	–	採集	IV	無	直	無	P	–	α	2
79	Чл76-Табл. 1-15	B2	a	クラスノヤルスク博物館	ミヌ・クラ地方	クラスノヤルスク地方	–	–	採集	IV	無	直	無	P	–	α	2
80	Чл76-Табл. 1-16	B1	b	クラスノヤルスク博物館	ミヌ・クラ地方	–	–	–	採集	III	無	直	角	Q1	b	α	2
81	Чл76-Табл. 1-17	B1	b	トムスク大学	西シベリア	–	–	–	採集	III	無	直	④	Q1	b	α	1
82	Чл76-Табл. 1-18	B1	b	クラスノヤルスク博物館	ミヌ・クラ地方	–	–	–	採集	III	無	直	④	Q1	b	α	1
83	Чл76-Табл. 1-19	B1	c	クラスノヤルスク博物館	ミヌ・クラ地方	ミヌシンスク盆地	–	–	採集	その他（中空）	無	直	⑥	Q2	d	β	4
84	Чл76-Табл. 1-20	B2	b	エルミタージュ美術館	ミヌ・クラ地方	クラスノヤルスク地方	–	–	採集	IV	無	直	④	Q1	–	α	2
85	Чл76-Табл. 1-21	B1	q	エルミタージュ美術館	ミヌ・クラ地方	クラスノヤルスク地方	–	–	採集	その他	無	直	⑥	R	d	β	3
86	Чл76-Табл. 1-22	B2	b	エルミタージュ美術館	ミヌ・クラ地方	クラスノヤルスク地方	–	–	採集	IV	無	直	④	Q2	–	α	4
87	Чл76-Табл. 1-23	B2	a	エルミタージュ美術館	ミヌ・クラ地方	クラスノヤルスク地方	–	–	採集	IV	無	直	十字	P	–	α	2

番号	出典	形式	型式	所蔵先 / (地域)	地域	地域②	出土遺跡	共伴遺物年代	遺構	柄構造	小環	曲度	柄頭	脊形態	断面	基部	鍔
88	Чл76-Табл. 1-25	B2	b	エルミタージュ美術館	ミヌ・クラ地方	クラスノヤルスク地方	–	–	採集	IV	無	直	⑤	Q1	–	β	4
89	Чл76-Табл. 1-26	B2	b	ミヌシンスク博物館	ミヌ・クラ地方	ミヌシンスク盆地	–	–	採集	IV	無	直	角	Q1	–	β	4
90	Чл76-Табл. 2-17	B2	b	–	ミヌ・クラ地方	ミヌシンスク盆地	Kharlovo	–	墓葬？	IV	無	直	角	Q2	–	β	4
91	Чл76-Табл. 2-21	B1	a（古段階）	エルミタージュ美術館	ミヌ・クラ地方	–	–	–	採集	III	無	曲	②	P	a	α	2
92	Чл76-Табл. 2-22	B2	a	–	ミヌ・クラ地方	カンスク盆地	–	–	採集	IV	無	曲	獣頭	P	–	α	3
93	Чл76-Табл. 2-23	B2	a	カンスク博物館	ミヌ・クラ地方	カンスク盆地	–	–	採集	IV	無	直	角	P	–	α	2
94	Чл76-Табл. 2-19	B2	a	キジル博物館	トゥバ	トゥバ	–	–	採集	III	無	直	–	P	–	α	4
95	Кызласов1979-Рис.15-1	A2	–	キジル博物館	トゥバ	トゥバ	–	–	採集	II	有	直	④	P	–	–	–
96	Кызласов1979-Рис.15-2	B1	a	–	トゥバ	トゥバ	–	–	採集	III	–	直	–	P	b	α	4
97	Волков1967-рис.5-1	A2	–	–	モンゴル	ウムヌゴビ	–	–	採集	II	無	曲	③	P	–	–	–
98	Волков1967-рис.5-2	B2	a	–	モンゴル	–	–	–	採集	IV	無	直	横棒	P	–	α	3
99	集英社 1992-No.8	A2	–	–	モンゴル	–	–	–	採集	II	有	曲	③	P	–	–	–
100	Диков1958-X X III-1	A2	–	チティンスク博物館	ザバイカル	ザバイカル	–	–	採集	II	有	曲	③	P	–	–	–
101	Диков1958-X X III-4	A2	–	チティンスク博物館	ザバイカル	ザバイカル	–	–	採集	II	有	曲	③	P	–	–	–
102	Диков1958-X X III-5	A2	–	–	ザバイカル	ザバイカル	–	–	採集	II	有	曲	③	P	–	–	–
103	EE11-No.282	A2	–	Erdenechuluun collection	モンゴル	–	–	–	採集	II	有	曲	③	P	–	–	–
104	EE11-No.292	A2	–	Erdenechuluun collection	モンゴル	バヤンホンゴル	–	–	採集	II	有	曲	③	P	–	–	–
105	EE11-No.305	A2	–	Erdenechuluun collection	モンゴル	フブスグル	–	–	採集	II	有	直	三凸環	P	–	–	–
106	EE11-No.308	A2	–	Erdenechuluun collection	モンゴル	ザフハン	–	–	採集	II	有	曲	②	P	–	–	–
107	EE11-No.311	B1	a	Erdenechuluun collection	モンゴル	フブスグル	–	–	採集	III	無	直	④	P	b	α	4
108	EE11-No.344	B2	b	Erdenechuluun collection	モンゴル	ホブド	–	–	採集	IV	無	直	④	Q1	–	α	4
109	EE11-No.433	B1	q	Erdenechuluun collection	モンゴル	–	–	–	採集	その他（中空）	無	直	⑥	R	d	β	4
110	Busan museum et al.2009-p.51	A2	–	モンゴル国立博物館	モンゴル	–	–	–	採集	II	有	曲	③	P	–	–	–
111	Чл76-Табл. 2-20	B2	b	エルミタージュ美術館	トゥバ	トゥバ	–	–	–	IV	有	直	④	Q1	–	β	4
112	Чл76-Табл.6-1	A2	–	ベイスク博物館	アルタイ	アルタイ	–	–	–	II	有	直	④	P	–	–	–
113	Чл76-Табл.6-2	B1	b	ベイスク博物館	アルタイ	アルタイ	–	–	–	III	無	直	–	Q2	c	β	4
114	Чл76-Табл.6-3	B1	b	ベイスク博物館	アルタイ	アルタイ	–	–	–	III	無	直	④	Q2	b	β	4
115	Чл76-Табл.7-4	B1	b	–	西シベリア	トムスク	Bolshoi Mys	–	墓葬	III	–	直	–	Q1	c	β	4
116	Чл76-Табл.7-5	B2	b	–	西シベリア	トムスク	Bolshoi Mys	–	墓葬	IV	無	直	④	Q1	–	β	3
117	Чл76-Табл.7-6	B2	b	–	西シベリア	ノボシビルクス	–	–	–	IV	無	直	④	Q1	–	β	3
118	Чл76-Табл.8-1	B1	a	–	カザフスタン	北カザフスタン	–	–	–	III	無	直	④	P	b	α	3
119	Чл76-Табл.8-2	B1	b	パブロダルスク博物館	カザフスタン	北カザフスタン	–	–	–	III	無	直	④	Q1	b	α	4
120	Чл76-Табл.8-4	B1	b	–	カザフスタン	東カザフスタン	–	–	–	III	無	直	④	Q1	b	α	3
121	Чл76-Табл.8-5	B1	b	–	カザフスタン	東カザフスタン	Baty	–	–	III	無	直	④	Q1	b	α	3
122	Чл76-Табл.8-6	B1	a	科学アカデミー人類学博物館	カザフスタン	–	Dzhenoma 2号墳	–	–	III	–	直	–	P	b	α	3
123	Чл76-Табл.8-10	B1	c	オスケメン博物館	カザフスタン	東カザフスタン	Palatsy	–	デポ	その他	無	直	④	Q2	d	α	3
124	Чл76-Табл.8-13	B1	c	カザフスタン国立中央博物館	カザフスタン	–	–	–	–	その他	無	直	④	Q1	d	α	3
125	Чл76-Табл.9-1	B1	c	バシキル国立大学	バシキリア	バシキリア	–	–	–	その他	無	直	④	Q1	d	α	2
126	Чл76-Табл.9-2	B1	b	バシキル国立大学	バシキリア	バシキリア	–	–	–	III	無	直	④	Q1	b	α	1
127	Чл76-Табл.9-3	B1	b	–	ウクライナ	ウクライナ	–	–	–	III	無	直	④	Q1	b	β	4
128	Чл76-Табл.9-4	B1	b	–	ウクライナ	ウクライナ	–	–	–	III	無	直	④	Q1	b	β	4
129	Чл76-Табл.9-5	B1	b	–	ウクライナ	ウクライナ	–	–	–	III	無	直	④	Q2	b	β	3
130	Чл76-Табл.9-6	B1	c	ドニエプルペトロフスク博物館	ウクライナ	ウクライナ	–	–	–	その他	無	直	④	Q1	d	β	3
131	http://www.asia.si.edu/	A1	–	Freer Study Collection	–	–	–	–	採集	I	有	曲	①	P	–	–	–

番号	出典	形式	型式	所蔵先 / (地域)	地域	地域②	出土遺跡	共伴遺物年代	遺構	柄構造	小環	曲度	柄頭	脊形態	断面	基部	鍔
132	新疆昌吉回族自治州文物局 2014-No.84	B1	b	阜康市博物館	新疆	新疆西北	–	–	採集	–	有	直	④	Q1	–	α	2
133	新疆昌吉回族自治州文物局 2014-No.115	B1	b	北庭高昌回鶻仏寺遺跡博物館	新疆	新疆西北	–	–	採集	III	無	直	④	Q1	b	β	4
134	北京市文物管理処 1978- 図一三	A2	–	（北京市）	長城地帯	–	–	–	–	II	–	曲	③	P	–	–	–
135	http://www.tengzhoumuseum.com/	A2	–	滕州市博物館	山東	山東	–	–	–	II	無	曲	②	P	–	–	–
136	Karlgren1945-No.227	A2	–	–	長城地帯	遼西	–	–	–	II	有	曲	③	–	–	–	–
137	Диков1958-X X III-2	A1	–	イルクーツク博物館	ザバイカル	ザバイカル		–	採集	I	無	直	⑤	P	–	–	–
138	筆者による観察	A1	–	ウムヌゴビ博物館	モンゴル	ウムヌゴビ		–	採集	I	無	直	⑤	P	–	–	–
139	成璟瑭ほか 2016- 図四	A2	–	葫芦島市博物館	長城地帯	遼西	王崗台	–	デポ	II	有	曲	②	P	–	–	–
140	Чл76-Табл.7-18	B1	b	–	ヤクーチヤ	ヤクーチヤ	–	–	–	III	無	直	④	Q2	–	α	4
141	Членова1988	B1	b	–	バシキリア	バシキリア	Abdul-manbetovo	–	–	III	無	直	④	Q1	c	α	3

＊文献略号：Erdenechuluun, Erdenebaatar2011 ＝ EE11, Членова1976 ＝ Чл76, 東京国立博物館 1997= 東 97
＊地域略号：ミヌシンスク・クラスノヤルスク地方＝ミヌ・クラ地方

附表 4-2　刀子分類使用資料一覧

番号	所蔵先	所蔵先番号	形式	型式	採集地域	断面形態	背部形態	紋様	紋様表裏	笵線	柄刃境界部	屈曲	柄頭	形式	型式
G001	鄂爾多斯青銅器博物館	4120-376	A	–	長城地帯	a	I	なし	–	明瞭	–	弧	環	A	–
G002	鄂爾多斯青銅器博物館	4126-382	A	–	長城地帯	a	I	なし	–	明瞭	–	弧	環	A	–
G003	鄂爾多斯青銅器博物館	5351-1008	A	–	長城地帯	a	I	なし	–	明瞭	–	弧	環	A	–
G004	鄂爾多斯青銅器博物館	5353-1010	B	c	長城地帯	a	II	なし	–	明瞭	う	弧	環	B	c
G005	鄂爾多斯青銅器博物館	4125-381	A	–	長城地帯	a	I	なし	–	明瞭	–	弧	環	A	–
G006	鄂爾多斯青銅器博物館	4124-380	A	–	長城地帯	a	I	なし	–	明瞭	–	弧	環	A	–
G007	鄂爾多斯青銅器博物館	4431-500	A	–	長城地帯	a	I	なし	–	明瞭	–	弧	環	A	–
G008	鄂爾多斯青銅器博物館	4440-509	A	–	長城地帯	a	I	なし	–	明瞭	–	弧	環	A	–
G009	鄂爾多斯青銅器博物館	4436-505	A	–	長城地帯	a	I	なし	–	明瞭	–	弧	環	A	–
G010	鄂爾多斯青銅器博物館	6237-1552	A	–	長城地帯	a	I	なし	–	不明瞭	–	弧	環	A	–
G011	鄂爾多斯青銅器博物館	4130-386	B	c	長城地帯	b	II	なし	–	不明瞭	う	弧	環	B	c
G012	鄂爾多斯青銅器博物館	4110-366	A	–	長城地帯	a	I	凸	異	明瞭	–	弧	環	A	–
G013	京都大学総合博物館	京 63-p.183-87-2	A	–	長城地帯	a	I	なし	–	明瞭	–	弧	環	A	–
G014	京都大学総合博物館	京 63-p.182-85-2	A	–	長城地帯	a	I	なし	–	明瞭	–	弧	環	A	–
G015	京都大学総合博物館	京 63-p.183-87-11	B	c	長城地帯	c	II	なし	–	不明瞭	う	弧	横棒	B	c
G016	京都大学総合博物館	京 63-p.182-85-4	B	c	長城地帯	b	II	なし	–	不明瞭	う	弧	杏仁	B	c
G017	京都大学総合博物館	京 63-p.182-85-30	A	–	長城地帯	a	I	なし	–	不明瞭	–	弧	双環	A	–
G018	京都大学総合博物館	京 63-p.182-85-16	A	–	長城地帯	a	I	凸	同	明瞭	–	弧	孔	A	–
G019	京都大学総合博物館	京 63-p.182-85-13	A	–	長城地帯	a	I	なし	–	明瞭	–	弧	孔	A	–
G020	京都大学総合博物館	京 63-p.183-87-5	A	–	長城地帯	a	I	なし	–	明瞭	–	弧	双環	A	–
G021	京都大学総合博物館	京 63-p.181-82-4	A	–	長城地帯	a	I	凸（境）	–	明瞭	–	弧	環	A	–
G022	京都大学総合博物館	京 63-p.182-86-9	A	–	長城地帯	a	I	なし	–	明瞭	–	弧	環	A	–
G023	京都大学総合博物館	京 63-p.182-86-1	A	–	長城地帯	a	I	なし	–	明瞭	–	弧	環	A	–
G024	京都大学総合博物館	京 63-p.182-86-3	A	–	長城地帯	a	I	なし	–	明瞭	–	弧	環	A	–
G025	京都大学総合博物館	京 63-p.181-82-3	C	–	長城地帯	a	I	凹	–	無	–	弧	三凸環	C	–
G026	京都大学総合博物館	京 63-p.182-86-8	B	c	長城地帯	c	II	凹	同	不明瞭	う	弧	横棒	B	c
G027	京都大学総合博物館	京 63-p.183-88-2	A	–	長城地帯	a	I	なし	–	明瞭	–	弧	環	A	–
G028	京都大学総合博物館	京 63-p.182-86-2	A	–	長城地帯	a	I	凸（境）	–	明瞭	–	弧	環	A	–
G029	京都大学総合博物館	京 63-p.183-88-6	A	–	長城地帯	a	I	なし	–	明瞭	–	弧	獣頭 b	A	–
G030	京都大学総合博物館	京 63-p.183-88-1	A	–	長城地帯	a	I	なし	–	明瞭	–	弧	環	A	–
G031	京都大学総合博物館	京 63-p.182-86-12	A	–	長城地帯	a	I	なし	–	明瞭	–	弧	無	A	–
G032	京都大学総合博物館	京 63-p.182-86-4	A	–	長城地帯	a	I	なし	–	明瞭	–	弧	環	A	–
G033	京都大学総合博物館	京 63-p.182-86-13	B	c	長城地帯	b	II	凸？	同	不明瞭	う	弧	横棒	B	c
G034	京都大学総合博物館	京 63-p.182-86-5	A	–	長城地帯	a	I	凸	同	明瞭	–	弧	環	A	–
G035	京都大学総合博物館	京 63-p.183-87-1	B	c	長城地帯	b	II	なし	–	明瞭	う	弧	環	B	c
G036	京都大学総合博物館	京 63-p.183-87-6	A	–	長城地帯	a	I	なし	–	明瞭	–	弧	無	A	–
G037	京都大学総合博物館	京 63-p.183-87-8	B	c	長城地帯	b	II	なし	–	明瞭	う	弧	横棒	B	c
G038	京都大学総合博物館	京 63-p.183-87-12	B	c	長城地帯	c	II	なし	–	不明瞭	う	弧	獣頭 c	B	c
G039	京都大学総合博物館	京 63-p.182-85-5	A	–	長城地帯	a	I	凸	同	明瞭	–	弧	環	A	–
G040	京都大学総合博物館	京 63-p.182-85-6	B	c	長城地帯	c	II	凹	異	不明瞭	う	弧	環	B	c
G041	京都大学総合博物館	京 63-p.182-85-7	A	–	長城地帯	a	I	なし	–	明瞭	–	弧	環	A	–
G042	京都大学総合博物館	京 63-p.182-85-8	B	c	長城地帯	b	II	凹	異	不明瞭	う	弧	環	B	c
G043	京都大学総合博物館	京 63-p.182-85-9	A	–	長城地帯	a	I	なし	–	明瞭	–	弧	環	A	–
G044	京都大学総合博物館	京 63-p.182-85-11	A	–	長城地帯	a	I	凸	同	明瞭	–	弧	環	A	–
G045	京都大学総合博物館	京 63-p.182-85-14	B	c	長城地帯	b	II	凹	同	不明瞭	う	弧	孔	B	c
G046	京都大学総合博物館	京 63-p.182-85-19	A	–	長城地帯	a	I	なし	–	明瞭	–	弧	環	A	–

番号	所蔵先	所蔵先番号	形式	型式	採集地域	断面形態	背部形態	紋様	紋様表裏	范線	柄刃境界部	屈曲	柄頭	形式	型式
G047	京都大学総合博物館	京 63-p.182-85-24	B	c	長城地帯	b	II	なし	−	不明瞭	う	弧	その他	B	c
G048	京都大学総合博物館	京 63-p.182-85-25	B	c	長城地帯	b	II	凹	−	不明瞭	う	弧	無	B	c
G049	京都大学総合博物館	京 63-p.182-85-26	B	c	長城地帯	c	II	なし	−	明瞭	う	弧	その他	B	c
G050	京都大学総合博物館	京 63-p.182-85-27	A	−	長城地帯	a	I	なし	−	明瞭	−	弧	無	A	−
G051	京都大学総合博物館	京 63-p.182-85-28	A	−	長城地帯	a	I	なし	−	不明瞭	−	弧	無	A	−
G052	京都大学総合博物館	京 63-p.182-85-29	A	−	長城地帯	a	I	凸	同	明瞭	−	弧	−	A	−
G053	京都大学総合博物館	京 63-p.182-85-31	A	−	長城地帯	a	I	なし	−	明瞭	−	弧	無	A	−
G054	京都大学総合博物館	京 63-p.182-85-33	B	c	長城地帯	c	II	なし	−	不明瞭	う	弧	獣頭 c	B	c
G055	京都大学総合博物館	京 63-p.182-85-34	B	c	長城地帯	a	I/II	なし	−	明瞭	う	弧	その他	B	c
G056	黒川古文化研究所	1175	A	−	長城地帯	a	I	なし	−	明瞭	−	弧	環	A	−
G057	黒川古文化研究所	1174	A	−	長城地帯	a	I	なし	−	明瞭	−	弧	環	A	−
G058	黒川古文化研究所	1172	A	−	長城地帯	a	I	なし	−	明瞭	−	弧	環	A	−
G059	黒川古文化研究所	1169	A	−	長城地帯	a	I	なし	−	明瞭	−	弧	孔	A	−
G060	黒川古文化研究所	1183	C	−	長城地帯	e	III1	凹	同	無	−	弧	獣頭 a	C	−
G061	黒川古文化研究所	1160	B	c	長城地帯	c	II	なし	−	不明瞭	う	弧	横棒	B	c
G062	黒川古文化研究所	1179	B	c	長城地帯	c	II	凸	同	不明瞭	う	弧	杏仁	B	c
G063	黒川古文化研究所	1178	B	c	長城地帯	b	II	凸	同	不明瞭	う	弧	無	B	c
G064	黒川古文化研究所	1180	B	c	長城地帯	b	II	凹	異	不明瞭	う	弧	環	B	c
G065	黒川古文化研究所	1182	A	−	長城地帯	a	I	なし	−	明瞭	−	弧	双環	A	−
G066	天理参考館	119	A	−	長城地帯	a	I	凸	同	明瞭	−	弧	環	A	−
G067	天理参考館	1349	B	c	長城地帯	d	II	凸	同	不明瞭	う	弧	環	B	c
G068	天理参考館	123	B	c	長城地帯	b	II	凹	異	明瞭	う	弧	環	B	c
G069	天理参考館	1347	B	b	長城地帯	c	I	凸	異	不明瞭	い	弧	傘 a	B	b
G070	天理参考館	118	B	c	長城地帯	c	II	凹	同	不明瞭	う	弧	環	B	c
G071	天理参考館	1350	B	c	長城地帯	c	I/II	凹	同	不明瞭	う	弧	傘 b	B	c
G072	天理参考館	1348	B	c	長城地帯	b	II	なし	−	不明瞭	う	弧	横棒	B	c
G073	天理参考館	1351	B	c	長城地帯	b	II	凹	同	明瞭	う	弧	横棒	B	c
G074	天理参考館	120	A	−	長城地帯	a	I	凸	同	明瞭	−	弧	三凸環	A	−
G075	東京国立博物館	4872-91	B	c	長城地帯	c	II	なし	−	不明瞭	う	弧	横棒	B	c
G076	東京国立博物館	4872-92	B	c	長城地帯	b	II	凸	異	明瞭	う	弧	環	B	c
G077	東京国立博物館	3813	B	c	長城地帯	c	II	凹	同	不明瞭	う	弧	横棒	B	c
G078	東京国立博物館	3822	B	−	長城地帯	c	II	−	−	不明瞭	う	−	−	B	−
G079	東京国立博物館	3784	A	−	長城地帯	a	I	凸	同	明瞭	−	弧	環	A	−
G080	東京国立博物館	3818	B	c	長城地帯	c	II	凹	異	不明瞭	う	弧	環	B	c
G081	東京国立博物館	3841	A	−	長城地帯	a	I	なし	−	明瞭	−	−	孔	A	−
G082	東京国立博物館	2634	B	c	長城地帯	c	II	凹	異	不明瞭	う	弧	孔	B	c
G083	東京国立博物館	3830	A		長城地帯	−	I	−	−	明瞭	−	−	−	A	
G084	東京国立博物館	3786	B	c	長城地帯	b	II	凹	異	明瞭	う	弧	環	B	c
G085	東京国立博物館	2201	B	c	長城地帯	c	II	凸	異	明瞭	う	弧	環	B	c
G086	東京国立博物館	3797	B	c	長城地帯	b	II	なし	−	明瞭	う	弧	杏仁	B	c
G087	東京国立博物館	4872-1	C	−	長城地帯	a	I	凸 / 凹	同	無		弧	三凸環	C	−
G088	東京国立博物館	4872-2	A	−	長城地帯	a	I	凸	同	明瞭	−	弧	獣頭 b	A	−
G089	東京国立博物館	4872-4	A	−	長城地帯	a	I	凸	同	明瞭	−	弧	環	A	−
G090	東京国立博物館	4872-5	A	−	長城地帯	a	I	凸	同	明瞭	−	弧	環	A	−
G091	東京国立博物館	4872-7	A	−	長城地帯	a	I	なし	−	明瞭	−	弧	傘 a	A	−
G092	東京国立博物館	4872-8	B	b	長城地帯	c	III2	凹	同	不明瞭	い	弧	傘 b	B	b
G093	東京国立博物館	4872-9	A	−	長城地帯	a	I	なし	−	不明瞭	−	弧	三凸環	A	−
G094	東京国立博物館	4872-10	A	−	長城地帯	a	I	なし	−	明瞭	−	弧	三凸環	A	−
G095	東京国立博物館	4872-13	A	−	長城地帯	a	I	なし	−	明瞭	−	弧	環	A	−
G096	東京国立博物館	4872-11	A	−	長城地帯	a	I	なし	−	不明瞭	−	弧	双環	A	−
G097	東京国立博物館	4872-12	A	−	長城地帯	a	I	なし	−	明瞭	−	弧	環	A	−
G098	東京国立博物館	4872-14	A	−	長城地帯	a	I	凸	同	明瞭	−	弧	双環	A	−
G099	東京国立博物館	4872-15	A	−	長城地帯	a	I	なし	−	明瞭	−	弧	環	A	−
G100	東京国立博物館	4872-16	A	−	長城地帯	a	I	なし	−	明瞭	−	弧	環	A	−
G101	東京国立博物館	4872-17	B	c	長城地帯	b	II	なし	−	不明瞭	う	弧	環	B	c
G102	東京国立博物館	4872-18	A	−	長城地帯	a2	I	なし	−	単范	−	弧	環	A	−
G103	東京国立博物館	4872-19	B	c	長城地帯	b	II	なし	−	不明瞭	う	弧	横棒	B	c
G104	東京国立博物館	4872-3	A	−	長城地帯	a	I	凸	同	明瞭	−	弧	環	A	−
G105	東京国立博物館	4872-20	B	b	長城地帯	c	III1	凹	異	明瞭	い	弧	無	B	b
G106	東京国立博物館	4872-24	B	c	長城地帯	b	II	凹	同	明瞭	う	弧	環	B	c
G107	東京国立博物館	4872-26	B	c	長城地帯	c	II	凹	同	明瞭	う	弧	環	B	c
G108	東京国立博物館	4872-27	B	c	長城地帯	e	II	凹	同	不明瞭	う	弧	環	B	c
G109	東京国立博物館	4872-28	B	c	長城地帯	c	II	凹	同	不明瞭	う	弧	無	B	c
G110	東京国立博物館	4872-31	B	c	長城地帯	b	II	凸	同	不明瞭	う	弧	横棒	B	c
G111	東京国立博物館	4872-30	B	c	長城地帯	b	II	凹	異	不明瞭	う	弧	環	B	c
G112	東京国立博物館	4872-33	B	c	長城地帯	b	II	凹	同	不明瞭	う	弧	環	B	c
G113	東京国立博物館	4872-39	A	−	長城地帯	a	I	凸	異	明瞭	−	弧	孔	A	−
G114	東京国立博物館	4872-43	B	c	長城地帯	c	II	凹	同	明瞭	う	弧	杏仁	B	c

番号	所蔵先	所蔵先番号	形式	型式	採集地域	断面形態	背部形態	紋様	紋様表裏	範線	柄刃境界部	屈曲	柄頭	形式	型式
G115	東京国立博物館	4872-52	C	−	長城地帯	その他	III2	凹	同	無	−	弧	無	C	−
G116	東京国立博物館	4872-47	B	c	長城地帯	b	II	なし	−	不明瞭	う	弧	杏仁	B	c
G117	東京国立博物館	4872-46	B	c	長城地帯	b	II	なし	−	明瞭	う	弧	杏仁	B	c
G118	東京国立博物館	4872-58	B	c	長城地帯	b	II	凹	−	明瞭	う	弧	横棒	B	c
G119	東京国立博物館	4872-61	B	c	長城地帯	c	II	凹	異	明瞭	う	弧	横棒	B	c
G120	東京国立博物館	3842	B	−	長城地帯	c	II	凸	同	不明瞭	−	−	その他	B	−
G121	東京国立博物館	3795	B	c	長城地帯	b	II	なし	−	明瞭	う	弧	杏仁	B	c
G122	東京国立博物館	3794	A	−	長城地帯	a	I	なし	−	明瞭	−	弧	環	A	−
G123	東京国立博物館	3810	A	−	長城地帯	a	I	なし	−	明瞭	−	弧	無	A	−
G124	東京国立博物館	3777	A	−	長城地帯	a	I	凸	同	明瞭	−	弧	双環	A	−
G125	東京国立博物館	2202	A	−	長城地帯	a	I	なし	−	明瞭	−	弧	環	A	−
G126	東京国立博物館	3805	A	−	長城地帯	a	I	凸	異	明瞭	−	弧	無	A	−
G127	東京国立博物館	3817	A	−	長城地帯	a	I	なし	−	明瞭	−	弧	孔	A	−
G128	東京国立博物館	4872-6	A	−	長城地帯	a	I	凸	同	明瞭	−	弧	無	A	−
G129	東京国立博物館	3776	A	−	長城地帯	a	I	凸	同	明瞭	−	弧	環	A	−
G130	東京国立博物館	3782	B	c	長城地帯	b	II	凹	同	明瞭	う	弧	環	B	c
G131	東京国立博物館	3796	A	−	長城地帯	a	I	なし	−	明瞭	−	弧	環	A	−
G132	東京国立博物館	3806	B	c	長城地帯	e	II	凹	同	明瞭	う	弧	環	B	c
G133	東京国立博物館	3816	A	−	長城地帯	a	I	凸	同	明瞭	−	弧	環	A	−
G134	東京国立博物館	3771	B	c	長城地帯	c	II	凹	同	明瞭	う	弧	獣頭 c	B	c
G135	東京国立博物館	2205	A	−	長城地帯	a	I/II	なし	−	明瞭	−	弧	獣頭 b	A	−
G136	東京国立博物館	3785	B	c	長城地帯	b	II	凸	異	明瞭	う	弧	横棒	B	c
G137	東京国立博物館	3772	B	c	長城地帯	c	II	凹	同	明瞭	う	弧	無	B	c
G138	東京国立博物館	3820	A	−	長城地帯	a	I	なし	−	明瞭	−	弧	−	A	−
G139	東京国立博物館	3779	A	−	長城地帯	a	I	なし	−	不明瞭	−	弧	獣頭 b	A	−
G140	東京国立博物館	3815	A	−	長城地帯	a	I	なし	−	不明瞭	−	弧	環	A	−
G141	東京国立博物館	3838	A	−	長城地帯	a	I	凸	同	明瞭	−	弧	双環	A	−
G142	東京国立博物館	3781	A	−	長城地帯	a	I	凸	同	明瞭	−	弧	双環	A	−
G143	東京国立博物館	3829	A	−	長城地帯	a	I	なし	−	明瞭	−	弧	孔	A	−
G144	東京国立博物館	3828	A	−	長城地帯	a	I	凸	同	明瞭	−	弧	獣頭 b	A	−
G145	東京国立博物館	3780	A	−	長城地帯	a	I	凸	異	不明瞭	−	弧	環	A	−
G146	東京国立博物館	3814	A	−	長城地帯	a	I	なし	−	明瞭	−	弧	環	A	−
G147	東京国立博物館	3831	A	−	長城地帯	a	I	なし	−	不明瞭	−	弧	環	A	−
G148	東京国立博物館	3832	A	−	長城地帯	a	I	なし	−	不明瞭	−	弧	無	A	−
G149	東京国立博物館	3825	A	−	長城地帯	a	I	なし	−	明瞭	−	弧	環	A	−
G150	東京国立博物館	3807	A	−	長城地帯	a	I	凸	同	明瞭	−	弧	環	A	−
G151	東京国立博物館	3811	A	−	長城地帯	a	I	なし	−	不明瞭	−	弧	無	A	−
G152	東京国立博物館	3770	B	c	長城地帯	c	II	凹	異	明瞭	う	弧	横棒	B	c
G153	東京国立博物館	3787	B	c	長城地帯	c	II	凹	異	不明瞭	う	弧	その他	B	c
G154	東京国立博物館	3837	A	−	長城地帯	a	I	なし	−	明瞭	−	弧	環	A	−
G155	東京国立博物館	3834	A	−	長城地帯	a	I	凸	同	不明瞭	−	弧	環	A	−
G156	東京国立博物館	3821	A	−	長城地帯	a	I	凸	同	不明瞭	−	弧	環	A	−
G157	東京国立博物館	3836	A	−	長城地帯	a	I	凸	同	不明瞭	−	−	環	A	−
G158	東京国立博物館	3773	A	−	長城地帯	a	I	凸	同	明瞭	−	弧	環	A	−
G159	東京国立博物館	3774	A	−	長城地帯	a	I	凸	同	明瞭	−	弧	環	A	−
G160	東京国立博物館	3793	A	−	長城地帯	a	I	なし	−	明瞭	−	弧	環	A	−
G161	東京国立博物館	3833	A	−	長城地帯	a	I	なし	−	明瞭	−	弧	孔	A	−
G162	東京国立博物館	3827	B	c	長城地帯	b	II	凹（孔）	同	不明瞭	う	弧	無	B	c
G163	東京国立博物館	3775	A	−	長城地帯	a	I	なし	−	明瞭	−	弧	無	A	−
G164	東京国立博物館	3812	A	−	長城地帯	a	I	なし	−	明瞭	−	弧	無	A	−
G165	東京国立博物館	4872-25	B	c	長城地帯	c	II	凹	異	不明瞭	う	弧	環	B	c
G166	東京国立博物館	4872-34	B	c	長城地帯	b	II	凹	同	不明瞭	う	弧	その他	B	c
G167	東京国立博物館	4872-44	B	c	長城地帯	b	II	凹	異	不明瞭	う	弧	環	B	c
G168	東京国立博物館	4872-36	B	c	長城地帯	b	II	凹	同	不明瞭	う	弧	環	B	c
G169	東京国立博物館	4872-32	B	c	長城地帯	b	II	凹	異	不明瞭	う	弧	環	B	c
G170	東京国立博物館	4872-29	B	c	長城地帯	b	II	凹	同	不明瞭	う	弧	孔	B	c
G171	東京国立博物館	2452	A	−	長城地帯	a	I	凸	同	不明瞭	−	弧	その他	A	−
G172	東京大学	C994	A	−	長城地帯	a	I	凸	同	明瞭	−	弧	三凸環	A	−
G173	東京大学	陳左 3	B	c	長城地帯	c	I	凸（境）	−	明瞭	う	弧	傘 a	B	c
G174	東京大学	C986	B	c	長城地帯	c	II	凹	同	不明瞭	う	弧	環	B	c
G175	東京大学	C992	B	c	長城地帯	b	II	なし	−	不明瞭	う	弧	その他	B	c
G176	東京大学	陳左 7	B	c	長城地帯	b	II	凹	同	不明瞭	う	弧	環(破損)	B	c
G177	東京大学	陳左 9	B	c	長城地帯	b	II	凹	同	不明瞭	う	弧	環	B	c
G178	東京大学	C991	B	c	長城地帯	c	II	なし	−	不明瞭	う	弧	獣頭 c	B	c
G179	東京大学	C981	B	c	長城地帯	c	II	凸	同	不明瞭	う	弧	傘 a	B	c
G180	東京大学	C990	B	c	長城地帯	c	II	凹	異	不明瞭	う	弧	環	B	c
G181	東京大学	C988	A	−	長城地帯	a	I	なし	−	明瞭	−	弧	環	A	−
G182	東京大学	C968	B	c	長城地帯	e	I/II	凹	同	明瞭	い	弧	環	B	c

番号	所蔵先	所蔵先番号	形式	型式	採集地域	断面形態	背部形態	紋様	紋様表裏	笵線	柄刃境界部	屈曲	柄頭	形式	型式
G183	東京大学	陳左 15	B	c	長城地帯	c	II	凸	同	明瞭	う	弧	横棒	B	c
G184	東京大学	C985	B	c	長城地帯	b	II	凹	同	不明瞭	う	弧	横棒	B	c
G185	東京大学	C973	A	–	長城地帯	a	I	なし	–	明瞭	–	弧	環(破損)	A	–
M001	アバカン博物館	231	B	c	ミヌ・クラ地方	e	II	凹	同	不明瞭	う	弧	傘 ab	B	c
M002	アバカン博物館	7555	B	a	ミヌ・クラ地方	その他	III2	凹	同	不明瞭	あ	屈 2	傘 ab	B	a
M003	アバカン博物館	5271/96	B	b	ミヌ・クラ地方	b2	II	凹	異	不明瞭	う	屈 2	傘 ab	B	b
M004	アバカン博物館	433/24	B	b	ミヌ・クラ地方	b2	III2	凹	異	不明瞭	い	屈 2	傘 ab	B	b
M005	アバカン博物館	433/32	B	b	ミヌ・クラ地方	c	III2	凹	–	明瞭	い	屈 1	傘 a	B	b
M006	アバカン博物館	321/9	B	b	ミヌ・クラ地方	c	III2	凹	異	明瞭	い	屈 2	傘 a	B	b
M007	アバカン博物館	425/21	B	a	ミヌ・クラ地方	c	III2	なし	–	明瞭	あ	屈 1	傘 ab	B	a
M008	アバカン博物館	433/48	B	c	ミヌ・クラ地方	b	II	凹	同	不明瞭	う	弧	環	B	c
M009	アバカン博物館	2--/5	C	–	ミヌ・クラ地方	e	III1	凹/刻？	同	無	–	弧	傘 a	C	–
M010	アバカン博物館	322/1	B	b	ミヌ・クラ地方	b2	III2	なし	–	明瞭	う	屈 2	傘 ab	B	b
M011	アバカン博物館	233	B	c	ミヌ・クラ地方	c	II/III2	凹/刻？	同	不明瞭	う	弧	環	B	c
M012	アバカン博物館	299/6	B	c	ミヌ・クラ地方	b	II	なし	–	明瞭	う	弧	傘 a	B	c
M013	アバカン博物館	232	B	c	ミヌ・クラ地方	c	II	なし	–	不明瞭	う	弧	環	B	c
M014	アバカン博物館	230	B	b	ミヌ・クラ地方	b2	II	なし	–	不明瞭	い	屈 2	傘 ab	B	b
M015	アバカン博物館	216/22	B	c	ミヌ・クラ地方	c	II	なし	–	不明瞭	う	弧	環	B	c
M016	アバカン博物館	236	B	b	ミヌ・クラ地方	c	III2	凹/刻？	異	不明瞭	い	屈 2	傘 a	B	b
M017	アバカン博物館	312/5	B	b	ミヌ・クラ地方	b2	II	なし	–	明瞭	い	屈 2	傘 a	B	b
M018	アバカン博物館	216/2	B	c	ミヌ・クラ地方	b2	II	なし	–	明瞭	う	弧	環	B	c
M019	アバカン博物館	402	B	a	ミヌ・クラ地方	その他	III2	凹/刻？	同	明瞭	あ・い	屈 2	傘 a	B	a
M020	アバカン博物館	216/4	B	c	ミヌ・クラ地方	b	II	凹/刻？	同	不明瞭	う	弧	三凸環	B	c
M021	ミヌシンスク博物館	A1411	B	c	ミヌ・クラ地方	e	II	凸	同	不明瞭	う	弧	傘 ab	B	c
M022	ミヌシンスク博物館	A1417	B	b	ミヌ・クラ地方	b	II	凹	同	不明瞭	い・う	弧	傘 b	B	b
M023	ミヌシンスク博物館	A1420	B	b	ミヌ・クラ地方	b2	II/III2	凸	異	不明瞭	い・う	弧	傘 ab	B	b
M024	ミヌシンスク博物館	A1419	B	c	ミヌ・クラ地方	b	II	なし	–	不明瞭	う	弧	傘 ab	B	c
M025	ミヌシンスク博物館	A1415	B	b	ミヌ・クラ地方	c	III2	凹	同	不明瞭	い	弧	傘 ab	B	b
M026	ミヌシンスク博物館	A1418	B	b	ミヌ・クラ地方	c	III2	なし	–	不明瞭	う	屈 2	傘 a	B	b
M027	ミヌシンスク博物館	A1416	B	b	ミヌ・クラ地方	c	III2	凹	異	不明瞭	い・う	屈 2	–	B	b
M028	ミヌシンスク博物館	A1412	B	c	ミヌ・クラ地方	e	II	凹	同	不明瞭	う	弧	傘 ab	B	c
M029	ミヌシンスク博物館	A1396	B	b	ミヌ・クラ地方	c	III2	なし	–	不明瞭	い	屈 2	傘 ab	B	b
M030	ミヌシンスク博物館	A1397	B	b	ミヌ・クラ地方	b2	II	なし	–	不明瞭	う	屈 2	傘 a	B	b
M031	ミヌシンスク博物館	A1398	B	b	ミヌ・クラ地方	c	II	なし	–	不明瞭	い・う	弧	傘 ab	B	b
M032	ミヌシンスク博物館	A1399	B	b	ミヌ・クラ地方	b2	III2	なし	–	不明瞭	う	屈 1	傘 ab	B	b
M033	ミヌシンスク博物館	A1400	B	b	ミヌ・クラ地方	c	III2	なし	–	不明瞭	い・う	屈 2	傘 ab	B	b
M034	ミヌシンスク博物館	A1402	B	b	ミヌ・クラ地方	b2	III2	なし	–	不明瞭	い	屈 2	傘 a	B	b
M035	ミヌシンスク博物館	A1401	B	c	ミヌ・クラ地方	c	III2	なし	–	不明瞭	う	弧	傘 a	B	c
M036	ミヌシンスク博物館	A1403	B	b	ミヌ・クラ地方	c	II	なし	–	明瞭	い	弧	環	B	b
M037	ミヌシンスク博物館	A1404	B	c	ミヌ・クラ地方	b	II	なし	–	不明瞭	う	弧	傘 ab	B	c
M038	ミヌシンスク博物館	A1405	B	b	ミヌ・クラ地方	c	III2	なし	–	不明瞭	い	屈 2	傘 ab	B	b
M039	ミヌシンスク博物館	A1406	B	a	ミヌ・クラ地方	c	III2	凹	異	不明瞭	あ	屈 1	傘 a	B	a
M040	ミヌシンスク博物館	A1407	B	b	ミヌ・クラ地方	c	III2	なし	–	不明瞭	い	屈 2	傘 a	B	b
M041	ミヌシンスク博物館	A1408	B	a	ミヌ・クラ地方	その他	III2	なし	–	不明瞭	あ	屈 1	傘 ab	B	a
M042	ミヌシンスク博物館	A1432	B	c	ミヌ・クラ地方	c	II	なし	–	不明瞭	う	弧	傘 ab	B	c
M043	ミヌシンスク博物館	A1438	B	c	ミヌ・クラ地方	c	II	凹	同	不明瞭	う	弧	環	B	c
M044	ミヌシンスク博物館	A1431	B	–	ミヌ・クラ地方	b2	II	凹	–	明瞭	–	–	双環	B	–
M045	ミヌシンスク博物館	A1429	B	–	ミヌ・クラ地方	b	II	凹	同	無？	–	–	傘 b	B	–
M046	ミヌシンスク博物館	A1428	–		ミヌ・クラ地方	–	–	–	–	–	–	–	–	–	
M047	ミヌシンスク博物館	A1424	B	b	ミヌ・クラ地方	b	III2	凹	同	明瞭	い	弧	傘 ab	B	b
M048	ミヌシンスク博物館	A1425	C		ミヌ・クラ地方	e	III1	凹/刻？	同	無	–	弧	傘 b	C	–
M049	ミヌシンスク博物館	A1422	B	c	ミヌ・クラ地方	b	II	なし	–	明瞭	う	弧	傘 a	B	c
M050	ミヌシンスク博物館	A1427	B	b	ミヌ・クラ地方	b	II/III2	凹	同	不明瞭	う	屈 2	傘 ab	B	b
M051	ミヌシンスク博物館	A1442	B	a	ミヌ・クラ地方	c	III2	なし	–	不明瞭	あ	屈 2	–	B	a
M052	ミヌシンスク博物館	A1423	B	b	ミヌ・クラ地方	b	III2	凹	同	不明瞭	う	屈 2	傘 ab	B	b
M053	ミヌシンスク博物館	A1421	B	c	ミヌ・クラ地方	c	II	なし	–	不明瞭	う	弧	傘 ab	B	c
M054	ミヌシンスク博物館	A1430	B	–	ミヌ・クラ地方	b	–	なし	–	不明瞭	–	–	傘 ab	B	–
M055	ミヌシンスク博物館	A1453	A	–	ミヌ・クラ地方	a2	–	–	–	明瞭	–	–	–	A	–
M056	ミヌシンスク博物館	A1451	B	–	ミヌ・クラ地方	b2	–	–	–	不明瞭	–	–	傘 a	B	–
M057	ミヌシンスク博物館	A1449	B	–	ミヌ・クラ地方	c	–	凹	異	不明瞭	–	–	傘 a	B	–
M058	ミヌシンスク博物館	A1443	B	b	ミヌ・クラ地方	b2	II	凹	同	不明瞭	う	屈 2	傘 ab	B	b
M059	ミヌシンスク博物館	A1447	B	c	ミヌ・クラ地方	c	II	なし	–	不明瞭	う	弧	–	B	c
M060	ミヌシンスク博物館	A1448	A	–	ミヌ・クラ地方	a	–	なし	–	明瞭	–	弧	–	A	–
M061	ミヌシンスク博物館	A1446	B	c	ミヌ・クラ地方	c	II	なし	–	不明瞭	う	弧	無	B	c
M062	ミヌシンスク博物館	A1450	B	–	ミヌ・クラ地方	c	–	凹	同	不明瞭	–	–	傘 b	B	–
M063	ミヌシンスク博物館	A1445	B	c	ミヌ・クラ地方	b2	II	凸(+刻?)	異	不明瞭	う	弧	環	B	c
M064	ミヌシンスク博物館	A1455	B	b	ミヌ・クラ地方	c	III2	なし	–	明瞭	あ	弧	–	B	b
M065	ミヌシンスク博物館	A1698	B	b	ミヌ・クラ地方	b2	II	なし	–	不明瞭	い	屈 2	傘 a	B	b

番号	所蔵先	所蔵先番号	形式	型式	採集地域	断面形態	背部形態	紋様	紋様表裏	范線	柄刃境界部	屈曲	柄頭	形式	型式
M066	ミヌシンスク博物館	A1699	B	c	ミヌ・クラ地方	c	II	なし	–	不明瞭	う	弧	傘 a	B	c
M067	ミヌシンスク博物館	A1696	B	c	ミヌ・クラ地方	b	II	凸（境）	–	不明瞭	う	弧	環	B	c
M068	ミヌシンスク博物館	A1700	B	b	ミヌ・クラ地方	c	III2	凹	異	不明瞭	い・う	弧	傘 a	B	b
M069	ミヌシンスク博物館	A1695	B	c	ミヌ・クラ地方	b	I	なし	–	不明瞭	う	弧	環	B	c
M070	ミヌシンスク博物館	A1701	B	b	ミヌ・クラ地方	e	II	凹	同	不明瞭	い	弧	–	B	b
M071	ミヌシンスク博物館	A1703	B	c	ミヌ・クラ地方	c	II	なし	–	不明瞭	う	弧	傘 ab	B	c
M072	ミヌシンスク博物館	A1704	B	b	ミヌ・クラ地方	c	III2	なし	–	明瞭	い	屈 2	傘 a	B	b
M073	ミヌシンスク博物館	A1702	B	b	ミヌ・クラ地方	b	I/II	凹/刻？ +凸（境）	–	不明瞭	い・う	弧	–	B	b
M074	ミヌシンスク博物館	A1705	B	c	ミヌ・クラ地方	b	II	凹	同	無？	う	弧	傘 b	B	c
M075	ミヌシンスク博物館	A1706	A	–	ミヌ・クラ地方	a	I	凸（境）	同	明瞭	–	弧	環	A	–
M076	ミヌシンスク博物館	A1707	A	–	ミヌ・クラ地方	a	I	凸（境）	同	明瞭	–	弧	環	A	–
M077	ミヌシンスク博物館	A1708	A	–	ミヌ・クラ地方	a	I	なし	–	明瞭	–	弧	環	A	–
M078	ミヌシンスク博物館	A1709	B	c	ミヌ・クラ地方	b	I	凸（境）	同	明瞭	う	弧	環	B	c
M079	ミヌシンスク博物館	A1713	A	–	ミヌ・クラ地方	a	I	凸（境）	同	明瞭	–	弧	環	A	–
M080	ミヌシンスク博物館	A1710	A	–	ミヌ・クラ地方	a	I	なし	–	明瞭	–	弧	環	A	–
M081	ミヌシンスク博物館	A1711	B	c	ミヌ・クラ地方	b	I	凸（境）	–	明瞭	う	弧	環	B	c
M082	ミヌシンスク博物館	A1712	B	c	ミヌ・クラ地方	c	II	凹	同	不明瞭	う	弧	環	B	c
M083	ミヌシンスク博物館	A1463	B	b	ミヌ・クラ地方	c	II	凹	異	不明瞭	い	屈 1	傘 ab	B	b
M084	ミヌシンスク博物館	A1458	B	c	ミヌ・クラ地方	b	II	凹	異	不明瞭	う	弧	–	B	c
M085	ミヌシンスク博物館	A1457	B	b	ミヌ・クラ地方	c	II	凹	異	明瞭	い	屈 2	–	B	b
M086	ミヌシンスク博物館	A1373	B	a	ミヌ・クラ地方	その他	その他	なし	–	無？	あ	屈 1	無	B	a
M087	ミヌシンスク博物館	A1369	B	b	ミヌ・クラ地方	b2	III2	凹	異	不明瞭	い	屈 2	双環	B	b
M088	ミヌシンスク博物館	A1365	B	c	ミヌ・クラ地方	c	II	なし	–	不明瞭	う	弧	傘 a	B	c
M089	ミヌシンスク博物館	A1366	B	b	ミヌ・クラ地方	b2	III2	凹	異	不明瞭	い	屈 2	傘 a	B	b
M090	ミヌシンスク博物館	A1367	B	c	ミヌ・クラ地方	b	II	凹	同	無？	う	弧	傘 b	B	c
M091	ミヌシンスク博物館	A1376	B	c	ミヌ・クラ地方	c	II	凹/刻？	同	明瞭	う	弧	孔	B	c
M092	ミヌシンスク博物館	A1377	B	b	ミヌ・クラ地方	c	III2	凹	異	明瞭	い	–	孔	B	b
M093	ミヌシンスク博物館	A1375	B	c	ミヌ・クラ地方	b	II	凸（境）	同	無？	う	弧	三凸環	B	c
M094	ミヌシンスク博物館	A1381	B	a	ミヌ・クラ地方	c	III2	なし	–	不明瞭	あ・い	屈 2	傘 ab	B	a
M095	ミヌシンスク博物館	A1378	B	b	ミヌ・クラ地方	c	III2	凹	–	不明瞭	う	屈 2	–	B	b
M096	ミヌシンスク博物館	A1379	B	c	ミヌ・クラ地方	c	II	凹	同	不明瞭	う	弧	–	B	c
M097	ミヌシンスク博物館	A1392	B	a	ミヌ・クラ地方	c	III2	なし	–	不明瞭	あ	屈 1	傘 a	B	a
M098	ミヌシンスク博物館	A1391	B	b	ミヌ・クラ地方	c	II	凹	同	不明瞭	う	屈 1	傘 a	B	b
M099	ミヌシンスク博物館	A1393	B	b	ミヌ・クラ地方	c	III2	なし	–	不明瞭	い・う	弧	環	B	b
M100	ミヌシンスク博物館	A1395	B	c	ミヌ・クラ地方	c	II	なし	–	明瞭	う	弧	傘 a	B	c
M101	ミヌシンスク博物館	A1394	B	c	ミヌ・クラ地方	c	II	なし	–	明瞭	う	弧	傘 a	B	c
M102	ミヌシンスク博物館	A1382	B	c	ミヌ・クラ地方	c	II	なし	–	不明瞭	う	弧	環	B	c
M103	ミヌシンスク博物館	A1384	B	b	ミヌ・クラ地方	c	II	凹	異	不明瞭	う	屈 1	傘 ab	B	b
M104	ミヌシンスク博物館	A1383	B	b	ミヌ・クラ地方	b	III2	なし	–	不明瞭	う	屈 2	傘 a	B	b
M105	ミヌシンスク博物館	A1380	B	a	ミヌ・クラ地方	c	II	なし	–	明瞭	あ・い	屈 2	傘 ab	B	a
M106	ミヌシンスク博物館	A1386	B	b	ミヌ・クラ地方	c	III1	なし	–	不明瞭	う	屈 2	傘 ab	B	b
M107	ミヌシンスク博物館	A1387	B	b	ミヌ・クラ地方	c	III2	なし	–	不明瞭	い	屈 2	–	B	b
M108	ミヌシンスク博物館	A1388	B	a	ミヌ・クラ地方	c	III2	なし	–	不明瞭	あ・い	屈 2	傘 ab	B	a
M109	ミヌシンスク博物館	A1385	B	b	ミヌ・クラ地方	c	III2	凹	異	明瞭	う	屈 2	傘 a	B	b
M110	ミヌシンスク博物館	A1389	B	b	ミヌ・クラ地方	c	III2	凹	異	不明瞭	う	屈 2	傘 ab	B	b
M111	ミヌシンスク博物館	A1390	B	b	ミヌ・クラ地方	b2	III2	凹	異	明瞭	い	屈 2	傘 ab	B	b
M112	ミヌシンスク博物館	A1352	B	b	ミヌ・クラ地方	b	III2	なし	–	不明瞭	い	弧	傘 b	B	b
M113	ミヌシンスク博物館	A1350	B	b	ミヌ・クラ地方	c	III2	なし	–	明瞭	い	弧	傘 ab	B	b
M114	ミヌシンスク博物館	A1337	B	a	ミヌ・クラ地方	c	III2	凹	同	明瞭	あ	屈 1	傘 a	B	a
M115	ミヌシンスク博物館	A1348	B	c	ミヌ・クラ地方	b	I	凸（境）	同	不明瞭	う	弧	環？	B	c
M116	ミヌシンスク博物館	A1346	B	b	ミヌ・クラ地方	c	III2	なし	–	不明瞭	い	屈 2	傘 ab	B	b
M117	ミヌシンスク博物館	A1353	B	b	ミヌ・クラ地方	b2	III2	なし	–	不明瞭	い	弧	傘 ab	B	b
M118	ミヌシンスク博物館	A1345	B	b	ミヌ・クラ地方	c	III2	凹	同	不明瞭	い・う	屈 2	環	B	b
M119	ミヌシンスク博物館	A1351	B	c	ミヌ・クラ地方	b	II	なし	–	無？	う	弧	傘 ab	B	c
M120	ミヌシンスク博物館	A1349	C	–	ミヌ・クラ地方	e	III1	凹/刻？	同	無？	–	弧	傘 b	C	–
M121	ミヌシンスク博物館	A1354	B	b	ミヌ・クラ地方	b	III2	なし	–	無？	い	弧	傘 b	B	b
M122	ミヌシンスク博物館	A1340	B	b	ミヌ・クラ地方	c	III2	凹	同	明瞭	う	屈 2	傘 a	B	b
M123	ミヌシンスク博物館	A1332	B	a	ミヌ・クラ地方	c	III2	凸	異	明瞭	あ	屈 2	傘 ab	B	a
M124	ミヌシンスク博物館	A1333	B	b	ミヌ・クラ地方	c	III2	凹	異	明瞭	い	屈 2	傘 ab	B	b
M125	ミヌシンスク博物館	A1334	B	b	ミヌ・クラ地方	c	III2	凹	異	不明瞭	い	弧	傘 ab	B	b
M126	ミヌシンスク博物館	A1339	B	c	ミヌ・クラ地方	b2	II	凹	異	不明瞭	う	弧	傘 a	B	c
M127	ミヌシンスク博物館	A1331	B	a	ミヌ・クラ地方	c	II	凹	異	不明瞭	あ	屈 1	傘 a	B	a
M128	ミヌシンスク博物館	A1343	B	b	ミヌ・クラ地方	c	III2	凹	異	明瞭	う	屈 1	傘 ab	B	b
M129	ミヌシンスク博物館	A1341	B	b	ミヌ・クラ地方	b	II	凹	異	不明瞭	い	屈 2	傘 a	B	b
M130	ミヌシンスク博物館	A1715	A	–	ミヌ・クラ地方	a	I	凸（境）	同	明瞭	–	弧	環	A	–
M131	ミヌシンスク博物館	A1714	A	–	ミヌ・クラ地方	a	I	凸（境）	同	明瞭	–	弧	環	A	–
M132	ミヌシンスク博物館	A1716	A	–	ミヌ・クラ地方	a	I	凸（境）	同	明瞭	–	弧	環	A	–

番号	所蔵先	所蔵先番号	形式	型式	採集地域	断面形態	背部形態	紋様	紋様表裏	笵線	柄刃境界部	屈曲	柄頭	形式	型式
M133	ミヌシンスク博物館	A1717	A	−	ミヌ・クラ地方	a	I	なし	−	明瞭	−	弧	環	A	−
M134	ミヌシンスク博物館	A1721	A	−	ミヌ・クラ地方	a	I	凸（境）	同	明瞭	−	弧	環	A	−
M135	ミヌシンスク博物館	A1722	B	c	ミヌ・クラ地方	b	I/II	凸（境）	同	不明瞭	う	弧	環	B	c
M136	ミヌシンスク博物館	A1723	A	−	ミヌ・クラ地方	a	I	凸（境）	同	明瞭	−	弧	環	A	−
M137	ミヌシンスク博物館	A1729	B	c	ミヌ・クラ地方	b	II	凸	同	明瞭	う	弧	三凸環	B	c
M138	ミヌシンスク博物館	A1724	B	c	ミヌ・クラ地方	b	II	なし	−	不明瞭	う	弧	環	B	c
M139	ミヌシンスク博物館	A1726	A	−	ミヌ・クラ地方	a	I	凸	同	明瞭	−	弧	環	A	−
M140	ミヌシンスク博物館	A1725	B	c	ミヌ・クラ地方	b	II	凹	同	不明瞭	う	弧	環	B	c
M141	ミヌシンスク博物館	A1728	B	c	ミヌ・クラ地方	b	II	なし	−	明瞭	う	弧	環	B	c
M142	ミヌシンスク博物館	A1731	B	c	ミヌ・クラ地方	b	II	凸	同	明瞭	う	弧	三凸環	B	c
M143	ミヌシンスク博物館	A1730	B	c	ミヌ・クラ地方	b	II	凸（境）	（異）	不明瞭	う	弧	環	B	c
M144	ミヌシンスク博物館	A1733	A	−	ミヌ・クラ地方	a	I	凸（境）	同	明瞭	−	弧	環	A	−
M145	ミヌシンスク博物館	A1734	A	−	ミヌ・クラ地方	a2	I	凸	（異）	単笵	−	弧	環	A	−
M146	ミヌシンスク博物館	A1736	A	−	ミヌ・クラ地方	a	I	なし	−	明瞭	−	弧	環	A	−
M147	ミヌシンスク博物館	A1735	A	−	ミヌ・クラ地方	a	I	なし	−	明瞭	−	弧	環	A	−
M148	ミヌシンスク博物館	A1738	B	c	ミヌ・クラ地方	b	II	なし	−	不明瞭	う	弧	環	B	c
M149	ミヌシンスク博物館	A1737	B	c	ミヌ・クラ地方	d	II	凸	異	不明瞭	う	弧	環	B	c
M150	ミヌシンスク博物館	A1747	B	c	ミヌ・クラ地方	c	I/II	なし	−	不明瞭	う	弧	環	B	c
M151	ミヌシンスク博物館	A1743	A	−	ミヌ・クラ地方	a	I	凸（境）	同	明瞭	−	弧	環	A	−
M152	ミヌシンスク博物館	A1739	A	−	ミヌ・クラ地方	a	I	なし	−	明瞭	−	弧	環	A	−
M153	ミヌシンスク博物館	A1741	A	−	ミヌ・クラ地方	a	I	なし	−	明瞭	−	弧	環	A	−
M154	ミヌシンスク博物館	A1742	B	c	ミヌ・クラ地方	d	II	凸	同	不明瞭	う	弧	環	B	c
M155	ミヌシンスク博物館	A1740	A	−	ミヌ・クラ地方	a2	I	なし	−	単笵	−	弧	環	A	−
M156	ミヌシンスク博物館	A1744	B	c	ミヌ・クラ地方	b	I	凸（境）	同	不明瞭	う	弧	環	B	c
M157	ミヌシンスク博物館	A1746	B	c	ミヌ・クラ地方	b	II	なし	−	不明瞭	う	弧	環	B	c
M158	ミヌシンスク博物館	A1749	A	−	ミヌ・クラ地方	a	I	凸	−	明瞭	−	弧	環	A	−
M159	ミヌシンスク博物館	A1748	B	−	ミヌ・クラ地方	b	−	なし	−	不明瞭	う	−	−	B	−
M160	ミヌシンスク博物館	A1747A	A	−	ミヌ・クラ地方	a	−	−	−	明瞭	−	−	環	A	−
M161	ミヌシンスク博物館	A1750	B	c	ミヌ・クラ地方	a	I/II	なし	−	明瞭	う	弧	環	B	c
M162	ミヌシンスク博物館	A1751	B	c	ミヌ・クラ地方	b	I/II	なし	−	不明瞭	う	弧	環	B	c
M163	ミヌシンスク博物館	A1752	A	−	ミヌ・クラ地方	a	I	凸（境）	−	明瞭	−	弧	環	A	−
M164	ミヌシンスク博物館	A1753	A	−	ミヌ・クラ地方	a	I	なし	−	明瞭	−	弧	環	A	−
M165	ミヌシンスク博物館	A1756	A	−	ミヌ・クラ地方	a	I	凸（境）	同	明瞭	−	弧	環	A	−
M166	ミヌシンスク博物館	A1754	A	−	ミヌ・クラ地方	a	I	なし	−	明瞭	−	弧	環	A	−
M167	ミヌシンスク博物館	A1757	B	c	ミヌ・クラ地方	b	I/II	凸	異	不明瞭	う	弧	環	B	c
M168	ミヌシンスク博物館	A1758	A	−	ミヌ・クラ地方	a	I	凸（境）	同	明瞭	−	弧	環	A	−
M169	ミヌシンスク博物館	A1759	A	−	ミヌ・クラ地方	a	I	なし	−	明瞭	−	弧	環	A	−
M170	ミヌシンスク博物館	A1760	A	−	ミヌ・クラ地方	a	I	なし	−	明瞭	−	弧	環	A	−
M171	ミヌシンスク博物館	A1761	A	−	ミヌ・クラ地方	a2	I	なし	−	単笵	−	弧	環	A	−
M172	ミヌシンスク博物館	A1762	A	−	ミヌ・クラ地方	a	I	凸（境）	（異）	明瞭	−	弧	環	A	−
M173	ミヌシンスク博物館	A1763	B	c	ミヌ・クラ地方	b	II	なし	−	不明瞭	う	弧	環	B	c
M174	ミヌシンスク博物館	A1764	A	−	ミヌ・クラ地方	a	I	凸（境）	同	明瞭	−	弧	環	A	−
M175	ミヌシンスク博物館	A1765	B	c	ミヌ・クラ地方	b	II	凸（境）	同	明瞭	う	弧	環	B	c
M176	ミヌシンスク博物館	A1766	B	c	ミヌ・クラ地方	a	I/II	凸（境）/凹	異	明瞭	う	弧	環	B	c
M177	ミヌシンスク博物館	A1767	B	c	ミヌ・クラ地方	b	I/II	なし	−	不明瞭	う	弧	環	B	c
O001	ウムヌゴビ博物館	97-02	C	−	モンゴル	e	III1	凹	同	無	−	−	獣頭	C	−
O002	ウムヌゴビ博物館	2012.6.11	A	−	モンゴル	a	I	凸	同	明瞭	−	−	環	A	−
O003	ウムヌゴビ博物館	−	A	−	モンゴル	a	I	なし	−	明瞭	−	−	無	A	−
O004	ウムヌゴビ博物館	59-70	B	b	モンゴル	c	II	なし	−	不明瞭	い	弧	傘b	B	b
O005	ウムヌゴビ博物館	59-40	A	−	モンゴル	a	I	凸	同	明瞭		−	環	A	−
O006	ウムヌゴビ博物館	58-14	B	c	モンゴル	c	II	なし	−	不明瞭	う	弧	横棒	B	c
O007	ウムヌゴビ博物館	09.21	A	−	モンゴル	a	I	凸	同	不明瞭	−	−	傘a	A	−
O008	ウムヌゴビ博物館	58-14	A	−	モンゴル	a	I	なし	−	明瞭	−	−	環	A	−
O009	ウムヌゴビ博物館	08-14	B	c	モンゴル	c	II	なし	−	明瞭	う	弧	その他	B	c
O010	ウムヌゴビ博物館	59-40	A	−	モンゴル	a	I	なし	−	明瞭	−	−	環	A	−
O011	ウムヌゴビ博物館	08-14	B	c	モンゴル	b	II	なし	−	不明瞭	う	弧	その他	B	c
O012	ウムヌゴビ博物館	09-14	A	−	モンゴル	a	I	凸	同	明瞭	−	−	環	A	−
O013	ウムヌゴビ博物館	58-14	B	c	モンゴル	b	II	なし	−	不明瞭	う	弧	環	B	c
O014	ウムヌゴビ博物館	58-14	B	c	モンゴル	b	II	なし	−	不明瞭	う	弧	環	B	c
O015	ドンドゴビ博物館	V69.4.99	B	c	モンゴル	c	II	なし	−	不明瞭	う	弧	その他	B	c
O016	ドンドゴビ博物館	V102.4	B	c	モンゴル	c	II	なし	−	不明瞭	う	弧	無	B	c
O017	ドンドゴビ博物館	V08.11	A	−	モンゴル	a	I	凸	同	明瞭	−	−	孔	A	−
O018	ドンドゴビ博物館	V06.3	B	c	モンゴル	c	II	凹	同	明瞭	う	弧	双環	B	c
O019	ドンドゴビ博物館	V10.47	B	c	モンゴル	c	II	凹	同	不明瞭	う	弧	環	B	c
O020	ドンドゴビ博物館	V07.1.1	A	−	モンゴル	a	I	なし	−	明瞭	−	−	環	A	−
O021	ドンドゴビ博物館	V07.2	A	−	モンゴル	a	I	なし	−	明瞭	−	−	環	A	−
O022	ドンドゴビ博物館	V0239	B	c	モンゴル	c	II	凹	異	不明瞭	う	弧	環	B	c

番号	所蔵先	所蔵先番号	形式	型式	採集地域	断面形態	背部形態	紋様	紋様表裏	笵線	柄刃境界部	屈曲	柄頭	形式	型式
O023	ドンドゴビ博物館	V69.5.31	A	–	モンゴル	a	I	なし	–	明瞭	–	–	環	A	–
O024	ドンドゴビ博物館	V69.8.7	A	–	モンゴル	a	I	なし	–	明瞭	–	–	環	A	–
O025	ドンドゴビ博物館	V69.5.47	B	c	モンゴル	c	II	凹	異	明瞭	う	弧	環	B	c
O026	ドンドゴビ博物館	V69.4.98	B	c	モンゴル	c	II	なし	–	不明瞭	う	弧	その他	B	c
O027	ドンドゴビ博物館	V69.5.40	B	c	モンゴル	c	II	なし	–	不明瞭	う	弧	その他	B	c
O028	ドンドゴビ博物館	V69.5.30	B	c	モンゴル	c	II	凹	同	不明瞭	う	弧	横棒	B	c
O029	ドンドゴビ博物館	V69.5.46	B	c	モンゴル	b2	II	凸	同	不明瞭	う	弧	環	B	c
O030	ドンドゴビ博物館	V69.5.6	B	c	モンゴル	c	II	なし	–	不明瞭	う	弧	孔	B	c
O031	ドンドゴビ博物館	V69.5.5	B	c	モンゴル	c	II	なし	–	不明瞭	う	弧	横棒	B	c
O032	ドンドゴビ博物館	V69.5.29	B	c	モンゴル	c	II	なし	–	不明瞭	う	弧	その他	B	c
O033	ドンドゴビ博物館	V11.5	A	–	モンゴル	a2	I	なし	–	単笵	–	–	孔	A	–
O034	ドンドゴビ博物館	V11.4	A	–	モンゴル	a	I	なし	–	明瞭	–	–	環	A	–
O035	ドンドゴビ博物館	V69.5.22	A	–	モンゴル	a2	I	なし	–	単笵	–	–	双環	A	–
O036	ドンドゴビ博物館	V69.5.11	A	–	モンゴル	a	I	なし	–	明瞭	–	–	孔	A	–
O037	ドンドゴビ博物館	V69.5.54	B	c	モンゴル	c	II	なし	–	不明瞭	う	弧	環	B	c
O038	ドンドゴビ博物館	DUM2013.1.62	B	c	モンゴル	c	II	なし	–	明瞭	う	弧	無	B	c
O039	ドンドゴビ博物館	V98.4	A	–	モンゴル	a	I	なし	–	明瞭	–	–	無	A	–
O040	ドンドゴビ博物館	–	B	c	モンゴル	c	II	なし	–	明瞭	う	弧	その他	B	c
O041	ドンドゴビ博物館	DUM2013.16.1	B	c	モンゴル	c	II	なし	–	不明瞭	う	弧	孔	B	c
O042	ドンドゴビ博物館	V98.3	A	–	モンゴル	a	I	なし	–	不明瞭	–	–	環	A	–
O043	ドンドゴビ博物館	V69.5.12	B	c	モンゴル	b	II	なし	–	不明瞭	う	弧	双環	B	c
O044	ドンドゴビ博物館	V69.5.48	A	–	モンゴル	a	I	なし	–	不明瞭	–	–	環	A	–
O045	ドンドゴビ博物館	V69.5.45	A	–	モンゴル	a	I	なし	–	明瞭	–	–	双環	A	–
O046	ドンドゴビ博物館	V69.5.4	A	–	モンゴル	a	I	なし	–	明瞭	–	–	–	A	–
O047	ドンドゴビ博物館	V69.5.38	B	c	モンゴル	b2	II	凹	異	不明瞭	う	弧	環	B	c
O048	ドンドゴビ博物館	V69.5.15	A	–	モンゴル	a2	I	なし	–	単笵	–	–	孔	A	–
O049	ドンドゴビ博物館	V69.5.3	A	–	モンゴル	a	I	なし	–	明瞭	–	–	環	A	–
O050	ドンドゴビ博物館	V69.5.35	B	c	モンゴル	c	II	なし	–	不明瞭	う	弧	孔	B	c
O051	ドンドゴビ博物館	V69.5.7	A	–	モンゴル	a	I	なし	–	明瞭	–	–	環	A	–
O052	ドンドゴビ博物館	V69.5.44	A	–	モンゴル	a	I	凸	同	明瞭	–	–	環	A	–
O053	ドンドゴビ博物館	V69.5.50	A	–	モンゴル	a	I	凸	異	明瞭	–	–	環	A	–
O054	ドンドゴビ博物館	V69.5.10	A	–	モンゴル	a	I	なし	–	明瞭	–	–	環	A	–
O055	ドンドゴビ博物館	V69.5.8	C	–	モンゴル	e	III1	凹	同	無	–	–	–	C	–
O056	ドンドゴビ博物館	V69.5.41	C	–	モンゴル	e	III1	凹	同	無	–	–	鈴	C	–
O057	ドンドゴビ博物館	V69.5.42	B	c	モンゴル	b	II	凹（孔）	同	不明瞭	う	弧	横棒	B	c
O058	ドンドゴビ博物館	V69.5.25	B	c	モンゴル	b	II	なし	–	不明瞭	う	弧	横棒	B	c
O059	ドンドゴビ博物館	V69.5.49	A	–	モンゴル	a	I	凸	同	不明瞭	–	–	双環	A	–
O060	ドンドゴビ博物館	V69.5.26	B	c	モンゴル	c	II	なし	–	明瞭	う	弧	その他	B	c
O061	ドンドゴビ博物館	V69.5.53	A	–	モンゴル	a	I	凸	同	明瞭	–	–	双環	A	–

＊所蔵先番号略号：京 63 ＝京都大学文学部 1963（京 63 に続く最後の番号は，各図面の 1 列目左から右へ数えた場合の順番），陳左 n ＝陳列ケース内刀子左から n 個目

＊採集地域略号：ミヌ・クラ地方＝ミヌシンスク・クラスノヤルスク地方

＊紋様略号：境＝境界線のみ

附表 4-3　刀子成分分析使用資料一覧

番号	文献	図録	地域	錫	鉛	砒素	型式	平均値使用
001	高濱 1998-TK11	東 05- 刀子 no.12	長城地帯	8	1.9	0	A	–
002	高濱 1998-TK13	東 05- 刀子 no.14	長城地帯	9.9	0	0.2	A	–
003	高濱 1998-TK18	東 05- 刀子 no.4	長城地帯	12	1	0	A	–
004	高濱 1998-TK20	東 05- 刀子 no.8	長城地帯	10	0.1	0	A	–
005	高濱 1998-TK25	東 05- 刀子 no.37	長城地帯	9.2	0.3	1.4	A	–
006	高濱 1998-TK29	東 05- 刀子 no.28	長城地帯	19	0.1	0.8	A	–
007	高濱 1998-TK102	東 05- 刀子 no.32	長城地帯	8.1	0.1	0	A	–
008	CD97-V3377	Bu97-no.7	長城地帯	9.5	1	0	C	–
009	CD97-V7343	Bu97-no.8	長城地帯	4.2	10	0.05	A	–
010	CD97-V3375	Bu97-no.19	長城地帯	9.6	1	0.005	A	–
011	CD97-V7345	Bu97-no.33	長城地帯	2	0.45	0.8	Bc	–
012	CD97-V3038	Bu97-no.33.1	長城地帯	0.4	0.15	2	Bc	–
013	CD97-V3040	Bu97-no.33.2	長城地帯	0.004	0.01	3	Bc	–
014	CD97-V7334	Bu97-no.35	長城地帯	5.8	0	1.5	A	–
015	CD97-V7302	Bu97-no.36	長城地帯	5.9	0.05	0	A	–
016	CD97-V7296	Bu97-no.36.1	長城地帯	6.4	0.17	0	A	–
017	CD97-V7297	Bu97-no.36.2	長城地帯	4.8	0.25	0.02	A	–
018	CD97-V7255	Bu97-no.38	長城地帯	10	0.36	1	Bc	–

番号	文献	図録	地域	錫	鉛	砒素	型式	平均値使用
019	CD97-V7217	Bu97-no.41	長城地帯	3	0.35	0.6	Bc	–
020	CD97-V7295	Bu97-no.42	長城地帯	1.3	0.1	1	Bc	–
021	CD97-V7230	Bu97-no.43	長城地帯	6	0.03	0.75	A	–
022	CD97-V7265	Bu97-no.44	長城地帯	10	0.05	0.5	A	–
023	CD97-V7338	Bu97-no.45	長城地帯	0.5	0.08	3	A	–
024	CD97-V7225	Bu97-no.46	長城地帯	3.5	0.04	0.5	A	–
025	CD97-V7363	Bu97-no.47	長城地帯	3.2	0.16	2	Bc	–
026	CD97-V2029	Bu97-no.5a	長城地帯	20	2.9	0	C	–
027	CD97-V2031	Bu97-no.5b	長城地帯	24	6.7	0	C	–
028	Чл72-п2-no.1	Чл72-рис.1-1	ミヌ・クラ地方	0.001	0.01	1	Ba	–
029	Чл72-п2-no.2,таб.2-no.14	Чл72-рис.1.4	ミヌ・クラ地方	0.1075	0.2635	1.7	Ba	2 値平均
030	Чл72-п2-no.3	Чл72-рис.1.9	ミヌ・クラ地方	0	0.02	1.5	Ba	–
031	Чл72-п2-no.4	Чл72-рис.1.5	ミヌ・クラ地方	0.1	0.001	3	Ba	–
032	Чл72-п2-no.5	Чл72-рис.1.14	ミヌ・クラ地方	0.001	0.001	0.6	Bb	–
033	Чл72-п2-no.6	Чл72-рис.1.21	ミヌ・クラ地方	0	0.001	0.7	Ba	–
034	Чл72-п2-no.7	Чл72-рис.1.19	ミヌ・クラ地方	0.001	0.01	1.5	Bb	–
035	Чл72-п2-no.9	Чл72-рис.1.22	ミヌ・クラ地方	0	0.2	0.75	Ba	–
036	Чл72-п2-no.11	Чл72-рис.2.17	ミヌ・クラ地方	1	0.7	1	Bc	–
037	Чл72-п2-no.12	Чл72-рис.2.6	ミヌ・クラ地方	0	0.001	0.5	Bc	–
038	Чл72-п2-no.17	Чл72-рис.2.7	ミヌ・クラ地方	0.001	0.4	1.5	Bb	–
039	Чл72-п2-no.18	Чл72-рис.2.11	ミヌ・クラ地方	0.001	0.01	0.4	Bc	–
040	Чл72-п2-no.19	Чл72-рис.2.8	ミヌ・クラ地方	0.001	0.07	1	Bb	–
041	Чл72-п2-no.20,таб.2-no.4	Чл72-рис.1.12	ミヌ・クラ地方	0	0.105	1.25	Ba	2 値平均
042	Чл72-п2-no.21	Чл68-рис.41.8	ミヌ・クラ地方	0.001	0.01	1.5	Bb	–
043	Чл72-п2-no.23,таб.2-no.25	Чл72-рис.3.11	ミヌ・クラ地方	0.011	0.0105	1.75	Bc	2 値平均
044	Чл72-п2-no.24	Чл72-рис.3.1	ミヌ・クラ地方	0.001	0.001	1.2	Bb	–
045	Чл72-п2-no.25	Чл72-рис.3.6	ミヌ・クラ地方	0	0.1	2	Bb	–
046	Чл72-п2-no.32	Чл72-рис.3.8	ミヌ・クラ地方	0.001	0.01	1.5	Bb	–
047	Чл72-п2-no.33	Чл72-рис.3.9	ミヌ・クラ地方	0	0.1	1.5	Bc	–
048	Чл72-п2-no.34	Чл72-рис.3.10	ミヌ・クラ地方	0.007	0.054	0.36	Bb	–
049	Чл72-п2-no.35	Чл68-рис.42.12	ミヌ・クラ地方	0.001	0.01	0.75	Bb	–
050	Чл72-п2-no.36	Чл72-рис.3.19	ミヌ・クラ地方	0.001	0.05	2	Bb	–
051	Чл72-п2-no.37	Чл72-рис.3.21	ミヌ・クラ地方	0.005	0.2	1.8	Bb	–
052	Чл72-п2-no.38	Чл72-рис.3.13	ミヌ・クラ地方	0.001	0.07	1	Bc	–
053	Чл72-п2-no.40	Чл72-рис.3.18	ミヌ・クラ地方	0.001	0.4	2.7	Bb	–
054	Чл72-п2-no.41	Чл72-рис.3.20	ミヌ・クラ地方	0.002	0.035	0.55	Bb	–
055	Чл72-п2-no.42	Чл72-рис.3.22	ミヌ・クラ地方	0.001	0.3	1	Bc	–
056	Чл72-п2-no.47	Чл72-рис.3.24	ミヌ・クラ地方	0.001	0.01	0.2	Bb	–
057	Чл72-п2-no.50	Чл72-рис.3.12	ミヌ・クラ地方	0.001	0.07	0.4	Bb	–
058	Чл72-п2-no.60	Чл72-рис.10.9	ミヌ・クラ地方	0.01	0.01	1	Bc	–
059	Чл72-п2-no.61	Чл72-рис.10.14	ミヌ・クラ地方	0.001	0.05	1	Bc	–
060	Чл72-п2-no.63	Чл72-рис.10.13	ミヌ・クラ地方	0	0.1	1.5	Bb	–
061	Чл72-п2-no.64	Чл72-рис.10.17	ミヌ・クラ地方	0	0.001	1.3	Bb	–
062	Чл72-п2-no.66	Чл72-рис.10.2	ミヌ・クラ地方	0.001	0.2	0.5	Bb	–
063	Чл72-п2-no.68	Чл72-рис.10.7	ミヌ・クラ地方	0	0.01	2	Bb	–
064	Чл72-п2-no.69	Чл72-рис.10.5	ミヌ・クラ地方	0.002	0.5	3	Bb	–
065	Чл72-п2-no.70	Чл72-рис.19.22	ミヌ・クラ地方	0.6	0.06	0.75	Bc	–
066	Чл72-п2-no.72	Чл72-рис.9.1	ミヌ・クラ地方	0.015	0.05	2	Ba	–
067	Чл72-п2-no.73	Чл72-рис.9.2	ミヌ・クラ地方	0.07	0.15	3	Bb	–
068	Чл72-п2-no.74,таб.2-no.10	Чл72-рис.4.4	ミヌ・クラ地方	0.0125	0.015	0.5	Bb	2 値平均
069	Чл72-п2-no.75,76	Чл72-рис.4.3	ミヌ・クラ地方	0.0105	0	1.33	Bb	2 値平均
070	Чл72-п2-no.78	Новгородова1970-рис.19.21	ミヌ・クラ地方	0.3	0.2	0.3	Bb	–
071	Чл72-п2-no.79	Чл72-рис.4.6	ミヌ・クラ地方	0	0.001	0.3	Bb	–
072	Чл72-п2-no.83,83	Чл72-рис.4.10	ミヌ・クラ地方	0.0205	0.065	0.35	Bc	2 値平均
073	Чл72-п2-no.85	Чл72-рис.4.7	ミヌ・クラ地方	0.001	0.07	0.4	Bb	–
074	Чл72-п2-no.86	Чл72-рис.9.3	ミヌ・クラ地方	0.0008	0.1	1.6	Bb	–
075	Чл72-п2-no.87	Чл72-рис.2.18	ミヌ・クラ地方	0.1	0.15	3	Bc	–
076	Чл72-п2-no.88	Чл72-рис.2.19	ミヌ・クラ地方	0.001	0.7	2.5	Bc	–
077	Чл72-п2-no.90	Чл72-рис.2.24	ミヌ・クラ地方	0.15	0.12	1.5	Bc	–
078	Чл72-п2-no.91	Чл72-рис.2.25	ミヌ・クラ地方	0.001	0.01	1	Bc	–
079	Чл72-п2-no.92	Чл72-рис.2.26	ミヌ・クラ地方	0.001	0.1	1	Bc	–
080	Чл72-п2-no.93	Чл72-рис.2.27	ミヌ・クラ地方	0.18	0.5	2	Bc	–
081	Чл72-п2-no.94	Чл68-рис.41.3	ミヌ・クラ地方	0	0.02	2	Bc	–
082	Чл72-п2-no.96	Чл72-рис.2.31	ミヌ・クラ地方	0.02	0.1	1	Bc	–
083	Чл72-п2-no.97	Чл72-рис.19.21	ミヌ・クラ地方	0.018	0.25	3	Bb	–
084	Чл72-п2-no.99	Чл72-рис.2.30	ミヌ・クラ地方	0.002	0.4	2	Bc	–
085	Чл72-п2-no.100	Чл72-рис.2.22	ミヌ・クラ地方	0.001	0.01	1.5	Bc	–
086	Чл72-п2-no.101	Чл72-рис.2.21	ミヌ・クラ地方	0.001	0.001	0.7	Bc	

番号	文献	図録	地域	錫	鉛	砒素	型式	平均値使用
087	Чл72-п2-no.102	Чл72-рис.2.20	ミヌ・クラ地方	0.002	0.023	0.8	Bc	–
088	Чл72-п2-no.103	Чл72-рис.2.23	ミヌ・クラ地方	0.001	0.05	1.7	Bc	–
089	Чл72-п2-no.104	Чл72-рис.2.28	ミヌ・クラ地方	0.04	0.006	1.3	Bc	–
090	Чл72-п2-no.105	Чл72-рис.2.32	ミヌ・クラ地方	0.001	0.001	1	Bc	–
091	Чл72-п2-no.107,таб.2-no.28	Чл72-рис.5.2	ミヌ・クラ地方	0.008	0.0505	2.6	Bc	2値平均
092	Чл72-п2-no.108	Чл72-рис.5.7	ミヌ・クラ地方	0.01	0.015	2	Bc	–
093	Чл72-п2-no.109	Чл72-рис.5.5	ミヌ・クラ地方	0.06	0.13	1.1	Bc	–
094	Чл72-п2-no.110	Чл72-рис.5.6	ミヌ・クラ地方	0.03	0.02	2	Bc	–
095	Чл72-п2-no.112	Чл72-рис.5.1	ミヌ・クラ地方	0.25	0.06	1.6	Bc	2値平均
096	Чл72-п2-no.114	Чл72-рис.5.13	ミヌ・クラ地方	0	0.003	2.3	Bc	–
097	Чл72-п2-no.115	Чл72-рис.5.10	ミヌ・クラ地方	0.05	0.1	1.5	Bc	–
098	Чл72-п2-no.117	Чл72-рис.5.22	ミヌ・クラ地方	0.001	0.01	0.5	A	–
099	Чл72-п2-no.118	Чл72-рис.5.3	ミヌ・クラ地方	0.03	0.05	2.3	Bc	–
100	Чл72-п2-no.119	Чл72-рис.5.4	ミヌ・クラ地方	0.007	0.01	0.5	Bc	–
101	Чл72-п2-no.120,таб.2-no.24	Чл72-рис.5.14	ミヌ・クラ地方	0.0005	0.1	2.5	Bc	2値平均
102	Чл72-п2-no.122	Чл72-рис.5.16	ミヌ・クラ地方	0	0.07	2	Bc	–
103	Чл72-п2-no.123	Чл72-рис.5.17	ミヌ・クラ地方	0.001	0.05	1.5	Bc	–
104	Чл72-п2-no.124	Чл72-рис.5.24	ミヌ・クラ地方	0.02	0.07	2.2	A	–
105	Чл72-п2-no.127	Чл72-рис.5.20	ミヌ・クラ地方	0.001	0.001	0.5	A	–
106	Чл72-п2-no.128	Чл72-рис.5.18	ミヌ・クラ地方	0.02	0.02	1.6	Bc	–
107	Чл72-п2-no.129	Чл72-рис.5.23	ミヌ・クラ地方	0.09	0.009	4	A	–
108	Чл72-п2-no.130	Чл72-рис.5.27	ミヌ・クラ地方	0.02	0.05	1.2	Bc	–
109	Чл72-п2-no.132	Чл72-рис.5.19	ミヌ・クラ地方	0.05	0.01	1.5	Bc	–
110	Чл72-п2-no.133	Чл72-рис.5.25	ミヌ・クラ地方	0.02	0.06	0.8	A	–
111	Чл72-п2-no.134	Чл72-рис.5.28	ミヌ・クラ地方	1	0.035	1.4	Bc	–
112	Чл72-п2-no.135	Чл72-рис.5.15	ミヌ・クラ地方	0.25	0.027	1.9	Bc	–
113	Чл72-п2-no.136	Чл72-рис.10.26	ミヌ・クラ地方	4	0.1	3	Bc	–
114	Чл72-п2-no.137	Чл72-рис.10.25	ミヌ・クラ地方	1.5	0.06	2.5	Bc	–
115	Чл72-п2-no.138	Чл72-рис.10.20	ミヌ・クラ地方	1	0.001	1.5	Bc	–
116	Чл72-п2-no.139	Чл72-рис.10.22	ミヌ・クラ地方	0.0015	0.03	0.5	Bc	–
117	Чл72-п2-no.140	Чл72-рис.10.23	ミヌ・クラ地方	0.003	0.08	0.9	Bc	–
118	Чл72-п2-no.141	Чл72-рис.10.28	ミヌ・クラ地方	0.1	0.05	2	Bc	–
119	Чл72-п2-no.142	Чл72-рис.6.1	ミヌ・クラ地方	0.002	0.025	1	A	–
120	Чл72-п2-no.144,таб.2-no.40	Чл72-рис.6.7	ミヌ・クラ地方	0.165	0.09	2.45	A	2値平均
121	Чл72-п2-no.145	Чл72-рис.6.5	ミヌ・クラ地方	0	0.1	0.5	Bc	–
122	Чл72-п2-no.146	Чл72-рис.6.10	ミヌ・クラ地方	0.7	0.09	3.5	A	–
123	Чл72-п2-no.148	Чл72-рис.6.14	ミヌ・クラ地方	1	2.5	0.1	Bc	–
124	Чл72-п2-no.149	Чл72-рис.6.15	ミヌ・クラ地方	0.1	0.05	1.3	Bc	–
125	Чл72-п2-no.150	Чл72-рис.6.11	ミヌ・クラ地方	0.5	0.05	0	A	–
126	Чл72-п2-no.151	Чл72-рис.6.6	ミヌ・クラ地方	0.5	0.001	1.5	A	–
127	Чл72-п2-no.152	Чл72-рис.6.18	ミヌ・クラ地方	0.1	0.05	0	Bc	–
128	Чл72-п2-no.153	Чл72-рис.6.9	ミヌ・クラ地方	0.001	0.001	0	A	–
129	Чл72-п2-no.155	Чл72-рис.6.8	ミヌ・クラ地方	0.6	0.1	0.5	A	–
130	Чл72-п2-no.156	Чл72-рис.6.4	ミヌ・クラ地方	0.0155	0.02	0.75	A	2値平均
131	Чл72-п2-no.158	Чл72-рис.6.22	ミヌ・クラ地方	0.5	0.05	2	Bc	–
132	Чл72-п2-no.159	Чл72-рис.6.20	ミヌ・クラ地方	0.08	0.15	1.8	A	–
133	Чл72-п2-no.160	Чл72-рис.6.11	ミヌ・クラ地方	0.7	0.08	0.05	A	–
134	Чл72-п2-no.162	Чл72-рис.7.25	ミヌ・クラ地方	2	0.001	0.7	Bc	–
135	Чл72-п2-no.163,таб.2-no.49	Чл72-рис.6.21	ミヌ・クラ地方	0.55	0.05	1.25	A	2値平均
136	Чл72-п2-no.164	Чл72-рис.6.24	ミヌ・クラ地方	2	0.07	1.8	Bc	–
137	Чл72-п2-no.165	Чл72-рис.6.16	ミヌ・クラ地方	4	0.005	2	Bc	–
138	Чл72-п2-no.166	Чл72-рис.19.29	ミヌ・クラ地方	5	0.05	0	A	–
139	Чл72-п2-no.168	Чл72-рис.6.26	ミヌ・クラ地方	5.5	0.3525	0.4	Bc	2値平均
140	Чл72-п2-no.169	Чл72-рис.6.23	ミヌ・クラ地方	6	0.01	0	A	–
141	Чл72-п2-no.171	Чл72-рис.19.30	ミヌ・クラ地方	0.05	0.008	0.04	A	–
142	Чл72-п2-no.172	Чл72-рис.7.8	ミヌ・クラ地方	0.001	0.001	0.1	Bc	–
143	Чл72-п2-no.174	Чл72-рис.7.4	ミヌ・クラ地方	0.001	0.001	0.1	A	–
144	Чл72-п2-no.177	Чл72-рис.7.1	ミヌ・クラ地方	0.001	0.01	0.4	A	–
145	Чл72-п2-no.178	Чл72-рис.10.51	ミヌ・クラ地方	2	0.04	0	A	–
146	Чл72-п2-no.180	Чл72-рис.7.6	ミヌ・クラ地方	0.3	0.03	3.5	Bc	–
147	Чл72-п2-no.181	Чл72-рис.10.27	ミヌ・クラ地方	0.01	0.02	3.5	Bc	–
148	Чл72-п2-no.183	Чл72-рис.10.33	ミヌ・クラ地方	0.03	0.03	1.3	Bc	–
149	Чл72-п2-no.185	Чл72-рис.10.36	ミヌ・クラ地方	0.002	0.2	2	Bb	–
150	Чл72-п2-no.186	Чл72-рис.10.40	ミヌ・クラ地方	0.001	0.05	0.5	Bc	–
151	Чл72-п2-no.187	Чл68-рис.40.1	ミヌ・クラ地方	0.011	0.027	0.5	Bc	–
152	Чл72-п2-no.188	Чл68-рис10.42	ミヌ・クラ地方	0.002	0.007	1	Bc	–
153	Чл72-п2-no.189	Чл68-рис9.13	ミヌ・クラ地方	0.1	0.001	0	Bc	–
154	Чл72-п2-no.191	Чл68-рис9.21	ミヌ・クラ地方	0.008	0.007	1.5	Bc	–

番号	文献	図録	地域	錫	鉛	砒素	型式	平均値使用
155	Чл72-п2-no.192	Чл68-рис10.45	ミヌ・クラ地方	0.001	0.255	4.25	Bc	−
156	Чл72-п2-no.193	Чл68-рис9.14	ミヌ・クラ地方	3	0.8	0.07	Bc	−
157	Чл72-п2-no.194,таб.2-no.46	Чл68-рис7.44	ミヌ・クラ地方	7.075	0.055	1.9	Bc	2値平均
158	Чл72-п2-no.195	Чл68-рис7.20	ミヌ・クラ地方	0.8	0.4	2	Bc	−
159	Чл72-п2-no.196	Чл68-рис7.23	ミヌ・クラ地方	0.2	0.01	1.3	Bc	−
160	Чл72-п2-no.197	Чл68-рис7.16	ミヌ・クラ地方	0.5	0.15	1	Bc	−
161	Чл72-п2-no.199	Чл68-рис7.24	ミヌ・クラ地方	0.6	0.03	3	Bc	−
162	Чл72-п2-no.200	Чл68-рис7.29	ミヌ・クラ地方	1	0.05	1.5	Bc	−
163	Чл72-п2-no.202	Чл68-рис7.11	ミヌ・クラ地方	1.8	0.04	1.5	Bc	−
164	Чл72-п2-no.204	Чл68-рис.41.5	ミヌ・クラ地方	5	0.007	1.9	Bc	−
165	Чл72-п2-no.205	Чл68-рис7.15	ミヌ・クラ地方	6	0.06	2	Bc	−
166	Чл72-п2-no.206	Чл68-рис57.57	ミヌ・クラ地方	0.45	0.045	0.4	Bc	−
167	Чл72-п2-no.207	Чл68-рис10.29	ミヌ・クラ地方	0.001	0.1	0.5	Bb	−
168	Чл72-п2-no.208	Чл68-рис7.42	ミヌ・クラ地方	0.9	0.025	0.5	Bc	−
169	Чл72-п2-no.209	Чл68-рис7.38	ミヌ・クラ地方	0.035	0.005	2.5	Bc	−
170	Чл72-п2-no.210	Чл68-рис57.74	ミヌ・クラ地方	0.001	0.001	3	Bc	−
171	Чл72-п2-no.211	Чл68-рис7.30	ミヌ・クラ地方	1.8	0.01	3	Bc	−
172	Чл72-п2-no.212	Чл68-рис57.49	ミヌ・クラ地方	3	4	0.15	Bc	−
173	Чл72-п2-no.213	Чл68-рис7.26	ミヌ・クラ地方	4	0.25	2.5	Bc	−
174	Чл72-п2-no.214	Чл68-рис57.27	ミヌ・クラ地方	5	0.001	0.75	Bc	−
175	Чл72-п2-no.215	Чл68-рис7.45	ミヌ・クラ地方	2	0.2	0.5	Bc	−
176	Чл72-таб.2-no.1	Чл68-рис1.8	ミヌ・クラ地方	0.001	0.2	2	Ba	−
177	Чл72-таб.2-no.2	Чл68-рис4.9	ミヌ・クラ地方	0.001	0.2	1	Bb	−
178	Чл72-таб.2-no.3	Чл68-рис2.9	ミヌ・クラ地方	0.001	0.001	0.4	Bb	−
179	Чл72-таб.2-no.5	Чл68-рис2.10	ミヌ・クラ地方	0.05	2	2	Bb	−
180	Чл72-таб.2-no.9	Чл68-рис10.37	ミヌ・クラ地方	0.02	0.1	1	Bc	−
181	Чл72-таб.2-no.12	Чл68-рис1.6	ミヌ・クラ地方	0	0.05	0.5	Ba	−
182	Чл72-таб.2-no.13	Чл68-рис1.7	ミヌ・クラ地方	0.001	0.3	1	Bb	−
183	Чл72-таб.2-no.16	Чл68-рис10.35	ミヌ・クラ地方	3	0.1	2	Bb	−
184	Чл72-таб.2-no.17	Чл68-рис3.23	ミヌ・クラ地方	0.001	0.05	1.5	Bb	−
185	Чл72-таб.2-no.18	Чл68-рис2.4	ミヌ・クラ地方	0.01	0.3	4	Bb	−
186	Чл72-таб.2-no.19	Чл68-рис1.11	ミヌ・クラ地方	0.001	0.2	3	Ba	−
187	Чл72-таб.2-no.21	Чл68-рис9.20	ミヌ・クラ地方	0.5	0.001	0.2	Bc	−
188	Чл72-таб.2-no.23	Чл68-рис5.8	ミヌ・クラ地方	0.001	0.1	1.5	Bc	−
189	Чл72-таб.2-no.27	Чл68-рис4.19	ミヌ・クラ地方	0.001	0.1	1.5	Bc	−
190	Чл72-таб.2-no.29	Чл68-рис4.21	ミヌ・クラ地方	0	0.1	0.75	Bc	−
191	Чл72-таб.2-no.30	Чл68-рис10.31	ミヌ・クラ地方	0.001	0.1	5	Bc	−
192	Чл72-таб.2-no.33	Чл68-рис9.11	ミヌ・クラ地方	0.001	0.1	1.5	Bc	−
193	Чл72-таб.2-no.34	Чл68-рис4.15	ミヌ・クラ地方	0.1	0.2	3	Bc	−
194	Чл72-таб.2-no.42	Чл68-рис7.32	ミヌ・クラ地方	0.8	0.07	0.75	Bc	−
195	Чл72-таб.2-no.44	Чл68-рис7.2	ミヌ・クラ地方	0.01	0.2	4	Bc	−
196	Чл72-таб.2-no.45	Чл68-рис6.3	ミヌ・クラ地方	0	0.001	5	Bc	−
197	Чл72-таб.2-no.47	Чл68-рис10.49	ミヌ・クラ地方	6	0.001	4	A	−

＊文献略号：CD97=Chase, Douglas1997, Чл72 = Членова72a, Чл72-п2 = Членова72a-приложение2
＊図録略号：東05 =東京国立博物館2005, Bu97 = Bunker et al. 1997, Чл68 = Членова 1968, Чл72 = Членова72a
＊地域略号：ミヌ・クラ地方=ミヌシンスク・クラスノヤルスク地方

附表4-4　刀子分析使用資料一覧

番号	出典	型式	地域	地域(細)	備考
1	内蒙古文物考古研究所・鄂尔多斯博物館2000図版30-1	A	長城地帯	内蒙古中	朱開溝遺跡M140:3
2	鄭紹宗1994-1(C974)	C	長城地帯	河北	−
3	鄭紹宗1994-2(C975)	C	長城地帯	河北	抄道溝遺跡(デポ)
4	鄭紹宗1994-3(C977)	A	長城地帯	河北	−
5	鄭紹宗1994-4(C978)	A	長城地帯	河北	−
6	鄭紹宗1994-6(SS2)	C	長城地帯	河北	−
7	鄭紹宗1994-8(C1772)	A	長城地帯	河北	−
8	鄭紹宗1994-10(C2821)	Bc	長城地帯	河北	−
9	鄭紹宗1994-12(C2415)	Bc	長城地帯	河北	−
10	鄭紹宗1994-13(C4)	A	長城地帯	河北	−
11	鄭紹宗1994-16(C1781)	A	長城地帯	河北	−
12	鄭紹宗1994-18(C1626)	A	長城地帯	河北	−
13	鄭紹宗1994-21(C2263)	A	長城地帯	河北	−
14	鄭紹宗1994-24(C1606)	A	長城地帯	河北	−
15	鄭紹宗1994-22(C2017)	A	長城地帯	河北	−
16	鄭紹宗1994-25(C1783)	A	長城地帯	河北	−
17	鄭紹宗1994-34(G16)	C	長城地帯	内蒙古中	−
18	鄭紹宗1994-36(C1774)	A	長城地帯	河北	−
19	鄭紹宗1994-37(C2265)	A	長城地帯	河北	−
20	鄭紹宗1994-39(C2015)	A	長城地帯	河北	−
21	鄭紹宗1994-40(C2264)	A	長城地帯	河北	−
22	鄭紹宗1994-41(C534)	Bc	長城地帯	河北	−
23	鄭紹宗1994-44(C1775)	A	長城地帯	河北	−
24	鄭紹宗1994-53(C976)	A	長城地帯	河北	抄道溝遺跡(デポ)
25	鄭紹宗1994-55(C2200)	A	長城地帯	河北	−
26	鄭紹宗1994-56(C1605)	A	長城地帯	河北	−
27	鄭紹宗1994-57(C1776)	A	長城地帯	河北	−

番号	出典	型式	地域	地域（細）	備考
28	鄭紹宗 1994-58(C1780)	A	長城地帯	河北	−
29	鄭紹宗 1994-59(C537)	A	長城地帯	河北	−
30	王成ほか 2004- 図一 -22	A	ハイラル	ハイラル	−
31	王成ほか 2004- 図一 -23	A	ハイラル	ハイラル	−
32	羅豊・韓孔楽 1990- 図 6-3	Bc	長城地帯	寧夏	−
33	羅豊・韓孔楽 1990- 図 6-6	A	長城地帯	寧夏	−
34	羅豊・韓孔楽 1990- 図 6-8	−	長城地帯	寧夏	−
35	羅豊・韓孔楽 1990- 図 6-9	Bc	長城地帯	寧夏	−
36	羅豊・韓孔楽 1990- 図 6-10	A	長城地帯	寧夏	−
37	錦州市博物館 1978-図版 9-1 上から 1,秋山 2000- 図 89 上から 1	A	長城地帯	遼西	楊河遺跡（デポ）
38	錦州市博物館 1978-図版 9-1 上から 2,秋山 2000- 図 89 上から 2	A	長城地帯	遼西	楊河遺跡（デポ）
39	錦州市博物館 1978-図版 9-1 上から 3,秋山 2000- 図 89 上から 3	A	長城地帯	遼西	楊河遺跡（デポ）
40	劉建忠 1988	C	長城地帯	河北	−
41	王未想 1994	C	長城地帯	遼西	−
42	王雲 96- 図 3-1(87SFJ1:12)	A	長城地帯	遼西	馮家遺跡（デポ）
43	王雲 96- 図 3-2(87SFJ1:5)	A	長城地帯	遼西	馮家遺跡（デポ）
44	王雲 96- 図 3-3(87SFJ1:14)	A	長城地帯	遼西	馮家遺跡（デポ）
45	王雲 96- 図 3-4(87SFJ1:6)	A	長城地帯	遼西	馮家遺跡（デポ）
46	王雲 96- 図 3-5(87SFJ1:8)	A	長城地帯	遼西	馮家遺跡（デポ）
47	王雲 96- 図 3-6(87SFJ1:7)	A	長城地帯	遼西	馮家遺跡（デポ）
48	王雲 96- 図 3-7(87SFJ1:16)	A	長城地帯	遼西	馮家遺跡（デポ）
49	王雲 96- 図 3-8(87SFJ1:18)	−	長城地帯	遼西	馮家遺跡（デポ）
50	王雲 96- 図 3-9	−	長城地帯	遼西	馮家遺跡（デポ）
51	北京市文物管理処 1979- 図 4-4	Bc	長城地帯	河北	西撥子遺跡（デポ）
52	北京市文物管理処 1979- 図 4-2	Bc	長城地帯	河北	西撥子遺跡（デポ）
53	北京市文物管理処 1976- 図 8-5	Bc	長城地帯	河北	白浮遺跡 M2:40
54	邵国田 1993- 図 9-6	A	長城地帯	遼西	−
55	邵国田 1993- 図 9-4	A	長城地帯	遼西	−
56	邵国田 1993- 図 9-7	A	長城地帯	遼西	−
57	邵国田 1993- 図 8-2	A	長城地帯	遼西	−
58	建平 83- 図 13-2	A	長城地帯	遼西	−
59	建平 83- 図 13-4	A	長城地帯	遼西	−
60	建平 83- 図 13-10	Bc	長城地帯	遼西	−
61	建平 83- 図 13-11	A	長城地帯	遼西	−
62	建平 83- 図 13-5	A	長城地帯	遼西	−
63	建平 83- 図 13-3	A	長城地帯	遼西	−
64	建平 83- 図 13-7	A	長城地帯	遼西	−
65	建平 83- 図 13-6	Bc	長城地帯	遼西	−
66	建平 83- 図 13-1	A	長城地帯	遼西	−
67	中国社会科学院考古研究所涇渭工作隊 1999- 図 12-1	Bc	長城地帯	陝西	断涇遺跡 M4:5
68	楊紹舜 1981a- 図版 5-2	A	長城地帯	山西	−
69	楊紹舜 1981a- 図版 5-3	A	長城地帯	山西	−
70	楊紹舜 1981a- 図版 5-4	A	長城地帯	山西	−
71	靳楓毅 1988- 図 14	C	長城地帯	遼西	−
72	曹瑋 09-p.464	A	長城地帯	陝西	−
73	曹瑋 09-p.472	Bc	長城地帯	陝西	−
74	曹瑋 09-p.473	Bc	長城地帯	陝西	−
75	曹瑋 09-p.474	Bc	長城地帯	陝西	−
76	曹瑋 09-p.475	Bc	長城地帯	陝西	−
77	曹瑋 09-p.476	Bc	長城地帯	陝西	−
78	曹瑋 09-p.477	Bc	長城地帯	陝西	−
79	曹瑋 09-p.478	Bc	長城地帯	陝西	−

番号	出典	型式	地域	地域（細）	備考
80	曹瑋 09-p.481	A	長城地帯	陝西	−
81	曹瑋 09-p.484	Bc	長城地帯	陝西	−
82	曹瑋 09-p.485	A	長城地帯	陝西	−
83	曹瑋 09-p.487	A	長城地帯	陝西	−
84	曹瑋 09-p.488	A	長城地帯	陝西	−
85	曹瑋 09-p.489	Bc	長城地帯	陝西	−
86	曹瑋 09-p.490	Bc	長城地帯	陝西	−
87	曹瑋 09-p.491	Bc	長城地帯	陝西	−
88	曹瑋 09-p.492	Bc	長城地帯	陝西	−
89	曹瑋 09-p.495	A	長城地帯	陝西	−
90	曹瑋 09-p.498	Bc	長城地帯	陝西	−
91	曹瑋 09-p.501	A	長城地帯	陝西	鋳型（石製・双笵）
92	曹瑋 09-p.503	A	長城地帯	陝西	−
93	曹瑋 09-p.504	Bc	長城地帯	陝西	−
94	曹瑋 09-p.505	A	長城地帯	陝西	−
95	曹瑋 09-p.506	Bc	長城地帯	陝西	−
96	曹瑋 09-p.510	A	長城地帯	陝西	−
97	曹瑋 09-p.512	Bc	長城地帯	陝西	−
98	曹瑋 09-p.513	Bc	長城地帯	陝西	−
99	曹瑋 09-p.514	A	長城地帯	陝西	−
100	曹瑋 09-p.515,黒光・朱振元 1975- 図 3	C	長城地帯	陝西	堝頭遺跡（デポ）
101	曹瑋 09-p.500	A	長城地帯	陝西	−
102	郭大順 - 図 1-1	C	長城地帯	遼東	望花遺跡
103	鉄嶺市博物館 1990- 図版六 -1	C	長城地帯	遼東	湾柳街遺跡
104	鉄嶺市博物館 1990- 図版六 -3	A	長城地帯	遼東	湾柳街遺跡
105	鉄嶺市博物館 1990- 図版六 -4	A	長城地帯	遼東	湾柳街遺跡
106	鉄嶺市博物館 1990- 図版六 -5	A	長城地帯	遼東	湾柳街遺跡
107	曹桂林・許志国 1988- 図二 -7	C	長城地帯	遼東	湾柳街遺跡
108	彭立平 1993	C	長城地帯	河北	−
109	王峰 1990- 図 2-1	C	長城地帯	河北	小河南遺跡（デポ）
110	王炳華 1986(吐魯番博物館にて筆者実見)	C	新疆	新疆東部	花園遺跡
111	西北大学考古専業・哈密地区文管会 2005- 図 13-1	Bc	新疆	新疆東部	蘭州湾子遺跡（石造遺構）
112	学報 2011-1	Bc	新疆	新疆東部	−
113	洋海 M21:4　学報 2011-1	B?	新疆	新疆東部	−
114	新疆文物考古研究所・吐魯番地区文物局 2004- 図 42-1	A	新疆	新疆東部	洋海遺跡 M19:2
115	新疆文物考古研究所・吐魯番地区文物局 2004- 図 42-2	A	新疆	新疆東部	洋海遺跡 M33:2
116	新疆文物考古研究所・吐魯番地区文物局 2004- 図 42-3	Bc	新疆	新疆東部	洋海遺跡 M78:3
117	新疆維吾爾自治区文化庁文物処・新疆大学歴史系文博干部専修班 1989- 図 23-1	A	新疆	新疆東部	焉不拉克遺跡 M33:1
118	新疆維吾爾自治区文化庁文物処・新疆大学歴史系文博干部専修班 1989- 図 23-2	A	新疆	新疆東部	焉不拉克遺跡 M35:2
119	新疆維吾爾自治区文化庁文物処・新疆大学歴史系文博干部専修班 1989- 図 23-3	A	新疆	新疆東部	焉不拉克遺跡 M75:36
120	青海省文物管理委員会・中国科学院考古研究所青海隊 1963- 図 10-2	A	青海	青海	搭里他里哈遺跡
121	青海省文物管理委員会・中国科学院考古研究所青海隊 1963- 図 10-3	A	青海	青海	搭里他里哈遺跡
122	宮本ほか 2008-no.156	A	青海	青海	他温他里哈遺跡
123	宮本ほか 2008-no.160	A	青海	青海	塔湾阿家図遺跡 83HTAHM1:4
124	宮本ほか 2008-no.161	A	青海	青海	大華中荘遺跡 83HDDM958
125	宮本ほか 2008-no.176	C	青海	青海	卡路乱山遺跡 T5M3:4
126	宮本ほか 2008-no.177	A	青海	青海	卡路乱山遺跡 83HDDM95:8
127	青海省文物考古研究所 1994- 図 34-10	A	青海	青海	藩家梁遺跡 M124:3

番号	出典	型式	地域	地域（細）	備考
128	青海省文物考古研究所 1994- 図 35-1	A	青海	青海	藩家梁遺跡 M221:280
129	青海省文物考古研究所 1994- 図 34-9	A	青海	青海	藩家梁遺跡 M58:6
130	青海省文物考古研究所 1994- 図 34-8	A	青海	青海	藩家梁遺跡 M145:8
131	田郭 86- 図 8-7(E17)	Bc	長城地帯	オルドス	−
132	田郭 86- 図 8-8(E18)	Bc	長城地帯	オルドス	−
133	田郭 86- 図 8-10(E27)	Bc	長城地帯	オルドス	−
134	田郭 86- 図 12-3(E114)	A	長城地帯	オルドス	−
135	田郭 86- 図 12-2(E115)	Bc	長城地帯	オルドス	−
136	田郭 86- 図 12-5(E116)	Bc	長城地帯	オルドス	−
137	田郭 86- 図 12-4(E117)	A	長城地帯	オルドス	−
138	田郭 86- 図 13-1(E118)	A	長城地帯	オルドス	−
139	田郭 86- 図 13-2(E119)	A	長城地帯	オルドス	−
140	田郭 86- 図 13-3(E120)	Bc	長城地帯	オルドス	−
141	田郭 86- 図 13-4(E121)	A	長城地帯	オルドス	−
142	田郭 86- 図 13-5(E126)	Bc	長城地帯	オルドス	−
143	田郭 86- 図 13-7(E125)	Bc	長城地帯	オルドス	−
144	田郭 86- 図 13-6(E132)	Bc	長城地帯	オルドス	−
145	田郭 86- 図 14-2(E134)	Bc	長城地帯	オルドス	−
146	田郭 86- 図 14-1(E135)	Bc	長城地帯	オルドス	−
147	田郭 86- 図 14-4(E136)	Bc	長城地帯	オルドス	−
148	田郭 86- 図 14-5(E138)	Bc	長城地帯	オルドス	−
149	田郭 86- 図 14-3(E139)	Bc	長城地帯	オルドス	−
150	田郭 86- 図 16-5(E140)	A	長城地帯	オルドス	−
151	田郭 86- 図 15-1(E141)	Bc	長城地帯	オルドス	−
152	田郭 86- 図 15-2(E142)	Bc	長城地帯	オルドス	−
153	田郭 86- 図 15-3(E143)	Bc	長城地帯	オルドス	−
154	田郭 86- 図 16-7(E150)	A	長城地帯	オルドス	−
155	田郭 86- 図 16-3(E155)	A	長城地帯	オルドス	−
156	田郭 86- 図 16-4(E157)	A	長城地帯	オルドス	−
157	田郭 86- 図 16-1(E159)	A	長城地帯	オルドス	−
158	田郭 86- 図 16-10(E160)	Bc	長城地帯	オルドス	−
159	田郭 86- 図 16-6(E164)	A	長城地帯	オルドス	−
160	田郭 86- 図 16-2(E168)	A	長城地帯	オルドス	−
161	田郭 86- 図 16-12(E181)	Bc	長城地帯	オルドス	−
162	田郭 86- 図 16-8(E182)	Bc	長城地帯	オルドス	−
163	田郭 86- 図 15-4(E183)	A	長城地帯	オルドス	−
164	田郭 86- 図 15-5(E184)	A	長城地帯	オルドス	−
165	田郭 86- 図 15-6(E185)	A	長城地帯	オルドス	−
166	田郭 86- 図 16-9(E188)	Bc	長城地帯	オルドス	−
167	田郭 86- 図 16-11(E190)	A	長城地帯	オルドス	−
168	田郭 86- 図 17-1(E192)	A	長城地帯	オルドス	−
169	田郭 86- 図 17-2(E193)	A	長城地帯	オルドス	−
170	田郭 86- 図 17-3(E194)	A	長城地帯	オルドス	−
171	田郭 86- 図 17-4(E195)	A	長城地帯	オルドス	−
172	田郭 86- 図 17-5(E196)	A	長城地帯	オルドス	−
173	田郭 86- 図 17-6(E202)	A	長城地帯	オルドス	−
174	田郭 86- 図 17-8(E205)	A	長城地帯	オルドス	−
175	田郭 86- 図 17-9(E212)	A	長城地帯	オルドス	−
176	田郭 86- 図 17-7(E214)	A	長城地帯	オルドス	−
177	鄂爾多斯博物館 2006-p.71 左	C	長城地帯	オルドス	−
178	鄂爾多斯博物館 2006-p.71 右	C	長城地帯	オルドス	−
179	鄂爾多斯博物館 2006-p.72	C	長城地帯	オルドス	−
180	鄂爾多斯博物館 2006-p.73 左	C	長城地帯	オルドス	−
181	鄂爾多斯博物館 2006-p.76	C	長城地帯	オルドス	−
182	鄂爾多斯博物館 2006-p.77-1	Bc	長城地帯	オルドス	−
183	鄂爾多斯博物館 2006-p.77-2	A	長城地帯	オルドス	−
184	鄂爾多斯博物館 2006-p.77-3	Bc	長城地帯	オルドス	−
185	鄂爾多斯博物館 2006-p.77-4	Bc	長城地帯	オルドス	−
186	鄂爾多斯博物館 2006-p.79 右	Bb	長城地帯	オルドス	−
187	鄂爾多斯博物館 2006-p.80	A	長城地帯	オルドス	−
188	鄂爾多斯博物館 2006-p.83 左	C	長城地帯	オルドス	−
189	鄂爾多斯博物館 2006-p.85 左	Bc	長城地帯	オルドス	−
190	鄂爾多斯博物館 2006-p.86 右	Bc	長城地帯	オルドス	−
191	鄂爾多斯博物館 2006-p.97 左	Bc	長城地帯	オルドス	−
192	鄂爾多斯博物館 2006-p.87 左	Bc	長城地帯	オルドス	−

番号	出典	型式	地域	地域（細）	備考
193	郭大順 1993- 図 3-3	C	長城地帯	遼西	−
194	郭大順 1993- 図 3-4	A	長城地帯	遼西	−
195	郭大順 1993- 図 3-1	Bb	長城地帯	遼西	−
196	王長啓 1991-no.12	C	長城地帯	−	−
197	王長啓 1991-no.15	C	長城地帯	陝西	−
198	昌吉回族自治州《庭州文物集萃》編委会・昌吉回族自治州文物保護管理所 1993-no.50	Bc	新疆	新疆東部	−
199	古代オリエント博物館ほか 1986-no.21	A	新疆	新疆西部	−
200	古代オリエント博物館ほか 1986-no.22	Ba	新疆	新疆西部	−
201	中国社会科学院考古研究所ほか 2014-p. 61 左から 1	A	ハイラル	ハイラル	−
202	中国社会科学院考古研究所ほか 2014-p. 61 左から 2	A	ハイラル	ハイラル	−
203	中国社会科学院考古研究所ほか 2014-p. 61 左から 3	A	ハイラル	ハイラル	−
204	中国社会科学院考古研究所ほか 2014-p. 61 左から 4	Bc	ハイラル	ハイラル	−
205	中国社会科学院考古研究所ほか 2014-p. 61 左から 5	−	ハイラル	ハイラル	−
206	中国社会科学院考古研究所ほか 2014-p. 61 左から 6	Bc	ハイラル	ハイラル	−
207	江上・水野 1935- 集成 1-1	C	長城地帯	−	−
208	江上・水野 1935- 集成 1-5	A	長城地帯	−	−
209	江上・水野 1935- 集成 1-7	A	長城地帯	−	−
210	江上・水野 1935- 集成 1-8	Bc	長城地帯	−	−
211	江上・水野 1935- 集成 1-9	C	長城地帯	−	旅順博物館 2008-no.84-2 と同一の可能性
212	江上・水野 1935- 集成 1-11	A	長城地帯	−	−
213	江上・水野 1935- 集成 1-15	Bc	長城地帯	−	−
214	江上・水野 1935- 集成 1-24	Bc	長城地帯	−	旅順博物館 2008-no.84-3 と同一の可能性
215	江上・水野 1935- 集成 1-27	Bc	長城地帯	−	−
216	江上・水野 1935- 集成 1-28	Bc?	長城地帯	−	旅順博物館 2008-no.84-1 と同一の可能性
217	江上・水野 1935- 集成 1-47	A	長城地帯	−	−
218	Andersson1932-pl.1-1	A	長城地帯	−	−
219	Andersson1932-pl.1-2	A	長城地帯	−	−
220	Andersson1932-pl.1-3	Bc	長城地帯	−	−
221	Andersson1932-pl.1-5	A	長城地帯	−	−
222	Andersson1932-pl.1-6	Bc	長城地帯	−	−
223	Andersson1932-pl.1-7	A	長城地帯	−	−
224	Andersson1932-pl.2-2	A	長城地帯	−	−
225	Andersson1932-pl.2-3	A	長城地帯	−	−
226	Andersson1932-pl.2-5	Bc	長城地帯	−	−
227	Andersson1932-pl.2-6	Bc	長城地帯	−	−
228	Andersson1932-pl.2-7	A	長城地帯	−	−
229	Andersson1932-pl.3-1	Bc	長城地帯	−	−
230	Andersson1932-pl.3-2	A	長城地帯	−	−
231	Andersson1932-pl.3-3	A	長城地帯	−	−
232	Чл72 -таб.1-2(附表 M086)	Ba	ミヌ・クラ	−	−
233	Чл72 -таб.1-1	Ba	ミヌ・クラ	−	Fedorov 7 号墓
234	Чл72 -таб.1-3	Ba	ミヌ・クラ	−	−
235	Чл72 -таб.1-4	Ba	ミヌ・クラ	−	−
236	Чл72 -таб.1-5	Ba	ミヌ・クラ	−	−
237	Чл72 -таб.1-6	Ba	ミヌ・クラ	−	−
238	Чл72 -таб.1-7	Bb	ミヌ・クラ	−	−
239	Чл72 -таб.1-8	Ba	ミヌ・クラ	−	−
240	Чл72 -таб.1-9	Ba	ミヌ・クラ	−	−
241	Чл72 -таб.1-10	Ba	ミヌ・クラ	−	−
242	Чл72 -таб.1-11	Ba	ミヌ・クラ	−	−
243	Чл72 -таб.1-12(附表 M041)	Ba	ミヌ・クラ	−	−

番号	出典	型式	地域	地域（細）	備考
244	Чл72 -таб.1-13	Ba	ミヌ・クラ	–	–
245	Чл72 -таб.1-14(附表 M127)	Ba	ミヌ・クラ	–	–
246	Чл72 -таб.1-15	Ba	ミヌ・クラ	–	–
247	Чл72 -таб.1-16	Ba	ミヌ・クラ	–	–
248	Чл72 -таб.1-17(附表 M039)	Ba	ミヌ・クラ	–	–
249	Чл72 -таб.1-18	Ba	ミヌ・クラ	–	–
250	Чл72 -таб.1-19	Ba	ミヌ・クラ	–	–
251	Чл72 -таб.1-20	Ba	ミヌ・クラ	–	–
252	Чл72 -таб.1-21	Ba	ミヌ・クラ	–	–
253	Чл72 -таб.1-22	Ba	ミヌ・クラ	–	–
254	Чл72 -таб.2-1	Bb	ミヌ・クラ	–	–
255	Чл72 -таб.2-2	Bb	ミヌ・クラ	–	–
256	Чл72 -таб.2-3	Bb	ミヌ・クラ	–	–
257	Чл72 -таб.2-4	Bb	ミヌ・クラ	–	–
258	Чл72 -таб.2-5	Bb	ミヌ・クラ	–	–
259	Чл72 -таб.2-6	Bb	ミヌ・クラ	–	–
260	Чл72 -таб.2-7(附表 M125)	Bb	ミヌ・クラ	–	–
261	Чл72 -таб.2-8	Bb	ミヌ・クラ	–	Verkhnii Askyz 墓地
262	Чл72 -таб.2-9	Ba	ミヌ・クラ	–	–
263	Чл72 -таб.2-10	Bb	ミヌ・クラ	–	–
264	Чл72 -таб.2-11(附表 M110)	Bb	ミヌ・クラ	–	–
265	Чл72 -таб.2-12	Bb	ミヌ・クラ	–	–
266	Чл72 -таб.2-13	Bc	ミヌ・クラ	–	Beickaya Shakhta 3 号墓
267	Чл72 -таб.2-14	Bc	ミヌ・クラ	–	Volchii log 4 号囲
268	Чл72 -таб.2-15	Bc	ミヌ・クラ	–	Volchii log 5 号囲
269	Чл72 -таб.2-16	Bc	ミヌ・クラ	–	Krivinck 21 号墓
270	Чл72 -таб.2-17	Bc	ミヌ・クラ	–	Fedorov 9 号墓
271	Чл72 -таб.2-18	Bc	ミヌ・クラ	–	–
272	Чл72 -таб.2-19	Bc	ミヌ・クラ	–	–
273	Чл72 -таб.2-20	Bc	ミヌ・クラ	–	–
274	Чл72 -таб.2-21	Bc	ミヌ・クラ	–	–
275	Чл72 -таб.2-22	Bc	ミヌ・クラ	–	–
276	Чл72 -таб.2-23	Bc	ミヌ・クラ	–	–
277	Чл72 -таб.2-24	Bc	ミヌ・クラ	–	–
278	Чл72 -таб.2-25	Bc	ミヌ・クラ	–	–
279	Чл72 -таб.2-26	Bc	ミヌ・クラ	–	–
280	Чл72 -таб.2-27	Bc	ミヌ・クラ	–	–
281	Чл72 -таб.2-28(附表 M037)	Bc	ミヌ・クラ	–	–
282	Чл72 -таб.2-29(附表 M126)	Bc	ミヌ・クラ	–	–
283	Чл72 -таб.2-30	Bc	ミヌ・クラ	–	–
284	Чл72 -таб.2-31(附表 M084)	Bc	ミヌ・クラ	–	–
285	Чл72 -таб.2-32(附表 M035)	Bc	ミヌ・クラ	–	–
286	Чл72 -таб.3-1	Ba	ミヌ・クラ	–	Fedorov 10 号墓
287	Чл72 -таб.3-2	Ba	ミヌ・クラ	–	–
288	Чл72 -таб.3-3	Ba	ミヌ・クラ	–	–
289	Чл72 -таб.3-4	Bb	ミヌ・クラ	–	–
290	Чл72 -таб.3-5	Bb	ミヌ・クラ	–	Verkhnii Askyz
291	Чл72 -таб.3-6	Bb	ミヌ・クラ	–	–
292	Чл72 -таб.3-7	Ba	ミヌ・クラ	–	–
293	Чл72 -таб.3-8(附表 M025)	Bb	ミヌ・クラ	–	–
294	Чл72 -таб.3-9	Bc	ミヌ・クラ	–	–
295	Чл72 -таб.3-10	Bc	ミヌ・クラ	–	–
296	Чл72 -таб.3-11	Bc	ミヌ・クラ	–	Malaaya Inya 墓地
297	Чл72 -таб.3-12	Bb	ミヌ・クラ	–	Beickaya Shakhta 4 号墓
298	Чл72 -таб.3-13(附表 M068)	Bb	ミヌ・クラ	–	–
299	Чл72 -таб.3-14	Ba	ミヌ・クラ	–	–
300	Чл72 -таб.3-15	Ba	ミヌ・クラ	–	–
301	Чл72 -таб.3-16	Bc	ミヌ・クラ	–	Abakan-most

番号	出典	型式	地域	地域（細）	備考
302	Чл72 -таб.3-17	Bb	ミヌ・クラ	–	–
303	Чл72 -таб.3-18	Bb	ミヌ・クラ	–	–
304	Чл72 -таб.3-19	Bb	ミヌ・クラ	–	–
305	Чл72 -таб.3-20	Bb	ミヌ・クラ	–	–
306	Чл72 -таб.3-21	Ba	ミヌ・クラ	–	–
307	Чл72 -таб.3-22	Bc	ミヌ・クラ	–	–
308	Чл72 -таб.3-23	Bb	ミヌ・クラ	–	–
309	Чл72 -таб.3-24(附表 M038)	Bb	ミヌ・クラ	–	–
310	Чл72 -таб.3-25	Bb	ミヌ・クラ	–	–
311	Чл72 -таб.3-26	Bb	ミヌ・クラ	–	–
312	Чл72 -таб.4-1	Bb	ミヌ・クラ	–	–
313	Чл72 -таб.4-2	Bb	ミヌ・クラ	–	Karer
314	Чл72 -таб.4-3	Bb	ミヌ・クラ	–	–
315	Чл72 -таб.4-4	Bb	ミヌ・クラ	–	–
316	Чл72 -таб.4-5(附表 M124)	Bb	ミヌ・クラ	–	–
317	Чл72 -таб.4-6	Bb	ミヌ・クラ	–	Beickaya Shakhta 2 号墓
318	Чл72 -таб.4-7	Bb	ミヌ・クラ	–	Beickaya Shakhta 1 号墓
319	Чл72 -таб.4-8	Bb	ミヌ・クラ	–	Nemir 9 号墳丘
320	Чл72 -таб.4-9	Bb	ミヌ・クラ	–	–
321	Чл72 -таб.4-10	Bc	ミヌ・クラ	–	–
322	Чл72 -таб.4-11	Bb	ミヌ・クラ	–	–
323	Чл72 -таб.4-12	Bb	ミヌ・クラ	–	–
324	Чл72 -таб.4-13	C	ミヌ・クラ	–	–
325	Чл72 -таб.4-14	C	ミヌ・クラ	–	–
326	Чл72 -таб.4-15	Bc	ミヌ・クラ	–	–
327	Чл72 -таб.4-16	C	ミヌ・クラ	–	–
328	Чл72 -таб.4-17	C	ミヌ・クラ	–	–
329	Чл72 -таб.4-18(附表 M009)	C	ミヌ・クラ	–	Abakan-naberezhn 21/24 号墓
330	Чл72 -таб.4-19	Bc	ミヌ・クラ	–	Kyurgenner 28 号墳丘 1 号墓
331	Чл72 -таб.4-21	Bc	ミヌ・クラ	–	–
332	Чл72 -таб.4-22(附表 M090)	Bc	ミヌ・クラ	–	–
333	Чл72 -таб.5-1(附表 M022)	Bb	ミヌ・クラ	–	–
334	Чл72 -таб.5-2	Bc	ミヌ・クラ	–	–
335	Чл72 -таб.5-3(附表 M112)	Bb	ミヌ・クラ	–	–
336	Чл72 -таб.5-4(附表 M053)	Bc	ミヌ・クラ	–	–
337	Чл72 -таб.5-5	Bc	ミヌ・クラ	–	–
338	Чл72 -таб.5-6	Bc	ミヌ・クラ	–	–
339	Чл72 -таб.5-7	Bc	ミヌ・クラ	–	–
340	Чл72 -таб.5-8(附表 M074)	Bc	ミヌ・クラ	–	–
341	Чл72 -таб.5-9	Bb	ミヌ・クラ	–	–
342	Чл72 -таб.5-10	Bb	ミヌ・クラ	–	–
343	Чл72 -таб.5-11	Bc	ミヌ・クラ	–	–
344	Чл72 -таб.5-12	Bc	ミヌ・クラ	–	Okunev2 号墓
345	Чл72 -таб.5-13	Bb	ミヌ・クラ	–	–
346	Чл72 -таб.5-14	Bc	ミヌ・クラ	–	Uibat3 号墓
347	Чл72 -таб.5-15	Bc	ミヌ・クラ	–	–
348	Чл72 -таб.5-16	Bc	ミヌ・クラ	–	–
349	Чл72 -таб.5-17	Bc	ミヌ・クラ	–	–
350	Чл72 -таб.5-18	Bc	ミヌ・クラ	–	–
351	Чл72 -таб.5-19	Bc	ミヌ・クラ	–	–
352	Чл72 -таб.5-20	A	ミヌ・クラ	–	–
353	Чл72 -таб.5-21	Bc	ミヌ・クラ	–	–
354	Чл72 -таб.5-22	A	ミヌ・クラ	–	–
355	Чл72 -таб.5-23	A	ミヌ・クラ	–	–
356	Чл72 -таб.5-24	A	ミヌ・クラ	–	–
357	Чл72 -таб.5-25	A	ミヌ・クラ	–	–
358	Чл72 -таб.5-26	A	ミヌ・クラ	–	Voroshilova 16 号墓
359	Чл72 -таб.5-27(附表 M137)	Bc	ミヌ・クラ	–	–
360	Чл72 -таб.5-28	Bc	ミヌ・クラ	–	–

番号	出典	型式	地域	地域(細)	備考
361	Чл72 -таб.6-1	A	ミヌ・クラ	―	―
362	Чл72 -таб.6-2	Bc	ミヌ・クラ	―	―
363	Чл72 -таб.6-3	Bc	ミヌ・クラ	―	―
364	Чл72 -таб.6-4(附表 M158)	A	ミヌ・クラ	―	―
365	Чл72 -таб.6-5(附表 M115)	Bc	ミヌ・クラ	―	―
366	Чл72 -таб.6-6(附表 M134)	A	ミヌ・クラ	―	―
367	Чл72 -таб.6-7	A	ミヌ・クラ	―	Charkov 10 号墓
368	Чл72 -таб.6-8	A	ミヌ・クラ	―	―
369	Чл72 -таб.6-9(附表 M075)	A	ミヌ・クラ	―	―
370	Чл72 -таб.6-10	A	ミヌ・クラ	―	―
371	Чл72 -таб.6-11(附表 M131)	A	ミヌ・クラ	―	―
372	Чл72 -таб.6-12	A	ミヌ・クラ	―	Okunev9 号墓
373	Чл72 -таб.6-13	Bc	ミヌ・クラ	―	Raikov
374	Чл72 -таб.6-14(附表 M078)	Bc	ミヌ・クラ	―	―
375	Чл72 -таб.6-15(附表 M067)	Bc	ミヌ・クラ	―	―
376	Чл72 -таб.6-16(附表 M079)	A	ミヌ・クラ	―	―
377	Чл72 -таб.6-17(附表 M149)	Bc	ミヌ・クラ	―	―
378	Чл72 -таб.6-18(附表 M081)	Bc	ミヌ・クラ	―	―
379	Чл72 -таб.6-19	A	ミヌ・クラ	―	―
380	Чл72 -таб.6-20	A	ミヌ・クラ	―	―
381	Чл72 -таб.6-21(附表 M130)	A	ミヌ・クラ	―	―
382	Чл72 -таб.6-22(附表 M143)	Bc	ミヌ・クラ	―	―
383	Чл72 -таб.6-23	A	ミヌ・クラ	―	―
384	Чл72 -таб.6-24(附表 M082)	Bc	ミヌ・クラ	―	―
385	Чл72 -таб.6-25(附表 M176)	Bc	ミヌ・クラ	―	―
386	Чл72 -таб.6-26(附表 M169)	A	ミヌ・クラ	―	―
387	Чл72 -таб.7-1(附表 M139)	A	ミヌ・クラ	―	―
388	Чл72 -таб.7-2	Bc	ミヌ・クラ	―	―
389	Чл72 -таб.7-3(附表 M018)	Bc	ミヌ・クラ	―	Stap1 号墓
390	Чл72 -таб.7-4(附表 M077)	A	ミヌ・クラ	―	―
391	Чл72 -таб.7-5	Bc	ミヌ・クラ	―	Ecinck9 号墓
392	Чл72 -таб.7-6	Bc	ミヌ・クラ	―	Ust-Erba 墓地
393	Чл72 -таб.7-7	Bc	ミヌ・クラ	―	Ulus Beltyry 墓地
394	Чл72 -таб.7-8(附表 M069)	Bc	ミヌ・クラ	―	―
395	Чл72 -таб.7-9(附表 M157)	Bc	ミヌ・クラ	―	―
396	Чл72 -таб.7-10(附表 M148)	Bc	ミヌ・クラ	―	―
397	Чл72 -таб.7-11	Bc	ミヌ・クラ	―	―
398	Чл72 -таб.7-12(附表 M147)	A	ミヌ・クラ	―	―
399	Чл72 -таб.9-1	Ba	ミヌ・クラ	―	―
400	Чл72 -таб.9-2	Bb	ミヌ・クラ	―	―
401	Чл72 -таб.9-3	Bb	ミヌ・クラ	―	―
402	Чл72 -таб.9-4	C	ミヌ・クラ	―	―
403	Чл72 -таб.9-7	C	ミヌ・クラ	―	Abakan1 号墓
404	Чл72 -таб.9-8	C	ミヌ・クラ	―	―
405	Чл72 -таб.9-9	C	ミヌ・クラ	―	―
406	Чл72 -таб.9-10	Bc	ミヌ・クラ	―	―
407	Чл72 -таб.10-2	Bb	ミヌ・クラ	―	―
408	Чл72 -таб.10-3	Ba	ミヌ・クラ	―	―
409	Чл72 -таб.10-4	Bb	ミヌ・クラ	―	―
410	Чл72 -таб.10-5	Bb	ミヌ・クラ	―	―
411	Чл72 -таб.10-6	Bb	ミヌ・クラ	―	―
412	Чл72 -таб.10-7	Bb	ミヌ・クラ	―	―
413	Чл72 -таб.10-8(附表 M109)	Bb	ミヌ・クラ	―	―
414	Чл72 -таб.10-9	Bc	ミヌ・クラ	―	Fedorov 11 号墓
415	Чл72 -таб.10-10	A	ミヌ・クラ	―	Lugavsk 集落
416	Чл72 -таб.10-11	Bc	ミヌ・クラ	―	Lugavsk 3 号墓
417	Чл72 -таб.10-12	Bc	ミヌ・クラ	―	―
418	Чл72 -таб.10-13	Bb	ミヌ・クラ	―	―
419	Чл72 -таб.10-14	Bc	ミヌ・クラ	―	―
420	Чл72 -таб.10-15	Bc	ミヌ・クラ	―	―
421	Чл72 -таб.10-16	Bc	ミヌ・クラ	―	―
422	Чл72 -таб.10-17(附表 M099)	Bb	ミヌ・クラ	―	―
423	Чл72 -таб.10-18(附表 M011)	Bc	ミヌ・クラ	―	―
424	Чл72 -таб.10-19	Bb	ミヌ・クラ	―	―

番号	出典	型式	地域	地域(細)	備考
425	Чл72 -таб.10-20	Bb	ミヌ・クラ	―	―
426	Чл72 -таб.10-21(附表 M140)	Bc	ミヌ・クラ	―	―
427	Чл72 -таб.10-22	Bc	ミヌ・クラ	―	―
428	Чл72 -таб.10-23	Bc	ミヌ・クラ	―	―
429	Чл72 -таб.10-24	Bc	ミヌ・クラ	―	―
430	Чл72 -таб.10-25	Bc	ミヌ・クラ	―	―
431	Чл72 -таб.10-26	Bc	ミヌ・クラ	―	―
432	Чл72 -таб.10-27	Bc	ミヌ・クラ	―	―
433	Чл72 -таб.10-28	Bc	ミヌ・クラ	―	―
434	Чл72 -таб.10-29	Bb	ミヌ・クラ	―	―
435	Чл72 -таб.10-30	Bb	ミヌ・クラ	―	―
436	Чл72 -таб.10-31(附表 M118)	Bb	ミヌ・クラ	―	―
437	Чл72 -таб.10-32(附表 M087)	Bb	ミヌ・クラ	―	―
438	Чл72 -таб.10-33	Bc	ミヌ・クラ	―	―
439	Чл72 -таб.10-34(附表 M008)	Bc	ミヌ・クラ	―	Abakan-most
440	Чл72 -таб.10-35	Bb	ミヌ・クラ	―	―
441	Чл72 -таб.10-36	Bb	ミヌ・クラ	―	―
442	Чл72 -таб.10-37	Bb	ミヌ・クラ	―	―
443	Чл72 -таб.10-38	Bb	ミヌ・クラ	―	―
444	Чл72 -таб.10-39	Bc	ミヌ・クラ	―	―
445	Чл72 -таб.10-41(附表 M092)	Bb	ミヌ・クラ	―	―
446	Чл72 -таб.10-42(附表 M091)	Bc	ミヌ・クラ	―	―
447	Чл72 -таб.10-43	Bc	ミヌ・クラ	―	―
448	Чл72 -таб.10-44	Bc	ミヌ・クラ	―	―
449	Чл72 -таб.10-45	Bc	ミヌ・クラ	―	―
450	Чл72 -таб.10-46	Bc	ミヌ・クラ	―	―
451	Чл72 -таб.10-47	Bc	ミヌ・クラ	―	―
452	Чл72 -таб.10-48	-	ミヌ・クラ	―	―
453	Чл72 -таб.10-49	A	ミヌ・クラ	―	―
454	Чл72 -таб.10-50	Bb	ミヌ・クラ	―	―
455	Чл72 -таб.10-51	A	ミヌ・クラ	―	―
456	Чл72 -таб.10-52	Bb	ミヌ・クラ	―	―
457	Чл72 -таб.19-2	Bb	ミヌ・クラ	―	―
458	Чл72 -таб.19-3	Bb	ミヌ・クラ	―	―
459	Чл72 -таб.19-14	Bb	ミヌ・クラ	―	―
460	Чл72 -таб.19-16	Bc	ミヌ・クラ	―	Cvishevo 墓地
461	Чл72 -таб.19-19	Bb	ミヌ・クラ	―	―
462	Чл72 -таб.19-20	Bb	ミヌ・クラ	―	―
463	Чл72 -таб.19-21	Bb	ミヌ・クラ	―	―
464	Чл72 -таб.19-22	Bb	ミヌ・クラ	―	―
465	Чл72 -таб.19-24	Bc	ミヌ・クラ	―	―
466	Чл72 -таб.19-26	Bc	ミヌ・クラ	―	―
467	Чл72 -таб.19-29	A	ミヌ・クラ	―	―
468	Чл72 -таб.19-30	A	ミヌ・クラ	―	―
469	Чл72 -таб.19-31	Bc	ミヌ・クラ	―	―
470	Чл72 -таб.19-32	Bc	ミヌ・クラ	―	―
471	Чл72 -таб.19-33	Bc	ミヌ・クラ	―	―
472	Чл72 -таб.19-42	Bc	プリバイカル	―	―
473	Чл72 -таб.57-1	Bc	ミヌ・クラ	―	―
474	Чл72 -таб.57-2	Bc	ミヌ・クラ	―	―
475	Чл72 -таб.57-3(附表 M043)	Bc	ミヌ・クラ	―	―
476	Чл72 -таб.57-4	Bc	ミヌ・クラ	―	―
477	Чл72 -таб.57-5	Bc	ミヌ・クラ	―	―
478	Чл72 -таб.57-6	Bc	ミヌ・クラ	―	―
479	Чл72 -таб.57-7	Bc	ミヌ・クラ	―	―
480	Чл72 -таб.57-8	Bc	ミヌ・クラ	―	―
481	Чл72 -таб.57-9	Bc	ミヌ・クラ	―	―
482	Чл72 -таб.57-10	Bc	ミヌ・クラ	―	―
483	Чл72 -таб.57-11	Bc	ミヌ・クラ	―	―
484	Чл72 -таб.57-12	Bc	ミヌ・クラ	―	―
485	Чл72 -таб.57-13	Bc	ミヌ・クラ	―	―
486	Чл72 -таб.57-14(附表 M154)	Bc	ミヌ・クラ	―	―
487	Чл72 -таб.57-15	Bc	ミヌ・クラ	―	―
488	Чл72 -таб.57-16	Bc	ミヌ・クラ	―	―
489	Чл72 -таб.57-17	Bc	ミヌ・クラ	―	―
490	Чл72 -таб.57-18	Bc	ミヌ・クラ	―	―
491	Чл72 -таб.57-19	Bc	ミヌ・クラ	―	―
492	Чл72 -таб.57-20	Bc	ミヌ・クラ	―	―

番号	出典	型式	地域	地域(細)	備考
493	Чл72 -таб.57-21	Bc	ミヌ・クラ	—	—
494	Чл72 -таб.57-22	Bc	ミヌ・クラ	—	—
495	Чл72 -таб.57-23	Bc	ミヌ・クラ	—	—
496	Чл72 -таб.57-24	Bc	ミヌ・クラ	—	—
497	Чл72 -таб.57-25	Bc	ミヌ・クラ	—	—
498	Чл72 -таб.57-26	Bc	ミヌ・クラ	—	—
499	Чл72 -таб.57-27	Bc	ミヌ・クラ	—	—
500	Чл72 -таб.57-28	Bc	ミヌ・クラ	—	—
501	Чл72 -таб.57-29	Bc	ミヌ・クラ	—	—
502	Чл72 -таб.57-30	Bc	ミヌ・クラ	—	—
503	Чл72 -таб.57-31	Bc	ミヌ・クラ	—	—
504	Чл72 -таб.57-32	Bc	ミヌ・クラ	—	—
505	Чл72 -таб.57-33	Bc	ミヌ・クラ	—	—
506	Чл72 -таб.57-34	Bc	ミヌ・クラ	—	—
507	Чл72 -таб.57-35	Bc	ミヌ・クラ	—	—
508	Чл72 -таб.57-36	Bc	ミヌ・クラ	—	—
509	Чл72 -таб.57-37	Bc	ミヌ・クラ	—	—
510	Чл72 -таб.57-38	Bc	ミヌ・クラ	—	—
511	Чл72 -таб.57-39	Bc	ミヌ・クラ	—	—
512	Чл72 -таб.57-40	Bc	ミヌ・クラ	—	—
513	Чл72 -таб.57-41	Bc	ミヌ・クラ	—	—
514	Чл72 -таб.57-42	Bc	ミヌ・クラ	—	—
515	Чл72 -таб.57-43	Bc	ミヌ・クラ	—	—
516	Чл72 -таб.57-44	Bc	ミヌ・クラ	—	—
517	Чл72 -таб.57-45	Bc	ミヌ・クラ	—	—
518	Чл72 -таб.57-46	Bc	ミヌ・クラ	—	—
519	Чл72 -таб.57-47	Bc	ミヌ・クラ	—	—
520	Чл72 -таб.57-48	Bc	ミヌ・クラ	—	—
521	Чл72 -таб.57-49	Bc	ミヌ・クラ	—	—
522	Чл72 -таб.57-50	Bc	ミヌ・クラ	—	—
523	Чл72 -таб.57-51	Bc	ミヌ・クラ	—	—
524	Чл72 -таб.57-52	Bc	ミヌ・クラ	—	—
525	Чл72 -таб.57-53	Bc	ミヌ・クラ	—	—
526	Чл72 -таб.57-54	Bc	ミヌ・クラ	—	—
527	Чл72 -таб.57-55	Bc	ミヌ・クラ	—	—
528	Чл72 -таб.57-56	Bc	ミヌ・クラ	—	—
529	Чл72 -таб.57-57	Bc	ミヌ・クラ	—	—
530	Чл72 -таб.57-58	Bc	ミヌ・クラ	—	—
531	Чл72 -таб.57-59	Bc	ミヌ・クラ	—	—
532	Чл72 -таб.57-60	Bc	ミヌ・クラ	—	—
533	Чл72 -таб.57-61	Bc	ミヌ・クラ	—	—
534	Чл72 -таб.57-62	Bc	ミヌ・クラ	—	—
535	Чл72 -таб.57-63	Bc	ミヌ・クラ	—	—
536	Чл72 -таб.57-64	Bc	ミヌ・クラ	—	—
537	Чл72 -таб.57-65	Bc	ミヌ・クラ	—	—
538	Чл72 -таб.57-66	Bc	ミヌ・クラ	—	—
539	Чл72 -таб.57-67	Bc	ミヌ・クラ	—	—
540	Чл72 -таб.57-68	Bc	ミヌ・クラ	—	—
541	Чл72 -таб.57-69	Bc	ミヌ・クラ	—	—
542	Членова1968 -рис.40-1	Bc	ミヌ・クラ	—	—
543	Членова1968 -рис.41-1	Bb	ミヌ・クラ	—	—
544	Членова1968 -рис.41-10	Bb	ミヌ・クラ	—	—
545	Членова1968 -рис.41-12	Bc	ミヌ・クラ	—	—
546	Членова1968 -рис.41-13 (附表 M029)	Bb	ミヌ・クラ	—	—
547	Членова1968 -рис.41-3	Bc	ミヌ・クラ	—	—
548	Членова1968 -рис.41-5	Bc	ミヌ・クラ	—	—
549	Членова1968 -рис.41-8	Bb	ミヌ・クラ	—	—
550	Членова1968 -рис.42-1	A	ミヌ・クラ	—	—
551	Членова1968 -рис.42-11 (附表 M175)	Bc	ミヌ・クラ	—	—
552	Членова1968 -рис.42-12 (附表 M031)	Bb	ミヌ・クラ	—	—
553	Членова1968 -рис.42-2 (附表 M089)	Bb	ミヌ・クラ	—	—
554	Членова1968 -рис.42-5 (附表 M042)	Bc	ミヌ・クラ	—	—
555	Членова1968 -рис.42-6	Bc	ミヌ・クラ	—	—
556	Членова1968 -рис.42-7 (附表 M177)	Bc	ミヌ・クラ	—	—
557	Лазаретов, Поляков 2008-рис.6-15	Bc	ミヌ・クラ	—	—
558	Лазаретов, Поляков 2008-рис.6-27	C	ミヌ・クラ	—	—
559	Волков1967-рис.2-4	A	モンゴル	—	—
560	Волков1967-рис.2-12	Bc	モンゴル	—	—
561	Волков1967-рис.2-13	Bc	モンゴル	—	—
562	Волков1967-рис.2-15	Bc	モンゴル	—	—
563	Волков1967-рис.2-17	Bc	モンゴル	—	—
564	Волков1967-рис.3-1	A	モンゴル	—	—
565	Волков1967-рис.3-12	Bc	モンゴル	—	—
566	Волков1967-рис.3-16	Bc	モンゴル	—	—
567	Волков1967-рис.3-18(附表 O55)	C	モンゴル	—	—
568	Волков1967-рис.3-32	A	モンゴル	—	—
569	モンゴル歴史博物館(筆者実見)右ケース・下左から 2	A	モンゴル	—	—
570	モンゴル歴史博物館(筆者実見)右ケース・下左から 4	Bc	モンゴル	—	—
571	モンゴル歴史博物館(筆者実見)右ケース・下左から 5	A	モンゴル	—	—
572	モンゴル歴史博物館(筆者実見)右ケース・中左から 2	Bc	モンゴル	—	—
573	モンゴル歴史博物館(筆者実見)右ケース・中左から 5	A	モンゴル	—	—
574	モンゴル歴史博物館(筆者実見)右ケース・上左から 2	A	モンゴル	—	—
575	モンゴル歴史博物館(筆者実見)右ケース・上左から 4	A	モンゴル	—	—
576	モンゴル歴史博物館(筆者実見)右ケース・上左から 6	A	モンゴル	—	—
577	モンゴル歴史博物館(筆者実見)左ケース・左から 1	A	モンゴル	—	—
578	モンゴル歴史博物館(筆者実見)左ケース・左から 3	A	モンゴル	—	—
579	モンゴル歴史博物館(筆者実見)	C	モンゴル	—	—
580	Bu09-no.8	A	モンゴル	—	—
581	Bu09-no.17	Bc	モンゴル	—	—
582	Bu09-no.18	A	モンゴル	—	—
583	Bu09-no.19 上	A	モンゴル	—	—
584	Bu09-no.19 下	A	モンゴル	—	—
585	Bu09-no.20 上	A	モンゴル	—	—
586	Bu09-no.20 下	A	モンゴル	—	—
587	Bu09-no.21 上	Bc	モンゴル	—	—
588	Bu09-no.21 中	A	モンゴル	—	—
589	Bu09-no.21 下	A	モンゴル	—	—
590	Bu09-no.22	C	モンゴル	—	—
591	Bu09-no.23	C	モンゴル	—	—
592	Bu09-no.25	Bc	モンゴル	—	—
593	Bu09-no.26 上	Bc	モンゴル	—	—
594	Bu09-no.26 下	Bc	モンゴル	—	—
595	Bu09-no.27 上	Bc	モンゴル	—	—
596	Bu09-no.27 下	Bc	モンゴル	—	—
597	Амартувшин, Жаргалан 2010-р. 160-1-2	A	モンゴル	—	—
598	Er11-no.301	Bc	モンゴル	—	—
599	Er11-no.309	C	モンゴル	—	—
600	Er11-no.310	C	モンゴル	—	—
601	Er11-no.313	Bc	モンゴル	—	—
602	Er11-no.315	A	モンゴル	—	—
603	Er11-no.316	A	モンゴル	—	—
604	Er11-no.317	Bc	モンゴル	—	—
605	Er11-no.318	A	モンゴル	—	—
606	Er11-no.323	A	モンゴル	—	—
607	Er11-no.324	Bc	モンゴル	—	—
608	Er11-no.325	A	モンゴル	—	—
609	Er11-no.326	Bc	モンゴル	—	—
610	Er11-no.327	Bc	モンゴル	—	—
611	Er11-no.328	A	モンゴル	—	—

番号	出典	型式	地域	地域（細）	備考
612	Er11-no.329	A	モンゴル	－	－
613	Er11-no.330	A	モンゴル	－	－
614	Er11-no.331	A	モンゴル	－	－
615	Er11-no.332	A	モンゴル	－	－
616	Er11-no.333	A	モンゴル	－	－
617	Er11-no.334	A	モンゴル	－	－
618	Er11-no.335	Bc	モンゴル	－	－
619	Er11-no.336	A	モンゴル	－	－
620	Er11-no.337	Bc	モンゴル	－	－
621	Er11-no.338	A	モンゴル	－	－
622	Er11-no.339	A	モンゴル	－	－
623	Er11-no.340	Bc	モンゴル	－	－
624	Er11-no.341	C	モンゴル	－	－
625	Er11-no.343	A	モンゴル	－	－
626	Er11-no.345	Bc	モンゴル	－	－
627	Er11-no.349	A	モンゴル	－	－
628	Er11-no.350	A	モンゴル	－	－
629	ハラホリン博物館(筆者実見)	A	モンゴル	－	－
630	日本・モンゴル民族博物館（筆者実見）	C	モンゴル	－	－
631	日本・モンゴル民族博物館（筆者実見）	A	モンゴル	－	－
632	日本・モンゴル民族博物館（筆者実見）	A	モンゴル	－	－
633	日本・モンゴル民族博物館（筆者実見）	A	モンゴル	－	－
634	日本・モンゴル民族博物館（筆者実見）	A	モンゴル	－	－
635	日本・モンゴル民族博物館（筆者実見）	A	モンゴル	－	－
636	日本・モンゴル民族博物館（筆者実見）	A	モンゴル	－	－
637	Кызласов1979-рис.15-3	A	トゥバ	－	－
638	Кызласов1979-рис.19a-1	C?	トゥバ	－	－
639	Кызласов1979-рис.19a-2	Bb	トゥバ	－	－
640	Кызласов1979-рис.19a-3	Bb	トゥバ	－	－
641	Кызласов1979-рис.19a-4	A	トゥバ	－	－
642	Кызласов1979-рис.19a-5	Bc	トゥバ	－	－
643	Кызласов1979-рис.19a-6	Bb	トゥバ	－	－
644	Кызласов1979-рис.19b	C	トゥバ	－	－
645	Диков1958-рис.24-1	A	ザバイカリエ	－	－
646	Диков1958-рис.24-2	C	ザバイカリエ	－	－
647	Диков1958-рис.24-3	C	ザバイカリエ	－	－
648	Диков1958-рис.24-4	A	ザバイカリエ	－	－
649	Диков1958-рис.24-6	A	ザバイカリエ	－	－
650	Диков1958-рис.24-7	A	ザバイカリエ	－	－
651	Диков1958-рис.25-11	A	ザバイカリエ	－	－
652	Диков1958-рис.25-13	A	ザバイカリエ	－	－
653	Диков1958-рис.25-14	Bc	ザバイカリエ	－	－
654	Диков1958-рис.25-17	A	ザバイカリエ	－	－
655	Диков1958-рис.25-21	A	ザバイカリエ	－	－
656	Диков1958-рис.26-32	Bc	ザバイカリエ	－	－
657	Диков1958-рис.26-33	Bc	ザバイカリエ	－	－
658	Диков1958-рис.26-34	Bc	ザバイカリエ	－	－
659	Диков1958-рис.26-35	Bc	ザバイカリエ	－	－
660	Диков1958-рис.26-37	Bc	ザバイカリエ	－	－
661	Диков1958-рис.26-38	Bc	ザバイカリエ	－	－
662	Гришин1981а-рис.42-1	Bc	ザバイカリエ	－	－
663	Гришин1981а-рис.42-2	Bc	ザバイカリエ	－	－
664	Гришин1981а-рис.54-1	A	ザバイカリエ	－	－
665	Гришин1981а-рис.55-1	Bc	ザバイカリエ	－	Dzhidy デポ
666	Гришин1981а-рис.55-2	Bc	ザバイカリエ	－	Dzhidy デポ
667	Гришин1981а-рис.55-3	Bc	ザバイカリエ	－	Dzhidy デポ
668	Гришин1981а-рис.55-4	Bc	ザバイカリエ	－	Dzhidy デポ
669	Гришин1981а-рис.55-5	Bc	ザバイカリエ	－	Dzhidy デポ
670	Гришин1981а-рис.55-6	Bc	ザバイカリエ	－	Dzhidy デポ
671	Гришин1981а-рис.55-7	Bc	ザバイカリエ	－	Dzhidy デポ
672	Гришин1981а-рис.55-8	Bc	ザバイカリエ	－	Dzhidy デポ
673	Гришин1981а-рис.55-9	Bc	ザバイカリエ	－	Dzhidy デポ

番号	出典	型式	地域	地域（細）	備考
674	Гришин1981а-рис.55-10	Bc	ザバイカリエ	－	Dzhidy デポ
675	Гришин1981а-рис.55-11	Bc	ザバイカリエ	－	Dzhidy デポ
676	Гришин1981а-рис.55-12	Bc	ザバイカリエ	－	Dzhidy デポ
677	Гришин1981а-рис.55-13	Bc	ザバイカリエ	－	Dzhidy デポ
678	Гришин1981а-рис.55-14	Bc	ザバイカリエ	－	Dzhidy デポ
679	Гришин1981а-рис.55-15	Bc	ザバイカリエ	－	Dzhidy デポ
680	Гришин1981а-рис.55-16	Bc	ザバイカリエ	－	Dzhidy デポ
681	Гришин1981а-рис.55-17	Bc	ザバイカリエ	－	Dzhidy デポ
682	Гришин1981а-рис.55-18	Bc	ザバイカリエ	－	Dzhidy デポ
683	Гришин1981а-рис.55-19	Bc	ザバイカリエ	－	Dzhidy デポ
684	Гришин1986-рис.6	Bc	プリバイカリエ	－	－
685	Гр09-с.77-рис.1-1	Bc	アルタイ	－	－
686	Гр09-с.77-рис.1-2	Bc	アルタイ	－	－
687	Гр09-с.77-рис.1-3	Bc	アルタイ	－	－
688	Гр09-с.77-рис.1-4	Bc	アルタイ	－	－
689	Гр09-с.77-рис.1-5	Bc	アルタイ	－	－
690	Гр09-с.77-рис.1-6	Bc	アルタイ	－	－
691	Гр09-с.77-рис.1-7	Bb	アルタイ	－	－
692	Гр09-с.77-рис.1-8	A	アルタイ	－	－
693	Гр09-с.77-рис.1-9	-	アルタイ	－	－
694	Гр09-с.77-рис.1-10	A	アルタイ	－	－
695	Гр09-с.77-рис.1-11	Bc	アルタイ	－	－
696	Гр09-с.77-рис.1-12	Bc	アルタイ	－	－
697	Гр09-с.77-рис.1-13	Bc	アルタイ	－	－
698	Гр09-с.77-рис.1-14	Bc	アルタイ	－	－
699	Гр09-с.77-рис.1-15	Bc	アルタイ	－	－
700	Гр09-с.81-рис.3-1	Bc	アルタイ	－	－
701	Гр09-с.81-рис.3-2	A	アルタイ	－	－
702	Гр09-с.81-рис.3-3	Bc	アルタイ	－	－
703	Гр09-с.81-рис.3-4	Bc	アルタイ	－	－
704	Гр09-с.83-рис.4-9	-	アルタイ	－	－
705	Гр09-с.83-рис.4-10	Bb	アルタイ	－	－
706	Гр09-с.83-рис.4-11	Bc	アルタイ	－	－
707	Гр09-с.83-рис.4-12	Bc	アルタイ	－	－
708	Грязнов1956а-рис.15-3	A	アルタイ	－	－
709	Грязнов1956b -рис.45-5	Bc	アルタイ	－	－
710	Грязнов1947-рис.16-4	Bc	アルタイ	－	－
711	Грязнов1947-рис.16-7	Bc	アルタイ	－	－
712	Грязнов1947-рис.16-8	Bc	アルタイ	－	－
713	Членова 1990-рис.2-9	Bc	アルタイ	－	－
714	Комарова1952-рис.17-9	Bc	西シ・東カ	－	トムスク墓地
715	Комарова1952-рис.20-7	Bc	西シ・東カ	－	トムスク墓地
716	Комарова1952-рис.23-2	Bc	西シ・東カ	－	トムスク墓地
717	Комарова1952-рис.23-17	Bc	西シ・東カ	－	トムスク墓地
718	Комарова1952-рис.23-18	Bc	西シ・東カ	－	トムスク墓地
719	Косарев 1981-рис.60-20	Bb	西シ・東カ	－	－
720	Косарев 1981-рис.61-3	Bb	西シ・東カ	－	－
721	Черников1960-рис.65-1	A	西シ・東カ	－	－
722	Черников1960-рис.65-2	Bc	西シ・東カ	－	－
723	Арсланова1974b-таб.1-1	Bc	西シ・東カ	－	Zevakinck 墓地
724	Арсланова1974b-таб.1-2	Bc	西シ・東カ	－	Zevakinck 墓地
725	Арсланова1974b-таб.1-3	Bc	西シ・東カ	－	Zevakinck 墓地
726	Арсланова1974b-таб.1-4	Bc	西シ・東カ	－	Zevakinck 墓地
727	Арсланова1974b-таб.1-5	Bc	西シ・東カ	－	Zevakinck 墓地
728	Арсланова1974b-таб.1-6	Bc	西シ・東カ	－	Zevakinck 墓地
729	Арсланова1974b-таб.2-1	Bc	西シ・東カ	－	Zevakinck 墓地
730	Арсланова1974b-таб.2-2	Bc	西シ・東カ	－	Zevakinck 墓地
731	Арсланова1974b-таб.2-3	Bc	西シ・東カ	－	Zevakinck 墓地
732	Арсланова1974b-таб.2-4	Bc	西シ・東カ	－	Zevakinck 墓地
733	Арсланова1974b-таб.2-5	Bc	西シ・東カ	－	Zevakinck 墓地
734	Арсланова1974b-рис.2-1	Bc	西シ・東カ	－	Zevakinck 墓地
735	Арсланова1974b-рис.2-2	Bc	西シ・東カ	－	Zevakinck 墓地
736	Арсланова1974а-рис.5	Bb	西シ・東カ	－	－
737	Членова1981-рис.7-5	Bc	ボルガ-カマ	－	－
738	Членова1981-рис.7-6	Bc	西シ・東カ	－	－
739	Членова1981-рис.7-7	Bc	西シ・東カ	－	Zevakinck 墓地
740	Членова1981-рис.7-8	Bc	西シ・東カ	－	－
741	Членова1981-рис.7-9	Bc	西シ・東カ	－	－

番号	出典	型式	地域	地域（細）	備考
742	Членова1973 -рис.2-1	Bc	北カフカス	–	–
743	Членова1973 -рис.2-2	Bc	北カフカス	–	–
744	Членова1973 -рис.2-3	Bc	ボルガ-カマ	–	–
745	Членова1973 -рис.2-6	Bc	プリバイカリエ	–	–
746	Членова1973 -рис.2-7	Bc	プリバイカリエ	–	–

＊出典略号：王雲 96 ＝王雲剛ほか 1996, 建平 83 ＝建平県文化館・朝陽地区博物館 1983, 曹瑋 09 ＝曹瑋・陝西省考古研究院 2009, 田郭 86 ＝田広金・郭素新 1986, Чл72 ＝ Членова1972a, Bu09 ＝ Busan museum et al. 2009, Er11 ＝ Erdenechuluun, Erdenebaatar2011, Гр09 ＝ Грушин и др. 2009

＊地域略号：ミヌ・クラ＝ミヌシンスク・クラスノヤルスク地方，西シ・東カ＝西シベリア・東カザフスタン

第5章　「初期遊牧民文化」出現と動物紋

前1千年紀初頭に出現する「初期遊牧民文化」はユーラシア草原地帯全体の画期として広く使用されてきた。しかしながら，草原地帯東部において「初期遊牧民文化」と考えられる要素が，それ以前のカラスク期において見いだされるにつれ，「初期遊牧民文化」とそれ以前のカラスク期の文化との境界が不明瞭となってきている。この問題に対し，本書では，「初期遊牧民文化」の開始という従来の画期を，以前のカラスク期の動態を考慮しつつ再検討したい。そのために本章では，前章で得られたカラスク期の結果を基礎に，「初期遊牧民文化」成立期における青銅器の動態を整理し，「初期遊牧民文化」の諸要素で非常に重視されてきたスキタイ系動物紋出現の意義を考える基礎データを得ることを目的としている。第1節では，「初期遊牧民文化」成立期の剣について，分類，分布を把握，青銅器様式の設定を行う。第2節では青銅器に表現された動物紋について，特に技法の観点から分類を行い，各技法の変異の多寡について，「初期遊牧民文化」出現以前の段階も含めて，青銅器様式ごとに明らかにする。そして最後に，動物紋の分類単位と，鹿石との対比を行いたい。

第1節　剣の動態

1. 分　　類

形式分類

格周辺（格の本体からの突出度合い）と柄頭の形態の相関によって形式を大別する。

• 格周辺の形態（図5-1-X1～Z）

X1：突出する格の直上と直下の幅が同一で，刃部への移行部で，明瞭な突起を形成するもの。

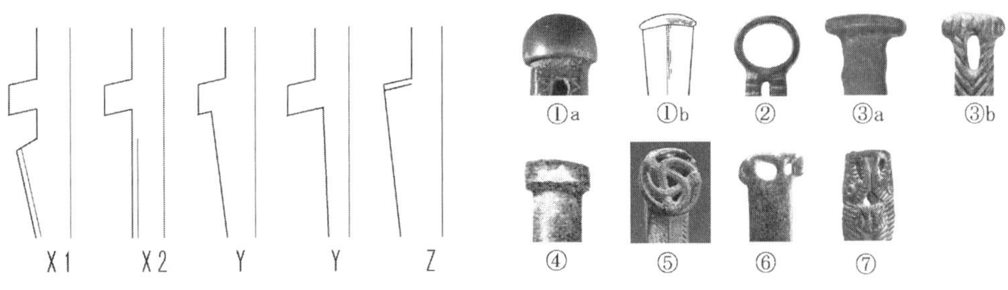

図5-1　形式分類における各属性変異

X2：突出する格の直上と直下の幅が同一で，刃部への移行部の区別があまり明瞭でないもの。

Y：突出する格の直上と直下の幅が非同一のもの。

Z：格がない，もしくは外形に沿うように形成されほとんど突出しないもの。

• **柄頭形態**（図 5-1-①a～⑦）

①a：傘形。

①b：①a が平たくつぶれたような形。

②：環状。

③a：棒状もしくは管状で，柄幅よりとび出すもの。

③b：③の直下の柄に孔が開くもの。

④：円柱形。俯瞰すると，円形のもの。

⑤：鉤状に取りつけられた柄頭。

⑥：動物の体躯表現。動物の種類は問わない。

⑦：柄頭のみを区別する表現がないもの。

表 5-1　柄頭形態と格周辺の形態の相関

		格周辺の形態			
		X1	X2	Y	Z
柄頭形態	①a	4	13	40	1
	①b		10	6	
	②	7	3	10	
	③a	3	22	31	
	③b	11	1		1
	④	1		2	
	⑤	4		1	
	⑥	2	7	9	
	⑦	3	1	1	13
	その他	11		5	1

両属性の対応関係（表 5-1）をみると，格周辺 X1 そして，X2 と Y，さらに Z という 3 者は，柄頭についてそれぞれ異なった傾向をもつといえる。そこで，格周辺 X1 のものを α 群，格周辺 X2，Y のものを β 群，Z のものを γ 群とし，以下でそれぞれについて細分する。

α 群の細分

格形態と脊形態の相関によって分類する。それぞれの属性について変化方向を想定できる。

• **格形態の変異**（図 5-2-O～Q）

O：柱状あるいは平たく大きく突出した格。刃と垂直方向に区画されない。

P：比較的小さく突出した格。刃と垂直方向に区画されない。

Q：刃と垂直方向に区画された格。

O のように剣身直上についた格が次第に退化（P）後，新たに区画された格が付けられる（Q）変化が想定可能である。Q が O から続く一連の変化であることは，α 群の分類基準のとおり，いずれも格上下の幅が同一であることによってもわかる。

• **脊形態の変異**（図 5-2-i～iii）

i：基部が太く，刃部先端に向かって徐々に細くなる脊。

ii：先端まで同一幅の細い脊。

iii：脊なし。

i が徐々に退化する方向で，i→ii→iii のような変化を想定できる。

格，脊に関する両属性はおおむね相関するが，脊形態 ii，iii についてはそれほど明確でない（表 5-2）。格 O，脊 i のすべてはカラスク式短剣 B1q 類あるいは B2c 類である。そこで，B1q，

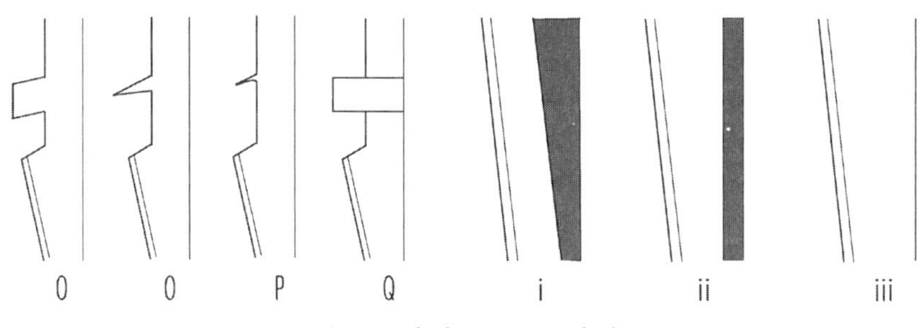

図 5-2 格形態（左）と脊形態（右）の変異

B2c 類を除いた脊形態 i のものを B2d 類，脊形態 ii，iii のものを B2e 類とする。B2d，B2e 類の柄は扁平に近いものであることから考えれば，B1q 類よりも B2c 類の系譜を引くものである。

表 5-2 格形態と脊形態の相関

		脊形態		
		i	ii	iii
格形態	O	15	1	1
	P	2	3	5
	Q	2	5	13

β 群の細分

格そのものの形態および，剣身基部の相関によって細分する。α 群と同様，各属性は，時間的変移を想定できる。

• **剣身基部の変異**（図 5-3- ①～④）

①：刃部への移行において突出があるもの。

②：刃部への移行においてわずかに形態が変化するもの。

③：刃部への移行における外形上の変化がないもの（研ぎによる区別は存在する場合がある)。

④：刃部が鉄製であるもの。

刃部が区別されるものから，区別されないものへ，さらに鉄製という変化（①→②→③→④）が想定できる。

• **格形態の変異**（図 5-3-a～g）

a：格が区画されずに，やや下向きに張り出すのもの

b：a が区画されたもの

c：細い屋根形のもの。少なくとも部分的には区画されている。

d：丸みを帯びたもの。少なくとも部分的には区画されている。

e：おおよそ垂直方向に，非常に大きく張り出すもの。格中央に高まりがあるものが多い。

f：格の両端が広がり，扇形をなすもの。両端が三角形を呈するものもある。

g：小さく突出するもの。

格が区画され，形態が変化していく方向（a → b → c，d）と，格の大きさが発達，変形する方向（a → e → f）の想定が可能である。

両属性の相関を示したのが表 5-3, 5-4 である。以上で想定した諸変化がすべて明確な形で相関するわけではないが，いくつかの群が看取される。また，表 5-3 では，剣身①，②に相関する格 a と，剣身①，②をもたない格 e，f という区分が考えうる。表 5-4 においても，剣身①と

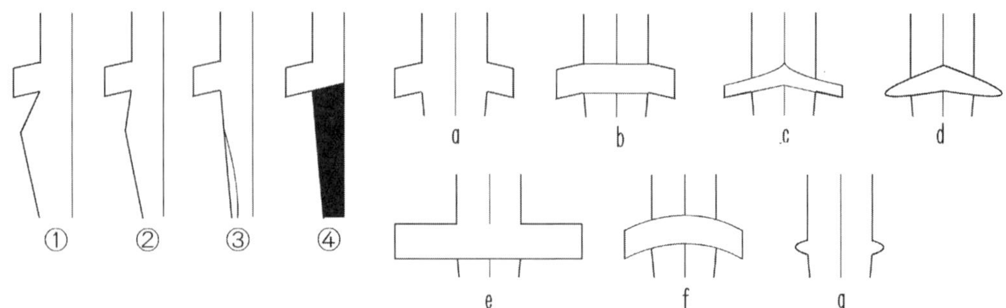

図 5-3　剣身基部（左）と格形態（右）の変異

表 5-3　剣身基部と格形態の相関①

		格形態		
		a	e	f
剣身基部	①	4		
	②	12		
	③	21	3	2
	④	1	17	28

表 5-4　剣身基部と格形態の相関②

		格形態				
		a	b	c	d	g
剣身基部	①	4				
	②	12	3	14	5	2
	③	21	2	37	12	5
	④	1	1			

表 5-5　格によるグループと柄頭形態の相関

		格のグループ		
		a	b, c, d, g	e, f
柄頭形態	①a	19	3	31
	①b		1	16
	②	11	2	
	③a	2	51	
	③b		1	
	④	2		
	⑤			
	⑥	1	15	
	⑦		2	
	⑧		2	3

相関する格aと，剣身①をもたない，格b，c，d，gという2区分が考えられる。そこで，格aをもつ群，格b，c，d，gをもつ群，格e，fをもつ群，という3群の柄頭について比較したものが表5-5であるが，3者は重なりつつも異なった傾向をもち，以上の区分の妥当性を示していると考えられる。カラスク式短剣はaをもつ群にすべて含まれ，カラスク式短剣B1c類が特に多い。以上より，B1c，B1q類を除く，aをもつ群をB1d類，b，c，d，gをもつ群をB1e類，e，fをもつ群をB1f類とする。B1c類→B1d類→B1e類または，B1c類→B1d類→B1f類という変化が考えられる。なお，テレノシュキンはB1f類に該当するものについて，さらに区分を行っている（Тереножкин 1976)。これは，先スキタイ期の編年で重要なところではあるが，草原地帯東西の大まかな対比が本書の主な目的であり，細分は行わない。

γ群の細分

γは非常に類似した一群である。α群の変化と同様，カラスク式短剣B1q類の格が退化して（図5-2-O～P）生じたものと考えられる。柄が中空になる特徴から考えて，B1q類の系譜を引くもので，B1r類とする。なお，本単位は高濱（1983）における分類のEI類に該当する。

2. 編 年

ここで年代の判明する資料を基に，各型式のおおよその年代を示そう。B1d類は，ミヌシンスク盆地ではタガール文化のバイノフ期に典型的な剣である（Вадецкая 1986）。バイノフ期は，本盆地後期青銅器時代を通じて編年を行ったラザレトフらによると，前9世紀末から前8世紀初頭と考えられている（Лазаретов, Поляков 2008）。また，ヒスタグラル（Khystaglar）1号墳は，剣を伴わないが，板石墓葬や共伴する土器，刀子からバイノフ期に位置づけられ，C^{14}年代は前11世紀から前10世紀となっている（Алексеев и др. 2005）。さらにB1d類にはモンゴル，オラーン・ゴム（Ulaangom）におけるチャンドマニ（Chandmani）遺跡出土品（図5-4-14），新疆霍城県出土品（新疆維吾爾自治区文物局 2011, p. 262）があり，興味深いが，それらから年代を決めることは難しい。

B1e類はミヌシンスク盆地では，タガール文化パドゴルノフ期によくみられる（Вадецкая 1986）。サビノフはパドゴルノフ期について，前8世紀以降の年代を与えている（Савинов 2012）。一方，チギル・タイジェン4（Tigir-Taydzhen 4）遺跡1号墳1号墓からは，剣B1d類とともに，刀子，鏡，有銎斧等がみつかり，C^{14}年代は，前10世紀から前9世紀後半となっている（Алексеев и др. 2005）。トゥバのアルジャン1号墳発見の，よく知られた剣（図1-27-1, 2）もB1e類にあたる。トゥバの当該期を，サビノフは前8世紀～前7世紀に位置づける（Савинов 2002）一方，アルジャン1号墳に対する近年のC^{14}年代は，前9世紀から前8世紀となっている（Алексеев и др. 2005）。以上のように，ミヌシンスク盆地やトゥバを含む南シベリアでは，新たに示されたC^{14}年代の方が古くなる傾向があるが，にわかには年代を決定しがたい。以上の状況を踏まえ，長城地帯との対応関係がより明確な，B1c類以前の剣の編年（第4章）に矛盾しない年代を仮に与えることとし，B1d類を前9世紀，B1e類を前9世紀～前8世紀と考えておく。

B1f類は，テレノシュキンが先スキタイ期（チェルノゴロフカ期，ノボチェルカスク期）に位置づけるもので，前9世紀～前7世紀に相当する（Тереножкин 1976）。B1f類を含む遺物を出土した，ヴィソーカヤ・モギーラのC^{14}年代は，前10世紀から前9世紀である（Алексеев и др. 2005）。ここでは，B1d類より派生した型式として，B1e類とほぼ同じ年代を与えておく。

B2d類では，寧城県小黒石溝92AII5号墓出土品（内蒙古自治区文物考古研究所ほか 2009, p. 346 図二八〇），同遺跡73年採集品（内蒙古自治区文物考古研究所ほか 2009, p. 396 図三二〇-1）が知られているが，直接年代の手がかりとなる遺物を伴わない。当該遺跡は，夏家店上層文化に位置づけられ，おおよそ西周晩期から春秋早期（前9世紀～前8世紀頃）に相当する年代である。

B2e類およびB1r類も，夏家店上層文化によくみられる型式である。B2e類は，寧城県小黒石溝93AII17号墓出土品（内蒙古自治区文物考古研究所ほか 2009, p. 362 図二九二-1）同県南山根101号墓（遼寧省昭烏達盟文物工作站ほか 1973, 図版六 2, 4, 5）などから出土する。B1r類も，寧城県汐子北山嘴7501号墓出土品（中國内蒙古文物考古研究所ほか 2007, p. 169-31）など夏家店上層文化に典型的なものであるほか，宝鶏市西高泉出土品（宝鶏市博物館・宝鶏県図博館 1980, 図

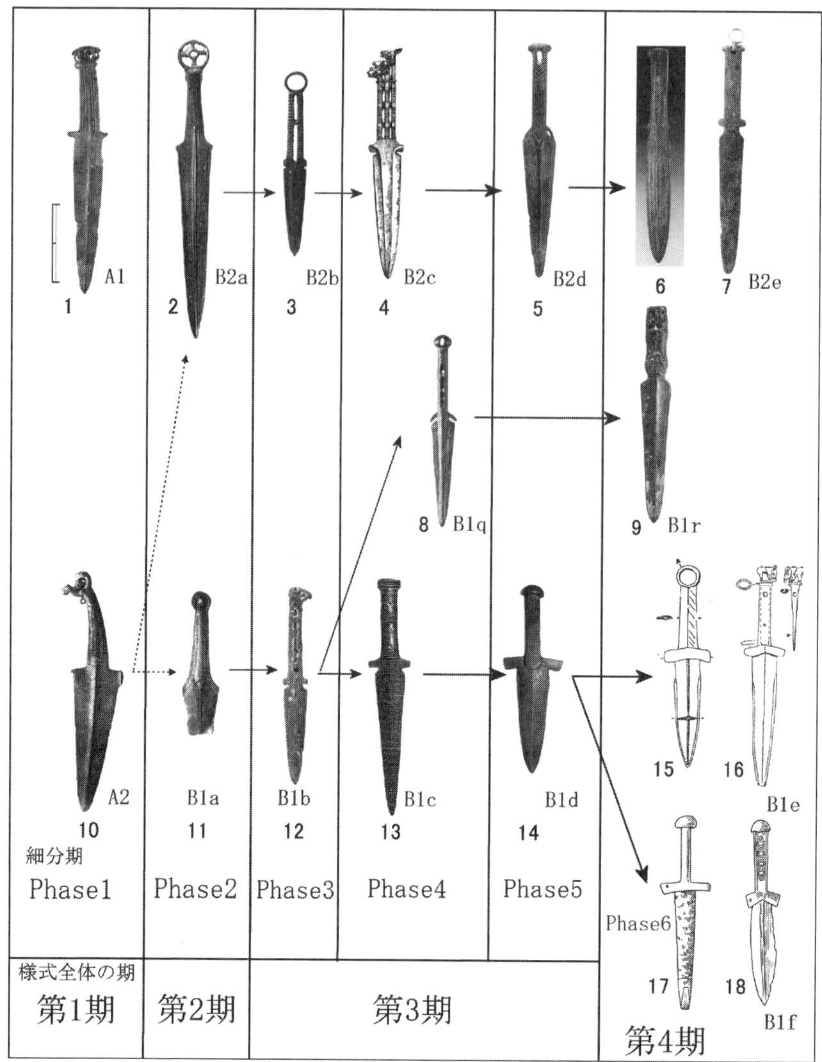

図 5-4　型式の変遷と phase の設定

版一-5）がある。これらから知られる両型式の年代は，B2d 類と同様のものであるが，型式変化からいって，やや後出のものと考えられる。

以上第 4 章の結果を基に，剣による細分期（phase）を設定する（図 5-4）。カラスク期の剣の最後の諸型式（B1c，B1q，B2c 類）の段階が phase 4（前 10 世紀～前 9 世紀頃）であるので，それに続く，B1d，B2d 類を phase 5（前 9 世紀頃），さらに後続する B1e，B1f，B1r，B2e 類（前 9 世紀～前 8 世紀頃）を phase 6 とする。図 5-4 に示したように，phase 3～6 までの諸型式は，基本的には phase 2 からの変化や派生で捉えられることがわかる。以上の変遷は，草原地帯の東西において，カラスク期の剣から諸型式が発生していくという，従来指摘されてきた流れ（Членова1967, Тереножкин1976, 高濱 1983）をほぼ追認するものである。

3. 剣の分布と青銅器様式

第 4 章における phase 4 では，長城地帯では特有の型式（B1q 類）が現れはじめている（図 4-15）。phase 5 も同様であるが（図 5-5），phase 6 になると，アルタイ山脈以西から草原地帯西部（B1e 類），カフカス北部を中心とする地域（B1f 類），長城地帯（B2e，B1r 類）というような 3 つの地域性が出現する（図 5-6）。図 5-4 のように，ここで扱ったすべての型式は B1a，B2a 類を起点とする系譜に由来するものである。また，青銅刀子については，phase 3 以降同じ型式（Bc 類）が引き続いて用いられている。つまり phase 4 以降も，剣，刀子ともに後期カラスク青銅器様式（phase 3）の型式を直接引き継いでおり，馬具や動物形の金具が明瞭になってくることを除けば，様式それ自体には大きな変化はみられないのである。しかしながら，草原地帯に 3 つの顕著な地域性が現れる phase 6 を全体の第 4 期として，ポストカラスク青銅器様式と呼んで区別しておく（図 5-7）。

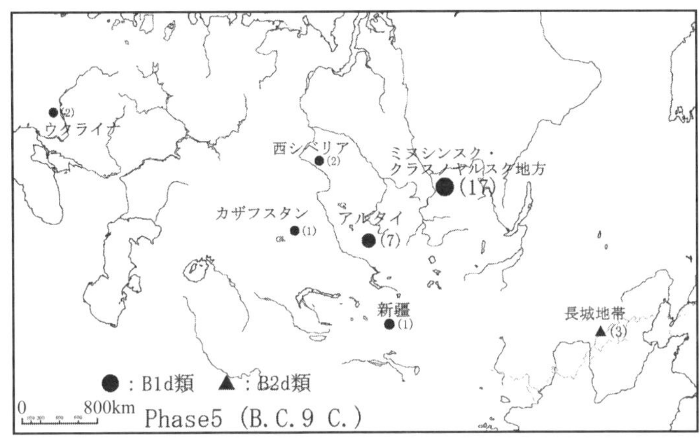

図 5-5　剣 **B1d，B2d** 類の分布

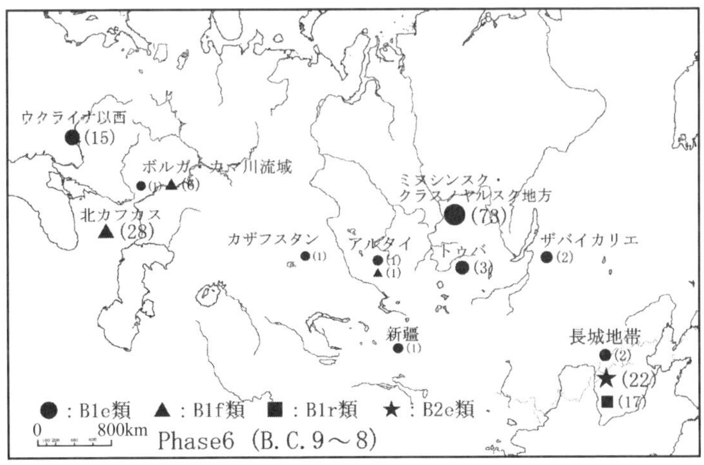

図 5-6　剣 **B1e，B1f，B1r，B2e** 類の分布

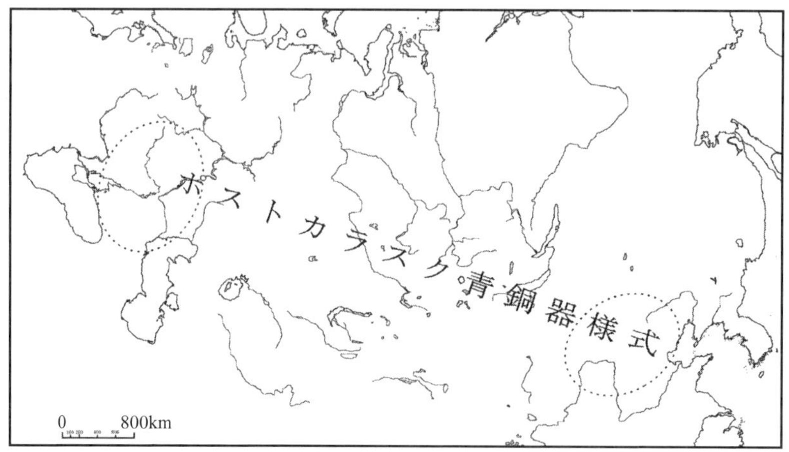

図 5-7　ポストカラスク青銅器様式

以上のように，アルジャン 1 号墳に代表される，「初期遊牧民文化」の出現時期，つまり phase 6 は，phase 3 の斉一性から徐々に地域性が現れ，さらにそれが顕在化した段階なのである。つまるところ，剣の型式という同一基準で比較すると，「初期遊牧民文化」出現期の草原地帯は，前の段階（第 3 期，phase 3～5）よりも類似度が低くなっているのである。

第 2 節　動物紋の検討

以上では，「初期遊牧民文化」出現段階の草原地帯において，地域性が強くなっている現象を指摘した。それでは，「初期遊牧民文化」出現以降，草原地帯全体に広がる，いわゆるスキタイ系動物紋の類似についてはどのように評価できるのだろうか。スキタイ系動物紋の分布は，その出現段階においては，先学で指摘されてきたように，草原地帯東部に偏る。本節では，草原地帯東部における動物紋が，以前の段階と比べて，どのように変化したのかを調べることで，動物紋出現の背景について考察する手がかりを得たい。個々の動物紋の系譜に関する問題，またそれらの草原地帯西部への拡散については，別の機会に論じることにする。また，本節では，「初期遊牧民文化」出現の前後（モンゴリア青銅器様式～ポストカラスク青銅器様式）での比較が重要となるため，各段階に共通して豊富な器種である，剣と刀子に現れた動物紋のみを対象とした。

1.　動物紋における諸属性

属性として，表現対象，配置，表現技法，器物上の紋様箇所，表現頭数が挙げられる。以下，それぞれについて記述する。

表現対象

動物紋として表現された対象の種類や特徴（図 5-8）。

図 5-8 動物紋における表現対象の変異

目鼻突出：目鼻が突出し，体躯をもたない表現。

イノシシ：イノシシに類する表現。体躯をもつ。

枝シカ：C 字形が連なるような枝分かれした角をもつシカに類する表現。ほとんどが体躯をもつ。

ネコ科：大口を開けたネコ科の動物表現。体躯をもつ。体躯に斜線や円圏が入るものが多い。アルジャン 1 号墳や西シベリア発見の飾板の表現などもこれに該当する（図 1-27-3～6）。

有角獣：上記以外の角をもつ哺乳類を表したもの。体躯をもつものが多い。

無角獣：上記以外の角をもたない哺乳類を表したもの。体躯をもつものが多い。

クチトリ：大きな嘴が明確に表現された鳥類の表現で，体躯をもたない。

ヨコトリ：鳥類の体躯の側視表現。

ハネトリ：翼を広げた鳥類体躯の俯瞰表現。

一部：動物の足，蹄のみが表現されるもの。

その他：爬虫類，ヒト等，資料数は各 1～数点程度。

配置

器物の特定箇所（紋様帯）に複数の動物が表現される場合の配置方法。刀子の表裏両方に紋様帯があるなど，同一個体で表現箇所が複数ある場合は，それぞれを 1 つずつ数える。

同方向縦：同じ方向を向いた（同様の）獣が，縦に配列。

同方向横：同じ方向を向いた（同様の）獣が，横に配列。

対面：相対する獣がペアで表現。

逆：互いに逆を向いた獣がペアで表現。

環：同方向の獣が円環状に表現。

捕食：上記ネコ科の獣が，枝シカ，無角獣などを襲う表現。

多様：配置に規則性がないもの。

その他：上記の組み合わせや，それ以外。対面，逆が 2 段になっている，絡み表現等。資料数は各 1 個体程度。

表現技法

動物紋を鋳造する際の表現方法（図5-9）。

突線：器物本体から突出する細い線による表現。

凹線：器物本体から窪む線による表現。

突線レリーフ：器物の表面が窪む形で区画され，その区画内に突線を用いて表現したもの。外見上は上記「突線」に似るが，製作技法上は，突線を残して器物表面を彫り窪めた形になるので，「凹線」，「凹レリーフ」に近い。

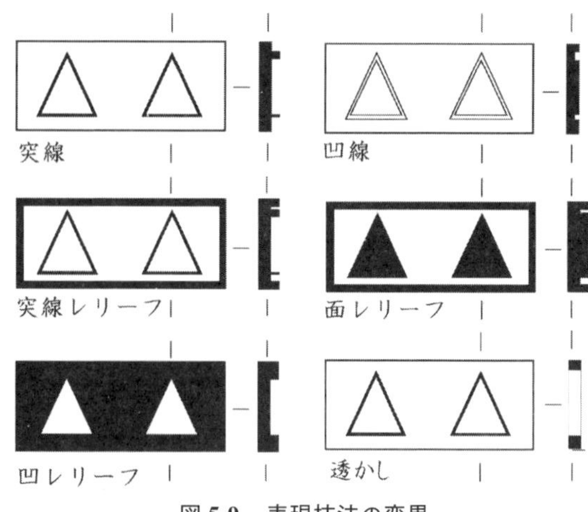

図 5-9　表現技法の変異

面レリーフ：「突線レリーフ」の突線が面になるもの。

凹レリーフ：器物本体から窪む面的表現。

透かし：透かし彫り。

像：立体表現のもの。

半像：動物の片側だけが立体表現のもの。

紋様の器物上の箇所

剣，刀子において動物紋が表現される部位。格部分，柄部表面，柄頭部のいずれかに該当する。同一個体で表現箇所が複数ある場合は，それぞれを1つずつ数える。

表現頭数

紋様帯として表現される動物の頭数。刀子の表裏両方に紋様帯があるなど，同一個体で表現箇所が複数ある場合は，それぞれを1つずつ数える。

2.　属性の相関と分類，および各群の変異幅

以上の属性について，表現対象を中心に相関を検討した結果（図5-10～5-13），その他，不明を除く主要なものに関して，以下のようなグルーピングが可能となった。

①a 類（目鼻突出）

ほとんどが柄頭に，単体の像として表現される。各属性（技法）のヴァリエーションはきわめて限られたものである。

①b 類（クチトリ）

①a 類とよく似るが，格部に互いに逆向きに現される例がいくつかある。技法のヴァリエーションは限られるが，①a 類よりも広がりをみせる。

②a 類（イノシシ，無角獣，有角獣，ネコ科，枝シカ，一部）

きわめて多様な変異をもつ一群であるが，技法上では細分できない。ほとんどが，出現期のスキタイ系動物紋に該当する。技法のヴァリエーションは①a，①b 類に比してきわめて広い。

②b 類（ハネトリ，ヨコトリ）

多様な変異もつが，その幅は②a 類よりは狭い。柄頭や像としての表現がない。技法のヴァリエーションは広いが，②a 類よりは狭い。

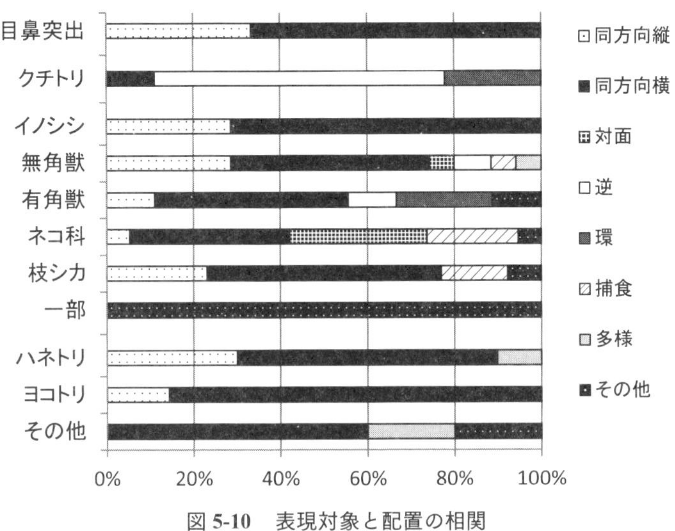

図 5-10　表現対象と配置の相関

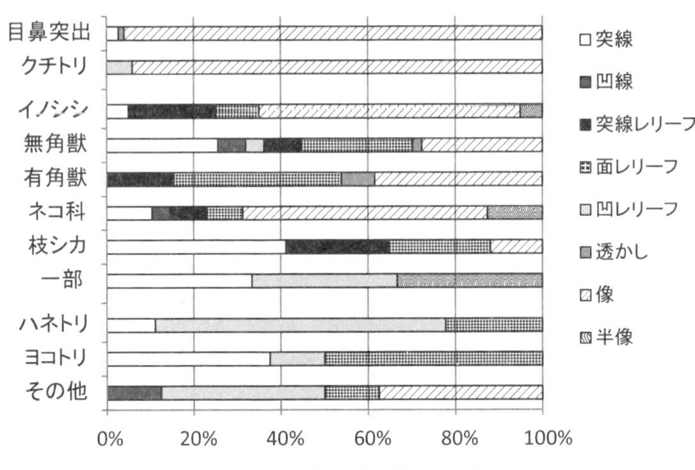

図 5-11　表現対象と表現技法の相関

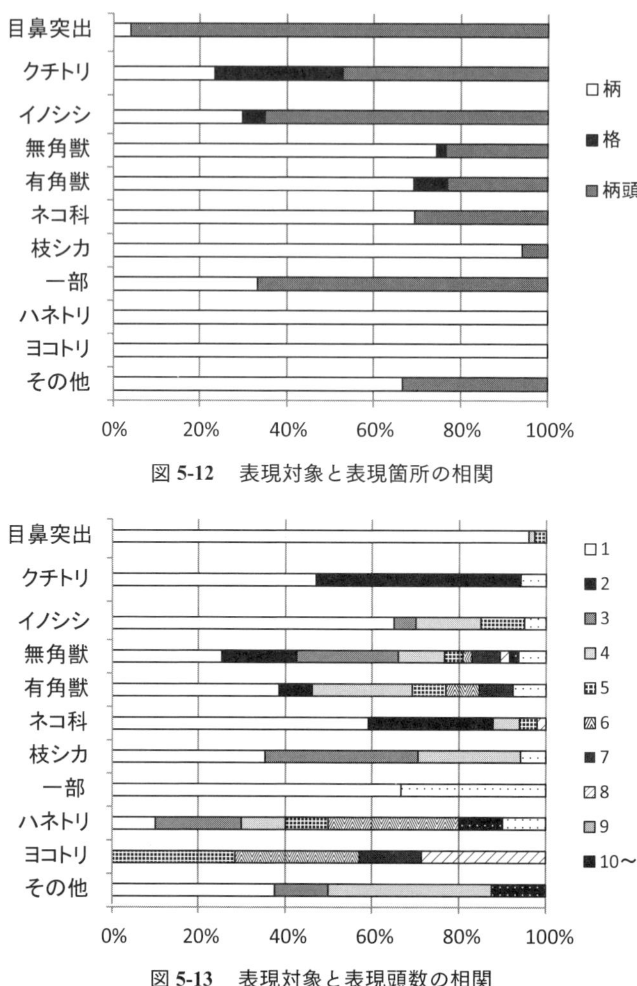

図 5-12　表現対象と表現箇所の相関

図 5-13　表現対象と表現頭数の相関

3.　青銅器様式との対応

動物紋の型式と，青銅器様式との対応関係を図 5-14, 表 5-6 に示した。

①a 類は剣 A2 類，刀子 C 類に，複雑な形態をしたものが多くみられる。また，刀子 A 類では，目鼻が玉状になった，より簡素なものが知られる。したがって，①a 類はモンゴリア青銅器様式に特有のものである。刀子 B 類にもわずかに知られるが，それらは目鼻が突出するという特徴を失いつつある。後期カラスク青銅器様式においては①a 類は，退化傾向にあったといえる。

①b 類は剣 B1b，B1q，B2d，B2e 類，刀子 Bc 類にみられ，後期カラスク青銅器様式からポストカラスク青銅器様式にみられる。以下の②a，②b 類に比べれば，やや早い型式を含み，その主体は後期カラスク青銅器様式であったと考えられる。

②a 類は剣 B1q，B1e，B1r，B2d，B2e 類，刀子 Bc 類に多くみられる。後期カラスク青銅器様式からポストカラスク青銅器様式とできるが，①b 類よりも後出の型式であり，その主体はポストカラスク青銅器様式にあったと考えられる。

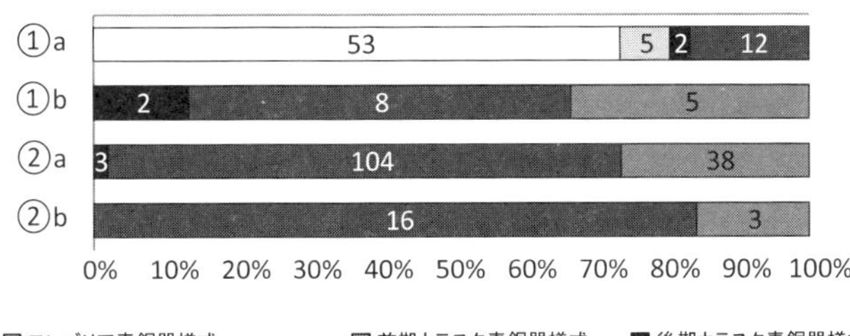

図 5-14　動物紋の型式と青銅器様式の相関

表 5-6　青銅器型式と動物紋型式の相関

	型式	動物紋型式			
		①a 類	①b 類	②a 類	②b 類
刀子	A 類	9			
	A/C 類	5			
	C 類	31			
	Ba 類	1			
	Bb 類	1			
	Bc 類	14	10	102	16
剣	A2 類	12			
	B1b 類		1	1	
	B1c 類			1	
	B1q 類		1	1	
	B1e 類			10	
	B1r 類			5	
	B2a 類	1			
	B2d 類		2	5	
	B2e 類		3	18	3

②b 類は剣 B2e，刀子 Bc 類にみられ，②a 類と同様，その主体はポストカラスク青銅器様式にあったと考えられる。

以上のように，各青銅器様式では主体となる動物紋のグループは異なることがわかる。典型的なスキタイ系動物紋と呼ばれてきた②a 類は，後期カラスク青銅器様式に出現し，ポストカラスク青銅器様式で主体となる。また，①a 類，①b 類，そして②a 類と②b 類という順で技法のヴァリエーションが広がっていくことを考えると，ポストカラスク青銅器様式に主流となるスキタイ系動物紋（②a，②b 類）は，モンゴリア青銅器様式（①a 類），後期カラスク青銅器様式（①b 類）のそれらよりも，技法的規範がきわめて緩かったといえる。

4.　鹿石の動物表現との対比

第 1 章で述べたように，鹿石には，嘴をもつ抽象的な鹿紋様をびっしりと刻むもの（I 類），写実的な列状の動物紋（鹿を含む）を，空白を多く残してもつもの（II 類），動物紋をもたないもの（III 類）の区分が一般的である。この区分は，動物表現とその空間配置が組み合わさっており妥当と考えられる。以下，動物紋のある I 類，II 類の鹿石表現と青銅器における動物紋を比較しよう。

青銅器の動物紋との対比

I 類の鹿石には，剣 A 類（曲柄剣）に類するもの（図 5-15-b）が表現される場合がある。他に剣 B1，B2 類に似たものでは，鍔状の切れ込みがみられ（図 5-16-2），剣 B1q，B2c 類以前の型式を表現した可能性があるが，鍔部がとび出るだけの単純な表現もあり，それらがいずれの

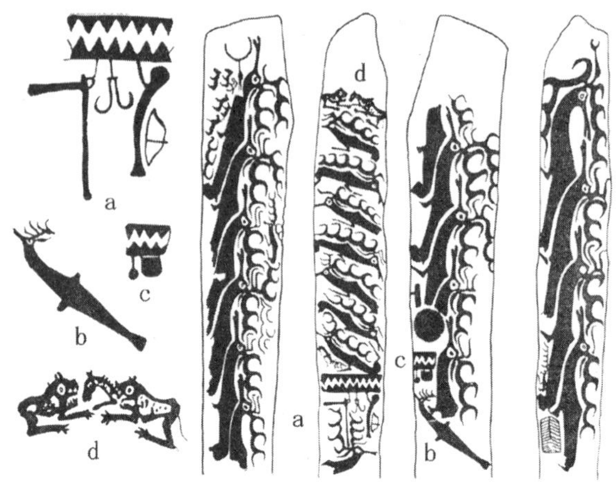

図 5-15　オラーン・オーシグ 15 号鹿石

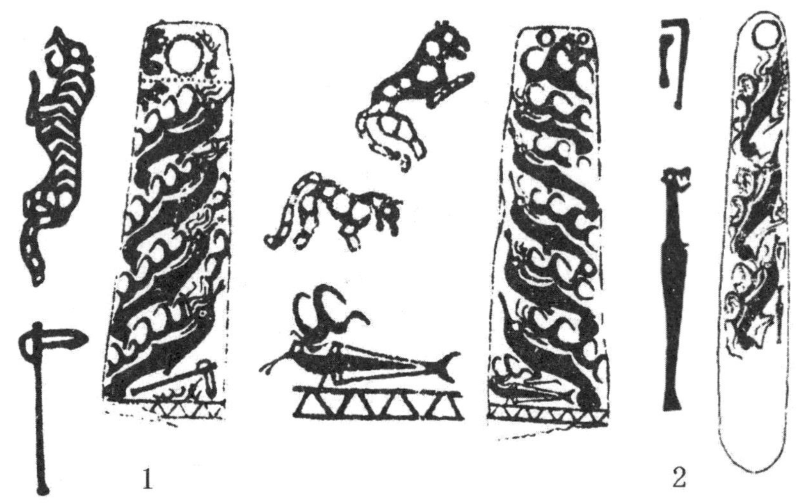

図 5-16　ジャルガラント・ソム 23 号鹿石（1）とウンドル・ウラン・ソム 1 号鹿石（2）

型式にあたるかについて特定は困難である。したがって，I 類の鹿石は，モンゴリア青銅器様式，後期カラスク青銅器様式に存在し，それ以降も存続した可能性がある。

鹿石 I 類にみられる，長い嘴状の鼻づらをもつ鹿の形態は，同鹿石上にある武器表現に非常に類似している場合がある。図 5-16-2 では鹿石下部の帯の上から短い線が引かれ，帯と水平に 1 体の鹿が表現される。この鹿が鞘状のものに入っていること，さらに多くの武器表現は鹿石の帯の付近にあることから考えて，この鹿は武器の表現と同様であるとできよう。同じ表現は図 5-15-b でもみられる。ここから類推するならば，モンゴリア青銅器様式において獣頭（動物紋①a 類）をもつ剣 A 類や刀子 C 類は，その器形全体で鹿石 I 類の様式化された鹿を表現していた可能性がある。つまり，鹿石 I 類における様式化された鹿は，動物紋①a 類と同類と考えられるのである。一方で，わずかながら，I 類においても②a 類にみられる動物紋が表現されている場合がある。これらはいずれも，様式化された鹿（①a 類）の周囲を充塡するように小さく描かれることがほとんどである（図 5-16-1）。

一方で，鹿石 II 類（図 1-29-II 類）の動物紋は明らかに②a 類である。ただし，II 類の方は，武器表現によって，青銅器様式との対比を行うことは困難である。動物紋から考えると，後期カラスク青銅器様式およびポストカラスク青銅器様式の年代を与えることができる。

青銅器様式における鹿石の動物紋

上に述べた対比を様式ごとにまとめよう。モンゴリア青銅器様式には鹿石 I 類が存在した。青銅器の剣 A 類や刀子 C 類，鹿石 I 類が動物紋①a 類をもつことによって，様式全体が統一されていたことが窺われる。仮に動物紋②a 類が存在していたとしても，鹿石 I 類の中では副次的な存在でしかない。

後期カラスク青銅器様式では，鹿石 I 類（動物紋①a 類），II 類（動物紋②a 類）双方が存在する可能性がある。一方で，青銅器では動物紋が全体的に少なく，①b 類を主体に①a，②a 類が少数みられる。すなわち，同一様式にありながら，青銅器と鹿石ではかなりのズレがみられるわけである。また，多寡を別にすれば，ほとんどすべての紋様が，青銅器にも鹿石にも出揃っていることも確認される。

ポストカラスク青銅器様式でも，鹿石 I 類（動物紋①a 類），II 類（動物紋②a 類）双方が存在する可能性がある。鹿石 I 類がどこまで存続するかは難しい問題であるが，青銅器では動物紋②a 類や②b 類が主体となり[1)]，鹿石 I 類を除けば，全体が動物紋②a 類で大体は一致してくる。

「初期遊牧民文化」とそれ以前の両要素をもつ鹿石は，「初期遊牧民文化」の起源を遡らせうる資料として重視されてきた。確かに，鹿石全体としては「初期遊牧民文化」を遡るものが存在するのであろうが，青銅器様式変化の過程で動物紋が大きく変化していることに注目できよう。スキタイ系動物紋（②a 類）は，①a 類との交替で出てきているのであって，その間の時期として後期カラスク青銅器様式が存在しているのである。

1） 鹿石 I 類にみられる主紋様の鹿が，①a 類とは異なる形で，青銅器上に表現される場合がわずかにある。最も明確である例は，鄂爾多斯博物館所蔵の刀子（鄂爾多斯博物館 2006, p. 90 最下）であり，鹿石にみられる主紋様そのものが，表面から窪む形で鋳出されている。本刀子は Bc 類であり，後期カラスク青銅器様式またはそれ以降に位置づけられる。同じく，刀子 Bc 類で，東京国立博物館所蔵品（東京国立博物館 2005, p. 73-no.72）には，長い嘴状の鼻づらをもつ獣頭が表現されている。しかしながら数量的にいって，これらは例外的である。

附表 5-1　剣分類使用資料一覧

番号	出典	形式	型式	地域	格周辺の形態	柄頭	格	剣身
1	Чл67- таб.-3-1	β	B1d	ミヌ・クラ	Y	②	a	1
2	Чл67- таб.-3-2	β	B1d	ミヌ・クラ	X2	②	a	2
3	Чл67- таб.-3-3	β	B1e	ミヌ・クラ	Y	②	b	2
4	Чл67- таб.-3-4	β	B1d	ミヌ・クラ	X2	①a	a	2
5	Чл67- таб.-3-5	β	B1d	ミヌ・クラ	X2	①a	a	2
6	Чл67- таб.-3-6	β	B1e	ミヌ・クラ	Y	①a	b	2
7	Чл67- таб.-3-7	β	B1e	ミヌ・クラ	Y	①a	d	3
8	Чл67- таб.-3-8	β	B1e	ミヌ・クラ	X2	①a	d	3
9	Чл67- таб.-3-9	β	B1e	ミヌ・クラ	Y	③a	d	3
10	Чл67- таб.-3-10	β	B1e	ミヌ・クラ	Y	③a	d	2
11	Чл67- таб.-3-11	β	B1e	ミヌ・クラ	Y	③a	d	3
12	Чл67- таб.-3-12	β	B1e	ミヌ・クラ	Y	③a	d	3
13	Чл67- таб.-3-13	β	B1e	ミヌ・クラ	Y	③a	c	2
14	Чл67- таб.-3-14	β	B1e	ミヌ・クラ	Y	③a	c	2
15	Чл67- таб.-3-15	β	B1e	ミヌ・クラ	Y	③a	c	3
16	Чл67- таб.-3-16	β	B1d	ミヌ・クラ	X2	③a	a	2
17	Чл67- таб.-3-17	β	B1e	ミヌ・クラ	Y	③a	c	3
18	Чл67- таб.-3-18	β	B1e	ミヌ・クラ	Y	③a	d	3
19	Чл67- таб.-3-19	β	B1e	ミヌ・クラ	X2	③a	b	2
20	Чл67- таб.-3-20	β	B1e	ミヌ・クラ	X2	③b	c	3
21	Чл67- таб.-3-21	β	B1e	ミヌ・クラ	Y	③a	d	3
22	Чл67- таб.-3-22	β	B1e	ミヌ・クラ	X2	⑦	c	2
23	Чл67- таб.-3-23	β	B1e	ミヌ・クラ	Y	⑥	b	3
24	Чл67- таб.-3-24	β	B1e	ミヌ・クラ	Y	⑥	c	3
25	Чл67- таб.-3-25	β	B1e	ミヌ・クラ	Y	⑥	c	3
26	Чл67- таб.-3-26	β	B1e	ミヌ・クラ	Y	⑥	c	3
27	Чл67- таб.-3-27	β	B1e	ミヌ・クラ	X2	③a	g	3
28	Чл67- таб.-3-28	β	B1e	ミヌ・クラ	X2	③a	g	2
29	Чл67- таб.-3-29	β	B1e	ミヌ・クラ	X2	⑥	g	2
30	Чл67- таб.-23-2	β	B1e	ミヌ・クラ	Y	⑥	c	3
31	Чл67- таб.-23-7	β	B1e	ミヌ・クラ	Y	⑥	d	3
32	Чл67- таб.-25-15	β	B1e	ミヌ・クラ	X2	⑥	g	3
33	Чл67- таб.-25-16	β	B1e	ミヌ・クラ	X2	⑥	g	3
34	Чл76-таб.1-11	β	B1c	ミヌ・クラ	Y	②	a	1
35	Чл76-таб.1-19	β	B1c	ミヌ・クラ	X1	④	a	1
36	Чл76-таб.1-21	β	B1q	ミヌ・クラ	Y	④	a	3
37	Чл76-таб.2-2	β	B1d	ミヌ・クラ	Y	②	a	3
38	Чл76-таб.2-3	β	B1d	ミヌ・クラ	Y	②	a	2
39	Чл76-таб.2-5	β	B1d	ミヌ・クラ	X2	②	a	3
40	Чл76-таб.2-6	β	B1d	ミヌ・クラ	Y	②	a	2
41	Чл76-таб.2-7	β	B1d	ミヌ・クラ	Y	②	a	2
42	Чл76-таб.2-8	β	B1d	ミヌ・クラ	Y	②	a	3
43	Чл76-таб.2-9	β	B1d	ミヌ・クラ	Y	②	a	2
44	Чл76-таб.2-10	β	B1d	ミヌ・クラ	Y	①a	a	3
45	Чл76-таб.2-12	β	B1d	ミヌ・クラ	Y	①a	a	3
46	Чл76-таб.2-14	β	B1d	ミヌ・クラ	Y	―	a	3
47	Чл76-таб.6-4	β	B1d	アルタイ	Y	―	a	3
48	Чл76-таб.6-5	β	B1e	アルタイ	Y	―	b	3
49	Чл76-таб.6-6	β	B1d	アルタイ	Y	⑥	a	2
50	Чл76-таб.6-7	β	B1d	アルタイ	X2	①a	a	2
51	Чл76-таб.6-8	β	B1d	アルタイ	Y	①a	a	3
52	Чл76-таб.6-9	β	B1d	アルタイ	X2	①a	a	3
53	Чл76-таб.6-10	β	B1f	アルタイ	Y	①a	e	3
54	Чл76-таб.6-11	β	B1d	アルタイ	Y	①a	a	3
55	Чл76-таб.6-12	β	B1d	アルタイ	X2	①a	a	3
56	Чл76-таб.7-1	β	B1d	西シベリア	Y	①a	a	3
57	Чл76-таб.7-2	β	B1d	西シベリア	Y	―	a	3
58	Чл76-таб.7-9	β	B1e	ザバイカリエ	Y	②	c	3
59	Чл76-таб.7-10	β	B1e	ミヌ・クラ	Y	―	c	3
60	Чл76-таб.8-10	β	B1c	カザフスタン	Y	①a	a	3
61	Чл76-таб.8-13	β	B1c	カザフスタン	Y	①a	a	3
62	Чл76-таб.8-18	β	B1d	カザフスタン	X2	②	a	3
63	Чл76-таб.9-1	β	B1c	バシキリア	Y	①a	a	1
64	Чл76-таб.9-6	β	B1c	ウクライナ	Y	①a	a	3
65	Те76-рис.5-2	β	B1f	ウクライナ以西	X2	①b	f	4
66	Те76-рис.9-1	β	B1f	ウクライナ以西	Y	①b	f	4
67	Те76-рис.12-4	β	B1f	ボルガ-カマ	X2	①a	e	4

番号	出典	形式	型式	地域	格周辺の形態	柄頭	格	剣身
68	Te76-рис.27-6	β	B1d	ウクライナ	Y	①a	a	3
69	Te76-рис.39-3	β	B1e	ウクライナ	Y	⑥	g	3
70	Te76-рис.68-1	–	–	北カフカス	–	①a	e	4
71	Te76-рис.68-2	β	B1f	北カフカス	Y	①a	e	4
72	Te76-рис.68-3	β	B1f	北カフカス	Y	①a	e	4
73	Te76-рис.68-4	β	B1f	北カフカス	Y	①a	e	4
74	Te76-рис.68-5	β	B1f	北カフカス	Y	①a	e	4
75	Te76-рис.68-6	β	B1f	北カフカス	Y	①a	f	3
76	Te76-рис.68-7	β	B1f	北カフカス	Y	①a	e	4
77	Te76-рис.69-1	β	B1f	北カフカス	Y	①a	f	4
78	Te76-рис.69-2	β	B1f	北カフカス	Y	①a	f	4
79	Te76-рис.69-3	β	B1f	北カフカス	Y	①a	f	4
80	Te76-рис.69-4	β	B1f	北カフカス	Y	①a	f	4
81	Te76-рис.69-5	–	–	北カフカス	–	①a	f	4
82	Te76-рис.69-6	β	B1f	北カフカス	X2	①a	f	4
83	Te76-рис.69-7	β	B1f	北カフカス	Y	①a	f	4
84	Te76-рис.69-8	β	B1f	北カフカス	X2	①a	f	4
85	Te76-рис.70-1	–	–	北カフカス	–	①a	f	4
86	Te76-рис.70-2	β	B1f	北カフカス	Y	①a	f	3
87	Te76-рис.70-3	β	B1f	北カフカス	Y	①a	e	4
88	Te76-рис.70-4	β	B1f	北カフカス	Y	①a	f	4
89	Te76-рис.70-5	β	B1f	北カフカス	Y	①b	f	4
90	Te76-рис.70-6	β	B1f	北カフカス	X2	①b	f	4
91	Te76-рис.70-7	β	B1f	北カフカス	Y	①a	f	4
92	Te76-рис.70-8	β	B1f	北カフカス	Y	①a	f	4
93	Te76-рис.70-9	–	–	北カフカス	–	①b	–	–
94	Te76-рис.71-1	β	B1f	ボルガ-カマ	X2	①b	e	4
95	Te76-рис.71-2	β	B1e	ボルガ-カマ	X2	①b	b	4
96	Te76-рис.71-3	–	–	ボルガ-カマ	–	①b	f	–
97	Te76-рис.71-4	β	–	ボルガ-カマ	X2	①a	–	–
98	Te76-рис.71-5	β	B1f	ボルガ-カマ	Y	①b	f	4
99	Te76-рис.71-6	β	B1f	ボルガ-カマ	X2	①b	f	4
100	Te76-рис.71-7	β	B1f	ボルガ-カマ	X2	①b	f	4
101	Te76-рис.74-1	β	B1f	ウクライナ以西	Y	⑧	e	3
102	Te76-рис.74-2	β	B1f	ウクライナ以西（チェコ）	Y	①a	e	4
103	Te76-рис.74-3	β	B1f	ウクライナ以西	Y	⑧	e	4
104	Te76-рис.74-4	β	B1f	ウクライナ以西（ポーランド）	Y	①a	e	3
105	Te76-рис.74-5	β	B1f	ウクライナ以西	Z	①b	f	4
106	Te76-рис.74-6	β	B1f	ウクライナ以西	Y	⑧	e	4
107	Te76-рис.74-7	β	B1f	ウクライナ以西	X2	①b	f	4
108	Te76-рис.74-8	β	B1f	ウクライナ以西（チェコ）	Y	①a	e	4
109	Te76-рис.75-4	–	–	ウクライナ	–	①a	e	–
110	Te76-рис.75-5	β	B1f	北カフカス	Y	①b	e	4
111	Te76-рис.75-7, 50-1	β	B1f	ウクライナ以西（ウクライナ）	Y	①a	e	4
112	Te76-рис.75-8, 39-1	β	B1f	ウクライナ以西（ウクライナ）	Y	①a	e	4
113	Te76-рис.75-9	β	B1f	ボルガ-カマ	X2	①a	e	4
114	Te76-рис.75-11	β	B1f	北カフカス	Y	①a	e	4
115	Te76-рис.75-12	β	B1f	北カフカス	X2	①a	f	4
116	Te76-рис.75-13	β	B1f	北カフカス	Y	①a	f	4
117	Te76-рис.75-14	β	B1f	北カフカス	Y	①a	f	4
118	Te76-рис.75-15	–	–	カフカス	–	①a	f	–
119	Te76-рис.75-16	β	B1f	北カフカス	Y	①a	f	4
120	Te76-рис.75-17	β	B1f	北カフカス	Y	①b	f	4
121	Te76-рис.75-18	–	–	北カフカス	–	①a	f	4
122	Te76-рис.75-19	β	B1f	ウクライナ以西	X2	①b	f	4
123	Te76-рис.75-20, 3-7	β	B1f	ウクライナ以西	X2	①b	f	4
124	Te76-рис.75-21	–	–	北カフカス	–	①a	f	4
125	Te76-рис.75-22	β	B1f	北カフカス	X2	①b	f	4
126	Te76-рис.75-3, 48-1	β	B1d	ウクライナ	X2	①a	a	4
127	Te76-рис.76-1	β	B1f	北カフカス	Y	①b	f	4
128	ミヌ博（MM787）	β	B1e	ミヌ・クラ	Y	③a	d	3
129	ミヌ博（MM794）	β	B1e	ミヌ・クラ	Y	③a	d	2
130	ミヌ博（MM798）	β	B1e	ミヌ・クラ	Y	③a	d	2
131	ミヌ博（MM800）	β	B1e	ミヌ・クラ	X2	③a	c	3
132	ミヌ博（MM801）	β	B1e	ミヌ・クラ	Y	③a	c	2
133	ミヌ博（MM803）	β	B1e	ミヌ・クラ	X2	③a	c	3
134	ミヌ博（MM804）	β	B1e	ミヌ・クラ	X2	③a	d	2

番号	出典	形式	型式	地域	格周辺の形態	柄頭	格	剣身
135	ミヌ博（MM805）	β	B1e	ミヌ・クラ	Y	③a	d	3
136	ミヌ博（MM806）	β	B1e	ミヌ・クラ	Y	⑦	c	3
137	ミヌ博（MM807）	β	B1e	ミヌ・クラ	X2	③a	c	2
138	ミヌ博（MM808）	β	B1e	ミヌ・クラ	Y	③a	c	3
139	ミヌ博（MM809）	β	B1e	ミヌ・クラ	Y	③a	d	3
140	ミヌ博（MM810）	β	B1e	ミヌ・クラ	Y	③a	c	3
141	ミヌ博（MM811）	β	B1e	ミヌ・クラ	Y	③a	c	3
142	ミヌ博（MM812）	β	B1e	ミヌ・クラ	X2	③a	c	2
143	ミヌ博（MM813）	β	B1e	ミヌ・クラ	X2	③a	c	2
144	ミヌ博（MM814）	β	B1e	ミヌ・クラ	X2	③a	d	2
145	ミヌ博（MM816）	β	B1e	ミヌ・クラ	Y	③a	c	2
146	ミヌ博（MM818）	β	B1d	ミヌ・クラ	X2	①a	a	3
147	ミヌ博（MM828）	β	B1e	ミヌ・クラ	X2	③a	c	3
148	ミヌ博（MM829）	β	B1e	ミヌ・クラ	X2	③a	c	3
149	ミヌ博（MM830）	β	B1e	ミヌ・クラ	X2	③a	c	3
150	ミヌ博（不明）	β	B1e	ミヌ・クラ	Y	③a	c	-
151	ミヌ博（不明）	β	B1e	ミヌ・クラ	Y	⑥	c	3
152	ミヌ博（MM781）	β	B1e	ミヌ・クラ	Y	③a	c	3
153	ミヌ博（MM782）	β	B1e	ミヌ・クラ	X2	③a	c	3
154	ミヌ博（MM783）	β	B1e	ミヌ・クラ	X2	③a	c	3
155	ミヌ博（MM784）	β	B1e	ミヌ・クラ	Y	③a	c	3
156	ミヌ博（MM785）	β	B1e	ミヌ・クラ	Y	③a	c	3
157	ミヌ博（MM786）	β	B1e	ミヌ・クラ	Y	③a	c	2
158	ミヌ博（MM788）	β	B1e	ミヌ・クラ	Y	③a	c	2
159	ミヌ博（MM789）	β	B1e	ミヌ・クラ	X2	③a	c	2
160	ミヌ博（MM791）	β	B1e	ミヌ・クラ	Y	③a	c	3
161	ミヌ博（MM792）	β	B1e	ミヌ・クラ	X2	③a	c	2
162	ミヌ博（MM793）	β	B1e	ミヌ・クラ	Y	③a	c	3
163	ミヌ博（MM795）	β	B1e	ミヌ・クラ	Y	③a	c	2
164	ミヌ博（MM797）	β	B1e	ミヌ・クラ	Y	③a	c	3
165	ミヌ博（MM799）	β	B1d	ミヌ・クラ	X2	③a	a	2
166	ミヌ博（MM820）	β	B1e	ミヌ・クラ	X2	−	c	3
167	ミヌ博（MM822）	β	B1e	ミヌ・クラ	X2	−	c	3
168	ミヌ博（MM825）	β	B1e	ミヌ・クラ	X2	−	c	3
169	ミヌ博（MM826）	β	B1e	ミヌ・クラ	Y	−	c	3
170	新疆維吾爾自治区文物局 2011-p.262 上から 2 番目	β	B1d	新疆西北部	Y	①a	a	3
171	宮本 2008b- 図 3-10	β	B1d	モンゴル（オラーン・ゴム，チャンドマニ）	Y	①a	a	2
172	Tallgren1917-pl.3-11	β	B1e	ミヌ・クラ	Y	③a	c	3
173	Tallgren1917-pl.3-12	β	B1e	ミヌ・クラ	Y	⑧	c	3
174	Tallgren1917-pl.3-13	β	B1e	ミヌ・クラ	Y	⑧	c	2
175	Tallgren1917-pl.3-14	β	B1e	ミヌ・クラ	X2	⑥	c	3
176	Грязнов1980-рис.11-1	β	B1e	トゥバ	X2	③a	c	−
177	Грязнов1980-рис.11-2	β	B1e	トゥバ	X2	③a	c	3
178	Грязнов1980-рис.11-3	β	B1e	トゥバ	X2	⑥	c	3
179	Гришин1981-рис. 63-5	β	B1e	ザバイカリエ	X2	③a	d	3
180	Гришин1981-рис. 67-3	α	B2e	ザバイカリエ	X1	③a	Q	ii
181	Andersson1932-pl.7-2	α	B2d	−	X1	③b	P	i
182	Andersson1932-pl.8-1	α	B2e	長城地帯	X1	⑥	P	iii
183	Andersson1932-pl.9-1	β	B1e	長城地帯	X2	⑥	g	3
184	Andersson1932-pl.9-3	γ	B1r	長城地帯	Z	⑦	−	−
185	Bunker, et al. 1997-no.20	α	B1q	−	X1	①a	O	i
186	Bunker, et al. 1997-no.21	α	B2c	−	X1	②	P	i
187	Bunker, et al. 1997-no.22	α	B2e	−	X1	③b	Q	iii
188	Bunker, et al. 1997-no.23	α	B2e	−	X1	②	O	ii
189	Bunker, Watt, Sun2002-no.45	α	B2e	−	X1	③a	Q	iii
190	Erdenechuluun, Erdenebaatar 2011-no.433	β	B1q	モンゴル	Y	④	a	1
191	Loehr1949-no.10	α	B2c	長城地帯	X1	⑧	O	i
192	Loehr1949-no.11	β	B1e	長城地帯	X2	⑥	c	3
193	Loehr1949-no.12	α	B2e	長城地帯	X1	②	Q	iii
194	Loehr1949-no.24	γ	B1r	長城地帯	Z	⑦	−	−
195	Loehr1949-no.3	α	B1q	長城地帯	X1	⑧	O	i
196	Loehr1949-no.4	γ	B1c	長城地帯	Z	⑧	−	−
197	Loehr1949-no.9	α	B1q	長城地帯	X1	⑧	O	i
198	鄂 06-p.50	γ	B1r	長城地帯	X1	⑦	製作技法と紋様からγに編入	
199	鄂 06-p.51	γ	B1r	長城地帯	Z	⑦	−	−

番号	出典	形式	型式	地域	格周辺の形態	柄頭	格	剣身
200	鄂 06-p.52	α	B2e	長城地帯	X1	③b	Q	ii
201	鄂 06-p.53 右	α	B2e	長城地帯	X1	③b	Q	iii
202	鄂 06-p.54	γ	B1r	長城地帯	Z	⑦	−	−
203	鄂 06-p.55	α	B2e	長城地帯	X1	⑦	Q	iii
204	鄂 06-p.56 下	α	B2e	長城地帯	X1	⑦	Q	iii
205	鄂 06-p.59- 中	α	B2e	長城地帯	X1	②	Q	iii
206	河北省博物館・文物管理処 1977- 図 6-1	α	B2e	長城地帯（東南溝）	X1	⑤	Q	ii
207	京都国立博物館・ギメ博物館 1979-no.69	α	B2e	−	X1	⑥	Q	iii
208	京都大学文学部 1963-p.181-076a	α	B2e	長城地帯	X1	②	P	ii
209	祝中熹・李永平 2004-p.015- 図 6	α	B2c	長城地帯	X1	⑧	O	i
210	高濱 2000a-p.335-no.383（大英博物館所蔵）	α	B1q	長城地帯	X1	⑧	O	i
211	鄭紹宗 1984-no.2	γ	B1r	長城地帯	Z	⑦	−	−
212	鄭紹宗 1984-no.3	α	B2e	長城地帯	Y	⑤	Q	ii
213	鄭紹宗 1984-no.4	α	B2e	長城地帯	X1	③b	Q	iii
214	鄭紹宗 1984-no.5	α	B2e	長城地帯	X1	③b	Q	iii
215	天理ギャラリー 1994-no.8	γ	B1r	長城地帯	Z	⑦	−	−
216	東 97-no.109（黒川古文化研究所蔵）	α	B2e	−	X1	②	Q	iii
217	東 97-no.38（ストックホルム東アジア美術館所蔵）	α	B1q	長城地帯	X1	⑧	O	i
218	東 97-no.39（ストックホルム東アジア美術館所蔵）	α	B1q	長城地帯	X1	⑧	O	i
219	東 97-no.40（黒川古文化研究所蔵）	α	B2c	−	X1	⑧	O	i
220	東 97-no.61	α	B2e	長城地帯（小黒石溝）		⑧	P	iii
221	東 05- 剣 no.3	γ	B1r	長城地帯	Z	⑦	−	−
222	東 05- 剣 no.4	α	B2e	長城地帯	X1	③b	Q	iii
223	東 05- 剣 no.5	α	B2e	長城地帯	X1	⑤	P	iii
224	東 05- 剣 no.6	γ	B1r	長城地帯	Z	⑦	−	−
225	東 05- 剣 no.7	γ	B1r	長城地帯	Z	⑦	−	−
226	北京市文物管理処 1976- 図版 3-6	γ	B1q	長城地帯（白浮 M2:7）	Z	①a	−	−
227	北京市文物管理処 1976- 図版 3-7	α	B1q	長城地帯（白浮 M2:7）	X1	①a	O	i
228	北京市文物管理処 1976- 図版 3-9	α	B1q	長城地帯（白浮 M3:22）	X1	①a	O	i
229	北京市文物管理処 1976- 図版 3-11	α	B1q	長城地帯（白浮 M3:22）	X1	①a	O	i
230	宝鶏市博物館・宝鶏県図博館 1980- 図 5	γ	B1r	長城地帯（高泉）	Z	⑦	−	−
231	楊鉄男 1997	α	B2e	長城地帯	X1	−	Q	ii
232	建平県文化館・朝陽地区博物館 1983- 図二 -1	α	B1q	長城地帯（大荒地 M1）	X1	⑧	O	i
233	江上・水野 1935-Corpus II -1	α	B1q	−	X1	⑧	O	i
234	江上・水野 1935-Corpus II -2	α	B2c	−	X1	②	O	i
235	江上・水野 1935-Corpus II -44	γ	B1r	長城地帯	Z	⑦	−	−
236	江上・水野 1935-Corpus II -45	γ	B1r	長城地帯	Z	⑦	−	−
237	中韓 07-no.15	α	B2d	長城地帯（小黒石溝）	X1	⑧	Q	i
238	中韓 07-no.17	α	B2e	長城地帯（小黒石溝 98A3M5）	X1	③b	Q	iii
239	中韓 07-no.18	α	B2d	長城地帯（小黒石溝 92A2M5）	X1	③b	Q	i
240	中韓 07-no.19	α	B2e	長城地帯（小黒石溝 M8501）	X1	③a	P	iii
241	中韓 07-no.20	α	B2e	長城地帯（南山根 M101）	X1	③b	P	iii
242	中韓 07-no.21	α	B2e	長城地帯（瓦房中 M791）	X1	③b	P	ii
243	中韓 07-no.22	γ	B1r	長城地帯（南山根 M101）	Z	③b	P	ii
244	中韓 07-no.23	α	B2e	長城地帯（南山根 M101）	X1	⑤	P	iii
245	中韓 07-no.24	α	B2e	長城地帯（南山根 58 石槨墓）	X1	⑤	P	ii
246	中韓 07-no.31	γ	B1r	長城地帯（北山嘴 M7501）	Z	⑦	−	−

＊出典略号：Чл67 = Членова1967, Чл76 = Членова1976, Те76 = Тереножкин1976, ミヌ博＝ミヌシンスク博物館筆者観察，鄂06 = 鄂爾多斯博物館 2006, 東 97 = 東京国立博物館 1997, 東 05 = 東京国立博物館 2005，中韓 07 = 中國内蒙古文物考古研究所・韓國東北亞歴史財團 2007

＊地域略号：ミヌ・クラ＝ミヌシンスク・クラスノヤルスク地方

附表 5-2　動物紋分類使用資料一覧

No.	出典	器種	型式	帰属青銅器様式	地域	動物表現箇所数	動物表現						
							動物型式	表現対象	頭数	表現箇所	動物部分	表現技法	配置
1	東 97-no.5(東京芸術大学所蔵)	剣	A2	モンゴリア	−	1	①a	目鼻突出	1	柄頭	頭部	像	−
2	東 97-no.6(東京芸術大学所蔵)	剣	A2	モンゴリア	−	1	①a	目鼻突出	1	柄頭	頭部	像	−
3	東 97-no.7（レヴィー・ホワイト・コレクション）	剣	A2	モンゴリア	−	1	①a	目鼻突出	1	柄頭	頭部	像	−
4	東 97-no.9（和泉市久保惣記念美術館所蔵）	刀子	C	モンゴリア	−	1	①a	目鼻突出	1	柄頭	頭部	像	−
5	東 97-no.10（メトロポリタン美術館所蔵）	刀子	C	モンゴリア	−	1	①a	目鼻突出	1	柄頭	頭部	像	−
6	東 97-no.11(黒川古文化研究所蔵)	刀子	C	モンゴリア	−	1	①a	目鼻突出	1	柄頭	頭部	像	−
7	東 97-no.12(東京国立博物館所蔵)	刀子	A	モンゴリア	長城地帯	1	①a	目鼻突出	1	柄頭	頭部	像	−
8	東 97-no.17（ロイヤルオンタリオ博物館所蔵）	刀子	C	モンゴリア	−	1	①a	目鼻突出（退化）	1	柄頭	頭部	像	−
9	東 97-no.60（小黒石溝出土）	剣	B2d	ポストカラスク	遼西	2	②a	無角獣	3	柄	全体	突線	同方向横
	同上	〃	〃	〃	〃	〃	②a	枝シカ	3	柄	全体	突線	同方向横
10	東 97-no.61（小黒石溝出土）	剣	B2e	ポストカラスク	遼西	2	②a	無角獣	8	柄	全体	面レリーフ	同方向縦
	同上	〃	〃	〃	〃	〃	②a	無角獣	9	柄	全体	面レリーフ	同方向縦
11	東 97-no.65（小黒石溝出土）	刀子	Bc	後期〜ポストカラスク	遼西	1	②a	無角獣	2	柄頭	頭部	像	対面
12	東 97-no.66（小黒石溝出土）	刀子	Bc	後期〜ポストカラスク	遼西	2	②a	無角獣	10	柄	全体	面レリーフ	同方向縦
	同上	〃	〃	〃	〃	〃	②a	一部（脚）	14	柄	足のみ	突線	その他（相互方向横）
13	東 97-no.70(南山根 M101 出土)	剣	B2e	ポストカラスク	遼西	1	その他	その他（ヘビ）	3	柄頭	全体	像	その他（絡み）
14	東 97-no.73（ストックホルム東アジア美術館所蔵）	剣	B2e	ポストカラスク	長城地帯	1	②a	ネコ科	2	柄	全体	像	対面
15	東 97-no.74(東京国立博物館所蔵)	剣	B2e	ポストカラスク	長城地帯	2	②a	無角獣	7	柄	全体	突線	同方向縦
	同上	〃	〃	〃	〃	〃	②a	枝シカ	4	柄	頭部	突線	その他（相互対面縦）
16	東 97-no.82(黒川古文化研究所蔵)	刀子	Bc	後期〜ポストカラスク	−	3	②a	無角獣	7	柄	全体	面レリーフ	同方向縦
	同上	〃	〃	〃	〃	〃	②a	無角獣+枝シカ	6	柄	全体	面レリーフ	同方向縦
	同上	〃	〃	〃	〃	〃	②a	ネコ科	1	柄頭	全体	像	−
17	黒川古文化研究所（筆者実見，1173）	刀子	Bc	後期〜ポストカラスク	−	2	その他	その他（鹿石）	4	柄	全体	凹レリーフ	同方向横
	同上	〃	〃	〃	〃	〃	−	その他（鹿石）	4	柄	全体	凹レリーフ	同方向横
18	黒川古文化研究所（筆者実見）	刀子	Bc	後期〜ポストカラスク	−	1	①b	クチトリ	1	柄頭	頭部	像	−
19	天理大学附属天理参考館 1993-no.20	刀子	Bc	後期〜ポストカラスク	−	1	②a	無角獣	3	柄	全体	面レリーフ	同方向横
20	天理大学附属天理参考館 1993-no.24	刀子	Bc	後期〜ポストカラスク	−	1	②b＋②a	ハネトリ＋無角獣	2	柄	全体	突線	多様
21	天理大学附属天理参考館 1993-no.13	刀子	Bc	後期〜ポストカラスク	−	2	②a	ネコ科	5	柄	全体	半像	対面
	同上	〃	〃	〃	〃	〃	②a	ネコ科	5	柄	全体	半像	対面
22	大英博物館（筆者観察）	刀子	C	モンゴリア	−	1	①a	目鼻突出	1	柄頭	頭部	像	−
23	高濱 2000a-p.335-no.383（大英博物館所蔵）	剣	B1q	後期カラスク	−	1	②a	ネコ科	1	柄頭	頭部	像	−
24	Bu97-no.6	刀子	C	モンゴリア	−	1	①a	目鼻突出	1	柄頭	頭部	像	−
25	Bu97-no.7	刀子	C	モンゴリア	−	1	①a	目鼻突出	1	柄頭	頭部	像	−
26	Bu97-no.8	刀子	C	モンゴリア	−	1	①a	目鼻突出	1	柄頭	頭部	像	−
27	Bu97-no.23	剣	B2e	ポストカラスク	−	1	①b	クチトリ	2	鍔部	頭部	像	逆
28	Bu97-no.22	剣	B2e	ポストカラスク	−	2	−	不明	4	柄	全体	突線レリーフ	同方向横
29	Bu97-no.25	刀子	Bc	後期〜ポストカラスク	−	1	①b	クチトリ	1	鍔部	頭部	像	−
30	Bu97-no.29	刀子	A	モンゴリア	−	1	①a	目鼻突出	1	柄頭	頭部	像	−
31	Bu97-no.45	刀子	AorC	モンゴリア	−	1	①a	目鼻突出	1	柄頭	頭部	像	−
32	Bu97-no.46	刀子	A	モンゴリア	−	1	①a	目鼻突出	1	柄頭	頭部	像	−
33	Bu97-no.48	刀子	Bc	後期〜ポストカラスク	−	2(裏未)	②a	無角獣	3	柄	全体	凹線	同方向横
34	Bu97-no.49	刀子	Bc	後期〜ポストカラスク	−	1	②b	ヨコトリ	8	柄	全体（足なし）	凹レリーフ	同方向縦
35	Bu97-no.50	刀子	Bc	後期〜ポストカラスク	−	1	②b	ヨコトリ	8	柄	全体	面レリーフ	同方向横
36	Bu97-no.60	刀子	Bc	後期〜ポストカラスク	−	2(裏未)	②a	無角獣	2	柄	全体	凹レリーフ	多様
37	Bu97-no.61	刀子	Bc	後期〜ポストカラスク	−	2	②b	ハネトリ	5	柄	全体	凹レリーフ	同方向横
	同上	〃	〃	〃	〃	〃	−	不明	4	柄	全体	突線	同方向横
38	Bu97-no.62	刀子	Bc	後期〜ポストカラスク	−	1	②b	ハネトリ	3	柄	全体	凹レリーフ	同方向横
39	Bu97-no.63	刀子	Bc	後期〜ポストカラスク	−	3	②a	イノシシ	4	柄	全体	突線レリーフ	同方向横
	同上	〃	〃	〃	〃	〃	②a	イノシシ	4	柄	全体	突線	同方向横
	同上	〃	〃	〃	〃	〃	−	不明	1	柄頭	全体？	半像	−
40	Bu97-no.67	刀子	Bc	後期〜ポストカラスク	−	不明	②a	ネコ科	2	柄	全体	面レリーフ	同方向横
41	Bu97-no.67.2	刀子	Bc	後期〜ポストカラスク	−	不明	②a	ネコ科	1	柄	全体	面レリーフ	−
42	東 05- 剣 no.3	剣	B1r	ポストカラスク	長城地帯	1	②a	ネコ科	2	柄	全体	像	対面
43	東 05- 刀子 no.6	刀子	A	モンゴリア	長城地帯	1	①a	目鼻突出	1	柄頭	頭部	像	−
44	東 05- 刀子 no.7	刀子	A	モンゴリア	長城地帯	1	①a	目鼻突出	1	柄頭	頭部	像	−
45	東 05- 刀子 no.8	刀子	A	モンゴリア	長城地帯	1	①a	目鼻突出	1	柄頭	頭部	像	−
46	東 05- 刀子 no.59	刀子	不明	−	長城地帯	1	その他	その他	1	柄頭上部	頭部	凹線	−

No.	出典	器種	型式	帰属青銅器様式	地域	動物表現箇所数	動物表現						
							動物型式	表現対象	頭数	表現箇所	動物部分	表現技法	配置
47	東05-刀子no.72	刀子	Bc	後期~ポストカラスク	長城地帯	1	その他	その他（鹿石）	1	柄頭	頭部	像	–
48	東05-刀子no.78	刀子	Bc	後期~ポストカラスク	長城地帯	1	②a	有角獣	1	柄頭	全体	像	–
49	東05-刀子no.81	刀子	Bc	後期~ポストカラスク	長城地帯	2	②a	無角獣	4	柄	全体	突線	同方向横
	同上	〃	〃	〃	〃	〃	②a	ネコ科	2	柄	全体	突線	同方向横
50	東05-刀子no.83	刀子	Bc	後期~ポストカラスク	長城地帯	2	②b	ハネトリ	9	柄	全体	凹レリーフ	同方向縦
	同上	〃	〃	〃	〃	〃	②b	ハネトリ	10	柄	全体	凹レリーフ	同方向縦
51	東05-刀子no.89	刀子	Bc	後期~ポストカラスク	長城地帯	2	①a	目鼻突出	4	柄	頭部	突線	同方向横
	同上	〃	〃	〃	〃	〃	①	目鼻突出	5	柄	頭部	突線	同方向横
52	東05-刀子no.99	刀子	Bc	後期~ポストカラスク	長城地帯	2	②a	有角獣	7	柄	頭部	面レリーフ	同方向横
	同上	〃	〃	〃	〃	〃	②a	有角獣	4	柄	全体	面レリーフ	同方向横
53	東05-刀子no.101	刀子	Bc	後期~ポストカラスク	長城地帯	2	②a	無角獣	6	柄	全体	面レリーフ	同方向横
	同上	〃	〃	〃	〃	〃	②a	一部（蹄）	1	柄頭面	部分	凹レリーフ	–
54	江水35-Ⅳ-7	刀子	Bc	後期~ポストカラスク	長城地帯	1	①a	目鼻突出（退化）	1	柄頭	頭部	像	–
55	江水35-Ⅳ-8	刀子	Bc	後期~ポストカラスク	長城地帯	1	–	不明	2	柄頭	頭部	像	対面
56	江水35-XLI-1	刀子	Bc	後期~ポストカラスク	長城地帯	1	②a	ネコ科	1	柄	全体	像	–
57	江水35-XLI-2	刀子	Bc	後期~ポストカラスク	長城地帯	1	①a	目鼻突出（退化）	1	柄頭	頭部	像	–
58	江水35-Corpus Ⅲ-1	刀子	C	モンゴリア	長城地帯	1	①a	目鼻突出	1	柄頭	頭部	像	–
59	江水35-Corpus Ⅲ-13	刀子	Bc	後期~ポストカラスク	長城地帯	1	②a	ネコ科	1	柄	全体	像	–
60	江水35-Corpus Ⅲ-16	刀子	Bc	後期~ポストカラスク	長城地帯	1	–	不明	1	柄頭	不明	像	–
61	江水35-Corpus Ⅲ-17	刀子	C	モンゴリア	長城地帯	1	①a	目鼻突出（退化）	1	柄頭	頭部	像	–
62	江水35-Corpus Ⅲ-22	刀子	Bc	後期~ポストカラスク	長城地帯	2	②a	有角獣	4	柄	全体	枠付き突線	同方向横
	同上						②a	枝シカ	1	柄	不明	突線レリーフ	–
63	郭大順1993-図3-2	刀子	A	モンゴリア	赤峰	1	①a	目鼻突出	1	柄頭	頭部	像	–
64	Волков1967-рис.2-12	刀子	C	モンゴリア	モンゴル	1	①a	目鼻突出	1	柄頭	頭部	像	–
65	Волков1967-рис.5-1	剣	A2	モンゴリア	モンゴル	1	①a	目鼻突出	1	柄頭	頭部	像	–
66	Loehr1949-nos.9	剣	B1q	後期カラスク	–	1	①b	クチトリ	1	柄頭	頭部	像	–
67	Loehr1949-nos.10	剣	B1c	後期カラスク	–	1	②a	無角獣	3	柄頭	頭部	像	同方向横
68	Loehr1949-nos.12	剣	B2e	ポストカラスク	–	2	②a	ネコ科	1	柄	全体	凹線	–
	同上	〃	〃	〃	〃	〃	②a	ネコ科	1	柄	全体	凹線	–
69	曹瑋・陝西省考古研究院2009-p.515	刀子	C	モンゴリア	陝西	1	①a	目鼻突出	1	柄頭	頭部	像	–
70	山西省考古研究所2006-p.134	刀子	C	モンゴリア	山西	1	①a	目鼻突出	1	柄頭	頭部	像	–
71	河北省文化局文物工作隊1962-図版五-3	刀子	C	モンゴリア	河北	1	①a	目鼻突出	1	柄頭	頭部	像	–
72	河北省文化局文物工作隊1962-図版五-5	剣	A2	モンゴリア	河北	1	①a	目鼻突出	1	柄頭	頭部	像	–
73	北京市文物管理処1976-図8-5	刀子	Bc	後期~ポストカラスク	河北	1	①b	クチトリ	1	柄頭	頭部	像	–
74	北京市文物管理処1976-図版3-8	剣	B1b	後期カラスク	河北	1	①b	クチトリ	1	柄頭	頭部	像	–
75	北京市文物管理処1976-図版3-10	剣	B1b	後期カラスク	河北	1	②a	無角獣（写実的）	1	柄頭	頭部	像	–
76	北京市文物管理処1978-図13	剣	A2	モンゴリア	長城地帯	1	①a	目鼻突出	1	柄頭	頭部	像	–
77	北京市文物管理処1978-図15	刀子	A/C	モンゴリア	長城地帯	1	①a	目鼻突出	1	柄頭	頭部	像	–
78	鉄嶺市博物館1990-図7-1	刀子	C	モンゴリア	遼寧	1	①a	目鼻突出	1	柄頭	頭部	像	–
79	An32-pl.1-1	刀子	A	モンゴリア	長城地帯	1	①a	目鼻突出	1	柄頭	頭部	像	–
80	An32-pl.3-1	刀子	Bc	後期~ポストカラスク	長城地帯	1	①a	目鼻突出（退化）	1	柄頭	頭部	像	–
81	An32-pl.3-6	刀子	Bc	後期~ポストカラスク	長城地帯	1(裏未)	②b	ヨコトリ	4<	柄	全体	面レリーフ	同方向横
82	An32-pl.4-1	刀子	Bc	後期~ポストカラスク	長城地帯	1(裏未)	②b	ヨコトリ	6	柄	全体	面レリーフ	同方向横
83	An32-pl.4-2	刀子	Bc	後期~ポストカラスク	長城地帯	1(裏未)	②a	無角獣	2	柄	全体	面レリーフ	同方向縦
84	An32-pl.4-3	刀子	Bc	後期~ポストカラスク	長城地帯	1(裏未)	②a	無角獣	3	柄	全体	面レリーフ	同方向横
85	An32-pl.4-4	刀子	Bc	後期~ポストカラスク	長城地帯	2	②a	無角獣	3	柄	全体	突線	同方向横
	同上	〃	〃	〃	〃	〃	②a	ネコ科+無角獣	2	柄	全体	突線	同方向横
86	An32-pl.5-1	刀子	C	モンゴリア	長城地帯	1	①a	目鼻突出	1	柄頭	頭部	像	–
87	An32-pl.5-2	刀子	C	モンゴリア	長城地帯	1	①a	目鼻突出	1	柄頭	頭部	像	–
88	An32-pl.8-1	剣	B2e	ポストカラスク	長城地帯	2	①b	クチトリ	2	鍔部	頭部	像	逆
	同上	〃	〃	〃	〃	〃	–	不明	1	柄頭	全体	像	–
89	Гришин1971-таб. 8-5	剣	A2	モンゴリア	ザバイカリエ	1	①a	目鼻突出（退化）	1	柄頭	頭部	像	–
90	Гришин1971-таб. 8-6	剣	B2a	後期カラスク	クラスノヤルスク	1	①a	目鼻突出（退化）	1	柄頭	頭部	像	–
91	Гришин1971-таб. 8-7	剣	A2	モンゴリア	ザバイカリエ	1	①a	目鼻突出	1	柄頭	頭部	像	–
92	Гришин1971-таб. 5-13	刀子	C	前期カラスク	ミヌ	1	①a	目鼻突出	1	柄頭	頭部	像	–
93	鄂06-p.42左	剣	A2	モンゴリア	長城地帯	1	①a	目鼻突出（退化）	1	柄頭	頭部	像	–
94	鄂06-p.42右	剣	A2	モンゴリア	長城地帯	1	①a	目鼻突出	1	柄頭	頭部	像	–

No.	出典	器種	型式	帰属青銅器様式	地域	動物表現箇所数	動物表現						
							動物型式	表現対象	頭数	表現箇所	動物部分	表現技法	配置
95	鄂 06-p.50	剣	B1r	ポストカラスク	長城地帯	1	②a	ネコ科	4	柄	全体	像	同方向横＋対面
96	鄂 06-p.51	剣	B1r	ポストカラスク	長城地帯	1	②a	ネコ科	2	柄	全体	像	対面
97	鄂 06-p.52	剣	B2e	ポストカラスク	長城地帯	2	②b	ヨコトリ	5	柄	全体	突線	同方向横
	同上	〃	〃	〃	〃	〃	②b	ヨコトリ	6	柄	全体	突線	同方向横
98	鄂 06-p.53 右	剣	B2e	ポストカラスク	長城地帯	不明	②b	ヨコトリ	5	柄	全体	突線	同方向横
99	鄂 06-p.54	剣	B1r	ポストカラスク	長城地帯	1	②a	ネコ科	1	柄	全体	像	－
100	鄂 06-p.55	剣	B2e	ポストカラスク	長城地帯	3	②a	枝シカ	3	柄	全体	突線	同方向横
	同上	〃	〃	〃	〃	〃	②a	ネコ科＋無角獣	3	柄	全体	突線	捕食
	同上	〃	〃	〃	〃	〃	①b	クチトリ	2	鍔	頭部	像	逆
101	鄂 06-p.56	剣	B2e	ポストカラスク	長城地帯	不明	②a	枝シカ	3	柄	全体	突線レリーフ	同方向横
102	鄂 06-p.71	刀子	C	モンゴリア	長城地帯	1	①a	目鼻突出	1	柄頭	頭部	像	－
103	鄂 06-p.72	刀子	C	モンゴリア	長城地帯	1	①a	目鼻突出	1	柄頭	頭部	像	－
104	鄂 06-p.73 左	刀子	C	モンゴリア	長城地帯	1	①a	目鼻突出（退化）	1	柄頭	頭部	像	－
105	鄂 06-p.73 右	刀子	Bc	後期～ポストカラスク	長城地帯	1	－	不明	2	柄頭	上半部	像	逆
106	鄂 06-p.74 左	刀子	Bc	後期～ポストカラスク	長城地帯	1	②a	無角獣	2	柄頭	頭部	像	対面
107	鄂 06-p.74 右	刀子	Bc	後期～ポストカラスク	長城地帯	1	②a	ネコ科	1	柄頭	全体	像	－
108	鄂 06-p.75	刀子	Bc	後期～ポストカラスク	長城地帯	3	②a	無角獣	1	柄頭	全体	像	－
	同上	〃	〃	〃	〃	〃	②a	無角獣	4	柄	全体	突線	同方向横
	同上	〃	〃	〃	〃	〃	②a	枝シカ	4	柄	全体	突線	同方向横
109	鄂 06-p.76	刀子	C	モンゴリア	長城地帯	1	①a	目鼻突出	1	柄頭	頭部	像	－
110	鄂 06-p.78	刀子	Bc	後期～ポストカラスク	長城地帯	1	②a	枝シカ	1	柄	全体	像	－
111	鄂 06-p.80	刀子	A	モンゴリア	長城地帯	1	①a	目鼻突出	1	柄頭	頭部	像	－
112	鄂 06-p.81 左	刀子	Bc	後期～ポストカラスク	長城地帯	1	－	不明	2	柄頭	頭部	像	逆
113	鄂 06-p.81 右	刀子	Bc	後期～ポストカラスク	長城地帯	1	②a	有角獣	1	柄頭	全体	像	－
114	鄂 06-p.82	刀子	Bc	後期～ポストカラスク	長城地帯	2	②a	無角獣	1	柄頭	全体	像	－
	同上	〃	〃	〃	〃	〃	②b	ハネトリ	3	柄	全体	凹レリーフ	同方向横
115	鄂 06-p.83 左	刀子	A/C	モンゴリア	長城地帯	1	①a	目鼻突出	1	柄頭	頭部	像	－
116	鄂 06-p.83 中	刀子	Bc	後期～ポストカラスク	長城地帯	1	②a	ネコ科	1	柄頭	全体	像	－
117	鄂 06-p.83 右	刀子	Bc	後期～ポストカラスク	長城地帯	1(裏未)	②a	ネコ科	4	柄	全体	面レリーフ	同方向横
118	鄂 06-p.88 左	刀子	Bc	後期～ポストカラスク	長城地帯	1	②a	ネコ科	1	柄	全体	像	－
119	鄂 06-p.88 右	刀子	Bc	後期～ポストカラスク	長城地帯	1(裏未)	②a	無角獣	5	柄	頭部	突線レリーフ	同方向横
120	鄂 06-p.89	刀子	Bc	後期～ポストカラスク	長城地帯	2	②a	ネコ科	2	柄	全体	突線	同方向横
	同上	〃	〃	〃	〃	〃	②a	無角獣	4	柄	全体	突線	同方向横
121	鄂 06-p.90 上	刀子	Bc	後期～ポストカラスク	長城地帯	1	②a	無角獣	4	柄	全体	透かし	同方向横
122	鄂 06-p.90 中	刀子	Bc	後期～ポストカラスク	長城地帯	2	②a	無角獣	2	柄	全体	突線	逆
	同上	〃	〃	〃	〃	〃	②a	ネコ科＋枝シカ	2	柄	全体	突線	捕食
123	鄂 06-p.90 下	刀子	Bc	後期～ポストカラスク	長城地帯	1(裏未)	その他	その他（鹿石）	4	柄	全体	凹レリーフ	多様
124	鄂 06-p.91	刀子	Bc	後期～ポストカラスク	長城地帯	2	②a	無角獣	3	柄	全体	面レリーフ	同方向横
	同上	〃	〃	〃	〃	〃	②b	ヨコトリ	7	柄	全体	面レリーフ	同方向横
125	鄂 06-p.92 左	刀子	Bc	後期～ポストカラスク	長城地帯	1(裏未)	②a	無角獣	3	柄	全体	突線レリーフ	同方向横
126	鄂 06-p.92 右	刀子	Bc	後期～ポストカラスク	長城地帯	1(裏未)	②a	有角獣	6	柄	全体	面レリーフ	同方向横
127	鄂 06-p.93	刀子	Bc	後期～ポストカラスク	長城地帯	1	②a	有角獣	2	柄頭	頭部	像	逆
128	鄂 06-p.94	刀子	Bc	後期～ポストカラスク	長城地帯	3	②a	枝シカ	12	柄	全体	面レリーフ	同方向横
	同上	〃	〃	〃	〃	〃	②a	有角獣	13	柄	全体	面レリーフ	同方向横
	同上	〃	〃	〃	〃	〃	②a	ネコ科	2	柄頭	全体	半像	その他（上下双逆）
129	鄂 06-p.95 左	刀子	Bc	後期～ポストカラスク	長城地帯	2	②a	枝シカ＋ネコ科	2	柄	全体	枠付き突線	捕食
	同上	〃	〃	〃	〃	〃	②a	イノシシ	4	柄	全体	枠付き突線	同方向横
130	鄂 06-p.96	刀子	Bc	後期～ポストカラスク	長城地帯	2	②a	無角獣	4	柄	全体	面レリーフ	同方向横
	同上	〃	〃	〃	〃	〃	②b	ハネトリ	6	柄	全体	面レリーフ	同方向横
131	鄂 06-p.97 右	刀子	Bc	後期～ポストカラスク	長城地帯	1(裏未)	②a	ネコ科	2	柄	全体	面レリーフ	同方向横
132	鄂 06-p.98	刀子	Bc	後期～ポストカラスク	長城地帯	2	②a	ネコ科	2	柄	全体	突線レリーフ	同方向横
	同上	〃	〃	〃	〃	〃	②a	枝シカ	3	柄	全体	突線レリーフ	同方向横
133	鄂 06-p.99 左	刀子	Bc	後期～ポストカラスク	長城地帯	1(裏未)	その他	その他	9	柄	全体	面レリーフ	同方向横
134	鄂 06-p.99 中	刀子	Bc	後期～ポストカラスク	長城地帯	1	②a	有角獣	5	柄	全体	透かし	同方向横
135	鄂 06-p.99 右	刀子	Bc	後期～ポストカラスク	長城地帯	1(裏未)	②b	ハネトリ	4	柄	全体	面レリーフ	同方向横
136	中韓 07-no.15	剣	B2d	ポストカラスク	遼西	8（確認は5）	②a	ネコ科	8	柄	全体	突線レリーフ	同方向横＋対面
	同上	〃	〃	〃	〃	〃	②a	有角獣	1	格	全体	突線レリーフ	－
	同上	〃	〃	〃	〃	〃	②a	イノシシ	10	格	全体	突線レリーフ	同方向横
	同上	〃	〃	〃	〃	〃	①b	クチトリ	2	格	頭部	像	逆
	同上	〃	〃	〃	〃	〃	①b	クチトリ	2	柄頭	頭部	像	逆
137	中韓 07-no.19	剣	B2e	ポストカラスク	遼西	3	②a	枝シカ	3	柄	全体	突線	同方向横
	同上	〃	〃	〃	〃	〃	②a	枝シカ	3	柄	全体	突線	同方向横
	同上	〃	〃	〃	〃	〃	－	不明	2	格	頭部	板状	逆

No.	出典	器種	型式	帰属青銅器様式	地域	動物表現箇所数	動物表現						
							動物型式	表現対象	頭数	表現箇所	動物部分	表現技法	配置
138	中韓 07-no.20	剣	B2e	ポストカラスク	遼西	3（確認は2）	②a	ネコ科	4	柄	全体	突線レリーフ	同方向縦
	同上	〃	〃	〃	〃	〃	②a	無角獣	2	格	頭部	像	逆
139	中韓 07-no.24	剣	B2e	ポストカラスク	遼西	1	②a	ネコ科	1	柄頭	全体	半像	–
140	中韓 07-no.31	剣	B1r	ポストカラスク	遼西	1	②a	ネコ科	2	柄	全体	像	対面
142	中韓 07-no.84	刀子	Bc	後期～ポストカラスク	遼西	2	②a	ネコ科	1	柄頭	全体	像	–
	同上	〃	〃	〃	〃	〃	②a	無角獣	3	柄	全体	凹線	同方向横＋逆
143	中韓 07-no.85	刀子	Bc	後期～ポストカラスク	遼西	2（確認は1）	②a	ネコ科	1	柄頭	全体	像	–
144	中韓 07-no.86	刀子	Bc	後期～ポストカラスク	遼西	1	②a	ネコ科	1	柄頭	全体	半像	–
145	中韓 07-no.87	刀子	Bc	後期～ポストカラスク	遼西	1	②a	ネコ科	1	柄頭	全体	半像	–
146	Busan museum et al. 2009-p.51	刀子	C	モンゴリア	モンゴル	1	①a	目鼻突出	1	柄頭	頭部	像	–
147	Busan museum et al. 2009-p.56	刀子	C	モンゴリア	モンゴル	1	①a	目鼻突出	1	柄頭	頭部	像	–
148	Busan museum et al. 2009-p.61 上から 1	刀子	Bc	後期～ポストカラスク	モンゴル	1	②a	ネコ科	1	柄	全体	像	–
149	Busan museum et al. 2009-p.61 上から 2	刀子	Bc	後期～ポストカラスク	モンゴル	1	②a	ネコ科	2	柄	全体	像	同方向横
150	鄭紹宗 1994- 図 29	刀子	Bc	後期～ポストカラスク	河北	1	②a	ネコ科	1	柄	全体	像	–
151	鄭紹宗 1994- 図 30	刀子	不明	–	河北	1	①a	目鼻突出（退化）	1	柄頭	頭部	像	–
152	鄭紹宗 1994- 図 31	刀子	Bc	後期～ポストカラスク	河北	1(裏未)	②a	無角獣	3	柄	全体	突線	同方向横
153	鄭紹宗 1994- 図 32	刀子	Bc	後期～ポストカラスク	河北	2	②a	ネコ科	2	柄	全体	不明	同方向横
	同上	〃	〃	〃	〃	〃	①b	クチトリ	2	柄頭	頭	像	逆
154	鄭紹宗 1994- 図 33	刀子	Bc	後期～ポストカラスク	河北	1	②a	ネコ科	1	柄	全体	像	–
155	王炳華 1986（吐魯番博物館にて筆者実見）	刀子	C	モンゴリア	哈密	1	①a	目鼻突出	1	柄頭	頭部	像	–
156	EE11-no.282	剣	A2	モンゴリア	モンゴル	1	①a	目鼻突出	1	柄頭	頭部	像	–
157	EE11-no.292	剣	A2	モンゴリア	モンゴル	1	①a	目鼻突出	1	柄頭	頭部	像	–
158	EE11-no.295	刀子	Bc	後期～ポストカラスク	モンゴル	1	①a	目鼻突出	5	柄	頭部	透かし	同方向縦
159	EE11-no.298	刀子	Bc	後期～ポストカラスク	モンゴル	2	①b/②a	クチトリ＋有角獣	3	柄	頭部	像	環
	同上	〃	〃	〃	〃	〃	①b/②a	クチトリ＋有角獣	3	柄	頭部	像	環
160	EE11-no.299	刀子	Bc	後期～ポストカラスク	モンゴル	1	①a	目鼻突出（退化）	1	柄頭	頭部	像	–
161	EE11-no.301	刀子	C	モンゴリア	モンゴル	1	①a	目鼻突出	1	柄頭	頭部	像	–
162	EE11-no.302	刀子	Bc	後期～ポストカラスク	モンゴル	1	②a	ネコ科	1	柄	全体	像	–
163	EE11-no.304	刀子	Bc	後期～ポストカラスク	モンゴル	2(裏未)	①b	クチトリ	2	柄	頭部	凹レリーフ	同方向横
	同上	〃	〃	〃	〃	〃	①b	クチトリ	1	柄頭	頭部	像	–
164	EE11-no.307	刀子	Bc	後期～ポストカラスク	モンゴル	1	②a	無角獣	3	柄	全体	面レリーフ	同方向横
165	EE11-no.312	刀子	Bc	後期～ポストカラスク	モンゴル	1	②a	枝シカ	1	柄頭	全体	像	–
166	EE11-no.341	刀子	C	モンゴリア	モンゴル	1	①a	目鼻突出	1	柄頭	頭部	像	–
167	Волков1967-рис.2-11	刀子	C	モンゴリア	モンゴル	1	①a	目鼻突出	1	柄頭	頭部	像	–
168	Волков1967-рис.13-1	刀子	Bc	後期～ポストカラスク	モンゴル	2(裏未)	–	不明	1	柄頭	全体	像	–
169	Волков1967-рис.13-2	刀子	Bc	後期～ポストカラスク	モンゴル	2	②b	ハネトリ	6	柄	全体	凹レリーフ	同方向縦
	同上	〃	〃	〃	〃	〃	–	不明	2	柄	全体	凹レリーフ	同方向横
170	Волков1967-рис.13-4	刀子	Bc	後期～ポストカラスク	モンゴル	1(裏未)	②a	無角獣	2	柄	全体	凹レリーフ	同方向横
171	Волков1967-рис.13-5	刀子	Bc	後期～ポストカラスク	モンゴル	1	②a	一部（蹄）	1	柄頭	部分	半像	–
172	Волков1967-рис.13-16	刀子	Bc	後期～ポストカラスク	モンゴル	1	②a	ネコ科	2	柄	全体	像	同方向横
173	Кызласов,Л.Р. 1979-рис.30-1	刀子	Bc	後期～ポストカラスク	トゥバ	2(裏未)	②a	ネコ科	1	柄頭	全体	像	–
	同上	〃	〃	〃	〃	〃	②a	枝シカ	4	柄	全体	面レリーフ	同方向縦
174	建平県文化館・朝陽地区博物館 1983- 図 11-9	刀子	Bc	後期～ポストカラスク	遼西	0	その他	その他（ウシ）	1	柄頭	頭部	像	
175	建平県文化館・朝陽地区博物館 1983- 図 13-1	刀子	AorC	モンゴリア	遼西	1	①a	目鼻突出	1	柄頭	頭部	像	–
176	建平県文化館・朝陽地区博物館 1983- 図 13-8	刀子	Bc	後期～ポストカラスク	遼西	2(裏未)	②a	無角獣	1	柄頭	全体	像	–
	同上	〃	〃	〃	〃	〃	②b	ハネトリ	4（残）	柄	全体	凹線	同方向横
177	邵国田 1993- 図 7-1	刀子	Bc	後期～ポストカラスク	遼西	1	①a	目鼻突出（退化）	1	柄頭	頭部	像	–
178	邵国田 1993- 図 9-4	刀子	Bc	後期～ポストカラスク	遼西	1	①a	目鼻突出（退化）	1	柄頭	頭部	像	–
179	邵国田 1993- 図 9-5	刀子	Bc	後期～ポストカラスク	遼西	2(裏未)	②a	イノシシ	3	柄	全体	突線レリーフ	同方向横
180	河北省博物館・文物管理処 1977- 図 6-1（東南溝）	剣	B2e	ポストカラスク	遼西	2	②a	無角獣	10	柄	全体	突線レリーフ	同方向縦
	同上	〃	〃	〃	〃	〃	②a	無角獣	10	柄	全体	突線レリーフ	同方向縦
181	Bu02-no.41	刀子	C	モンゴリア	–	1	①a	目鼻突出	1	柄頭	頭部	像	–
182	Bu02-no.44	刀子	Bc	後期～ポストカラスク	–	3(裏未)	①b	クチトリ	1	柄頭	頭部	像	–
	同上	〃	〃	〃	〃	〃	②a	無角獣	2	柄	全体	凹線	同方向横
183	Bu02-no.45	剣	B2e	ポストカラスク	–	2(裏未)	②a	無角獣	7	柄	全体	突線	同方向縦

No.	出典	器種	型式	帰属青銅器様式	地域	動物表現箇所数	動物表現						
							動物型式	表現対象	頭数	表現箇所	動物部分	表現技法	配置
184	Bu02-no.49	刀子	Bc	後期～ポストカラスク	–	3(裏未)	②a	ネコ科	1	柄頭	全体	像	–
	同上	〃	〃	〃	〃	〃	②b	ハネトリ	6	柄	全体	凹線	同方向縦
185	Bu02-no.50	刀子	Bc	後期～ポストカラスク	–	1	②a	ネコ科	1	柄頭	全体	像	–
186	Bu02-no.51	刀子	Bc	後期～ポストカラスク	–	1	②a	ネコ科	1	柄頭	全体	像	–
187	Bu02-no.52	刀子	Bc	後期～ポストカラスク	–	1(裏未)	②a	イノシシ	1	柄頭	全体	半像	–
188	Bu02-no.55	刀子	Bc	後期～ポストカラスク	–	1	②a	ネコ科	3	柄	全体	像	同方向横
	同上	〃	〃	〃	〃	〃	①b	クチトリ	13	柄	全体	像	同方向横
189	Bu02-no.58	刀子	Bc	後期～ポストカラスク	–	1	②a	無角獣	1	柄	全体	像	–
190	Чл72- таб. 9-1	刀子	Ba	前期カラスク	ミヌ・クラ	1	①a	目鼻突出（退化）	1	柄頭	頭部	像	–
191	Чл72- таб. 9-2	刀子	Bb	後期カラスク	ミヌ・クラ	1	①a	目鼻突出（退化）	1	柄頭	頭部	像	–
192	Чл72- таб. 9-3	刀子	Bc	後期～ポストカラスク	ミヌ・クラ	1	①a	目鼻突出（退化）	1	柄頭	頭部	像	–
193	Чл72- таб. 9-4	刀子	C	前期カラスク	ミヌ・クラ	1	①a	目鼻突出	1	柄頭	頭部	像	–
194	Чл72- таб. 9-6	刀子	Bc	後期～ポストカラスク	ミヌ・クラ	1	②a	無角獣	1	柄頭	頭部	像	–
195	Чл72- таб. 9-7	刀子	AorC	モンゴリア	ミヌ・クラ	1	①a	目鼻突出	1	柄頭	頭部	像	–
196	Чл72- таб. 9-8	刀子	Bc	後期～ポストカラスク	ミヌ・クラ	1	①a	目鼻突出	1	柄頭	頭部	像	–
197	Чл72- таб. 9-9	刀子	C	前期カラスク	ミヌ・クラ	1	①a	目鼻突出（退化）	1	柄頭	頭部	像	–
198	Чл72- таб. 9-10	刀子	Bc	後期～ポストカラスク	ミヌ・クラ	1	①a	目鼻突出（退化）	1	柄頭	頭部	像	–
199	Чл67- таб. 22-8	剣	B1e	ポストカラスク	ミヌ・クラ	1	②a	イノシシ	1	柄頭	全体	像	–
200	Чл67- таб. 23-2	剣	B1e	ポストカラスク	ミヌ・クラ	1	②a	イノシシ	1	柄頭	全体	像	–
201	Чл67- таб. 23-6	刀子	Bc	後期～ポストカラスク	ミヌ・クラ	1	②a	イノシシ	1	柄頭	全体	像	–
202	Чл67- таб. 23-7	剣	B1e	ポストカラスク	ミヌ・クラ	1	②a	イノシシ	1	柄頭	全体	像	–
203	Чл67- таб. 23-8	剣	B1e	ポストカラスク	ミヌ・クラ	1	②a	イノシシ	1	柄頭	全体	像	–
204	Чл67- таб. 23-9	刀子	Bc	後期～ポストカラスク	ミヌ・クラ	1	②a	イノシシ	1	柄頭	全体	像	–
205	Чл67- таб. 3-24	剣	B1e	ポストカラスク	ミヌ・クラ	1	②a	イノシシ	1	柄頭	全体	像	–
206	Чл67- таб. 3-25	剣	B1e	ポストカラスク	ミヌ・クラ	1	②a	イノシシ	1	柄頭	全体	像	–
207	Чл67- таб. 3-26	剣	B1e	ポストカラスク	ミヌ・クラ	1	②a	イノシシ	1	柄頭	全体	像	–
208	Чл67- таб. 3-29	剣	B1e	ポストカラスク	ミヌ・クラ	1	–	不明	2	柄頭	上半部	像	逆
209	Чл67- таб. 28-5	剣	–	–	ミヌ・クラ	2	–	不明	2	格	頭部	像	逆
	同上	〃	〃	〃	〃	〃	–	不明	2	柄頭	頭部	像	対面
210	Чл67- таб. 28-12	剣	B1e	ポストカラスク	ミヌ・クラ	1	②a	イノシシ	1	柄頭	全体	像	–
211	Чл67- таб. 28-13	剣	B1e	ポストカラスク	ミヌ・クラ	1	②a	イノシシ	1	柄頭	全体	像	–
212	Чл67- таб. 28-14	刀子	Bc	後期～ポストカラスク	ミヌ・クラ	1	②a	無角獣	1	柄頭	全体	像	–
213	Чл67- таб. 28-15	刀子	Bc	後期～ポストカラスク	ミヌ・クラ	1	②a	無角獣	1	柄頭	全体	像	–
214	アバカン博物館（筆者実見，番号不明）	刀子	Bc	後期～ポストカラスク	ミヌ・クラ	2	②a	ネコ科	1	柄頭	全体	像	–
	同上	〃	〃	〃	〃	〃	②a	イノシシ	5	柄	全体	面レリーフ	同方向縦
215	Грязнов1980-рис.11-3	剣	B1e	ポストカラスク	トゥバ	1	②a	イノシシ	1	柄頭	全体	像	–
215	Хлобыстина1974	刀子	Bc	後期～ポストカラスク	ミヌ・クラ	2(裏未)	②a	ネコ科	1	柄頭	頭部	像	–
	同上	〃	〃	〃	〃	〃	②a	イノシシ	5	柄	全体	面レリーフ	同方向縦
216	Хлобыстина1974	刀子	Bc	後期～ポストカラスク	ミヌ・クラ	2(裏未)	–	不明	1	柄頭	頭部	像	–
	同上	〃	〃	〃	〃	〃	②a	有角獣	4	柄	全体	面レリーフ	同方向縦
217	Хлобыстина1974	刀子	Bc	後期～ポストカラスク	ミヌ・クラ	2(裏未)	②a	無角獣	1	柄頭	頭部	像	–
	同上	〃	〃	〃	〃	〃	②a	枝シカ	4	柄	全体	面レリーフ	同方向縦

＊出典略号：東 97 ＝東京国立博物館 1997, 東 05 ＝東京国立博物館 2005, 江水 35 ＝江上・水野 1935, Bu97 = Bunker, et al. 1997, An32 = Andersson1932, 鄂 06 ＝鄂爾多斯博物館 2006, 中韓 07 ＝中國內蒙古文物考古研究所・韓國東北亞歷史財團 2007, EE11 = Erdenechuluun, Erdenebaatar2011, Bu02 = Bunker, et al. 2002, Чл67 = Членова1967, Чл72 = Членова1972a

＊地域略号：ミヌ・クラ＝ミヌシンスク・クラスノヤルスク地方

＊動物表現箇所数：（裏未）＝（裏面未確認）

第6章　考　　察

第1節　前2千年紀半ば以前の動態

1.　セイマ・トルビノ青銅器群分布の背景

西漸説の再検討

第2章で行った分析を基に，チェルヌィフのセイマ・トルビノ青銅器群西漸説を再検討しよう。第2章で分析対象としたのは矛，有銎斧の2つのみであった。セイマ・トルビノ青銅器群には他の器種も存在するが，器形が簡素もしくは数量が少ないものであり，型式学的検討は困難である。さて，セイマ・トルビノ青銅器群の起源地であるが，特にウラル以東に広がりつつ時期的変化を示す矛Ba，Bb，Bc類に注目しても，ウラル山脈より東のアルタイを中心にBa類が多く，西にBc類が多いとはいえない。また，これらの金属成分でも，アルタイ（東方）起源説を積極的に支持する情報は得られなかった。有銎斧BI類も分布全域におおよそ等質に広まるものであり，錫を含むものもアルタイ付近に特に多いといえない。現状では，矛，有銎斧ともに鍛造品から鋳造品の幅広い型式が安定して存在するウラル山脈付近が，その発生地としての可能性を有すると考えられる。このことは，成分分析とも矛盾しない。

さらに注目したいのは，矛ではウラル山脈付近からオビ川流域（西シベリア）付近までが矛Ba～Bc類という変化を共有していることである。これは特定時期における1度きりの集団移動では説明できず，モノや情報の特定の起源地が存在したとしても，一定期間，上の領域でコミュニケーションの更新が可能であったことを示している。もちろん，さらに細かい型式やコンテクストの分析で地域性が析出される可能性は十分に考えられ，アルタイあるいはウラルでの地域的な発展を考えることも必要であるが，このようなコミュニケーション性がいかにして保持，再生産されていたかということは重要な課題といえよう。さらに矛Ca，Cb類の変化も矛Ba～Bc類に対比できるもので，ウラル山脈を挟んで重なりつつも，東西でそのコミュニケーションに大きく地域差がみられることが示された（図6-1）。有銎斧BI類については分布域全体に等質に分布するが，矛Bc類との共伴例が知られる有銎斧BIIa類はウラル山脈以東にその分布が偏り，矛Ba～Bc類にみられたコミュニケーションに対応する可能性がある。

セイマ・トルビノ青銅器群とサムシ・キジロボ青銅器群

次に，セイマ・トルビノ青銅器群よりも時期的に後出するとされるサムシ・キジロボ青銅器群について考えよう。矛の脊の三叉部の形態や有銎斧の偽耳などから考えて，セイマ・トルビノ青銅器群を基にしてサムシ・キジロボ青銅器群が発生したと考えられる。さて，分析で示したように，矛および有銎斧ではサムシ・キジロボ青銅器群（矛 Bd 類，有銎斧 BIIb 類）は，上述のセイマ・トルビノ青銅器群の諸型式から系譜は辿れるものの，両者は明らかに型式的傾向，分布が異なる。現状ではサムシ・キジロボ青銅器群に関して，ウラル山脈より東のどこに起源するかを決めることは難しいが，セイマ・トルビノ青銅器群とサムシ・キジロボ青銅器群における，その背後にあるコミュニケーションはそれぞれで異なったものであろう。セイマ・トルビ

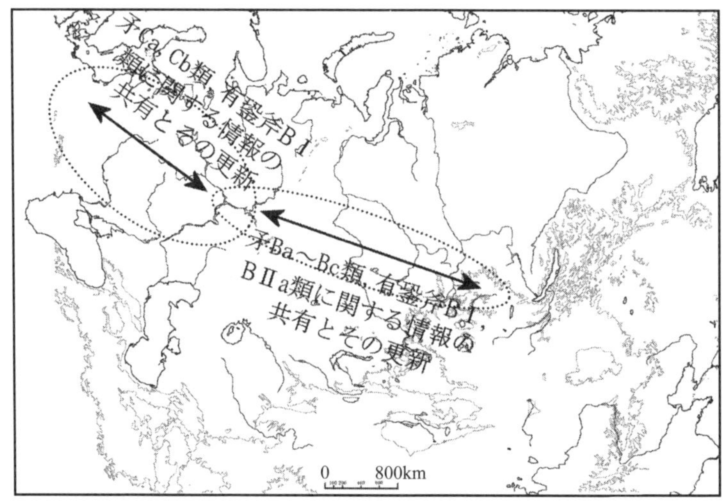

図 6-1　セイマ・トルビノ青銅器群の拡散状況

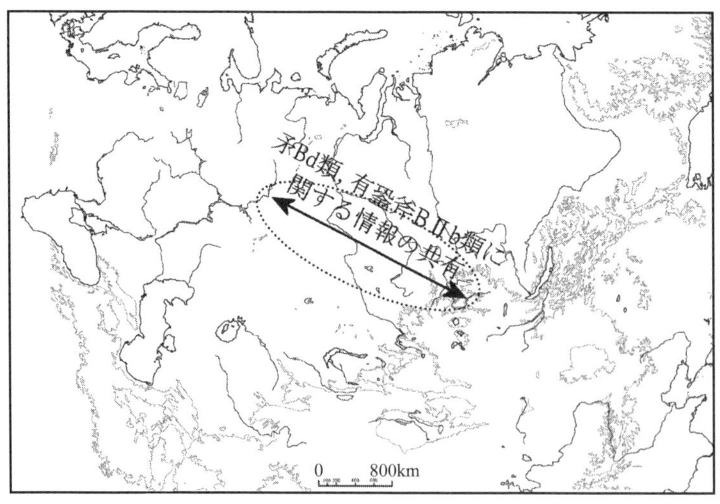

図 6-2　サムシ・キジロボ青銅器群の拡散状況

ノ青銅器群にみられたコミュニケーションはしばらく保持されたが，そのままウラル山脈を中心に継続するのではなく，サムシ・キジロボ青銅器群に示される，分布の中心が異なる新たなコミュニケーションへと変化したのである（図6-2)。特定の器物を媒介としたコミュニケーションが，一定期間のみ継続する様相は，後述するモンゴリア青銅器様式と類似するものである。

セイマ・トルビノ青銅器群の性格

まず，青銅器そのものの変化からその性格を考えてみよう。セイマ・トルビノ青銅器群において，矛Ba～Bc類，Ca～Cb類は大型化するにつれて，柄の部分を中心に細める，あるいは銎の口部を広げることが知られた。器身を支えるために存在する柄部が，器身が大型化すると同時に細くなることは，武器としての機能上矛盾した変化傾向であり，実用的とはいえない。また，セイマ・トルビノ青銅器群の矛には，銀製のものがあることも，この種の矛の非実用性を示唆している可能性がある。写真でみる限り明瞭に研がれたものもあり，実用性の議論は不可欠であるが，チェルヌィフのいう戦士集団（Chernykh 1992）とはあまり符合しないように思われる。時期，地域はまったく異なるが，利器の大型化，非実用化という事象は，弥生時代の青銅器にもみられる現象である。有銎斧における変化に対する評価は難しいが，総じて装飾が豊かになる傾向であり，機能性を求めた変化ではない。

次に，ロストフカ墓地の分析結果（第2章第3節）から青銅器の性格を考察しよう。ロストフカ墓地の分析では以下の2つの結果が得られた。

・各種青銅器の複雑性（器物群αとβ）は，墓地コンテクストにおける差異と対応。

・各種青銅器の複雑性（器物群αとβ）は，階層性と結びつかない。

要するに，内笵の使用や，特殊な製作技法を用いるといった青銅器製作における複雑性は，葬送行為における区分と対応しているということである。葬送行為における青銅器の2つの領域区分（α群，β群）は，青銅器の製作段階から，各種器物にどの程度の複雑性を与えるかという面で意識されていた可能性がある。

それでは，各群の性質とはどのようなものであろうか。まず，α群の青銅器は遺体の近くに置かれ，形態が比較的単純な道具や装身具である。また，墓地における階層性とは結びつかない。これらは日常の道具，装身具として使用された後，被葬者に副葬されたものと考えられる。α群の青銅器は，セイマ・トルビノ青銅器群の分布域の中である程度類似した形態をもっているが，それらは単純であり，青銅器製作においてどの程度情報の共有が行われていたかを知ることは難しい。

β群は比較的複雑な形態をもつ青銅器から成り，最終的に埋められる場合，一定方向に突き刺すという規範をもっている。またα群同様，墓地の階層性との結びつきが弱いほか，α群に比べ，特定の個人あるいは墓壙単位への帰属が曖昧になる傾向にある。β群には矛が含まれており，これが地面や壁などに突き刺さっている出土状況から考えて，β群に「武威」などの戦闘に関わる意識が内包されていた可能性がある。しかしながら，矛は大型化しており，徐々に実用利器としての機能を失う傾向にある。さらに矛が，本来的には工具である有銎斧と一緒に発見されている点から考えると，実際の戦闘よりも，それらがもつなんらかの象徴的意味の方が重要であった可能性がある。また，チェルヌィフらのいうように（Черных, Кузьминых 1989），ロストフカ墓地が敵の略奪，攪乱を受けていたかどうかの判断は難しいが，遺体の損失部が必ずしも一定しておらず，また周辺散布の顕著な 8 号墓，34 号墓に比較的保存のよい遺体が存在することへの説明が必要のように思われる。少なくとも特定の「戦士」によるβ群青銅器の独占は起きておらず，むしろβ群は墓地全体での共同，共有的様相をみせるものである。

以上を踏まえて，α，β群の青銅器が，草原地帯に広く分布している背景を考えよう。ロストフカ墓地以外の詳細が不明であるものの，以上のような青銅器に関する領域区分が，セイマ・トルビノ青銅器群を有する他の墓地でも行われていたと想定して論を進めると，セイマ・トルビノ青銅器の分布は，エリート間の交流よりむしろ，青銅器を使用した葬送行為に関わる情報の共有を示す可能性がある。また，その情報は，鋳造時の複雑性という形で，青銅器製作にも影響を及ぼしていたと考えられる。それでは，このような広範囲における葬送行為，あるいはそれに関わる器物の共有化の背景は何であろうか。ここで注目すべきは，葬送行為に，当時の貴重品である青銅器の中でも複雑なものを利用するなど，かなりの価値づけがみられ，かつ，それらが特定の個人や集団に集中する傾向がみられない（階層性と非相関である）ことである。したがって，ここでの葬送行為は階層秩序を強化する手段ではない。また，広域での情報共有化の動機として，交易での物品，資源入手，あるいはアンソニーのいうような社会集団間の競合（Anthony 2007）など，実利的なことも考えられるが，その場合，あえて労力を割き，情報共有化を社会全体で再確認する必要はない。そこでひとつの仮説として，葬送行為とそれに伴う青銅器を社会的紐帯の確認指標として利用した可能性を提示したい。つまり，広域で情報を共有すること，それ自体が目的であったと考えるのである。逆にいえば，労力と規範を伴う物質を媒介とする必要があるほど，実態としての社会的紐帯は弱く，つながりを維持しようとする意思が破られるような事態になれば，青銅器もともに衰退する運命にあったと考えられる。このことは，セイマ・トルビノ青銅器群が突然終わり，サムシ・キジロボ青銅器群に置き換わっていくこととも関係していよう。さらに，ロストフカ墓地の有柄刀子にみられた動物，人物像を形成した複雑な技法もサムシ・キジロボ青銅器群以降には受け継がれない。このような特殊技術の非継承性は，それが，青銅器自体の実利面というより，青銅器をもつ集団特有の目的（葬送行為，社会的紐帯の媒介物）に供されていたことを示すものと考えられる。

以上のような状況が，前 2 千年紀前半を中心とする，ユーラシア草原地帯全体で一般的かどうかはさらなる検討が必要である。第 1 章ですでに言及したように，コール（Kohl 2007）やエピマホフ（Epimakhov 2009）は青銅器の実用化に注目し，特にコールは鉄器時代への変化を考える際，それを重視している。地域は異なるが，社会の特に実用に寄与する部分における金属器使用の程度によって，青銅器，鉄器時代を区分することは，チャイルドによっても行われている（Childe 1944）。確かにセイマ・トルビノ青銅器群においては，α群のように，実用に供される青銅器が出現し，それらは階層とは関わらず，属人的性質を帯びるほど多く供給されていたことが知られる。しかしながら，当該社会が最も労力をかけ，価値づけていたのは，β群青銅器によって示される葬送行為や社会的紐帯なのである。青銅器時代を広範な地域が結合していく時期として評価することは，西ヨーロッパにおいても行われており，豊富な鉄資源によって各地域が分散化する鉄器時代とは区別されている（Kristiansen 1998）。一方で，西ヨーロッパの青銅器時代では，リーダーによる支配拡大の契機として青銅器が重視されている（Earle 1997）が，セイマ・トルビノ青銅器群においては，リーダーによる青銅器のコントロールは顕著でないのである。

2.　初期青銅器分布の背景

第3章の検討により，前2千年紀半ば以前の新疆，長城地帯では，3つの境界を引くことができた。境界1（天山山脈付近）より西北（新疆西北部）では，大型利器，利器がほとんどを占める。また，EAMPに対比できる①a群が主体となり，デポや単独の形で発見される点に特徴がある。境界1以東，境界2以西（新疆東部～甘粛東部，青海）では，装身具が目立ってくる。①a群の割合が減少する一方，単純な形態の③群，長城地帯特有の④群が増加する。これらの地域の青銅器は，墓葬における出土例が多い。境界2以東（オルドス～遼西）においては，装身具の割合の一層の増加がみられる。①a群の多くは装身具であり，利器では①a群はみられなくなる。また，中原的形態をもつ②群出現が特徴であり，出土コンテクストは多様な傾向がある。そして，境界3（長城地帯）以南は①b群の矛II類を特徴としている地域である。青銅器の金属成分においても，以上の境界を飛び越えて特徴を共有するような傾向はみられなかった。以下，各境界を挟んだ変化の意味について考えよう。

境界1における青銅器の変化について

まず学史での認識を整理しておこう。梅建軍は哈密地区（境界1のすぐ東）の青銅器とアンドロノヴォ文化（EAMP）の青銅器との類似性を強調している。そして，ユーラシア草原地帯と河西回廊との中間地点として，新疆の哈密地区を重視する（Mei 2003）。一方で，劉学堂は，天山山脈を挟む青銅器の器種を中心とする相違について指摘している（劉学堂 2005）。天山山脈を挟む両青銅器は，本来文化系譜が異なったもので，天山以南の青銅器が長城地帯に伝播したとする。

第3章の分析で見いだされた境界1により，劉学堂の見解はある程度支持されよう。しかし，境界を挟んで対比可能な型式もあるので，劉学堂のいうように境界1をそれほど強固なものにみなせるかどうかは不明である。境界1以東は以西と区別されながらも，梅建軍のいうようになんらかの関係は有していた可能性が高い。境界1以西では，青銅器の型式のほとんどがEAMPあるいはそれと同様の領域に分布の主体がある青銅器群と対比可能なものである。さらに，デポの存在からから考えて，基本的に境界1以西はEAMP（アンドロノヴォ文化）の広がりの一連のものとみなせる可能性が高い（Kuzmina 1998, 2001）。土器文化の検討においても，新疆西北部はアンドロノヴォ文化に含まれることになっている（韓建業 2005）。新疆西南部は，塔什庫爾干の下坂地墓地にみられるように，新疆西北部と異なった様相を示しているが，この差に関しては，アンドロノヴォ文化あるいはEAMP全体を含めて議論していく必要があろう。アンドロノヴォ文化そのものの広がりに関しては，非常に議論が多いところである。クジミナは牧畜の開始による階級分裂の進行を想定し，青銅器のデポに関しては軍事的緊張の結果で，工人と家族のそれがあるとする（Kuzmina 1998, 2001）。クジミナによれば，前2千年紀前半の草原地帯では冶金，牧畜技術が発達し，牧畜領域の拡大という形でアンドロノヴォ文化が拡散していく（Кузьмина 1997）。コリャコーバも前2千年紀の社会複雑化を指摘するものの，アンドロノヴォ文化の段階は，それ以前のシンタシュタ文化に比べると複雑性は低下するという。技術の発達や文化の広域拡散が指摘される一方で，社会の等質性が示唆されている（Koryakova, Epimakhov 2007）。いずれにせよ，アンドロノヴォ文化では安定的な生業のもと，情報が広い範囲で共有されていたことが窺われる。

一方，境界1以東では青銅器の数量自体は増えるものの，EAMPに類似する青銅器（①a群）は利器を中心に減少し，在地の土器文化に帰属する墓葬から出土するものが多い。また，境界1以東の領域では，天山北路文化，四壩文化などにみられるように，土器は彩陶を特色とし，境界1以西の，アンドロノヴォ文化に類似する土器とは異なっていることも，境界1の存在を印象づけるものである。したがって，EAMPの能動的拡散というより，在地集団の主体的対応によって，境界1以東に青銅器が拡散していったと考えられる。境界1以東では，④群の匕のような，在地の骨器を模倣した独特の型式はあるものの，主に実用面に特化したものが多く，それらが境界2以東全体で共有されることはない。すなわち，精製品から粗製品を含む青銅器のセットが共有されていた境界1以西とは大きく異なり，各地域社会の技術水準，実用性に間に合わせる形で，境界1以西のセットを部分的に受け入れたのである。この背景に関しては，境界1を挟んだ地理環境の差異がまず挙げられる（劉学堂 2005）。現在では，天山山脈以北にあたる境界1以西には草原が広がる一方，以東はゴビとオアシスが続いており，前2千年紀においても同様の差異を想定可能かどうかが問題であろう。他の背景としては，長城地帯においてすでに指摘があるように（佐野 2004），境界を挟んだ各地域における社会構造の差が挙げられる。比較的安定した生業基盤の上に，空間的にも内容的にも情報を広く共有する境界1以西と，境界1以東の社会は大きく異なっていたと考えられるのである。

さて，以上のような解釈は，境界1以東の青銅器が以西のものより時期的に早い場合には難しくなるであろうか。EAMPは前2千年紀後半にも存続し，比較の対象としたシャムシデポが，境界1以東より晩い可能性も残っている（Ke 1998, Kuzmina 2001）。また境界1以東では，前3千年紀に遡るような青銅器がいくつか存在し，それらを境界1以東の初期青銅器の出現において評価できる可能性もある（佐野 2008）。しかしながら本書で強調したいのは，境界1以東の青銅器がまとまりをもって，境界1を越えて西へ大きく影響を及ぼすことはないということである。そして，境界1以東においては，粗製品から精製品までを備える，同じセットとして青銅器が分布しないことも重要である。このような，境界1自体の存在や意義は，年代的問題では動かないのである。

境界2における青銅器の変化について

分析では，境界1にみられたEAMP青銅器（①a群）の欠落現象が東でも継続し，なかでも境界2を挟む器種の欠落が大きく，特に装身具の割合が増加する。さらに境界2以東では中原的な器物（②群）が出現し，中原の影響が窺える。ここでもEAMPや中原の青銅器は様式全体としては認められず，青銅器の受容は，在地の諸集団の対応によるものと考えられる。境界2以東の夏家店下層文化における墓葬と副葬品の分析から，社会的地位の高い人物が，中原の二里頭社会との関係を示し，地域集団内での社会的地位を誇示した可能性が示されている（宮本2000）が，中原的な器物（②群）もこの脈絡で出現した可能性がある。以上のような，長城地帯における西から東への青銅器の欠落的伝播は，宮本の論攷（宮本2008）を追認するものである。従来見解に齟齬のあった伝播ルートの問題については，この段階では新疆を経た東西ルートによるところが大きいと考えるのが妥当であろう。

以上のように，境界1および境界2を挟む各地域でのEAMPの欠落状況は，おおよそ東西に地理勾配を示している。また，これらの地域において青銅器の様式を創作して広く共有するということはなく，EAMPの周辺的，あるいは不完全な様式としての様相を呈していると考えられる。つまり，新疆，長城地帯内における各地域同士の関係性はネットワーク的でなく，連鎖的なものであると想定できる。このような境界1以東の関係のあり方は，新石器時代の土器における交流（宮本2000）の延長である可能性が高いであろう。このような状況は，セイマ・トルビノ青銅器群やEAMPがセットとして確認できる南シベリアのミヌシンスク盆地，新疆西北部，そして青銅器が様式として現れる前2千年紀後半のモンゴリアとは大きく様相が異なるのである。

境界3における青銅器の変化について

以上ではEAMP青銅器の欠落的伝播様相を確認したが，ここでは第3章における①b群（セイマ・トルビノ青銅器群に類似品がみられるもの）を検討し，境界3について考察しよう。検討の結果，①b群である矛II類はセイマ・トルビノ矛Bc類が変化したものであることが明らかとなった。学史において，特に沈那出土の矛については，その大きさや内型の残存からセイマ・トルビノ矛の儀器化（髙濱1999），祭器化（宮本2008a）や威信財化（三宅2002）が指摘されている。さらに近年では，矛II類の報告が増え，セイマ・トルビノ青銅器群の中国領内への影響を指摘する見解もかなり一般的になったこともすでに述べた。

第3章で明らかにしたように，初期青銅器の矛II類は，セイマ・トルビノ青銅器群の矛Bc類と型式上区別が可能である。そして，矛II類は，Bc類における細部の規範が緩くなりつつ，さらに大型化していったのである。また，矛II類は副葬品としての発見が皆無である。例えば，河南省下王崗遺跡では灰坑から重なるように複数件が出土した。青海省沈那出土品については，同地域において同時期かやや後出する卡約文化では，矛は一般に墓葬で発見されるのに対し，沈那では単独で出土している。このように，初期青銅器の矛II類は，新出の器物を含めても，やや特異なコンテクストで発見されており，セイマ・トルビノ青銅器群の性質を考えれば興味深い。つまり，矛II類はセイマ・トルビノ青銅器群の矛Bc類の単なる模倣で，中国内で突然大型化したものというよりも，Bc類の本来もつ大型化，非実用化などの性質を受け継ぐものと把握できる。矛II類はBc類と型式上区別でき，セイマ・トルビノ青銅器群におけるコミュニケーションそのものが受け継がれたとは考えられないので，矛II類の使用されたコンテクスト，ひいてはその社会状況が，セイマ・トルビノ青銅器群と類似していた可能性が考えられる。また，矛II類における大きさ，鉤位置などの細部における変異幅が大きいことは，矛II類によるコミュニケーションがセイマ・トルビノ青銅器群におけるそれよりも緩やかであり，矛II類が分布する範囲の結びつきについても，より弱いものであることを示していると考えられる。

以上のように，境界3以南にみられる矛II類の様相は，EAMPの影響を受けた諸地域（境界1以東）が単純な工具や装飾品を中心に受容したのとは対照的である。青銅器の性質から考えるならば，境界3以南と以北の差異は，青銅器を用いる社会状況の差異による可能性が高い。境界3以南は中原により近い地域であり，器物を媒介として，広い範囲のコミュニケーションを図るような段階にすでに達していた可能性がある。そして境界3以南の一部の地域ではその後，中原にみられる青銅彝器を社会階層の指標として用いるような状況に変化し，他の地域はモンゴリア青銅器様式に組み込まれていくことになるのである。このように，初期青銅器の時期は，各地がそれぞれの状況に合わせて青銅器を取捨選択していた，まさに試行錯誤の段階であったということができよう（図6-3）。

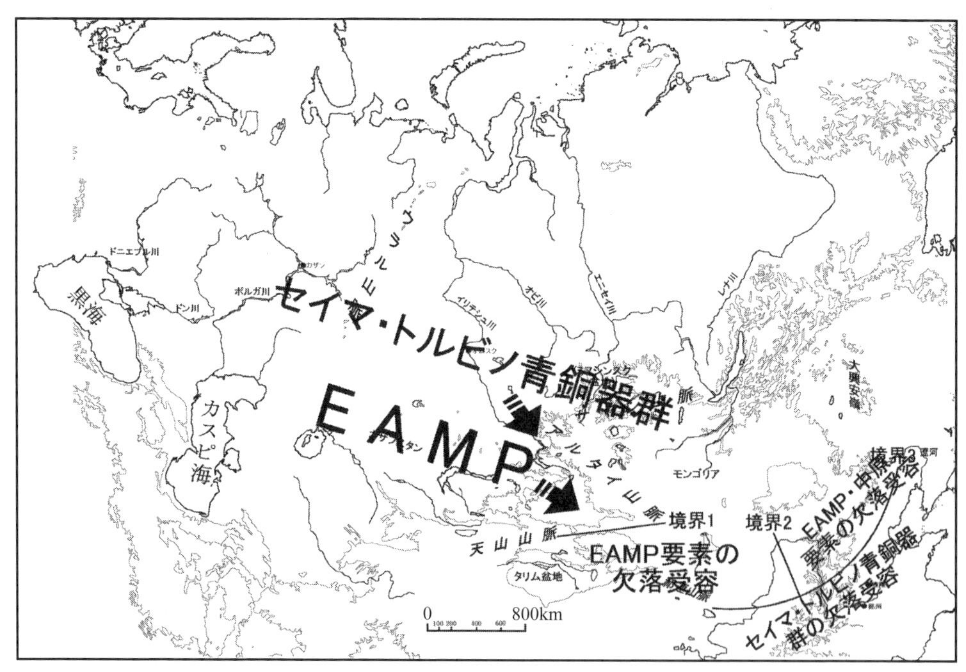

図 6-3　ユーラシア草原地帯における初期青銅器

第2節　前2千年紀後半から前1千年紀初頭における動態

ここでは第4章，第5章における分析に基づき，設定した各青銅器様式の内容およびその変化の要因について考えることにしたい。先に様式の変遷を整理しておく。前2千年紀後半にモンゴリアでモンゴリア青銅器様式が，ミヌシンスク盆地で前期カラスク青銅器様式が成立する（第1期）。前2千年紀末に前期カラスク青銅器様式がモンゴリア青銅器様式の影響を受け，ミヌシンスク盆地において後期カラスク青銅器様式が発生する（第2期）。発生後，後期カラスク青銅器様式は東西に拡散し，斉一的様式圏を形成する（第3期）。第4期にはユーラシア草原地帯は，後期カラスク青銅器様式の伝統下にあるものの，地域性を帯びるようになり，これらをまとめてポストカラスク青銅器様式とした。

1.　前2千年紀後半における青銅器様式の起源

ここで，前2千年紀前半までの状況を踏まえ（表6-1），前期カラスク青銅器様式，モンゴリア青銅器様式の起源について考えよう。

前期カラスク青銅器様式は南シベリアの分布の中心ミヌシンスク盆地であり，トゥバまで確認される。新疆北部まで分布が広がる可能性があるが，モンゴリア青銅器様式と比較するとその範囲はかなり限定的である。第4章で述べたように，型式的に最も遡る刀子Ba類は，南シベリアのアファナシェボ文化，オクネフ文化の骨柄銅刀がその祖形となった可能性がある。

前期カラスク青銅器様式の発生年代であるが，仮にラザレトフらのいう非典型遺存（第1章参照）（Лазаретов, Поляков 2008）をミヌシンスク盆地在来のものとみなした場合，その出現年代は前12世紀以降となる。しかしながら，非典型遺存の青銅器の発達についてラザレトフらは明確に示しているわけではない。後期カラスク青銅器様式の出現年代や，刀子Ba類と骨柄銅刃刀子との形態的近似を考えると，前期カラスク青銅器様式の発生年代を前2千年紀半ばにあてることも可能なように思われる。その頃の南シベリアでは，EAMP（アンドロノヴォ文化）およびセイマ・トルビノ青銅器群がセットとして存在していたが，両者は形態的にも，技術的

表6-1　前2千年紀における各青銅器文化の年代

サヤン，アルタイ山脈以西			サヤン，アルタイ山脈以東（モンゴリア）		年代
草原地帯	森林草原地帯				
EAMP	セイマ・トルビノ青銅器群		初期青銅器		前2000年
	サムシ・キジロボ青銅器群				
		前期カラスク青銅器様式（ミヌシンスク）		モンゴリア青銅器様式	前1500年
					前1100年

にも前期カラスク青銅器様式に影響を及ぼすことはなかった。前期カラスク様式以降は，ミヌシンスク盆地独自の伝統をもつ青銅器が発達していくことになる。前期カラスク青銅器様式の開始は，山脈に囲まれたミヌシンスク盆地（第4章, 境界β）が強い独自性を発揮する画期として注目でき，またこれと，以下に述べるモンゴリア青銅器様式の開始との関係もさらなる検討を要する課題である。

モンゴリア青銅器様式は境界$\alpha1$，$\alpha2$（図4-79）に囲まれた地域に広がる。境界$\alpha2$に注目すると，本青銅器様式はオルドス以西の寧夏，甘粛，青海，新疆には様式としては入らない。甘粛，寧夏では乾燥した砂漠地帯が続き，新疆はアルタイ山脈を隔てているので，モンゴリア青銅器様式の分布域はモンゴル高原にほぼ相当するといってよい。モンゴリア青銅器様式で最も遡る出土品は内蒙古朱開溝遺跡V段階出土の剣A1類，刀子A類，有銎闘斧I類（鋳型）で，中原の二里岡期と同時期に位置づけられる。有銎斧M類もこれらと同じ年代的位置づけになる可能性がある。当該青銅器様式の精製品（剣A2類，刀子C類）によくみられる目鼻の突出した獣頭については，河北省台西遺跡出土の匙（図4-81-1）（河北省文物研究所編1985）に付属するものが年代的に最も遡る。モンゴリア青銅器様式の典型である剣A2類，刀子C類がセットとして確認できるのは殷墟併行の段階であるが，以上の事象を勘案すれば，当該様式は前2千年紀半ばを少し下る頃には成立していたと考えてよいであろう。

モンゴリア青銅器様式の起源について，最初に考える必要があるのは，初期青銅器との関わりである。従来でも長城地帯における青銅器を前2千年紀前半以降から連続的に考える見解が存在し（林澐2002），多くの場合，長城地帯の青銅器は「北方系青銅器」として一括して考えられる傾向がある。しかしながら，初期青銅器とモンゴリア青銅器様式の間には大きな差があり，結論からいえば，両者は直接的な関係をほとんどもっていないと考えられる。まず最も顕著であるのは，両者の分布差である。初期青銅器の多くは新疆から甘粛・青海付近（初期青銅器の境界2以西）に集中しているが，その範囲はちょうどモンゴリア青銅器様式の空白地になる。宮本はこの現象を長城地帯の東西の地域差として把握し，長城地帯西部における鉄器化をその要因の可能性として挙げている（宮本2008a）。さらに興味深い現象が新疆東部の哈密地域（初期青銅器の境界1以東，境界2以西）でみられる。哈密地域においては，初期青銅器を多く出土した天山北路文化に後続する在地文化として，天山北路文化と同じく彩陶をもつ焉不拉克文化が知られている。焉不拉克文化は時期的にはモンゴリア青銅器様式以降に相当するが，初期青銅器と同様の比較的単純な器種の青銅器を有する一方，モンゴリア青銅器様式に特徴的な青銅器は発見されていない。哈密地域ではモンゴリア青銅器様式の刀子A，C類が発見されている（王炳華1986）が，これらは焉不拉克文化の土器等を伴っていない遺跡から発見された。これらの事象は，初期青銅器の系譜を引く青銅器とモンゴリア青銅器様式の器物が同時期において，異なった取り扱いを受けていることを示すものである。林澐は，前2千年紀を通じて，新疆北部のアルタイ山脈南側を経由する青銅器時代の東西交流を指摘しているが（林澐2011），前2千年紀後半に盛行するモンゴリア青銅器様式は，新疆から甘粛，内蒙古という初期青銅器の流入する東西ルートとは異なった脈絡であったと考えられる。

さて，モンゴリア青銅器様式に含まれる諸型式のうち，その祖形が最も明確に知られるのは有銎闘斧である。モンゴリア青銅器様式で最も遡る有銎闘斧I類はEAMP（アンドロノヴォ文化）の有銎闘斧の「内」の部分が発達したものであることが明らかになった。EAMPの有銎闘斧（第3章，A類）は初期青銅器の段階には境界1以東の地域には達していないことを考えると，初期青銅器の段階かそれ以降に，アルタイ山脈を越えてモンゴリア西部に達したEAMPの別の一群が存在し，そこからモンゴリア青銅器様式が発生した可能性が考えられる（図6-4）。ヒレ付き装飾品も考え方によっては，EAMPから新たに生じてきた可能性がある。一方で，モンゴリア青銅器様式の剣A1，A2類の祖形をEAMPに求めることは難しいし，刀子C類で想定した蠟型に類する技法もEAMPではみられない。EAMP以外に，ユーラシア草原地帯東部では，セイマ・トルビノ，サムシ・キジロボ青銅器群が挙げられ，本青銅器群は錫の含有量が比較的高く，蠟型を用いて作られたとされる刀子（図2-69）（Черных,Кузьминых 1989）が存在する。しかしながら，これらの特徴以外に両青銅器群とモンゴリア青銅器様式の共通点をみつけることは困難である。例えば，セイマ・トルビノ，サムシ・キジロボ青銅器群では矛が非常に発達するが，モンゴリア青銅器様式では，矛（M類）はそれほど顕著でない。有銎斧に関しても，セイマ・トルビノ，サムシ・キジロボ青銅器群（有銎斧A～BIIb類）とモンゴリア青銅器様式（有銎斧M類）では相当に異なっている。以上を鑑みるならば，モンゴリア青銅器様式は，EAMPとの接触地帯であるアルタイ山脈に近いモンゴリア西部で生じ，剣A2類，刀子C類にみられる特殊な技法を発展させながら，徐々に広まった可能性が考えられる。もちろん，アルタイ山脈付近にはセイマ・トルビノ，サムシ・キジロボ青銅器群も達しているので，両青銅器

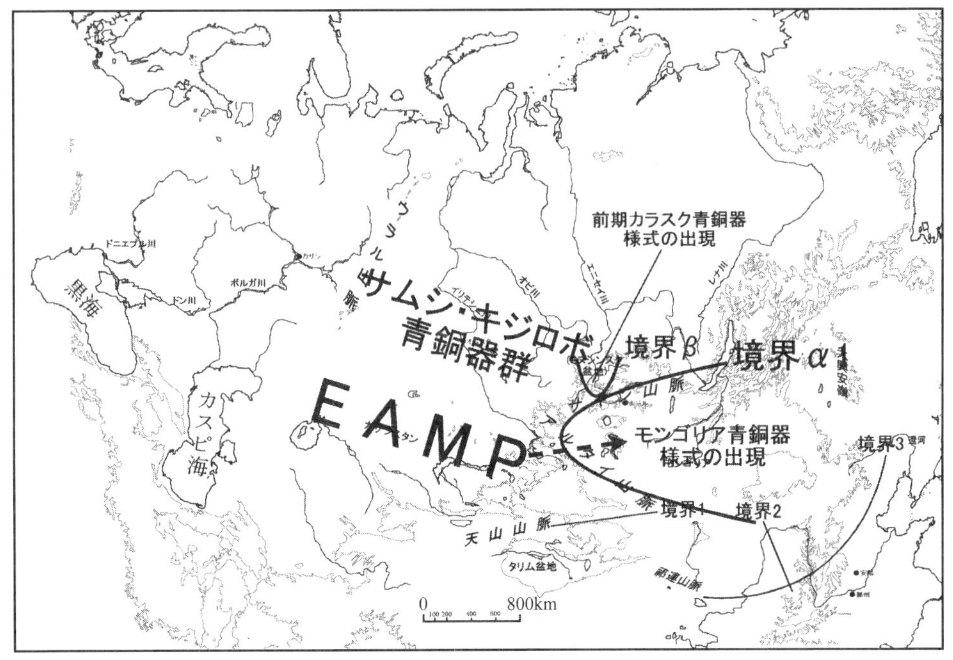

図6-4　前2千年紀半ばのユーラシア草原地帯

群の影響がモンゴリア青銅器様式に及んでいても不思議ではない。いずれにせよ重要であるのは，モンゴリア青銅器様式はEAMP，セイマ・トルビノ，サムシ・キジロボ青銅器群の技術，形態の影響をある程度受けつつも，まったく独自の青銅器様式として，アルタイ山脈を越えたモンゴリアで成立したということである。

以上の脈絡を経て，前2千年紀半ば以後，精製品から粗製品までもつモンゴリア青銅器様式がモンゴル高原において成立する。従来，2千年紀半ば以降において，長城地帯から南シベリア（ミヌシンスク盆地）にかけての南北ルートが以前の新疆，甘粛を通じた東西ルートにかわり活発化したことが指摘されてきた（Mei 2003, 宮本 2008a）。確かに前2千年紀後半から末にかけて，ミヌシンスク盆地とモンゴリアの結びつきが強くなることは，本書でも示してきたとおりであるが，両地域の関係に先立ち，モンゴリア固有の青銅器様式が成立することが非常に重要である。後述のように，モンゴリア青銅器様式はその精製品に特徴があり，それらは広範囲における諸集団を結びつける指標として機能していた可能性がある。つまり，この段階に青銅器を媒介としたモンゴリア独自のコミュニケーションが成立し，初期青銅器の盛んであった新疆から甘粛地域はそこから外れていったと考えられるのである。新疆や甘粛地域が離脱した背景について，宮本のいうように，これらの地域の鉄器化によって理解できる可能性もあるが，ユーラシア草原地帯全体における各地の位置づけも考える必要があるだろう。この問題については，各青銅器様式の背景を考えたうえで，最後に言及することにしたい。

2.　各青銅器様式の内容

モンゴリア青銅器様式において想定した製作技法は，石笵を用いるもの，あるいは蠟型に類する技法である。この差異は製品において，形態，紋様の複雑性という形で現れている。したがって，前者が想定される刀子A類を粗製品，後者による剣A2類，刀子C類を精製品と考えることができる。一方で剣と刀子という器種間には，製作技法のみならず，湾曲した剣の柄からみても，それほどの隔絶性は認められない。モンゴリア青銅器様式においては，剣，刀子の機能差よりも精粗差が，技法の差異という形で明確に区別とされていたといえる。有銎闘斧I，II，IIIA類には，上記双方の製作技法をもつものが含まれている。有銎闘斧は，数量的には剣よりも少なく，剣A2類と共通する細かい紋様をもつものも存在するが，獣頭をもつものがない点など，剣，刀子に比してやや精製度は低いかもしれない。機能的には，銎部に柄を装着し，打撃を与えるもの

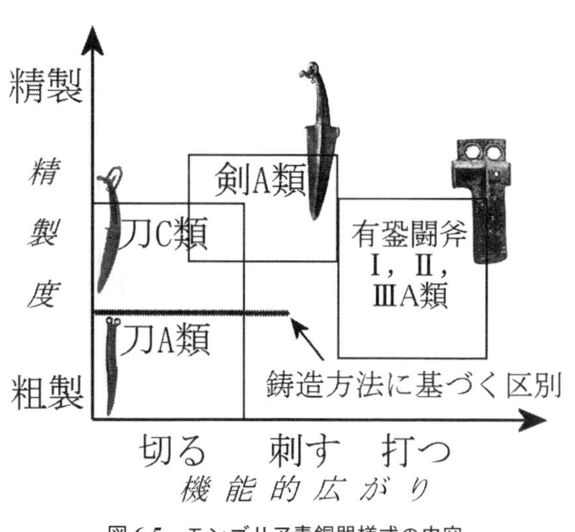

図 6-5　モンゴリア青銅器様式の内容

と想定できる。これを模式化すれば図 6-5 のようになろう。

前期カラスク青銅器様式固有の形式は刀子 Ba 類のみである。これは装飾的要素があまりなく，実用的側面の強いものである。その意味ではモンゴリア青銅器様式の刀子 A 類と対比できよう。

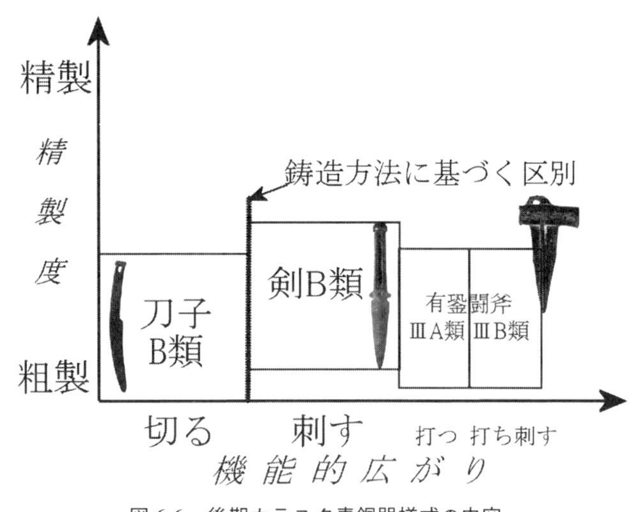

図 6-6　後期カラスク青銅器様式の内容

後期カラスク青銅器様式では，刀子 Bb，Bc 類の製作技法は前期カラスク青銅器様式と同技法である。剣に関しても，刀子 Bb と剣 B1a が対比できたように同一の製作技法による可能性がある。また，剣 B1，B2 に付加される紋様，柄頭は刀子 B 類と同じく簡素なものが多く，精製，粗製品の区別は当該様式内ではそれほど明確ではない。一方で，剣 B1，B2 類の柄は直状になり，刃の先端も尖ったものが多くなる。したがって，剣と刀子の機能的な区別は増大したと考えられる。有銎闘斧では IIIA 類が存続するが，この段階には精製のものは発見されていない。さらに，有銎闘斧 IIIB 類が派生するが，これも IIIA 類のような豊かな装飾を伴うものはなく，精製とはいえない。機能的には，IIIB 類は IIIA 類から分化し，打撃に刺す機能が加わったものである。有銎闘斧における精製品の消滅および，機能分化の様相は，剣，刀子の変化と軌を一にするものと評価できる。これを図 6-5 と同様に模式化すれば図 6-6 のようになる。

後期カラスク青銅器様式に続くポストカラスク青銅器様式も諸型式の位置づけはほぼ同様である。ポストカラスク青銅器様式においては，確かに動物表現を多くもつ青銅器とそうでないものがあるが，それらをモンゴリア青銅器様式における精粗差と同様にみなすわけにはいかない。それらはモンゴリア青銅器様式のように，形式や技法により明確に区分されているわけではないからである。

以上のようにモンゴリア青銅器様式と，後期カラスク，ポストカラスク青銅器様式を対比した場合，いずれの様式も剣，刀子，有銎闘斧の組み合わせをもつものの，精粗，機能を含む様式の内容にもかなりの差があったとみられる。青銅器様式における精製品が，それを保有する社会において一定の価値づけを得ていると考えれば，後期カラスク青銅器様式におけるその消滅は，青銅器全体の実用化とともにある種の価値の喪失を示すと考えられる。精製品の消滅と機能性の拡大を伴うような，実用性に根ざした青銅器様式が，青銅器時代の終末に出現する意義はきわめて大きいといえよう。

3. 青銅器様式の変化過程

前2千年紀後半以降において見いだされた青銅器様式の変化は3つである。ひとつは第2期のミヌシンスク盆地における，前期カラスク青銅器様式から後期カラスク青銅器様式への変化であり，もうひとつは主に第3期のモンゴリアにおける，モンゴリア青銅器様式から後期カラスク青銅器様式への転換である。さらにひとつは，ポストカラスク青銅器様式における地域性の出現である。表6-2, 6-3は前の2つの青銅器様式変化の際，在来の様式に他様式からどのようなものが確認されるのかを整理したものである。表の○はその項目の存在，△は部分的あるいはわずかに存在，×は不在を示している。例えば，表6-2の縦軸，剣A1，A2類以下はモンゴリア青銅器様式特有の諸要素である。このうち，剣A1，A2類について，ミヌシンスク盆地においては型式としては確認できていない（型式×）が，型式の一部の要素（脊，紋様など）はみられる（属性部分○）。また，剣A1，A2類，刀子A，C類は型式，技法の両面において第3期以降のミヌシンスク盆地では完全にみられない（その後の存続×）。本表を参考にしながら，以下に変化についての考察を行おう。

表6-2　第1期～第2期のミヌシンスク盆地におけるモンゴリア青銅器様式要素

	型式	属性部分	技法	精粗位置	その後の存続	様式の伝達
剣A1，A2類	×	○	△	×	型式・技法とも×	
刀子C類	△	○	△	×	型式・技法とも×	
刀子A類	○	○	○	○	型式・技法とも×	
有銎闘斧IIIA類	○	○	△	×	型式・技法とも○	
						×

＊ミヌシンスク在来の剣B類，刀子B類がモンゴリア様式の属性の一部を取り込んで発展。

表6-3　第3期のモンゴリアにおける後期カラスク青銅器様式要素

	型式	属性部分	技法	精粗位置	その後の存続	様式の伝達
剣B類	○	○	○	○	型式・技法とも○	
刀子Bc類	○	○	○	○	型式・技法とも○	
有銎闘斧IIIB類	○	○	○	○	型式・技法とも○	
						○

＊モンゴリア在来の剣A類，刀子A，C類は基本的に消滅。

後期カラスク青銅器様式の発生

第2期のミヌシンスク盆地において，後期カラスク青銅器様式が発生した変化であるが（表6-2），この変化は製作技法上からいって，前期カラスク青銅器様式が主体となり，モンゴリア青銅器様式のうち形態を中心とする，視角的に模倣可能な部分を取り込んだと考えられる。モンゴリア青銅器様式の刀子A類そのものがミヌシンスク盆地においても相当数認められ，金属成分から考えても，A類に関する製作技術が総合的に流入したとみられる。その際には，おそらく製作者そのものの移動もあったであろう。しかしながら，モンゴリア青銅器様式の製作技法は長続きせず，形態のみが刀子B類に取り入れられるのである。つまりこの変化は，ある様式が他に存在する様式の表現を独自に解釈して自らの様式を発展させる，いわば「他要素取り込み型の変化」とすることができる。この取り込み過程においてカラスク青銅器様式側では，モンゴリア青銅器様式では精製品としての区別が重要であった剣を実用的に特化させたものと考えられる。

ところでモンゴリア青銅器様式で発生した剣A1，A2類は，まとまった数量をもった東アジア最古の刃柄一鋳の青銅短剣である。モンゴリア青銅器様式において，剣という器種は機能的利便性よりむしろ精製品の一部として生まれてきた。そして，ミヌシンスク盆地における後期カラスク青銅器様式において，刺突に特化する傾向をもつようになるのである。これをより一般化すれば，機能的に優れた可能性をもつ道具は，当初からその機能性が十分に発揮されていたわけではなく，他文化とのやりとりの中で，機能性をより一層帯びてくるものといえよう。このことは，草原地帯でかなり早くに，錫青銅を用いて創作された，セイマ・トルビノ青銅器群の矛が非実用的な面を色濃くもっていたことを考えると一層興味深い。

モンゴリア青銅器様式から後期カラスク青銅器様式への変化

第3期のモンゴリアにおける青銅器様式の変化はどうであろうか（表6-3）。モンゴリア青銅器様式から後期カラスク青銅器様式へというこの変化は，前の変化とは異なり，様式全体が入れ替わってしまうドラスティックな変化である。この場合，先のように既存様式自体に存続を認める「他要素取り込み型の変化」を想定することはできず，既存様式の崩壊（モンゴリア青銅器様式）と新様式の流入（後期カラスク青銅器様式）双方の説明を要する。この変化の背景については，本節4.の「青銅器様式変化の背景」にて詳しく検討する。

ポストカラスク青銅器様式への変化

ポストカラスク青銅器様式は，草原地帯各地において後期カラスク青銅器様式が，地域性を出しつつ展開していく段階である。第5章で明らかにしたように，後期～ポストカラスク青銅器様式への型式変化は緩慢であり，地域性の出現も緩やかなものであったと考えられる。この段階に地域差が明確化する要因とは何であろうか。まず考えられるのは，草原地帯各地の交渉が薄くなった可能性である。ところが，ポストカラスク青銅器様式においても，動物紋などの要素が広く共有されることが知られる。これによって，従来では「初期遊牧民文化」におけるユーラシア草原地帯全体の類似性が指摘されてきたのである。それでは，この動物紋によって示される共通性は，ポストカラスク青銅器様式以前の諸様式または様式間で起こっていた事象と比べてどのように評価できるのであろうか。以下で，モンゴリアを中心に，青銅器様式における変化の背景を，他の文化要素の動態も考慮しつつ考察してみよう。

4.　青銅器様式変化の背景

モンゴリアにおける各種遺構の動態

青銅器様式変化の背景を探るにあたって重要となりうるのは，青銅器を含む遺構の動態であ

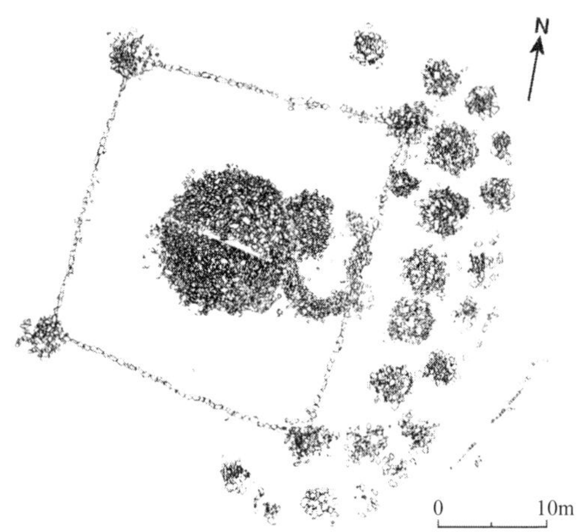

図 6-7　オラーン・オーシグ I・1 号ヘレクスル

るが，それらの検討には，現状においてかなりの制約が伴うこととなる。まず，青銅器を伴う遺構はきわめて少ない。また，それらのうちの多くを占める，長城地帯の墓は彝器を伴い，明らかに中国中原の影響を受けているものが多いので，これらを当時のモンゴリアの典型的な墓として扱うには慎重を要しよう。一方で，前 2 千年紀後半以降，特にモンゴルを中心として，特殊な遺構が広く分布することが知られている。これらの遺構は青銅器を伴うことが少なく，学史で紹介したような青銅器の動態と組み合わせて論じられることは少なかった。しかしながら，本書で明らかにしてきた青銅器様式と対比させることは興味深く，青銅器様式動態の背景を探るうえで重要と考えられるので，以下でこれらの紹介を交えつつ論を進めたい。

前 2 千年紀後半から前 1 千年紀初頭のモンゴリアにおける代表的な遺構としては，ヘレクスル，板石墓，そして第 5 章でも論じた鹿石が知られる。ヘレクスルは，円形の石積とそれを囲う円形，あるいは方形の囲いで主に構成される遺構である（図 6-7)。図 6-7 は，草原考古研究会とモンゴル国科学アカデミー歴史研究所によって調査された，フブスグル県オラーン・オーシグ I（Ulann Uushig I）・1 号ヘレクスル全体の平面図である（高濱 2006b)。本ヘレクスルでは，方形の囲いの四隅に小さい積石（石堆）が伴っており，囲いの東側の辺には石堆が 2 列，弧状に巡っている。オラーン・オーシグ I における調査では，真ん中の積石の中央に石棺が置かれ，それを取り囲むように石が積まれていくことや，石堆の構築法などが明らかにされた（高濱 2006b)。石堆には通常，馬の頭骨が東向きで埋置されており，大きいヘレクスルでは 1,700 以上の石堆を伴う場合もある。ヘレクスルはモンゴル西部を中心に分布し，バイカル東南部，トゥバ，新疆でも発見されている。ヘレクスルの中央の積石内部からは埋葬施設および人骨がみつかる例があるものの，人骨を伴わないものもある。ヘレクスルのすべてが墓であるかどうかは不明であるが，儀礼的要素が強い遺構であることは多く指摘されるところである。また，ヘレクスルに付随する石堆と同様のものが，鹿石を取り囲む場合があることから，鹿石とヘレクスルを関連づけ，両者を同文化の所産であるとする見方もある（Худяков 1987, Takahama et al. 2006, 林俊雄 2007, Fitzhugh 2009)。ヘレクスルからは時期のわかる青銅器が，明確な形で発見されておらず，その年代を決めることは困難である。鹿石とヘレクスルを同年代とみなすのであれば，鹿石における年代の議論がそのままヘレクスルにも反映されることとなる。C^{14} による年代測定では，フブスグル県ウラーン・トルゴイ遺跡での例がある。本遺跡は，ヘレクスル，鹿石，石堆を含む複合遺跡であるが，4 号鹿石を巡る石堆のひとつに，3200B. P. から 2800B. P. の間の校正年代が与えられている（Fitzhugh 2009)。

図 6-8　ダーラム 1 号地点 4 号墓（左）とテブシ 1 号墓（右）

板石墓とは板石を方形状に立てた墓で（図 6-8），モンゴル西部に分布するヘレクスルに対して，板石墓はモンゴル東部を中心に分布する。板石墓は長方形を呈するものが一般であるが，撥形墓あるいは人形（ヒトガタ）墓（figured tomb）と呼ばれる，長辺が内側に湾曲する撥形を呈したものも知られている（図 6-8 右）。宮本の整理によると，板石墓は四隅石が突出しない方形墓（I 式），四隅石が突出する方形墓（II 式）（図 6-8 左），先の撥形墓（III 式）（図 6-8 右）の 3 つに区分でき，I，III 式が前 2 千年紀後半から発展し，それらとは異なる系譜として II 式が前 8 世紀頃に出現したといわれる（宮本 2016）。宮本が記しているように，この II 式が典型的な板石墓である。

ヘレクスル，鹿石，板石墓の研究としてまず挙げられるのは，ヘレクスル，鹿石と，板石墓がモンゴリアにおいておおよそ東西に分布差をみせることに注目するものである。ノヴゴロドヴァ（Novgorodva 1989）は青銅器時代のモンゴルにおける東西の文化的差異（板石墓・鹿石）をモンゴロイドとユーロペイドに対比させる。ツビクタロフ（Cybiktarov 2003）はモンゴリアにおける大きな文化変遷を，段階的に示している点で注目できる。ツビクタロフもノヴゴロドヴァ同様，草原地帯における東西 2 つの文化領域が形質（モンゴロイド・ユーロペイド）に大まかに対応しているとする（図 6-9）。そして，両者の相互関係の結果，初期鉄器時代（=「初期遊牧民文化」期）に至った（中央アジア型モンゴロイドの形成）とし，この過程は，大きく気候変動と対応すると考えている。まず，前 2 千年紀後半までに畜群構成の安定化とともに，東西に大きな文化圏が出現する。前 2 千年紀後半の乾燥化（前 11 世紀〜前 9 世紀）によって東西文化圏が接触するが，両文化圏の集団は環境，経済的要因で適地移動を行ったため，移動は対立的であったといわれる。そして，前 1 千年紀初頭（前 9 世紀〜前 8 世紀）には，モンゴリア西北部を中心とする連合が形成され，平和的な接触に至ったとする。

他の研究視点として，多様な遺構から当時の社会復元を目指したものが挙げられる。これらでは，ヘレクスルが板石墓より相対的に遡るとし，前者を共同体的なもの，後者を個人的要素

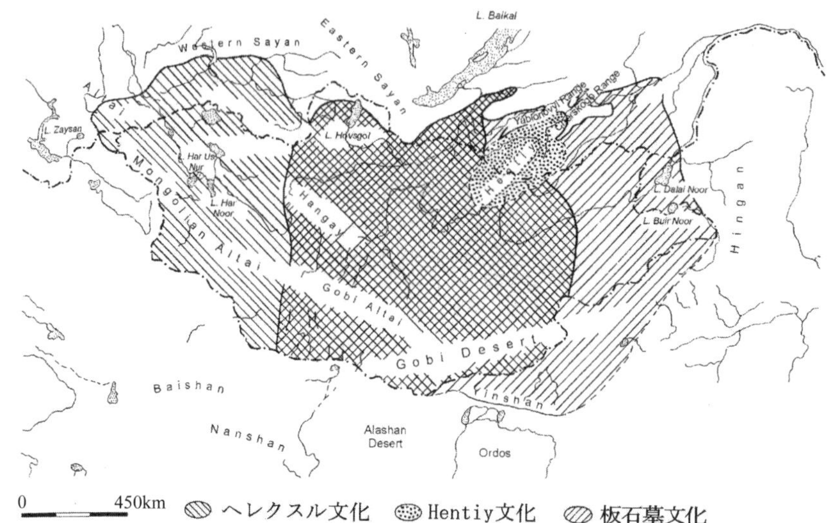

ヘレクスル文化：ヘレクスルと鹿石の主な分布域，板石墓文化：板石墓の主な分布域

図 6-9　ツビクタロフによる青銅器時代後期から初期鉄器時代のモンゴリアにおける文化圏

が強い，より社会進化した形態とする見解が存在する（Honeychurch et al. 2009, Houle 2009）。一方で，ヘレクスルの規模等を集団成員の地位，富の表示と示す見解（Fitzhgh 2009），あるいはヘレクスルの大きさの大小から権力，階層化の進行を結びつける説（林俊雄 2007）が存在する。宮本の論攷（宮本 2016）は上の諸説を統合的に捉えたものとして重要である。宮本は，前 15 世紀～前 9 世紀において上記 I 式（方形墓）とそこから派生する III 式（撥形墓）がモンゴリア東部から西部へと拡散する一方で，ヘレクスルが西部から中部へ拡散するとした。そして，前 13 世紀～前 12 世紀のモンゴリア西部にみられるプロト II 式と呼ばれる墓制から，II 式（板石墓）が前 8 世紀頃に出現したとしている。さらに，副葬品の多寡や埋葬の下部構造の格差といった現象により，典型的な板石墓（II 式）段階から集団内での個人の階層差が進展したと考え，II 式成立の社会的要因解明の重要性を指摘している（宮本 2016）。なお，宮本によれば，プロト II 式はタガール文化バイノフ期の墓葬構造を出現させた可能性があるという。

以上のように，モンゴリアの遺構に基づく検討においては，前 9 世紀から前 8 世紀頃（「初期遊牧民文化」期）の典型的な板石墓出現が大きな変化期と認識されており，その前後における継続または断絶性の評価についてが，モンゴリア東西の地域性を考慮のうえ，議論されているのである。その意味では，モンゴリアにおける遺構の研究も，「初期遊牧民文化」成立に関する鹿石や動物紋の研究と軌を一にしているといえよう。

モンゴリア青銅器様式出現の背景

本書で明らかにしてきたところによれば，前 2 千年紀半ばに，ミヌシンスク盆地，モンゴリアそれぞれにおいて独自の青銅器様式が形成される。モンゴリア青銅器様式は，続く後期カラスク青銅器様式と比較すると，広域で型式的共通性がきわめて高いという点では同じであるが，その共通性の高さを精製品という特殊な領域であえて示していることに特徴がある。モンゴリア青銅器様式の精製品である剣A類や刀子C類における獣頭形の柄頭は，目鼻が異様に突出するという特徴をもつ。この種の柄頭にはかなりのバリエーションがあるので，従来では，その表すところの動物について，羊，鹿，馬など多様なものが想定されてきた。しかしながら，このような異様に突出した目鼻をもつ動物は現実には存在しない。こういう非現実的な要素が共通して精製品を中心に示される事実は，突出した目鼻の獣頭表現が，多様な動物に基づいた製作者の気まぐれではなく，共通性の高い厳格な規範のもとで製作されていることを示すと考えられる。つまりこれら精製品には，かなりの広範囲における共通性やその背後にあるなんらかの社会的紐帯を，青銅器の各保有者または集団に示す狙いがあったと捉えられる。一方で，様式全体の共通性の高さを示す精製品の製作は，蠟型に類するような特殊な技法を必要とする，一層の労を要するものであった。つまり，利器・武器としての実用ではなく，社会的紐帯を示すものとしての青銅器を，当時の社会は一層重く価値づけていたのである。逆にいえば，複雑な物的指標によって，労力をかけて明示する必要があるほど，モンゴリア青銅器様式の基盤にある社会的紐帯は脆弱であったと考えられる。

以上の青銅器における事象を，年代的にも同時期と考えられる，ヘレクスルの分布状況と対比しよう。ツビクタロフが示したように，ヘレクスルはモンゴルの西部を中心に分布し，トゥバやバイカル湖東南地方にも及んでいる（Cybiktarov 2003）。この範囲はモンゴリア青銅器様式の西部から中部全体を含み込むものである。西サヤン山脈を越えたミヌシンスク盆地がヘレクスルの分布域から外れていることも，モンゴリア青銅器様式，前期カラスク青銅器様式の排他性を考えるうえで興味深い。さらに，学史において見解が統一されているわけではないが，ヘレクスルが権力の指標というより，むしろ社会集団のメンバーシップの確認，統合の指標といったいわば共同体的なものであると考えれば，モンゴリア青銅器様式の精製品のあり方と非常に合致したものとなる。また，鹿石I類についても，ヘレクスルと同様，モンゴリア青銅器様式の中の一部に位置づけられる。

ヘレクスルより東には板石墓が分布するが，それらは宮本のいうI類（方形墓），III類（撥形墓）にあたる。撥形墓からは刀子A類が発見されている（Амартувшин, Жаргалан 2010）。さらに東南の長城地帯はヘレクスル，板石墓ともに顕著ではない。その中でもさらに南に位置する山西省，陝西省北部などでは，蛇首匕など地域特有の青銅器や中原由来の彝器が各墓においてみられ，中国中原の影響を受けつつ，独自の地域性を発現しているといえる。このように，モンゴリア青銅器様式の内部には，多様な遺構を指標としてまとまる，多くの領域集団が存在したと考えられる。当時，実態として存在した集団を考えた場合，共同体的な性格をもつ領域集団として部族などが挙げられるが，ヘレクスルや鹿石の分布も東西数千 km に及ぶものであり，実態としての集団に近づくにはさらに詳細な検討が必要である。

いずれにせよ，以上のような青銅器やヘレクスル，鹿石の動態は，前2千年紀半ば以前には知られておらず，物的指標を媒介とする，一定程度の広がりをもつ社会的紐帯が前2千年紀後半以降に，モンゴリアの各地で形成された可能性が高い。ツビクタロフは，前2千年紀半ば以前の気候乾燥化により，牧畜経済が徐々に形成され，前2千年紀半ばにおける短期の気候湿潤化によって生活の安定化が進んだことを指摘する。そして，この段階からモンゴリアにおける文化状況は劇的に変わったとしている（Cybiktarov 2003）。

本書ではモンゴリア青銅器様式の青銅器の起源について，長城地帯の初期青銅器とは別に，EAMPから派生した可能性を示唆した。EAMP自体は南シベリアからカザフスタン，新疆北部にまで達しているが，南シベリアのミヌシンスク盆地では前期カラスク青銅器様式という在地色の濃い青銅器様式が同時期に成立したことを考えると，アルタイ山脈を介してモンゴリアにEAMPの情報が西から及んだ可能性がある。EAMPの荷い手であった，アンドロノヴォ文化については興味深い指摘がある。前15世紀～前14世紀，温暖乾燥な気候のもと，アンドロノヴォ文化，スルブナヤ文化の人口は増加し，牧草地を求めて新たな土地へと拡散した。そして，それに伴って，パミールや天山などの高地環境へも進出していったというのである（Кузьмина 1997）。天山山脈域における牧畜農耕の導入が，青銅器時代以降，急速になされた可能性は，アイグルジャル（Aigyrzhal）遺跡群の調査によっても示されている（久米2017）。おそらく気候変動のもと，この時期のモンゴリアにおいて，牧畜を中心とする生業形態が，初めて広く出現したのであろう。生業の安定化により，生産力の増大と余剰の蓄積，それらに伴って季節移動の範囲・サイクルの一定化が起きた可能性がある。移動サイクルの安定と牧草地の拡大が，世代間を通して，空間的により広いコミュニケーションを行う必要を迫ったことも想像できる。このような状況下で，日常の利器とコミュニケーションの道具である精製品を含む青銅器の生産が開始されたのである。以上の一連の変化はもちろん，アンドロノヴォ文化の影響によるところも大きいが，高地であるモンゴリアの生業形態はアルタイ山脈を挟んだ地域とはいくぶん異なって展開したことが予想される。この中で，モンゴリア独特の紐帯を示すモンゴリア青銅器様式が成立したと考えられる。一方で，このような紐帯は脆弱かつ即物的なもので，途絶，分裂する危機を常にはらんでいたのである。

後期カラスク青銅器様式拡散の背景

後期カラスク青銅器様式の成立状況および，この様式の基となった前期カラスク青銅器様式の様相は不明な点が多く，その成立背景に関しても，今後の課題とするほかない。ミヌシンスク盆地における諸研究が示すように，本盆地の南部にはアンドロノヴォ文化は入らない。西シベリアから続く平原の北部とは異なって，森林草原から高原地帯へと変化していくこの地域では，独特のオクネフ文化が栄えることとなる。こういった地理的な面では，アルタイ山脈を挟んだアンドロノヴォ文化の広がりに直接入らなかったモンゴリアと，本地域は類似するといえる。一方で本地域は，オクネフ文化という形で，前2千年紀の前半に，モンゴリアよりも早く独自性を発揮している。オクネフ文化には，鹿石に類似する石柱が数多くみられる。仮にこのような石柱が集団指標として機能していたとすると，ミヌシンスク盆地南部は同時期のモンゴリアに比して一段階早く，独自のコミュニケーションを成立，発展させていった可能性がある。あるいは，カラスク期のミヌシンスク盆地における牧畜の発達に関して，ミヌシンスク盆地の地理的条件の特異性を挙げる意見もある（Зяблин 1977）。夏に旱魃に襲われることもなく，冬に雪が少ない当該盆地は，年中豊かな牧草に恵まれている点で，カザフスタンなどの半砂漠草原よりも牧畜において有利だった。このような状況下，限られた面積の盆地で人口密度が増加し，利益の衝突による戦争を招いたというのである（Зяблин 1977）。集団指標でなく，実用性を強く帯びた青銅器で構成される，前期・後期カラスク青銅器様式が，ミヌシンスク盆地においていち早く形成された背景には，以上のような事情があったのかもしれない。

さて，ミヌシンスク盆地で成立した後期カラスク青銅器様式が，モンゴリアに浸透していく背景はどのように理解できるのだろうか。後期カラスク青銅器様式は，それがもつ鋳型製作の技術，金属成分比までモンゴリアに伝わっているので，青銅器の工人の移動がある程度は考えられる。しかしながら，それより重要であるのは，上に示したように，新しく入ってきた後期カラスク青銅器様式の内容は，モンゴリア青銅器様式と異なって，精製品を欠き，実用性とそれに基づく機能分化が著しいということである。ここから考えると，後期カラスク青銅器様式の開始時点で，モンゴリアでは，従来の精製品という物的指標を媒介とした社会的紐帯が，少なくとも衰退の傾向にあったことが窺われる。すなわち，モンゴリア青銅器様式の終盤においては，なんらかの社会的要因が働き，後期カラスク青銅器様式を発生させたミヌシンスク盆地の状況と近くなっていた可能性がある。

ツビクタロフによれば，前2千年紀後半以降のモンゴルでは，気候乾燥化が進み，好条件の牧草地を求めて大移動が起こる。その結果として，前11世紀から前9世紀にかけてモンゴル西部のヘレクスル・鹿石をもつ文化と東部の板石墓文化が衝突する。そしてこのことは，板石墓における鹿石の再利用や，板石墓に切られたヘレクスルなどによって示されているというのである（Cybiktarov 2003）。他では，前2千年紀後半以降の気候乾燥化と，それによる騎馬を伴う遊牧の発生が，ハザノフによって指摘されており（Khazanov 1994），草原地帯の中でもモンゴリアで騎馬遊牧がいち早く出現した可能性を指摘する意見も存在する（Koryakova, Epimakhov 2007）。騎馬遊牧の開始により牧畜民の行動範囲が拡大し，遊牧化することが考えられ，ここから従来では物質文化の広域的類似性や，大規模な集団形成が考えられてきた。しかしながら，半径数千kmにも及ぶような広範囲の移動，集団統合より以前に，小規模な各集団の移動・生活圏が広まり，集団の接触が増えることが想定しうる。そして，そのような集団間の接触の増加は必ずしも最初から統合化に向かうとは限らない。牧草地や水，金属資源などをめぐって集団間の軋轢が増加した可能性がある。先行する，ミヌシンスク盆地の前期・後期カラスク青銅器様式形成時と同じ状況が，騎馬遊牧の開発という形で，この段階のモンゴリアにおいて発生したのであろう。騎馬遊牧開始に伴う集団間の接触と摩擦が，従来のモンゴリア青銅器様式における即物的指標による紐帯では処理できないほど拡大してきたとき，モンゴリアでは，戦士やリーダーによる組織化など，別の社会的戦略をとろうとした可能性が考えられる。この背景のもと，武器・工具ともに実用・機能性の高い，後期カラスク青銅器様式が行き渡ったのである。このような生業と社会の変化は，モンゴリアの各地でそれぞれに起こっており，変化の進捗状況も多様であったと考えられる。例えばヘレクスルの年代にしても，前2千年紀後半にすべてが収まるわけではなく（Allard, Erdenebaatar 2005），南ブリヤーチヤのチャルガランタ（Zhargalanta）2号ヘレクスルで発見された青銅帯扣（Cybiktarov 2003）は，北京玉皇廟墓地出土品（北京市文物研究所 2007）と対比でき，前7世紀以降のものである可能性が高い。また，第5章で検討したように，鹿石I類は，モンゴリア青銅器様式の剣A1，A2類，刀子C類と共通する動物意匠（目鼻の突出する獣頭）をもちながら，後期カラスク青銅器様式以後も存続している。このように，モンゴリア青銅器様式におけるような集団のあり方が，地域によってはしばらく存続した。ただし，青銅器については，実用品として，また他の物質文化に比して資源や製作が限られているので，変化が行き渡るのも速かったと考えられる。

後期カラスク青銅器様式の諸要素は，南シベリアからモンゴリアのみならず，ウラル山脈を越え，ウクライナに達している。したがって，上のような社会変化はモンゴリアに限らず，同時期のユーラシア草原地帯で広く起きていた可能性がある。後期カラスク青銅器様式は，限られた地域に特化した緩やかな紐帯ではなく，特定のコミュニケーションへの参与に関わらず，各地域における社会変化の結果，受容されうる青銅器様式なのである。このことが，後期カラスク青銅器様式やその要素が非常に広く拡散する大きな要因なのであろう。

ポストカラスク青銅器様式出現の背景とスキタイ系動物紋

ポストカラスク青銅器様式は，従来「初期遊牧民文化」あるいは「スキト・シベリア文化」の段階とされてきた時期であり，前1千年紀初頭における騎馬遊牧の開始と，それに伴う類似した文化帯の形成が学史上つとに指摘されてきた。しかしながら，草原地帯全体を青銅剣という同一基準で比較する限り，ポストカラスク青銅器様式の地域差は後期カラスク青銅器様式に比して増大している。また，ポストカラスク青銅器様式の段階は，青銅器以外でも地域文化が顕在化する。ミヌシンスク盆地にはタガール文化，モンゴルにはチャンドマニ（Chandmani）文化，内蒙古東部には夏家店上層文化，新疆の吐魯番盆地には蘇貝希文化が形成されるなど，墓葬や土器においても互いに異なる一定の地域文化が形成されていくのである。ポストカラスク青銅器様式は，後期カラスク青銅器様式を，ほぼそのまま受け継ぐものである。後期カラスク青銅器様式において，実用的な青銅器様式が広がったのは，各地の社会変化に起因するものであるので，その後，徐々に地域性が発現するのは自然な流れといえる。剣以外の器種でも，刀子Bc類，有銎闘斧IIIB類はそのまま存続し，冑，鍑，匙などもすでに後期カラスク青銅器様式の段階に出揃っているので，ポストカラスク青銅器様式の段階に，広汎な類似性が急激に形成されたと考えることは不可能である。それでは，「初期遊牧民文化」の出現や広がりの指標として，従来注目されてきたスキタイ系動物紋はどのように考えられるのだろうか。

第5章における検討から，スキタイ系動物紋（動物紋②a，②b類）は，それ以前のもの（動物紋①a，①b類）に比して，表現技法における規範の緩みが認められることが明らかとなった。規範の強かった動物紋①a類は，モンゴリア青銅器様式の諸型式に顕著なものである。モンゴリア青銅器様式は，モンゴリアに分布がほぼ限られ，特殊な技法で造られた精製品を媒介とし，諸集団が緩やかに結びついていた状態である。動物紋①a類の規範の強さも，この種の動物紋が，諸集団が結びつく際の指標として機能していたと理解できる。一方で，規範が緩くなる動物紋（②a，②b 類）は，後期カラスク青銅器様式以降に出現，増加する。上述のように，後期カラスク青銅器様式，それを引き継ぐポストカラスク青銅器様式は，モンゴリア青銅器様式のような特定諸集団の緩やかな紐帯を示すものではなく，一定の社会的複雑化を経た社会集団に広く浸透したものと考えられた。したがって，動物紋の規範の緩みも，これと軌を一にした現象ということができる。すなわち，後期カラスク青銅器様式以降の社会変化のもと，従来の動物紋（①a 類）にかわり，スキタイ系動物紋を含めた規範の緩い動物紋が，特定の社会集団を越えて受容可能となったと考えられるのである。したがって，スキタイ系動物紋の広がりも，後期カラスク青銅器様式と同様，ある特定の集団やコミュニケーションの大規模な拡散というよりも，個々の地域社会の対応による面が大きかった可能性がある。また，後期カラスク青銅器様式は動物紋に関していえば，モンゴリア青銅器様式とポストカラスク青銅器様式との過渡的段階とみることができ，変化の緩慢性を指摘しえる。このような，動物紋①a 類から②a 類への変化は鹿石においても，I 類から II 類へという変化において認められる。鹿石においても，I 類は長く存続した可能性があり，ゆっくりとした交替が予想される。

ポストカラスク青銅器様式の段階は，社会複雑化の面でも，以前の段階との差異が強調されてきた。モンゴリアにおける板石墓（宮本の II 類）においては，集団内での個人の階層差の進展がみられるといわれ（宮本 2016），巨大な墳丘と多数の副葬品を有するアルジャン古墳（図 1-28）がトゥバに出現する。また，ツビクタロフはアルジャン古墳を中心とする新たな連合の形成を（Cybiktarov 2003），サビノフもやや遡る時期からの部族連合形成を示唆する（Савинов 2002）。さらに，長城地帯東部の夏家店上層文化では，通常の墓に加えて，内蒙古自治区の小黒石溝遺跡，南山根遺跡にみられるような多量の青銅彝器を伴う厚葬墓が出現する（遼寧省昭烏達盟文物工作站・中国科学院考古研究所東北工作隊 1973, 内蒙古自治区文物考古研究所・寧城県遼中京博物館 2009）。一方で，これらの現象がポストカラスク青銅器様式の段階に突如として現れ，それによって以前の段階との隔絶性を強調できるかどうかは，検討を要する課題である。例えば，典型的な板石墓の成立は前 8 世紀に置かれるものの，それらは前 2 千年紀末のモンゴリア西部で発展してきたものであるといわれる（宮本 2016）。トゥバのアルジャン 1 号墳は，豊かな副葬品と大きな積石を伴うものであり，確かに階層化の進展を示している。しかしながら，アルジャン 1 号墳はヘレクスル同様の石堆を多数付設しており，墳丘の外側で大量の馬犠牲が行われたことが想定される。仮にリーダーを含む，社会的に高い地位の集団がいたとしても，その地位は財（畜群）の儀礼における浪費という手段をとらなければ保障されなかったのである。したがって，特定個人や集団の階層が世代間で継承される，安定した階層システムには至っていないと考えてよいであろう。このことは，アルジャン古墳の 1 号墳と，前 7 世紀頃に位置づけられる 2 号墳の間に数百年の空白があることとも関連している可能性がある。同様の状況は，夏家店上層文化の墓葬において，中原系の彝器などの内外由来の財によって階層が誇示されている点にもみることができよう。また，このような墓葬も突如として出現したものではなく，孤立しているとはいえ，北京市白浮墓のような類例が後期カラスク青銅器様式期にも存在しているのである。

以上のように，ポストカラスク青銅器様式は，後期カラスク青銅器様式に起きた変化が各地で徐々に進行，浸透したものとみなせる。つまり「初期遊牧民文化」の出現は，200～300 年程度かけてゆっくり進行した変化の帰結であると捉えられるのである。墓葬形態や動物紋が，青銅器よりも遅れる形で変化する背景としては，これらの要素が，実用である青銅器よりも，一層保守的であった可能性を挙げることができよう。

終　章　ユーラシア草原地帯の青銅器時代

前章まででその内容を明らかにしてきた種々の交流関係は，前 2 千年紀から前 1 千年紀初頭という，ユーラシア全体において青銅器時代から鉄器時代へ移行する連動した変化の時期の中でどのように評価できるのであろうか。当該時期の草原地帯の経済，社会面を通時的に検討したものとしては，クジミナやコリャコーバらの著作が挙げられる。クジミナは牧畜，農耕を含んだ混合経済から移動性牧畜経済への移行期として青銅器時代を捉えている。そして，前 1 千年紀初頭（「初期遊牧民文化」期）の騎馬遊牧社会においてこの移行が完成したとしている。変化の要因について，クジミナは主に気候変動などの生態環境への適応に着目する（Кузьмина 1996, 1997）。一方で，コリャコーバ，エピマホフは生態環境に加えて社会面を強調している。コリャコーバらによると，ウラルや西シベリアを中心とした草原地帯の青銅器時代の社会は，部族社会から首長制社会の範疇で捉えられ，その複雑性は累進的に増したのではなく，進退を繰り返す波形的な変化を辿るという（Koryakova, Epimakhov 2007）。このように先学においては，伝播論的解釈をとらない限りでは，生業形態や地域社会の統合形態の変化を軸として当該期の発展が捉えられてきた。その中で移動や交流は，例えば，新たな牧草地を求めての移動や，広域ネットワークの形成など，個々の地域社会の自然，外部環境への適応戦略のひとつとして位置づけられている。このような捉え方には，個々の地域社会をより広い動態に位置づける方向において参考とすべきものが多く含まれている。しかしながら，ユーラシア草原地帯は環境，生業，社会複雑化の程度についてかなりの地域性をもつ。多様な各地をなるべく多く含み込んだ形で，青銅器時代の発展を辿ることはできないであろうか。また，本書で多く検討したアルタイ以東の地域では，地域全体における社会複雑化過程を墓地資料などから復元することは資料的に難しい。そこで本章において，先学で指摘された生業や社会変化を考慮しつつ，交流関係のあり方（方式）を基軸に，草原地帯の青銅器時代を通時的に捉えてみよう。

本題に入る前に，ユーラシア草原地帯の地理状況を整理しておく。図終 -1 の等高線は 1,000m を示しているが，それをみると，アルタイ山脈が，ウラル山脈を挟んで続く大平原がその東でぶつかる，非常に大きな地形変換地であることがわかる。アルタイ山脈は現在のロシア，カザフスタン，中国，モンゴル国の国境を含んでおり，山脈内でそれが X 字状に交わっている。X 字の左上から右下へ沿うラインがアルタイ山脈であり，その北部から東側へ向かうラインはサヤン山脈である。サヤン山脈（西サヤン山脈）の北側にはミヌシンスク盆地があるが，サヤン山脈自体はそこからさらにバイカル湖の西側まで伸び，その付近（モンゴル北部）で海抜 3,000m 以上の最高峰を有している。このように，その西北をサヤン，アルタイ両山脈に西

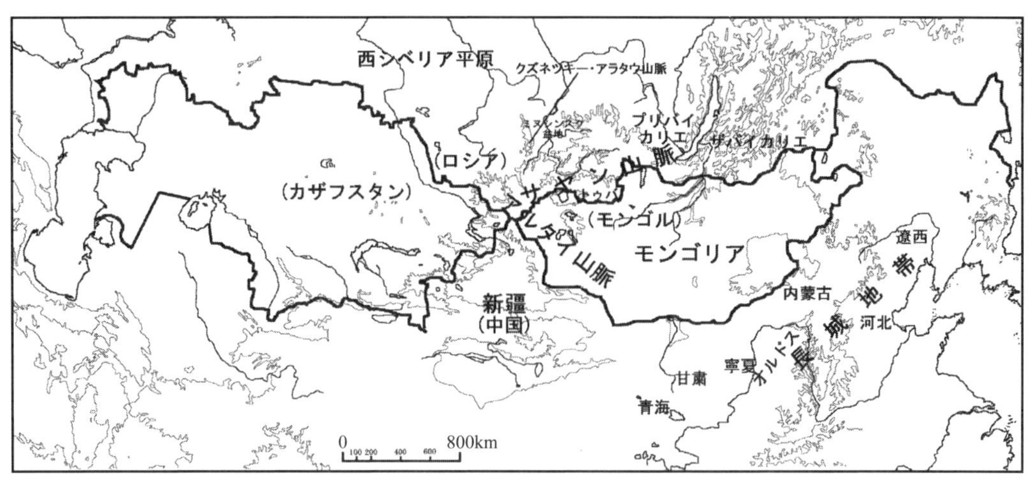

図終 -1　ユーラシア草原地帯の地理状況

表終 -1　各青銅器様式の年代

中原	暦年代	青銅器時代分期	ミヌシンスク盆地	モンゴリア
二里頭期 商（二里岡期）		I 期	EAMP, セイマ・トルビノ青銅器群	青銅器様式未形成（初期青銅器）
（殷墟期）	前 1300 年	II 期	前期カラスク青銅器様式	モンゴリア青銅器様式
西周	前 1000 年	III 期	後期カラスク青銅器様式	
	前 800 年	IV 期	ポストカラスク青銅器様式	
春秋				

側を取り囲まれた地域がモンゴリアであり，その外側の平地とは対照的に山地，高地で構成される地形である。そして，この高地の東は大興安嶺まで，南は黄土高原へと続いている。遼西や北京は，この高地が収束するちょうど際の部分に位置する。一方，西シベリア，カザフスタンはアルタイ山脈の外側に位置し，新疆北部も本山脈の外（南西）側に沿うような地域といえる。また，ミヌシンスク盆地は経度からいうと，アルタイ山脈の東側に位置するが，サヤン山脈でモンゴリアとは区別される。ミヌシンスク盆地は大きくみれば，シベリアの低地に向かって開けている平原（西シベリア平原）の一部であり，サヤン，アルタイ両山脈の外側と捉えられるであろう。しかし一方では，その西側にはアルタイ山脈から北へ伸びるクズネツキー・アラタウ山脈が控え，西に位置するクズネーツク盆地，西シベリア，あるいは新疆とも隔たっている，特殊な地理的状況にある。このように，森林に囲まれつつ開けた土地を有するミヌシンスク盆地が，その南北で文化的様相を異にすること，そして生業をより有利に展開しうる潜在

性をもっていたことは，すでに指摘したところである。

前章までの結果から，青銅器時代を通して，以下のような時期区分が考えられよう（表終-1)。

青銅器時代 I 期：前 2 千年紀半ばまで。EAMP やセイマ・トルビノ青銅器群，その影響を受けた（中国）初期青銅器が新疆や長城地帯に分布する。

青銅器時代 II 期：前 2 千年紀後半。ミヌシンスク盆地では前期カラスク青銅器様式，モンゴリアではモンゴリア青銅器様式の時期。これらの地域以西では EAMP やサムシ・キジロボ青銅器群が分布している。

青銅器時代 III 期：後期カラスク青銅器様式が発生，拡散する段階。

青銅器時代 IV 期：ポストカラスク青銅器様式の段階。

以下に段階に沿って，交流関係を整理していこう。

アファナシェボ文化, モンゴル西北部を中心とするチェムルチェク文化（Ковалев 2012）など，前 3 千年紀に遡る段階にも，多くはないものの金属器が認められる。それらの影響を受けた可能性のあるものとして，甘粛省林家遺跡出土の銅刀（甘粛省文物工作隊ほか 1984）などが挙げられるが，器種も単純なものに限られ数量的にもわずかであった。アルタイ山脈以東で多くの青銅器が確認されはじめる段階は，前 2 千年紀以降であり，本書ではセイマ・トルビノ青銅器群と初期青銅器を取り上げた（青銅器時代 I 期）(図終-2)。新疆，長城地帯における初期青銅器は，ユーラシア草原地帯における最も東の地域における青銅器の開始を示すものであるが，それらはチェルヌィフがいうところの EAMP，セイマ・トルビノ青銅器群が部分的に西から東へ伝達してきたものであった。この段階における新疆東部から長城地帯では，青銅器によって広域的に諸集団が結合することはなく，新石器時代以来の連鎖的な交流関係が続いていると想定された。その交流の中で青銅器が入手もしくは生産されているが，器種の選択は各地域の好みや地理要因によるところが大きく，まとまった地域が特定の器種セットを有する「青銅器様式」をいまだ形成しない段階である。青銅製品としては, 装飾品や工具が大部分を占めており，精製品のような社会的位置づけの高い青銅器がセットとして広範囲に拡散することはない。この段階の青銅器は，次のモンゴリア青銅器様式にみられるように，一定の広い範囲の諸集団を関係づけるには至らないのである。このように，青銅器が流入あるいは製作されてはいるものの，青銅器の精製品を欠き，それらや他の物質文化を媒介とした広範な諸集団の結びつきが確認できる以前のあり方を，交流関係の第 1 方式と呼ぶことにしよう。EAMP やセイマ・トルビノ青銅器群の分布圏外にあたる, 前 2 千年紀半ば以前のモンゴリアが, この第 1 方式に該当する。

初期青銅器と同時期にユーラシア草原地帯に広がるセイマ・トルビノ青銅器群について，従来ではアルタイを起源とした集団の一元的拡散が想定されていたが，本書ではウラル山脈を中心としつつも，特殊な非実用的青銅器の共有が分布域全体で一定期間続いた状況を考えた。このような，精製品を即物的な指標とした，諸集団間における広範な結びつきを，交流関係の第 2 方式とする。本方式における諸集団の紐帯は，あくまでも特殊な製品に依存する脆弱なものであり，その媒介である青銅器の製作技術や資源が途絶えると，すぐに解体したと考えられ

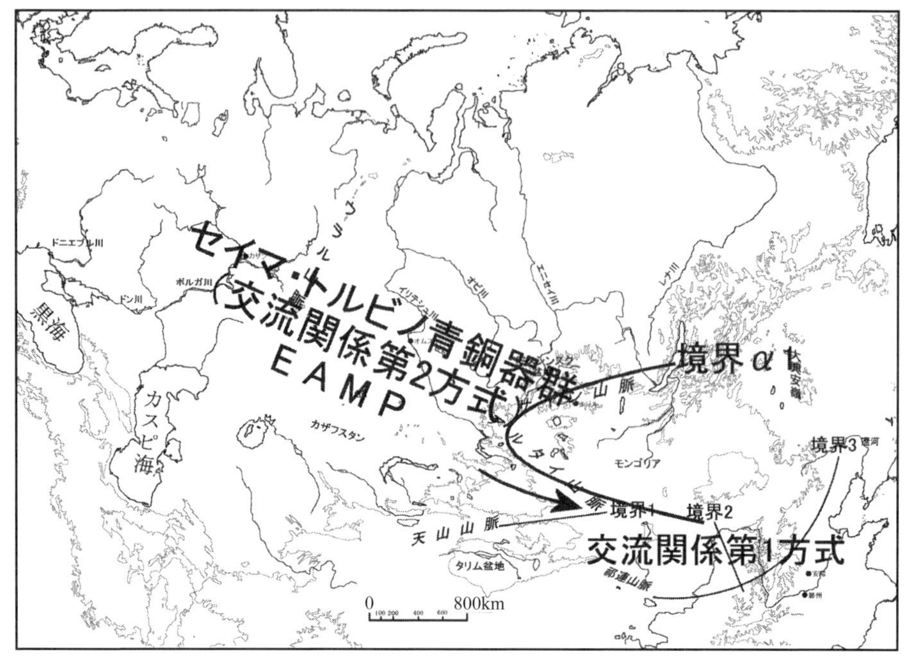

図終 -2　青銅器時代 I 期における交流関係

る。事実，セイマ・トルビノ青銅器群は一定期間を経ると，ウラル山脈以東を中心としたサムシ・キジロボ青銅器群にみられる新たな関係性に置き換わっていく。また，以降の青銅器様式からもその形態，技術的影響はほとんど看取されない。同時期のウラル地域では，シンタシュタ文化等において要塞集落が形成され，社会の複雑度が一定程度増すとされている（Koryakova, Epimakhov 2007）。また，二輪車を含んだ埋葬儀礼の拡散にみられるような，広域のネットワークも一時的に形成されたとされている（Koryakova, Epimakhov 2007）。このネットワークが第 2 方式の交流関係に相当するかどうかは検討課題であるが，前 2 千年紀の半ば以前のアルタイ以西の広い地域で一時的に交流関係が活発化したことは確かであろう。このように，モンゴリアや新疆東部を除いた地域では，前 2 千年紀半ばまでに交流関係の第 2 方式かそれに類似する状況になっており，初期青銅器の分布する地域（第 1 方式）よりも複雑化した状況にあったことが考えられる。すなわちサヤン，アルタイ山脈を境として，その内側であるモンゴリアと，外側に位置するミヌシンスク盆地，新疆西北部以西という，交流の複雑化に基づく，大きな地域性が認められるわけである（図終 -2）。これは，モンゴリア青銅器様式の境界のひとつである境界 α1（第 4 章）にほぼ合致するラインである。そして，この両山脈を介した地域間の相互関係が，青銅器時代を通じて重要な役割を果たすことになるのである。

青銅器時代 II 期にあたる前 2 千年紀半ば（図終 -3），モンゴリアに大きな変化が訪れる。モンゴリア青銅器様式の成立である。モンゴリア青銅器様式には EAMP の影響が多少は認められ，当該段階におけるサヤン，アルタイ山脈を越えた西からの影響が予測される。しかし全体

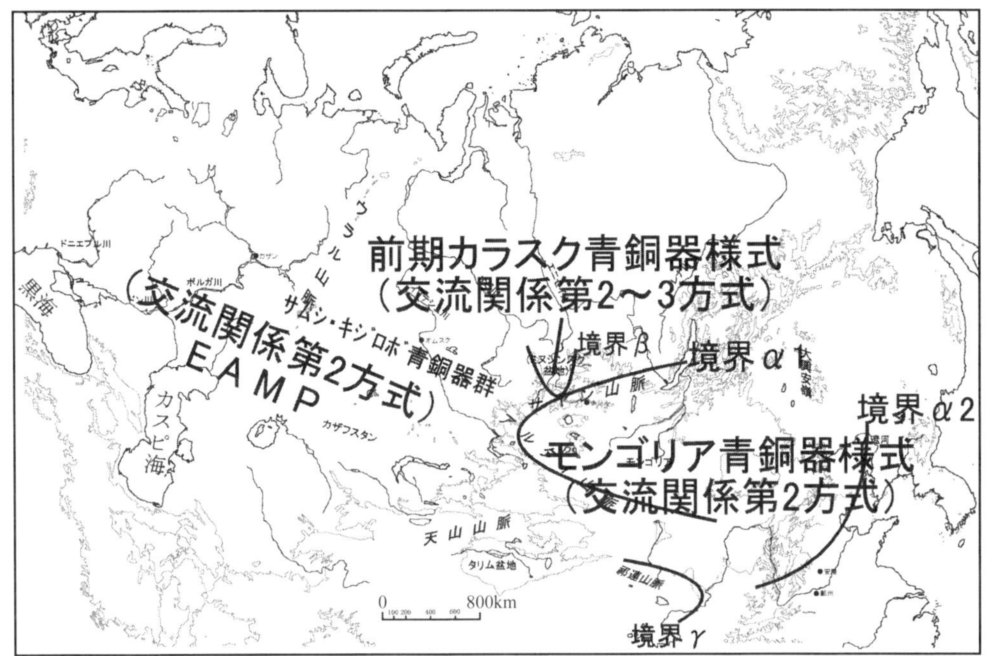

図終 -3　青銅器時代 II 期における交流関係

としてみれば，モンゴリア青銅器様式ではその独自の要素が大半を占めている。特に精製品においては目鼻の突出した獣頭をもつものが多く，その製作技法も蠟型に近いものである。モンゴリア青銅器様式は，特殊な精製品を特色とし，様式内部において一元的拡散源をもたない点でセイマ・トルビノ青銅器群と共通している。したがって，青銅器の精製品，あるいはそこに表現された動物表現を媒介とし，一定の広がりをもつ諸集団の関係，すなわち交流関係の第 2 方式が考えられる。前 2 千年紀末に，モンゴリア青銅器様式は一挙に消滅し，その技術がほとんど継承されないことも，セイマ・トルビノ青銅器群の状況と類似するものであり，第 2 方式の状況を示唆するものである。さらに，当該段階のモンゴリアにおいては，青銅器以外にヘレクスル，鹿石，撥形墓の広まりをみることができ，青銅器と同調した現象であるとできよう。それらの分布はモンゴリア内部において東西の地域性を示しており，形態の変異も顕著である。したがって，実態としての集団の結合単位は，青銅器の分布圏よりずっと小さいものであったことが推測される。

いずれにせよモンゴリアにおいては，前 2 千年紀半ばにサヤン，アルタイ山脈を越えた西からの影響を基にして，モンゴリア独自の新たな交流関係が構築されていく。このプロセスの詳細については今後の課題であるが，前章で論じたような気候変動や，それに基づく牧畜を中心とする生業の成立が注目できる。例えば，クジミナは，前 15 世紀～前 13 世紀には，乾燥温暖な気候のもと，アンドロノヴォ文化が発達し，天山やパミールの高原地帯へも進出したとする（Кузьмина 1997）。またフラチェティによれば，セミレーチェをはじめとする高原地帯（900～4,500m）には，前 2 千年紀半ば以降（中～後期青銅器時代）に初めて遺跡が進出する状況がみられ，このことは，農耕不可の地帯におけるより集約，専業化した牧畜への変化を示すとされる。そして，フラチェティはセミレーチェの渓谷が（金属）資源の交易ルートであったことに注目し，高地への進出は，交易ルート支配という，各集団の社会的，政治的動機があったとする（Frachetti 2012）。このような気候変化による高地進出は，モンゴリアという高原地帯における第 2 方式の交流関係を創出した，大きな背景のひとつであろう。

第 4 章でみたように，モンゴリア青銅器様式は境界 $\alpha 1$，$\alpha 2$ に囲まれた様式圏をもつ。このうち，$\alpha 1$ はサヤン，アルタイ山脈にほぼ合致する。境界 $\alpha 2$ は，西側がバダインジャラン砂漠に，東側がモンゴル高原の東端にあたる大興安嶺に一致するほか，東西に続く長城にまさに沿ったものである。このことは，$\alpha 2$ 付近のモンゴリア青銅器様式の器物が，中原系の青銅器と共伴することからも理解できよう。モンゴリア青銅器様式の精製品を，飛び地的に盛行させる境界 γ 以西についても，河西回廊より一段と高い高原地域として区別できる。つまり，モンゴリア青銅器様式における第 2 方式の交流関係はユーラシア草原地帯というよりは，山脈や砂漠の自然障壁，そして中原の文化圏との境界によって仕切られた内部で起こっていたと考えられる。高原を主とし，西側と隔離されていたモンゴリアにおいては，低地の西シベリア平原に比して，牧畜を主とする安定した生業体系や，それを基盤とする広範な交流関係の成立が一段階遅れていた可能性がある。このことが，EAMP やセイマ・トルビノ青銅器群全体が同時期のモンゴリアに入らず，やや遅れてモンゴリア独自の青銅器様式が出現した要因のひとつであろう。モンゴリアの南部に位置する長城地帯では，前 2 千年紀半ば以前にサヤン，アルタイ山脈の外側で顕著であった EAMP やセイマ・トルビノ青銅器群の影響を，新疆を通じて部分的に受けていたのであるが，前 2 千年紀後半にはサヤン，アルタイ山脈内部のモンゴリアにおける新たな交流関係に組み込まれていくのである。

前期カラスク青銅器様式は，製作技術や形態においても EAMP，セイマ・トルビノ青銅器群，モンゴリア青銅器様式とは異なり，在地性の強いものである。そしてその起源は南シベリア在来のオクネフ文化にある可能性が高い。前期カラスク青銅器様式に該当する遺構は数少なく，その社会像を想定することは，現状では困難である。前期カラスク青銅器様式の境界である，境界 β もまたサヤン山脈，クズネツキー・アラタウ山脈に一致している。このように，前 2 千年紀のほとんどを通じて，ミヌシンスク盆地とモンゴリア，そしてそれに隣接する地域は互いに関係をもちつつも，山脈や砂漠の地理的障壁によってそれぞれ孤立していたのであった。このような孤立性は，当時のユーラシア草原地帯全体としての共通性に比べてはるかに目立つものであった。

青銅器時代 III 期（前 2 千年紀末）（図終 -4），モンゴリア青銅器様式の一部の要素がミヌシンスク盆地においてみられるようになる。ミヌシンスク盆地在来の前期カラスク青銅器様式は，それらの主に形態的特徴のみを採用し，従来の技法を存続させつつ後期カラスク青銅器様式を形成した。モンゴリア青銅器様式にみられる精製品はミヌシンスク盆地では顕著でなく，第 2 方式の交流関係がミヌシンスク盆地で再び形成されることはなかった。後期カラスク青銅器様式の青銅器は紐帯の媒介物としてではなく，実用的なものとして現れており，このことは直刃，直柄のカラスク式短剣の出現によって代表される。社会複雑化の中で武器として特化した剣が出現したことは戦闘の役割の増大を示す可能性がある。つまり，前 2 千年紀末のミヌシンスク盆地で看取されるモンゴリア的要素は，モンゴリアを中心とした，第 2 方式の交流関係の産物ではなく，ミヌシンスク盆地の諸集団が自らの青銅器の実用化，多機能化という要求に従って，他地域の要素を取り込んでいった帰結と捉えられるのである。このような，第 2 方式の交流関係が解体して以降，実用的な青銅器をセットとして行き渡らせる交流関係を第3方式（第1型）としよう。

第 3 方式（第 1 型）の交流関係はミヌシンスク盆地において，後期カラスク青銅器様式という形でいち早く形成された。前章でも取り上げたように，ミヌシンスク盆地の環境的優位性が，人口増加，さらには集団の軋轢を生み出したという見解がある（Зяблин 1977）。後期カラスク青銅器様式成立の背景解明には，このような，草原地帯における環境の多様性を考えることが重要となってこよう。一方で，後期カラスク青銅器様式の成立は，ミヌシンスク盆地の先進性だけでは説明できないことも重要である。ミヌシンスク盆地における変化は，サヤン山脈を越えて異なった状況にあったモンゴリアとの交渉の上に成り立っていたのである。

成立直後に，後期カラスク青銅器様式は拡散するが，モンゴリアにおけるこの過程については第 6 章で詳述した。要は，モンゴリアにおいて交流関係の第 2 方式が終焉し，第 3 方式（第 1 型）が開始されるわけである。この要因としてひとつ考えられるのは，騎馬とそれに伴う遊牧の開始である。それは牧畜民の生活圏を広げ，適地を巡る争いの要因となった。モンゴリア

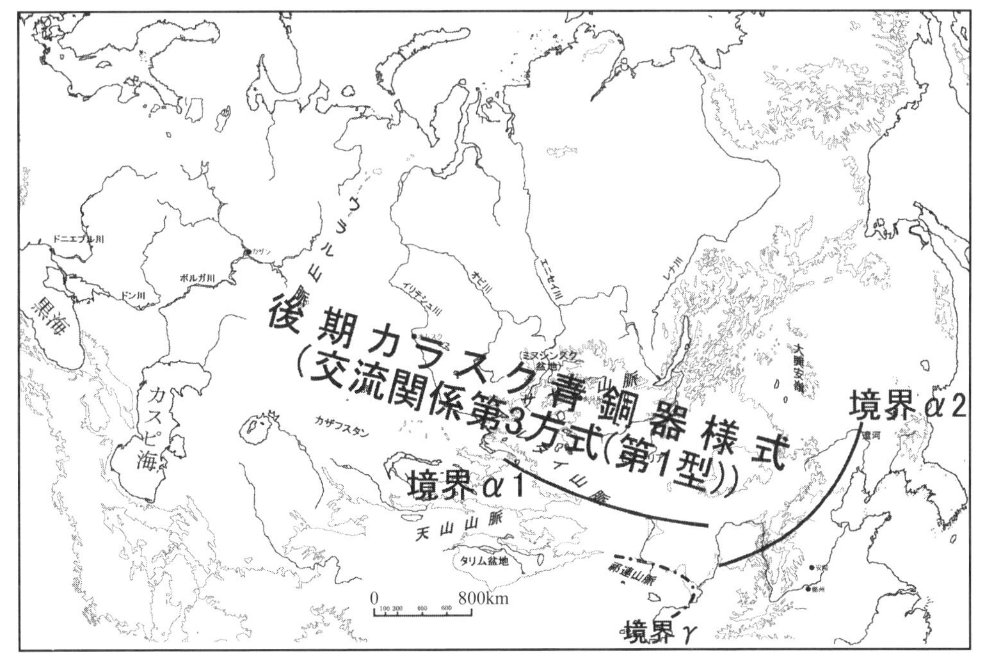

図終 -4　青銅器時代 III 期における交流関係

における交流関係の第 2 方式から第 3 方式（第 1 型）への移行は，鹿石やヘレクスルが晩くまで残存することから考えて，きわめて漸移的で，モンゴリア内部の小地域ごとに進行した可能性が高い。交流関係の第 3 方式（第 1 型）においては，青銅器はより実利的，普遍的な価値を伴っていたので，異なる伝統を保持する集団にも広がっていく可能性が大きい。これが，特定の伝統や指標を媒介として結合する第 2 方式との大きな差である。後期カラスク青銅器様式が拡散していった，西シベリア以西の地域においてもモンゴリアと類似した変化があったものと推測される。前 13 世紀～前 9 世紀における移動的牧畜への変化や，前 12 世紀～前 9 世紀の騎馬の出現がクジミナによっても示唆されている。また，北カザフスタンにおける研究事例では，前 10 世紀～前 9 世紀における多雨寒冷気候のもと，社会変化が起きているという（Koryakova, Epimakhov 2007）。

後期カラスク青銅器様式の拡散による斉一的状況の後，前 9 世紀～前 8 世紀（青銅器時代 IV 期）はポストカラスク青銅器様式の段階にあたる（図終 -5）。本様式は基本的には後期カラスク青銅器様式と同様の様式内容をもつ。したがって，従来「初期遊牧民文化」とされてきた類似性は，後期カラスク青銅器様式において，大方が成立していたものと考えられる。ポストカラスク青銅器様式は，後期カラスク青銅器様式が各地で地域性を帯びたものと理解できる。従来注目されてきた動物紋の拡散も，後期カラスク青銅器様式から続く，各地の社会的変化に伴って受容されたものと理解できる。このように，第 3 方式（第 1 型）とほぼ同様であるが，その地域性が顕在化した状況を第 3 方式（第 2 型）とする。本段階のモンゴルにおいては，個

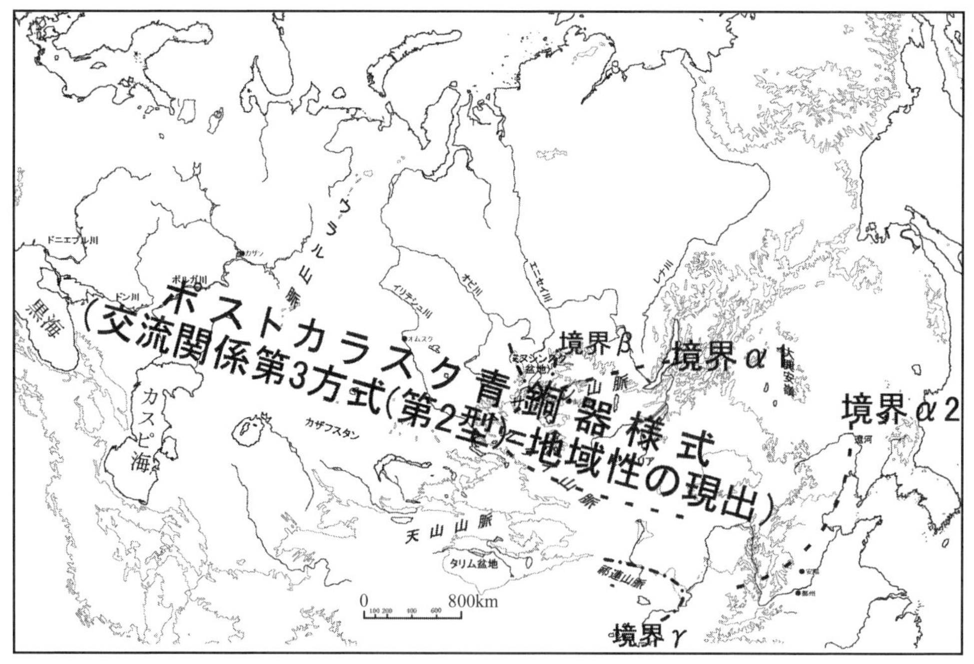

図終 -5　青銅器時代 IV 期における交流関係

人墓と考えられている板石墓が顕著となり，長城地帯東部の夏家店上層文化では中原系の彝器を伴った厚葬墓が知られる。さらに，トゥバのアルジャン1号墳のような，多くの副葬品，木槨，積石を伴う大型の墳丘が出現する。したがって，本段階は，草原地帯各地におけるリーダーが顕在化してきた時期といえる。一方で，アルジャンにおける大量の馬犠牲（石堆）にみられるように，出現したリーダーは不安定であり，モンゴリアの一部ではヘレクスルも残存することから，社会変化はゆっくりと進行していったことが窺える。

本段階（青銅器時代IV期）は，長城地帯における東西の地域性が明瞭となり，その背景として鉄器の流入を考える見解があり（宮本2008a），興味深い。剣B1f類（第5章）の一部に，銅柄鉄剣が含まれていたことが示すように，本段階の草原地帯西部では鉄器化がすでに進行していた。そして，中国中原付近でも「初期鉄器」と呼ばれるものが知られるようになる。これらによって，青銅器時代IV期を初期鉄器時代と位置づけることも可能かもしれないが，ミヌシンスク盆地やモンゴリアでも基本的には青銅器が主要利器であること，そして，青銅器時代III期（後期カラスク青銅器様式）以降の連続した変化の上にあることを考えれば，青銅器時代の最終段階とするのが妥当であろう。

以上のように，交流関係の第1方式から第3方式に至る変化と，すでに指摘されているところの社会，生業形態の変化は，多少の差異はあるものの連動している。さらに，交流関係を主軸とすると，従来では捉えきれなかった地域性を含む形で，「初期遊牧民文化」に至る青銅器時代の変化プロセスがより詳細に捉えられたわけである。ところで，かつてチャイルドは，青銅器の利器としての実用性，材料の稀少性，冶金術の専門性から，経済に対するその影響を説いた（Childe 1944）。以上のようなサヤン，アルタイ山脈を基軸とした地域の青銅器時代の交流関係を，青銅器の社会的位置づけという視点からまとめてみよう。

交流関係第1方式：単純な青銅器が，石器にかわる道具や装飾品として使用される。青銅器は存在しているものの，技術的，資源的制約から，社会における役割は低くならざるをえない。

交流関係第2方式：非実用の精製青銅器が広範囲で出現する。工具，装飾品など，道具としての青銅器も多く出現してくるので，青銅器の社会に占める割合はかなり大きい。しかしながら，最も高度な技術は非実用的な精製品に使われ，高い機能性を生み出しうる技術を開発または入手しても，それを実用的に発展させないことが多い。おそらく，高度な技術や精製品は，紐帯の指標として，特定の社会的意味に束縛されており，その使用についてかなり厳格な規範，規則が存在したことが予想される。また，本方式に該当するモンゴリア青銅器様式における動物紋も，精製品と類似した位置にあった。

交流関係第3方式（第1型）：非実用的精製品は顕著でなくなる。それにかわって，工具，武器などの実利面において，青銅器が機能分化し，大きな役割を果たすようになる。第2方式では社会的意味の制約下にあった技術が解放され，実用品においてより自由に応用されるに至る。一方で，紐帯の指標としての役割は，この方式以降消えることとなる。

交流関係第 3 方式（第 2 型）：基本的には，（第 1 型）と同じであるが，ここに至って動物紋においても規範の低下が認められる。本方式に関わるポストカラスク青銅器様式において広がる動物紋（いわゆるスキタイ系動物紋）は，第 3 方式（第 1 型）における青銅器と同じように，特定集団を越えて広がっていく潜在性を備えていたと考えられる。

以上のように考えると，ユーラシア草原地帯の青銅器時代は，青銅器が技術的，社会的制約から解放されつつ，道具や武器を発達させていく長いプロセスであったとも定義づけられよう。青銅器時代における，冶金技術の発展，その伝達は学史においてつとに議論されてきたところである。しかしながら同時に，青銅器時代では社会的制約が技術の発展，伝達，継承にきわめて大きな影響を与え続けたのである。

以下に本書の結論をまとめる。前 2 千年紀から 1 千年紀初頭まで，サヤン，アルタイ山脈を挟んだ 2 つの大きな地域性とその相互作用が通時的に認められた。これが当該期の草原地帯における歴史的構造のひとつであった。すなわち，交流関係の方式，生業，社会の複雑化程度を異にする，山脈を挟んだ両地域の相互交渉によって，全体の動態が進行していくのである。従来個々に指摘されてきた様々な交流関係，あるいは社会，生業の変化は，この構造の中でより深く理解しうるのである。

従来では，セイマ・トルビノ青銅器群，「カラスク的器物」，「初期遊牧民文化」の拡散というように，西からの影響に対峙する形，あるいは単独で，青銅器文化が草原地帯東部に忽然と出現，拡散するという捉え方が主流であった。しかしながら，ユーラシア草原地帯における「東部からの影響」は，突然に現れたものではない。西からの影響を受けながら，サヤン，アルタイ山脈を挟んだ独特の歴史的構造が形成されるという，一層複雑な過程のもと，段階を経ながら西へ向かう流れが生み出されたのである。さらに，移動を含む種々の交流関係についても偶発的なものではありえない。本書で明らかにしてきたのは，交流関係それ自体のあり方（方式）が，地域構造全体の中で段階的に変化しているという事実である。ここにおいて，交流関係が，青銅器時代の長いプロセスの中で，生業や社会と同様に，複雑化[1]していくものであるという結論が得られるのである。交流関係を基軸として，人類史を新たに捉え直す方向が，今後探られねばならない。

最後に，本書で扱いえなかった課題をいくつか記しておく。第一に挙げられるのは，サヤン，アルタイ山脈を境界とする地域構造の形成過程，背景をより具体的，詳細に解明することである。特にミヌシンスク盆地における社会複雑化の過程や，境界付近に位置するトゥバ，モンゴル西部がどのような様相を示すのかが注目される。また，階層化が顕著に進行する段階も，青銅器時代に続く鉄器時代さらに匈奴時代として新たに考察が要されよう。これらの問題を解く

1） 本書における場合は，交流関係は第 1 方式から第 3 方式まで継起的に変化したのであるが，そうでない場合（例えば，第 1 方式→第 2 方式→第 1 方式）も当然想定される。今後他地域での検討を行っていく必要がある。しかしながら，交流関係の方向や主体などの，個別事象における変化ではなくて，そのあり方（方式）の変化に注目したところに本書の特徴があり，ここではあえて複雑化とした。

にあたっては，モンゴリアで近年発見が相次いでいる墳墓等の遺構の検討が欠かせない。さらに，鉄器化の問題についても，前1千年紀全体の動態を踏まえ，別に論じねばならない。他では，中国中原との関係が挙げられる。年代のみを比較すれば，モンゴリア青銅器様式の成立は中原の商代の開始に，後期カラスク青銅器様式のモンゴリアへの拡散は西周の始まりに，おおよそ相当するという興味深い現象が看取される。しかしながら，両者の有機的な関連を現段階で論じることは難しく，その際には長城地帯との関係が中原の社会へもたらした影響（宮本 2000, 2005, 王明珂 2008）についても考慮せねばならない。一方で，ユーラシア草原地帯の青銅器時代の主要な変化において，中原の影響をそれほど大きくみることはできないであろう。東アジアの一極を含む地域としても，ユーラシア草原地帯は独特な位置を保っていたのである。

図版出典

（筆者作成を除く）

図序 -2　Chernykh 1992-Figure 1

図 1-2　Chernykh 1992-Figure 4
図 1-3　Chernykh 1992-Figure 67 に加筆
図 1-4　Chernykh 1992-Figure 71, 73 を改変
図 1-5　Chernykh 2008-Figure 11
図 1-6　増田 1970-31
図 1-7　左：王博 1987- 図一 , 右：Kuzmina 2001-4 に加筆
図 1-8　左上：Матющенко, Синицына 1988-рис. 18-1, 左下：Матющенко, Синицына 1988-рис. 18-2, 右：宮本ほか 2008- 図 13
図 1-10　Chernykh 2009a-Figure 1
図 1-11　Зданович, Батанина 2007-Рис. 3-I
図 1-13　左：東京国立博物館 1997-no. 37（スウェーデン 東アジア博物館所蔵）, 右：東京国立博物館 1997-no. 6（東京芸術大学美術館所蔵）
図 1-14　左上：Членова 1972a-Таблица 3-1, 右上：Членова 1972a-Таблица 5-25, 左下：郭大順 1993- 図三 -3, 中下：郭大順 1993- 図三 -4, 右下：江上・水野 1935- 北支那青銅利器集成三 -26
図 1-15　楊建華・邵会秋 2014- 図一七
図 1-16　邵会秋・楊建華 2013- 図九
図 1-17　李剛 2011- 図 3. 6-2
図 1-18　Вадецкая 1986-Табл. V
図 1-19　左上：Минусинская котловина（28 декабря 2016 в 00:02.）в Википедия – свободная из https://ru.wikipedia.org/wiki/Минусинская_котловина を改変, その他：Поляков 2010-Рис. 60
図 1-20　Грязнов и др. 2010. -Фото. 2
図 1-21　1～23：Лазаретов, Поляков 2008-Рис. 2 を改変, 24～25：Лазаретов, Поляков 2008-Рис. 3 を改変
図 1-22　Лазаретов, Поляков 2008-Рис. 4 を改変
図 1-23　Лазаретов, Поляков 2008-Рис. 5 を改変
図 1-24　Лазаретов, Поляков 2008-Рис. 6 を改変
図 1-25　Лазаретов, Поляков 2008-Рис. 7 を改変
図 1-27　1：Мошкова отв. ред. 1992, таб. 72-63, 2：Мошкова отв. ред. 1992-таб. 72-64, 3：Мошкова отв. ред. 1992-таб. 72-66, 4：Мошкова отв. ред. 1992-таб. 68-6, 5：髙濱 2000a-p. 335-no. 383, 6：Andersson 1932-PL. IX-3
図 1-28　上・右：Грязнов 1980-Рис. 1 を改変, 下：Грязнов 1980-Рис. 3 を改変
図 1-29　I 類：Волков 1981（中文訳）- 図 80, II 類：Волков 1981（中文訳）- 図 98
図 1-30　水涛 2001- 図一五を改変
図 1-31　佐野 2004- 図 8 を改変
図 1-32　上：Черных, Кузьминых 1987-Карта 18, 下：Черных, Кузьминых 1987-Карта 19　以上それぞれ改変
図 1-33　Kuzmina 2007-Fig. 31 を改変

図 2-2　鍛造製品：Черных, Кузьминых 1989-Рис. 25-3, 三叉脊：Черных, Кузьминых 1989-Рис. 33-1, 偽三叉脊：Черных, Кузьминых 1989-Рис. 81-5, 三脊：Черных, Кузьминых 1989-Рис. 82-1, 菱形脊：Черных, Кузьминых 1989-Рис. 39-4, 円形脊：Черных, Кузьминых 1989-Рис. 48-7　以上それぞれ改変
図 2-3　Черных, Кузьминых 1989-Рис. 40-1 を改変
図 2-6　Черных, Кузьминых 1989-Рис. 27 を改変
図 2-17　Gimbutas 1965-PLATE 12 を改変
図 2-18　A 類：Черных, Кузьминых 1989-Рис. 25-4, Ba 類：Черных, Кузьминых 1989-Рис. 40-1, Bb 類：Черных,

Кузьминых 1989-Рис. 42-2, Cs 類：Черных, Кузьминых 1989-Рис. 49-2, Ba 類：Черных, Кузьминых 1989-Рис. 37-1, Bb類：Черных, Кузьминых 1989-Рис. 33-1, Bc類：Черных, Кузьминых 1989-Рис. 30-1, Bd類左：Черных, Кузьминых 1989-Рис. 82-1, Bd 類右：Черных, Кузьминых 1989-Рис. 81-5　以上それぞれ改変

図 2-44　1：Черных, Кузьминых 1989-Рис. 3-1, 2：Черных, Кузьминых 1989-Рис. 22-2, 3：Черных, Кузьминых 1989-Рис. 15-2, 4：Черных, Кузьминых 1989-Рис. 78-4　以上それぞれ改変

図 2-45　Черных, Кузьминых 1989-Рис. 74 を改変

図 2-50　A 類：Черных, Кузьминых 1989-Рис. 3-1, BI 類左：Черных, Кузьминых 1989-Рис. 3-5, BI 類右：Черных, Кузьминых 1989-Рис. 15-2, BIIa 類：Черных, Кузьминых 1989-Рис. 18-3, BIIb 類：Черных, Кузьминых 1989-Рис. 78-4　以上それぞれ改変

図 2-68　Матющенко, Синицына 1988-Рис. 4 を改変

図 2-69　Матющенко, Синицына 1988-Рис. 7-17 を改変

図 2-70　Матющенко, Синицына 1988-Рис. 12 を改変

図 2-71　Матющенко, Синицына 1988-Рис. 17, 18 を改変

図 2-72　Матющенко, Синицына 1988-Рис. 71, 72 を改変

図 2-73　Матющенко, Синицына1988-Рис. 53

図 3-1　1：李肖・党彤 1995- 図一 -12, 2：Кузьмина 1966-Таблица II-3, 3：哈密博物館 2013-p. 098, 4：呂恩国ほか 2001- 図二三 -10　以上それぞれ改変

図 3-2　1：宮本ほか 2008- 図 10-116, 2：宮本ほか 2008- 図 9-110, 3：哈密博物館 2013-p. 099, 4：Кузьмина 1966-Таблица IV-12, 5：宮本ほか 2008- 図 4, 6：宮本 2008b- 図 2-6　以上それぞれ改変

図 3-3　1：宮本ほか 2008- 図 13, 2：Киселев 1960-Рис. 8-26, 3：Черных, Кузьминых 1989-Рис. 29-1, 4：宮本ほか 2008- 図 9-109　以上それぞれ改変

図 3-4　1：宮本ほか 2008- 図 2-27, 2：宮本ほか 2008- 図 9-112, 3：中国社会科学院考古研究所涇渭工作隊 1999- 図一二 -8, 4：中国社会科学院考古研究所涇渭工作隊 1999- 図一二 -9, 5：北京市文物研究所・北京市昌平区文化委員会 2007- 図八一 -1, 6：内蒙古文物考古研究所・鄂尔多斯博物館 2000- 図一九一 -2, 7：遼寧省文物考古研究所 2013- 図一一 -7　以上それぞれ改変

図 3-5　1：宮本ほか 2008- 図 3-48, 2：Кузьмина 1966-Таблица X-18, 3：北京科技大学冶金与材料史研究所ほか 2001- 図一 -7, 4：李肖・党彤 1995- 図二 -18, 5：Кузьмина 1966-Таблица III-15, 6：江上・水野 1935- 第九図 -1, 7：内蒙古文物考古研究所・鄂尔多斯博物館 2000- 図六三 -5, 8：李肖・党彤 1995- 図三 -27, 9：Кузьмина 1966-Таблица V-8　以上それぞれ改変

図 3-6　1：宮本ほか 2008- 図 6-85, 2：中国科学院考古研究所甘粛工作隊 1975- 図二一 -4, 3：中国科学院考古研究所甘粛工作隊 1975- 図七 -M51　以上それぞれ改変

図 3-7　1：宮本ほか 2008- 図 5-51, 2：新疆文物考古研究所 2012- 図六三 -5, 3：北京市文物研究所・北京市昌平区文化委員会 2007- 図九二 -9, 4：Кузьмина 1966-Таблица XIV-4, 5：宮本ほか 2008- 図 5-57, 6：宮本ほか 2008- 図 5-53, 7：中国社会科学院考古研究所 1998- 図八六 -6, 8：新疆文物考古研究所 2012- 図六三 -2, 9：宮本ほか 2008- 図 10-117, 10：宮本ほか 2008- 図 9-111　以上それぞれ改変

図 3-8　青海省文物考古研究所・北京大学考古文博学院 2016- 図六一, 図八八, 図一一二 -5, 図一一三, 図一一六, 図一一七 -10　以上それぞれ改変

図 3-9　新疆文物考古研究所 2012- 図一一, 図一二, 図一三　以上それぞれ改変

図 3-10　1：胡保華 2015- 図二 -1, 2：胡保華 2015- 図二 -2, 3：胡保華 2015- 図二 -3, 4：胡保華 2015- 図二 -5, 5：胡保華 2015- 図二 -4, 6：胡保華 2015- 図四 -1, 7：胡保華 2015- 図四 -2, 8：胡保華 2015- 図四 -3, 9：胡保華 2015- 図四 -4　以上それぞれ改変

図 4-1　①：Andersson 1932, pl. V-3, ②：東京国立博物館 1997- no. 38（スウェーデン 東アジア博物館所蔵), ③：鄂爾多斯博物館 2006-p. 42, ④：東京国立博物館 1997- no. 37（スウェーデン 東アジア博物館所蔵), ⑤：東京国立博物館 1997- no. 41（東京国立博物館所蔵), ⑥：Гришин 1971-ТАБЛИЦА 7-9, 柄頭下の小環左：東京国立博物館 1997- no. 6（東京芸術大学美術館所蔵), 柄頭下の小環右：Andersson 1932-Pl. V-3, I：曹瑋・陝西省考古研究院 2009-p. 607, II：東京国立博物館 1997- no. 6（東京芸術大学美術館所蔵), III：東京国立博物館 1997- no. 37（スウェーデン 東アジア博物館所蔵), IV：東京国立博物館 1997-no. 41（東京国立博物館所蔵）以上それぞれ改変

図 4-5　1：髙濱 2000a-p. 334-376, 2：髙濱 2000a-no. 276, 3：楊紹舜 1981a- 図版五 -1, 4：東京国立博物館 1997-

no. 19, 5：Watson 1971- pl. 82b, 6：東京国立博物館 1997- no. 20（黒川古文化研究所), 7：江上・水野 1935- 図版四〇 -1, 8：東京国立博物館 1997- no. 8（東京国立博物館所蔵), 9：Erdenechuluun, Erdenebaatar 2011-no. 308, 10：東京国立博物館 1997- no. 6（東京芸術大学美術館所蔵), 11：Busan Museum et al. 2009-p. 51, 12：Гришин 1971-ТАБЛИЦА 8-5, 13：Karlgren 1945-Pl. 37-227, 14：髙濱 2000a-no. 269, 15：東京国立博物館 1997- no. 5（東京芸術大学美術館所蔵), 16：江上・水野 1935- 第四十六図 , 17：髙濱 2000a-no. 416, 18：Гришин 1971-ТАБЛИЦА 8-7　以上それぞれ改変

図 4-6　1：宮本 2007a（2008 再録版)- 図 8-1, 2：Гришин 1971-ТАБЛИЦА 7-4, 3：Гришин 1971-ТАБЛИЦА 7-3, 4：Гришин 1971-ТАБЛИЦА 7-5, 5：王林山・王博 1996-no. 28 中, 6：Erdenechuluun, Erdenebaatar 2011-no. 311, 7：東京国立博物館 1997- no. 37（スウェーデン 東アジア博物館所蔵), 8：髙濱 2000a-no. 279 左, 9：髙濱 2000a-no. 279 中, 10：Членова 1988-рис. 1, 11：Гришин 1971-ТАБЛИЦА 8-3, 12：Гришин 1971-ТАБЛИЦА 7-8, 13：Гришин 1971-ТАБЛИЦА 7-9, 14：Гришин 1981b-рис. 1-6, 15：Erdenechuluun, Erdenebaatar 2011-no. 433, 16：Watson 1971-pl. 82a, 17：東京国立博物館 1997- no. 38（スウェーデン 東アジア博物館所蔵), 18：Гришин 1971-ТАБЛИЦА 8-1, 19：Волков 1967-рис. 5-2, 20：Гришин 1971-ТАБЛИЦА 8-2, 21：東京国立博物館 1997- no. 41（東京国立博物館所蔵), 22：Loehr 1949-pl. III-10, 23：東京国立博物館1997- no. 40（黒川古文化研究所所蔵), 24：江上・水野 1935- 北支那青銅利器集成二 -2　以上それぞれ改変

図 4-7　右上：Гришин 1971-ТАБЛИЦА 7-1 を改変

図 4-8　内蒙古文物考古研究所・鄂尔多斯博物館 2000- 図一八九を改変

図 4-9　北京市文物管理処 1976- 図三, 図八 -4, 図九 -2～5　以上それぞれ改変

図 4-10　王峰 1990- 図二を改変

図 4-11　A1 類 : 髙濱 2000a-no. 276, A2 類：Karlgren 1945-Pl. 37-227, B1a 類：宮本 2007a（2008 再録)- 図 8-1, B1b 類：髙濱 2000a-no. 279 左 , B1c：Гришин 1971-ТАБЛИЦА 7-8, B1q 類：東京国立博物館 1997- no. 38（スウェーデン 東アジア博物館所蔵), B2a 類：Гришин 1971-ТАБЛИЦА 8-1, B2b 類：東京国立博物館 1997- no. 41（東京国立博物館所蔵), B2c 類：Loehr1949-pl. III-10　以上それぞれ改変

図 4-21　鄂爾多斯博物館 2006-p. 127 下を改変

図 4-22　2：宮本ほか 2008- 図 18-176 を改変

図 4-24　6：Членова 1972a-Таблица 8-21 を改変

図 4-25　1：Кызласов 1979-Рис. 19a-2, 2：Гришин 1971-ТАБЛИЦА 3-12　以上それぞれ改変

図 4-69　1：郭大順 1993- 図三 -8, 2：宮本ほか 2008- 図 22-196, 3：Andersson 1932-pl. X-6, 4：曹建恩 2001- 図一 -1, 5：郭大順 1993- 図一 -2, 6：Andersson 1932-pl. X-4, 7：宮本 2008b- 図 2-7, 8：呉振禄 1972- 图版頁 1, 9：曹瑋・陝西省考古研究院 2009-p. 552, 10：楊紹舜 1981b- 図二五, 11：青海省文物管理委員会・中国科学院考古研究所青海隊 1963- 図一〇 -7, 12：Гришин 1971-ТАБЛИЦА 12-5, 13：Erdenechuluun, Erdenebaatar 2011-no. 352, 14：Гришин 1971-ТАБЛИЦА 12-8, 15：北京市文物管理処 1976- 図七 -4, 16：Гришин 1981a-Рис. 68-1, 17：Комарова 1952-Рис. 24, 18：Гришин 1971-ТАБЛИЦА 12-9, 19：Andersson 1932-pl. X-2, a：Гришин 1971-ТАБЛИЦА 12-2, b：髙濱 2000b- 図 4-2, c：Гришин 1971-ТАБЛИЦА 12-10　以上それぞれ改変

図 4-76　成璟瑭ほか 2016- 図二 , 図三　以上それぞれ改変

図 4-77　吉県文物工作站 1985- 図二を改変

図 4-78　楊紹舜 1981a- 図版四 -3, 5, 図版五 -1～4　以上それぞれ改変

図 4-80　1：髙濱 2000a-p344-419, 2：Bunker et al. 1997-no. 32, 3：Salmony 1933-Pl. XXXII-8, 4：宮本ほか 2008- 図 22-197, 5：Busan Museum et al. 2009-p. 41 下 , 6：鄂爾多斯博物館 2006-p. 126, 7：Волков 1967-Рис. 16-6, 8：Кузьмина 1966-Таблица XIV-4, 9：Erdenechuluun, Erdenebaatar 2011-no. 78, 10：郭大順 1993- 図三 -12, 11：Новгородова 1989-с. 188-25　以上それぞれ改変

図 4-81　1：河北省文物研究所 1985- 図七三 -2, 2：王永剛ほか 2007- 図二七 -4, 3：郭大順 1993- 図三 -7, 4：郭大順 1993- 図三 -10, 5：Andersson 1932-pl. XVII-1, 6：楊紹舜 1981b- 図二三　以上それぞれ改変

図 4-82　1：扶風県博物館 2007- 図一九 -2, 2：楊紹舜 1981b- 図一九, 図二三, 3：東京国立博物館 1997-no. 30（東京国立博物館所蔵), 4：郭大順 1987- 図八　以上それぞれ改変

図 4-83　1：江上・水野 1935- 北支那青銅利器集成一 -50, 2：Членова 1973-Рис. 4-4, 3：内蒙古文物考古研究所・鄂尔多斯博物館 2000- 図版二二 -1, 4：Волков 1967-Рис. 6-3, 5：田広金・郭素新 1986- 図二〇 -1, 6：李殿福 1983- 図版七 -5　以上それぞれ改変

図 4-84　Липский 1963-Табл. 4-1～3, Табл. 4А-1　以上それぞれ改変

図 4-85　Хлобыстина 1970-Рис. 1-8 を改変

図 4-86　Членова 1972b-4～7

図 4-87　1：Гришин 1981a-Рис. 42-2, 2：Гришин 1981a-Рис. 42-3, 3：Гришин 1981a-Рис. 42-5, 4：Гришин 1981a-Рис. 42-7, 5：Гришин 1981a-Рис. 42-10, 6：Гришин 1981a-Рис. 42-9, 7：Гришин 1981a-Рис. 42-8, 8：Гришин 1981a-Рис. 42-11, 9：Гришин 1981a-Рис. 42-12, 10：Гришин 1981a-Рис. 42-13, 11：Гришин 1981a-Рис. 42-14　以上それぞれ改変

図 4-88　北京市文物管理処 1979- 図二 , 図四　以上それぞれ改変

図 4-89　Гришин 1981a-Рис. 55～56 を改変

図 4-91　1：Галанина 1985-Рис. 1-1, 2：Галанина 1985-Рис. 1-2, 3：北京市文物管理処 1976- 図一〇 -1, 4：北京市文物管理処 1976- 図一〇 -2

図 5-1　①a：東京国立博物館 1997-no. 37（スウェーデン 東アジア博物館所蔵）, ①b：Тереножкин 1976-Рис. 70-5, ②：東京国立博物館 1997-no. 41（東京国立博物館所蔵）, ③b：Andersson 1932-Pl. VII-2, ④：Гришин 1971-ТАБЛИЦА 7-9, ⑤：東京国立博物館 1997-no. 70（内蒙古赤峰博物館所蔵）, ⑥：Andersson 1932-Pl. VIII-1, ⑦：Andersson 1932-Pl. IX-3　以上それぞれ改変

図 5-4　1：高濱 2000a-no. 276, 2：Гришин 1971-ТАБЛИЦА 8-1, 3：東京国立博物館 1997- no. 41（東京国立博物館所蔵）, 4：Loehr 1949-pl. III-10, 5：Andersson 1932-Pl. VII-2, 6：中國内蒙古文物考古研究所ほか 2007-p. 162-24, 7：中國内蒙古文物考古研究所ほか 2007-p. 156-17, 8：東京国立博物館 1997-no. 38（スウェーデン 東アジア博物館所蔵）, 9：Andersson 1932-Pl. IX-3, 10：Karlgren 1945-Pl. 37-227, 11：宮本 2007（2008 再録）- 図 8-1, 12：高濱 2000a-no. 279 左 , 13：Гришин 1971-ТАБЛИЦА 7-8, 14：宮本 2007（2008 再録）- 図 3-10, 15：Членова 1967- Таблица 3-3, 16：Членова 1967-Таблица 3-23, 17：Тереножкин 1976-Рис. 68-7, 18：Тереножкин 1976-Рис. 68-6　以上それぞれ改変

図 5-15　Волков 1981（中文訳）- 図 80 を改変

図 5-16　1：Волков 1981（中文訳）- 図 41, 2：Волков 1981（中文訳）- 図 22　以上それぞれ改変

図 6-5　刀子 A 類：東京国立博物館 2005-p. 61-39, C 類：高濱 2000a-no. 273, 剣：Karlgren 1945-no. 227, 有銎闘斧：Andersson 1932-Pl. X-4

図 6-6　刀子 B 類：東京国立博物館 1997-no. 47, 剣 B 類：東京国立博物館 1997-no. 37, 有銎闘斧：Гришин 1971-ТАБЛИЦА 12-8

図 6-7　Takahama et al. 2006-Pl. 3-2

図 6-8　左：Miyamoto, Obata 2016-Fig. 19, 右：Miyamoto, Obata 2016-Fig. 4　以上それぞれ改変

図 6-9　Cybiktarov 2003-Fig. 1 を改変

参考文献

日本語（五十音順）

秋山進午 2000『東北アジア民族文化研究』同朋舎

荒友里子 2014「南ウラル，カザフスタン中・北部における前 2 千年紀初頭のスポーク式二輪車輌について」『ユーラシアの考古学』pp. 225‐235, 六一書房

今井晃樹 2000「殷代青銅武器の編年とその性格」『考古学雑誌』85-3, pp. 239‐262

岩永省三 1989「土器から見た弥生時代社会の動態」『横山浩一先生退官記念論文集 I』pp. 43‐105, 横山浩一退官記念事業会

岩永省三 1998「青銅祭祀とその終焉」『日本の信仰遺跡』pp. 75‐99, 雄山閣出版

烏恩（玉城一枝 訳）1986「オルドス式青銅器について」『古代学研究』112, pp. 1‐8

梅原末治 1938『古代北方系文物の研究』星野書店

江上波夫 1948『ユウラシア古代北方文化』山川出版社

江上波夫 1962「遊牧文化の発展」『北方ユーラシア・中央アジア』（世界考古学大系 9）pp. 52‐71, 平凡社

江上波夫・水野清一 1935『内蒙古・長城地帯』（東方考古学叢刊乙種第一冊）東亜考古学会

大阪市立美術館 1954『古代北方美術』（大阪市立美術館学報第二）綜芸舎

岡崎敬 1953「鉞と矛について　殷商青銅利器に關する一研究」『東方学報』23, pp. 135‐165

岡崎敬 1971「ユーラシア草原世界の形成」『東アジア世界の形成 III　内陸アジア世界の形成』（岩波講座世界歴史 6）pp. 297‐325, 岩波書店

岡田英弘 1990「中央ユーラシアの歴史世界」『中央ユーラシアの世界』（民族の世界史 04）pp. 1‐21, 山川出版社

加藤九祚 1963『シベリアの歴史』紀伊国屋書店

加藤九祚 1976「スキト・シベリア文化の原郷について　とくにアルジャン古墳の発掘に関連して」『江上波夫教授古稀記念論集　考古・美術編』pp. 265‐280, 山川出版社

角田文衛 1971『増補　古代北方文化の研究』新時代社

角田文衛 編 1962『北方ユーラシア・中央アジア』（世界考古学大系 9）平凡社

香山陽坪 1970『騎馬民族の遺産』（沈黙の世界史 6）新潮社

川又正智 1994『ウマ駆ける古代アジア』講談社

川又正智 2006『漢代以前のシルクロード　運ばれた馬とラピスラズリ』雄山閣

川又正智 2017「中国文献史料にみえる騎馬游牧民出現（漢代人の認識から）」『キルギスとその周辺地域における遊牧社会の形成』（2016 年度科学研究費基盤研究（B）海外学術調査「ユーラシア古代遊牧社会形成の比較考古学」論文集）pp. 85‐94

川本芳昭 2004『中国史のなかの諸民族』山川出版社

京都国立博物館・ギメ博物館 1979『パリ・ギメ博物館東洋美術の秘宝』京都国立博物館

京都大学文学部 1963『京都大学文学部博物館考古学資料目録　第 3 部』京都大学文学部

クゥバレフ，ヴラディーミル・D.（枡本哲 訳）1975「アルジャン・クルガンの塚」『考古学ジャーナル』109, pp. 22‐24

久米正吾 2017「山岳地帯における遊牧社会の形成」『キルギスとその周辺地域における遊牧社会の形成』（2016 年度科学研究費基盤研究（B）海外学術調査「ユーラシア古代遊牧社会形成の比較考古学」論文集）pp. 31‐41

甲元眞之 1991「遼西地方における青銅器文化の形成」『国立歴史民族博物館研究報告』35, pp. 463‐479

古代オリエント博物館・旭通信社企画開発局 1986『中国西域シルクロード展　中国新疆出土文物』旭通信社

後藤健 2004「新疆ウイグル自治区哈密地域における先史時代遺跡の考察」『史観』150, pp. 95-112
後藤健 2005a「東天山山脈北麓における地域文化の検討」『中国考古学』5, pp. 31-48
後藤健 2005b「新疆ウイグル自治区における先史時代の社会」『社会考古学の試み』同成社 , pp. 77-89
小林青樹 2014「ユーラシア東部における青銅器文化　弥生青銅器の起源をめぐって」『国立歴史民俗博物館研究報告』185, pp. 213-238
斎藤忠 1975「モンゴルの配石墓」『考古学ジャーナル』115, pp. 2-3
佐野和美 2004「中国における初現期の銅器・青銅器」『中国考古学』4, pp. 49-78
佐野和美 2008「中国西北地域の銅器・青銅器の出現過程―新石器時代から二里頭併行期を中心に」『長城地帯青銅器文化の研究』(シルクロード学研究 Vol. 29) pp. 14-29, シルクロード学研究センター
集英社 1992『大モンゴル展　草原の人間と自然』読売新聞社
鈴木治 1974『ユーラシア東西交渉史論攷』国書刊行会
草原考古研究会 編 2011『鍑の研究』雄山閣
髙濱秀 1979「ソ連における先スキタイ文化の研究」『オリエント』22-2, pp. 100-115
髙濱秀 1980「東京国立博物館保管　北方系の刀子」『MUSEUM』356, pp. 8-23
髙濱秀 1983「オルドス青銅短剣の型式分類」『東京国立博物館紀要』18, pp. 93-131
髙濱秀 1993「オルドス青銅器竿頭飾について」『MUSEUM』513, pp. 4-19
髙濱秀 1994「中国の鍑」『草原考古通信』4, pp. 2-9
髙濱秀 1995「西周・東周時代における中国北辺の文化」古代オリエント博物館編『江上波夫先生米寿記念論集　文明学原論』pp. 339-357, 山川出版社
髙濱秀 1997a「中国北方の青銅器」「作品解説」『大草原の騎馬民族』pp. 140-149, 156-186, 東京国立博物館
髙濱秀 1997b「江上波夫の内蒙古における調査とオルドス青銅器研究」『精神のエクスペディシオン』pp. 84-89, 東京大学出版会
髙濱秀 1998『中国北方系青銅器の研究』(平成 7〜9 年度文部省科学研究費補助金・基盤研究 B)
髙濱秀 1999「大興安嶺からアルタイまで」『中央ユーラシアの考古学』pp. 53-136, 同成社
髙濱秀 2000a「北方草原地帯の美術」『世界美術大全集　東洋編 1　先史・殷・周』pp. 333-348, 小学館
髙濱秀 2000b「前 2 千年紀前半の中央ユーラシアの銅器若干について」『シルクロード学研究叢書 3　金属と文明』pp. 111-127, シルクロード学研究センター
髙濱秀 2001「スキタイ動物紋様の起源」『季刊文化遺産』12, pp. 18-19, 島根県並河萬里写真財団
髙濱秀 2003a「中央ユーラシアの初期王権研究の視点」『古代王権の誕生 III　中央ユーラシア・西アジア・北アフリカ編』pp. 9-12, 角川書店
髙濱秀 2003b「ユーラシア草原地帯東部における王権の成立」『古代王権の誕生 III　中央ユーラシア・西アジア・北アフリカ編』pp. 13-27, 角川書店
髙濱秀 2005a「中国北方青銅器」『東京国立博物館所蔵　中国北方系青銅器』pp. 7-21, 竹林舎
髙濱秀 2005b「図版解説」『東京国立博物館所蔵　中国北方系青銅器』pp. 229-306, 竹林舎
髙濱秀 2006a「北方ユーラシアの青銅器文化」『古代アジアの青銅器文化と社会』(歴博国際シンポジウム 2006　古代アジアの青銅器文化と社会　発表要旨集) pp. 35-40
髙濱秀 2006b『ユーラシア草原地帯東部における騎馬遊牧文化の成立に関する研究』(平成 15 年度〜17 年度科学研究費補助金 (基盤研究 (B)) 研究成果報告書)
髙濱秀 2008「中国北方系青銅器の製作」『生産と技術の考古学』pp. 113-129, 朝倉書店
髙濱秀 2011a「モンゴル高原のヘレクスルと鹿石の発掘」『東北アジアの歴史と文化』pp. 121-123, 北海道大学出版会
髙濱秀 2011b「中国の鍑」『鍑の研究』pp. 9-93, 雄山閣
髙濱秀 2015「中国出土の竿頭飾新資料」『金沢大学考古学紀要』37, pp. 61-66
髙濱秀・岡村秀典編 2000『世界美術大全集　東洋編 1　先史・殷・周』小学館
田中良之 1982「磨消縄文土器伝播のプロセス　中九州を中心として」『森貞次郎博士古稀記念古文化論集』pp. 59-96, 森貞次郎博士古稀記念論文集刊行会
田中良之 1987「土器から見た文化交流」『Museum Kyushu　文明のクロスロード』24, pp. 31-35

陳国梁（松本圭太 訳）2008「二里頭文化銅器の出現と中国初期青銅器　中原と周辺における青銅器の比較から」『長城地帯青銅器文化の研究』(シルクロード学研究Vol. 29)pp. 31-78, シルクロード学研究センター
陳佩芬（江介也 訳）2000「中国初期銅器・鉄器の考古学的発見」『シルクロード学研究叢書3　金属と文明』pp. 97-109, シルクロード学研究センター
テプロウホフ 1938「ミヌシンスク地方に於ける古代金属文化の種別化試論」『古代北方系文物の研究』pp. 207-244, 星野書店
田広金・郭素新（小田木治太郎 訳）1997「北方民族青銅文化の起源と発展」『古文化談叢』36, pp. 177-219
天理ギャラリー 1994『騎馬民族の遺品　オルドス青銅器とその周辺』天理ギャラリー
天理大学附属天理参考館 1993『オルドス青銅器　遊牧民の動物意匠』天理大学出版部
東亜考古学会蒙古調査班 1941『蒙古高原横断記』東京朝日新聞社
童恩正（川崎保・竹原伸仁 訳）1994「中国東北から西南に至る辺地半月形文化伝播帯試論」『博古研究』7, pp. 1-23
東京国立博物館 1997『大草原の騎馬民族』東京国立博物館
東京国立博物館 2005『東京国立博物館所蔵　中国北方系青銅器』竹林舎
中村大介 2014「北方青銅器の鋳型と技術系統」『ユーラシアの考古学　髙濱秀先生退職記念論文集』pp. 97-115, 六一書房
西嶋定生 1970「総説」『東アジア世界の形成Ⅰ』（岩波講座世界歴史4）pp. 3-19, 岩波書店
日本経済新聞社 1983『中国内蒙古北方騎馬民族文物展』日本経済新聞社
白雲翔（丹羽崇史 訳）2008「中国古代初期銅器と青銅起源に関する若干の問題」『長城地帯青銅器文化の研究』（シルクロード学研究 Vol. 29）pp. 11-13, シルクロード学研究センター
畠山禎 1992「北アジアの鹿石」『古文化談叢』27, pp. 207-225
畠山禎 2011「シベリアの鍑」『鍑の研究』pp. 119-190, 雄山閣
林俊雄 1990「草原の民　古代ユーラシアの遊牧騎馬民族」『中央ユーラシアの世界』（民族の世界史04）pp. 25-58, 山川出版社
林俊雄 2003「中央ユーラシア遊牧民の古墳から見た王権の成立と発展」『古代王権の誕生Ⅲ　中央ユーラシア・西アジア・北アフリカ編』pp. 46-69, 角川書店
林俊雄 2007『スキタイと匈奴　遊牧の文明』（興亡の世界史02）講談社
林俊雄 2009『遊牧国家の誕生』山川出版社
林俊雄 2011「草原の考古学」『北東アジアの歴史と文化』pp. 105-120, 北海道大学出版社
林俊雄 2012「中央ユーラシアの人間活動の痕跡」『中央ユーラシア環境史　第1巻　環境変動と人間』pp. 163-208, 臨川書店
林俊雄・髙濱秀・雪嶋宏一・川又正智・末崎真澄 1993「ユーラシア草原における騎馬と車馬の歴史」『馬の博物館研究紀要』6, pp. 1-24
林巳奈夫 1972『中國殷周時代の武器』京都大学人文科学研究所
林巳奈夫 1995『中国文明の誕生』吉川弘文館
樋口隆康「弥生時代青銅器の源流」『大陸文化と青銅器』（古代史発掘5）pp. 87-95, 講談社
平尾良光・榎本淳子 2005「鉛同位体比から見た古代中国北方民族の青銅器」『東京国立博物館所蔵　中国北方系青銅器』pp. 307-318, 竹林舎
フィリプス, E. D.（勝藤猛 訳）1966『草原の騎馬民族国家』創元社
福岡市博物館・西日本新聞社 編 2005『アルタイの至宝展』西日本新聞社
藤川繁彦 1982「カラスク文化期の用途不明器物」『史観』107, pp. 296-307
藤川繁彦 1999「草原世界のはじまり　1　草原世界の特徴と形成の動き」『中央ユーラシアの考古学』pp. 4-26, 同成社
藤川繁彦編 1999『中央ユーラシアの考古学』同成社
古澤義久 2013「新岩里出土青銅刀の年代について」『中国考古学』13, pp. 133-157
増田精一 1970「青銅器時代の東西文化交流」『東西文明の交流1　漢とローマ』pp. 84-118, 平凡社
町田章 2006『中国古代の銅剣』（奈良文化財研究所学報第75冊）奈良文化財研究所

松本圭太 2009a「カラスク式短剣の成立と展開」『古代文化』61-1, pp. 37-55
松本圭太 2009b「新疆・長城地帯の初期青銅器」『古文化談叢』62, pp. 185-208
松本圭太 2011「中国初期青銅器とセイマ・トルビノ青銅器群」『中国考古学』11, pp. 133-153
松本圭太 2012「モンゴリアにおける青銅器様式の展開」『中国考古学』12, pp. 111-134
松本圭太 2013「ユーラシア草原地帯東部における青銅器文化の研究」九州大学大学院比較社会文化学府博士論文
松本圭太 2014「前2千年紀後半のユーラシア草原地帯東部における青銅刀子金属成分に関する予察」『ユーラシアの考古学』pp. 199-209, 六一書房
松本圭太 2015「ユーラシア草原地帯における青銅器様式とその境界」『中国考古学』15, pp. 101-126
松本圭太 2016a「北方ユーラシア（ロシア東部・モンゴル）」『季刊考古学』135, pp. 30-33
松本圭太 2016b「ハカス・ミヌシンスク盆地におけるルガフスク期の開始とモンゴリア」『考古学は科学か』pp. 1037-1056, 中国書店
松本圭太 2016c「「初期遊牧民文化」動物紋出現の意義」『中国考古学』16, pp. 151-174
松本圭太 2017「セイマ・トルビノ青銅器群分布の背景」『史淵』154, pp. 1-25
三船温尚・畠山禎・髙濱秀・長柄毅一・劉治国・荒友里子「古代における燃焼消失原型鋳造法使用の可能性」『FUSUS』4, pp. 55-62
三宅俊彦 1999『中国古代北方系青銅器の研究』（國學院大學大学院研究叢書文学研究科 6）國學院大學大学院
宮本一夫 2000『中国古代北疆史の考古学的研究』中国書店
宮本一夫 2005『神話から歴史へ』（中国の歴史 01）講談社
宮本一夫 2006「長城地帯の青銅器」『古代アジアの青銅器文化と社会』（歴博国際シンポジウム 2006　古代アジアの青銅器文化と社会　発表要旨集）pp. 42-47
宮本一夫 2007a「エルミタージュ美術館所蔵ミヌシンスク地方の青銅器」『東アジアと日本―交流と変容』4, pp. 1-10（再録 2008『長城地帯青銅器文化の研究』pp. 141-156, シルクロード学研究センター）
宮本一夫 2007b「漢と匈奴の国家形成と周辺地域　農耕社会と遊牧社会の成立」『東アジアと日本　交流と変容』（九州大学 21 世紀 COE プログラム　総括ワークショップ報告書）pp. 111-121
宮本一夫 2008a「中国初期青銅器文化における北方系青銅器文化」『長城地帯青銅器文化の研究』pp. 169-183, シルクロード学研究センター
宮本一夫 2008b「外モンゴルの青銅器」『長城地帯青銅器文化の研究』pp. 157-168, シルクロード学研究センター
宮本一夫 2009「結語」『中国初期青銅器文化の研究』pp. 207-216, 九州大学出版会
宮本一夫 2011「東北アジアの相対編年を目指して」『AMS 年代と考古学』pp. 5-38, 学生社
宮本一夫 2013「有銎銅鏃の編年とその東北アジア青銅器文化における位置づけ」『技術と交流の考古学』pp. 310-323, 同成社
宮本一夫 2015「モンゴル高原の先史時代を探る　青銅器時代板石墓の発掘調査から」『東アジアの砂漠化進行地域における持続可能な環境保全』pp. 100-135, 花書院
宮本一夫 2016「モンゴル高原における青銅器時代板石墓の変遷と展開」『史淵』153, pp. 31-57
宮本一夫 編 2008『長城地帯青銅器文化の研究』（シルクロード学研究 Vol. 29）シルクロード学研究センター
宮本一夫・佐野和美・松本圭太 2008「長城地帯の初期青銅器集成」『長城地帯青銅器文化の研究』（シルクロード学研究 Vol. 29）pp. 79-140, シルクロード学研究センター
宮本一夫・白雲翔 編 2009『中国初期青銅器文化の研究』九州大学出版会
護雅夫 1968「匈奴　古代遊牧帝国の形成」『東アジア文明の形成』（世界の歴史 3）pp. 272-290, 筑摩書房
護雅夫 1971「アジア・遊牧国家の形成と構造」『東アジア世界の形成 III　内陸アジア世界の形成』（岩波講座世界歴史 7）pp. 359-375, 岩波書店
森安孝夫 2007『シルクロードと唐帝国』（興亡の世界史 05）講談社
八木聡 2014「中国北方系青銅短剣の編年と地域間交流」『ユーラシアの考古学』pp. 129-154, 六一書房
柳生俊樹 2011「天山北方地域における前1千年紀の鍑」『鍑の研究』pp. 191-253, 雄山閣
林澐（佐野和美 訳）2002「北方系青銅器の開始」『東北アジアにおける先史文化の比較考古学的研究』（平

成 11～13 年度科学研究費補助金（基盤研究（A）(2)）研究成果報告書）pp. 43–52
ロストウツエフ（坪井良平・榧本亀次郎 訳）1944『古代の南露西亜』桑名文星堂
渡辺芳郎 1992「大汶口遺跡墓制考—階層的変異を中心として」『史淵』129, pp. 1–46

中国語（音読み五十音順）

安志敏 1954「唐山石棺墓及其相関的遺物」『考古学報』7, pp. 77–86
安志敏 1959「甘粛山丹四壩灘新石器時代遺址」『考古学報』1959-3, pp. 7–16
安志敏 1993「試論中国的早期銅器」『考古』1993-12, pp. 1110–1119
安陽市文物考古研究所 2011『安陽殷墟徐家橋郭家荘商代墓　2004～2008 年殷墟考古報告』科学出版社
烏恩 1978「関於我国北方的青銅短剣」『考古』1978-5, pp. 324–333, 360
烏恩 1981「我国北方古代動物紋飾」『考古学報』1981-1, pp. 45–61
烏恩 1984「論我国北方古代動物紋飾的淵源」『考古与文物』1984-4, pp. 46–59, 104
烏恩 1985「殷至周初的北方青銅器」『考古学報』1985-2, pp. 135–156
烏恩 1986「中国北方青銅文化与卡拉蘇克文化的関係」『中国考古学研究　夏鼐先生考古五十年記念論文集 二』pp. 145–150
烏恩 1993「朱開溝文化的発現及其意義」『中国考古学論叢』pp. 256–266, 科学出版社
烏恩 1994「論古代戦車及其相関問題」『内蒙古文物考古文集　第一輯』pp. 327–335, 中国大百科全書出版社
烏恩 2002「欧亜大陸草原早期游牧文化的幾点思考」『考古学報』2002-4, pp. 437–470
烏恩 2003「論蒙古鹿石的年代及相関問題」『考古与文物』2003-1, pp. 21–30
烏恩岳斯図（烏恩）2006「欧亜草原早期游牧文化的比較研究」『海拉爾謝爾塔拉墓地』pp. 229–248, 科学出版社
烏恩岳斯図（烏恩）2007『北方草原考古学文化研究　青銅時代至早期鉄器時代』科学出版社
烏恩岳斯図（烏恩）2008『北方草原考古学文化比較研究　青銅時代至早期匈奴時期』科学出版社
烏蘭察布博物館・清水河県文物管理所 1997「清水河県荘窩坪遺址発掘簡報」『内蒙古文物考古文集　第二輯』pp. 165–178, 中国大百科全書出版社
閻晨飛・呂智栄 1988「陝西延川県文化館収蔵的幾件商代青銅器」『考古与文物』1988-4, pp. 103–104
王雲剛・王国栄・李飛龍 1996「綏中馮家発現商代窖蔵銅器」『遼海文物学刊』1996-1, pp. 51–55
王永強・阮秋栄 2015「2015 年尼勒克県吉仁台溝口遺址和墓地考古収穫」『新疆文物』2015-3, 4, pp. 66–68
王永剛・崔風光・李延麗 2007「陝西甘泉県出土晩商青銅器」『考古与文物』2007-3, pp. 11–22
王成・沙宝師 2004「内蒙古呼倫貝爾草原発現青銅器」『考古』2004-4, pp. 93–96
王占奎・水涛 1997「甘粛合水九站遺址発掘報告」『考古学研究（三）』pp. 300–460, 科学出版社
王丹 1992「吉林大学蔵北方青銅器」『北方文物』1992-3, pp. 16–23
王長啓 1991「西安市文管会蔵鄂尓多斯式青銅器及其特性」『考古与文物』1991-4, pp. 6–11
王炳華 1986「新疆東部発現的幾批銅器」『考古』1986-10, pp. 889–890
王博 1987「新疆近十年発現的一些銅器」『新疆文物』1987-1, pp. 45–51
王博 1995「新疆鹿石綜述」『考古学集刊』9, pp. 239–260
王博・成振国 1989「新疆巩留県出土一批銅器」『文物』1989-8, p. 95
王峰 1990「河北興隆県発現商周青銅器窖蔵」『文物』1990-11, pp. 57–58
王未想 1994「内蒙古林東塔子溝出土的羊首銅刀」『北方文物』1994-4, p. 31
王明珂 2008『游牧者的抉擇　面対漢帝国的北亜游牧部族』広西師範大学出版社
王林山・王博 1996『中国阿爾泰山草原文物』新疆美術撮影出版社
鄂爾多斯博物館 2006『鄂爾多斯青銅器』文物出版社
喀左県文化館・朝陽地区博物館・遼寧省博物館 1977「遼寧省喀左県山湾子出土殷周青銅器」『文物』1977-12, pp. 23–27, 43
郭素新 1992「内蒙古発現的鄂尓多斯式青銅器概述」『内蒙古文物考古』1992-1, 2, pp. 34–38
郭素新 1993「再論鄂尓多斯式青銅器的淵源」『内蒙古文物考古』1993-1, 2, pp. 89–96
郭大順 1987「試論魏営子類型」『考古学文化論集（一）』pp. 79–98, 文物出版社

郭大順 1993「遼河流域“ 北方式青銅器 ” 的発現興研究」『内蒙古文物考古』1993-1, 2, pp. 23-28
靳楓毅 1988「大凌河流域出土的青銅時代遺物」『文物』1988-11, pp. 24-35
郭物 2002「欧亜草原考古研究概述」『西域研究』2002-1, pp. 103-108
郭物 2012a「欧亜草原東部的考古発現与斯基泰的早期歴史文化」『考古』2012-4, pp. 56-69
郭物 2012b『新疆史前晩期社会的考古学研究』上海古籍出版社
郭勇 1962「石楼后蘭家溝発現商周銅器簡報」『文物』1962-4, 5, pp. 33-34
何堂坤 1988「銅鏡起源初探」『考古』1988-2, pp. 173-176
河北省博物館・文物管理処 1977「河北平泉東南溝夏家店上層文化墓葬」『考古』1977-1, pp. 51-55
河北省博物館・文物管理処 1980『河北省出土文物選集』文物出版社
河北省文化局文物工作隊 1962「河北青龍県抄道溝発現一批青銅器」『考古』1962-12, pp. 644-645
河北省文物研究所 1985『藁城台西商代遺址』文物出版社
河北省文物研究所・張家口市文物管理処・懐来県博物館 2001「河北省懐来県官庄遺址発掘報告」『河北省考古文集（二)』pp. 4-43, 北京燕山出版社
韓金秋 2008「商周長体刀起源再研究」『公元前 2 千年紀的晋陝高原与燕山南北』pp. 93-107, 科学出版社
韓建業 2005「新疆青銅時代　早期鉄器時代文化的分期和譜系」『新疆文物』2005-3, pp. 57-99
韓建業 2007『新疆的青銅時代和早期鉄器時代文化』文物出版社
甘粛省文物局 2006『甘粛文物菁華』文物出版社
甘粛省文物考古研究所 2009『崇信于家湾周墓』文物出版社
甘粛省文物考古研究所・吉林大学北方考古研究室 1998『民楽東灰山考古』科学出版社
甘粛省文物考古研究所・北京大学考古文博学院 2016『酒泉干骨崖』文物出版社
甘粛省文物工作隊・臨夏回族自治区文化局・東郷族自治県文化館 1984「甘粛東郷林家遺址発掘報告」『考古学集刊』4, pp. 111-161
甘粛省岷県文化館 1985「甘粛岷県杏林斉家文化遺址調査」『考古』1985-11, pp. 977-979
吉県文物工作站 1985「山西吉県出土商代青銅器」『考古』1985-9, pp. 848-849
牛宏仁 2002「考古学上所見漢代以前的北疆草原地帯」『中原文物』2002-2, pp. 16-19
龔国強 1997「新疆地区早期銅器略論」『考古』1997-9, pp. 7-20
拒馬河考古隊 1988「河北易県淶水古遺址試掘報告」『考古学報』1988-4, pp. 421-454
錦州市博物館 1978「遼寧興城県楊河発現青銅器」『考古』1978-6, p. 387
建平県文化館・朝陽地区博物館 1983「遼寧建平県的青銅時代墓葬及相関遺物」『考古』1983-8, pp. 679-694
高去尋 1967「刀斧葬中的銅刀」『歴史語言研究所集刊』37 上, pp. 355-381
項春松・李義 1995「寧城小黒石溝石槨墓調査清理報告」『文物』1995-5, pp. 4-22
高江涛 2009「河南淅川下王崗遺址出土銅矛観摩座談会紀要」『中国文物報』2009 年 3 月 6 日，中国文物報社
高江涛 2015「試論中国境内出土的塞伊瑪—図爾賓諾式倒鉤銅矛」『南方文物』2015-4, pp. 160-168
高西省 2001「論早期銅鏡」『中原文物』2001-3, pp. 28-36
高雪 1984「陝西清澗県又発現商代青銅器」『考古』1984-8, p. 760
黒光・朱振元 1975「陝西綏徳墕頭村発現一批窖蔵商代銅器」『文物』1975-2, pp. 82-87
胡進駐 2008「石楼—綏徳類型管窺」『考古与文物』2008-2, pp. 64-73
呉振禄 1972「保徳県新発現的殷代青銅器」『文物』1972-4, pp. 62-66
胡保華 2015「試論中国境内散見挟葉闊葉銅矛的年代 , 性質与相関問題」『江漢考古』2015-6, pp. 55-68
戴應新 1980「陝西清澗・米脂・佳県出土古代銅器」『考古』1980-1, pp. 95, 70
山西省考古研究所 2006『霊石旌介商墓』科学出版社
山西省文管会保管組 1958「山西石楼県二郎坡出土商周青銅器」『文物参考資料』1958-1, pp. 36-37
上海博物館編『草原瑰宝　内蒙古文物考古精品』上海書画出版社
朱永剛 2003「中国北方的管銎斧」『中原文物』2003-2, pp. 30-44, 50
朱華 1989「山西洪洞県発現商代遺物」『文物』1989-12, pp. 90-91
祝中熹・李永平 2004『青銅器』（遥望星宿　甘粛考古文化叢書）科学出版社
首都博物館書庫編輯委員会 2005『燕地青銅芸術精品展』北京出版社

邵会秋 2008「試論新疆阿勒泰地区的両類青銅文化」『西域研究』2008-4, pp. 59-65
邵会秋 2009「新疆地区安徳羅諾沃文化相関遺存探析」『辺疆考古研究』8, pp. 81-87
邵会秋・楊建華 2011「塞伊瑪—図爾賓諾遺存与空首斧的伝布」『辺疆考古研究』10, pp. 73-93
邵会秋・楊建華 2013「欧亜草原与中国新疆和北方地区的有銎戦斧」『考古』2013-1, pp. 69-86
昌吉回族自治州《庭州文物集萃》編委会・昌吉回族自治州文物保護管理所 1993『庭州文物集萃』新疆美術撮影出版社
邵国田 1983「内蒙古敖漢旗李家営子出土的青銅器石范」『考古』1983-11, pp. 1042-1043, 1041
邵国田 1993「内蒙古敖漢旗発現的青銅器及有関遺物」『北方文物』1993-1, pp. 18-25
蔣剛 2008「南流黄河両岸出土青銅器的年代与組合研究」『公元前 2 千年紀的晋陝高原与燕山南北』pp. 68-84, 科学出版社
新疆維吾爾自治区博物館・新疆百石縁工美有限公司 2005『新疆維吾爾自治区博物館』香港金版文化出版社
新疆維吾爾自治区文化庁文物処・新疆大学歴史系文博干部専修班 1989「新疆哈密焉不拉克墓地」『考古学報』1989-3, pp. 325, 362
新疆維吾爾自治区文物事業管理局 1999『新疆文物古迹大観』新疆美術撮影出版社
新疆維吾爾自治区文物局 2011『絲路瑰寶』新疆人民出版社
新疆考古所 1988「新疆和碩県新塔拉遺址発掘簡報」『考古』1988-5, pp. 399-407, 476
新疆昌吉回族自治州文物局 2014『絲綢之路天山廊道　新疆昌吉古代遺址与館蔵文物精品』文物出版社
新疆文物考古研究所 2003「2002 年小河墓地考古調査与発掘報告」『新疆文物』2003-2, pp. 8-64
新疆文物考古研究所 2004「塔什庫爾干県下坂地墓地考古発掘報告」『新疆文物』2004-3, pp. 1-59
新疆文物考古研究所 2012『新疆下坂地墓地』文物出版社
新疆文物考古研究所 2014a「尼勒克県烏吐蘭墓地考古発掘報告」『新疆文物』2014-1, pp. 36-57
新疆文物考古研究所 2014b「哈密市花園郷薩伊吐爾墓地考古発掘報告」『新疆文物』2014-1, pp. 65-75
新疆文物考古研究所・新疆維吾爾自治区博物館 1997『新疆文物考古新収穫（続）1990-1996』新疆美術撮影出版社
新疆文物考古研究所・石河子市博物館 1994「石河子市古墓」『新疆文物』1994-4, pp. 12-19
新疆文物考古研究所・塔城地区文管所 1996「托里県薩孜村古墓葬」『新疆文物』1996-2, pp. 14-22
新疆文物考古研究所・吐魯番地区文物局 2004「鄯善県洋海一号墓地発掘簡報」『新疆文物』2004-1, pp. 1-27
新疆文物考古研究所編 1995『新疆文物考古新収穫（1979-1989）』新疆人民出版社
水涛 2001『中国西北地区青銅時代』科学出版社
青海省文物管理委員会・中国科学院考古研究所青海隊 1963「青海都蘭県諾木洪搭里他里哈遺址調査与試掘」『考古学報』1963-1, pp. 17-44
青海省文物考古研究所 1990「青海平安 , 互助県考古調査簡報」『考古』1990-9, pp. 774-789
青海省文物考古研究所 1994「青海湟中下西河潘家梁卡約文化墓地」『考古学集刊』8, pp. 28-86
青海省文物考古研究所・北京大学考古文博学院 2016『貴南尕馬台』科学出版社
成璟瑭・孫建軍・孟玲 2016「遼寧綏中東王崗台発現商周窖蔵銅器」『文物』2016-3, pp. 67-75
西北大学考古専業・哈密地区文管会 2005「新疆巴里坤岳公台—西黒溝遺址群調査」『考古与文物』2005-2, pp. 3-12, 17
石楼県人民文化館 1972「山西石楼叉牒発現的商代銅器」『考古』1972-4, pp. 29-30
石楼県文化館 1977「山西永和発現殷代銅器」『考古』1977-5, pp. 355-356
潜偉 2006『新疆哈密地区史前時期銅器及其与隣近地区文化的関係』知識産権出版社
曹瑋・陝西省考古研究院 2009『陝北出土青銅器』巴蜀書社
曹桂林・許志国 1988「遼寧法庫県穹柳街遺址調査報告」『北方文物』1988-2, pp. 18-20
曹建恩 2001「清水河県征集的商周青銅器」『万家寨　水利枢紐工程考古報告集』pp. 79-80, 遠方出版社
宋新潮 1997「中国早期銅鏡及其相関問題」『考古学報』1997-2, pp. 147-169
達列力汗・馬米汗 1999『中国哈薩克』伊犂人民出版社
中国科学院考古研究所内蒙古工作隊 1975「寧城南山根遺址発掘報告」『考古学報』1975-1, pp. 117-140

中国科学院考古研究所甘粛工作隊 1974「甘粛永靖大何荘遺址発掘報告」『考古学報』1974-2, pp. 29-62
中国科学院考古研究所甘粛工作隊 1975「甘粛永靖秦魏家斉家文化墓地」『考古学報』1975-2, pp. 57-96
中国社会科学院考古研究所 1998『大甸子』科学出版社
中国社会科学院考古研究所 2003『中国考古学　夏商巻』中国社会科学出版社
中国社会科学院考古研究所・内蒙古自治区文物局・北京大学考古文博学院・中国社会科学院蒙古源研究中心・内蒙古蒙古族源博物館・呼倫貝爾民族博物院 2014『呼倫貝爾民族文物考古大系　陳巴爾虎旗巻』文物出版社
中国社会科学院考古研究所涇渭工作隊 1999「陝西彬県断涇遺址発掘報告」『考古学報』1999-1, pp. 73-96
中国社会科学院考古研究所二里頭隊 1983「1980 年秋河南偃師二里頭遺址発掘簡報」『考古』1983-3, pp. 199-205, 219
中国青銅器全集編輯委員会編 1995『北方民族』(中国青銅器全集 15) 文物出版社
中國内蒙古文物考古研究所・韓國高句麗研究財團編 2006『内蒙古中南部的鄂爾多斯青銅器和文化』(中韓共同學術調查報告書 1) 韓国高句麗研究財団
中國内蒙古文物考古研究所・韓國東北亞歴史財團 2007『夏家店上層文化的青銅器』(中韓共同學術調查報告書 2) 韓国東北亜歴史財団
張映文・呂智栄 1988「陝西清澗県李家崖古城址発掘簡報」『考古与文物』1988-1, pp. 47-56
張家口考古隊 1984「蔚県夏商時期考古的主要収穫」『考古与文物』1984-1, pp. 40-48
張文立・林澐 2004「黒豆嘴類型青銅器中的西来因素」『考古』2004-5, pp. 65-73
陳戈 1991「略論焉不拉克文化」『西域研究』1991-1, pp. 81-96
陳国科・李延祥・潜偉・王輝 2015「張掖西城驛遺址出土銅器的初歩研究」『考古与文物』2015-2, pp. 105-118
沈振中 1972「忻県連寺溝出土的青銅器」『文物』1972-4, pp. 67-68
鄭紹宗 1984「中国北方青銅短剣的分期及形制研究」『文物』1984-2, pp. 37-49
鄭紹宗 1994「長城地帯発現的北方式青銅刀子及其有関問題」『文物春秋』1994-4, pp. 28-43, 93
鉄嶺市博物館 1990「法庫県湾柳街遺址試掘報告」『遼海文物学刊』1990-1, pp. 31-41
田毓璋 1983「甘粛臨夏発現斉家文化骨柄銅刃刀」『文物』1983-1, p. 76
田広金 1992「内蒙古石器時代—青銅時代考古発現和研究」『内蒙古文物考古』1992-1, 2, pp. 1-20
田広金 1997「中国北方系青銅器文化和類型的初步研究」『考古学文化論集(四)』pp. 266-307, 文物出版社
田広金・郭素新 1986「鄂尓多斯式青銅器研究」『鄂尓多斯式青銅器』pp. 3-119, 文物出版社
田広金・郭素新 1988「鄂尓多斯式青銅器的淵源」『考古学報』1988-3, pp. 257-275
田広金・郭素新 1998「中国北方畜牧—游牧民族的形成与発展」『中国商文化国際学術討論会論文集』pp. 310-322, 中国大百科全書出版社
田広金・郭素新 2004『北方考古論文集』科学出版社
田広金・郭素新 2005『早期中国文明　北方文化与匈奴文明』江蘇教育出版社
田広金・韓建業 2003「朱開溝文化研究」『考古学研究』5 上冊, pp. 227-259
天津市文化局考古発掘隊 1966「河北大廠大坨頭遺址試掘簡報」『考古』1966-1, pp. 8-13
天津市文物管理処 1977「天津薊県張家園遺址試掘簡報」『文物資料叢刊』1, pp. 163-171, 91
天津市文物管理処考古隊 1983「天津薊県圍坊遺址発掘報告」『考古』1983-10, pp. 877-893
天津市歴史博物館考古部 1993「天津薊県張家園遺址第三次発掘」『考古』1993-4, pp. 311-323
唐雲明 1982「河北境内幾処商代文化遺存記略」『考古学集刊』2, pp. 44-46
唐山市文物管理処・遷安県文物管理所 1997「河北遷安県小山東庄西周時期墓葬」『考古』1997-4, pp. 58-62
内蒙古敖漢旗博物館 2004『敖漢文物精華』内蒙古文化出版社
内蒙古自治区文物工作隊 1965「内蒙古寧城県小楡樹林子遺址試掘簡報」『考古』1965-12, pp. 619-621
内蒙古自治区文物考古考古研究所「内蒙古赤峰市二道井子遺址 2009 年発掘述要」『考古』2010-8, pp. 13-26
内蒙古自治区文物考古研究所・寧城県遼中京博物館 2009『小黒石溝　夏家店上層文化遺址発掘報告』科学出版社
内蒙古文物考古研究所 1988「内蒙古朱開溝遺址」『考古学報』1988-3, pp. 301-332

内蒙古文物考古研究所・鄂尔多斯博物館 2000『朱開溝　青銅時代早期遺址発掘報告』文物出版社
内蒙古文物考古研究所・清水河県文物管理所 2001「清水河県西岔遺址発掘簡報」『万家寨水利枢紐工程考古報告集』pp. 60–78, 遠方出版社
寧城県文化館・中国社会科学院研究生院考古系東北考古専業 1985「寧城県新発現的夏家店上層文化墓葬及其相関遺物的研究」『文物資料叢刊』9, pp. 23–58
梅建軍 2002「新疆東部地区出土早期銅器的初歩分析和研究」『西域研究』2002-2, pp. 1–10
梅建軍 2006「関于中国冶金起源及早期銅器研究的幾個問題」『中国冶金史論文集　第 4 輯』pp. 11–23, 科学出版社
梅建軍・高濱秀 2003「塞伊瑪―図比諾現象和中国西北地区的早期青銅文化」『新疆文物』2003-1, pp. 47–57
白雲翔 2002「中国早期銅器的考古発現与研究」『21 世紀中国考古学与世界考古学』pp. 180–203, 中国社会科学出版社
哈密博物館 2013『哈密文物精粋』科学出版社
潘玲 2008「論鹿石的年代及相関問題」『考古学報』2008-3, pp. 311–336
扶風県博物館 2007「陝西扶風県新発現一批商周青銅器」『考古与文物』2007-3, pp. 3–10
北京科技大学冶金与材料史研究所・甘粛省文物考古研究所 2015「張掖西城驛冶金遺址調査報告」『考古与文物』2015-2, pp. 27–35
北京科技大学冶金与材料史研究所・新疆文物考古研究所・哈密地区文物管理所 2001「新疆哈密天山北路墓地出土銅器的初歩研究」『文物』2001-6, pp. 79–89
北京市文物管理処 1976「北京地区的又一重要考古収穫　昌平白浮西周木椁墓的新啓示」『考古』1976-4, pp. 246–258
北京市文物管理処 1977「北京市平谷県発現商代墓葬」『文物』1977-11, pp. 1–8
北京市文物管理処・中国科学院考古研究所琉璃河考古工作隊・房山県文物局 1976「北京房山琉璃河夏家店下層文化墓葬」『考古』1976-1, pp. 59–60
北京市文物管理処 1978「北京市新征集的商周青銅器」『文物資料叢刊』2, pp. 14–21
北京市文物管理処 1979「北京市延慶県西撥子村窖蔵銅器」『考古』1979-3, pp. 227–230
北京市文物研究所 1995『琉璃河西周燕国墓地　1973–1977』文物出版社
北京市文物研究所 1999『鎮江営与塔照』中国大百科全書出版社
北京市文物研究所 2007『軍都山墓地　玉皇廟』文物出版社
北京市文物研究所・北京市昌平区文化委員会 2007『昌平張営』文物出版社
《北京文物精粋大系》編委会・北京市文物局編 2002『北京文物精粋大系　青銅器巻』北京出版社
宝鶏市博物館・宝鶏県図博館 1980「宝鶏県西高泉村春秋秦墓発掘記」『文物』1980-9, pp. 1–9
彭立平 1993「圍場県博物館収集一件青銅獣頭彎刀」『文物春秋』1993-3, p. 88
馮恩学 2002a「青銅時代到早期鉄器時代長城地帯対外貝加尔地区的文化影响」『辺疆考古研究』1, pp. 219–231
馮恩学 2002b『俄国東西伯利亜与遠東考古』吉林大学出版社
馬潤臻 1984「綏徳発現両件青銅器」『考古与文物』1984-2, p. 112
楊建華 2000「冀北周代青銅文化初探」『中原文物』2000-5, pp. 22–30
楊建華 2002「燕山南北商周之際青銅器遺存的分群研究」『考古学報』2002-2, pp. 157–174
楊建華 2004「欧亜草原経済類型的発展階段及其与中国長城地帯的比較」『考古』2004-11, pp. 84–90
楊建華 2008「商周時期中国北方冶金区的形成―商周時期北方青銅器的比較研究」『公元前 2 千年紀的晋陝高原与燕山南北』pp. 221–255, 科学出版社
楊建華・邵会秋 2014「商文化対中国北方以及欧亜草原東部地区的影響」『考古与文物』2014-3, pp. 45–57
楊建華・邵会秋 2015「匈奴聯盟与絲綢之路的孕育過程」『吉林大学社会科学学報』55-1, pp. 154–162
楊建華・邵会秋 2017「欧亜草原東部金属之路的形成」『文物』2017-6, pp. 60–74
楊建華・邵会秋・潘玲 2016『欧亜草原東部的金属之路　絲綢之路与匈奴聯盟的孕育過程』上海古籍出版社
楊建華・Linduff, K. 2008「試論“勺形器”的用途」『公元前 2 千年紀的晋陝高原与燕山南北』pp. 85–92, 科学出版社

楊紹禹 1959「石楼県発現古代銅器」『文物』1959-3, pp. 71-72
楊紹舜 1974「山西石楼義牒会坪発現商代兵器」『文物』1974-2, p. 69
楊紹舜 1976「山西石楼新征集到的幾件商代青銅器」『文物』1976-2, p. 94
楊紹舜 1981a「山西柳林県高紅発現商代銅器」『考古』1981-3, pp. 211-212
楊紹舜 1981b「山西石楼褚家峪・曹家垣発現商代銅器」『文物』1981-8, pp. 49-53
姚生民 1986「陝西淳化県出土的商周青銅器」『考古与文物』1986-5, pp. 12-22
姚生民 1990「陝西淳化県新発現的商周青銅器」『考古与文物』1990-1, pp. 53-57
楊鉄男 1997「朝陽市博物館収蔵的一件青銅短剣」『文物』1997-10, p. 89
羅豊・韓孔楽「寧夏固原近年発現的北方系青銅器」『考古』1990-5, pp. 403-418
李維明 1988「簡論商代青銅刀」『中原文物』1988-2, pp. 42-47
李延祥・朱延平・賈海新・韓汝玢・宝文博・陳鉄梅 2006「西遼河流域的早期冶金技術」『中国冶金史論文集　第 4 輯』pp. 39-52, 科学出版社
李海栄 2003『北方地区出土夏商周時期青銅器研究』文物出版社
李漢才 1992「青海湟中県発現古代双馬銅鉞和銅鏡」『文物』1992-2, p. 16
李亨求 1984「銅鏡的源流　中国青銅文化与西伯利亜青銅文化的比較研究」『故宮学術季刊』1-4, pp. 29-70
李金国・呂恩国 2003「温泉県阿敦喬魯遺存的考古調査和研究」『新疆文物』2003-1, pp. 20-27
李剛 2011『中国北方青銅器的欧亜草原文化因素』文物出版社
李蕭・侯世新・張永兵 2006『吐魯番文物精粹』上海辞書出版社
李肖・党彤 1995「准噶爾盆地周縁地区出土銅器初探」『新疆文物』1995-2, pp. 40-51
李水城 1999「從考古発現看公元前二千紀東西方文化的碰撞与交流」『新疆文物』1999-1, pp. 53-65
李水城 2005「西北与中原早期冶銅業的区域特征及交互作用」『考古学報』2005-3, pp. 239-278
李水城 2009『東風西漸　中国西北史前文化之進程』文物出版社
李水城・水涛 2000「四壩文化銅器研究」『文物』2000-3, pp. 36-44
李殿福 1983「吉林省庫倫，奈曼両旗夏家店下層文化遺址分布与内涵」『文物資料叢刊』7, pp. 98-114
李賓漢 2003「銅斧文化圏」『考古学研究』5 上冊，pp. 346-358
李明華 2011「從青銅短剣看早期草原青銅文化的伝播」『草原文物』2011-2, pp. 40-45
劉学堂 1998「中国早期銅鏡起源研究—中国早期銅鏡起源于西域説」『新疆文物』1998-3, pp. 55-72
劉学堂 2005「新疆早期青銅文化及相関問題初探」『吐魯番学研究』2005-2, pp. 63-73
劉学堂・李文瑛 2007「中国早期青銅文化的起源及其相関問題新探」『藏学学刊』3, pp. 1-63
劉学堂・李遡源 2008「新疆発見的鋳銅石范及其意義」『西域研究』2008-4, pp. 50-58
劉建忠 1988「河北懐安獅子口発現商代鹿首刀」『考古』1988-10, p. 941
劉国瑞 主編 1997『哈密古代文明』新疆美術撮影出版社
劉翔 2015「青海大通県塞伊瑪—図爾賓諾式倒鉤銅矛考察与相関研究」『文物』2015-10, pp. 64-69
劉翔・劉瑞 2016「遼寧朝陽県文管所蔵塞伊瑪—図爾賓諾銅矛調査及相関研究」『考古与文物』2016-2, pp. 102-107
劉小強・陳栄 1990「大通県出土的三件青銅器」『青海文物』5, p. 83
劉瑞・高江涛・孔徳銘「中国所見塞伊瑪—図爾賓諾式倒鉤銅矛的合金成分」『文物』2015-10, pp. 77-85
遼寧省昭烏達盟文物工作站・中国科学院考古研究所東北工作隊 1973「寧城県南山根的石椁墓」『考古学報』1973-2, pp. 27-40
遼寧省文物考古研究所 2013『代海墓地』文物出版社
遼寧省文物考古研究所・喀左県博物館 1989「喀左和尚溝墓地」『遼海文物学刊』1989-2, pp. 110-115
遼寧省文物考古研究所・吉林大学考古学系 1992「遼寧阜新平頂山石城址発掘報告」『考古』1992-5, pp. 399-417
旅順博物館 2008『旅順博物館館蔵文物選粋・青銅器巻』文物出版社
林澐 1987「商文化青銅器与北方地区青銅器関系之再研究」『考古学文化論集（一）』pp. 129-155, 文物出版社
林澐 1994「早期北方系青銅器的幾個年代問題」『内蒙古文物考古文集』pp. 291-295, 中国大百科全書出版社
林澐 2011「絲路開通以前新疆的交通路綫」『草原文物』2011-1, pp. 55-64

林梅村 2014「欧亜草原文化与史前絲綢之路」『絲綢之路天山廊道　新疆昌吉古代遺址与館蔵文物精品』pp. 656-677, 文物出版社

林梅村 2015「塞伊瑪—図爾賓諾文化与史前絲綢之路」『文物』2015-10, pp. 49-63

林梅村 2016「塞伊瑪—図爾賓諾文化在中国」『考古与文物』2016-2, pp. 94-101

廊坊市文物管理所・香河県文物保管所 1999「河北香河県慶功台村夏家店下層文化墓葬」『文物春秋』1999-6, pp. 26-30

呂恩国・常喜恩・王炳華 2001「新疆青銅時代考古文化浅論」『蘇秉琦与当代中国考古学』pp. 172-193, 科学出版社

呂学明 2010『中国北方地区出土的先秦時期銅刀研究』科学出版社

呂知榮 1989「試論李家崖文化的幾個問題」『考古与文物』1989-4, pp. 75-79

英語（アルファベット順）

Allard, F., Erdenebaatar, D. 2005 Khirigsuurs, ritual and mobility in the Bronze Age of Mongolia. *Antiquity* 79, pp. 547-563.

Andersson, J. G. 1932 Hunting Magic in the Animal Style. *Bulletin of museum of Far Eastern Antiquities* 4, pp. 221-317.

Anthony, D. W. 1998 The opening of the Eurasian steppe at 2000 BCE. *The Bronze Age and Early Iron Age Peoples of Eastern Central Asia* 1, pp. 105-107, Institute for the Study of Man.

Anthony, D. W. 2007 *The Horse, the Wheel, and Language: How Bronze-Age Riders from the Eurasian Steppes Shaped the Modern World*. Princeton University Press.

Anthony, D. W. 2009 The Sintashta Genesis: The Roles of Climate Change, Warfare, and Long-Distance Trade. *Social complexity in prehistoric Eurasia: monuments metals, and mobility*. pp. 47-73, Cambridge University Press.

Bokovenko, N. 1995a The Tagar culture in the Minusinsk basin. *Nomads of the Eurasian Steppes in the early iron age*. pp. 299-313, Zinat Press.

Bokovenko, N. 1995b History of studies and the main problems in the archaeology of Southern Siberia during the Scythian period. *Nomads of the Eurasian Steppes in the early iron age*. pp. 255-263, Zinat Press.

Bokovenko, N. 2005 Migrations of early nomads of the Eurasian steppe in a context of climatic changes. *Impact of the Environment on Human Migration in Eurasia*. pp. 21-33, Kluwer Academic Publishers.

Bokovenko, N. 2006 The emergence of the Tagar culture. *Antiquity* 80, pp. 860-879.

Bunker, E. C. 1993 Gold in the ancient Chinese world: a cultural puzzle. *Artibus Asiae* 23 1/2, pp. 27-50.

Bunker, E. C. 1998 Cultural diversity in the Tarim basin vicinity and its impact on ancient Chinese culture. *The Bronze Age and early Iron Age peoples of eastern Central Asia* 2, pp. 604-618, Institute for the Study of Man.

Bunker, E. C., Kawami, T. S., Linduff, K. M., Wu, E. 1997 *Ancient Bronzes of the Eastern Eurasian Steppes from the Arthur M. Sackler Collections*. The Arthur M. Sackler Foundation.

Bunker, E. C., Watt, J. C., Sun, Z. 2002 *Nomadic Art of the Eastern Eurasian Steppes*. Metropolitan Museum of Art and Yale University Press.

Busan museum, Institute of Archaeology Mongolian academy of siences, Natioal museum of Mongolia 2009 *The Ancient Culture of Mongolia*. Busan museum.

Chase, W. T., Douglas, J. G. 1997 Technical studies and metal compositional analyses of bronzes of the Eastern Eurasian Steppes from the Arthur M. Sackler Collections. *Ancient Bronzes of the Eastern Eurasian Steppes from the Arthur M. Sackler Collections*. pp. 306-318, The Arthur M. Sackler Foundation

Chernykh, E. N.（translated by Sarah Wright）1992 *Ancient metallurgy in the USSR*. Cambridge University Press.

Chernykh, E. N. 2004 Ancient metallurgy of Northeast Asia: From the Urals to the Saiano-Altai. *Metallurgy in ancient Eastern Eurasia from the Urals to the Yellow river*. pp. 15-36, Edwin Mellen Press.

Chernykh, E. N. 2008 Formation of the Eurasian "steppe belt" of stockbreeding cultures: viewed through the prism of archaeometallurgy and radiocarbon dating. *Archaeology Ethnology & Anthropology of Eurasia* 2008-3, pp. 36-53.

Chernykh, E. N. 2009a Ancient metallurgy in the Eurasian steppes and China: problems of interactions. *Metallurgy and civilization*. pp. 3-8, Archetype Books.

Chernykh, E. N. 2009b Formation of the Eurasian Steppe Belt Cultures. *Social complexity in prehistoric Eurasia: monuments metals, and mobility*. pp. 115-145, Cambridge University Press.

Chernykh, E. N., Kuz'minykh, E. V., Orlovskata, L. B. 2004 Ancient Metallurgy of Northeast Asia: From the Urals to the Saiano-Altai. *Metallurgy in ancient Eastern Eurasia from the Urals to the Yellow river*. pp. 15-36, The Edwin Mellen Press.

Childe, G. 1930 *The Bronze Age*. Cambridge University Press.

Childe, G. 1954 *What happened in history*. Penguin（チャイルド（今来陸郎・武藤潔　訳）1958『歴史のあけぼの』岩波書店）

Chilenova, N. L. 1995 On the degree of similarity between material culture components within the "Scythian World". *The archaeology of the steppes, methods and strategies*. pp. 499-552, Istituto universitario orientale.

Cybiktarov, A. D. 2003 Central Asia in the Bronze and early Iron ages. *Archaeology, Ethnology and Anthropology of Eurasia* 2003-1, pp. 80-97.

Dergachev, V. 1989 Neolithic and Bronze Age cultural communities of the steppe zone of the USSR. *Antiquity* 63, pp. 793-802.

Earle, T. 1997 *How Chiefs Come to Power*. Stanford University Press.

Earle, T. 2002 *Bronze Age Economics*. Westview Press.

Epimakhov, A. V. 2009 Settlements and Cemeteries of the Bronze Age of the Urals: The Potential for Reconstructing Early Social Dynamics. *Social complexity in prehistoric Eurasia: monuments metals, and mobility*. pp. 74-90, Cambridge University Press.

Erdenebaatar, D. 2004 Brial materials related to the history of the bronze age in the territory of Mongolia. *Metallurgy in ancient eastern Eurasia from the Ural to the Yellow river*. pp. 189-222. Edwin Mellen Press.

Erdenechuluun, P., Erdenebaatar, D. 2011 *The sword of heaven*. "Sunny Mongolia Today" Magazine.

Fitzhugh, W. W. 2009 Pre-Scythian Ceremonialism, Deer Stone Art, and Cultural Intensification in Northern Mongolia. *Social Complexity in Prehistoric Eurasia*. pp. 378-411, Cambridge University Press.

Frachetti, M. D. 2008 *Pastoralist landscapes and social interaction in Bronze Age Eurasia*. University of California Press.

Frachetti, M. D. 2009 Differentiated Landscapes and Non-Uniform Complexity among Bronze Age Societies of the Eurasian Steppe. *Social complexity in prehistoric Eurasia: monuments metals, and mobility*. pp. 19-46, Cambridge University Press.

Frachetti, M. D. 2012 Multiregional emergence of mobile pastoralism and nonuniform institutional complexity across Eurasia. *Current Anthropology* 53 (1), pp. 2-38.

Frank, A. G. 1993 Bronze Age World System Cycles. *Current Anthropology* 34, pp. 383-430.

Friedman, J., Rowlands. M. J. 1977 Notes toward an Epigenetic Model of the Evolution of "Civilization." *The Evolution of Social Systems*. pp. 201-278, Duckworth.

Geel, B., Bokovenko, N. A., Burova, N. D., Chugunov, K. V., Dergachev, V. A., Dirksen, V. G., Kulkova, M., Nagler, A., Parzinger, H.,van der Plicht, J., Vasiliev, S. S., Zaitseva, G. I. 2004 Climate change and the expansion of the Scythian culture after 850 BC: a hypothesis. *Journal of Archaeological Science* 31, pp. 1735-1742.

Gimbutas, M. 1957 Borodino, Seima and their contemporaries. *Proceedings of the prehistoric society* 22, pp. 143-172.

Gimbutas, M. 1965 *Bronze Age Cultures in Central and Eastern Europe*. Mouton.

Gryaznov, M. P. 1969 *Southern Siberia*. Nagel.

Han R., Sun S. 2004 Preliminary studies on the bronzes excavated from the Tianshanbeilu, cemetery, Hami, Xinjiang. *Metallurgy in ancient Eastern Eurasia from the Urals to the Yellow river*. pp. 157-172, Edwin Mellen Press.

Hanks, B. K., Epimakhov, A. V., Renfrew, A. C. 2007 Towards a refined chronology for the Bronze Age of the southern Urals, Russia. *Antiquity* 312, pp. 353-367.

Honeychurch, W., Wright, J., Amartuvshin, C. 2009 Re-writing Monumental Landscapes as Inner Asian Political Process. *Social Complexity in Prehistoric Eurasia*. pp. 330-357, Cambridge University Press.

Houle, J. 2009 Socially Integrative Facilities and the Emergence of Social Complexity on the Mongolian Steppe. *Social Complexity in Prehistoric Eurasia*. pp. 358-377, Cambridge University Press.

Hudiakov, Y. S., Erdene-Ochir, N. 2010 Bronze helmet recently discovered in Mongolia. *Archaeology, ethnology and anthropology of Eurasia*. 38/1, pp. 53-60.

Institue of Historical Metallurgy and Materuals USTB. 2006 *Metallurgy and civilization*. Archetype Books.

Jettmar, K. 1950 The KARASUK culture and it's South-Eastern affinities. *Bulletin of museum of Far Eastern Antiquities* 22, pp. 83-126.

Jettmar, K. 1970 Cross-dating in Central Asia. *Central Asiatic Journal* 14, pp. 253-276.

Jettmar, K. 1971 Metallurgy in the early steppes. *Artibus Asiae* 33（1/2）, pp. 5-16.

Jettmar, K. 1981 Cultures and Ethnic Groups West of China in the Second and First Millennia B. C. *Asian Perspective* 24-2, pp. 145-162.

Karlgren, B. 1945 Some weapons and tools of the Yin dynasty. *Bulletin of museum of Far Eastern Antiquities* 17, pp. 101-144.

Ke Peng 1998 The Andronovo bronze artifacts discovered in Toquztara country in Ili, Xinjiang. *The bronze age and early iron age peoples of Eastern Central Asia* 2. pp. 573-580, The University of Pennsylvania Museum Publications.

Khazanov, A. M. 1994 *Nomads and the Outside World*. University of Wisconsin Press, 2nd edition.

Khavrin, S. 1992 The component Analysis of Karasuk Culture. *The International Academic Conference of Archaeological Cultures of the Northern Chinese Ancient Nations*.（http://archsib.ru/articles/A2.htm より参照）

Kohl, P. L. 2007 *The making of bronze age Eurasia*. Cambridge University Press.

Kohl, P. L. 2008 Shared social fields: Evolutionary convergence in prehistory and contemporary practice. *American Anthropologist* 110, pp. 495-506.

Kohl, P. L. 2011 World Systems and Modeling Macro-Historical Processes in Later Prehistory: an examination of old and a search for new perspectives. *Interweaving Worlds: Systemic interactions in Eurasia, 7th to the 1st millennia BC*. pp. 77-86, Oxbow Press.

Koryakova, L., Epimakhov, A. 2007 *The Urals and Western Siberia in the bronze and iron ages*. Cambridge University Press.

Koryakova, L. N. 2002 The Social Landscape of Central Eurasia in the Bronze Age and Iron Ages: Tendencies, Factors, and Limits of Transformation. *Complexes Societies of Central Eurasia from the 3rd to the 1st Millennium B. C.* 1 pp. 97-118, Institute for the Study of Man.

Kovalev, A. A., Erdenebaatar, D. 2009 Discovery of new cultures of the Bronze Age in Mongolia according to the data obtained by the International Central Asian Archaeological Expedition. *Current Archaeological Research in Mongolia*. pp. 149-170, Bonn University Press.

Kristiansen, K. 1991 Chiefdoms, states, and Systems of social evolution. *Chiefdoms: power, economy, and ideology*. pp. 16-43, Cambridge University Press.

Kristiansen, K. 1998 *Europe before history*. Cambridge University Press.

Kristiansen, K., Larsson, T. B. 2005 *The rise of bronze age society*. Cambridge University Press.

Kuzmina, E. E. 1998 Cultural Connections of the Tarim Basin People and Pastoralists of the Asian Steppes in the Bronze Age. *The Bronze Age end Early Iron Age Peoples of Eastern Central Asia* 1. pp. 63-93, Institute for the Study of Man.

Kuzmina, E. E. 2000 The Eurasian Steppes: The Transition from Early Urbanism to Nomadism. *Kurgans, Ritual Sites, and Settlements Eurasian Bronze and Iron Age*. pp. 118-125, British Archaeological Reports.

Kuzmina, E. E. 2001 Pre-history of the Great Silk Road: Culural Connections of Xinjiang Population with Andronovo Culture Tribes in the Bronze Epoch. *Silk road art and archaeology* 7, pp. 1-21.

Kuzmina, E. E. 2004 Historical Perspectives on the Andronovo and early metal use in Eastern Asia. *Metallurgy in ancient Eastern Eurasia from the Urals to the Yellow river*. Edwin Mellen Press.

Kuzmina, E. E.（ed. Mallory, J. P.）2007 *The Origin of the Indo-Iranians*. pp. 37-84, BRILL.

Legrand, S. 2004 Karasuk metallurgy: technological development and regional influence. *Metallurgy in ancient Eastern Eurasia from the Urals to the Yellow river*. pp. 139-155, Edwin Mellen Press.

Legrand, S. 2006 The emergence of the Karasuk culture. *Antiquity* 80, pp. 843-879.

Lin, Y. 1986 A reexamination of the relationship between Bronzes of the Shang Culture and of the Northern Zone. *Studies of Shang Archaeology*. pp. 237-273, Yale University Press.

Linduff, K. M. 1998 The Emergence and Demise of Bronze-Producing Cultures Outside the Central Plain of China. *The Bronze Age and Early Iron Age Peoples of Eastern Central Asia 2*, pp. 619-646, Institute for the Study of Man.

Linduff, K. M. 2003 A Walk on the Wild Side: Late Shang Appropriation of Horses in China. *Prehistoric steppe adaptation and the horse*. pp. 139-162, McDonald Institute for Archaeological Research.

Linduff, K. M. 2004 How far does the Eurasian metallurgical tradition extend? *Metallurgy in ancient Eastern Eurasia from the Urals to the Yellow river*. pp. 1-14, Edwin Mellen Press.

Linduff, K. M., Han, R., Sun, S. ed. 2000 *The beginnings of metallurgy in China*. Edwin Mellen Press.

Loehr, M. 1949 Ordos Daggers and Knives New Material, Classification and Chronology. First Part: Daggers. *Artibus Asiae* 12, pp. 23-83.

Loehr, M. 1951 Ordos Daggers and Knives New Material, Classification and Chronology. Second Part: Knives. *Artibus Asiae* 14, pp. 77-162.

Lin, M. 2015 New archaeological evidence of the origins of Chinese bronze cultures. *Eurasian Studies* 3, pp. 1-11.

Mei, J. 2000 *Copper and bronze metallurgy in late prehistoric Xinjiang*. Archaeopress.

Mei, J. 2003 Cultural Interaction between China and Central Asia during the Bronze Age. *Proceedings of the British Academy* 121, pp. 1-40.

Mei, J. 2004a Early Copper-based Metallurgy in China: Old Question, New Perspective.『金沢大学考古学紀要』27, pp. 109-118.

Mei, J. 2004b Metallurgy in bronze age Xinjiang and its cultural context. *Metallurgy in ancient Eastern Eurasia from the Urals to the Yellow river*. pp. 173-188, Edwin Mellen Press.

Mei, J. 2009 Early metallurgy in China: some challenging issues in current studies. *Metallurgy and civilization*. pp. 9-16, Archetype Books.

Mei, J., Shell, C. 1999 The existence of Andronovo cultural influence in Xinjiang during the 2nd millennium BC. *Antiquity* 281, pp. 570-578.

Miyamoto, K., Obata, H. ed. 2016 *Excavations of Daram and Tevsh Sites*. Department of Archaeology, Faculty of Humanities, Kyushu University.

Di Cosmo, N. 1999 The Northern frontier in pre-imperial China. *The Cambridge history of ancient China from the origins of civilization to 221B. C.* pp. 885-966, Cambridge University Press.

Parzinger, G. 2000 The Seima-Turbino phenomenon and the origin of the Siberian animal style. *Archaeology, Ethnology & Anthropology of Eurasia* 2000-1, pp.66-75.

Potts, D. T. 2012 Technological Transfer and Innovation in Ancient Eurasia. *The Globalization of Knowledge in History*. pp. 105-137, Max Planck Research Library for the History and Development of Knowledge.

Renfrew, C. 2002 Pastoralism and Interaction: some introductory questions. *Ancient interactions: east and west in Eurasia*. pp. 1-10, McDonald Institute for Archaeological Research.

Roberts, B. W., Thornton, C. P., Pigott, V. C. 2009 Development of metallurgy in Eurasia. *Antiquity*, 83, pp. 1012-1022.

Salmony, A. 1933 *Sino-Siberian art in the Collection of C. T. Loo*. C. T. Loo.

Serikov, Y. B., Korochkova, O. N., Kuzminykh, S.V., Stefanov, V. I. 2009 Shaitanskoye Ozero II: new aspects of the Uralian bronze age. *Archaeology, Ethnology & Anthropology of Eurasia* 2009-2, pp. 67-78.

Sherratt, A. 2006 The Trans-Eurasian Exchange: The Prehistory of Chinese Relations with the West. *Contact and exchange in the ancient world*. pp. 30-61, University of Hawaii Press.

Sinor, D. 1990 Introduction: the concept of Inner Asia. *The Cambridge History of Early Inner Asia*. pp. 1-18, Cambridge University Press.

So, J., Bunker, E. 1995 *Traders & Raiders on China's Northern Frontier*. University of Washington Press.

Takahama, S. 1983 Early Scytho-Siberian Animal Style in East Asia. *Bulletin of The Ancient Orient Museum* 5, pp. 45-51.

Takahama, S., Hayashi, T., Kawamata, M., Matsubara, R., Erdenebattar, D. 2006 Preliminary report of the archaeological investigations in Ulaan Uushig I in Mongolia.『金沢大学考古学紀要』28, pp. 61-102.

Trigger, B. G. 1985 *Archaeology As Historical Science*. Department of Ancient Indian History, Culture and Archaeology, Banaras Hindu University.（トリッガー（菊池徹夫・岸上伸啓 訳）1991『歴史科学としての考古学』雄山閣出版）

Volkov, V. V. 1995 Early nomads of Mongolia. *Nomads of the Eurasian Steppes in the early iron age*. pp. 319-332, Zinat Press.

Watson, W. 1971 *Cultural Frontiers in Ancient East Asia*. Edinburgh University Press.

Zdanovich, G. B., Zdanovich, D. G. 2002 The 'Country of Towns' of the Southern Trans-Urals. *Ancient Interactions: East and West in Eurasia*. pp. 249-264, McDonald Institute for Archaeological Research.

ロシア語（アルファベット順）

Аванесова, Н. А. 1975 Серьги и височные подвески андроновской культуры. *Первобытная археология Сибири*. с. 67-73, Наука.

Аванесова, Н. А. 1991 *Культура пастушеских племен эпохи бронзы Азиатской части СССР*. Фан.

Алексеев А. Ю., Боковенко Н. А., Васильев С.С., Дергачев, В. А., Зайцева Г. И., Ковалюх Н. Н., Кук, Г., Ван дер Плихт, Й., Посснерт, Г., Семенцов, А. А., Скотт, Е. М., Чугунов, К. В. 2005 *Евразия в Скифскую эпоху: радиоуглеродная и археологическая хронология*. ТЕЗА.

Арсланова, Ф. Х. 1974a Некоторые памятники позднего бронзового века Верхнего Прииртышья. *Советская археология* 1974-1, с. 220-226.

Арсланова, Ф. Х. 1974b Погребальный комплекс VIII-VII вв. до н.э. из Восточного Казахстана. *В глубь веков*. с. 46-60, Наука.

Бобров, В. В., Кузьминых, С. В., Тенейшвили, Т. О., 1997. *Древняя металлургия среднего Енисея (лугавская культура)*. Кузбассвузиздат.

Богданова-березовская, И. В. 1963 Химический состав металлических предметов из Минусинской котловины. *Новые методы в археологических исследованиях*. с. 115-158, Академии наук СССР.

Боковенко, Н. А. 2011 Эпохи бронзы и раннего железа южной Сибири критерии выделения. *Переход от эпохи бронзы к энохе железа в северной Евразии*. с. 16-18, Государственного Эрмитажа.

Вадецкая, Э. Б. 1986 *Археологические памятники в степях среднего Енисея*. Наука.

Волков, В. В. 1967 *Бронзовый и ранный железный век северной монголии*. АН МНР.

Волков, В. В. 1981 Оленные камни Монголии. АН МНР.（沃爾科夫 В. В.（王博・呉研春 訳）2007『蒙古鹿石』中国人民大学出版社）

Волков, В. В., Новгородова, Э. А. 1975 Оленные камни Ушкийн-Увэра (Монголия). *Первобытная археология Сибири*. с. 78-84, Наука.

Галанина, Л. К. 1985 Шлемы кубанского типа (вопросы хронологии и происхождения). *Культурное наследие Востока*. с. 169-183, Наука.

Грач, А. Д. 1980 *Древние кочевники в центре Азии*. Наука.

Грач, А. Д. 1983 Центральная Азия как историко-археологический регион. *История и культура центральной Азии*. с. 244-265, Наука.

Гришин, Ю. С. 1960 Производство в тагарскую эпоху. *Очерки по истории производства в приуралье и южной Сибири в эпоху бронзы и раннего железа (Материалы и исследования по археологии СССР, no. 90)*. Академии наук СССР.

Гришин, Ю. С. 1971 *Металлические изделия Сибири эпохи энеолита и бронзы (Археология СССР : свод археологических источников В3-12)*. Академии наук СССР.

Гришин, Ю. С. 1975 *Бронзовый и ранний железный века Восточного Забайкалья*. Наука.

Гришин, Ю. С. 1981a *Памятники неолита, бронзового раннего железного веков лесостепного Забайкалья*. Наука.

Гришин, Ю. С. 1981b Закаменский клад медно-бронзовых изделий из Забайкалья. *Советская археология* 1981-1 с. 282–285.

Гришин, Ю. С. 1986 О Керамике стоянки Лысая Сопка на Байкале. *Краткие сообшения института археологии* 185, с. 66–70.

Грушин, С. П., Папин, Д. В., Позднякова, О. А., Тюрина, Е. А., Федорук, А. С., Хаврин, С. В. 2009 *Алтай в системе металлургических провинций энеолита и бронзового века*. Алтайского государственного университета.

Грязнов, М. П. 1947 Памятники Майэмирского этапа эпохи ранних кочевников на Алтае. *Краткие сообщения института истории материальной культуры* 18, с. 9–17.

Грязнов, М. П. 1956a Раскопки Алтайской экспедиции на ближних Елбанах. *Краткие сообщения института истории материальной культуры* 26, с. 110–119.

Грязнов М. П. 1956b *История древних племен Верхней Оби по раскопкам близ с. Большая Речка (Материалы и исследования по археологии СССР, по. 48)*. Академии наук СССР.

Грязнов, М. П. 1965 Работы Красноярской экспедиции (1960–1963 гг.). *Краткие собщения Института археологии* 100, с. 62–71.

Грязнов, М. П. 1980 *Аржан: царский курган раннескифского времени*. Наука.

Грязнов, М. П. 1983 Начальная фаза развития скифо-сибирских культур. *Археология Южной Сибири* 12, с. 3–18.

Грязнов, М. П., Комарова, М. Н., Пшеницына, М. Н. 2010 Материалы могильников Кюргеннер I и II. *Могильник Кюргеннер эпохи поздней бронзы Среднего Енисея*. с. 9–17, Петербургское Востоковедение.

Грязнов, М. П., Комарова, М. Н., Лазаретов, И. П., Поляков, А. В., Пшеницына, М. Н. 2010 *Могильник Кюргеннер эпохи поздней бронзы Среднего Енисея*. Петербургское Востоковедение.

Диков, Н. Н. 1958 *Бронзовый век забайкалья*.

Завитухина, М. П. 1983 *Древнее искусство на Енисее*. Искусство.

Зяблин, Л. П. 1977 *Карасукский могильник Малые Копёны* 3. Наука.

Зданович, Г. Б., Батанина, И. М. 2007 *Аркаим Страна городов*. Крокус.

Кирюшин, Ю. Ф. 2002 *Энеолит и ранняя бронза юга западной сибири*. Алтайского университета.

Киселев, С. В. 1951 *Древняя история Южной Сибири*. Академии наук СССР.

Киселев, С. В. 1960 Неолит и бронзовый век Китая. *Советская археология* 4, с. 244–266.

Кирюшин, Ю. Ф. 2002 *Энеолит и ранняя бронза юга западной Сибири*. Алтайского государственного университета.

Ковалев, А. А. 2012 Чемурчекский культурный феномен: история изучения, датировка, происхождение. *Чемурчекский культурный феномен. Исследования последних лет*. с. 32–55, СПбГБУК МИСР.

Кожомбердиев, И., Кузьмина Е. Е. 1980 Шамшинский Клад эпохи поздней бронзы в Киргизии. *Советская археология* 4, с. 140–153.

Ковалев, А. А. 2013 Новые данные о связях культур Западной Сибири, Монголии и Китая в первой половине 2 тыс. до н.э.. *Современные решения актуальных проблем евразийской археологии*. с. 140–146, АлтГУ.

Комарова, М. Н. 1952 Томский могильник, памятник истории древних племен лесной полосы Западной Сибири. *Материалы и исследования по археологии Сибири* I, с. 7–50, Академии наук СССР.

Корочкова, О. Н., Стефанов В. И. 2010 Культовый памятник эпохи бронзы на Шайтанском озере (по материалам раскопок 2008 г.). *Российская археология* 4, с. 120–129.

Косарев, М. Ф. 1981 *Бронзовый век Западной Сибири*. Наука.

Кузьмина, Е. Е. 1966 *Металлические изделия энеолита и бронзового века в средней Азии (Археология СССР: свод археологических источников; вып. B4-9)*. Наука.

Кузьмина, Е. Е. 1996 Экология степей Евразии и проблема происхождения номадизма Ч. 1. *Вестник Древней истории* 1996-2, с. 73-84.

Кузьмина, Е. Е. 1997 Экология степей Евразии и проблема происхождения номадизма Ч. 2. *Вестник Древней истории* 1997-2, с. 81-95.

Кузьминых, С. В. 2011 Сейминско-Турбинская проблема: новые материалы. *Краткие сообшения института археологии* 225, с. 240-263.

Кызласов, Л. Р. 1979 *Древняя Тува*, Московского университета.

Лазаретов, И. П. 2007 Памятники банковского типа и тагарская культура и п лазаретов. *Археологические Вести* 14, с. 93-105.

Лазаретов, И. П. 2010. Группа атипичных погребений могильника Кюргеннер I. *Могильник Кюргеннер эпохи поздней бронзы Среднего Енисея.* с. 83-94, Петербургское Востоковедение.

Лазаретов, И. П., Поляков, А. В., 2008 Хронология и периодизация комплексов эпохи поздней бронзы Южной Сибири. *Этнокультурные процессы в Верхнем Приобье и сопредельных регионах в конце эпохи бронзы.* с. 33-55, Концепт.

Леонтьев. С. Н. 2007 “Клад” бронз сейминско-турбинского типа из деревни верхняя мульга (юг красноярского края). *Российская археология* 3, с. 141-143.

Липский А. Н. 1963 Афанасьевское в карасукской эпохе и карасукское у хакасов. *Материалы и исследования по археологии, этнографии и истории Красноярского края.* с. 69-86, Красноярское книжное Издательство.

Максименков, Г. А. 1961 Новые данные по археологии района красноярска. *Вопросы истории сибири и дальнего востока.* с. 43-46, Сибирское отделение АН СССР.

Максименков, Г. А. 1975 Современное состояние вопроса о периодизации эпохи бронзы Минусинской котловины. *Первобытная археология Сибири.* с. 48-58, Наука.

Марков, Г. Е. 1973 Некоторые проблемы возникновения и ранних этапов кочевничества в Азии. *Советская Этнография* 1973-1, с. 101-113.

Мартынов, А. И., Елин, В. Н. 2009 *Скифо-Сибирский мир Евразии.* Высшая школа.

Матющенко, В. И., Синицына, Г. В. 1988 *Могильник у д. Ростовка вблизи Омска.* Томского университета.

Мацумото, К. 2013 Южная Сибири и Монголия в карасукское время. *Современные решения актуальных проблем евразийской археологии.* с. 148-153, Алтайский государственный университет.

Мацумото, К. 2015 Карасукские кинжалы – их происхождение и распространение. *Научное обозрение Саяно-Алтая* 2015-1, с. 19-34.

Медведская, И. Н. 1980 Металлические наконечники стрел Переднего Востока и евразийских степей II – первой половины I тысячелетия до н. э. *Советская археология* 1980-4, с. 23-37.

Мошкова, М. Г. 1992 Предисловие. *Степная полоса Азиатской части СССР в скифо-сарматское время.* Наука.

Мошкова, М. Г. отв. ред. 1992 *Степная полоса Азиатской части СССР в скифо-сарматское время.* Наука.

Новгородова, Э. А. 1970 *Центральная АЗИЯ и карасукская проблема.* Наука.

Новгородова, Э. А. 1989 *Древняя Монголия.* Наука.

Поляков, А. В. 2006 Лапчатые привески карасукской культуры (по материалам погребений). *Археологические Вести* 13, с. 82-101.

Поляков, А. В. 2008 Хронология и локализация некоторых типов украшений (по материалам погребений карасукской культуры). *Древние и средневековые кочевники Центральной Азии.* с. 79-82, Азбука.

Поляков, А. В. 2010 Относительная хронология погребений могильника. *Могильник Кюргеннер эпохи поздней бронзы Среднего Енисея.* с. 60-69, Петербургское Востоковедение.

Поляков, А. В. 2013 Ранние этапы развития эпохи поздней бронзы Среднего Енисея. *Бегазы-дандыбаевская культура Степной Евразии.* с. 401-416, Бегазы-Тасмола.

Поляков, А. В. 2015 Появление элементов кочевнических традиций в эпоху поздней бронзы (на примере материалов карасукской культуры Среднего Енисея). *Азия и Африка в меняющемся мире.* с. 341-342, Восточный факультет СпбГУ.

Поляков, А. В., Хаврин, С. В. 2007 Горизонтальная стратиграфия могильника Кюргеннер I (Хакасия). *Алтае-Саянская горная страна и история её освоения кочевниками*. с. 206-209, Алтайский государственный университет.

Рындина, Н. В., Дегтярева, А. Д., Рузанов, В. Д. 1980 Результаты химико-технологического исследования находок из шамшинского клада. *Советская археология* 1980-4, с. 154-172.

Савинов, Д. Г. 1996. *Древние поселения Хакасии; Торгажак*. Петербургское востоковедение.

Савинов, Д. Г. 2002 *Ранние кочевники Верхнего Енисея*. Петербургского университета.

Савинов, Д. Г. 2012 *Памятники тагарской культуры Могильной степи*. ЭлекСис.

Савинов, Д. Г., Поляков, А. В. 2007 Могильник Арбан I. *Археологические вести* 14, с. 62-92.

Сергеева, Н. Ф. 1981 *Древнейшая металлургия меди юга восточной сибири*. Наука.

Теплоухов, С. А., 1927. Древние погребения в Минусинском крае. *Материалы по этнографии*. Т. III. 2, с. 57-112.

Тереножкин, А. И. 1976 *Киммерийцы*. Наукова думка.

Тихонов. Б. Г. 1960 Металлические изделия эпохи бронзы на среднем урале и в приуралье. *Очерки по истории производства в приуралье и южной сибири в эпоху бронзы и раннего железа (Материалы и исследования по археологии СССР, no. 90)*. с. 5-115, Академии наук СССР.

Хлобыстина, М. Д. 1970 К изучению Минусинских культовых древностей. *Советская археология* 1970-3, с. 186-193.

Хлобыстина, М. Д. 1974 Многофигурные изображения в зверином стиле из Восточной Сибири. *Древняя Сибирь* 4, с. 55-64.

Худяков, Ю. С. 1987 Херексуры и оленные камни. *Археология, этнография и антропология Монголии*. с. 136-162, Наука.

Черников, С. С. 1960 *Восточный Казахстан в эпоху бронзы (Материалы и исследования по археологии СССР, no. 88)*. Академии наук СССР.

Черных, Е. Н. 1970 *Древнейшая металлургия Урала и Поволжья (Материалы и исследования по археологии СССР, no. 172)*. Наука.

Черных, Е. Н. 2005 Пути и модели развития археометаллургии (старый и новый свет). *Российская археология* 4, с. 49-60.

Черных, Е. Н, Кузьминых, С. В. 1987 Памятники сейминско-турбинского типа в Евразии. *Эпоха бронзы лесной полосы СССР*. Наука.

Черных, Е. Н., Кузьминых,С. В. 1989 *Древняя металлургия северной евразии*. Наука.

Членова, Н. Л. 1962 Об оленных камнях Монголии и Сибири. *Монгольский археологический сборник*. с. 27-35, Академии наук СССР.

Членова, Н. Л. 1967 *Происхождение и ранняя история племен тагарской культуры*. Наука.

Членова, Н. Л. 1968 Карасукские находки в излучине Чулыма. *Краткие сообщения института археологии* 114, с. 84-93.

Членова, Н. Л. 1972a *Хронология памятников карасукской эпохи (Материалы и исследования по археологии СССР, no. 182)*. Наука.

Членова, Н. Л. 1972b Золото в карасукскую эпоху. *Советская археология* 1972-4, с. 257-259.

Членова, Н. Л. 1973 Карасукские находки на Урале и в Восточной Европе. *Советская археология* 1973-2, с. 191-204.

Членова, Н. Л. 1976 *Карасукские кинжалы*. Наука.

Членова, Н. Л. 1981 Связи культур Западной Сибири с культурами Приуралья и Среднего Поволжья в конце эпохи бронзы и в начале железного века. *Проблемы западносибирской археологии: эпоха железа*. с. 4-35, Наука.

Членова, Н. Л. 1988 Новый карасукский кинжал из Башкирии. *Краткие сообщения института археологии* 193, с. 98-100.

Членова, Н. Л. 1990 Хронологические парадоксы горного Длтая. *Краткие сообщения института археологии*

199, с. 46-55.

Яблонский, Л. Т. 1993 Культуры сакского типа на территории Средней Азии и Казахстана: единство или многообразие? *Краткие сообщения Института археологии* 207, с. 13-18.

その他（アルファベット順）

Амартувшин, Ч., Жаргалан, Б. 2010 Хурэл зэвсгийн уеийн булшны судалгаа. *Дундговь аймагт хийсэн археологийн судалгаа: бага газрын чулуу*. pp. 152-201.

Tallgren, A. M. 1917 *Collection Tovostine des antiquités préhistoriques de Minoussinsk conservées chez le Dr. Karl Hedman a Vasa*. Soc. Finlandaise d'Archéologie.

初出一覧

本書は，九州大学大学院比較社会文化学府に提出した博士論文をまとめ直したものである。各章は以下に挙げた論文の分析を骨子としているが，データ，分析方法も含めて大幅な改訂や増補を行っている。

序　章　書き下ろし
第 1 章　書き下ろし
第 2 章　松本 2011，2017
第 3 章　松本 2009b
第 4 章　松本 2009a，2012，2014，2015，2016b
第 5 章　松本 2016c
第 6 章　書き下ろし
終　章　書き下ろし

The Bronze Age in the Eurasian Steppes

Contents

Summary

Preface

This book explains the historical features of the Eurasian Steppes during the Bronze Age（from the 2nd to the early 1st millennium B.C.）, especially within the eastern area, through the analysis of bronze materials. Through this, we will recognize the significance of the prehistoric interactions of the human race.

Previous studies of the Bronze Age in the Eurasian Steppes have examined the various influences that have evolved in a west-to-east direction, which are indicated by the diffusion of copper-bronze metallurgy and chariot. At the same time, influences developing from opposite direction – from east-to-west – have also been pointed out. The latter includes the Seima-Turbino trans-cultural phenomenon (Черных, Кузьминых 1989), the distribution of the "Karasuk" or "Cimmerian" and "Scytho-Siberian" cultural elements (Тереножкин 1976, Takahama 1995, Bokovenko 1995). Such influences from the eastern Eurasian Steppes have great historical meaning, considering their impact on other parts of Eurasia. However, the historical processes of the eastern Eurasian Steppes have not been elucidated up to this point. Thus, one of the main themes of this book includes the examination of how such processes and backgrounds existed in the context of the emergence of great influences from the eastern Eurasian Steppes.

In Eurasia, the Bronze Age was a distinct, yet relatively short, period of time; from the 2nd to the early 1st millennium B.C., many regions in Eurasia were still experiencing the Bronze Age while some were transitioning to the Iron Age. The synchronicity in Eurasian has attracted considerable attention, as two types of explanations for the historical processes have been detected: one attaches a greater importance to generalizing, while the other emphasizes the historical peculiarity of each case. In the early 20th century, the spread of materials or migration across the Eurasian Steppes was discussed in the framework of diffusionism. With the rise of the New Archaeology in the 1960s, the former stance came to be predominant, and discussions on diffusion and migration across vast areas decreased. Nowadays, the synthesis of both stances has been attempted in various aspects. Considering this situation, this book focuses on the pattern of interactions around bronze materials. The pattern of interactions, which could reflect communication among groups in the Eurasian Steppes, shows great transformation within the Bronze Age. The pattern can be generalized, regardless of the individual cases of interactions that the "historical" stance of the explanation considers.

Chapter 1 Introduction

This chapter examines the problems found in previous studies, and clarifies the aims, methods, and data of this book. In previous studies, discussions have centered on three large themes with regard to the eastern Eurasian Steppes. These themes have been closely examined, particularly the theories and methods utilized. The three areas of study include:

1) The Seima-Turbino trans-cultural phenomenon and "the Early Bronzes (in China)" from the early to middle 2nd millennium B.C.
2) "The Karasuk period" in the late 2nd millennium B.C.
3) "The Early Nomadic Cultures (Scytho-Siberian cultures)" in the early 1st millennium B.C.

Previous studies have pointed out various interactions and influences including the diffusion of materials and migrations in the eastern Eurasian Steppes. However, most of them have focused only on the origin or direction of each influence, and explained each phenomenon independently. Subsequently, the historical significance of such interactions and influences is not fully discussed.

This book aims to explain the background under which the process interactions and influences emerged in each stage of the Bronze Age, and how this has contributed to the development and transformation of this age. In order to accomplish this, all interactions across the Eurasian Steppes during the Bronze Age must be categorized using common criterion. Bronze materials match this condition because of their widespread distribution and diachronical existence. Previous studies often found relationships among material cultures based on the similarities of individual artifacts. This seems to be the main cause of the lack of objectivity on similarity or dissimilarity. Moreover, we should clarify not only the existence of, but also degrees, kinds, and contents of the various similarities. Considering these, analyses within this book in all (chronological, morphological, and metallurgical) aspects are based on types as unities of attributes and "bronze complexes" as unities of types. The author noted two kinds of variety among types included in the "bronze complex." One is variety or specialization based on function; for example, knives for cutting, daggers for stabbing, battle-axes for hitting, and so on. The other is based on the cultural or social aspect, such as refined materials for ritual and crude utensils for daily use. These varieties emerged differently in each "bronze complex." Based on this, we can formulate a hypothesis on patterns of interactions.

The following is a list of the important points that can be found in this book.

i Establishment of "bronze complexes" with their boundaries on typological and metallurgical analyses, as well as reconstruction of interactions among and within "bronze complexes" (mainly from chapter 2 to chapter 5)

ii Explanations of the backgrounds of each interaction and the transformation of interactions (mainly chapter 6)

iii Detection of patterns found among interactions within the Bronze Age (epilogue)

Chapter 2 The Seima-Turbino Trans-cultural Phenomenon

During the 2nd millennium B.C., there were two great bronze complexes in the Eurasian Steppes that were recognized as the Metallurgical Provinces by Chemykh (Черных, Кузьминых 1989): the Eurasian Metallurgical Province (EAMP) and the Seima-Turbino trans-cultural phenomenon. The former spread from the western area of the Eurasian Steppes to the eastern area, while the latter originated in the Altai region and diffused across the forest-steppe zone (ibid.). In this chapter, firstly, "the Altai model" by Chernykh (ibid.) is reconsidered by analyzing bronze materials, specifically spear-heads and axes. As a result, a distributional center in the Altai region was not found. Rather, the distributions of morphological and metallurgical types suggest a local difference between two vast areas across the Ural Mountain. Moreover, the author pointed out unique typological transformations that occurred between certain types of spear-heads (types Ba, Bb, and Bc). As time passed, the spear-heads became larger and slimmer, which seems to be impractical considering their purpose as a weapon.

Secondly, the author analyzed the context where bronze materials were discovered in the Rostovka cemetery in Western Siberia. In this analysis, the relationships between the contexts and types were investigated in order to clarify the social roles of bronzes. The result suggested a correlation between the types of bronze materials found and the variations of the context. More complicated, casted materials such as spear-heads and axes (group α) were located separate from bodies and were regularly arranged in peculiar positions. Group α is contrasted with group *β*, which includes relatively simple bronze materials located with bodies. The author also pointed out that the quantities of bronze materials in each grave-pit are rarely related to the size of the gravel pit.

Chapter 3 "The Early Bronzes" in Xinjiang and the Great Wall Region

This chapter explains how influences from the western Eurasian Steppes were accepted in Xinjiang and the Great Wall Region from the early to middle 2nd millennium B.C., analyzing "the Early Bronzes (in China)" found there. It is essential to evaluate the distribution of "the Early Bronzes" through a comparison to other bronze complexes such as the EAMP and the Seima-Turbino trans-cultural phenomenon. For this purpose, the author emphasized the distribution of bronze materials, although they often had been treated within local "cultures," which were established by Chinese archaeologists based upon earthenware and burial customs. As a result, the author found three spatial boundaries (boundary 1, 2, and 3) for the influences of the EAMP and the Seima-Turbino trans-cultural phenomenon into Xinjiang and the Great Wall region. The whole complex of bronze materials from the EAMP reached the western region of boundary 1 (northwestern Xinjiang). In the region between boundary 1 and 2 (eastern Xinjiang and the Hexi corridor), only simple tools and ornaments of EAMP were found; meanwhile, most of the bronze materials found in the eastern region of boundary 2 (the Ordos, Hebei, and Liaoxi regions) were ornaments. Boundary 3 (south of the Great Wall) can be defined as the area where the spear-heads (type II) similar to those in the Seima-Turbino trans-cultural phenomenon were found. These boundaries are also recognized with respect to the analysis of metal composition and the context where bronze materials were found. That is, a large common bronze complex in Xinjiang and the Great Wall region cannot be recognized.

Chapter 4 The Emergence and Development of the Bronze Complexes in the Karasuk Period

Through analyzing bronze materials in the Karasuk period during the late 2nd millennium B.C., the author has clarified the relationship between Southern Siberia (Minusinsk basin) and Mongolia. There were two different opinions that were inconsistent with each other in this theme: one suggested that the Karasuk bronzes originated in Southern Siberia and spread to Mongolia, and the other regarded Mongolia as their place of origin. In this chapter, the author tried to dispel this contradiction, establishing bronze complexes mainly based on typology of the morphological shape and the casting method of bronze daggers, knives, and battle-axes. As a result, the author confirmed the following process on the development of the bronze complexes.

In the middle of the 2nd millennium B.C. the Mongolia Bronze Complex and the Early Karasuk Bronze Complex emerged in Mongolia and the Minusinsk basin, respectively. The Early Karasuk Bronze Complex was born under the strong local tradition in the Minusinsk basin, such as the Okunev culture. The Mongolia Bronze Complex has many peculiar elements, although this complex seems to be affected by the EAMP in some aspects.

In the Minusinsk basin around the 11th century B.C., the Early Karasuk Bronze Complex evolved into the Late Karasuk Bronze Complex under the influence of the Mongolia Bronze Complex. At that time, the preferred casting method was still from the Early Karasuk Bronze Complex, and only the morphological shapes of the Mongolia Bronze Complex were accepted. Immediately after that, the Late Karasuk Bronze Complex was dispersed across the Eurasian Steppes form Ukraine to the Great Wall region. This model of the above-mentioned bronze complexes is consistent with the analyses of other bronze materials, metal composition, and local studies on the Karasuk culture in the Minusinsk basin.

Chapter 5 The Emergence of the Early Nomadic Cultures and Animal Styles

The author explained the process of the emergence of the Early Nomadic Cultures (the Scytho-Siberian cultures), considering the bronze complexes of the Karasuk period. The emergence of the Early Nomadic Cultures in the early 1st millennium B.C. has been utilized by many scholars as an index of periodization of the Eurasian Steppes based on the various similarities of the cultures across the Eurasian Steppes. However, nowadays the border between the Karasuk period and the period of the Early Nomadic Cultures is not defined, as some elements of the Early Nomadic Cultures have been found in the Karasuk period.

In this chapter, the author analyzed the daggers not only of the emergent period of the Early Nomadic Cultures, but also of the last phase of the Karasuk period. The result shows that the daggers developed from the Karasuk period to the Early Nomadic Culture in the same tradition and casting method continuously, and that it is not until the emergent period of the Early Nomadic Cultures that the daggers had local characteristics in three regions (Caucus, Siberia, and Mongolia, respectively). That is, with the same measure (the dagger), the level of commonality in the Eurasian Steppes in this period is lower than in the Karasuk period (the Late Karasuk Bronze Complex), where the same types of daggers are distributed throughout the steppes. The author named this localized situation of the Late Karasuk Bronze Complex the Post Karasuk Bronze Complex.

As another aspect, the Scytho-Siberian animal style, which has been noted as the index of the Early Nomadic Cultures, and animal styles of previous Bronze Complexes were analyzed. As a result, the animal style in the Mongolia Bronze Complex (①a types) gradually came to be replaced by the Scytho-Siberian animal style (animal style ②a, ②b types) after the period of the Late Karasuk Bronze Complex. Moreover, we can confirm that the norm of the Scytho-Siberian animal style is lower than (or not as strict as) that of the Mongolia Bronze Complex and the Late Karasuk Bronze Complex.

Chapter 6 Discussion

In this chapter, the background of the emergence and development of the bronze complexes established in the previous chapters is discussed, considering other types of remains such as Deer Stones, Khereksurs, and slab-stone burials.

From the early to middle 2nd millennium B.C., the Seima-Turbino trans-cultural phenomenon spread by two large interactions that happened in the east and west across the Ural Mountain, respectively, in a certain period of time. The morphological change of bronze through time, and the archaeological contexts in the Rostovka cemetery, indicates a possibility that the interactions were related to funeral rituals. Moreover, few concentrations of bronze materials associated with certain individuals and groups in the Rostovka cemetery indicate that bronze material in this society could be an indicator of interactions or social unifications occurring across vast territories, and not particularly indicative of high rank in social status. Such interactions through material seem to be so fragile that they did not continue for more than hundreds of years, and their high casting technology, such as lost wax casting, was not inherited after that period.

In the same period, "the Early Bronzes (in China)" in the eastern Xinjiang and the Great Wall region (the eastern side of the boundary 1), only simple tools and ornaments are accepted from EAMP, which follows the local preferences. There were no bronze complexes across the three spatial boundaries that we found in the eastern Xinjiang and the Great Wall region. "The Early Bronzes" in these regions show a peripheral situation around EAMP. Such a situation is almost the same as in the Neolithic period in that region (Miyamoto 2000). On the contrary, mainly to the south of the Great Wall (the boundary 3), we can find influences from the Seima-Turbino trans-cultural phenomenon. In this region, interactions through material indicators similar to the Seima-Turbino might have emerged in this period, but were limited to the Great Wall region. This may have been caused by the development of relatively complex societies in the Central Plain region at that time. It can be concluded that "the Early Bronzes (in China)" are the result of the acceptance of bronze or bronze metallurgy through preference within each local situation.

In the late 2nd millennium B.C., the Mongolia Bronze Complex emerged with some influences from EAMP. Compared to the Late Karasuk Bronze Complex, the Mongolia Bronze complex has a peculiarity which can be seen in the refined types. The refined types in the Mongolia Bronze Complex seem to be indicators for interactions, social relationships, and commonalities within the Bronze Complex. In this aspect, the Mongolia Bronze Complex is similar to the Seima-Turbino trans-cultural phenomenon, although there are no genetic or traditional relations between them. In the same period, Khereksurs and Deer Stones emerged in Mongolia, and under climatic changes a stable form of cattle breeding was established there, causing some generations to experience frequent interactions across vast areas.

At the same time in the Minusinsk basin, the Early Karasuk Bronze Complex emerged under the local tradition. This complex has a peculiar casting method that is different than in Mongolia and Western Siberia. Based on the advantageous environment of stock breeding, which could promote population increases and frictions, the bronzes of this complex were mainly for practical uses. Around the 11th century B.C., this complex changed to the Late Karasuk Bronze Complex, accepting the elements of the Mongolia Bronze Complex. The Late Karasuk Bronze Complex is characterized by the lack of refined types and the differentiation of types for practical or weaponry use, which is completely different form the Mongolia Bronze Complex.

The Late Karasuk Bronze Complex spread into Mongolia immediately after this emergence. This indicates that in Mongolia the interactions through the refined bronzes of the Mongolia Bronze Complex were declining, and the social condition in Mongolia came to be similar to that of the Minusinsk basin. This transformation in Mongolia might have been caused by the emergence of nomadism with horseback riding. Contacts and conflicts increased too rapidly to be handled by the interactions through the refined bronzes. Therefore, the people in Mongolia tried to plan other social strategies such as introducing strong leaders or warriors.

The elements of the Late Karasuk Bronze Complex reached not only to the Great Wall region, but also to Ukraine via Ural Mountain. This indicates that the social transformation mentioned above developed across the Eurasian Steppes. The Late Karasuk Bronze Complex could be accepted anywhere as a result of the social transformation, regardless of local traditions or interactions within a certain area; thus the elements of the Late Karasuk Bronze complex spread into vast areas.

The Post Karasuk Bronze Complex, which began in the 9th century B.C., was similar to the Late Karasuk Bronze Complex in meaning and tradition, but gradually came to have local characteristics in each region. This is a very different explanation than previously thought, where commonalities happened abruptly at the time of the emergence of the Early Nomadic Cultures. The spread of the Scytho-Siberian animal style (animal style ②a, ②b types) in the larger area could be caused by less strict norms than previous animal styles (animal style ①a, ①b types). Like the case of bronze materials, under the social transformation after the Late Karasuk Bronze Complex, the less strict animal style could be accepted by people in various regions. The Post Karasuk Bronze Complex is a result of the gradual penetration or establishment of the social transformation after the Late Karasuk Bronze Complex in various regions.

Conclusion: The Bronze Age in the Eurasian Steppes

Based on the results of the previous chapters, the following phases in the Bronze Age are confirmed. Phase I lasted from early to middle 2nd millennium B.C., and is the period of EAMP, Seima-Turbino trans-cultural phenomenon, and "the Early Bronze (in China)." Phase II began in the late 2nd millennium B.C., and is the period of the Mongolia Bronze Complex in Mongolia and the Early Karasuk Bronze Complex in the Minusinsk basin. At that time in the western region across Altai Mountain, the EAMP continued to exist. Phase III occurred between the 11th and 10th centuries B.C., and included the emergence and spread of the Late Karasuk Bronze Complex. Phase IV occurred in the 9th century B.C., and is the period of the Post Karasuk Bronze Complex. A more thorough description of each phase is as follows.

• **Phase I in the Bronze Age**

"The Early Bronze (in China)" lacked bronze complexes, though some bronze materials diffused in certain areas. These interactions, while they do not include refined bronze materials across vast territories, are considered the 1st type of interaction.

The Seima-Turbino trans-cultural phenomenon developed through the interactions of the non-practical or refined bronze materials in a certain territory around the Ural Mountains. This could be labeled as the 2nd type of interaction. This form of interaction was fragile and could have become extinct since it depended on special materials.

Here, two large regions can be distinguished across the curved line of the Sayan and Altai Mountains in the 2nd millennium B.C.: the outer (western) region of the line, which includes the Minusinsk basin and Western Siberia and is characterized by the 1st type of interaction, and the inner (eastern) region of the line that includes the 2nd type of interaction within Mongolia. The relation between these two regions played an important role during the Bronze Age.

• **Phase II in the Bronze Age**

The Mongolia Bronze Complex is characterized by the interactions through refined bronze materials. As the Seima-Turbino trans-cultural phenomenon, they can be regarded as the 2nd type. The interactions of the 2nd type occurred within the curved line of the Sayan and Altai Mountains that is known as the Mongolian Plateau with an altitude above 1,000m.

It is difficult to determine the type of interactions that occurred in the Early Karasuk Bronze Complex.

• **Phase III in the Bronze Age**

In the Minusinsk basin around the 11th century B.C., the Late Karasuk Bronze Complex was established. This transformation occurred as some elements from the Mongolia Bronze Complex were accepted in the Minusinsk basin for practical use. The interactions in the Late Karasuk Bronze Complex, where bronze materials for practical use and weapons were distributed without refined bronzes, can be called the 3rd type (sub-type a) of interaction. This type of interaction spread across the Eurasian Steppes as the Late Karasuk Bronze Complex. The emergence of the nomad and horse-back riding seems to be a very important aspect of the background of this transformation from the 2nd to 3rd types in Mongolia.

• **Phase IV in the Bronze Age**

The Post Karasuk Bronze Complex is the developed and localized form of the Late Karasuk Bronze Complex. Both complexes have similar types of interaction, but the former is more localized (the 3rd type [sub-type b]).

The social placement of the bronze materials in each type of interaction is as follows.

• **The 1st type of interaction**

Simple bronze materials are substituted for stone tools or ornaments. Although bronze materials circulated, their role in society must be low, due to the restriction of metallurgical technology and resources.

- **The 2nd type of interaction**

Refined bronze materials emerged during this interaction. Numerous bronze tools and ornaments are popular in this interaction. The social role of bronze materials increased; however, the higher metallurgical technologies in those days must be used mainly for refined materials, but not for practical use. Higher technologies and refined materials are restricted by social traditions or norms in their use.

- **The 3rd type of interaction**

Refined bronze materials as indicators for interactions practically go extinct. Instead, practical uses and functional differentiation of bronze for tools and weapons became highly developed. The higher technologies, which were restricted in the 2nd type of interaction, were released and applied to making practical tools and weapons.

Such a transformation indicates that the Bronze Age in the Eurasian Steppes experienced a long process for the releasing of bronze materials from technological and social restrictions.

In summary, this book has revealed that there are two large regions across the curved line of the Sayan and Altai Mountains, and the regions were different from each other in types of interactions, subsistence, and social complexities during the Bronze Age; this is the historical structure of the Bronze Age in the Eurasian Steppes.

Previous studies often concluded that the following bronze complexes suddenly and independently emerged in the Eastern Eurasian Steppes: the Seima-Turbino trans-cultural phenomenon, the diffusion of the “Karasuk”’ elements, and the diffusion of the Scytho-Siberian elements. These complexes contrasted with those from the Western Eurasian Steppes such as the EAMP. However, the influences from the Eastern Eurasian Steppes did not abruptly and accidently emerge; they were gradually formed under a complicated process in which the historical structure of the Sayan and Altai Mountains had been constructed. Moreover, various interactions across the Eurasian Steppes in the Bronze Age did not take place accidently. In this book, the author emphasized the fact that the type of interaction was gradually transformed. Thus, it can be concluded that interaction is something that develops and is as complicated as subsistence and society in the Bronze Age. The author hopes to further discuss new perspectives on the history of humans based on interaction in the future.

This work was supported by KAKENHI（Grant Number 10J1904, 13J05408, 17K13564, 17HP5110）and The Takanashi Foundation for Historical Science.

Эпоха бронзы в степях Евразии

Русская Аннотация

Предисловие

В данной книге объясняются исторические особенности степей Евразии эпохи бронзы (с II до начала I тысячелетия до н.э.), а большей частью восточной территории, посредством анализа бронзовых изделий. Благодаря этому установится значимость доисторического взаимодействия человеческой расы.

В предшествующих исследованиях, посвящённых эпохе бронзы в степях Евразии, были рассмотрены разного рода влияния, распространяющиеся с запада на восток, о чем свидетельствует распространение медно-бронзовой металлургии и колесниц. При этом были зафиксированы влияния, имевшие место в обратном направлении – с востока на запад. Последние включают в себя сейминско-турбинский транскультурный феномен (Черных, Кузьминых 1989) – распространение элементов «карасукской» или «киммерийской», а также «скифо-сибирской» культур (Тереножкин 1976, Такахама 1995, Боковенко 1995). Такие влияния восточных степей Евразии имеют большое историческое значение, учитывая их воздействие на другие части Евразии. Однако в настоящее время исторические процессы восточных степей Евразии не освещены. По этой причине одной из основных тем данной книги является изучение того, как происходили эти процессы и предпосылки в контексте значительного влияния восточных степей Евразии.

В Евразии эпоха бронзы была ярко выраженным, хотя и относительно коротким периодом. Со II до начала I тысячелетия до н.э. во многих районах Евразии всё еще была эпоха бронзы, в то время как некоторые из них уже находились в стадии перехода к железному веку. Синхронность Евразии привлекла серьёзное внимание, в связи с чем было определено два способа объяснения исторических процессов: в первом придается большое значение обобщению, а во втором подчёркивается историческая особенность каждого случая. В начале XX века распространение материалов или миграции на территории степей Евразии рассматривалась в рамках диффузионизма. С возникновением Новой археологии в 1960 гг. первый из двух способов стало преобладающим, и количество дискуссий на тему распространения и миграции на обширных территориях уменьшилось. Сегодня в различных аспектах предпринимаются попытки синтеза обоих направлений. Принимая во внимание сложившуюся ситуацию, в данной книге делается акцент на модель взаимодействия на основании бронзовых изделий. Модель взаимодействия, которая могла бы отразить связи групп в степях Евразии, демонстрирует значительную трансформацию в эпохе бронзы. Модель может быть универсальной, независимо от отдельных случаев взаимодействия, которые рассматриваются «историческим» способом объяснения.

Глава 1 Введение

В этой главе рассматриваются проблемы, обнаруженные в предшествующих работах, а также поясняются цели, методы и материалы этой книги. В предшествующих работах обсуждения фокусировались на трёх крупных темах, связанных с восточными степями Евразии. Данные темы были тщательно изучены, а именно применяемые теории и методы. Три области изучения включают в себя:

1) Сейминско-турбинский транскультурный феномен и «ранняя бронза (в Китае)» с начала до середины II тысячелетия до н.э.

2) «Карасукский период» в конце II тысячелетия до н.э.

3) «Ранние кочевые культуры (скифо-сибирские культуры)» в начале I тысячелетия до н.э.

Предшествующие работы выявили разного рода взаимодействия и влияния, включая распространение материалов и миграции в восточных степях Евразии. Однако большинство из них сфокусировано исключительно на источнике или направлении отдельно взятого влияния и объясняет каждый феномен независимо друг от друга. Как следствие – историческая значимость таких взаимодействий и влияний раскрывается не в полной мере.

Целью данной книги является объяснение предпосылок, вследствие которых на каждом этапе эпохи бронзы возникал процесс взаимодействий и влияний, а также какой это произвело вклад в развитие и трансформацию данной эпохи. В целях выполнения поставленной задачи, все взаимодействия на территории Евразийских степей эпохи бронзы должны быть классифицированы согласно общему критерию. Бронзовые изделия отвечают данному требованию ввиду своей широкой распространенности и диахронического существования. В предшествующих работах часто обнаруживалась связь между материальными культурами, основанная на схожести отдельных артефактов. На наш взгляд, это является основной причиной недостатка объективности в вопросе схожести и различия. Более того, нам следует выяснить не только наличие, но также степень, вид и суть разного рода сходств. Учитывая это, анализ в данной книге во всех аспектах (хронологическом, морфологическом и металлургическом) основан на типах как собрании атрибутики и «бронзовых комплексах» как собрании типов. Автор выявил два вида отличий между типами, включёнными в «бронзовые комплексы». Первым является отличие или спецификация, основанная на функциональности; например, ножи – для резки, кинжалы – для закалывания, боевые топоры – для нанесения удара и т. д. Второй основан на культурном или социальном аспекте, как например рафинированные изделия – для ритуалов и нерафинированная утварь – для каждодневного использования. Данные различия представались по-разному в каждом «бронзовом комплексе». Основываясь на этом, мы можем сформулировать гипотезу относительно моделей взаимодействия.

Ниже следует список важных пунктов, которые изложены в данной книге.

i Формирование «бронзовых комплексов» с их границами в соответствии с типологическим и металлургическим анализом, а также реконструкция взаимодействий между и внутри «бронзовых комплексов» (преимущественно с главы 2 по главу 5)

ii Разъяснение предпосылок каждого отдельно взятого взаимодействия и трансформации взаимодействий (преимущественно глава 6) iii Определение моделей, установленных среди взаимодействий эпохи бронзы (эпилог)

Глава 2 Сейминско-турбинский транскультурный феномен

Во II тысячелетии до н.э. в степях Евразии существовало два больших бронзовых комплекса, которые Е. Н. Черных назвал Металлургическими провинциями (Черных, Кузьминых 1989): Евразийская металлургическая провинция (ЕМП) и Сейминско-турбинский транскультурный феномен. Первая распространилась с западной территории Евразийских степей на восточную, в то время как вторая зародилась в Алтайском регионе и распространилась по всей лесостепной зоне (там же). В данной главе в первую очередь рассматривается «Алтайская модель» Е. Н. Черных (там же) путем анализа бронзовых изделий, в частности наконечников копий и кельтов. В результате чего центра распространения в Алтайском регионе не было найдено. Скорее, распространение морфологических и металлургических типов предполагает местное различие между двумя обширными территориями, разграниченными Уральскими горами. Помимо этого, автор выделил уникальные типологические трансформации, произошедшие у некоторых типов наконечников копий (типы Ba, Bb и Bc). С течением времени наконечники копий стали больше и тоньше, что представляется непрактичным с точки зрения их назначения в качестве оружия.

Во-вторых, автор анализирует контекст обнаружения бронзовых изделий в могильнике Ростовка в западной Сибири. В данном анализе изучается взаимосвязь контекста и типов с целью прояснения социальной роли бронзовых изделий. В качестве результата предлагается соотношение типов бронзовых изделий и вариаций контекстов. Наиболее сложные отлитые изделия, такие как наконечники копий и кельты (группа α), находились отдельно от тел и были расположены в своеобразном положении. Группа α противопоставлена группе β, включающей в себя сравнительно простые, находящиеся рядом с телами бронзовые изделия. Автор также отмечает, что количество бронзовых изделий в могильнике редко связано с размерами ямы для захоронения.

Глава 3 «Ранняя бронза» в Синьцзяне и регионе Великой Китайской стены

В данной главе, посредством анализа найденной «Ранней бронзы (в Китае)», объясняется, как с начала до середины II тысячелетия до н.э. в Синьцзяне и регионе Великой Китайской стены были приняты влияния, оказанные западными степями Евразии. Важно дать оценку распространению «Ранней бронзы» путём сравнения с другими бронзовыми комплексами, такими как ЕМП и Сейминско-турбинский транскультурный феномен. С этой целью, автор подчёркивает распространение бронзовых изделий, несмотря на то, что ими часто пользовались местные «культуры», установленные китайскими археологами на основании глиняной посуды и погребальных обычаев. В результате этого автор выявил три границы (граница 1, 2 и 3) влияния ЕМП и Сейминско-турбинского транскультурного феномена на Синьцзян и регион Великой Китайской стены. Целый комплекс бронзовых изделий ЕМП достиг западного региона границы 1 (северо-запад Синьцзяна). В регионе между границами 1 и 2 (восточный Синьцзян и коридор Хэси) были найдены лишь простые орудия и украшения ЕМП. Между тем, большая часть бронзовых изделий, найденных в восточном регионе границы 2 (Ордос, Хэбэй, Ляоси) представляют собой украшения. Граница 3 (юг Великой Китайской стены) можно обозначить, как территорию, где было установлено распространение наконечников копий (тип II), схожих с теми, которые относятся к Сейминско-турбинскому транскультурному феномену. Эти границы были определены в соответствии с анализом состава металла и контекста обнаружения бронзовых изделий. Это означает, что один общий бронзовый комплекс Синьцзяна и региона Великой Китайской стены не может быть признан.

Глава 4 Появление и развитие бронзовых комплексов карасукского периода

Проанализировав бронзовые изделия карасукского периода конца II тысячелетия до н.э., автор прояснил вопрос взаимоотношений между южной Сибирью (Минусинской котловиной) и Монголией. Существовало две разные, противоречащие друг другу теории по данному вопросу: согласно первой теории, карасукская бронза зародилась в южной Сибири и получила распространение в Монголии, во второй же теории Монголия рассматривается местом ее возникновения. В этой главе автор предпринял попытку разрешить данное противоречие, выделяя бронзовые комплексы в основном согласно типологии морфологической формы и методу литья бронзовых кинжалов, ножей и боевых топоров. В результате чего, автор доказал нижеследующий процесс развития бронзовых комплексов.

В середине II тысячелетия до н.э. Монгольский бронзовый комплекс и Ранний Карасукский бронзовый комплекс возник в Монголии и Минусинской котловине соответственно. Ранний Карасукский бронзовый комплекс зародился под мощным влиянием местной традиции Минусинской котловины, такой как окуневская культура. Монгольскому бронзовому комплексу присуще множество характерных элементов, несмотря на то что данный комплекс в некоторых аспектах подвергся влиянию ЕМП.

Приблизительно в XI веке до н.э. в Минусинской котловине под влиянием Монгольского бронзового комплекса Ранний Карасукский бронзовый комплекс трансформировался в Поздний Карасукский бронзовый комплекс. В то время предпочтительным методом литья все еще оставался метод Раннего Карасукского бронзового комплекса, были привнесены лишь морфологические формы Монгольского бронзового комплекса. Сразу после этого, Поздний карасукский бронзовый комплекс распространился по территории Евразийский степей – от Украины до региона Великой стены. Данная модель вышеупомянутых бронзовых комплексов построена согласно анализу других бронзовых изделий, состава металла и локальных исследований карасукской культуры в Минусинской котловине.

Глава 5 Возникновение ранних кочевых культур. Звериный стиль

Рассматривая бронзовые комплексы карасукского периода, автор объясняет процесс возникновения ранних кочевых культур (скифо-сибирские культуры). Появление ранних кочевых культур в начале I тысячелетия до н.э. многими учеными бралось за единицу периодизации Евразийских степей на основании различных сходств между культурами на всей территории степей Евразии. Однако на сегодняшний день граница между карасукским периодом и периодом ранних кочевых культур не проведена, так как некоторые элементы ранних кочевых культур были обнаружены в карасукском периоде.

В данной главе автор провел анализ кинжалов не только зародившегося периода ранних кочевых культур, но также последнего этапа карасукского периода. Результаты показывают, что начиная с карасукского периода вплоть до ранней кочевой культуры, кинжалы стабильно усовершенствовались в соответствии с той же традицией и методом литья, а также что кинжалы не обладали локальными характеристиками трёх регионов (Кавказ, Сибирь и Монголия соответственно) до начального периода ранних кочевых культур. Это означает, что, согласно тому же критерию (кинжал), уровень унифицированности в степях Евразии в данный период ниже, чем в карасукском периоде (поздний карасукский бронзовый комплекс), когда эти же типы кинжалов распространились по всей территории степей. Автор назвал сложившуюся локальную ситуацию позднего карасукского бронзового комплекса посткарасукским бронзовым комплексом.

Другим аспектом выступает скифо-сибирский звериный стиль, который стал показателем ранних кочевых культур, и звериные стили предшествующих бронзовых комплексов также были проанализированы. В результате чего, после периода позднего карасукского бронзового комплекса звериный стиль Монгольского бронзового комплекса (типы ①a) постепенно сменился скифо-сибирским звериным стилем (звериный стиль типов ②a, ②b). Кроме того, мы можем утверждать, что стандарты скифо-сибирского звериного стиля ниже (или не такие строгие), чем в Монгольском бронзовом комплексе и позднем карасукском бронзовом комплексе.

Глава 6 Дискуссия

В данной главе рассматриваются предпосылки возникновения и развития вышеупомянутых бронзовых комплексов, учитывая другие типы находок, такие как оленные камни, херексуры и плиточные могилы.

С начала до середины II тысячелетия до н.э., в определенный период времени Сейминско-турбинский транскультурный феномен распространился за счет двух крупных взаимодействий на территории, разграниченной Уральскими горами. Морфологические изменения бронзы с течением времени, а также археологический контекст могильника Ростовка свидетельствуют о вероятности того, что взаимодействия имели отношение к ритуалам погребения. Кроме того, незначительные сосредоточения бронзовых изделий, относящихся к определённым личностям и группам в могильнике Ростовка, указывают на то, что бронзовые изделия в обществе могли являться показателем происходящих на обширной территории взаимодействий или социальной унификации, нежели признаком высокого положения в обществе. Такие взаимодействия посредством изделий представляются хрупкими, так как они не продлились более сотен лет, а их высококачественная технология литья, такая как утерянный метод воскового литья, была утрачена.

В этот же период «Ранней бронзы (в Китае)» в восточном Синьцзяне и регионе Великой стены (восточная сторона границы 1) из ЕМП были заимствованы лишь простые орудия труда и украшения, отвечающие местным предпочтениям. В пределах трёх пространственных границ, которые мы проводим в восточном Синьцзяне и регионе Великой стены, не существовало бронзовых комплексов. «Ранняя бронза» в данных регионах отражает ситуацию на периферии, вокруг ЕМП. Данная ситуация сложилась почти что таким же образом, как и в период неолита в этом регионе (Миямото, 2000). И, наоборот, в основном к югу Великой стены (граница 3) мы можем наблюдать влияния Сейминско-турбинского транскультурного феномена. В этот период взаимодействия посредством материальных объектов, схожих с Сейминско-турбинскими, могли быть установлены в данном регионе. Это могло быть обусловлено развитием относительно комплексных в то время обществ в регионе Центральной Равнины. Можно сделать вывод, что «Ранняя бронза (в Китае)» является результатом перенятия бронзы или бронзовой металлургии ввиду предпочтений, зависящих от отдельно взятой локальной ситуации.

В конце II тысячелетия до н.э. появился Монгольский бронзовый комплекс с признаками влияния ЕМП. По сравнению с Поздним Карасукским бронзовым комплексом, Монгольский бронзовый комплекс имеет отличительную черту, которая наблюдается в рафинированных типах изделий. По-видимому, рафинированные типы в Монгольском бронзовом комплексе являются показателями взаимодействий, социальных связей и общности в рамках бронзового комплекса. В данном аспекте Монгольский бронзовый комплекс схож с Сейминско-турбинским транскультурным феноменом, хоть между ними нет ни генетических, ни традиционных связей. В тот же период в Монголии появились херексуры и оленные камни. В виду климатических изменений возникла устойчивая форма скотоводства, которая на протяжении нескольких поколений являлась причиной активного взаимодействия на всей обширной территории.

В это же время в Минусинской котловине под влиянием местной традиции образовался Ранний Карасукский бронзовый комплекс. Данный комплекс имеет особый метод литья, отличающийся от монгольского и западносибирского. Ввиду благоприятных условий для животноводства, способствующих росту населения и возникновению конфликтов, бронза данного комплекса имела в основном практическое назначение. Приблизительно в XI веке до н.э. данный комплекс трансформировался в Поздний Карасукский бронзовый комплекс, заимствовав при этом элементы Монгольского бронзового комплекса. Поздний Карасукский бронзовый комплекс характеризуется недостатком рафинированных типов изделий и разделением типов практического и военного назначения, что в корне отличается от Монгольского бронзового комплекса.

Поздний Карасукский бронзовый комплекс распространился в Монголии сразу же после своего возникновения. Это свидетельствует о том, что в самой Монголии взаимодействия посредством рафинированных бронзовых изделий Монгольского бронзового комплекса пошли на спад, а социальные условия стали схожи с условиями в Минусинской котловине. Данная трансформация в Монголии могла быть вызвана появлением кочевничества верхом на лошадях. Контакты и конфликты участились слишком быстро. По этой причине нельзя было обходиться рафинированными бронзовыми изделиями. Поэтому монголы предприняли попытку планирования других социальных стратегий, таких как появление могущественных вождей или воинов.

Элементы Позднего Карасукского бронзового комплекса дошли не только до региона Великой стены, но также до Украины через Уральские горы. Это указывает на то, что вышеописанная социальная трансформация развивалась на всей территории Евразийских степей. Поздний Карасукский бронзовый комплекс мог быть перенят повсеместно как результат социальной трансформации, независимо от локальных традиций или взаимодействий в определенной области. Вследствие этого элементы Позднего Карасукского бронзового комплекса распространились на обширной территории.

Посткарасукский бронзовый комплекс, возникший в IX веке до н.э., был похож на Поздний Карасукский бронзовый комплекс по значению и традиции, но постепенно стал приобретать локальные характеристики каждого региона. Данное объяснение значительно отличается от предшествующего, в котором отмечалось, что унификация произошла резко, с возникновением ранних кочевых культур. Распространение скифо-сибирского звериного стиля (звериный стиль типов ②a, ②b) на более обширной территории могло быть обусловлено менее строгими стандартами предшествующих звериных стилей (звериный стиль типов ①a, ①b). Так же, как и в случае с бронзовыми изделиями, под влиянием социальной трансформации, последовавшей после Позднего Карасукского бронзового комплекса, менее строгий звериный стиль мог быть перенят в различных регионах. Посткарасукский бронзовый комплекс является результатом постепенного проникновения и создания социальных преобразований после Позднего Карасукского бронзового комплекса в различных регионах.

Заключение: бронзовый век в степях Евразии

На основе результатов представленных глав выделены следующие фазы бронзового века. Фаза I продлилась с начала до середины II тысячелетия до н.э. и является периодом ЕМП, Сейминско-турбинского транскультурного феномена, а также «Ранней бронзой (в Китае)». Фаза II началась позднее II тысячелетия до н.э. и является периодом Монгольского бронзового комплекса в Монголии и периодом Ранного Карасукского бронзового комплекса в Минусинской котловине. В это время в западном регионе Алтайских гор продолжал своё существование ЕМП. Фаза III имела место между XI и X веком до н.э. и включала в себя возникновение и распространение Позднего Карасукского бронзового комплекса. Фаза IV возникла в IX веке до н.э. и является периодом Посткарасукского бронзового комплекса. Ниже представлено более подробное описание каждой фазы.

- **Фаза I в бронзовом веке**

В период «Ранней бронзы (в Китае)» испытывался недостаток бронзовых изделий, несмотря на то, что некоторые бронзовые изделия получили распространение в определенных регионах. Данное взаимодействие, притом не включающее рафинированные бронзовые изделия на обширной территории, считается первым типом взаимодействия.

Сейминско-турбинский транскультурный феномен развивался на фоне взаимодействий посредством непрактичных или рафинированных бронзовых изделий на определённой обширной территории с центром на Уральских горах. Это можно обозначить вторым типом взаимодействия. Данная форма взаимодействия была неустойчива и могла угаснуть, так как зависела от особых изделий.

Таким образом, можно выделить два крупных региона, разграниченных изогнутой грядой Саянских и Алтайских гор во II тысячелетии до н.э. : внешний (западный) регион гряды, включающий в себя Минусинскую котловину и западную Сибирь, характеризующийся первым типом взаимодействия и внутренний (восточный) регион гряды, характеризующейся вторым типом взаимодействия на территории Монголии. В бронзовом веке связи этих двух регионов играли важную роль.

- **Фаза II в бронзовом веке**

Монгольский бронзовый комплекс характеризуется взаимодействием посредством рафинированных бронзовых изделий. Так же, как и Сейминско-турбинский транскультурный феномен, данные взаимодействия могут быть отнесены ко второму типу.

Взаимодействия второго типа возникли внутри территории, находящейся к югу от изогнутой гряды Саянских и Алтайских гор, известной также под названием Монгольское плато высотой свыше 1000 метров.

Сложно определить тип взаимодействия, осуществляемого в Раннем Карасукском бронзовом комплексе.

- **Фаза III в бронзовом веке**

В XI веке до н.э. в Минусинской котловине образовался Поздний Карасукский бронзовый комплекс. Данная трансформация произошла по причине того, что некоторые элементы Монгольского бронзового комплекса были переняты в Минусинской котловине для практического использования. Взаимодействие в Позднем Карасукском бронзовом комплексе, в котором распространялись изделия практического и военного назначения без рафинированной бронзы, может быть названо третьим типом (подтипом a) взаимодействия. Данный тип взаимодействия развернулся на территории Евразийских степей в качестве Позднего Карасукского бронзового комплекса. Возникновение кочевничества и верховой езды представляется крайне важной предпосылкой данной трансформации второго типа в третий в Монголии.

- **Фаза IV в бронзовом веке**

Посткарасукский бронзовый комплекс является усовершенствованной и локализованной формой Позднего Карасукского бронзового комплекса. Оба комплекса имеют схожие типы взаимодействия, однако первый более локализован (третий тип [подтип b]).

Ниже представлено социальное назначение бронзовых изделий в каждых типах взаимодействий.

- **Первый тип взаимодействия**

Простые бронзовые изделия применяются вместо каменных орудий или украшений. Несмотря на то, что бронзовые изделия находятся в обиходе, должно быть, их социальная роль низкая, ввиду ограниченности металлургической технологии и ресурсов.

- **Второй тип взаимодействия**

Рафинированные бронзовые изделия появились в данном типе взаимодействия, когда стали широко распространены многочисленные бронзовые орудия и украшения. Выросла социальная роль бронзовых изделий. Однако в то время высокие металлургические технологии, вероятно, использовались преимущественно для рафинированных изделий, а не с практической целью. Высокие технологии и рафинированные изделия были ограничены социальными традициями или нормами их применения.

- **Третий тип взаимодействия**

Рафинированные бронзовые изделия, как показатели взаимодействия, начали уходить из практики. Вместо этого, высокоразвитыми стали практические применения и функциональное разделение бронзы для орудий и оружия. Для создания практичных орудий и оружия были допущены и применены высокие технологии, ограниченные во втором типе взаимодействия.

Данная трансформация указывает на то, что бронзовый век в степях Евразии прошел длительный процесс снятия бронзовых изделий с технологических и социальных ограничений.

В кратком изложении содержания данной книги рассказывается о существовании двух крупных регионов, разграниченных изогнутой грядой Саянских и Алтайских гор, а также о том, что эти два региона отличались друг от друга по типу взаимодействия, хозяйствованию и социальным сложностям в период бронзового века. А именно представлена историческая структура бронзового века в Евразийских степях.

В предшествующих работах часто делался вывод о том, что в восточных степях Евразии данные бронзовые комплексы возникали внезапно и самостоятельно: Сейминско-турбинский транскультурный феномен, распространение «карасукских» элементов, распространение скифо-сибирских элементов. Эти комплексы были контрастны тем, которые существовали в западных степях Евразии, таких как ЕМП. Однако влияние восточных степей Евразии возникло не резко и не внезапно. Оно происходило постепенно, в рамках сложного процесса, при котором формировалась историческая структура Саянских и Алтайских гор. К тому же различного рода влияния на территории Евразийских степей бронзового века происходили не случайно. В данной книге автор подчёркивает тот факт, что тип взаимодействия плавно трансформировался. Таким образом, можно прийти к заключению о том, что взаимодействие – это нечто, что развивается и является не менее сложным, чем хозяйствование и формирование общества бронзового века. Автор надеется на последующие обсуждения новых взглядов на историю человечества, которая в будущем будет основываться на взаимодействии.

Эта книга создана при поддержке Японского общества по развитию науки КАКЕНХИ 10J01904, 13J05408, 17K13564, а также исторического научного фонда Таканаши. Издание книги осуществлено благодаря Японскому обществу по развитию науки КАКЕНХИ 17HP5110.

欧亚草原地带的青铜器时代

要　旨

序　章

本书主要是对欧亚草原地带东部地区公元前两千纪到公元前一千纪初期这一青铜时代进行研究，通过研究所见史前时代区域之间的交流关系，并解析交流关系所反映的深层含义的论著。

这一时期以冶金技术和战车为代表的由欧亚草原地带西部到东部这一传播现象很早就有所论述，同时与之相对的以欧亚草原东部为中心的由东向西的传播过程也是存在的。由东向西的传播过程在塞伊玛—图尔宾诺青铜器群、稍早于〝初期游牧文化〞的辛梅里安（Cimmerians）文化、卡拉苏克（Karasuk）文化等的器物扩散过程中可见一斑（Тереножкин 1976、高濱 1995、Bokovenko 1995），并且〝初期游牧文化〞的诸要素也孕育其中。由此可见，以欧亚草原地带东部为起点的文化传播现象是存在的，所以东部对欧亚草原的其他地域的具体影响就成为一个重要的课题。但是，关于草原地带东部的历史发展过程尚未明晰。在什么样的背景下、经历了怎样的过程、以及在欧亚草原地带由东向西这一传播浪潮是如何产生的等问题的解析也是本书的研究目标之一。

本书所涉及的年代是公元前两千纪到公元前一千纪初期，这一时期欧亚的很多地区已进入青铜时代，并且一些地区已进入到由青铜时代到铁器时代的转化阶段。如此，通过对欧亚各地发生变化的阶段进行分析来考察欧亚各地之间相互联系，是当前欧亚草原地带研究的主要关注点。关于文化变化的解释方式在研究史上大致可分为两种，一种是探索文化变化的一般性规律，另一种是重视对文化变化中单个历史事件的解析。二十世纪前半阶段，对于欧亚这一广阔区域的文化变化以文化传播或人口流动来解释的方式就属于后一种—传播论的范畴。1960 年代之后，随着新考古学（New Archaeology）的出现，解释方式又转向了前一种、即偏重于探索文化变化的一般性规律。随着对广阔区域内文化传播研究的减少，再加上对以往解释方式的反思，发现两者结合是可行的方法。在这一认识下，本书主要关注青铜器的交流方式以及这一方式的变化。交流关系及其背后的社会集团间的联系是青铜时代非常重要的文化因素。因此对这方面的研究就不仅仅属于个案，其中很可能包含一般性的文化规律。

第 1 章　课题及本书的目的、方法

本章主要是介绍通过研究史的梳理所发现的课题、以及本研究的目的和方法。通过对以往研究的认识归纳总结出以下三个主题，每个主题都是从方法论的角度详细分析总结而成的。

（1）公元前两千纪前半期塞伊玛—图尔宾诺青铜器群和中国早期青铜器的有关研究

（2）公元前两千纪后半期卡拉苏克文化的有关研究

（3）公元前一千纪初期即〝初期游牧文化〞成立的有关研究

通过以往的研究可以看出，以欧亚草原地带东部为起源地的多种文化现象被发现。但是，以往的

研究多是通过物质文化的研究得出其为多种文化现象的起源地，属于倾向性比较明显的研究，可以说是对复杂的文化现象的某一方面所进行的个别研究尝试而已。因此，各种物质文化间相互影响、交流的方式和意义并未明晰。本书主要分析以欧亚草原地带东部为起源地的物质文化在各个时期是如何产生的，以及这些物质文化是如何对青铜器时代的发展、变化产生有意的推动作用。因此，研究对象和文化背景的分布区域要有统一的划分标准，以便于更好地把握各物质文化间的相互关系。符合以上研究需要并且在整个时代和区域内，连续存在的有且仅有青铜器。

一直以来，往往以个别器物间的相似性为依据来讨论文化间的交流情况，但是对于类似性的认识缺少客观性的分类标准。因此所谓的类似性就不单是有无的问题，相似点和相似程度也是不可回避的问题。针对以上问题，本书在对器物各种属性进行综合分析的基础上整合出型式、对型式进行综合分析的基础上整合出样式。以样式为基础的型式群又可以与其使用功能相对应，如依据功能差异可划分为切割的刀、刺穿的剑、打击的斧、以及礼仪式时用的容器或日常生活用器等不同型式群，这一划分又可能与社会或文化的某一方面相对应。正是因为与使用或文化功能相对应的划分方式，才可以对各个样式的器物进行综合研究，并以此为基础尝试着提炼出各种交流方式的模型。本书大体的写作过程如下所示。

i ：通过研究抽出各种青铜器文化圈，在明晰文化圈界限的基础上分析圈内外之间的交流关系（第2章-第5章）

ii ：对 i 中抽出的文化圈的内容、及圈内外之间的交流关系和变化背景进行考察（第6章）

iii ：对青铜时代的交流方式进行类型化总结（终章）

第2章　塞伊玛—图尔宾诺青铜器群的检讨

公元前两千纪前半期的欧亚草原地带大致可划分为EAMP（欧亚冶金圈—Eurasian metallurgical province）和塞伊玛—图尔宾诺青铜器群（Seima-Turbino phenomenon）两个文化系统，EAMP从欧亚草原地带的西部向东部传播，起源于阿尔泰地区的塞伊玛—图尔宾诺青铜器群向西传播（Черных, Кузьминых1989）。本章主要对后者从阿尔泰地区向外传播的模式，通过矛、有銎斧的型式分类、金属成分、分布等分析来重新研究。结果是从塞伊玛—图尔宾诺青铜器群的型式和金属成分来看，阿尔泰地区做为中心地这一说法并不成立，反而是乌拉尔山脉的东西两侧存在型式不同的青铜器。此外，关于矛的研究可以看出，其中的部分类型（Ba、Bb、Bc类）在器形上呈现出逐渐细长化的变化过程。

在罗斯特夫卡（Rostovka）墓地，青铜器的随葬与墓地的构成有明显的关系。特别是矛、有銎斧、及器形复杂的青铜器（β群）所随葬的墓葬均被集中埋葬在一起。由此可见这些埋葬者间较密切的关系，与器形简单或装饰品的青铜器（α群）所随葬的墓葬形成鲜明对比。此外，随葬青铜器的数量或有无与墓葬面积间的相关性也非常明显。

第3章　新疆、长城地带的初期青铜器和欧亚草原地带的青铜器文化

通过对公元前两千纪前半期新疆和长城地带（中国）初期青铜器的研究，发现了青铜器从草原地带西部向东部的传播过程。对于初期青铜器分布的研究，是为了与前面所述的EAMP和塞伊玛—图尔宾诺青铜器群的分布进行比较研究，因此与中国的考古学文化这一概念无关，仅仅是为了把握青铜器的变化现象。

与青铜器由西向东的传播相关联的新疆和长城地带可划分为三个区域。关于与EAMP相类似的青铜器，EAMP的青铜器成组（complex）出现在新疆西北部，EAMP的青铜工具和装饰品出现在新疆

东部到甘肃，同时在鄂尔多斯（Ordos）以东装饰品所占比例又较高，据此可以划出分界线 1、2。此外，关于与塞伊玛—图尔宾诺青铜器群相类似的矛的分布，又可在长城地带以南区域划出分界线 3。以上三条分界线是依据青铜器的型式、发现状况、金属成分来划分的，并且跨越分界线的共通的要素并未发现。

第 4 章　卡拉苏克期青铜器样式的展开

卡拉苏克期（公元前两千纪后半期），关于南西伯利亚（Minusinsk basin）和蒙古利亚关系的研究，通过青铜器研究史可以看出是比较盛行的。关于卡拉苏克期青铜器的起源有从南西伯利亚到蒙古利亚传播或传播方向与之相反的两种说法。本章对剑、刀、有銎斗斧的制作技术和型式论的角度进行分析研究，由此解决两种传播方向的矛盾说法。通过样式变迁得出如下结果。

公元前两千纪中叶，在米努辛斯克盆地（Minusinsk basin）和蒙古利亚，分别存在着前期卡拉苏克和蒙古利亚青铜器两种不同的青铜器样式。前期卡拉苏克青铜器（样式）很可能是起源于米努辛斯克盆地本地的奥库涅夫文化（Okunev Culture）。蒙古利亚青铜器（样式）是在 EAMP（Eurasian Metallurgical Province）影响下产生的独立性较高的青铜器文化。公元前两千纪末叶，前期卡拉苏克青铜器（样式）在吸收蒙古利亚青铜器（样式）要素的基础上，发展为后期卡拉苏克青铜器（样式）。在形态上可以看出，后期卡拉苏克青铜器（样式）受到蒙古利亚青铜器（样式）的影响，但是制作技术上仍旧延续前期卡拉苏克（样式）的传统。并且，后期卡拉苏克青铜器（样式）东部到达蒙古利亚、西部由西西伯利亚扩散到乌克兰地区，所以在公元前 11 世纪左右草原地带的大部分地区形成了统一的青铜器（样式）圈。此外，在米努辛斯克盆地通过对卡拉苏克文化青铜器的种类和金属成分分析，所得的认识与前面所述青铜器（样式）间的关系并无矛盾。

第 5 章　初期游牧文化出现和动物纹

关于初期游牧文化（the Early Nomadic Cultures）出现期的面貌，可以通过与早于它的卡拉苏克文化相对比来说明。于公元前一千纪初出现的初期游牧文化，做为欧亚草原地带的时代划分已被广泛应用。由于在卡拉苏克期即可看出初期游牧文化的诸要素，所以初期游牧文化与卡拉苏克期的分界线并不十分明显。

本章以第 4 章的分析研究为基础，对初期游牧文化时期的铜剑进行类型学研究。结果发现初期游牧文化的剑与稍早时期（后期卡拉苏克青铜器样式的时期）的铜剑均具有谱系上的关系，并可划分出以高加索为中心的地域、以南　西西伯利亚为中心的地域和蒙古利亚，三个具有地域性特征的区域。也就是说在同一标准下，初期游牧文化的青铜器与前一阶段相比统一性降低。由此可以划分出后期卡拉苏克这一具有地域性特征的青铜器群，此处将其命名为后卡拉苏克（post Karasuk）青铜器（样式）。

此外，做为初期游牧文化要素而备受关注的斯基泰系动物纹、及之前的动物纹也一并分析。结果是蒙古利亚青铜器（样式）中，做为主体纹饰的动物纹（动物纹①a 类）在后期卡拉苏克青铜器（样式）之后，即后卡拉苏克（post Karasuk）青铜器（样式）演变为动物纹②a、②b 类，即斯基泰系动物纹。并且动物纹②a、②b 类与蒙古利亚或后期卡拉苏克青铜器（样式）相比纹饰技法统一性降低，这正与前面提到的地域性特征相呼应。

第 6 章　考　　察

本章以第 2 - 5 章的分析结果为基础，同时结合鹿石、Khereksur（一种石造遗构）、石板墓等的研究动态进行综合考察。

公元前两千纪前半期，从塞伊玛—图尔宾诺青铜器群的矛或有銎斧（青铜器β群）的分布来看，以阿尔泰为中心的展开过程并不成立，而是以乌拉尔山脉为中心一定时期内并存于东、西的两个系统间的交流。通过罗斯特夫卡（Rostovka）墓地的青铜器可以看出，前面所谓的交流很可能是以埋葬礼仪中所用的非实用青铜器为代表的。此外，墓地中随葬的青铜器并非仅仅属于特定的个人或集团，由此可见青铜器或埋葬行为并不是社会出现阶层化的表现，很可能是更大范围内社会集团间相互联合的纽带。因此，以物质或礼仪为媒介的交流关系也是非常脆弱的，与之同期的冶金技术也未能长时间地延续发展。

同时期新疆东部和长城地带（第 3 章分界线 1 以东）的初期青铜器（中国），明显受到 EAMP 的青铜工具和装饰品的影响。新疆、长城地带并未发现跨越三个分界线而存在的共同要素，应属于 EAMP 周边地区的一种文化现象。这种情况很可能是本地区新石器时代既有的交流现象（宫本一夫 2000）的延续，中国初期青铜器的情况与新疆西北部和南西伯利亚地区明显不同。此外，长城地带南侧（分界线 3 以南）可以明显看到塞伊玛--图尔宾诺青铜器群的影响。与长城地带相异，这一地区所见的塞伊玛—图尔宾诺青铜器群，可能代表既成的以物质为媒介的一种交流关系。这种交流关系是社会复杂化程度更高的中原地区施以影响的背景下产生的。如此，在初期青铜器时期各个地区间青铜器文化交流方式的异同正是经过反复实践而最终形成的。

公元前两千纪后半期，在 EAMP 的影响下蒙古利亚青铜器（样式）出现了。蒙古利亚青铜器（样式）以精制品的出现为主要特征。这些精制品青铜器在样式上的共通性，或其背后所隐含的某种社会纽带关系正是本研究的关注点之一。在这一点上蒙古利亚青铜器（样式）与塞伊玛—图尔宾诺青铜器群相类似。蒙古利亚青铜器（样式）出现的同时 Khereksur（一种石造遗构）和鹿石也同步产生（公元前两千纪中叶），这一时期的蒙古利亚在气候变化的条件下出现了稳定的畜牧生活，并且在代际间形成了频繁而广泛的交流。

同时期的米努辛斯克盆地在本地传统下产生了后期卡拉苏克青铜器（样式），关于青铜器的制作技术既不同于蒙古利亚也相异于西西伯利亚平原，而是具有本地的独特性。做为适合畜牧生活的米努辛斯克盆地人口密度逐渐增加，在战争背景下实用性较强的青铜器发展起来。后期卡拉苏克青铜器（样式）正是在汲取了蒙古利亚青铜器（样式）的各要素、同时又提高了自身的实用性这一基础之上产生了后期卡拉苏克青铜器（样式）（公元前 11 世纪左右）。在后期卡拉苏克青铜器（样式）中，未见精制品这一点上与蒙古利亚青铜器（样式）明显不同，反因强调实用性而导致了功能区分明显这一特征。

后期卡拉苏克青铜器（样式）出现后，迅速向蒙古利亚扩散。因此，蒙古利亚以精制品为媒介的社会纽带瓦解了，反而与产生后期卡拉苏克青铜器（样式）的米努辛斯克盆地的社会状况比较相近。本书认为正是由于蒙古利亚发生了这样的变化骑马游牧才出现了。与骑马游牧相伴生的广泛的社会集团间的接触和摩擦，是以往的蒙古利亚青铜器（样式）以物质为媒介形成的社会纽带关系所不能解决的，正值此时在蒙古利亚出现了以战士或领导为中心的社会组织形式的战略。

后期卡拉苏克青铜器（样式）的诸要素，不仅出现在南西伯利亚和蒙古利亚，并且越过了乌拉尔山脉到达了乌克兰地区。因此，以上的社会变化不仅发生在蒙古利亚，应是欧亚草原地带广大范围内的一种联动效应。所以说后期卡拉苏克青铜器（样式）并非某些地区间交流的结果，而是在各个地区社会变化的联动效应的影响下，应运而生的青铜器。由此可见，后期卡拉苏克青铜器的分布非常广泛。

公元前 9 世纪左右出现的后（Post）卡拉苏克青铜器（样式），尽管在样式上与后期卡拉苏克青铜器（样式）相似，但是地域性特征明显这一点又不同于后者。关于地域性明显这一点，与以往认为由于初期游牧文化的开始而形成了相似性较高的草原地带文化的认识明显不同。分布广泛的斯基泰系动物纹（动物纹②a、②b 类）与蒙古利亚青铜器（样式）的动物纹（动物纹① a 类）相比，纹饰的规范化程度降低。与青铜器相同，规范度较低的动物纹很可能是后期卡拉苏克青铜器（样式）所发生的变化，经过慢慢的侵染、沉淀而形成的。也就是说，后卡拉苏克青铜器（样式）是后期卡拉苏克青铜器（样式）所发生的变化经过慢慢的侵染后沉淀而成的结果。

终　章　欧亚草原地带的青铜时代

通过前面的研究可将青铜时代划分为以下几个时期。

青铜时代 I 期：公元前两千纪前半期，EAMP 和塞伊玛—图尔宾诺青铜器群的影响下初期青铜器（中国）分布于新疆和长城地带。

青铜时代 II 期：公元前两千纪后半期，在米努辛斯克盆地是前期卡拉苏克青铜器（样式）、蒙古利亚是蒙古利亚青铜器（样式），在以上地区以西仍是 EAMP。

青铜时代 III 期：公元前 11 - 10 世纪是后期卡拉苏克青铜器（样式）产生、发展阶段。

青铜时代 IV 期：公元前 9 世纪是后卡拉苏克青铜器（样式）的阶段。

青铜时代 I 期

（中国）初期青铜器时代尽管存在青铜器但样式并不完整。以青铜器为媒介所形成的广大范围内，诸社会集团间的交流方式此处命名为第 1 方式。

以乌拉尔山脉为中心的塞伊玛—图尔宾诺青铜器群中，非实用青铜器做为共有器类，在全区的一定期间内普遍存在。如此，以精制品青铜器为媒介所形成的广大范围内，诸社会集团间的交流方式此处命名为第 2 方式。以第 2 方式形成的联合体诸社会集团间的关系比较脆弱，常有解体的危机。

如此这般，这一时期的欧亚草原地带以萨彦岭和阿尔泰山脉为界可分为内、外两侧，内侧是蒙古利亚（新疆东部、长城地带）交流为第 1 方式，外侧是米努辛斯克盆地、新疆西北部及以西地区交流为第 2 方式。正是由于交流方式的复杂化，所以形成了大范围的地域性特征。因此，以这一山脉为界形成的交流方式相异的地域间关系，在整个青铜时代都具有非常重要的作用。

青铜时代 II 期

蒙古利亚青铜器（样式）是以精制品为媒介的交流关系，即第 2 方式。交流为第 2 方式的蒙古利亚青铜器（样式），分布在萨彦岭　阿尔泰山脉的内侧海拔 1000 米以上的蒙古高原地区。此外，前期卡拉苏克青铜器（样式）（米努辛斯克盆地）的交流方式不明。

青铜时代 III 期

在公元前两千纪末叶的米努辛斯克盆地，后期卡拉苏克青铜器（样式）出现了。这是米努辛斯克盆地的诸社会集团，在强调青铜器实用性的要求下，同时又汲取蒙古利亚青铜器（样式）而形成的。这种以成组实用性青铜器普及化的交流方式，此处命名为第 3 方式（第 1 型）。在后期卡拉苏克青铜器（样式）时期，第 3 方式的交流关系扩散到整个欧亚草原地带。在蒙古利亚，正是由于骑马游牧的出现，交流关系由第 2 方式变化为第 3 方式。

青铜时代 IV 期

后卡拉苏克青铜器（样式）可以理解为，后期卡拉苏克青铜器（样式）加上地域性特征两者的结合体。由此，交流关系与第 3 方式（第 1 型）基本相近，但因其具有明显的地域性特征，此处命名为第 3 方式（第 2 型）。

现将做为青铜器时代社会位置变化指标的交流方式总结如下。

交流关系第 1 方式

青铜器做为替代石器的工具或装饰品而被应用。青铜器的流通尽管存在，但是由于受技术、资源等方面的限制，因此所起的社会功能也很有限。

交流关系第 2 方式

精制青铜器出现了，同时青铜工具和装饰品也较多，所以说青铜器在社会中所占比例明显提高。但是，复杂的技术主要用来制作生产非实用的精制青铜器，对实用器的发展非常不利。复杂的技术和精制青铜器受到某些社会传统的束缚，可以想见对于精制青铜器的制作或使用是相当规范严格的。

交流关系第 3 方式

精制青铜器明显变少，取而代之的是偏重于实用功能的青铜工具和武器。这就使第 2 方式中被社会传统制约的技术得以解放，在实用性青铜器生产中广泛应用。

以上 3 种交流关系的总结是本书的重要部分之一，通过总结可以看出欧亚草原地带的青铜时代是一个漫长的过程。在这一过程中，青铜器本身从制作技术和社会束缚中解放出来，发展为实用性较强的青铜工具和武器。

以下是本书的结论。公元前两千纪到一千纪初期，以萨彦岭和阿尔泰山脉为界划分的具有地域性特征的两大区域、及其两者之间的关系，是欧亚草原地带历史构造中的重要一环。

以山为界的交流方式、生业形态、社会复杂化程度相异的两个区域，通过相互交流实现了社会的动态发展。

一直以来，对于塞伊玛—图尔宾诺青铜器群、卡拉苏克器物、初期游牧文化的扩散往往被解释为西来的影响，反而将草原地带东部的青铜文化解释为突然出现、或单独的扩散现象。但是，欧亚草原地带〝东来的影响〞也并非突发事件。西来的影响同时，在萨彦岭、阿尔泰山脉的相隔下形成的独特历史构造，在复杂的发展过程中，以阶段性的特征产生了向西流传的文化现象。并且在各种动态的交流关系中也不大可能出现偶发事件。正如本书已经言明的，交流方式随着地域构造的发展呈现出阶段性的变化。此处的交流关系正是在青铜时代漫长的发展过程中，与生业形态和社会发展同步而逐渐复杂化的。考察交流关系的变化也是探讨人类史发展的有效方法，今后仍需再接再厉。

本文为 JSPS 科研費（10J01904，13J05408，17K13564，17HP5110）和高梨学术奖励基金的成果。

あとがき

本書のテーマのひとつは交流です。

かつての私にとって，交流という解釈は，例えば社会組織や精神のような社会文化の他の側面に関するものよりも，物質文化から見出されやすく，わかりやすいような印象を与えたものでした。例えば，ある遺跡から明確な外来製品がみつかれば，それは対外交流やつながりを示しているものとして納得されやすい気がしたのです。なかでも興味深かったのは，シルクロードや西域を中心とした探検記でした。スウェン・ヘディンが川を下りながら次々と遺跡を発見していく様子や，岡崎敬先生がNHK取材班とともに訪れた黒水城で，手つかずの仏塔から磚仏がこぼれている写真は，現地への想像をかき立てるのに十分でした。しかしながら，こうした古い時代の遺物や出来事が，自己とまったく無関係であると考えたのであれば，そこから関心が広がることはなかったと思うのです。

本書で取り扱った青銅器の一部からは，遼寧式銅剣，細形銅剣が生まれ，その影響は日本にまで及んでいます。日本の基層文化の形成において，草原地帯や西域が無関係ではありえないことを最初に学んだのは宮本一夫先生の講義でした。また，草原地帯を通じて，ヨーロッパと中国を実際に結べる可能性を知ったのは，川又正智先生，髙濱秀先生の著書や論文を通じてでした。世界のすべての地域を直接の研究対象とすることはできませんが，世界史あるいは自己の憧れた地域の研究に，自己に近いところにある日本の文化，ひいては自己が入り込む余地があるということに，そこで気付いたのです。交友関係を含め相当に狭い範囲で生きている自己を，ずっと遠い国々にまで拡大するようなところに魅力があったので，これを専門と決めたのでした。同時に，九州大学では考古学の方法論に加え，解釈において使われる諸理論の基礎を学ぶ機会を得ました。そして，国際・学際的に対話，共有しうる研究を目指すように，どこの地域を研究対象としても，人類，そして自己の形成史とは無縁でないということを教わりました。こうして学ぶうちに，交流に関わる研究には，単につながりを示す以上の何かがあるべきなのではないかと考えるようになりました。

本書もまた，たくさんの方々との交流の中で生まれたものです。

本書のもととなった博士論文においては，世話人教員の宮本一夫先生をはじめ，田中良之先生，岩永省三先生，溝口孝司先生，辻田淳一郎先生から審査を賜りました。中橋孝博先生，佐藤廉也先生，石川健先生にも演習を通じて丁寧なご指導をいただきました。心より御礼申し上げます。岩永先生にはPDの受入教員としても大変お世話になりました。改めて感謝し申し上げます。

日頃よりお世話になっている九州大学考古学研究室の諸氏にも感謝いたします。特に私が学部生の頃には，今村佳子さん，濱名弘二さん，陳洪さん，田尻義了さん，佐野和美さん，徳留大輔さん，岡崎健治さん，邱鴻霖さん，李作婷さん，澤野敬さん，村野正景さん，上條信彦さん，丹羽崇史さん，竹内康介さん，古澤義久さん，上原利恵さんら，中国に関わる研究をされていた錚々たる先輩方がおられ，私にとってどれほどの刺激となったか分かりません。また，日本中国考古学会等を通じていろいろと励ましの言葉をいただいた皆様にも御礼を申し上げます。

川又正智先生，髙濱秀先生，林俊雄先生，雪嶋宏一先生，畠山禎さんをはじめとする，草原考古研究会の諸先生，諸氏には，多く出席しなかった私に温かいアドヴァイスや機会を与えていただき，感謝いたします。特に，私が初めてアバカンを訪問するにあたっては，畠山さんが，アバカン博物館のイーゴリー・タシュタンディノフさんに紹介の手紙をわざわざ書いてくださいました。畠山さんやイーゴリーさん，そしてミヌシンスク博物館で出会ったオリガ・コバレバさんの労がなければ，博論そして本書もなかったに違いありません。

2008年から2010年の中国（北京大学考古文博学院）留学においては，見ず知らずの私を受け入れてくださった，林梅村先生に感謝いたします。ご自宅にまで招いていただき，マルコ・ポーロのお話をしてくださった日のことは鮮明に覚えています。また，北京大学の李水城先生，発掘調査でお世話になった四川省文物考古研究院，四川大学の先生方，そして当時北京大学や中国社会科学院に留学されていた諸氏にも御礼申し上げます。研究生活の中でははじめて福岡から出て，研究やその理想について様々なことを教えていただきました。

2015年のハカス共和国のアバカン（ハカス言語文学歴史研究所）滞在においては，バレンチーナ・トグジェコバ所長をはじめ，ボリス・アムザラコフさん，アレクサンドル・パセリャーニンさん，ユーリ・エスィンさん，オリガ・コバレバさん，ピョートル・アムザラコフさん，ダイアナ・グラドコワさん，リリア・トルギネコバさんにお世話になりました。本書で重要な位置を占めるミヌシンスク盆地に位置する，アバカンは緑豊かな，秩序保たれた美しい街です。何より，様々な顔立ちの人々が調和して暮らしています。この街で温かい人々に囲まれながら過ごした日々は忘れることができません。また，ハカスでお会いし，その後研究メンバーに加えていただいた愛媛大学の村上恭通先生にも御礼申し上げます。

資料調査，写真掲載にあたっては，以下の諸氏，諸機関にお世話になりました。厚く御礼申し上げます（五十音順，敬称略）。

イーゴリー・タシュタンディノフ，市元塁，大貫静夫，太田三喜，オリガ・コバレバ，角道亮介，菊地大樹，サッシャ・プリエール，ジェシカ・ローソン，竹浪遠，田中裕子，谷豊信，塔拉，陳永志，ツェンド・アムガランツグス，ニコライ・レオンチェフ，畠山禎，東村純子，楊澤蒙，横山操，ロチン・イシツェレン

アバカン博物館，ウムヌゴビ博物館，京都大学総合博物館，黒川古文化研究所，大英博物館，天理大学附属天理参考館，東京国立博物館，東京大学考古学研究室，ドンドゴビ博物館，内蒙古鄂爾多斯博物館，内蒙古文物考古研究所，ハカス言語文学歴史研究所，ミヌシンスク博物館，モンゴル科学アカデミー考古学研究所，横浜ユーラシア文化館

本書における研究を進めるにあたっては，特別研究員奨励費（10J01904，13J05408），科学研究費補助金（若手研究(B)・17K13564），高梨学術奨励基金（平成28，29年度）による研究

助成を，刊行にあたっては，独立行政法人日本学術振興会平成29年度科学研究費助成事業（科学研究費補助金）（研究成果公開促進費・JP17HP5110）の交付を受けました。関係各位に厚く御礼申し上げます。九州大学出版会の尾石理恵さんには，いろいろと無理を申し上げましたが，本書の編集について最後まで面倒をみていただきました。はじめての著書として，私が当初思っていた以上に仕上がったのは，尾石さんの功というほかありません。本書の中文訳は九州大学大学院人文科学府の富宝財さんにお願いしました。ロシア語訳は，ハカスのダイアナさんにお願いし，リリアさんの手を煩わせました。富さんはご自身の博士論文執筆中に，ダイアナさんもリリアさんも業務多忙のなか，何度もメールを送り付け，大変申し訳なく思うとともに，心より感謝しております。最後に，私の研究について惜しみない支援を与えてくれた家族，親戚，知人にもお礼の言葉を述べたいと思います。

こうした交流が育っていくことを願って。

2017年11月11日

まばゆいほどに白い，モンゴル・エルデネトにて

松本圭太

索　引

・太字の項目は，数量的な都合により，概略的または重要な記載のあるページのみ記した。
・概略的または重要な記載がある場合は，該当ページを太字にした。
・項目が図表（附表を除く）のみに現れる場合は，該当ページを斜字にした。
・基本的に見出し項目のあるページを示すが，内容的に合致するものも一部含めた。
・地名の大部分は割愛した。

ナ行

著者紹介

松本圭太（まつもと　けいた）

1983 年　大阪府和泉市生まれ
2006 年　九州大学文学部人文学科卒業
2008 年　九州大学大学院比較社会文化学府修士課程修了
2013 年　同 博士課程修了, 博士（比較社会文化）（九州大学）
日本学術振興会特別研究員（PD), 九州大学大学院人文科学研究院助教を経て,
現在, 同 専門研究員。

主要著作等

「カラスク式短剣の成立と展開」『古代文化』第 61 巻第 1 号, 古代學協會, 2009 年
「ユーラシア草原地帯における青銅器様式とその境界」『中国考古学』第 15 号, 日本中国考古学会, 2015 年
「北方ユーラシア（ロシア東部・モンゴル)」『季刊考古学』第 135 号, 雄山閣, 2016 年

ユーラシア草原地帯の青銅器時代

2018 年 2 月 28 日　初版発行

著　者　松　本　圭　太
発行者　五十川　直　行
発行所　一般財団法人　九州大学出版会
〒 814-0001　福岡市早良区百道浜 3-8-34
九州大学産学官連携イノベーションプラザ 305
電話　092-833-9150
URL　http://kup.or.jp/
印刷／城島印刷㈱　製本／篠原製本㈱

ISBN978-4-7985-0220-5